审讯心理学

(第三版)

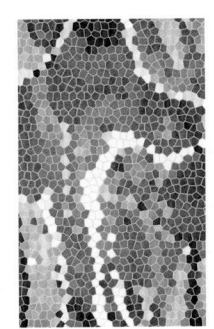

吴克利·著

中国检察出版社

图书在版编目（CIP）数据

审讯心理学/吴克利著. —3 版. —北京：中国检察出版社，2017.3

ISBN 978-7-5102-1859-0

Ⅰ.①审… Ⅱ.①吴… Ⅲ.①审理-司法心理学 Ⅳ.①D90-054 ②D915.18

中国版本图书馆 CIP 数据核字（2017）第 048998 号

审讯心理学（第三版）
吴克利 著

责任编辑：郝常青
技术编辑：蒋　龙
封面设计：尚夏丹

出版发行：中国检察出版社
社　　址：北京市石景山区香山南路 109 号（100144）
网　　址：中国检察出版社（www.zgjccbs.com）
编辑电话：(010) 68630384
发行电话：(010) 86423726　86423727　86423728
　　　　　(010) 86423730　86423732
经　　销：新华书店
印　　刷：河北宝昌佳彩印刷有限公司
开　　本：710 mm×960 mm　16 开
印　　张：32.25　插页 4
字　　数：596 千字
版　　次：2017 年 3 月第三版　2012 年 7 月第二版　2006 年 12 月第一版
印　　次：2024 年 11 月第二十一次印刷
书　　号：ISBN 978-7-5102-1859-0
定　　价：65.00 元

检察版图书，版权所有，侵权必究
如遇图书印装质量问题本社负责调换

目　　录

第一章　导论 …………………………………………………………（1）
　　第一节　审讯心理学的概念 ……………………………………（1）
　　第二节　审讯学与心理学的关系 ………………………………（1）
　　第三节　审讯心理学研究的对象、目的和方法 ………………（2）
　　第四节　职务犯罪侦查讯问的科学发展 ………………………（3）
第二章　审讯人员的心理基础 ……………………………………（10）
　　第一节　审讯人员的心理准备 …………………………………（10）
　　第二节　审讯人员心理的"攻击"状态 ………………………（12）
　　第三节　审讯人员对犯罪目标紧追深挖的侦查意识 …………（13）
　　第四节　审讯人员的坚强意志和应变能力 ……………………（14）
　　第五节　审讯人员如何使用自己的眼睛 ………………………（18）
　　第六节　审讯人员如何使用自己的耳朵 ………………………（28）
　　第七节　审讯人员的思维导向 …………………………………（45）
　　第八节　审讯人员自我形象的树立 ……………………………（69）
　　第九节　审讯人员消极心理的克服 ……………………………（73）
　　第十节　刑讯逼供的心理基础及矫正 …………………………（84）
第三章　犯罪嫌疑人的心理特征 …………………………………（89）
　　第一节　犯罪心理的形成 ………………………………………（89）
　　第二节　犯罪行为的发生 ………………………………………（94）
　　第三节　犯罪嫌疑人抗拒心理形成的原因 ……………………（96）
　　第四节　犯罪嫌疑人的"人格"特质 …………………………（100）
　　第五节　个案特征对犯罪嫌疑人的心理影响 …………………（103）
　　第六节　个体特征对犯罪嫌疑人的心理影响 …………………（108）
　　第七节　犯罪嫌疑人的"心理事实"与"客观事实" ………（110）
　　第八节　犯罪嫌疑人"心理证据"的转换 ……………………（111）
　　第九节　犯罪嫌疑人供述动机形成的基本特点 ………………（113）

第十节　犯罪嫌疑人翻供的心理特征 ……………………（115）
第十一节　犯罪嫌疑人的心理"支点"与"退路"构筑的
　　　　　　抗审心理体系 …………………………………（118）

第四章　犯罪嫌疑人抗审的三大心理因素 （124）
第一节　对抗利益关系的心理冲突与平衡 ………………（124）
第二节　抗审的对抗条件的得失 …………………………（127）
第三节　人格特征反映的抗审行为 ………………………（129）

第五章　审讯的方法和技巧 （131）
第一节　审讯前的准备工作 ………………………………（131）
第二节　审讯过程中初始阶段的任务和审讯方法 ………（138）
第三节　审讯过程中对抗相持阶段的任务和审讯方法 …（161）
第四节　审讯过程中反复动摇阶段的任务和审讯方法 …（175）
第五节　审讯过程中供述交罪阶段的任务和审讯方法 …（183）

第六章　"不得强迫自证其罪"规则下的侦查讯问攻略 （208）
第一节　树立职务犯罪侦查活动中的人权保障理念 ……（208）
第二节　人权保障规则下的侦查讯问攻略 ………………（215）
第三节　"阳光"监督条件下的讯问语用行为技巧 ………（221）

第七章　犯罪嫌疑人供述认罪的六大基本规律 （226）
第一节　犯罪事实暴露的心理误区 ………………………（226）
第二节　解脱心理限制的困境 ……………………………（228）
第三节　趋利避害的交换条件 ……………………………（229）
第四节　意识经验的习惯反应 ……………………………（229）
第五节　"人格"道德系数的满足 …………………………（230）
第六节　"需要"的基本属性 ………………………………（231）

第八章　犯罪嫌疑人谎言抗审的把握与讯问方法的运用 （232）
第一节　谎言抗审的行为表现 ……………………………（232）
第二节　谎言的识别 ………………………………………（233）
第三节　谎言的捕捉 ………………………………………（239）
第四节　谎言的对策 ………………………………………（242）

第九章　沉默对抗行为的把握与讯问方法的运用 （255）
第一节　"沉默"的心理行为基础 …………………………（255）
第二节　"沉默"的心理行为表现 …………………………（256）
第三节　"沉默"行为的讯问方法 …………………………（257）

第十章　认知误区的"攻击"规律和审讯方法 ……………（262）
  第一节　错觉讯问法 …………………………………（262）
  第二节　结果讯问法 …………………………………（269）
  第三节　动机讯问法 …………………………………（271）
  第四节　假设讯问法 …………………………………（272）
  第五节　离间讯问法 …………………………………（274）
  第六节　借助讯问法 …………………………………（275）
  第七节　模拟情景讯问法 ……………………………（275）
  第八节　概率讯问法 …………………………………（280）
  第九节　间隔讯问法 …………………………………（282）
  第十节　"造势"讯问法 ……………………………（283）

第十一章　心理限制的"攻击"规律和审讯方法 ……………（285）
  第一节　矛盾讯问法 …………………………………（285）
  第二节　导谎法 ………………………………………（288）
  第三节　测谎（心理测试）的配合 …………………（291）
  第四节　定向"攻击"法 ……………………………（292）
  第五节　特情证明法 …………………………………（292）

第十二章　心理置换的"攻击"规律和审讯方法 ……………（296）
  第一节　心理置换的理论基础 ………………………（296）
  第二节　亲情置换法 …………………………………（305）
  第三节　求生置换法 …………………………………（307）
  第四节　利弊置换法 …………………………………（307）
  第五节　教育置换法 …………………………………（309）
  第六节　观念置换法 …………………………………（310）
  第七节　疏通置换法 …………………………………（310）
  第八节　"十二轮置换讯问法"的运用 ……………（312）

第十三章　意识经验的"攻击"规律和审讯方法 ……………（320）
  第一节　经验规律 ……………………………………（320）
  第二节　惯性规律 ……………………………………（322）
  第三节　粘连规律 ……………………………………（323）
  第四节　分解经验 ……………………………………（324）
  第五节　记忆经验 ……………………………………（326）
  第六节　空间经验 ……………………………………（327）

第七节　联想经验 …………………………………………（327）
第八节　阻止经验 …………………………………………（329）
第十四章　人格倾向的"攻击"规律和审讯方法 ……………（331）
第一节　人格倾向讯问法 …………………………………（332）
第二节　结构倾向讯问法 …………………………………（333）
第三节　性别特征讯问法 …………………………………（337）
第四节　身份特征讯问法 …………………………………（341）
第五节　信念纠治讯问法 …………………………………（344）
第十五章　"需要"理论的"攻击"规律和审讯方法 ………（347）
第一节　协调理论讯问法 …………………………………（347）
第二节　反向挤兑讯问法 …………………………………（348）
第三节　审托比对讯问法 …………………………………（349）
第四节　调整品质讯问法 …………………………………（349）
第五节　心理脱敏讯问法 …………………………………（350）
第六节　心理弱点讯问法 …………………………………（351）
第七节　情感需要讯问法 …………………………………（351）
第八节　激发需要讯问法 …………………………………（359）
第九节　条件需要讯问法 …………………………………（360）
第十节　利益需要讯问法 …………………………………（361）
第十一节　沟通讯问法 ……………………………………（363）
第十六章　证人的心理特征及询问方法 ………………………（365）
第一节　证人证言的特征 …………………………………（365）
第二节　证人证言的形成 …………………………………（366）
第三节　证人拒绝作证的心态表现 ………………………（373）
第四节　询问证人的方法 …………………………………（375）
第十七章　被害人的心理特征及询问方法 ……………………（378）
第一节　被害人控告心理的形成 …………………………（378）
第二节　影响被害人对事实陈述的因素 …………………（379）
第三节　诬告、错告、不告的心理状态 …………………（388）
第四节　询问被害人的方法 ………………………………（389）
第十八章　讯问活动中的语用行为特点与技巧 ………………（391）
第一节　讯问语言的三大基本特征 ………………………（391）
第二节　审讯语言的信息基础 ……………………………（393）

第三节　认知条件下的语用行为技巧 …………………………（396）
第四节　心理限制的语用行为 ……………………………………（403）
第五节　意识经验的语用行为 ……………………………………（405）
第六节　趋利避害的语用行为 ……………………………………（433）
第七节　需要属性的语用行为 ……………………………………（436）
第八节　人格特征的语用行为 ……………………………………（468）

附：我的审讯日志 ……………………………………………………（488）
　　因玩忽职守导致嫌疑人坠楼死亡案件的审讯实例 …………（488）

第一章 导 论

第一节 审讯心理学的概念

　　审讯心理学是从心理学的角度对审讯活动中的行为进行分析和研究，探索在审讯活动中各种行为产生的心理依据、心理特点及其规律的一门科学。通过对犯罪嫌疑人在审讯过程中心理活动的分析，可以使从事侦查审讯工作的人员，能够掌握审讯活动中的各种行为特点和规律，变消极因素为积极因素。审讯心理学是在审讯活动中，为了使犯罪嫌疑人如实交代自己的犯罪事实，对其心理的活动状态、规律和对策进行研究的科学。这就决定了它以研究犯罪嫌疑人的心理规律为手段，以使犯罪嫌疑人认罪服法、如实交代自己的犯罪事实为目的。大量的心理学的研究成果为审讯心理学的研究，打下了坚实的理论基础，审讯心理学作为心理学的一门分支科学，起步虽晚但发展较快，一大批从事侦查审讯工作的人员，在自己长期的审讯工作中积累了丰富的实践经验，这为审讯心理学的研究，提供了坚实的实践基础。大量的事实告诉我们，审讯犯罪嫌疑人最重要的，是研究犯罪嫌疑人的心理活动，只有掌握犯罪嫌疑人的心理活动规律，才能知道如何消除犯罪嫌疑人的消极心理，使其心理发生转变，从顽固对抗转变为积极地配合，从而圆满完成审讯任务。

第二节 审讯学与心理学的关系

　　审讯学的研究围绕侦查审讯活动的原理、方法、规律和技巧而展开。它的主要研究对象是侦查活动中审讯人员和犯罪嫌疑人的矛盾冲突；它的主要研究目的是转化审讯人员与犯罪嫌疑人的对立矛盾；从学科体系来看，它是从侦查学分离出来的一门分支科学，属于心理学和审讯学的一门交叉学科；心理学是以专门研究人的心理形成、发展变化规律和特点的科学，心理学的研究对象是人的心理现象。由于每个人的先天素质和后天环境不同，心理过程产生时，又总是带有个人的特征，从而形成了每个人的个性。因此，心理学同时还要研究人与人之间的差异，也就是个性心理、差异心理。而我们研究审讯心理，实质上是研究与犯罪嫌疑人复杂的心理交往，审讯人员为了取得制伏犯罪嫌疑人的目的，必须要准确地掌握犯罪嫌疑人的心理特点和发展变化规律，根据犯罪嫌疑人的心理变化，选择有针对性的审讯方法，对症下药，取得审讯的成功。由此可见，审讯学与心理学有着密切的关系。首先，审讯学与心理学都是以研究人为对象的独立的学科，审讯学是以犯罪嫌疑人为特定的研究对象，而心理学是以不特定的人的心理现象和个性特征为研究对象。其次，心理学为审讯学提供了科学的研究方法，为审讯学研究犯罪嫌疑人的心理提供了科学的依据。最后，由于审讯学和心理学的密切关系，经过长期的实践和科学的总结，形成了一套专门的科学理论——审讯心理学。

第三节　审讯心理学研究的对象、目的和方法

　　审讯心理学作为一门独立的分支学科，区别于其他学科的标志就是：审讯心理学的研究对象不同。审讯心理学是以诉讼关系人的心理特点为研究对象的，这些对象包括审讯人员、犯罪嫌疑人、证人、被害人等。由于上述人的法律地位不同，诉讼案件对其的影响和关系不同，出现了不同的个性心理特点。这些不同的心理特点出现在诉讼活动中，对诉讼活动产生了重要的影响，首先从刑事诉讼法的立案角度来看，审讯的对象就是犯罪嫌疑人，审讯人员为了战胜自己的对手，应当具备什么样的心理素质？如何克服在审讯过程中的消极心理？建立什么样的"攻击"心理状态才能取得审讯的成功？其次，犯罪嫌疑人为什么大都不愿意主动交代自己的罪行？怎样才能使犯罪嫌疑人供述自己的犯罪事实？再次，证人有时能积极作证，而有时却不愿意作证，甚至有时还作假证，证人在什么情况下能够实事求是地作证？怎样能够使证人实事求是地作证？最后，被害人控告心理是如何形成的，被害人误告、诬告的心理特征以及对其的询问方法，等等。这都是审讯心理学研究的对象。

　　审讯心理学研究的目的是由审讯活动的任务来决定的，审讯活动就是为了查明犯罪，保障无罪的人不受刑事追究，保护国家和人民利益、财产免受非法侵害，审讯本身是审讯人员与犯罪嫌疑人面对面的较量，审讯人员与犯罪嫌疑人是相互对立的两个方面。审讯人员希望犯罪嫌疑人能够如实地回答提问，以便获取案件的口供和犯罪证据；而犯罪嫌疑人则为了逃避法律的惩罚，千方百计地否认自己的犯罪事实。如何使犯罪嫌疑人认罪服法，转变犯罪嫌疑人的思想，前提在于掌握犯罪嫌疑人的心理思维规律和特点，找出有针对性的方法和对策，以达到获取真实的口供和证据的目的。此外，审讯心理学也可为审讯人

员正确取证、判断和组织证据提供科学的心理学的方法。

审讯心理学实质是以研究犯罪嫌疑人的心理活动为方法，以制伏犯罪为目的的一门科学，它的全部活动是围绕如何与犯罪嫌疑人进行心理交流而展开的。审讯心理学研究的基本方法就是：通过我们的眼睛去观察对方在想什么？心理活动的规律是什么？用我们的耳朵去听对方说的什么、怎么说、为什么这样说？用自己的语言与对方沟通，进行心理交流，让对方明白些什么？用我们的聪明才智去分析研究，想出制伏对方的方法是什么？用自己真实的情感去影响对方，转变对方的思想，使对方明白些什么？用自己的行为和法律的震慑力使对方畏惧什么？用迷惑的方法让我们的对手，说出他本来不愿意说出的心里话；用谋略的方法使我们的对手无法隐瞒自己的犯罪事实。

第四节　职务犯罪侦查讯问的科学发展

重建后的中国检察机关，经历了近四十年的艰难历程，取得了可喜的成果。检察机关职务犯罪侦查讯问工作也经历了三个发展阶段：自发阶段、发展阶段、规范阶段。

一、自发阶段

1978年12月召开的党的十一届三中全会，是新中国成立以来我党历史上具有深远意义的伟大转折，提出了发展社会主义民主和加强社会主义法制的任务，人民检察制度重新走上了全面发展之路。经过"文化大革命"的十年浩劫，我们国家更加深刻地认识到检察机关在国家法制建设中的重要性。与此同时全国各级检察院相继重建，重建后的检察机关自侦办案部门，重新担负查处贪污、贿赂等职务犯罪案件的工作。

重新组建的检察机关的办案人员，大多是来自地方国家机关的干部队伍，也有一部分来自被砸烂的公检法，这些同志经历了十年浩劫的"洗礼"，思想意识被打上了历史的烙印，阶级斗争思想概念根深蒂固，重新组建的检察队伍面临着打击职务犯罪的历史重任，一切的一切都要重新开始、重新学习。

1979年7月，第五届全国人民代表大会第二次会议通过《人民检察院组织法》，并同时颁布了《刑法》《刑事诉讼法》。这是砸烂公检法之后的第一部实体法和程序法，从此检察机关有了明确的职责，工作行为有法可依。为保证办案质量，认真执行法定的办案程序制度，在办案中做到：坚持审查批捕的法定办案程序和法定办案时限的制度；坚持二人办案，重点复核罪证和讯问被告的制度；坚持讯问被告时交代身份，讯问证人时提出要如实提供证言和有意作伪证或隐匿罪证要负法律责任的制度；坚持审批案件时经检察委员会讨论决定或检察长批准的制度等。可是自侦部门的办案人员面临的重要难题是侦查讯问方法的匮乏，一切都是重新开始，没有现成的经验可寻，案件怎么办？如何讯问被告人（当时对犯罪嫌疑人也称为被告人）让被告人交代犯罪事实，是摆在办案人员面前的重要难题。没有现成的经验办案人员就自己闯，摸索着干，走一步是一步，可算是"摸着石头过河"，各自施展讯问的才能，目的是让犯罪分子交代自己的罪行。然而由于办案人员讯问技巧的匮乏，又不知道被告人在什么情况下能够供述犯罪事实，在讯问的方法上没有技巧经验可寻，因此让被告人供述犯罪事实的成功比例不高。被告人越是对抗不交代，办案人员就越感到窝火，案件拿不下来更是没有面子，总结起来是被告人的态度问题，因此既然问题出在被告人的态度上，就要集中起来打态度。一段时间办案的讯问人员总是以一副"严肃"态度出现，训斥被告人；对抗下去没有好结果！可见，以训斥的方法去消除对抗，用"打态度"的方法去转变被告人的态度，其结果可想而知，不是出现沉默的僵局，就是出现激情的对抗。被告人在接受检察机关讯问的时候，由于人的本能的自尊心理受到的伤害，必然激发出对抗的情绪，这些讯问人员并不清楚。更有甚者办案人员处于激情状态不能自控，常常在讯问活动中出现非理性的行为和语言；"不老实交代你就别想出去！"。好在那个时候讯问没有时间的限制，讯问时间完全掌握在办案人员的手里，有的被告人不能忍受讯问时间的煎熬，只能在无奈的情况下交代自己的犯罪事实，然而翻供的情况也是屡见不鲜，口供的真实性常常是法庭争执的焦点。

经过几年的办案实践以后，侦查讯问人员发现了"坦白从宽，抗拒从严"口号的作用，讯问室的墙壁上唯一的一句话，就是："坦白从宽，抗拒从严。"被告人头上顶着"坦白从宽，抗拒从严"的口号，心理揣着"趋利避害"的行为准则，讯问人员更是以"坦白从宽，抗拒从严"作为讯问的方法论。这句口号虽然不是检察机关首创，但是这句话揭开了人类趋利避害的行为规律，发现了被告人在接受讯问过程中能够供述认罪的基本心理特点。办案人员围绕着"坦白从宽，抗拒从严"的基本方法，向被告人索要犯罪证据，被告人围绕着"坦白能够从宽，抗拒必然从严"的思维定式，权衡自己供述认罪的利弊，他们相信"坦白从宽，抗拒从严"的政策，不怀疑"坦白从宽，抗拒从严"政策背后的其他问题。他们更坚信只有坦白才有活路，抗拒是死路一条。因此一时期案件的突破率有了明显的上升。然而也就在此之后，办案人员接待"回头客"的情况屡见不鲜，他们感到冤枉、政策不兑现；"为什么我彻底坦白了，却没有得到从宽处理！你们是欺骗！"是的！是谁欺骗了他们？是办案人员吗？不是！因为"坦白从宽，抗拒从严"不是办案人员发明的；是政策的欺骗性吗？也不是！因为在我国两法的字里行间，没有"坦白从宽，抗拒从严"的表述，更不存在法律的欺骗性。是谁欺骗了他们，我们只能说是历史的原因。

　　导致被告人找后账、骂娘的原因，仅仅用历史的原因来解释并非客观。从上述"坦白从宽，抗拒从严"的口号里，表现出了从宽与从严不能兑现的原因，并不是侦查讯问人员工作的随意性导致的。重建后的检察机关的监督制约机制没有全面的履行，办案人员的权利随着第一部诉讼法的规定，而宽大无边。第一部诉讼法规定了人民检察院的办案范围，检察机关认为需要自己办理的案件，都可以办。没有监督制约，办案的退路也就宽大无边了，侦查起诉一体化，办案人员侦查的案件终结以后，直接向法院起诉，整个的侦查过程没有监督环节。一时期检察机关的"经济检察"部门（当时叫经济检察科）不但办理贪污贿赂、投机倒把、诈骗等案件，而且还参与经济纠纷，帮助追讨债款，案件结束后不能立案，就不立或者撤销案件，立过案不能起诉的，就免于起诉。办案人员有了退路，就有了随意性，也就出现了更为随意的讯问语言："你把钱交来，就放你回去！"此时法律的严肃性、公民的权利和权益，不能不说受到了侵害。当然在那个时期人们的权利意识的表现并不是很强。记得我们有位办案人员在传唤一名被举报人来询问时，这位被举报人就直接告诉办案人，"我可不可以不接受你的询问？如果你们需要询问我，可以先找我的律师！"听到了这样的话，我们的办案人员带着嘲讽的口气说："你是港台的电影看得太多了吧！如果你今天不愿意配合接受询问，那么我们就会对你采取强制措施，希望你明智！"在这种情况下，这位被举报人只好老老实实地接受询问。这个时期检察机关的权威，在重建后得到了重要的体现。

二、侦查讯问方法与规则的发展阶段

　　第八届全国人民代表大会第四次会议通过了《关于修改〈中华人民共和国刑事诉讼法〉的决定》，对检察机关在刑事诉讼中的职权和作用作了重要调整，规定了"人民检察院依法对刑事诉讼实行法律监督"的基本原则。1997年，修改后的刑事诉讼法对检察机关自侦案件的管辖范围有所缩减，并进一步加强对自侦办案的规范和制约，侦诉分开，批捕审查从"刑检"部门划出，分别成立了专门的侦查监督部门和公诉部门，检察机关内部监督体系的框架已经形成。侦查对象的称呼由"被告人"改为"犯罪嫌疑人"，更重要的是经济犯罪这个名词的内涵发生了变化，从过去的"经济犯罪"转变为"职务犯罪"，全国相继把"经济检察科"改为"反贪污贿赂局"，分工越来越细，也越来越科学。更为可喜的是自侦部门的办案人员的侦查讯问技巧不断娴熟和规范起来。另外，伴随我国检察机关侦查讯问工作走过了十多年的"坦白从宽，抗拒从严"的口号，对威慑罪犯、提高案件的破获率，立下了汗马功劳。然而，在重建十年后，检察机关经历了十多年的司法实践，不仅办案人员明白了许多道理，更为重要的是侦查对象也学会了自己保护自己，从那个时候起，犯罪嫌疑人最不相信的一句话就是"坦白从宽，抗拒从严"。通过十多年的司法实践他们似乎也明白了一个道理："坦白从宽，牢底坐穿；抗拒从严，回家过年"。谁又能说这不是一项经验的总结，犯罪嫌疑人有了这样的经验，必然会引发供述心理的变化，此后"坦白从宽，抗拒从严"的条件，再也不能形成趋利避害的供述心理支点和动力了。与此同时，犯罪嫌疑人的供述的心理特征也发生了根本性的变化。供述心理发生变化的直接原因当然是来自十多年的司法实践，其重要的特征是对抗的心理定势被强化了。因为他们不再奢望"坦白从宽"，更不担心"抗拒从严"。

传统的讯问方法失去了作用，寻找新的讯问方法是侦查讯问工作的首要任务，这种新的讯问方法只能从犯罪嫌疑人的身上挖掘。一段时间犯罪嫌疑人供述认罪特点发生了变化，检察机关的侦查办案人员在犯罪嫌疑人那里，发现了犯罪嫌疑人供述认罪的一个基本规律，即犯罪事实暴露的心理误区。当犯罪嫌疑人意识到自己的犯罪事实已经暴露，对抗已经失去意义，只能放弃对抗供述认罪。与此同时办案人员根据供述的规律，摸索掌握一套基本对策和方法，即认知误区的"攻击"规律和审讯方法："错觉讯问法""结果讯问法""动机讯问法""假设讯问法""离间讯问法""借助讯问法""模拟情景讯问法""概率讯问法""间隔讯问法"和"造势讯问法"。这一审讯方法的出现大大地提高了突破案件的成功率，认知误区的"攻击"规律和审讯方法，无疑是一代检察官心血的结晶，检察干警侦查犯罪的业务水平有了明显的提高，突破案件的成功率发生了巨大的变化，认知误区的审讯方法成为检察机关打击职务犯罪，突破疑难案件的重要侦查讯问方法。也正是检察官们掌握这些侦查审讯的技巧，使检察机关打击职务犯罪的能力，提高到了一个新阶段。从根本上维护了改革开放、经济建设发展的成果，是检察机关深入履行法律监督职能的基本保障。

三、侦查讯问的规范合法科学有效的新阶段

检察机关的侦查讯问方法与规则，经历了自发阶段和发展阶段，这也是检察机关履行法律监督职能逐步形成完整规范的监督体系的过程。检察机关除了接受同级人大的监督之外，在重建检察机关的后十年里，检察机关在查办自侦案件的侦查监督方面，加强了社会舆论的监督，人民监督员制度的监督，律师

介入制度的监督等外部制约机制的同时，加强、完善、规范了内部的横向监督制约机制，细化检察机关各个业务部门的法律监督职责，规范了办案人员的行为，制定了错案追究制度。在深入开展法律监督，维护公平正义的思想指导下，检察机关的侦查讯问方法与规则跨入了规范阶段。为了对自侦案件的侦查活动增加透明度，加强对侦查活动的监督，建立并完善中国的侦查讯问制度，以此禁绝刑讯逼供、实现司法公正的目的，检察机关率先迈出了第一步，决定在全国各级检察机关中分步骤地对讯问职务犯罪嫌疑人实行全程同步录音录像，以利于固定关键证据，防止犯罪嫌疑人翻供和诬告办案干警，同时，通过再现审讯过程，可以从中研究寻找案件突破口，总结经验教训，通过实战案例加强对干警的讯问技巧的提高，这里更为重要的是以此规范侦查讯问的法律行为，维护公平正义下的司法公正，强化检察机关履行法律监督职责的能力。

讯问职务犯罪嫌疑人实行全程同步录音录像，能够客观公正地展现侦查讯问的全部过程，但是，在讯问活动中怎样使用讯问技巧、使用什么样的讯问技巧，切实给检察机关的侦查讯问人员出了一道难题。长期以来侦查讯问所处的环境，是在与外界封闭隔离的小的环境下进行的，虽然在过去的办案中积累了许多丰富的经验，可是讯问活动不是一两句话就能够完成的，这要经过长时间的语言交流和心理影响，有甚者长达数小时的语言交流。再有，语言有其生理的和心理的特点，在长时间的语言交流过程中，难免会出现语言的随意性，从使用讯问技巧的本身的方法与规则来看，讯问犯罪嫌疑人可以总结出"六大基本攻击规律"，是目前检察机关侦查讯问的基本方法和经验。例如，"六大基本攻击规律"的方法之一"心理限制的讯问方法"，这是通过揭露犯罪嫌疑人的谎言，使犯罪嫌疑人形成心理压力，当谎言不能自圆其说的时候，又无法解释自己说谎的原因，讯问人员又逼其说出说谎的原因的时候，犯罪嫌疑人的心理受到了限制，因此而形成的心理压力越来越大，在达到一定程度的时候，犯罪嫌疑人只有选择交代犯罪事实来减轻自己的心理压力，最终实现供述认罪的目的。这种讯问方法是在全程的对犯罪嫌疑人的心理限制的过程中完成的，带有一定的心理强制性，客观的表现上难免带有"逼"的成分，这是否能够与"刑讯逼供"相提并论？如何把握心理强制的"尺度"？是当前亟待解决的问题。

再有"错觉讯问法"，使用这种方法的目的是唤醒犯罪嫌疑人对犯罪行为的心理记忆，犯罪嫌疑人实施犯罪行为以后，必然在自己的大脑里留下深刻的记忆，笔者把它称为"心理事实"，当这种"心理事实"与"客观的犯罪事实"进行了确认，便形成了"心理证据"，这是犯罪嫌疑人供述认罪的心理动力——动机。这里动机的出现，是来源于"客观的犯罪事实"，即自己的犯罪事实已经暴露，失去了对抗的条件，产生了供述动机。"错觉讯问法"的讯问方法是把犯罪嫌疑人带入认知的误区，产生犯罪事实已经暴露，犯罪证据已经被掌握的错觉，对抗已经失去了意义，供述比对抗对自己有利，以此实现了供述认罪的目的。这种讯问方法是否带有欺骗性？是否也应该掌握"错觉"引导的程度？本来就实施了犯罪，让其供述犯罪，原本就是合情、合理、合法的，其重要的前提是不是"无中生有"！

上述两种方法虽然在侦查讯问的活动中发挥了重要的作用，但是也不能忽略其存在的问题，如何把握好侦查讯问活动中"心理限制"的程度、"错觉方法"的规范使用等，是侦查讯问方法的规范化、程序化的重要发展方向。依靠检察干警自发的在讯问活动中进行规范化、程序化的讯问，可能还要经过一段时间的转化。实行全程同步录音录像以后，这个转化的时间过程被大大地缩短了。在全程同步录音录像环境下，讯问人员必然要控制讯问语言的随意性，消除"逼"与"骗"的成分。当然这里关键的问题不是仅仅避开某些"成分"，而是如何在全程同步录音录像的环境下，使侦查讯问规范化、法制化，使之符合公平公正的法律原则。

在全程同步录音录像环境下的讯问如何规范的操作，是摆在办案人员面前的新课题。当然选择合法、公平公正的侦查讯问方法的前提，仍然是犯罪嫌疑人供述认罪的基本规律，不掌握犯罪嫌疑人供述的基本规律，不能够促使犯罪嫌疑人供述认罪，再好的侦查讯问方法也是无用的。科学的讯问方法和规则的重要意义，是以能够促使犯罪人供述认罪为目的的。侦查讯问的科学性、合法性、公平公正性，应当是能够有效地打击犯罪促使犯罪人认罪服法为前提的。因此在笔者总结的"六大基本攻击规律"里，也就是说在过去的侦查讯问的经验中，我们能够提炼出科学、合法的侦查讯问方法。

侦查讯问的重要表现是语言功能和语言技巧，讯问的目的是转变犯罪嫌疑人的对抗心理，侦查讯问的语言技巧的运用，是以讯问目的为前提的，也就是说运用什么样的语言技巧和方法能够达到侦查讯问的目的？首先是解决在平等、合法、公平公正的讯问状态下，犯罪嫌疑人供述认罪的心理特点是什么？犯罪心理学研究表明："犯罪嫌疑人实施犯罪行为是在心理平衡的状态下实现的，犯罪嫌疑人的悔罪心理是在心理不平衡的状态形成的。"因此犯罪嫌疑人只有悔罪才能认罪，从犯罪到悔罪到认罪，这是一个重要的心理转变过程，是侦查讯问人员在全程同步录音录像环境下，使用讯问方法的重要依据。其次是侦查讯问方法的运用，采取什么样的讯问方法，能够使犯罪嫌疑人完成从犯罪到悔罪到认罪的心理转变？这里既然悔罪是认罪的前提，心理不平衡状态是悔罪的心理基础，那么讯问方法的使用就应该从促使犯罪嫌疑人形成"心理不平衡状态"为目标。根据侦查讯问的历史的经验总结，犯罪嫌疑人心理不平衡的状态形成的有效方法是本书所述及的包括"需要"理论的"攻击"规律和审讯方法在内的六大基本规律，本书中总结归纳的侦查讯问方法，侦查人员如果坚持公平公正原则，并且将上述讯问方法技巧科学加以运用在全程同步录音录像的条件下，一定能达到增强侦查活动对抗性、提高审讯效率的目的。

随着刑事司法改革的纵深推进以及人权保障原则在刑事诉讼法中的确立，未来"攻击型强迫式"的讯问方法和策略必将转换为影响型"说服式"的讯问方法和策略。因此，在今后的侦查讯问过程中，侦查讯问的方法必然会朝着"心理影响"的方向发展。社会意识是思想意识和心理认识的基础，侦查讯问的方法就是要通过启迪社会意识，唤醒犯罪嫌疑人"超我"的心理意识，以此来顺应侦查讯问活动的开展。于此，侦查讯问方法的确定，必然会影响到侦查讯问的语言、行为的规范，因为这种规范性的侦查讯问语言、行为，是以唤醒犯罪嫌疑人的社会意识为前提，在"超我"的意识支配下实现供述认罪的目的。在侦查讯问的语言和行为表现上，大多表现为："激励式""借鉴式""说理式""情理并重式""正反论证式""逻辑思维式""格言启迪式""新异激发式""宽待超然式""归谬引证式""隐含前提式""自身呈现式""标定形象式""唤醒意识倾向式""比喻对比式"等。采用这些人性化的侦查讯问模式，最终目的仍是达到"精诚所至，金石为开"的目的。

在新时期，随着国家监察体制改革的逐步推进，人民检察院查处贪污贿赂、失职渎职以及预防职务犯罪等部门的相关职能整合至监察委员会，建立起集中统一、权威高效的监察体系，履行反腐败职责。相应的职务犯罪侦查讯问工作也将面临着新的机遇和挑战，审讯心理学的研究也将更加深入。

第二章 审讯人员的心理基础

第一节 审讯人员的心理准备

审讯人员在接受审讯任务时应当有什么样的心理准备,是取得审讯成功的基础。审讯活动跟打仗一样,要打有准备之仗。首先,审讯人员必须要具备坚韧不拔的必胜信心。审讯犯罪嫌疑人实际上也是与犯罪分子的你死我活的斗争,既是一场攻心斗智的较量,也是一场复杂的心理战。从被审讯的对象来看,他们是不同类型、不同智商、不同特点的刑事犯罪分子。上到国家公务人员、高级干部,下到地痞流氓,这些形形色色的人,实施了危害社会的行为,走上了犯罪的道路,为了逃避法律的惩罚,总是要千方百计,不计任何手段,来与审讯人员对抗。因而审讯人员无论接手什么样的审讯案件,第一,要做好充分的思想准备,了解掌握相关的法律规定,这些是我们审讯成功的重要保障。第二,要认真研究案情,熟悉案情,奠定驾驭控制全案的基础。由于不同类型的案件的特点不同,与犯罪嫌疑人的关系不同,对犯罪嫌疑人产生的心理影响也不同。这就要求审讯人员有针对性地采取不同的方法和对策,根据案件的特点与犯罪嫌疑人的关系,把握案件的基本脉搏和本质。犯罪嫌疑人与案件的关系,是靠我们掌握的证据来确定的,我们掌握的证据越多,就越能证明犯罪嫌疑人与案件和犯罪事实的关系,我们的审讯活动实际上也是为了证明这一关系而作为侦查工作的继续而存在的。能够证明犯罪嫌疑人犯罪的大量证据,只有犯罪嫌疑人自己掌握得比较全面,所以在很多的时候我们还要向犯罪嫌疑人要证据,至于要什么证据,怎样去要,只有在案情非常熟悉的情况下,才知道要什么不要什么,才知道什么是客观事实,什么是谎言。因此只有通熟案情,才能做到心中有数,才能驾驭全局。其次,审讯前对策的制定,方法和技巧的运用,是审讯成功的条件。要取得审讯的胜利,必须在对策、方法、技巧上先胜,才能牢牢掌握审讯的主动权,才能抓住案件的中心和要害进行审讯,保证审讯的效果。最后,树立良好的自我形象和权威,是审讯的重要因素。审讯人员的良好形象和权威,是在审讯过程中与犯罪嫌疑人的交往中形成的,它是在良好的仪表和风度的基础上，采取以理服人、以法服人的方法和原则，通过对犯罪嫌疑人施加一定的心理影响和压力，从而在犯罪嫌疑人心目中形成的权力、威望、信誉和敬意。如果审讯人员在犯罪嫌疑人的心目中的形象是蓬头垢面，语无伦次，狐假虎威，那么犯罪嫌疑人就会藐视你，就不可能心服口服地向你交代自己的犯罪事实。审讯人员代表国家司法机关的形象，执法如山，刚正不阿，实事求是，就能潜移默化地对犯罪嫌疑人的心理产生影响，有利于促使犯罪嫌疑人彻底坦白交代。同时审讯人员的一言一行，都会受到犯罪嫌疑人的关注，因此审讯时不要随便流露自己的情绪变化，做到不喜形于色、不怒形于容，镇定自若、沉着老练，语言生动、严密、合乎情理，富有逻辑性，知识渊博、经验丰富、情绪饱满、明察秋毫，让其肃然起敬，形成一种威严的力量，才能使犯罪嫌疑人感觉到，只有交代才是唯一的出路。因而审讯人员必须注意树立自己的良好形象，建立良好的权威感，忠实于事实、忠实于法律，养成高尚的职业道德。

审讯本身是一种诉讼活动，是侦查的重要组成部分，是刑事诉讼的重要环节，在保障犯罪嫌疑人行使辩护权利的同时，查清犯罪嫌疑人的全部犯罪事实，追查其他应当追究刑事责任的人，保障无罪的人不受刑事追究。这是审讯在诉讼活动中的重要地位和作用，根据这一特点和审讯的实践，要求审讯人员在审讯之前要有充分的诉讼心理准备。从刑法所规定的罪名来看，不同的主体、不同的行为、侵犯不同的对象、所触犯的法律的罪名不同，刑法的处罚也不同。不同的案件有不同的特点，有不同的构成要件，由于案件之间的行为和罪名，有的较为类似，经常容易混淆，在审讯过程中就要抓住案件的构成要件和特点来进行审讯。有些时候有罪和无罪的界限，仅限于犯罪嫌疑人是否有犯罪的故意，确定犯罪嫌疑人是否有犯罪的故意，是非常复杂、非常关键，也是非常重要的环节，稍有不慎就会失之千里，出现错案，因而在审讯之前必须要有心理准备，在审讯过程中必须要注意把握每一个关键环节。还有的时候由于案件的情节比较复杂，犯罪嫌疑人的退路比较多，而这些退路经常是对犯罪嫌疑人准确定罪量刑的关键，在审讯过程中如果事先没有心理准备，没有堵住其退路，就可能使犯罪分子逃出法网。所以审讯人员在审讯之前要有充分的诉讼心理准备。

审讯本身是一场与犯罪嫌疑人进行心理较量的攻坚战，是一场非常艰苦的心理对抗过程，是人的智慧、才能、意志的较量，所以它不比上街买菜，顺手拿来，在很多时候审讯不是一次就能拿下来的，有时需要数十个回合，数十场的较量才能成功。更有甚者经过数十场的较量，仍然不能改变犯罪嫌疑人的抗拒心理。由于审讯人员求胜心切，缺乏临场前的心理准备，很容易产生畏难情绪，放弃对犯罪嫌疑人的追踪。如果审讯人员在事前就做好了心理准备，有计划、有步骤地从不同方向，采取不同的方法，选择好有效的"攻击"路线，根据在审讯过程中可能出现的情况，准备好应变的措施，审讯的结果就可能出现另外一种状态。

第二节 审讯人员心理的"攻击"状态

审讯人员在审讯过程中的心理"攻击"状态，是审讯人员必须具备的心理状态，是审讯活动的特点，是审讯任务的需要。它表现为自觉的、积极的、主动的心理活动状态。它的特点是为了达到目标的主动性和"攻击性"，它的产生是受内在动力的驱使而表现出来的。从审讯人员与犯罪嫌疑人的法律关系来看，他们是侦查与被侦查的关系，在诉讼活动中他们始终处在主动与被动的法律地位。在侦查的实践中我们还可以看出，犯罪嫌疑人在实施了犯罪以后，只要司法机关不去找他，他是不会主动去找司法机关的（除个别投案自首的例外），这就是犯罪嫌疑人的被动性。犯罪嫌疑人为什么要采取被动的、消极的方法来对抗审讯？首先，从犯罪嫌疑人本身的情况和特点来看，犯罪嫌疑人暴露出来的犯罪事实或者是犯罪证据，只能是某一案件的某一个部分，或者是某一部分中的某些情节。不可能把犯罪嫌疑人全部的犯罪事实都暴露出来，这是由犯罪的隐蔽性造成的。有的犯罪嫌疑人第一次实施犯罪就被抓获，他隐瞒的犯罪事实可能会相对少些，但是对那些多次犯罪，犯数罪的犯罪嫌疑人，他们有的是惯犯，有的是累犯，有的是以犯罪为业，有的是以犯罪为乐，有的是通过犯罪来满足自己的欲望。他们大多数人是在最后一次实施犯罪时被抓获的，这些人在接受审讯时，不可能把以前所有的犯罪事实都供述出来，审讯人员知道多少就说多少，能隐瞒的就隐瞒，常常处于防守状态来对抗审讯，所以，根据犯罪嫌疑人在审讯活动中的特点，审讯人员必须主动发起进攻，不主动就等于放弃了审讯。再者，为了深挖犯罪，审讯人员必须时刻保持良好的"攻击"状态，顺藤摸瓜扩大案件线索，紧追深挖，直到查明全部的犯罪事实为止。因而，审讯人员的"攻击性"，对于改变过去"核对式"的审讯方法，有着非常重要的作用。

其次，从犯罪嫌疑人在接受审讯时的心理特点来看，审讯人员的"攻击"状态对犯罪嫌疑人的心理会产生重要的影响。审讯人员的"攻击"状态越强，犯罪嫌疑人的心理压力就越大，犯罪事实已经暴露的信息反馈就越强，反之，如果审讯人员的状态没有"攻击性"，就不可能对犯罪嫌疑人的心理形成压力，不可能掌握审讯的主动权，就会让犯罪嫌疑人认为你根本就没有掌握他的犯罪事实，就会认为你的底气不足，犯罪嫌疑人就会转守为攻，向审讯人员发难，转被动为主动。

审讯人员心理的"攻击"状态有利于克服各种消极因素。首先，审讯人员心理的"攻击"状态有利于审讯人员对案件全身心地投入，维护注意力的高度集中。在审讯活动中审讯人员注意力的分配与转移直接影响审讯的效果，人的注意力是由于受到各种不同因素的影响而发生的分散，注意力的分散是一种消极的心理现象，是注意力效率消失的反应。"攻击性"的心理状态，是受较强的内在动力的驱使，能排除其他信息的干扰，剔除与犯罪无关的多余的信息，保持注意力不向他处游离。其次，审讯人员心理的"攻击"状态，有利于限制犯罪嫌疑人的思维，使其思维集中在回答审讯人员提出的问题上。通常当犯罪嫌疑人的谎言被揭穿，处在走投无路的时候，在审讯人员"攻击"状态的控制下，犯罪嫌疑人就可能走向供述交罪的路。与此相反，如果放松了对犯罪嫌疑人"攻击"状态的控制，即便是犯罪嫌疑人处在无路可退的情况下，犯罪嫌疑人的思维也会被扩展，通过联想来帮助其摆脱困境。

第三节　审讯人员对犯罪目标紧追深挖的侦查意识

什么是侦查意识？它是公安、检察机关的办案人员，根据法律的规定，在办理刑事案件的活动中，为了查明犯罪、证实犯罪，运用感觉、知觉、思考、记忆等心理活动，对案件中的人、事、物变化的综合觉察与认识。在审讯活动中，审讯人员为什么必须具备深挖犯罪的侦查意识？从审讯活动本身的特点来看，审讯活动在很大的程度上，是侦查活动的继续。因而它不仅仅是向犯罪嫌疑人索取已经暴露的犯罪的口供证据，更重要的是向犯罪嫌疑人索取犯罪嫌疑人已经实施的、暂时还没有暴露的、被其隐瞒的、全部的犯罪事实和口供证据，以及他人犯罪的线索和口供证明。从意识的角度上来看，审讯人员的侦查意识，也是与犯罪嫌疑人进行心理交流、心理影响和心理透视的综合觉察与认识。这种意识的存在，是以犯罪嫌疑人的抗审心理特征为前提的。作为审讯对象的犯罪嫌疑人的全部心理活动，总是围绕如何逃避法律的惩罚而展开的，以最大的限度承担最小的法律责任为目的，以已经暴露的犯罪去掩盖还没有暴露的犯罪，以小的犯罪掩盖大的犯罪，以某一次犯罪掩盖其他数次犯罪为基础的。经常采用"能赖的就赖，能推的就推，能瞒的就瞒，不该说的坚决不说，能少说的不多说"的抗审方法，在他们中间流传这样一句顺口溜："坦白从宽，牢底坐穿，抗拒从严，回家过年，争取宽大，重要别发。"这些观念根深蒂固地埋藏在犯罪嫌疑人的心灵深处，只有深挖才有可能使其全部地暴露出来。按照过去核对式的审讯方法，只能就案办案，出现一件办一件。例如，一盗窃犯罪分子，是以盗窃为业的惯盗，当在某一次盗窃时被抓获，如果审讯人员没有深挖犯罪的侦查意识，仅仅局限在被抓获的这一次盗窃上，定罪量刑也只是针对该次的盗窃犯罪，对其他盗窃犯罪事实就可能放纵，不可能起到深挖犯罪、打击犯罪的作用。

审讯人员对犯罪目标紧追深挖的侦查意识，是审讯的基础，也是审讯的发展方向。多年的侦查审讯工作的实践证明，完全复核式的审讯方法，已经不利于打击犯罪和侦审工作发展的需要。从复核式的审讯方法来看，它一方面着眼于查明案件本身的犯罪事实，通过案件的主、客观证据来证实犯罪。另一方面是防止冤、假、错案的发生，进行的复核。它的局限性在于不能强化审讯侦查的侦破功能。而对犯罪目标紧追深挖的侦查意识，不仅不会妨碍侦审的复核功能，还是对其重要的发展和补充。因为深挖的前提是以核对案情为基础的，只有对案情有了进一步的了解，才有可能在此基础上进行深挖，才能使我们的审讯工作适应新形势下出现的新问题、新特点的需要。

第四节　审讯人员的坚强意志和应变能力

审讯人员与犯罪嫌疑人的较量，是双方心理较量的过程，在很大程度上也是意志上的对抗，坚强的意志是战胜对手的基础。从意志的一般概念来看，意志是人为了达到一定的目标，为了一定的目的，自觉地组织自己的行动，并且与排除障碍克服困难相联系的心理过程。从其特点来看，意志是人的心理过程，是实现改造客观世界的积极性和能动性的集中表现。它总是与人的有目的、有组织的行动密切相联系的，无行动的目的，很少有意志的存在。例如，下意识的习惯动作、盲目的冲动行为，就不可能与意志发生联系。另外不是所有排除障碍克服困难的行为都需要意志的努力，因为有时克服困难无须努力就能完成，比如天气热了自己的衣服穿得比较多，为了克服天气对身体带来的不适，顺手把衣服脱下来就行了，无须用更大的意志努力就能完成。由此可见，意志与困难的程度有着密切的关系，意志的强弱主要是以克服困难的程度来衡量的。审讯人员在面对极其狡猾负隅顽抗的犯罪嫌疑人时，不仅要有娴熟的审讯技巧，更重要的是要有坚强的意志，才能战胜我们的对手。

审讯人员与犯罪嫌疑人相互对抗的意志行为过程，可以分为两个阶段。首先是审讯人员和犯罪嫌疑人各自做出行为决定的阶段，这个阶段的主要任务是确立目标，进行相关的准备活动。其次是审讯人员和犯罪嫌疑人执行行为决定的阶段，他们心理的意图、希望、计划、措施和方法在这一阶段通过具体行为使自己的目的付诸实现。在这两个阶段中，包含着许多复杂的又相互联系的心理过程：他们从动机冲突开始、确定行动的目的、选择达到目的的行动方法、对心理定向的实施。

第一，从动机的冲突来看，人在行动之前，首先在心理上会产生行为的动机，当行为动机遇到阻碍或者当行为动机发生矛盾时，就会产生矛盾冲突，在审讯过程中，经常能够发现犯罪嫌疑人紧张不安的心理状态，只有当矛盾冲突被解决以后，行为的目的才能被确定。当我们的办案人员接到某一起案件的审讯任务时，总想取得该案件的审讯成功，但是又怕犯罪嫌疑人顽固不化，自己拿不下来，出现畏难心理，或者犯罪嫌疑人还有可能出现对审讯不利的难以预料的情况，由此而产生动机冲突，只有动机冲突解决了，行动的目的才能确定。很多的审讯人员在产生动机冲突之后，产生出先摸底、试试看的动机。从犯罪嫌疑人的动机冲突来看，当犯罪嫌疑人第一次被侦查人员讯问的时候，他就可能清楚地知道自己的犯罪事实已经暴露，那么如何来面对审讯人员的讯问？是交代还是抗拒？如果交代了罪行，就要被判刑；如果抗拒下去，会不会有从重处罚的结果，他们到底掌握了我多少犯罪事实？这两种动机产生了矛盾冲突，只有当冲突被解决以后，才能确定行动的目的。有许多犯罪嫌疑人的动机冲突的结果，选择了先抗一抗试试看，实在抗不过去了再交代。由此可以看出怎样对待和处理动机冲突，可以衡量一个人的意志品质。

第二，从确定行动的目的来看，经过冲突后确定的动机，产生了行动的目的。审讯人员当前的行为目的是让犯罪嫌疑人如实地交代自己的犯罪事实，此后的目的是以铁的犯罪事实，将犯罪分子移送法院审判。而犯罪嫌疑人的行为目的却与此相反，他们当前的行为目的就是掩盖自己的犯罪事实，此后的行为目的是逃避法律的惩罚。但是，行为目的并不是仅仅局限为远、近两个层次，因为它们又是由不同的层次来表现的，也就是说为了完成远的行为目标，必须首先完成近的行为目标。只有取得一个个层次的成功，才能取得最终的成功。

第三，从选择达到目的的行动方法来看，当我们确定了目标以后，必须要考虑选择什么方法来实现这一目标，由于人的本身的特点不同，世界观不同，专业水平不同，完成同一目标的方法也是不同的。例如，我们在审讯犯罪嫌疑人的时候，为了完成犯罪嫌疑人认罪服法的行为目的，首先必须消除犯罪嫌疑人的抗拒心理，建立审讯人员与犯罪嫌疑人正常交流的心理基础。其次是改变犯罪嫌疑人对自己犯罪的心理认识，建立自我说服的心理机制。最后是引导犯罪嫌疑人走坦白从宽、认罪服法的路。因此当我们接受审讯任务时，必须根据主、客观的条件，选择有效的行为方法，以达到制伏犯罪的目的。

相互对抗的意志行为过程的执行决定阶段，也是意志行为的完成阶段。我们确定了行为的目标，制订了完成目标的行动计划，并不等于实现了目标，那仅仅是意志活动的开端，要达到目标还必须付出艰苦的努力，不断地产生矛盾冲突，又不断地克服困难，这是意志活动的中心环节。实际上这也是意志的冲突和意志较量的结果。克服了困难就能达到目的，相反，意志薄弱者只能以失败而告终。审讯人员和犯罪嫌疑人在执行决定阶段，在很大的程度上表现为意志较量的结果。审讯人员如果能克服畏难情绪，不断总结经验、选择正确的方法，不获全胜绝不收兵，就能在意志上战胜犯罪嫌疑人。相反，如果犯罪嫌疑人能够克服胆怯，无论外来的压力有多大，始终坚持"只要自己不开口，神仙难下手"，在其意志强过审讯人员的意志的时候，他就可能取得抗审的成功。

审讯活动中意志过程的障碍的克服，是非常重要的环节。审讯人员和犯罪嫌疑人的意志行动，是不断地克服障碍来完成各自的意志的过程，谁能不断地克服障碍，谁就能以坚强的意志战胜对方。人的意志行动的产生，是在某种程度紧张的情况下出现的，而这些紧张的状态又来自各个阶段所遇到的不同的困难和障碍，它是动机冲突的基本原因。审讯活动中"审"与"抗"各自在确立行为目的之后，总会引起多种起作用的动机之间的矛盾冲突，如何能在这些动机中分辨出自己所需要的主导动机，这与我们的业务水平、知识修养、信念和责任心以及达到目的的客观条件有密切关系。当主导动机出现时，应当判断它是否有利于促进已经确立的行为目的，如果不能，就要及时地进行调整、改变动机的状态。其方法在于：

首先，是要了解自己的动机是明确的还是隐蔽的。人在进行一系列的活动时，有时有明确的动机，自己可以意识到。而有时的动机却是隐蔽的、伪装的，不容易意识到。例如，当审讯人员的意图被犯罪嫌疑人识别以后，处在被动的状态时和不利的状态时，出现了混乱的心理状态，而此时审讯人员仍然表现出镇静，实际上这个动机可能就是伪装的，他的目的是怕犯罪嫌疑人发现真相，造成自己难堪的处境和局面。只有了解自己的动机是真实的还是伪装的，才能接受它、改变它。

其次，是了解自己的动机所处的位置。动机是为了满足需要的时候产生的，有的犯罪嫌疑人的动机是为了满足自尊的需要，有的犯罪嫌疑人的动机是满足缓解心理压力的需要，实际上在审讯过程中它们仅仅是眼前的需要。有的犯罪嫌疑人的动机是满足逃避法律的惩罚的需要，这是与长远利益相联系的动机，与长远利益相联系的动机要通过近期的一系列行为来完成。例如，犯罪嫌疑人为了逃避法律惩罚的动机的需要，就必须控制住自己近期满足自尊、缓解心理压力的动机的需要，从而实现今后的自尊、彻底解脱心理的压力的目的，最终实现逃避法律惩罚的目的。同样如此，审讯人员在审讯的过程中经常会出现畏难的和速成的动机，这就是眼前的动机，如果审讯人员能够时刻注意自己最终的动机，他就会努力地克服、抵抗眼前需求的满足，忍住近期的动机，从而实现使犯罪嫌疑人如实交代的长远目的。因此了解动机冲突及各种动机所处的位置水平，就可以从中选择主导动机。

最后，是学会调整、增加和改变自己的动机。审讯人员与犯罪嫌疑人在审讯活动中的冲突，实际上是动机冲突，这种冲突经常会出现相互对峙的局面，其结果大多表现为意志坚强的一方，战胜意志薄弱的一方。但是从审讯人员和犯罪嫌疑人的双方的意志比较来看，并非审讯人员的意志就强过犯罪嫌疑人的意志，因为人的意志在很大的程度上受到人的生理条件的制约和生活经历的影响，因而，审讯人员在遇到意志坚强的犯罪嫌疑人时，就要学会自我调整，始终保持积极的"攻击"状态。怎样调整自己的动机？当双方的动机冲突出现相持不下的局面时，再设立新的动机来予以支持，其目的是增加动机来增强意志。例如，审讯人员对贿赂案件的审讯，确定犯罪嫌疑人有受贿行为，而犯罪嫌疑人则否认自己有受贿行为，出现了相互对峙的局面，最后形成双方意志的较量，结果是，强则胜、弱则败，如果审讯人员假设犯罪嫌疑人坚持不了多长时间就会交代的，那么审讯人员就会坚持下去，直到犯罪嫌疑人供述为止，这样就从根本上起到了增强意志的作用。就像一个走长路的人，走了很长的时间到不了目的地，产生了急躁和畏难情绪，如果这时他能设立一个动机，告诉自己每走一步，就接近目的地一步，这样他就会强制自己能多走一步就多走一步，直到到达目的地。人的意志就是在不断调整动机、增加动机、改变动机的活动中来完成的。当某一动机不能支持意志达到目的时，或者出现了意志过程的障碍时，说明主导动机此时需要在其他动机的支持下，强化意志过程，达到最终目。有一次，笔者在审讯一名行贿犯罪嫌疑人时，对方的口封得比较紧，一连几个小时的对峙僵局，笔者就开始怀疑我们掌握的材料是否准确，对方是否真的有行贿犯罪？笔者在问自己是否还有必要继续再审下去？也就是说笔者的主导动机出现了障碍，结果笔者还是放弃了继续审讯。当笔者第二天仔细阅读材料继续进行审讯时，犯罪嫌疑人很快就交代了自己的犯罪事实。当笔者问其昨天为什么不交代时，他说："昨天你们再坚持问下去，我就准备交代了，因为当时我已经坚持不住了，可是就在这个时候你们停止了审讯，我也就混过了这一关。"事后回想一下，如果笔者在前一天能及时发现或者遏制动机障碍的出现，及时调整增加新的动机来支持主导动机，对方坚持不了多长时间就会交代的，只要我们有坚强的信心，就能取得审讯的成功。这一新增加的动机很明显地支持了主导动机，强化了审讯人员的意志过程。这里应该指出的是，在审讯过程中增加新的动机其目的不是更换主导动机，而是支持主导动机，如果新增加的动机不能支持主导动机，就失去了增加的必要，相反新增加的动机也就可能成为主导动机的障碍。审讯活动中的主导动机不可随便更换，因为它是由审讯的任务和目的来决定的，审讯的目的就是要让犯罪嫌疑人交代犯罪事实，这就是审讯的主导动机。如果把主导动机更换了，其目的也更换了。

第五节 审讯人员如何使用自己的眼睛

我们在接触犯罪嫌疑人的时候，最先看到的是眼睛，通过看来了解自己的对手。眼睛是全身接受非语言交流的重要的组成部分，被誉为"心灵的窗口"，这表明它具有反映深层心理的功能，其动作一向被认为是最明确的情感表现。在与犯罪嫌疑人初次接触时，出现的四目对视实际上是审讯人员与被审讯人员的较量，谁的眼睛先避开对方，谁多半就是失败者。审讯的成功与否，首先是要看了解自己的对手多少，只有了解了对方，才能制伏对方。怎样以最快的速度了解对方？实践证实，用眼睛看是最快的了解方法。

一、观察犯罪嫌疑人外部气质特征以及所采取的对策

气质特征实质上也是人的较为稳定的心理特征。人的情感活动产生的速度、强度，注意力集中时间的长短，思维的灵活程度，心理活动指向性以及情感的外部表现习惯，都是由于心理活动的动力引起的。但是由于每个人的心理、生理素质以及受外界环境的影响不同，其心理动力的特点也不同，表现为内向型、外向型、性情急躁型。由于这种人格特点的不同，学者们把这些不同气质特征的人，分为四大类，即胆汁质型、多血质型、黏液质型、抑郁质型。在审讯活动中对犯罪嫌疑人的气质特征的分类应有容易辨别的特点、有形象性的表述，较为容易掌握，故此，学者将犯罪嫌疑人的气质特征分为四类，即：英雄型气质、外露型气质、理智型气质、内省型气质。

（一）各个不同气质类型的特征

1. 英雄型气质：动作迅猛、性情急躁，有强烈的兴奋过程，抑制能力较差，喜欢引人注目，容易激动，容易为情感左右，语言直率，不瞻前顾后，反应迅速，但耐力差。

2. 外露型气质：动作灵敏，性情活泼，反应迅速，理解力强，适应性强，想像力丰富，感情容易表露，好动不好静。

3. 理智性气质：言行稳重，慢条斯理，因循守旧，灵敏性不足，沉着冷静，不狂热，不带感情色彩。

4. 内省型气质：动作迟钝，感情脆弱，孤僻，容易固执己见，适应力差，反应慢，优柔寡断，有耐力，戒备心强。

（二）各个不同气质类型的外部表现

1. 英雄型气质：这种人的表现是心直口快，爱发火，爱说话，控制力差，说话时不加思考，比较草率，防御体系不严密，情感容易冲动，在外力的刺激下，较难控制自己，其人自尊心强，一旦形成一种观念，不容易改变。

2. 外露型气质：适应性强，领会意图快，能言善辩，应变力强，好动不好静，注意力不容易集中，主见差，善于顺从别人。

3. 理智型气质：循规蹈矩，不轻易答话，说话时都要反复思考，对外来信息反应慢，动作迟缓，但有较强的耐力和韧性，好固执己见，其防御体系强，态度顽固。

4. 内省型气质：情感怯懦，瞻前顾后，多愁善感，对外界的刺激冷漠，戒备心理强，顺应性差，思想偏执，爱钻牛角尖。

（三）各个不同气质类型的讯问方法

1. 英雄型气质：利用其情感容易冲动，抑制力差的弱点，采取强弱、快慢相结合的方法，引其激动，追准一个目标不放，让其暴露耐力差的弱点，对矛盾点施加心理压力不放松，直到交代为止。注意在利用矛盾发现谎言的时候掌握力度，保持在对方心理能承受的压力范围内，不能过弱，也不能过强，弱了达不到效果，强了超过对方心理的承受压力，容易引起僵局。

2. 外露型气质：讯问时有意放慢讯问的速度，违反其反应快的思维习惯，逐步使其放松戒备找准矛盾的空缺紧追不舍，迫使其交代。为了打乱其较强的防御体系，可采取跳跃式的发问方法找目标，对要害问题不要急于涉及。要注意不断转移目标，摸准对方的防御"工事"，出其不意攻其要害，有时也可以搞"火力侦查"，故意刺激对方的情绪，使其激动，暴露其心理特点即定势心理的环节，然后给其"下台阶"，给对方"面子"，使其有个转变的机会，走自首坦白交代的路。

3. 理智型气质：这种人的特点是节奏慢，讯问时要耐心沉着，不可急于求成，从一件事情向另一件事情过渡要有一个铺垫的过程。这类人一般不容易激动，一旦被激怒了，是不计后果的。在进行心理限制的时候，应一步一步地挤上去，速度不可过快。在其达到一定的限制范围和紧张程度的时候，审讯人员不要用"形"来影响对方，而应多用"势"来逼对方交代。

4. 内省型气质：此类人胆子小，容易紧张，性情孤僻，适应性差，讯问时要从一些比较容易回答、感兴趣的事入手，消除其紧张情绪，也可用自由交谈的方法，逐步进入实质性的问题。同时这类人悲观的情绪来得快，对自己始终缺乏信心，这就须为其指明前途，鼓励其树立认识自己纠正自己的勇气。要注意利用对方的感情脆弱处，找准其感情脆弱的相关处，如家庭、社会、他人、工作单位、前途、事业等，利用上述这些关系，进行某一特定的信息输入，促其产生"内疚"，将事先准备好的"关键语"及时地送上去，便可使其交代。当然在有证据的情况下，要充分地加以利用，减少不必要的弯路。

二、观察犯罪嫌疑人心理深处的奥秘

审讯的过程实质上是侦查人员与犯罪嫌疑人交流的过程，审讯的目的是让犯罪嫌疑人如实地交代自己的犯罪事实。审讯中侦查人员如何通过这种语言的交流来证实犯罪，就是我们常说的"审讯"，实质上这是一种心理交锋的攻心战术。既攻心就需知心，兵法说："知己知彼，方能百战不殆"，审讯中只有找准了犯罪嫌疑人的心理特点和心理障碍才能有的放矢，取得成功。

通常把犯罪嫌疑人的心理变化划分为四个阶段：①试控摸底阶段；②对抗相持阶段；③反复动摇阶段；④供述交罪阶段。在这四个阶段中，试探摸底阶段是基础，这个阶段带有双重性，它既是犯罪嫌疑人摸审讯人员的底，探明审讯人员掌握了多少犯罪事实以及审讯人员的特点，同时也是审讯人员向犯罪嫌疑人调查摸底的阶段。犯罪嫌疑人在接受审讯时不同的心理状态，会通过不同的言行表现出来，讯问人员应注意察言观色，掌握被审对象的心理状态，做到对症下药。

犯罪嫌疑人在实施犯罪以后，其畏罪恐慌心理较为突出，这是犯罪嫌疑人惧怕罪行被揭露而受到法律制裁的一种普遍的心理状态。在其心理思维的过程中失去了平衡，发生了紊乱，在审讯中表现为情绪高度紧张，神态恍惚，肌肉抽搐，两眼发呆，面色苍白。有的犯罪嫌疑人则为掩盖自己的心理紧张状态，两眼半闭，面部表现为半睡半醒状态，让审讯人员产生错觉，例如，1999年4月我们在办理一起某厅级干部受贿案件时，犯罪嫌疑人为了掩盖自己巨额受贿的犯罪事实，在审讯时，表现神态恍惚，反应冷漠，对我们的提问不予理睬，漫不经心，两眼半闭，面部表现为半昏睡状态，以此来掩盖自己的紧张心理。

在审讯中被审对象的心态各异，审讯人员对被审对象所施加的心理影响不同，反应被审对象的各个阶段的心理状态也不同，审讯人员应注意观察——"察言观色"，以便采取相应的对策，是极为重要的。

三、观察犯罪嫌疑人的神态变化

(一) 犯罪嫌疑人神态变化之一——脸部信息

1. 面部表情。面部表情是人的内在心理活动的外部表现，也是思想情感的外部表情，是一种传递"心理活动"的媒介。但是人的面部表情既可以说实话也可以说谎话，而且常常在同一时间里既说实话又说谎话。在审讯活动中，犯罪嫌疑人时常利用面部表情，来作为掩饰和伪装其真实思想和犯罪事实的"假面具"。一般而言，面部表情可提供两类信息：一类是犯罪嫌疑人想让审讯人员知道的信息；另一类则是犯罪嫌疑人想隐瞒的信息。有的面部表情可以帮助犯罪嫌疑人骗人，使审讯人员产生错误的印象和判断，而有的面部表情则一看就知道是假装的。那么怎样才能通过面部表情来发现犯罪嫌疑人的心理活动轨迹呢？从面部表情动作的两重性来看，它既包含了情不自禁，下意识的表情，这种表情是生理上的自然反应的表情；也包含了有意控制的表情，这种表情是人为控制的。前者是不自觉产生的，因此可以看到对方真实的表情，而后者是人为地加以控制而产生的，是以虚假的表情来干扰真实的表情。不过要想通过控制面部表情来隐瞒真实的情绪并不是件容易的事，其面部表情与真实感受之间是难以和谐的，常会被人看出隐瞒的印迹。这是因为，当情绪发生时，生理上所发生的某些变化是自然而然的，而且往往来得极快，人无法加以控制，只能被动地加以感受。如果人为地要隐瞒自己的真实感情的时候，那么其面部表情也会明显表现出来。例如，在掩饰恐惧的情绪时装出愤怒的样子来，因真实的恐惧所自然产生的面部肌肉动作和因伪装愤怒所控制的面部肌肉动作的变化趋向会发生矛盾或冲突。具体来说，在产生恐惧时眉毛会不自觉地抬起，而在伪装愤怒时却必须将眉毛往下压，这两种反应是不同的。但在某些时候，我们不能从表面上去判断对方的原因是，真实的情感和心理活动常常被隐藏在伪装之下，难以识别，所以我们要学会从不同的表情和动态中，探视对方的性格特征和真实意图。罗曼·罗兰说："面部表情是多个世纪培养成功的语言，比嘴里讲得更复杂到千百倍的语言。"如失去平衡的表情。如果犯罪嫌疑人的感情很激动，使他的面部表情失去平衡，你会清楚地看到他的脸上是如何刻画这些变化的。如果对方的心情比较平静，他的面部肌肉就会松弛，而一旦遇到悲哀的事情时，那么他的面部肌肉就会绷直，并且一脸的"哭相"。要知道佯装一种与感情不符的表情，对于一般的人来说，是件非常不容易的事。因为内心的活动，倘若不呈现在脸部的肌肉上，那人会显得相当的不自然。审讯过程中犯罪嫌疑人不管如何压抑和控制强烈的对抗心理，如果你仔细观察他的面孔，你会发现他的脸色有不对劲的地方，会出现令人注目的僵直的面孔。

2. 脸色的变化。犯罪嫌疑人从抗审到交罪，总要经过错综复杂的心理过程，这种复杂的心理活动过程，通过脸色的细微变化表现出来。脸色的变化是极其复杂的，再通过眼睛、嘴和面部肌肉的配合，更是细微莫测，虽然如此，我们还是能在这些复杂细微的变化中找到规律。有经验的审讯人员大多采取"少说、多看"的方法，一个小小的肌肉变动，应仔细观察、领悟，得出对方的心理活动特点，有针对性地去行动，比盲目地乱讲一通的作用要大得多。所以，禅家主张：破除语障，重在自己内心感悟。这也说明了面部（脸语）语言的重要性。人的脸色随时随地都在变化，像天上的云彩变化无常，我们在观察对方的反应时，要注意时间、环境、事件、关键语的变化对脸色变化的影响。

3. 面部肌肉的变化。形成面部表情的肌肉是多种多样并且是有区别的。但有些面部肌肉是可靠的测谎依据，同时也是心理活动轨迹的表现，因为装出来的表情不可能使其面部肌肉正常地运动；当它们正常运动起来的时候，要想加以控制，也是不太可能的。这些极难人为控制的面部肌肉，只有在人感受到某种情绪的情况下，才会自然地有所动作。比如某些人虽然不能故意地把嘴角往下拉，但是在觉得悲伤、忧愁的时候，其嘴角却会自动下拉。因为这一类的肌肉难以用意志加以控制，所以情绪心理学家把它称为"可靠肌肉"。"可靠肌肉"的主要活动点是额头。当人们在悲伤、忧愁、焦虑以及产生负罪感时，面部最引人注意的是额头，其余的部分常常没有特殊的表情和动作。由于眉毛的里侧往上拉，常常就牵动上眼皮使之形成三角形，并且在额头中部形成皱纹。有人曾经做过实验，表明可以随意做出这种表情的人不到15%，因而有人即使想装出悲伤、忧愁、焦虑等情绪，也无法有效地牵运这些肌肉，相反，一旦对方真的感到悲伤、忧虑或产生负罪感时，想隐瞒也非常困难。当犯罪嫌疑人在害怕、恐慌、着急、担忧自己的事情败露时，眉毛会奇特地扬起来，这种面部肌肉动作是两类动作的混合结果，也是极难随意做出的。当人产生这些情绪的时候，上眼皮会抬起而且拉紧，引起眉毛的变化和面部肌肉表情动作来加强语气信号。此外，脸上专门有一块肌肉可以把眉毛往下拉，而且是拉在一起，达尔文把它称为"困难肌肉"，一旦遇到困难、危险、难解的问题，搬起重物等，这种肌肉便开始出现了，在审讯时应时刻注意这种肌肉的变化。

4. 不说话的嘴。犯罪嫌疑人的嘴唇颤动，其内心状态是非常激动的，大多是为了否认自己的罪行，为自己或别人的犯罪事实进行狡辩。嘴唇上提，是蔑视或看不起审讯人员，对这种情况采取两个极端的方法，一是给"下马威"，对其震慑；二是用卑谦之词"戴高帽"。嘴唇前伸，表现为询问，说明对方没有弄明白审讯人员提出问题的真正含义。嘴唇上下在不住地接触，是在思考。审讯人员在这时就应送上"关键性"语言，让对方的思考顺着审讯人员的思路走。舔嘴唇，这是一种恐惧的表现，这种心理状态是不利于审讯的。因为与恐惧情绪伴随产生的戒备心理带有极强的防御机制，采取强攻难以奏效。审讯人员要及时判断，放慢速度，让其情绪缓和一下，在自由的交谈中发现矛盾。咬嘴唇，这是一种猜疑的心理状况，出现这种情况，说明他一定是在关心着什么问题，并且与自己有很大的关系。如果审讯人员没有搞清楚对方关心着什么问题，不要轻意透露与案情有关的情况。把不该透露的东西告诉了对方，就会给审讯带来不必要的麻烦。

（二）犯罪嫌疑人神态变化之二——眼睛的变化

根据观察，从被审讯人员的眼睛中也能看出其微妙的心理变化，无论是眼睛、眼神、眉毛，甚至视线。当对方的眼睛始终注视着审讯人员的眼和嘴之间回答问题，说明被审讯人员的心理状况是平静的、漫不经心的。这一情况表明其交代的问题，在他认为不是重要问题；用眼睛注视对方的眼和头顶回答问题，其心理状态是严肃认真的，态度比较坚定。对待这种情况，审讯人员应认真地分析对方回答的问题，为下一轮讯问做准备。用眼睛看着审讯人员的眼和胸部之间回答问题，显示出对审讯人员的信任和好感，这是我们审讯得以成功的基础。

1. 眼神的变化。心理学家告诉我们，人内心的隐秘、情感的流露、胸中的奔突，总是自觉不自觉地在不断变幻的眼神中流露出来。还有人说："只要你送我一个眼神，我会知道你想的是什么，你想说什么。"在中国汉语中表达"看"这一意思的词汇就非常丰富：看、瞧、观、望、瞅、溜、扫、视、览、相、盼、顾、张、瞩、眺、瞟、瞪、盯、瞄、眈、窥、睹、睁、眯、眨等。在审讯中学会了观察"眼神"，它就能帮助你看透犯罪嫌疑人心灵深处的奥秘，这是语言本身所无法代替的。

在审讯中，与对方的眼神交流时，你务必要懂得双方的这种眼神不是无缘无故随便表现出来的，而是经历复杂的心理反应过程，在大脑的支配下，通过他的主观意识的取舍后才注入他的眼睛，出现不同的神态反应。即他们的目光来自这样的渠道：首先是通过自己的眼睛看到对方是什么样的情况，然后表现出自己对对方的态度，同时又用眼睛去捕捉对方对自己的态度。如互相正视，表示坦诚；互相瞪视，表示敌意、仇恨；乜斜着眼扫一下，表示蔑视、鄙夷、憎恨、鄙视；不住上下打量对方，表示挑衅；低眉偷觑，表示困窘心虚；注目正视，表示尊敬、关注；白他一眼，表示反感；双目大睁或面面相觑，表示吃惊、突然；眼睛眨个不停，表示疑问、思考；眯着眼看，表示不高兴或者轻视。从目光中可以看出对方的内心"密码",识别真假"心里话"。

眼睛闪烁不定,反映出精神上的不稳定,这时对手的心理状态是处在交罪和畏罪的矛盾斗争状态中;眼神呆滞,往往用眼睛盯着一个地方看,即便有所移动也显得呆滞,这是由于紧张的心情和思想矛盾而造成的。但是有时大脑在急剧思考也会使眼睛反应呆滞,这时回答问题处于应付状态,讲话的声音也比较轻,速度也比较慢。审讯时应注意掌握讯问节奏,使用关键性的刺激语言,使其向着积极的方向发展。

眼睛转动较快是一种索求的眼神,这时的犯罪嫌疑人的心理状况多半是猜疑,说明他一定是在关心着什么问题,这个问题与他有着某种关系。如果审讯人员不能及时判断这种情况,可能会把一些不该告诉对方的话,在不知不觉中透露给对方,就会使审讯计划遭到破坏,带来不必要的麻烦。

眼睛睁大是一种激动的表情,犯罪嫌疑人的激动有着真激动和假激动两种,即真激动是犯罪嫌疑人为了竭力否认或狡辩而伴随产生的,而假激动则是为了否认和狡辩,纠缠一些次要问题,以达到破坏审讯和搅乱事实真相的目的,应该予以揭穿,严厉打击嚣张气焰。

瞳孔的变化也能反映人的心理变化,瞳孔扩大说明心情兴奋,对某种事态的反应迎合了自己的心理要求,或其满足了对某种情景的追求,达成了共识,产生了内在的心理亢奋,刺激了瞳孔的变化。如赌徒在拿到好牌时,判断肯定能赢钱的时候,心情兴奋,瞳孔扩大,有经验的赌徒为了掩盖这一生理反应,常以戴墨镜的方法,来避免对方的观察。

瞳孔缩小,说明心理压力大,有敌对情绪。讯问时要注意改变问话的节奏,转移对抗情绪。找出敌对情绪的原因,对症下药。

关于瞳孔的变化情况是我们在平常的生活中观察出来的,许多人也许都会感觉到,在光线弱的情况下交流情感,比在强光下显得轻松自如、甜蜜、亲切。因为只有瞳孔扩大,才能表示兴趣和欢愉,而在弱一些的光线下,人的瞳孔是自动扩大的。

2. 注意的时间长短。根据观察,在审讯中犯罪嫌疑人用眼睛注视审讯人员的时间与说话的时间的比例均占全部说话时间的1/3~2/3,如果高于这个平均值,则表明犯罪嫌疑人对涉及的内容是感兴趣的,愿意谈这部分内容。这是什么原因?因为犯罪嫌疑人觉得这部分内容对他利多弊少;如果低于这个平均值,则表示对手隐藏了实情,或有恐惧心理和敌对情绪,他不敢正视审讯人员,此时应设法判断对手隐藏了什么具体实情。由此也能看出犯罪嫌疑人对什么感兴趣对什么不感兴趣,审讯时就能辨别出重点。如果双方注视时间相等,那对手的心情是平静的,说明我们审讯的语言和内容对其刺激的力度不够,这时就要及时改变讯问力度和速度。

3. 眉毛的变化。犯罪嫌疑人眉毛紧锁，有时会下意识地抿嘴咬牙，这种表情属于紧张的表情。犯罪嫌疑人的这种紧张情绪是怎样产生的？从常规的情况看有两种产生的原因：一种是审讯气氛的自然紧张；另一种是说谎，思想矛盾，触及了要害问题。这两种紧张情况通过比较、细心观察才能分清。如果是谎言被戳穿，应趁热打铁，紧追不舍，迫使其丢掉幻想趋于交罪。

眉毛上耸，表现出惊恐、惊讶、激动的否定状态。这是受特种语言环境的刺激而产生的。其表现是竭力否认自己的罪行；为自己或别人的犯罪事实进行狡辩；或为自己受冤屈而辩解。上述情况还要根据被审讯人所处的环境和外来信息的程度与整个审讯过程所反映的规律来比较才能确定。

眉毛下拉，表现为恐慌、思考，这是在眼的配合下表现出来的。通常谎言被揭穿的瞬间出现的情况，审讯时应加快审讯速度，不给对方思考余地。

双眉舒展，这是一种轻松的表情。审讯人员与犯罪嫌疑人经过激烈的交锋，犯罪嫌疑人交代了自己的问题出现的轻松表现。这里应该注意两个要素，一是必须经过紧张的交锋；二是犯罪嫌疑人交代了自己的罪行，两者缺一不可。这是从心理学角度来分析的，但是犯罪嫌疑人究竟交代的彻底程度如何，还要具体分析面部肌肉的放松程度和血色的正常程度以及姿势恢复自然的程度。

双眉微皱，是一种不满的情绪的表现，在正常情况下，被审讯人认为处理不公正，对其人格不尊重，正当要求没有得到满足。这种情绪发展下去便是对抗情绪。看到这种情况审讯人员应主动控制这种情绪的变化。不满的表情是与满意的表情相对的，它是人们在接受刺激过程中的否定态度。由于否定态度存在，会使人们出现暂时的拒绝接受外界刺激现象，如果在预审中，被审讯人出现不满情绪，此时审讯人员的教育和讯问对其就没有多大的效果了。因此，作为一名优秀的审讯人员，必须能够在审讯的整个过程中，主动地控制犯罪嫌疑人的情绪变化，避免对立情绪、不满情绪的出现。当然有时犯罪嫌疑人出现不满情绪，不一定就是审讯人员造成的，也可能是自身的畏罪心理造成的。

（三）犯罪嫌疑人神态变化之三——体态信息

1. 头部的变化。从头部的"体态语言"来看，头向后微仰、两眼半闭，这是一种优势心理的信号，这时审讯人员应迅速摸清对方"定势心理"的活动脉搏，打乱对方的"定势心理"防线，在一时找不准对方的"定势心理"时，采取迂回的方法，找出弱点，予以"攻击"。与此相反，头向前微低，两眼微上视，这是一种胆怯的心理表现，在这种情况下，常用开导性语言，促使犯罪嫌疑人交代。

歪头，将头从一侧倾斜到另一侧，这表明对方对审讯人员提出的问题产生了某种兴趣，这时继续引导就有让对方交罪的可能。

摇头，这种动作有时不仅代表反对，而且常常是对方心理活动的外部反应，经过激烈的心理斗争，持反对态度，摇头便是下意识的反应，在这种情况下，如果没有好的方法一举拿下时，应注意改变审讯的速度，相应对方在思考时就要放慢速度。

点头，点头一般是表示赞同，点头动作的快慢、强弱，表示赞同的程度。犯罪嫌疑人和审讯人员之间的信息交流，若能不断地点头表示赞同，这就是讯问成功的基础，审讯人员需要继续抓住对方的心理脉搏，促进其供述动机的产生。

2. 上肢的变化。双臂交叉在胸前，这种姿势后面的潜台词，是一种预防信号，同时也反映消极态度的存在。当被审人员听到他不喜欢或对他有威胁性的讯问时，就会将双臂交叉起来。如果对方将双臂紧紧地交叉在胸前，而且双手紧握，这就暗示一种很强的抗拒心理。如果稍微变换上述的手势，手掌放开，双臂交叉并且手握住两只胳膊，这就告诉我们他是不会轻易交代的，这种情况说明审讯人员的讯问方法不对路，应改变讯问方法。

用手搓后脖梗，是一种自行谴责的信号，说明审讯人员发出的信息已起到作用。

搓手掌，常常是犯罪嫌疑人对结局的一种急切期待的心理，表明犯罪嫌疑人对审讯人员提出的某些问题或发出的某种信息，急切想找到答案。审讯人员看到这种手势，应注意控制不要说不该说的话，防止对方摸底。

3. 手部的变化。十指交叉，这是一种"焦虑""沮丧"的心理反应，有时也是敌对情绪的反应，一旦紧紧交叉的十指自动打开，则表明被审讯人心理上开始缓和，可以再进一步讯问了。

塔尖式手势，这种手势显示了高傲的心理状态，由于客观条件产生的某种优势支持了犯罪嫌疑人的抗拒心理。审讯人员要立即消除这种心理状态，因为这种心理状态不利于我们的审讯。

双手插兜拇指伸出，这是一种自负的心理信号，这种手势同人的性格和社会地位有着一定的关系。从性格上来看，这是属于外向型，自认为有社会地位、"有钱"或"有势"表现出来的"高傲"态度。审讯时要注意"张弛结合"，利用矛盾揭露谎言、攻其锐气，同时还可采取动之以情，以柔克刚的方法。

4. 腿部动作的反应。双腿底位交叉、双脚相别，这是一种控制消极思维外露，控制紧张情绪和恐惧心理的姿势。通常还把紧握的双拳放在膝盖上，或用手紧紧抓住椅子的扶手。这时审讯人员应消除对方的紧张，采取"自由交谈"的方式，利用有效的证据，使其坦白交代。

摇足抖腿，这种动作表现为焦躁、不安、不耐烦或是为了摆脱紧张感。审讯人员应注意对方出现这种动作的原因，一般说谎时经常也会有这种形态表现。

大腿交叉、小腿相别，这一动作表明对方虽然认真倾听，神态庄重，但他"入耳"并没有"入心"，根据正常的心理新状态，对方此时在想着与自己利害攸关的或者是认罪交代后将会给自己带来什么样的结局和今后的退路问题。这时审讯人员应注意使用引导型的语言。

5. 脚部动作。脚尖，一个人脚尖的方向是他感兴趣的方向，一个人往什么地方去，首先是脚尖指出去的方向，例如，写字楼的电梯是分单双号，在等电梯的时候，有些人站在两个电梯的中间，而脚尖却指向其中的一个电梯，说明他已经准备上那个电梯。审讯时如果犯罪嫌疑人的脚尖指向你，说明暂时还愿意与你谈问题，如果脚尖立起，或脚尖指向别处，那就是对审讯人员不感兴趣的信号。

6. 坐姿的变化。被审讯对象均是坐姿接受审讯人员的审讯，而坐势又根据对方的心理特点不同，其表现也是不相同的，可以说是"千奇百怪""丰富多彩"。尽管有时审讯人员要求被审讯人员正坐的姿势，但有时随着被审对象的心理变化，而下意识地引起坐姿的变化。不同的坐姿又反映出不同的心理状态，在审讯中经常发现被审对象将左腿交叠在右腿上，双手交叉放在左腿跟两侧，这类人此时带有很强的优势心理和自信心。另一种坐姿是将两腿和两脚的后跟紧紧地并拢，双手放于两膝盖上端端正正，这时被审对象的心理大多是顺从状态，愿意接受审讯人员的信息。相反，两腿和两脚的后跟紧紧地并拢靠在一起，双手交叉放于大腿两侧，属于反感、厌烦、不愿接受信息的心理状态。还有一种坐姿，忽然将两腿的距离分开，两只手没有固定的搁放处，其心理活动处于激动的状态。与其相反，当对方自然将身体半躺而坐，双手自然下垂于两腿之间，其心理活动则是平静的。

在对犯罪嫌疑人进行审讯时，首先进入审讯室的应该是审讯人员，而被审对象多数在审讯人员之后进入审讯室，被审对象向椅子上坐下的一瞬间的动作却能反映出其此时此刻的心理状态。当被审对象进入审讯室猛然坐下，表现出极端随意的态度，其实其内心深处隐藏着极大的不安。这是由于人不愿被对方识破自己心情的抑制心理，尤其面对审讯。那么，舒适而深深坐入椅内的则表现出有很强的心理优势。还有些人小心翼翼地坐在椅子的前半部，其心理状态是紧张的。而当这种坐态逐渐向后移位，变成身体靠在椅背，两腿伸出的姿势，其心理状态是平静的。心理学家认为，坐着的人必然在潜意识中想着立即可站起来的姿势，心理学上称它为"觉醒水准"的高度状态，随着紧张的解除，该"觉醒水准"也会因此降低，这就是上述的原因所在。

以上是通过看人体动作的不同变化，判断被审讯人员的内心世界，这就要求讯问人员集中思想注意观察，不放过对手微细的形体变化，掌握审讯的主动权。

（四）犯罪嫌疑人神态变化之四——空间信息

当犯罪嫌疑人愿意把事情的经过讲清楚或者对审讯人提出的某一类事情感兴趣的时候，下意识将凳子向前拉，接近审讯人员，缩短相互的距离，这是被审对象愿意接受审讯人员的信息。

美国学者爱德华·霍尔有这样的一句名言："空间也会说话。"他认为人们都有一种保护自己的个体空间的需要，这并非表示拒绝与他人交往，而只是想在个体空间未受侵占的情况下自然地交往。同样心情愉快、舒畅、愿意与别人交流时，这种个体空间就会有较大的开放性。如果愿意接受对方的信息，这种个体将会主动缩短这种空间的距离；反之，就会加大这种空间的距离。所以当被审对象愿意接受审讯人员的信息，有时会下意识地拉凳子来缩短与审讯人员的距离。

心理学还把这种空间分成"情的空间"和"知的空间"，即把坐在身旁的横向空间叫作"情的空间"，因为这种情景和恋人谈心的方式相似。恋人多半谈情感方面的内容，它能产生亲密的感觉。而面对面坐的纵向空间叫作"知的空间"，这种形势容易精神集中说明事情。我们在审讯时就采用这种面对面的坐势，它便于把全部的精神集中到审讯人员与被审讯人员的相互交流上。这种"知的空间"没有可容情意进入的余地。

为了洞悉对方的心理状态，控制并掌握对方的心理，有时故意破坏个体空间，往往会强烈影响对方的情绪，收到出其不意的效果。在审讯时为了消除对抗心理，打破僵局，有时故意将"知的空间"变换成"情的空间"，有意识地走到与对方平行的位置上与其交流，采取这种方法来打破僵局消除对抗心理，也常常会收到良好的效果。

第六节　审讯人员如何使用自己的耳朵

用"耳朵"听，是人们在日常生活中获取信息的重要方法之一，也是获取信息的重要手段，它不仅在人们日常生活交往中起到很重要的作用，而且在我们与犯罪分子的斗争中也有着重要的作用。"听"是向犯罪嫌疑人提取信息的重要途径，因而在讯问犯罪嫌疑人时的听，与日常生活中人们交往中的听，有着重要的区别，有更深层次的要求，这种听，要听出犯罪嫌疑人内心深处不愿向司法机关供述的犯罪信息，要听出犯罪嫌疑人在接受审讯时的不同时期的心理状态，要听出犯罪嫌疑人下意识暴露的信息，要听出犯罪嫌疑人在抗审阶段的谎言，不仅要听出话中话，还要听出话外话，充分地发挥听的作用。

（一）"听"的方法

1. 仔细地听。首先就是要取其精华，去其糟粕，抓住对方说话的要点。我们在审讯的时候，由于犯罪嫌疑人的特殊心理状态，在接受审讯时总是拐弯抹角、模棱两可、支支吾吾、藏头露尾，有话不直说，我们必须加以梳理过滤，去掉水分留下干货。那么，怎样才能去"水"留"货"呢？这就需要我们去掌握听的方法，这种方法就是仔细地听。听的信息来源是被讯问对象的供述，这种供述的过程是通过犯罪嫌疑人的说，经过一定空间的传递，被审讯人员接受，这一信息接受的全过程只有在不受任何障碍的情况下，大脑在接受听的信息循环的时候，才能完整地接受对方发出的信息，如果大脑在接受别的环节思维的时候，没有处在接受信息的状态，便产生了接受信息的"盲区"，即便你是有耳在听，也是听不到东西的，取不到外来的信息。要完整地取得外部信息，必须控制自己的大脑始终保持在接受信息的状态下，排除其他环节思维的干扰，排除外界空间的客观干扰，也就是我们通常所说的"静静听"才能获取完整的信息。静静听的目的，就是要主观上始终保持着吸取的状态，别让其他思维环节加入，这种吸取状态，也包括随时吸入，随时进行加工处理的功能。再者，还要防止客观空间障碍或其他信息的侵入，使信息的来源渠道畅通。另外还要时刻注意发送源的障碍侵入，一旦发现障碍信息侵入信息发送源时，应及时排除予以调整。要让对方完整地把信息传递完毕，不要中途打断对方的说话，要耐心地听完对方的全部意思表达。

2. 努力地记。一名合格的审讯人员首先应该能将全部犯罪嫌疑人交代的信息记下来，放到全部案件中去分析、研究，确定犯罪嫌疑人是否构成犯罪，犯什么罪，与其他犯罪嫌疑人联系的主客观依据。其次，犯罪嫌疑人在抗审中，所采用的方法，供述的矛盾点、谎话，心理活动的特点，语言的特征，气质和性格，只有努力地记住犯罪嫌疑人的每句话，每句话的音符、节奏、强弱、间隔等，才能获取到全部的真实的信息，才能去其糟粕，取其精华，进行分析研究采取对策。最后，要努力地记住犯罪嫌疑人的语言特点，语言连续性中的断句，供述的内容，忽然转变的话题，语调中的强弱调，语句中的半句话、刺激语，为的是广泛地收集资料，加深对犯罪嫌疑人的了解，根据犯罪行为的特点，不放过任何一个可疑的细节和对方下意识表现出来的信息。通过这些能反映对方心理变化的特征,找准促使犯罪嫌疑人供述的方法和对策。

3. 细心地分析。通过"耳朵"的听,收集来的信息必须通过加工整理,去"水分",找出问题的核心,才能为我们审讯所用,这一过程就是分析的过程。分析的过程也就是我们对犯罪嫌疑人发出的信息加工、整理、去伪存真的过程。犯罪嫌疑人所供述的每句话,都有其原因和目的,在抗审中的被审人总是要千方百计地掩盖自己的犯罪事实,因而在接受审讯时所表现出来的语言特点、表达方式、心理的反应也不相同。例如,有的人在接受讯问时,忽然火冒三丈,有的忽然转变话题,有的说"半句话",有的在一句连续性的话中多次出现断句,有的说话的语调时强、时弱,这就需要我们细心地分析,找其原因,发现对我们"有用"的东西,找准目标,有的放矢。同时对那些经过信息刺激的反应和细微的语言变化,都要认真地分析研究,多问几个为什么?在这些"为什么"中找原因、找结果。

(二)审讯人员的耳朵要"听"出门道来

1. "听"本身就反映出对说话者的态度。每个人都希望别人在自己讲话的时候能认真地听,在审讯活动中也是如此。审讯人员对被审讯人员的陈述辩白应该重视,认真地听取。这不仅是为了从这些陈述与辩白中获取犯罪证据,同时也是对犯罪嫌疑人人格的尊重。每个人在交往中能理解他人的愿望,同时也希望自己被别人理解。"听"不仅是消除误解的途径,其实听本身就是一种理解。在审讯活动中犯罪嫌疑人由于受到环境条件和认识水平的限制,其陈述往往很乱,有时犯罪嫌疑人还会喋喋不休对审讯人员讲述自己的犯罪原因、生活情况以及工作中的许多问题,以求得审讯人员对其犯罪行为的谅解与宽恕,所有犯罪嫌疑人的这些供述,审讯人员应该耐心听取。若不然,犯罪嫌疑人就会认为审讯人员在整他,增加其抗拒心理。有些嫌疑人在审讯中为了对某些关键问题的陈述,采取"打哈哈"的办法混过去,犯罪嫌疑人往往利用审讯人员听得不注意、不专心的机会,开开玩笑为自己打圆场,找借口,企图混过去,因此,认真听取犯罪嫌疑人的陈述与辩白,不仅表示对犯罪嫌疑人人格的尊重,更是说明审讯人员对犯罪嫌疑人的重视,这无疑对其陈述的真实性起到监督作用,造成其心理压力,迫使其交代问题。

2. 在"听"的时候,审讯人员要控制自己的情绪。犯罪嫌疑人的陈述与辩解,不一定每句话都紧扣犯罪事件的中心,有的嫌疑人在工作和生活中也有一本难念的经,此时他会把平时生活中遭受到的一些陈芝麻烂谷子统统倒出来。如果审讯人员认为其啰唆就错了,他们的目的是表示对审讯人员的信任,希望得到审讯人员的理解。如果这时审讯人员一会儿看表,一会儿倒水,一会儿打断陈述,显得不耐烦,马上叫其言归正传,就会在双方的交流中间产生隔阁。同时，审讯人员表现得不耐烦或三心二意，犯罪嫌疑人就会明白你不重视他的陈述或者你根本就不在听，使审讯无法顺利进行下去。审讯人员听到犯罪嫌疑人的供述正是自己急需知道和了解的情节，立即表现出感兴趣的情绪；反之，犯罪嫌疑人的供述与自己想要的"东西"不相干时，马上又表现出不耐烦的情绪，这种情况不仅暴露了我们的审讯目标，还把自己的底细露了出去。

3. "听"中的"不听"。不听也是听，在审讯活动中审讯人员对被审人的供述采取否定的态度，以此来调整、影响被审人陈述的内容。说到底"不听"就是为了更好地"听"。在审讯阶段，犯罪嫌疑人一般都想推脱责任，减轻处罚或逃避追究。有的编造谎言、制造假象、迷惑审讯人员、避重就轻、不谈实质问题，专拣鸡毛蒜皮的小事讲。在这种情况下，我们就不能采取认真听的态度了。采取"不听"或不愿听的方法，对犯罪嫌疑人的供述持否定的态度，使其认识到我们对这部分陈述不感兴趣，这时对方就会知道我们对什么感兴趣，并相应有所收敛或调整，以此迫使其交代关键问题。

（三）审讯人员的耳朵要"听"出犯罪嫌疑人的性格

不同性格的人，在语言的表达方法上也是不同的。审讯过程中，要从犯罪嫌疑人的语言表达方法和特点中听出其性格特征来，有针对性地采取相应的办法，达到促其供述交代的目的。

1. 从语言的表达听其特点。语言习惯能表现一个人的个性，同时通过语言习惯也可以透视出人的更深层次的心理状况。因此，有时犯罪嫌疑人顺口而出的语言，往往比他经过认真思考后的内容更能说明问题。通常显示的语言习惯有这样几种较为普遍的特征：（1）有意识地强调自我，多用第一人称"我"，这种强调是自我意识很强且过于自信的表现，由此可以明显看出其自我显示欲很强的性格。（2）借别人的话来表达自己的意思，这是一种自我扩大欲在起作用，表示还有更多的人和自己意见一致。其实，这正说明自己的力量不足，要借助别人的力量。在讯问犯罪嫌疑人时，有的人就说这种"回扣"拿得是合法的，比如某某说也是合法的，这就是借用语，实质上是在借外力。（3）表现相互关系的恭维语，在社会生活中，恭维语是维护良好的人际关系的润滑剂。在人们的观念中，使用恭维语最妥当，不会出现什么问题，因而，有些人堆砌一些过度的恭维语，为的是达到某种目的。这种恭维语也经常反映在审讯过程中，有的犯罪嫌疑人为了达到某种目的，而向审讯人员传递恭维语。如你年龄不大，却有很高的水平，很高的人品，等等，用恭维语来换取对他的"好感"，或达到其他的目的。（4）表现思考状态的思考语。思考语是表达人在思考时的语言状态，它反映了说话的人为了达到语言连贯性和意识表达的准确性，在当即不能表达，需要慎重思考的情况下，而选用的一种掩饰性语言，常用的"呃""啊""唔""这个……""但是"，这时所说的就是"思考语"。在讯问中出现的"思考语"，表明对方的回答和心理状态是处在极慎重的情况下的表示，而不是随意的。（5）双方谈话的"附和语"，是表示对其所表达意思的赞同，主要是让对方知道，我正在专心听你说话，消除对方的顾虑。

2. 听出语气上的变化特征。有的表情和情感，不仅可以通过脸上表现出来，而且还可以通过说话的语气来表现，这种语气能增强说话的感染力，它不仅能表达说话者的内心情感，还能表达言外之意，如果说话没有语气的配合，就会让人难以理解，不知所云。语气在语言的表达上起着重要的作用，从语气中能听出表情来，听出内心的思想和感情，因而在审讯犯罪嫌疑人时，为了了解其心理特点和性格特点，就要注意研究如何听对方说话的语气。从其变化的特征来看：说话的语气特征之一是速度，说话速度快的人，多半是能善辩，反应快。说话慢的人，其反应也慢。关于速度问题，人的语言速度，是人的性格特点和人在客观环境中长期锻炼而形成的，在这种条件下形成的语气速度不是本书研究的对象。所要研究的对象是犯罪嫌疑人在接受审讯时的语气速度，是异常说话速度与深层次心理的关系，研究他们忽然改变原来正常说话速度的原因，这种原因是由于犯罪嫌疑人因某一事件的关系，引起心理的变化，而导致讲话速度的变化。比如在讯问中，讯问的主题忽然涉及被讯问人犯罪的关键问题时，这时犯罪嫌疑人说话的速度会不自觉地放慢，甚至让人感觉他好像不会说话，而在其心理平静的时候，说话的速度比较平稳，在其激动的时候，说话的速度会忽然加快，在其烦恼不安或恐惧时，说话的速度会快得异乎寻常。

与说话的速度一样，声调是语气的又一特征。首先人的心理状况在激动的时候，声调往往很高，内心处在不安的状态时，声调也会异乎寻常的高，在无法掩盖的犯罪事实面前，其声调会越来越低。其次是声音的频率，它是随着人的年龄的变化而变化的，年龄大了，音频会越来越低，因为人的精神成长的机制，具有抑制性的心理攻势，如果人处在任性的心理状态时，别人的什么话他都听不进去，由此而发出较高的声音频率。最后说话的节奏感，是语气的另一特征，主要表现在抑扬顿挫，有时语言节奏也反映出心理活动的节奏，当人处在理直气壮的时候，说话的节奏感很强，相反，心理有某种压力的时候，说话则慢慢腾腾无节奏。

3. 要了解不同性格的语言特征。（1）豪爽型性格的语言特征：言语直率，不善掩饰，敢于公开顶撞，不瞻前顾后，语言的防御体系不完整、漏洞多、粗糙、草率、情感容易冲动，这类人自尊心和自信心很强，抗拒心理一旦形成，便不容易改变，但只要摸准其心理特点，对症下药，也会使其就范的。

(2) 外露型性格的语言特征：这种人在接受审讯时表现得较为灵活，善辞令富机智，能照顾到说话的不同环境与对象，讲究说话时的技巧，话不直说，善拐弯，能言善辩，一般不顽抗，善于根据审讯人员的讯问态度，投其所好。有时会用多变的情感来掩盖自己，有时编造谎言为自己开脱，有时痛哭流涕，捶胸顿足，有时转悲为喜，破涕为笑。这点对审讯人员来说，要特别注意，不被其辞令所迷惑，莫被其感情所感染，要保持冷静与独立地思考，在审讯实践中，针对这种性格的人，在讯问的方法上要采取顺、逆结合的方法，因势利导，声东击西，转移其注意力，放慢问话的速度，用平缓的声调，让其推动戒备，以便于抓准空缺，找出矛盾点，进行"心理限制"，当犯罪嫌疑人觉察到败局已定的时候，会一举交代自己的犯罪事实。

(3) 理智型性格的语言特征：这类人有着沉静、果断、稳重的特点，对外部信息适应较慢，不灵活，有惰性，言行稳重，慢条斯理，不带感情色彩。在被讯问时，循规蹈矩，不轻易插话，不爱多说话，更不爱空谈，对"听"比较用心，并且有言不由衷心口不一的特点，在讯问时应注意判断。

(4) 内向型性格的语言特征：这类人腼腆少语，优柔寡断，顺应性差，供述刻板，很多"潜台词"的内在含义，需要讯问人员自己去补充和琢磨，但这类人说话时不善兜圈子、设迷障，说话时语气平缓，语调变化不大，善于独自地猜疑和臆想，心理状态较为冷漠。讯问时首先要改变其缄默寡语的状态，调动其说话的兴趣，讯问的速度要慢、平稳，多注意对方的反应，利用情感脆弱，促其产生内疚心理，在有证据的情况下适时地使用证据，逼其交罪。

(四) 耳朵要"听"出犯罪嫌疑人的心里话

常言说："听人听声，锣鼓听音"，要知话中之声、锣鼓之音，就要学会"听"。"听"在审讯活动中也是一门艺术。有的学者认为审讯活动是一个完整的信息交换系统，那么在这一信息交换系统中，"听"占有特殊重要地位。听和说的行为由审讯人员和被审讯人员组成，审讯人员处于控制信息的一方，被审人员处于被控制一方。双方进行信息交流象征着"取"和"给"。在审讯中"听"即"收取"，通过听来收取反映的信息，在搞清案情的同时又要发出信息。在审讯中，研究"说"的比较多，但很少有人去研究"听"，笔者认为审讯中的"听"是一种特殊意义上的"听"，它的意义在于"听"的范围之外，"听"出犯罪嫌疑人的心理活动。

1. 在审讯时犯罪嫌疑人的语调较平缓，没有过多的起伏，叙述较完整，没有过多的停顿，这是一种平静的表情。即使受到外来的刺激，也没有产生某种心理的特殊变化，仍然处在平静的状态中。这说明刺激的程度不够，审讯人员的压力不强，没有击中要害，对犯罪嫌疑人来说无关紧要。

2. 在审讯时犯罪嫌疑人由于打消了思想顾虑，心里像落了一块石头，显得比以前善于言变，有问必答，语言的速度比以前缓慢，这是轻松的表现。但审讯人员应注意，犯罪嫌疑人是否交代了全部的犯罪事实，还有待深究。

3. 在审讯时犯罪嫌疑人出现语气委婉，近似于商榷的口吻，比较容易接受所提的问题，出现较多的"是的""可以"，这属于满意的表情。这种表情是审讯人员通过宣传教育，得到了犯罪嫌疑人的信任，才有此反应。这时审讯人员可按原计划追查有关犯罪问题。反之，审讯人员还应考虑是不是在某个环节上出了问题，应及时调整审讯计划。

4. 在审讯时对手说话的音量加大，嗓音变粗，说话有力，语句比较简短，这是激动的表情。这时审讯人员应判断其真假，真的是为了否认和狡辩，假的则是为了破坏审讯、搅乱审讯环境，若发现后种情形应立即揭穿，起到震慑和打击作用。

5. 在审讯时，对方的语音出现颤抖，说话减少，语调较轻，叙述停顿较多，反应迟钝，这是紧张的表情。审讯人员对这种表现应加以分析，审讯本身就是一个紧张的过程，这属于正常的。另一种是由于说谎和思想矛盾引起的紧张，属于非正常。在非正常的情况下，被审讯人常出现眼神不敢正视，只盯着一个地方看，动作单调，坐立不安，声音小，速度慢，结巴颤抖等。

6. 审讯时对方说话突然减少，语调生硬，这是不满意的表情，除了审讯人员有某种失误外，就是出现了与被审讯人自身利益相关的问题，这是一种畏罪心理的反应。

7. 在审讯时，对方说话的声音抖动得厉害，说话含混不清，语无伦次，有时会出现哭喊，这是一种恐惧的表情。这种心理状态对我们的审讯是不利的，这时审讯人员应放慢审讯的速度，缓和情绪，在自由交谈中发现矛盾。

8. 在审讯中，对手在回答问题时，较多地出现"是不是""会不会"等探测性词，说话声量减小，有些话只说一半，这是猜疑的表现。这说明被审讯人处在某种矛盾状态中，此时有可能已进入"反复动摇阶段"。审讯人员在说话时要注意多听少说，寻找对手"关心"的事情，集中力量促使其供述心理的形成。

9. 在审讯中，对手出现嗓音极度颤抖或沙哑，说话断断续续，带有责备自己的语气，这是悔恨的表现。这种表现大都是对自己罪过有了认识后才出现的，审讯到了这个阶段就胜利有望了。

（五）耳朵要"听"出犯罪嫌疑人供述的矛盾

我们讯问犯罪嫌疑人的目的，就是让犯罪嫌疑人如实地供述自己犯罪的客观事实。实践中除少数投案自首主动交代自己的犯罪事实外，大多数犯罪嫌疑人为了逃避法律的惩罚，总是千方百计地用各种假话来掩盖自己的犯罪事实，这种掩盖的行为和方法必然导致诸多方面的矛盾出现，这是因为犯罪是一种特殊的社会现象，它的发生、发展、结束，有其不以人的意志为转移的客观规律性。犯罪嫌疑人要掩盖自己的犯罪事实，必须去改变这种客观规律，因此造成许多矛盾出现。这些矛盾的出现正是我们讯问犯罪嫌疑人让其交代犯罪事实的重型炮弹之一。在我们讯问犯罪嫌疑人的实践中，迫使犯罪嫌疑人交代自己的犯罪事实的有效途径之一，就是加强对犯罪嫌疑人的"心理限制"，而达到这种"心理限制"的条件最重要的一点就是供述矛盾的利用。这种矛盾怎样才能被发现，这就需要审讯人员设法把它"听"出来。从犯罪的特点来看，犯罪在时间上有客观的连续性，在犯罪活动中的环节上有相互联系的规律性，犯罪证据与犯罪活动之间具有统一性，犯罪证据之间，犯罪情节之间以及犯罪证据与犯罪情节之间，有其客观存在的关联性。这些特点就是我们"听"出矛盾的基础和途径。

"听"的基础就是听犯罪嫌疑人的供词。在犯罪嫌疑人的供词中"听"出矛盾，这种矛盾本身就存在供词中。因为我们讯问的过程，实质上也是犯罪嫌疑人供述的过程，犯罪嫌疑人在供述过程中，总是在不断地回忆当时的犯罪情景，从这些犯罪情景中寻找"抗审环节"是最有效的途径，被审讯人若主观臆造编造谎言、隐瞒事实、嫁祸他人、逃避惩罚的情节，由于这些情节与客观事实存在一定的差距，必然会出现与之相矛盾的地方，因为要谎供就必须删去不利于自己真实的情节和事实。讯问人员所得到的经过"加工"了的"情节"，这种"加工的情节"是粗糙的，有时本身就隐含着矛盾。当犯罪嫌疑人处于被讯问的被动状态时，由于强大的心理压力和主要的注意目标集中在掩饰真实情节和回避真实情节上，而对自己"加工的情节"不可能注意得那样周密，在供述中便不知不觉地出现了矛盾，这种矛盾属于客观静止的，存在于供词中，只要作虚假的供词，这种矛盾便会存在。另一类矛盾属动态型的，随着供词中谎言的不断发展，这类矛盾便在不同情节的细节中进行运动而成为谎言的克星。

怎样才能听出矛盾呢？首先要注意每一次讯问供词前后的矛盾点，从时间、地点、事件与人以及相互联系的细节、客观性、逻辑性、情理性、完整性方面去认真听，听出供词中客观静止的矛盾，听出某事某物发展的可能性，如向并不熟悉的人借钱并且数额巨大，有这种可能吗？有谁会干这种蠢事？一听便知这是编造的谎言。

其次，听出运动在不同阶段和细节中的矛盾。这种运动中矛盾的产生，有时要依靠讯问人员创造机会，提供"动力"，矛盾才能运动起来，牵涉到每一环节和细节中去。在讯问中，讯问人员不能完全地坐等供述的静态矛盾，还要积极地去开发运动的矛盾。这种开发矛盾的方法，就是要采取各种技巧，使犯罪嫌疑人从不同的角度、不同的侧面、不同细节来对自己"加工的情节"进行供述，让其谎言得以充分的暴露，使矛盾在不同的细节中运动出来，这种运动出来的矛盾，被我们"听"取、集中，最后变成对其进行"心理限制"的客观证据，促使其认罪服法。

（六）耳朵要"听"供述中的"半句话"

什么是"半句话"？在人们的正常语言表达中，一句话表达一个完整的意思，如果遇到特殊的情况，在意思表达者不愿将意思表达出来的时候，在进行一半的情况下忽然中止了表达，便出现了"半句话"的情况，这在日常的生活中也是普遍存在的，但有时并不太会引起别人的注意。但在讯问活动中，却要注意"听"这半句话，甚至还要将后半句没有说出来的话添加上来，连接出完整的意思表达。根据这一意思的发展线索，直追下去，直到追出"半句话"出现的原因。

为什么要对"半句话"进行研究呢？在审讯中，"半句话"的出现并不太普遍，但是有的犯罪嫌疑人在说明某件事情的时候，正说到半句，忽然发现这句话说出来之后对自己不利，便将后半句话退了回去。这退回去的"半句话"对犯罪嫌疑人不利，而反过来，这是我们讯问人员所需要的。这"半句话"多半是在犯罪嫌疑人下意识状态下出现的。在接受讯问时，犯罪嫌疑人的大脑思维始终处在对犯罪情景的追忆之中，这是行为人无法控制的。在人的大脑进入其他的思维状态时，一旦外界的信息涉及犯罪的情况时，大脑会迅速地将过去的犯罪细节再现，并加入思维的循环，而那些犯罪时的关键情节又总是作为这些思维循环的开始或结尾，在讯问的过程中，这种思维的特点又根据外界信息进入大脑的频率而不断地加快或减慢，这个信息就是我们讯问的主题。讯问人员频繁地加大讯问压力，加速犯罪情景在犯罪嫌疑人思维中的循环速度，而且当犯罪嫌疑人不愿交罪处在抗审的状态时，大脑的思维就要分出一部分来编造抗审的谎言，把犯罪的中心问题从自己的身上转移出去，这种思维的特点就是设法编造对自己更为有利的谎言，即"环节的选择"。这两种思维会交替地在大脑的思维中循环，有时相互影响、相互渗透，这种渗透通过语言表现出来就出现了"半句话"的情况。我们讯问的主要目的是找出犯罪嫌疑人的犯罪情节，这些犯罪的关键情节在犯罪嫌疑人不愿主动说出来的情况下，就要靠我们讯问人员将其从犯罪嫌疑人的大脑思维中挤出来，犯罪嫌疑人下意识出现的"半句话"，有可能就涉及我们所需要的关键情节，因而讯问人员不要轻易放过忽然出现的"半句话"，同时还应该将没有说出的"半句话"找回来追下去，发展成完整的意思表示，进行分析研究把犯罪嫌疑人的行为细节从其大脑思维循环的记忆中挤出来，达到其交代犯罪事实的目的。

有时犯罪嫌疑人还没有来得及说出"半句话"就发现了这句话说出去会对其带来不良后果，便忽然改变了话题，将意思表示引向别处。这种忽转的话题与已说出的"半句话"的区别，就在于发现不利自己的时间上。前者是及早发现了不利的情况，没来得及说就停止了，为了掩饰而转变其他的话题；而"半句话"是话说了一半，只能先停下，在一时没有找到有机联系的意思表达把"半句话"发展下去，就无法转变话题。因而"半句话"较为明显，而忽转的话题则较为隐蔽，这就需要我们讯问人员要注意"用心"去认真地听。

（七）耳朵要"听""攻击性"的"刺激语"

在讯问活动中，由于讯问的对象特点各异，采取的抗审方法也不同。有的犯罪嫌疑人为了达到抗审的目的，采取了以攻为守的方法，向讯问人主动发起进攻，以此来扭转自己的被动地位。有些没有经验的讯问人员不知道如何采取对策，丢失了原来属于自己的主动的优势地位，处于被对方控制的劣势地位而不知所措，只好被牵着鼻子顺着对方设计好的路子走，一步一步地走进了于自己不利的被动圈子，最后只能以失败而告终。这种情况在讯问的实践中有其普遍性，应引起重视。

讯问活动中双方的较量虽不是兵戈相见、你刀我枪的对搏，但是，在打击犯罪的战场上也是短兵相接、生死之争。从犯罪嫌疑人以攻为守的方法的表现来看，一般是用无理搅理、强词夺理、颠倒是非的方法，对讯问人员进行刺激，激发讯问人员急于驳倒对方的冲动感，造成讯问人员失去正常的理智以致出现僵局。实践证明这一方法有时的确能够奏效。究其原因，在正常情况下，人的机体保护着一定的稳定状态，这在生理学上称为平衡状态。客观刺激作用于人会导致生理、心理的变化，打破体内的平衡状态。外界对心理的强大刺激则会引起生理及其心理的一系列变化，加剧其不平衡状态，引起心理失调，甚至失去自我控制。如果讯问人员在没有心理准备的情况下，受到这种外来的刺激语的影响，产生了激动的情绪不能加以克制，就会影响讯问人员的听，破坏讯问人员的正常思维，导致忙中出错，给对方可乘之机。

针对这种情况，我们必须要注意对讯问中"刺激语"的识别。只有识别出"刺激语"才能采取相应的对策。这种识别的方法，就是用我们的耳朵去"听"，听得越耐心、越仔细、越完整越能真正弄明白对方的想法是什么，目的是什么，心理处在什么样的思维状态，以便于采取相应的对策。在通常的情况下，针对"刺激语"的对策是静听、默想、引而不发。这种方法不仅震慑对手，也是对自己形象的树立。记得几年前，笔者在接手一起案件的审讯时，犯罪嫌疑人首先就是采取以攻为守的方法，对审讯人员斜眼相视，出言不逊，"你们检察院除了捕风捉影，还能干什么事，你如果查不出来我的问题，我一定会叫你们好看。我的贡献你们比得了吗？你不就是比我多穿了件虎皮吗？……"对方越说越来劲，当看到审讯人员两眼平视，一言不发地静听他狂言乱语时，他感到有点不好意思，有些过分了，便立即偃旗息鼓不做声了。这种静听、默思、一言不发便会使对方难以捉摸，不知所措，从而不攻自破。

（八）耳朵要能"听"出犯罪嫌疑人的"谎言"

谎言在讯问活动中存在的必然性是对犯罪嫌疑人抗审规律的客观总结。讯问活动中抗审的规律，实质上就是运用谎言的规律；讯问的全过程，也就是揭露谎言、去伪存真的过程。要揭露谎言，就必须先识别谎言。怎样才能识别谎言呢？除了第一章中谈到的利用测谎仪和用眼"看"出谎言的方法外，我们发现，耳朵也能听出谎言。由此这种用"听"的方法测谎，便成为我们讯问活动中又一可以利用的武器。

捕捉说谎者的"失言"。在审讯活动中，审讯人员总是要通过不同的角度来证明犯罪嫌疑人的犯罪事实，而犯罪嫌疑人总是把已编造好的谎言用来掩盖自己的犯罪事实。但是令人十分惊奇的是，很多犯罪嫌疑人在说谎的时候都是由于语言方面的失误而露馅的，成为审讯人员的"攻击"目标和突破口。犯罪嫌疑人的这种失误并不是因为他没能仔细地编造好想说的话，而是说谎者在回答讯问时，常会受到理念的干扰。著名的精神分析心理学家弗洛伊德指出："即使是十分谨慎的说谎者，也会有失口露馅的时候。"这就是我们常说的"失言"。这种失言并非偶然，它体现了说谎者内在的心理冲突。一旦审讯人员投入"关键语"，这种"失言"就会趁着犯罪嫌疑人不注意的时候突然出现。"失言"从其含义来说，都是说话人不想说或不愿说的事，所以一旦发生这种情形，它就成了暴露自我的一种印迹。案例：某一公司的A业务员与B经理同去某处购货，B经理带了10万元现金，并且将10万元现金全部交给了售货方，由于售货方品种不全，只有8万元货出售，余款2万元退给了B经理，A业务员也在场。A、B在办完事后离开了售货方，B经理因为有其他业务要在某处逗留，B命A将货送回，并将2万元余款一同带回，分别交仓库和财务会计。此后财务在结账时，发现2万元余款没有交回财务处，便找B要剩余的2万元货款，B说交给A带回来了，在找A要款时，A称只负责将货送回单位，并没有受B的委托带2万元回来，二人都没有足够的证据证明2万元在何处，最后只有将该案交给检察院反贪局。反贪局接受此案后，向出售货物的单位了解情况，该单位证实余款2万元直接交给了B并有A在场。在反贪局找B谈话时，B称2万元在交给A时，因急需办理其他事，没有让A写收条，也没有其他第三人证实。在找A询问时，A称只将货带回，没有拿B的余款2万元，有出售货物的单位人证明。在A与B之间必然一人说了假话，在讯问时，审讯人员对这两位嫌疑人如何购货，如何送货的每一细节都做了详细的讯问，并将详细的情节提取出来，作为"信息刺激语"来辨别其对当时情景的反应。结果没经过两个回合A业务员便出现了"失言"，说"我要告他"。讯问的是购货的细节，而A却脱口而出"要告他"。这一"失言"便是我们前面所述，是理念干扰的结果。于是审讯人员便抓住了这一"失言"紧追不放，问："你告谁？"答："告B经理。"问："为什么？"答："他欠我的集资款不退。"问："他欠你集资款没退，可以通过正常渠道解决，也不能采取这种办法（暗示）。"答："我错了。2万元我愿退出来。"因为找准了说谎的"失言"处，最终成功地审结了此案。

当然，也应注意判断别人是否说谎时，不能简单地把任何"失言"当作说谎的证据，需要上下联系来加以鉴别。也不能简单地认为没有"失言"的回答就是完全正确的，在有的情况下说谎者并不一定会出现失言，因为说谎者最为留意的也正是说话时言辞或字眼的选择，掩饰、伪装别人最注意的地方。

那么如何辨别被审讯人在说谎呢？心理学实验研究表明，首先，从一个人说话的音调中能够相当准确地判断出他的情绪状态或内在感受。比如，激动时声音高且尖，语速快，音域高低起伏较大，带有颤音；悲哀时声音低沉，语速慢，音域高低起伏较小，有间断。通过音调的变化还能辨别出欣喜、愉快、感叹、烦闷、惊讶、恐惧、愤怒、厌恶等，正常人的情绪变化在音调上的反应是极难加以掩饰的。但是说谎者则不然，他为掩盖自己内心的恐惧，常常表现出来的是相反的音调。其次，谎言表现在说话的语言速度上与正常说话的速度是相反的，平常说话慢，而在说谎时会加快说话的速度，而平常说话快，在说谎时就会放慢说话的速度。

在审讯时，被审者在回答问题时，常出现频繁的停顿或长久的停顿。其原因在于，犯罪嫌疑人在接受审讯时，大都带有"定势心理"，预先准备好了"台词"，但对自己预先准备好的"台词"能否让审讯人员相信，他是没有把握的，因而在临场时产生犹豫，出现了语言的停顿。另外，被审对象虽然把"台词"准备得很充分，但又怕露馅，临场忘了"台词"，而重新组织"台词"要能自圆其说，必然出现语言停顿。有时他们在回答问题时重复的句子较多，爱改变话题，用"啊""呃""嗯"的字较频繁。在审讯中还发现犯罪嫌疑人总是避开使用"事实"这两个字，实践中应注意听。

（九）耳朵也要"听"犯罪嫌疑人的辩解

在讯问活动中，几乎每起案件都会出现犯罪嫌疑人的辩解，这种辩解有的是真实的,有的是假的,有的只有部分真实,有的是真假相混。这些情况需要我们讯问人员认真去听,加以识别,做出正确的反应,以保证准确及时地查明犯罪嫌疑人的犯罪事实,正确适用法律、惩罚犯罪;同时也是保障无罪的人不受刑事追究,保证案件质量的关键。

在讯问实践中,一些讯问人员常常带"有"的观点,展开对犯罪嫌疑人的讯问,以自己在法律关系上特有的优势地位对犯罪嫌疑人发起进攻,对犯罪嫌疑人给足了"炮弹",却很少从犯罪嫌疑人身上吸取什么,听听犯罪嫌疑人的辩解。有的犯罪嫌疑人则认为在此处的辩解得不到保护,出于对讯问人员的不信任,便将应该辩解的情况和事实隐瞒了下来,等侦查阶段结束以后,进入审判程序时忽然将那些应该在侦查阶段提出来的情况和事实提交给法庭,而这些辩解又恰恰是该案的实质性问题,导致了我们检察机关在起诉的事实上发生了冲突,出现了被动的局面。因而对犯罪嫌疑人的辩解不论是处于何种情况,都应该引起重视,认真听,仔细分析,正确对待。

从犯罪嫌疑人在接受讯问时的辩解原因来看,是由于案件的结局与自己有着直接的利害关系。出于防卫的本能,必然要从自身的利益出发,作有利于自己的供述和辩解。犯罪嫌疑人在讯问中有的是主动认罪,有的是被动认罪,有的是不认罪。这三种情况引出了犯罪嫌疑人在接受讯问时的三种辩解态度,即真实的辩解、虚假的狡辩、真假相混的辩解。这就需要我们讯问人员在重证据、重调查研究和不轻信口供的基础上,采取实事求是的科学态度,认真地听,仔细地鉴别,做出正确的判断,采取有效的方法,确保案件的质量。

怎样去"听"犯罪嫌疑人的辩解呢?首先,是"听"犯罪嫌疑人的辩解理由与客观存在的逻辑关系。如在反贪贿赂的斗争实践中,我们经常遇到一个人"送"(行贿)一个人"收"(受贿),出现了"一对一"局面,那么两者中间必然有一者是假供述、假的辩解,这就要求我们讯问人员的耳朵能听出假辩解。例如,行贿方为了向受贿方购得钢材50吨,给了受贿方主管人员1万元人民币。案发后,受贿方主管不承认收到1万元。到底是行贿方没有给呢,还是受贿人拿了不说?经查,50吨钢材在市场上的赢利差价,毛利只有2千多元,从常理上说,只有2千元的毛利为什么要给1万元的好处费呢?在常理上出现了矛盾,不符合客观的逻辑联系,因而受贿方的辩解就要引起我们的注意和认真对待,查其原因,弄清事实。所以,听犯罪嫌疑人的辩解,首先就是要在客观的逻辑联系中,听出矛盾辩明真假,确定是非,实事求是地弄清症结的所在。

其次,是"听"犯罪嫌疑人的辩解是否与证据本身反映的客观情况相统一。由于犯罪的行为活动是在一定的空间、时间和特定的场所进行的,其行为必然留下物质痕迹或在人们头脑中留下印象，因此，就形成了证明犯罪事实的物证、书证、证人证言。这些证据与犯罪嫌疑人的辩解之间存在客观的内在联系，并与之共同证明案件的真实情况。在辨别犯罪嫌疑人所说的辩解是真是假的时候，就要看证据本身所反映的客观情况是否真实，如果是真实的，就以此来作为目标，去听犯罪嫌疑人的辩解是否与之相统一，以此来确定辩解的真伪；如果证据只反映部分客观事实，那么就要听犯罪嫌疑人的辩解是否能对证据起到补充的作用，来确定犯罪嫌疑人的辩解与证据之间的关系；如果证据不能证明客观的犯罪事实，而且犯罪嫌疑人的辩解又不能与之相统一，通过听辩解，反而能找出证明是否构成犯罪的证据来。也就是说，通过听犯罪嫌疑人的辩解反找证据，用这些证据来反证犯罪嫌疑人的辩解。

再次，犯罪嫌疑人的辩解（除了自己投案自首外）都是以罪轻或无罪来进行辩驳。为了达到这种辩驳的目的，有的编造谎言嫁祸他人，有的隐瞒情节断章取义。这些辩解必然会引出其他的情节，而这些情节又将起到反证的作用，成为派生的证据。这一环节在我们办案过程中有着重要的作用，这种听辩解的方法实际上也是一种特殊的取证手段，若不认真地听辩解，这些证据将无法取到。

最后，听犯罪嫌疑人的辩解，就其案件本身来说有其客观必要性。犯罪嫌疑人的辩解，使我们对案件情况有更深层次的了解，是取得正反两个方面证据的有效途径和对案件证据完整性的重要补充。从主观上来看，通过听犯罪嫌疑人的辩解，使办案人员对犯罪嫌疑人有进一步的认识，做到心中有数，知己知彼，百战不殆。

（十）耳朵要"听"趋向供述状态的语言特征

让犯罪嫌疑人从抗拒供述转变为供述是一个错综复杂的过程，它包括复杂的心理转变过程，经历了试控摸底→对抗坚持→反复动摇→驱向交罪→实现供述。要完成这一心理的转变过程，可不是一件容易的事，不知要耗费审讯人员的多少苦心和汗水，有时还不一定能奏效。因为从抗拒到交罪不是一步到位的，中间还有一些环节进行过渡转化，而每一环节又有其自己的心理特点，如果把握不好，方法不对，这种转化会向相反的方向转变，强化了犯罪嫌疑人的抗拒心理，达不到让犯罪嫌疑人交罪的目的。有时犯罪嫌疑人的思维状态已进入了趋向交罪的状态，但是讯问人员没有发现，没能把握住这一有利的心理瞬间，被其他信息干扰，使其思维循环又转向了别处。审讯的目的是让犯罪嫌疑人供述犯罪事实，审讯的全过程是消除犯罪嫌疑人抗拒心理的过程。这种抗拒心理的过程又分为两个阶段：第一个阶段是从抗拒到动摇；第二个阶段是趋向供述到实现供述。这第二个阶段在实质上也是审讯活动的关键阶段，把握得好,临门一脚便能促使犯罪嫌疑人交代,把握得不好即便是达到了趋向交罪的心理,也会退回去。第二个阶段最关键的是对趋向交罪的心理控制,从抗拒心理的动摇到供述心理的转化,这一过程反映了犯罪嫌疑人趋向供述的心理状态。

怎样把握这一心理状态呢?首先必须先发现它,除了用眼睛观察外,更重要的是用审讯人员的耳朵去听!犯罪嫌疑人的供述心理一经出现,便能通过我们的耳朵听出来,听的对象和方法就是对方的语言特征。犯罪嫌疑人在进入供述心理状态以后,心里想得最多的是交代后自己所承担的结果,这种结果将给自己以后的生活带来的后果,从而犹豫不定,在供还是不供的想法间徘徊。这种内心的矛盾发展到混乱的地步,常常会用试探性语言问讯问人"会不会""可不可以""怎么样""再让我考虑考虑""能不能让我见见家人""我喝点水可以吗""给我抽支烟吧",等等。表现出语调偏低,有正常的颤音,语气梗塞、无节奏、唉声叹气。这类语言的出现,表明犯罪嫌疑人此时此刻的心态已进入趋向供述的心理状态,要求审讯人员,能听出这种心理状态下的语言特征,把握住时机促成供述的实现。每一犯罪嫌疑人在接受讯问直到最后供述交代,都要经过反复动摇趋向交罪的心理过程。但是,趋向交罪心理状态下的犯罪嫌疑人固然有许多的供述反应,但并不能说明他就会立即供述的。因为趋向心理的实现与供述的实现中间还有一段距离,也是犯罪嫌疑人思考和斗争的过程,需要讯问人员有针对性地加大讯问的信息刺激,加强对其心理限制的力度,使趋向供述心理向更高层次转化,全部供述的结果才会出现。如果没能将趋向供述心理的出现把握好,失去了这一有利的心理状态,将会给讯问带来许多消极的结果。因而在讯问中,讯问人员要充分地发挥"听"的作用。从犯罪嫌疑人不同阶段的心理状态中听出趋向交罪的心理,实现供述交罪的目的。

(十一)耳朵要"听"抗审中的"情景选择"

情景选择是犯罪嫌疑人为了掩盖自己的犯罪事实,逃避法律的惩罚,采取某种特定的方法来对抗审讯。这种方法就犯罪嫌疑人在自己的犯罪事实和犯罪行为中找出某一有利于自己的情景,来掩盖自己的犯罪事实和行为。犯罪嫌疑人的这种行为笔者称为"情景选择"。犯罪嫌疑人在实施犯罪以后,在没有积极的投案自首的心理存在的时候,消极心理便起主导作用,从而出现了畏罪心理、侥幸心理、戒备心理、优势心理、对抗心理,表现在审讯中统称为抗拒心理。由于这种心理在审讯中有相对稳定性,又被称为"定势心理",这种定势心理是建立在一定的心理基础之上的。犯罪嫌疑人在实施犯罪以后,犯罪时的情景总是不断在大脑中出现,处于思维循环状态。他们从这些循环的状态中找出有利于自己的某一情景作为对抗讯问的根据,这些被选择好的情景,便成了犯罪嫌疑人罪轻、无罪的理由，这就是抗审的"情景选择"。

在刑事犯罪中，犯罪嫌疑人对"情景选择"的普遍特点如下：一种是直接抗审，另一种是嫁祸他人。直接抗审是犯罪嫌疑人根据自己的犯罪情节选择的情景。通常在以下两种情况下，犯罪嫌疑人会采用直接抗审：第一，犯罪嫌疑人认为自己作案的手段比较高明，别人发现不了。第二，犯罪嫌疑人将自己犯罪的情景拉回到自己追忆的情景中进行循环思维，能找出某一有利的细节、理由作为自己不构成犯罪的抗审根据。例如，有的贪污犯罪嫌疑人通过重复报销发票进行贪污的时候，以某次领款没有自己的签字为由来否认自己两次领款的事实，这里的"情景选择"是犯罪嫌疑人没有在第二次领款的单据上签字，所以自己没有两次领款贪污，以此来直接抗审。另一种"情景选择"是在自己无法直接抗审的时候，采取转嫁他人的方法来抗审。通常在下列情形下用此方法：钱的落脚处被事实证明在自己手里而无法否认，就声称这笔钱已作为"回扣"或"好处费"付给了别人，用这种方法转嫁给他人，进行抗审。这两种抗审方法的"情景选择"有其自身的内在特点和规律，掌握了这种特点和规律，便能找出其中的矛盾点，一旦这种矛盾点出现，犯罪嫌疑人的抗审大门便被打开了。在讯问的过程中，发现矛盾点的方法主要是依靠讯问人员用心去"听"。

直接抗审的情景选择的特点是：在某一情景无直接证据证明与自己有关系的时候，通常采取的"情景选择"是否定与自己的联系，如"这事我不知道"；当某一情景有部分证据与自己有部分联系时，其抗审的方法均以无证据证明的那部分情景来作为"情景选择"，以此来推翻有部分证据证明的那一部分。例如，犯罪嫌疑人实施了开假发票的手段（有证据证明），但是用假发票去骗取公款的情节却没有证据证明，犯罪嫌疑人便以自己没有用假发票去提取公款，作为"情景选择"，推翻用假发票骗取公款的犯罪事实：我虽然开了假发票这是错误的，但我没有取钱呀！这种"情景选择"便选择了"无证证明"的客观情况，用对自己有利的情景推翻对自己不利的情景，达到抗审的目的。当客观情况能直接证明其实施的行为时，比如在某一发票、合同上签字，对方无法否认，这种情况最能使其承认发票合同的内容。讯问的目的是对发票和合同的内容加以深究追出结果。如果犯罪嫌疑人面对直接证据采取"进"的方法，就顺应了讯问的意图。而采取"守"的方法，便能暂时保住不被暴露的危险，如"时间长了，我不记得了，想不起来了"，等等。这种直接抗审的"情景选择"，在犯罪嫌疑人的抗审活动中虽然能起到一定的作用，有时还能在很大程度上取得抗审的成功，但是这些抗审情景毕竟不是客观存在的事实，因此不会符合客观存在的逻辑性，必然会在不同的程度上出现矛盾。审讯实践中只要多注意"听""情景选择"的每一个细节，便会发现矛盾，听出逻辑错误。例如，挪用公款放高利贷的案件，犯罪嫌疑人系某国有大公司经理，经调查发现该犯罪嫌疑人在某一房地产经销商处存有巨额投资款400万港币，年息为7.5%的高利贷。在讯问时犯罪嫌疑人说放债的港币是亲戚、朋友的钱，是加拿大商人的钱（采取无法取证的"情景选择"）。讯问人员问其加拿大商人的名字，答："姓顾，叫什么名字记不清了。"问："怎么认识的?"答："记不清了，可能是在朋友一起吃饭时认识的。"问："哪些朋友在一起吃饭认识的?"答："记不清了。"问："在哪里吃饭认识的?"答："在香港的'香格里拉'。"问："姓顾的加拿大人住在什么地方?"答："不知道。"问："怎么联系?"答："有时通电话。"问："电话号码呢?"答："弄丢了。"问："你们认识多长时间了?"答："一年多了。"问："平时有什么往来?"答："没有什么往来。"问："一年多来你们接触过几次?"答："只吃过一两次饭。"问："他是做什么生意的?"答："不清楚。"问："在哪里做生意?"答："不清楚。"从上述的对话中可以发现：一个能借上百万港币给别人的人，而双方又没有多深的了解和特殊关系，能符合常理吗？这些不符合常理的矛盾，就是我们讯问时应利用的根据和进行心理限制的基础。

转嫁他人的抗审方法，最突出的特点是用虚假的事实来掩盖真实的行为。用编造的谎言把自己的应该承担的责任转嫁到别人身上。当客观的犯罪情节的焦点落在自己身上的时候，这种犯罪的焦点又把全部的情节与行为人客观地联系在一起，失去了直接抗审的可能性，则通常采用此法。比如自己在领款处签了字，若否认自己领款是站不住脚的。在刑事犯罪的案件中，有很多案件是贪污与受贿联系在一起的。犯罪嫌疑人经手收取了一笔公款没有上缴，被自己侵吞了。在案发以后，检察机关对其进行讯问，若采用直接抗审的方法否认自己拿了钱，显然不可能，事实已证明该款的最终"落脚点"是在自己的身上，要使自己免除责任，必须嫁祸他人。因而当犯罪情景不时在大脑中进行思维循环的时候，谁与这笔款项较为符合逻辑联系，便自动渗入这种"情景选择"的思维循环，最后被确定成嫁祸的对象，成了抗审中的"情景选择"。审讯时常见的"一对一"的现象，即一方说钱给了对方而对方说没有收到钱，出现了真假难辨的局面，就是这个原因。

转嫁他人的抗审方法在审讯时的常用语："这事是他们搞的与我无关"；"这事是经过他们同意的"；"钱给对方拿去了"；"不给钱对方不会提供帮助的"；等等。审讯时多在犯罪嫌疑人与转嫁对象的关系上入手，深追每个情节中的细节，因为编造的情节与客观的事实之间存在一定的差距，必然要经过细节暴露出来，一步步地扩大细节范围，一次次地重复每一细节，就使得谎言在这些细节里无法生根，最后只得暴露真相。

不管直接抗审，还是转嫁他人，都应该抓住"情景选择"不放，展开被利用的情景进行深化、细化，直到矛盾全部暴露为止，而这些矛盾的暴露主要是通过我们的耳朵，从犯罪嫌疑人供述的细节中听出来的，听的对象就是犯罪嫌疑人在抗审中利用的情景和细节——"情景选择"。

第七节 审讯人员的思维导向

一、思维导向一——如何排除供述障碍，形成供述动机

如今犯罪嫌疑人从其文化修养、心理素质来看，与过去的刑事犯罪主体相比较，有着很大的区别，由于社会的进步、经济文化的飞速发展，法律的普及和逐步的健全完善，使犯罪嫌疑人在对事物的观察上，表现得较为成熟、准确。因而在犯罪以后接受讯问时所采取的方法也是不相同的。如：在过去，有的刑事犯罪嫌疑人容易受激动情绪的驱使，在受到特定的审讯环境及各种信息的刺激时，表现出明显的失调个性，容易接受暗示，容易冲动。在情绪受到刺激时，理智系统被迅速解体，达到极点时，心理状态就会以一种特殊的形式表现出来：有的当前大多犯罪一吐为快、信口开河、急于表白，顾此失彼；有的歇斯底里，竭力争辩，胡搅蛮缠钻牛角尖；有的在说到激动的时候甚至能把犯罪时的激情、感觉经历再找回来，向讯问人员诉说，至于诉说以后将会带来什么样的后果没有过多地考虑。而犯罪嫌疑人表现出来的心理状态却大不相同：有的因为其社会地位不同，受优势心理的影响，对审讯人员不理不睬，认为你们司法机关对我不能怎样；有的受畏罪心理的影响，表现出对结果尤为重视，说话小心谨慎，权衡利弊，不轻意答话；有的在侥幸心理的影响下，认为自己的作案手段高明，只要我不交代，你们就发现不了，没有办法治我的罪，以此来不断巩固自己的心理防线。这些人对讯问的结果是非常清楚的，一旦交代了，将意味着自己的权力和地位全没有了，就连家庭、孩子的前途都会受到影响。这种思维的后果，所带来的强烈的精神压力会产生连锁的反应，表现出强烈的抗拒心理，为讯问的顺利进行设置了重重障碍。为了排除这些障碍，最根本的方法是要对犯罪嫌疑人的供述动机和供述障碍予以了解，做到对症下药，以取得审讯成功。

什么是供述动机？从心理学的角度上来说，动机是行为的内部驱动力，它的产生与需要和目标直接联系起来，而行为是个体在环境影响下引起的内在生理变化和心理变化的外在反应。在讯问的过程中，供述动机是支配犯罪嫌疑人

在被讯问中如实供述其犯罪事实的内在起因，供述障碍是阻碍其如实地、顺利地供述的诸种因素。犯罪嫌疑人之所以供述或抗拒，是根据行为人的需要的驱使来决定的，在审讯中当出现了能满足其需要的情景或可能出现的追求目标时，便产生了供述的动机。虽然犯罪嫌疑人的个体特点不同，但是产生供述的动机却有共同的特点：为了解脱被限制的心理。如有一犯罪嫌疑人在看守所与讯问人员有这样一段话：犯罪嫌疑人："我的事全交代了，当初我要是不交代的话，你们也没有办法。"讯问人员："那你为什么交代呢？"犯罪嫌疑人："就是，我也不知道当时为什么交代了，当时我只感觉不交代不行了，有一种必须交代不可的感觉，交代过后就轻松了，其他什么也没想，但事后就后悔了，当初不该交代。"这段对话说明了一个问题：犯罪嫌疑人是在被"心理限制"的情况下，交代自己的犯罪事实的。在正常情况下，正常人是不可能出现"心理限制"的，由此，犯罪嫌疑人的供述动机是在犯罪嫌疑人被"心理限制"的情况下，为了缓解这种"心理限制"的压力，满足心理平衡的需要而产生的。由于"心理限制"产生了供述动机，那么，在什么情况下能达到"心理限制"呢？在实践中可以看出主要有两个原因。第一，客观原因。它包括：（1）在客观证据确凿的情况下，无法抵赖而达到"心理限制"的目的；（2）在矛盾和谎言被揭露不能自圆其说而达到"心理限制"的目的；（3）在"假设的犯罪"被默认，思维被控制而达到"心理限制"的目的。这种"心理限制"破坏了心理平衡，因而产生了排除限制的需求，引发了排除的动机，这种限制状态只有在交罪供述的情况下，才能解除，由此而成为动机满足的目标。为了使犯罪嫌疑人在讯问中都能达到目的，只有人为地制定这种目标和需求，通过对"心理限制"来引发供述动机。第二，主观原因。它包括：（1）情感冲动，犯罪嫌疑人在经过思想教育和自身的觉悟认识后，对一时的糊涂带来的后果感到后悔、自责、惭愧，为了摆脱被唤起的道德、良心、罪责感的压抑而产生的悔过自新、痛改前非、重新做人的冲动，这种冲动便成了满足动机的目标；（2）在讯问活动中，由于讯问人员的讯问技巧，使用的谋略，也能使犯罪嫌疑人产生某种冲动，引发供述动机，这种冲动大多属于犯罪嫌疑人趋利避害心理的反映；（3）犯罪嫌疑人出于对讯问人员的畏惧或信服而产生的交罪的动机。在一般的情况下被讯问人与讯问人是对立的关系，但是如果审讯人员注意方法，能够针对犯罪嫌疑人的个性特点，在讯问时使用的语言"有理""有力""有据""有节"，尊重被讯问人的人格，转变双方的对立关系，帮助对方把自尊心树立起来，这样对方为了维护自尊就能走供述交代的路。

二、思维导向二——"心理证据"的导入

讯问的法律核心是证据,讯问的过程实质上是取证——用证——取证的过程。通过用审讯得到的证据再为讯问服务,扩大完善证据,形成从小到大,从零散到完整的证据过程,最后达到证明犯罪的目的。如何才能完成这一过程?如何在没有证据的情况下从犯罪嫌疑人那里获取证据?

根据法律规定:"证据是证明案件真实情况的一切事实。"它有一个最基本的属性,即证据的客观性。它是指客观存在的事物和被人们感知并存入记忆中的事实,它是不以人的主观意志为转移而客观存在的事实。同时,证据也是用以证明未知事实的已知事实,又是未知事实的证明依据。但是,这种用来证明未知事实的依据,有其一定的局限性,这种局限性表现在它不可能完全彻底地证明当时行为人的所作所为,它只能通过行为人所留下的行为痕迹的多少来推断证明。行为人在实施犯罪行为时不可能将全部的行为痕迹都留下,有时是某环节的痕迹,有时是某环节中某一点的痕迹,被提取而作为法律上的证据,因而这种证据证明的并非是案件的全部事实。而这种全部的行为事实只有犯罪行为人自己最清楚,犯罪行为人在实施犯罪以后,他的记忆里总是摆脱不了与案件事实存在的联系,作案过程与细节,赃款、赃物的处置与去向,利害关系人的态度、行为、可靠程度,推测案发后同案人将会怎样回答司法机关的讯问等,都会在心理上打下深深的烙印,并且这种心理烙印,渗透在各个不同层次的潜意识中,甚至连睡梦中都会有所反应,出现做噩梦,疑神疑鬼,做贼心虚的情况。平时一旦思维循环再现犯罪时的行为情景时,便情绪低落。当时的案件事实通过心理的复制储存下来,形成案件的心理印痕、心理真相,也是心理事实。这种已知的心理事实便能准确、彻底、完整地记录犯罪嫌疑人在实施犯罪时的具体行为,当然,这种情景留在犯罪嫌疑人的大脑记忆中,是被犯罪行为人的心理记忆所确认的事实。

心理证据不仅是主观记忆与客观存在的统一,同时客观的存在也真实地反映了某一客观事实,又反过来证实主观的记忆。如果客观的事实与主观记忆相吻合,便形成心理证据,如果不能吻合,就不能成为心理证据,这种能否吻合的情景来源于行为人的主观判断和主观心理思维,它是自我思维过程,外界不能强加。当然这种主观的心理判断也有其两重性,即:可能对客观存在做出正确的反应;也可能对客观存在做出错误的反应。在审讯中,审讯人员在证据较为充足的情况下,出示给犯罪行为人辨别,得到其心理记忆的证实而形成心理证据。但是在更多的时候,犯罪行为人留下很少的证据,甚至没有留下任何证据,而审讯人员为了使犯罪嫌疑人产生心理证据,只有让犯罪嫌疑人将已获取

的信息联想扩大产生更多的证据想象物，扩展心理思维的回忆，获取更多的心理证据，而这一效果通常是与审讯人员的讯问策略、迷惑程度、谋略方法紧密相连的。

如何能把犯罪行为人在实施犯罪时的行为记忆转换成心理证据，即心理证据的导入。心理证据是心理事实与客观事实达到相互印证的产物。心理事实具有稳定性和不变性，而客观事实能被人为地控制，可以根据需要来使用客观事实。实际上审讯的技巧在很大程度上就是对客观事实的使用，用掌握的点滴事实，证明某一件犯罪事实，用某零散事实，证明全部的犯罪事实。审讯中更重要的是用"假设"的事实引出真实的心理事实，要完成这一任务，必须有媒介来予以支持，这个媒介就是行为人的联想和假设存在，即通过"假设"的证据或者逻辑矛盾，使之成为对心理事实的联想，产生心理证据，在审讯人员外力的作用下被心理限制，达到供述真实犯罪事实的目的。通过犯罪行为人的心理联想过程与心理事实产生共振，形成心理证据，联想为什么能充当这种媒介作用？心理学认为，联想是指感知或回忆某一事物连带想起其他有关事物的心理过程，由于事物之间的联想是客观存在的，反映在人们的头脑中形成的联想就成为一种不可抗拒的心理活动。例如，提到冬天想到雪，提到白天想到太阳，提到苹果想到梨，提到善想到恶，提到交通想到汽车，提到受贿想到行贿人，提到发票想到重复报销，提到银行想到自己所存的赃款，等等。

通过联想取得心理证据的情况有三种：第一种情况是客观事实所证明的某一犯罪行为完全达到对其心理事实的印证，产生心理证据；第二种情况是点滴事实证明某一犯罪行为达到对其心理事实的印证，产生心理证据；第三种情况是没有任何客观事实作证，只有依靠寻找、假设、推理、判断、逻辑矛盾"再生"等假设的客观事实信息，达到对其心理事实的刺激而产生的心理证据。前两种情况是比较可靠的，比较容易导入的心理证据，也就是人们常说的在事实面前是无法抵赖的。而后一种则是比较困难的，必须具备一定的技能，这种技能反映了讯问人员的计谋，谋略性越高，迷惑性越大，对方获得再生的"客观事实"的可信程度越高，产生的心理证据就越充分。犯罪嫌疑人从讯问人员那里获得的少量证据信息（有时是假设的证据信息，有时是寻找矛盾的逻辑证据信息）也就是通过犯罪行为人联想成许多的证据想象物被扩展幻化，误解成为客观证据。

心理证据的导入方法主要有以下两种：

1. 假定的客观事实导入法。审讯人在没有掌握犯罪行为人的客观事实证据时，采取假设的事件进行刺激，寻找客观的事实。如在没有掌握犯罪嫌疑人是否收取了"回扣""手续费"的情况下，而将其假设为客观事实存在，讯问对方"拿钱干什么用",如果真的拿了钱,那么他总要寻找没有拿钱的理由,经过大脑急速地思考,回答的语言比较缓慢;而确实没有拿钱,其回答的语言比较坚定迅速。这种刺激方法的目的,是为了找出客观事实。再如,有两个人证明某人受贿,而某人也承认当时确实拿了他人的贿赂,但在事发后的第三天又还回去了,并直接交在行贿人的手里,而事实上并没有交还回去。犯罪嫌疑人采取这种方法的原因是:自己受贿已经有人证明,无法抵赖,但是自己如果说钱已经交还回去了并没有人证明,同时也能与行贿人串供。因而,犯罪嫌疑人就采取了钱我已经还回去了的方法来抗审。这样的案件可采取"假设"行贿人当时不在家的情况:"第二天行贿人住院了,你怎么能送呢?"这样受贿人会用一些臆想的语言或转移目标的方法来回答,"那可能是我记错了,可能交给了他爱人或家里什么人了。"实际受贿人的这种回答已进入"客观事实"的领域,根据这一情况只要讯问人员坚持"钱没有还回去"的信息刺激,受贿人便会通过联想的牵连与心理事实印证,产生心理证据。这种"假设"的方法,是对犯罪行为人在实施犯罪时所留下的能充当证据使用的犯罪痕迹非常少的情况下的重要补充。

2. 寻找供述矛盾的逻辑信息。犯罪嫌疑人在供述中产生矛盾是客观必然的,从其客观存在的情况来看,犯罪事实的经过在时间上有连续性,犯罪的具体行为具有整体性,各种证据材料具有系统性,犯罪的证据与情节之间有着内在联系的逻辑性。犯罪嫌疑人的供述过程,实质上就是犯罪嫌疑人重置于犯罪的记忆中再现当时的犯罪情景,并对这一情景进行解说的过程。由于犯罪人的畏罪、侥幸、抵触、逃避的抗拒心理的存在,供述中总要竭尽全力进行编造谎言、虚构情节、隐瞒事实真相,由此必然与客观存在产生矛盾。例如,在侦查巨额财产来源不明的案件时,刑法的处罚是:处5年以下有期徒刑或者拘役。这对犯罪嫌疑人来说当然是清楚的,他在被讯问时,称该款是从境外的朋友处借来的,在讯问人员问其朋友的姓名、地址、通信方法及家庭情况,他便一概不知,依常理向并不熟悉的朋友借数百万元当然是不可能的,这种矛盾被揭露后,形成了"再生的客观事实",犯罪嫌疑人的心理事实被印证产生了心理证据,同时也是实现心理限制的内在根据和基础。

三、思维导向三——寻求供述必然性的心理规律

审讯人员都很清楚,犯罪嫌疑人在事实和证据面前大都能交代自己的犯罪事实,有人说:"这是他无路可走,无法抵赖,不得不交代。"实质上证据面前不得不供述是有一定的心理基础的,这种心理基础是以心理被限制为条件的。"心理限制"是指思维对象受到强制性的限制和制约,失去了任意思维的

对象。如犯罪嫌疑人在客观的事实和证据面前无法抵赖，无路可退，对自己的犯罪行为无法否定。心理限制与人身强制有着一定的区别。人身强制是对人身自由进行限制，这是一种外在的限制，而心理限制是内在的对心理的限制，从正常人的思维特点来看，思维具有广泛性和任意性。在正常信息刺激的情况下，思维较为活跃，思维的路子较为宽广，思维的方向带有任意性；而被心理限制后的思维状态就不同了，这时的思维只能按照讯问人员指定的方向进行思维，没有任意性，这种心理被强制的状态，有利于犯罪嫌疑人按照讯问人员的指令，如实地交代自己的犯罪事实。

对犯罪嫌疑人的心理限制是促其交代犯罪事实的较为有效的途径，是供述动机产生的基础。在审讯实践中，为了实现对被审讯对象的心理限制，不能仅仅局限在"测谎仪"的使用。更重要的是通过客观证据的出示，点滴证据的暗示，供述矛盾的揭示，来实现对犯罪嫌疑人的心理限制。另外，还可根据案情的特点采用相应的审讯谋略与技巧，也能实现对犯罪嫌疑人的心理限制。如采用"假设"的客观事实信息，提供给犯罪行为人，也能起到以假乱真的效果。行为人对假设信息的误解，通过扩展的联想与心理事实的共振，形成心理证据，取得了心理限制的基础。再者，在讯问过程中犯罪嫌疑人透露出来的客观事实信息是不可忽视的环节，也是我们在讯问过程中"无证取证"以现象引出犯罪事实的有效途径。由于犯罪总是在一定的时间、空间内进行，与一定的人发生关系，并且在接受讯问时，总要或多或少地将自己的犯罪事实的信息洒落出来。例如，受贿案件，犯罪行为人在某项业务中，从业务关系的对方收取贿赂，给国家带来巨大的损失，在接受讯问时，行为人总会将该项业务的经过情节一五一十地道来，为了更进一步说明问题，总会强调自己没有得到好处。而讯问人员并没有问其是否拿了"好处"，这是行为人主动说出来的，这就是我们要收集的客观事实信息。当然，讯问人员不能完全消极地坐等犯罪嫌疑人在供述中自动抛出客观事实信息，而是要积极主动地去寻找、开发，甚至要创造机会让犯罪嫌疑人暴露。常用的做法是：可以有间歇地多次深追细节，因为细节容易被忽视，犯罪嫌疑人常常疏于留意供述的细节，于是供词在细节上一次一个说法，有时文不对题，有时此地无银三百两，矛盾百出。讯问人员利用这些细节上暴露出来的客观事实信息，去转换事实，获取心理证据。也可以对同一事实情节从不同的角度发问，或是以不同的顺序进行提问，使犯罪嫌疑人在完全没有心理准备的情况下供述，然后进行比较，找出洒落的客观事实信息。也可以把某一事实情节混杂在其他问题中提问，对犯罪嫌疑人对拆散的事实情节不知不觉中做出的零碎的供述，进行综合比较，便能发现客观事实信息。从无到有，从小到大，从弱到强来发展这种客观事实信息，然后转换成客观证据，达到用心理证据来实现心理限制的目的。

实现心理证据并不意味着犯罪嫌疑人就一定能进入心理限制阶段，原因在于强化的心理证据才能产生心理限制，而淡化的、分散的心理证据就不一定能产生心理限制。

如何强化心理证据产生心理限制，常用的方法是用语言限制对方的定向思维，在心理证据的范围内进行思维，做出决断。注意不要任意改变这种范围。在对方努力地岔开话题，试图寻找新的范围时，讯问人员应设法把岔出来的话题收回去，促使对方向供述状态发展。使用语言限制有三个特点：第一，语言平抑，内含强制力。其目的是用平抑的语言，避免出现僵局，犯罪嫌疑人在出现心理证据以后，犯罪的行为被客观的证据限制，无路可退，处在进退两难的境地，形成心理压力，便会寻找爆发的"出气口"。如果我们使用过激、过硬的讯问语言，势必会充当"出气口"引起僵局。如常见的："我犯罪你们枪毙我好了，我没有什么可说的。"这就是僵局性的语言，原因在于我们使用的讯问语言和态度不当。第二，语意单调。其目的是限制犯罪行为人的定向思维，因为犯罪行为人在有了心理证据的情况下会尽全力来摆脱目前的窘境，扩展他的思维范围，寻找"出路"，讯问人员如果使用语意复杂的语言，就等于是帮助犯罪行为人联想扩大思路，这样很难再收回到原来的被限制的思维范围中去。第三，语句重复。其使用的根本目的是促使犯罪行为人增加心理限制，审讯人员咬定咬准关键性的一句话，重复使用，切记这句话必须是有利于犯罪嫌疑人供述的关键语，如"钱怎么处置了？或钱哪里去了？钱干什么用了？"等等，咬准一句话紧追，直到犯罪行为人交代为止。除了上述的方法之外，采取不相适应的讯问方法，就会淡化分散心理证据，就不可能会产生心理限制。

四、思维导向四——如何顺应犯罪嫌疑人趋利避害的心理

趋利避害心理是犯罪嫌疑人的基本心理规律，这种心理状态就像大的磁场一样吸引着犯罪嫌疑人做出有利于自己，避开不利于自己的选择。有人说这是受极端个人主义思想的影响，也有人说这是人性的本能，还有人说这是犯罪嫌疑人本质的心理状态。暂且不管它属于哪一种，在审讯实践中这种趋利避害的心理状态带有一定的普遍性。犯罪嫌疑人面对审讯人员的讯问，总会作心理权衡，是交代罪行还是拒不认罪。有时在受到消极因素影响的时候，认为交罪的后果将给自己带来不利，因而这种趋利避害的心理就提醒他"不能交代"。而有时在讯问人员耐心地帮助教育、动员说服下产生了积极的心理状态的时候，这种趋利避害的心理又在督促他还是交代吧！交代了自己也解脱了。这两种力量斗争的结果，实质是利与害在心理上选择的结果，也是趋利避害选择的结

果，它贯穿于审讯的全过程，在审讯过程中的各个不同的阶段，又表现出不同的特点。这种现象的存在，为审讯人员让犯罪嫌疑人交代自己的罪行，提供了依据。在司法实践中，为了顺应犯罪嫌疑人这种趋利避害的心理特点，提出了"坦白从宽，抗拒从严"，这条原则本身就顺应了犯罪嫌疑人趋利避害的心理特点。在不同的阶段，犯罪嫌疑人的趋利避害心理表现各异：

首先，从犯罪嫌疑人与讯问人进行交锋的初始阶段来看，这也是相互试探摸底阶段。犯罪嫌疑人要通过讯问人员了解其对自己罪行的掌握程度，然后采取对策，确定趋利避害的选择，选择有利于自己的环节进行抗审；同时讯问人员在这一阶段为了完成试探摸底的任务，找准犯罪嫌疑人的抗审特点，对症下药，为迫使犯罪嫌疑人交罪打下良好的基础。实质上一方是在寻找可采用的方法，另一方是在寻找趋利避害的根据。犯罪嫌疑人通过对讯问人员的试探摸底，掌握对方对自己罪行的了解程度，权衡利弊，及时地调整这一阶段中的思维定势来抗审，其目的也是强化趋利避害的心理。这是初审阶段被审人普遍存在的"定势心理"的内在根据。

其次，是对抗相峙阶段。犯罪嫌疑人对自己的犯罪情景设计了"趋利避害"的环节，进行抗审，而审讯人员对犯罪嫌疑人的这种趋利避害的选择进行针锋相对的斗争，表现为揭露与回避，追讯与抵赖，这也是双方意志、素质、水平、智力的相互较量，处在对抗僵持的状态。犯罪嫌疑人所坚持"取利方向"是抗审的选择，其利是与抗审是否成功画等号的。相反，讯问人为了达到审讯的成功，也在采取"趋利避害"的方法，与犯罪嫌疑人展开较量，这种方法只有战胜了犯罪嫌疑人的"趋利避害"的心理，才有可能渗入犯罪嫌疑人的心理领域，取代了犯罪嫌疑人的"趋利避害"依据，使其在审讯人员为其设置的"趋利避害"关系中，进行选择。通常审讯人员所设置的利害关系的依据是：坦白从宽，抗拒有害，让犯罪嫌疑人以此作为选择，使其向交罪的方向做出转化。

再次，对讯问人员所提供的"利害"关系的选择。经过前两个阶段的较量后，审讯取得了一定的成功，表现为采用了某种审讯技巧对犯罪嫌疑人达到了"心理限制"。为了解脱这种心理压力，而产生了某种动机，这时的"利害"关系被缩小了范围，形成了交罪能够解脱的心理被强制的压力，不交罪心理的压力无法解脱的利害关系，这种利害关系对犯罪嫌疑人来说是进退两难的，向前进交代罪行，要受到惩罚，向后退不交代，又过不了关，表现为审讯中的反复动摇的心理状态。这时的"趋利避害"的依据和特征，是讯问人员为犯罪嫌疑人设置的，与犯罪嫌疑人的"趋利避害"心理有着本质的区别。第一，目的不同。讯问人员将"利"设定为交罪，"害"设定为抗拒。第二，方法不同。设定犯罪行为人抗审的退路被堵死，罪行已定没有选择性，唯独的"利"只有交代，还有一线从轻处理的希望，以此来引导犯罪嫌疑人做出选择。犯罪嫌疑人对此的心理状态的"两难选择"原因是犯罪嫌疑人还抱有幻想，抗拒有可能成功也可能失败，坦白有利也有害，处在"十字路口"出现反复动摇的供述表现。

最后，交代供述阶段。犯罪嫌疑人出现这一心理状态，证明犯罪嫌疑人心理防御体系已完全崩溃，精神一蹶不振，无法重新唤起抗拒的意志力，从心理状态上趋向交罪。此时犯罪嫌疑人更关心交罪后的情景和后果会怎样，这时他的"趋利避害"的心理表现最为突出，审讯人员应当努力地去顺应犯罪嫌疑人的这种心理状态，帮助犯罪嫌疑人拓宽交罪的路，强化犯罪嫌疑人趋于交罪的心理，堵塞其抗拒的退路。

审讯人员如何去顺应犯罪嫌疑人"趋利避害"的心理？首先要消除和否定犯罪嫌疑人带进审讯室里的"趋利避害"的定势心理，然后帮助犯罪嫌疑人设立、更换新的、有利交罪的趋利避害心理，这就是审讯阶段对犯罪嫌疑人的心理顺应。

下面的这个案例，充分地说明了犯罪嫌疑人在整个审讯的过程中的"趋利避害"的心理变化。安徽省某境外公司财务部经理利用职务之便，侵吞公款数十万元并且多次使用巨额公款在香港炒股，牟取暴利。案发后，检察机关多次传讯他，但他拒不认罪，并畏罪潜逃，后被抓获，在被逮捕后的很长日子里，他选择了抗拒审讯的方法，不是一问三不知就是嫁祸他人，推托罪责。在办案人员多次地教育帮助、思想开导下，其抗拒心理有了一些转变，开始暴露自己抗审的心理状态："如果我交代了犯罪事实，法院一定会重判我，因为我的数额巨大，罪行严重；如果不交代有的证据你们拿不到，就无法定我的罪，说不定还有从轻处罚的可能性，而交代了那什么可能性都没有了，只有任你们重判了。"这是犯罪嫌疑人在抗审的第一阶段的"趋利避害"的心理状态。

在第二阶段，讯问人员问他："你知道我们现有的证据、材料，能够判你多少年徒刑吗？""我知道，你们没有证据是不会逮捕我的，我也知道我的罪是比较严重的。这么长时间我在号房里看了刑法，少说也得判我10年以上的徒刑。"讯问人员又问："难道你不想得到从轻或减轻处理吗？""谁不想，我看过刑法的规定，要有立功表现、投案自首主动交代自己罪行，才有可能得到从轻、减轻的处理。""那你为什么不走这条路呢？你的犯罪事实已基本清楚，我们国家的法律并不是以你的口供来定罪的，而是靠事实的证据来认定犯罪，你现在已经构成犯罪这是无法选择的（堵退路），法院会根据证据与事实，对你做出公正的判决。此外你如果想得到从轻或减轻处罚，你就应该按照法定的条件做出选择，为自己找出路，另外你的爱人和孩子多么希望你能受到政府的宽大处理，你自己看着办吧！"（讯问人在为犯罪嫌疑人设立"趋利避害"的方向和范围）此后，犯罪嫌疑人泪流满面地交代了自己的犯罪事实和境外的存款，并揭发了他人的犯罪事实，为检察机关打击贪污贿赂犯罪又挖出了一条"蛀虫"。

审讯人员为犯罪嫌疑人设立的"趋利避害"的方向和范围，为什么能得到犯罪嫌疑人的认可？这是因为审讯人员设立的供述方向和范围顺应了犯罪嫌疑人的"趋利避害"的心理，与犯罪嫌疑人的心理产生了共鸣。这里应该注意的是，设立犯罪嫌疑人认可的"趋利避害"的条件，是建立在堵住犯罪嫌疑人退路的基础上的，在犯罪嫌疑人无路可退的情况下，审讯人员设立的出路才能被认可，得到犯罪嫌疑人的心理顺应。

五、思维导向五——如何把握证据运用的时机

证据是证实犯罪嫌疑人实施犯罪的依据，是促使其如实交代罪行的最有效的方法。使用证据不仅仅是就事论事，而是通过证据的使用来扩大战果：通过点滴的证据获得全案的突破；通过表面暴露的证据，深挖隐藏较深的犯罪；通过小的证据获得大的供述；通过一起带出数起。如果使用了证据不能达到"攻击"一点，全面开花的目的，说明没有用好、用准证据。如此有时不但没有发挥证据最起码的作用，还暴露了我们对其证据材料掌握的程度。例如，某部门的财务人员王某重复开发票报销，侵吞公款，案发后，讯问人员首先向犯罪嫌疑人出示重复报销的发票，并问其为什么重复报账，贪污公款？"你看这两张发票是不是你签的字？"犯罪嫌疑人王某接过发票辨认后说："发票是我签的字，但我没有拿钱，也许是财务上让我补签的字，钱我没有拿。"讯问人员接着问："你既然签了字，怎么会没有拿到钱呢？"王某答："字虽然是我签的，但是并不证明我就一定拿到了钱！"——讯问出现了僵局。该单位的财务账已将该款支出，王某否认自己拿了钱，而会计坚持钱已被王某拿走，到底谁说了假话呢？经过对王某的多次审讯，最后王某交代了自己侵吞公款的事实。王某为什么在铁的事实面前不认账，抵赖呢？事后我们再问他当时为什么不承认，王某说，当时你们忽然拿出我重复报账的两张发票，我很害怕，不知道怎么回答才好！你们传我来的时候，我估计可能就是这件事，我在路上就想好了，不到万不得已，是坚决不能承认的，但是发票有我的签字是赖不掉的，所以我只好说没有拿钱。

上述案件，实属证据充分既简单又明了的案件，为什么会出现在证据面前还狡辩抵赖的情况？这是讯问人员使用证据的时机没有把握好！在初审阶段，

双方均处在试探摸底状态，犯罪嫌疑人刚刚进入审讯室，情绪还没有稳定，紧张的心理还没有平静下来，同时在初审的阶段，大部分犯罪嫌疑人都带有很强的戒备心理，这种戒备心理大多出于自卫的本能；再者犯罪嫌疑人在接受讯问的初始阶段还带有很强的定势心理，这时使用证据很可能会起反作用。上述例子说明在审讯中使用证据一定要选择有利时机，才能达到预期的目的。如果掌握不好使用证据的时机，不仅达不到出示证据的目的，反而暴露了讯问的意图，增加犯罪嫌疑人的抗审和侥幸心理。在办案实践中，有的讯问人员不考虑时机，通过抛一点证据，让犯罪嫌疑人讲一点，但待证据抛完了，犯罪嫌疑人也就不说了，审讯人员再也无法让犯罪嫌疑人开口了。还有的审讯人员不管犯罪嫌疑人在什么样的精神状态下，任意地抛证据，有时犯罪嫌疑人情绪激动，对抗心理相当强，知道自己罪行严重，处在破罐子破摔的消极心理状态，在这个时候使用证据，犯罪嫌疑人是不容易接受的。因而掌握好证据的使用时机非常重要，即便是出示少量的证据，也要力求使犯罪嫌疑人坦白交代，如果不注意时机，即使使用了大量的证据，犯罪嫌疑人也会狡辩抵赖，对审讯人员所出示的证据进行种种辩解，削弱了证据的效力。

在什么时机使用证据情景最佳呢？实践中在犯罪嫌疑人与审讯人员经过往复数次回合的较量，出现了精神疲倦，意志薄弱，生理与心理的压力极强的情况下，使用证据效果较好，这时犯罪嫌疑人的动机是尽快解脱这种心理和生理带来的不适，这时使用证据能收到事半功倍的效果。

从审讯的阶段上来看，通过初审阶段，双方都有了初步的了解，犯罪嫌疑人敢公然对抗是建立在初审阶段了解的基础上的，在进入对抗相峙阶段以后，实质上是双方心理的较量，这时犯罪嫌疑人是侥幸的心理在支持，他认为自己作案时的手段比较狡猾，没有留下多少把柄和痕迹；同时在共同犯罪中订立了攻守同盟，尤其是贿赂案件"一对一"无第三者插足，隐蔽性强，通常他们还建立了严密的防御体系。尽管如此，但是他们最担心的还是忽然出现的证据，一旦证据出现，他们的侥幸心理便破灭了，因此在这个时候，使用证据效果最佳。

从犯罪嫌疑人的心理状态来看，犯罪嫌疑人权衡利弊反复动摇的心理状态，是使用证据的最好时机。在这一阶段犯罪嫌疑人最需要一定的外力，加速"动摇心理"的转化，犯罪嫌疑人经过一段时间的讯问，原来的定势心理开始瓦解处于反复动摇的状态；如果交罪，自己不仅要坐牢而且前途都没了；可是如果继续顽抗下去，又怕落个抗拒从严的下场，权衡利弊，进退两难。在这个时机，审讯人员若能恰当地使用证据，给犯罪嫌疑人形成一种观念，便能使犯罪嫌疑人向有利的交罪方向转化。

我们在审讯时抓住时机使用证据的目的，不是与犯罪嫌疑人对证已掌握的证据，而是促使犯罪嫌疑人交代自己的犯罪事实，因而不能将自己所掌握的证据全部使用，这样便会将全部底细露给犯罪嫌疑人，此后一旦出现其他情况，我们便处在被动的地位。所以要尽量使用点滴证据去达到全部证明犯罪事实的效果。想收到这个效果，我们在使用证据时就要带有迷惑性、隐蔽性，做好证据使用前的基础工作，保证证据使用后能出现最佳效果。同时对关键性的重要证据，不要轻易使用，要经过慎重考虑，周密研究重要的证据使用后带来的"利害关系"和后果，做到轻易不拿来，拿了必胜，才可使用。

六、思维导向六——如何转化"定势心理"

什么是"定势心理"？犯罪嫌疑人接受审讯时，准备用什么方法来接受审讯的心理准备，在审讯中称为定势心理。这种心理准备带有相对的稳定性，也带有很大的普遍性。犯罪嫌疑人几乎都带着事先准备好的心理状态来接受审讯，这种相对稳定的心理状态，贯穿于审讯的全过程，在审讯的试探摸底阶段和对抗相峙阶段表现得较为明显。审讯中这两个阶段的任务实质上也是为了转化犯罪嫌疑人的定势心理，犯罪嫌疑人在这个阶段的攻守程度，也取决于定势心理的程度。

定势心理作为犯罪嫌疑人在接受审讯时的相对稳定的心理准备，并不是短期内形成的。像贪污、贿赂犯罪，犯罪嫌疑人在实施犯罪时，就已经存在了反侦查的心理准备，这种心理状态的稳定程度决定了存储的时间，存储的时间越久越不易改变，因为这种心理定势会反复在自己的大脑中进行思维循环而被加固。

犯罪嫌疑人的定势心理程度还依赖于产生这种定势的根据，那些依据多种事实而形成的定势心理或与多种需要相联系的定势心理稳固程度较高。假如某种定势心理只依赖于某一环节或事实，那么只要否定了这一环节和事实，就可以改变这种思维定势。但如果其定势心理所依赖的环节和事实很多，其定势心理就不容易改变。如受贿人收取了钱物以后，其心理状态立即会涉及日后有多少暴露的可能性。首先，没有第三者目击，行贿人出于感谢不会揭发；其次，可以借口是朋友交往的礼尚往来；最后，没有损害国家利益等。只要自己不说，天知地知，你知我知。这一系列的环节和根源稳固了受贿人的定势心理。

如何转化犯罪嫌疑人带进审讯室的定势心理是突破案件促其交罪的基础，这是一项难度较大的工程。如在审讯贪污、贿赂犯罪嫌疑人时，首先，设定嫌疑人有贪污、贿赂犯罪的嫌疑。在讯问中："你是×××吧？你知道今天为什么找你到这里来吗？打击贪污贿赂犯罪是我们的任务。我们调查的结果表明，你的某些行为与我们的工作有关。"（此时不需要急于发展下去，要注意观察对方的反应）前面的几句话犯罪嫌疑人很可能会做出这种反应：我不知道你在说什么！（回避）我没有贪污受贿！（直接）谁？我？（防御）什么？我贪污受贿？我这么多年付出的心血……（证明）你们可以查？（侥幸）天大的笑话，我贪污受贿！（反证）等。接下来审讯人员应尽量阻止犯罪嫌疑人的插话（不能让其插话把自己形象树立起来，加固定势心理）。然后采取迂回的方法扩展审讯的问题。

用迂回的方法扩展我们审讯所要捕捉的目标，是对其定势心理转变的最有效的方法，完成这一方法的途径有两种，一种是通过情感的途径，一种是通过逻辑的途径。情感的途径在讯问中起着辅助作用，而逻辑的途径则起着决定作用。这种逻辑的作用，是展开迂回的每个环节，捕捉逻辑矛盾的目标，利用犯罪嫌疑人的心理事实的联想，而达到对犯罪嫌疑人进行心理限制，以此取代犯罪嫌疑人的定势心理。

同情是在特定的情景下做出的行为：提出犯罪嫌疑人实施犯罪行为的可能性及前因后果，然后提出为其开脱的理由。这种开脱的理由必须是与讯问主题有着密切的关系，才能对其涉案的事实产生共鸣。如，"朋友找你帮忙，给一些答谢，如果拒绝不要，别人会说你看不起他，容易产生误解，要了不符合法律规定，所以'进退两难'"。"面对这种情况，许多人都不太好处理……"如果这一方法在犯罪嫌疑人处产生共鸣，对方便开始用附和性的语言表示赞同。如："就这样，你不收人家不高兴，还认为你有什么想法，如果收了你们又在找……"这时就注意把这种对犯罪嫌疑人的理解和同情继续下去，设法激发犯罪嫌疑人对自己行为的忏悔感、自新感和自尊感。

帮助犯罪嫌疑人树立认识错误改正错误的信心，控制其自我辩解的障碍。犯罪嫌疑人本能的自我保护，表现在对自己犯罪行为的否定状态，如我可以说我没干那种事，我又不缺钱花。审讯人员在这时就应注意捕捉附加语"我可以说我……"而无罪者通常直截了当地说："我没拿。"犯罪嫌疑人由于心理的特定状态，总爱用附加语。审讯人员不仅要辨明这种语言的特殊性，而且还应对其加以控制，不能让这种辩解和否定涉入我们审讯的主题，不然将是审讯主题继续发展的障碍。

七、思维导向七——如何控制动摇阶段的心理

有的学者把犯罪嫌疑人趋向动摇的供述心理状态称为临界心理。在审讯实践中，这一心理状态有其两重性，根据审讯人员的讯问方法，这种心理状态会向两个方面转化，一种是向供述的方面转化，另一种是向拒供的方面转化。这种被称为"临界心理"状态的特点是可变性极强。犯罪嫌疑人一旦进入这种

心理状态，总要权衡利弊，反复寻找选择对自己有利的方向发展，一旦选准了方向这种临界心理状态便会立即消失。这一特点表明动摇阶段的临界心理来得慢、走得快，注意对这种心理状态的控制可收到事半功倍的效果。发现动摇的状态，是对其控制的基础，接受审讯的犯罪嫌疑人，从抗拒审讯转化到动摇阶段，其大量思维是处在激烈的斗争状态，是供还是不供，形成思维过程中相互干扰的情景，表现在外部的形体方面便是多次出现无根据的下意识动作。如双手抱头，两脚颤抖，双手托额，抬手抱胸，搓手，捏拳，两脚搓地，浑身不停地颤动，坐的椅子向前半部移动，莫名其妙的下意识动作频繁出现，等等。从面部的表情来看，犯罪嫌疑人的目光呆板，双眼无神，游移不定，眼中含泪；有时痛哭流涕，不敢正视讯问人；有时脸色苍白，肌肉紧张地抽动，满脸是汗，有的低头深思欲言又止。

从语言的表达情况来看，这一阶段的犯罪嫌疑人在交代问题上还讨价还价，提出各种条件。如：我交代以后你们会不会给我取保候审，能不能从轻减轻处理。犯罪嫌疑人的这一心理过程的变化，是从抗拒交代到趋向于交代。在语言的运用上从否定的强硬状态趋向于含糊其辞，动摇不定的回答。犯罪嫌疑人的常用语如：让我想想再说，能否让我跟家人见一面再说，让我回监房好好想想再回答你们。有时审讯人员为了深挖犯罪："你还有事情交代。"正常的回答是"我确实没有了！"以没有余罪做出坚定的回答。而隐瞒着某些问题的犯罪嫌疑人常用："我好像没有什么交代的了，我认为我好像都交代完了。"有时犯罪嫌疑人还能直接向讯问人员暴露思想："我交代了，我的一切全完了！"等。在语言的节奏上，表现为缓慢梗塞，无节奏，下意识地唉声叹气，语言的声调变低，有气无力。

犯罪嫌疑人的动摇状态只是在抗拒的前提下向前跨了一步，离供述交代的实现还有一定的距离。尽管如此，这种动摇心理状态如果控制不好，不仅不会向供述方向发展，而且还会强化抗拒心理。因此在犯罪嫌疑人进入动摇状态时，必须准确地掌握其特点来加以控制。

如何控制动摇状态的犯罪嫌疑人的心理？首先，是强化已发生作用的方法和技巧，加大"攻击"力度。审讯犯罪嫌疑人使之从抗拒审讯到动摇状态形成，并不是偶然的，它是审讯人员根据犯罪嫌疑人的个体特点有针对性地施加心理影响而形成的。因而在审讯中讯问人员要注意发现是在什么情况下，用什么样的方法，以什么情节和事实成为犯罪嫌疑人的心理动力。当出现动摇反应时，就应该抓住不放，加强对这一领域的攻势。如果是逻辑矛盾引起的，就应抓住矛盾点不放，限定在某一细节范围做供述，形成心理证据的压力促使其向心理限制方面转化。注意对"题外语言"的控制，不要让与其无关的语言干扰犯罪嫌疑人的思维。在这一状态下犯罪嫌疑人的思维已受到客观的控制，被禁锢在某一极小的范围内。一旦外力插入，便将这张被禁锢的网撕开了出口，让思维的目标转向别的领域，去寻找解脱这种心理压力的方法。讯问人员应咬定某一关键性词，不断重复达到对其思维的控制，如：讲！讲！讲！如果犯罪嫌疑人的思维忽然转向别处，讯问人员应立即采取迂回的方法将其思维再拉回到原来的状态，进行控制。

其次，是对犯罪嫌疑人提出的要求，要根据情况有针对性地解决，不要随便承诺许愿，对那些"让我回去想想再说"或"让我回号房想想明天再说"等，不能答应，应紧追下去。经验表明，有90%以上的犯罪嫌疑人"让我回去想想再说"，都是缓兵之计，待第二天再提审时，就变卦了，又转回到了原来的起始状态，还要重新采取方法来进行审讯，而这一次的审讯难度会比前次的审讯难度要大得多。犯罪嫌疑人经过长时间的思考和总结，找出在被审讯时出现问题的原因，再次审讯时犯罪嫌疑人多半会避开前次失败的环节，防守更加严密，从而加大了审讯的难度。

再次，犯罪嫌疑人在动摇阶段的心理特点是：趋利避害的心理，是交代还是不交代，是进还是退，他要权衡利弊，如果讯问人员将其退路给堵死封住，犯罪嫌疑人才能做出向前进的选择。审讯中常用的封其退路的方法是："你的问题已经明了，你对问题交代是迟早的事，但迟不如早，应争取主动，争取立功，争取从宽处理。"又如，司法机关办案件是以事实为依据以法律为准绳的，不轻信口供，你的口供只证明你自己对问题的态度，主动交代能从宽处理，不交代从严处理，你的问题已经清楚，两条路由你选择。这时的犯罪嫌疑人实质上只有一条路的选择，把犯罪嫌疑人推到交代的主线上来，此时犯罪嫌疑人便向供述方向做出行动。

最后，是对犯罪嫌疑人实施心理共振，这种方法主要是对犯罪嫌疑人的行为给予同情和理解为基础的。如："对你的情况我们是比较理解的，从你本人的心愿来说并不想要他们的钱，有其他的原因……你干工作的目的我想并不是为了多捞些外快，这不是你的性格，有时碍于情面，又不好推脱，有的人也是真心出于感谢，推脱了伤人家的面子。"站在犯罪嫌疑人的角度，对其行为给予同情，使其产生心理共振，能有效转移犯罪嫌疑人担心交罪后自己所承担的后果的畏罪心理，审讯实践中经常会出现动之以情，晓之以理，才能达到让犯罪嫌疑人交罪的结果，这就是犯罪嫌疑人在反复动摇阶段，进行心理控制的最佳结果。同时还应该注意，在犯罪嫌疑人难以张口供述的情况下，要选准时机给其"下台阶"，让开一条路对方才能做出交罪的行动。

八、思维导向八——供述矛盾的设置与利用

多年来在审讯的领域里，一些有经验的审讯人员都喜爱利用犯罪嫌疑人的供述矛盾，通过对其揭露，来达到使犯罪嫌疑人交代供述的目的。这种揭露矛盾的方法，不仅在国内被普遍使用，在国外尤其是在美国的司法部门，在审讯的方法上还仍然采用"逻辑的途径"进行审讯。这种审讯方法的普遍性、一致性证明矛盾的揭露在审讯中有着重要的作用。

利用逻辑推理找出矛盾予以揭露，其目的是对犯罪嫌疑人进行心理限制达到使其供述的目的。审讯中从矛盾的来源来看，首先，应该将矛盾分成两大类，一类是与犯罪嫌疑人有直接联系的矛盾；另一类是审讯人员为其设定的矛盾。如在贪污、贿赂案件中，行贿人与受贿人都是为了达到某种目的，满足某一需要，进行了"钱权"交易。由于道德品质上的自私、贪婪、嫉妒、多疑，在相互关系上的地位不同、利益不同、作用不同决定了他们之间必然存在某种矛盾。其次，是犯罪嫌疑人主观方面的心理矛盾。犯罪嫌疑人在接受正面审讯时，处于被指控的地位，审讯人与犯罪嫌疑人之间形成了特殊的关系，当审讯涉及犯罪事实的时候，被审讯人便产生了拒供还是供述两种对立的心理活动，两种意念的此起彼伏，反映出反复动摇的矛盾心理状态。最后，是犯罪嫌疑人的主观心理状态与客观存在的矛盾。犯罪嫌疑人实施了犯罪以后，案发后的畏罪心理使其在审讯中大多采用谎言、假话来抗审，这些假话、谎言与客观事实的存在必然会产生矛盾。此外，审讯人员为了促使犯罪嫌疑人供述而编造的矛盾，并且将其假设在某一犯罪情节中，让犯罪嫌疑人继续深化、发展这一矛盾，达到暴露谎言的目的。

如何在审讯中寻找矛盾，发现矛盾，这是审讯活动中最关键的环节。一些有经验的审讯人员在审讯的习惯上大多采取迂回的审讯方法，来寻找案件中的矛盾。这种方法是：先不涉及讯问的主题，从外围步步深入，以情节找主干，从小到大，从案件发展的每个情节到细节，有间歇性的让犯罪嫌疑人重复，进行深追，从案件情节的不同角度、不同顺序进行深化细追，在整个情节中把关键性的细节抽出来，混杂在次要的问题中让其供述，进行推理、比较发现矛盾。

如何为犯罪嫌疑人设置矛盾，是审讯过程中又一重要的方法和手段。在直接抗审中，讯问人员的矛盾设置应顺着犯罪嫌疑人编造谎言、假话的路子，顺下去，把编好的矛盾情节加进犯罪嫌疑人编造的谎言中去，让犯罪嫌疑人自己去扩展、扩大，待时机成熟时一举揭露。

对采用嫁祸他人的方法进行抗审的矛盾设置，有具体的嫁祸对象，审讯中

就把矛盾设置在被嫁祸对象的身上。如果没有具体的对象，可以将矛盾设置在某一具体的情节里。从嫁祸他人的犯罪的心理特点来看，其注意力的重点在于摆脱自己，而对自己嫁祸的对象并不十分重视，因而把矛盾设置在被嫁祸的对象上，不太会引起犯罪嫌疑人的注意。如：你是什么时间付钱给对方的？他在什么地方？干什么？有谁在场？答：9月15日他在家里看电视，他爱人开始也在看电视，看我来了，就出去了。问：据我所知他爱人9月13日就生病住院，住了半个多月，怎么会在家里呢（设矛盾）？答：那可能是我记错了（为自己找退路，同时暴露了假话）。还可以这样设置：那天停电他怎么看电视呢？可能出现的回答：当时没有停电，或停电时他点蜡烛，后来有电时才看电视的。再者，他当时出差了，单位有他的差旅费报销单，你看了没有，他怎么会在家里看电视呢？这时他可能还会以"我记错了"，来为自己寻找退路。总之，设置矛盾要让犯罪嫌疑人信以为真，才能达到效果。

实践中常用方法有：（1）气象设置法。如：那天下雨，他带的是雨伞还是雨衣？（实际那天根本没下雨）（2）情景设置法。如：你那天在剧院看电影，剧场的电线着火，引起混乱你知道吗？（实质上根本就没有的事）（3）存在设置法。如：他当时根本就不在家，怎么能收钱呢？是不是他爱人代收的？一旦犯罪嫌疑人承认了或默认你为其设置的矛盾，由此可能引起一系列矛盾的出现。

但在什么时候揭露矛盾并不是随心所欲的，应根据犯罪嫌疑人个体的心理状态来决定。首先，在犯罪嫌疑人对抗心理极强的情况下揭露矛盾，不仅不会起到促进犯罪嫌疑人交罪的作用，而且还会使其感觉到自己受骗，强化了对抗心理。其次，时机尚未成熟就盲目地揭露矛盾，容易形成僵局，导致犯罪嫌疑人更加小心谨慎，阻碍了矛盾的进一步暴露。揭露矛盾的最佳时机，是犯罪嫌疑人反复动摇的阶段，这时的犯罪嫌疑人又处在激烈的矛盾斗争状态，思考着是供还是不供的利弊关系。在这个阶段犯罪嫌疑人已经完成了编造谎言的任务，大多数的犯罪嫌疑人都不太可能再重新编造新的谎言，因而审讯人员也完成了寻找矛盾的任务，处在如何利用已发现的矛盾迫使犯罪嫌疑人交代供述。在这一阶段利用矛盾的方法，应该以说服教育和动之以情结合起来。如果单方面地揭露矛盾，容易引起僵局。讯问时采取平和的语言，一边揭露矛盾，向犯罪嫌疑人说明其犯罪了，应该认识到自己的问题，不该用假话欺骗司法机关，事实的存在是否定不了的，应该走从宽处理的路；一边利用矛盾所涉及的关键情节，逼其供述自己的犯罪经过，使得犯罪嫌疑人心理压力越来越大，最后达到心理限制的时候，他想发怒也怒不起来。因为我们揭露矛盾的语言是平和的，犯罪嫌疑人没有发怒的基础。如果我们采取生硬的态度去揭露矛盾，势必会给犯罪嫌疑人提供发怒的理由，出现审讯的僵局。利用矛盾对犯罪嫌疑人的谎言进行心理分析，能进一步激化犯罪嫌疑人内心的矛盾斗争，有效地推动供述交罪的心理转化。

九、思维导向九——总结讯问失败的原因

（一）讯问失败的原因之一——审讯前不充分的准备

审讯本身就是有计划、有准备、有技巧地与犯罪嫌疑人进行斗智、斗谋的心理较量，这种较量的结果有成功的也有失败的，成功的经验固然要总结，以此来提高我们的审讯技巧，但更重要的是对失败原因的总结，只有找出失败的原因，才是取得成功的基础，由于我们的审讯对象不同，失败的原因也是多种多样的。如两军对垒，知己知彼，方能百战不殆，战胜对方的条件是建立在对对方充分了解的基础上的，否则，仓促上阵必然一败涂地。审讯中由于盲目上阵造成审讯失败的例子屡见不鲜。而犯罪嫌疑人在不到万不得已的情况下，是不会主动就范的，只有通过审讯征服了对手，他才能把自己的犯罪事实交代出来。这是一件复杂而又艰苦的工作。这种复杂性表现在：犯罪嫌疑人的个体特点不同；犯罪的情节不同；犯罪行为与客观的联系也不同。由于这些特点，客观上就要求审讯人员在接手审讯时，应做仔细的研究，有计划、有步骤地做相应的准备。有的审讯人员在接手案件后，不对已掌握的材料做仔细研究，不事先去了解自己的对手，仅靠已掌握的支离破碎的证据仓促上阵，其结果必然是骑虎难下，不可收拾，最后以失败而告终。

（二）讯问失败的原因之二——不恰当的审讯方法

审讯的方法是审讯成败的又一重要的环节。不同的对象，不同的案件，同种案件的不同特点，在使用的方法上应有所不同。如贪污、贿赂犯罪案件与其他杀人抢劫案件就有着明显的区别。贪污、贿赂案件的犯罪嫌疑人大多是有知识、有文化、有职务的国家工作人员，有的还是位高权重的高级干部，这些人成为审讯对象的时候，会凭借自己的智商高、社会阅历丰富来与审讯人员展开较量。如果审讯人员不去研究和掌握对手的这些特点，审讯中东一榔头西一棒子，无的放矢，必然会失败。首先，是要针对不同的审讯对象，采用不同的审讯语言。如贪污贿赂犯罪案件中，高级领导干部与普通干部与其他刑事犯罪嫌疑人，在使用的讯问语言上就有所区别，如果方法不得当，不但达不到效果，有时还会形成僵局。如在对高级干部审讯时，使用的语言应平和，少带刺激性，多注意内在的逻辑联系，因为这些人多年来在领导岗位上指挥别人已成了习惯，长年生活在恭维、赞扬的环境中，一旦成为审讯对象，便产生不平衡的心理状态，聚积心中的怒气，寻找发泄的目标。如果审讯时不注意语言的表达

方式，很可能变成他们发泄的出气筒，造成讯问中的僵局，最终不是一问三不知，就是火冒三丈，使审讯无法进行下去，而宣告失败。因此针对不同的对象应采取不同的方法。其次，是针对不同案件的特点，采取不同的方法。如贪污贿赂犯罪案件从总体上虽属一个范畴，但是每一具体的案件还有其自身的特点，有的案件在初查阶段获取的证据较为完整，直接对犯罪嫌疑人进行的心理限制的力度较大，而有的案件暴露的证据支离破碎，无直接的证据，同时又因犯罪行为人侥幸心理较强，进入心理限制的过程较为缓慢，讯问时应抓住重点，该问的问清问细，不该问的就不如不问。再次，在对犯罪嫌疑人进行感化、教育时，要把握好时机，不注意时机，不根据犯罪嫌疑人的心理状态的乱用，等于枉费口舌，而且还会给犯罪嫌疑人造成审讯人员软弱无能，有求于他的误解。最后，在使用证据上，应该有计划、有目的地使用，尽量做到少抛多取，有的讯问人员完全靠证据来审讯，从开始就抛证据，抛一点犯罪嫌疑人就说一点，不说了再抛，等证据抛完了，犯罪嫌疑人轻而易举地掌握了案情的全部底细，造成了讯问的被动局面，导致了讯问的失败。审讯犯罪嫌疑人的过程，实质上也是讯问人员与其进行心理、素质、业务能力、理论水平和知识水平的较量，并且客观地表现在审讯的方法上。

（三）讯问失败的原因之三——不能正确地分析判断

审讯人员在讯问中的分析判断能力是审讯成败的可靠保证。我们审讯的对象是犯罪嫌疑人，法律的规定是有证据证明有犯罪事实的人，但是在我们审讯的实践中，由于各种主客观条件的限制，并不是在完全掌握证据的情况下对犯罪嫌疑人进行讯问的，因此审讯人员应审时度势，仔细推敲，细心研究，不轻信口供，盲目地轻信就会吃败仗。而且大多数犯罪嫌疑人都不会轻易承认自己犯罪，总会千方百计地找理由，找根据，发誓赌咒，老泪横流，审讯人员若轻信犯罪嫌疑人的辩解，不多问几个为什么，不深追细究，往往导致讯问失败。

（四）讯问失败的原因之四——不适度的同情

同情恻隐之心人人有之，但是在审讯时表现出来的同情、怜惜则是审讯中的大忌。在审讯时犯罪嫌疑人处于不同的心理状态，表现出来心理恐惧，紧张害怕，泪流满面，喊冤叫屈的情形，引发了审讯人员的同情之心，从而导致了讯问语言的软弱无力，讯问的内容无深度，发现矛盾不紧追，最终使犯罪嫌疑人有机可乘，应该成功的案件中途流产。

（五）讯问失败的原因之五——缺乏心理的持久力

审讯不仅仅是与犯罪嫌疑人智力的较量，也是双方心理耐力和持久力的较量。有时审讯处在双方对峙的状态，谁能坚持到最后，谁就是胜利者，特别是贪污、贿赂犯罪的行为人均为国家工作人员，有的是领导干部，这些人能有今天的职务和身份也是自己多年来呕心沥血发奋努力的结果,一旦接受审讯承认了自己的犯罪,将意味着自己所拥有的一切都会随之消失,其后果不堪设想。因而在审讯中表现出坚韧的耐力和持久力,不坚持到最后是不会举手投降的。这就要求审讯人员要以顽强的斗志,坚持到最后的胜利。但是在审讯中有不少审讯人员由于自己的惰性,缺乏信心,仅坚持一两个回合便匆忙收兵,退下阵来,导致了失败的结果,强化了犯罪嫌疑人的对抗心理。

(六) 讯问失败的原因之六——犯罪嫌疑人的串供

犯罪嫌疑人的串供,是审讯工作的大敌。审讯工作的要求是将犯罪嫌疑人控制在内外隔离的严密的环境中进行,这是审讯工作起码的条件和要求。其目的是保证犯罪嫌疑人的供述真实可靠,但是在审讯中有的犯罪嫌疑人为了逃避法律的惩罚,用假口供及谎言来抗拒审讯,为了证实自己的谎言,而与案件有关的人进行串供,统一口径,坚定抗审的信心,串供最常见的后果是给审讯带来难度,为辨别是非真假人为地设置障碍从而使审讯陷入困境。

总之,讯问失败的原因很多,必须认真地总结经验汲取教训,不断地提高完善自己的审讯水平,争取每一件案件都能圆满成功。

十、思维导向十——"突破口"的选择

何谓突破口?在审讯中通常将易于攻破犯罪嫌疑人的薄弱环节或薄弱对象称为突破口。研究突破口的目的就是要以最小的力量、最容易的方法攻破犯罪嫌疑人固守拒供的心理防线,迫使犯罪嫌疑人交代自己的犯罪事实。

在审讯中,常对犯罪嫌疑人的突破口选择分为两大类:一类是以客观存在的突破口的选择;另一类是犯罪嫌疑人主观心理特点的突破口选择。兵法上称之为,避其强,攻其弱,方能胜之。如何避其强,攻其弱,取决于如何正确地选择好突破口。选择突破口实质上也是对犯罪嫌疑人的弱点的选择,犯罪嫌疑人在审讯时的弱点,讯问人员应加以利用并使之变成自己的强点、长处。选择对方的弱点作为"攻击"的目标,使得犯罪嫌疑人向着交罪的方面转化。

(一) 对客观存在的突破口的选择

1. 以客观存在的逻辑联系作为突破口。犯罪嫌疑人最普遍的特点是用谎言来作为自己抗审的手段。当犯罪嫌疑人由于畏罪、侥幸心理的支配,在不愿主动交罪的时候,总是要千方百计地用假话来证明自己的清白,这样编造的情节与事实必然在客观的逻辑联系上出现矛盾,而这种矛盾也会在审讯中暴露出来。讯问人员一旦捕捉到了这一矛盾,进行揭露,这一矛盾便成了客观存在的事实,与犯罪嫌疑人的心理事实对应、共振形成了犯罪嫌疑人的心理证据,发展成对犯罪嫌疑人的心理限制,最后交代自己的犯罪事实。因而在审讯中,大

多数审讯人员在审讯时采取迂回的方法，寻找犯罪嫌疑人在供述中的逻辑矛盾，以此作为突破口来揭露矛盾，揭露谎言，达到对犯罪嫌疑人的心理限制，这种以逻辑方法作为审讯突破口，有很强的实用性，成功率很高，因而是审讯人员普遍采用的有效方法之一。

2. 以客观的事实证据作为突破口。犯罪嫌疑人由于自己在实施犯罪时留下了大量的行为痕迹和证据，在事实面前无法抵赖的情况下，在接受审讯时被迫交代自己的犯罪事实。用这种方法使犯罪嫌疑人交代罪行，是最省时的方法。这种方法成功的条件是建立在证据较为确实、充分的基础上。犯罪嫌疑人与讯问人在审讯的最初阶段——试探摸底阶段，犯罪嫌疑人摸底的目标，就是讯问人员是否掌握证据，然后再根据情况确定自己的抗审的方法。一旦犯罪嫌疑人得知讯问人员还没有掌握确凿的证据，犯罪嫌疑人的抗审心理便被强化，与讯问人员周旋、狡辩，其方法也会变得更为狡猾，故此不会轻易交代自己的犯罪事实。而当讯问人员将某一细节、某一事实的证据出示在犯罪嫌疑人的面前时，犯罪嫌疑人感觉到自己的犯罪事实已被掌握，再抗下去也是徒劳，只有放弃侥幸心理交罪供述。但是在使用证据作为突破口的时候，应注意方法，要正确地把握使用证据的突破口，如果不注意选准证据的突破口，就会变成了抛证据换口供。有些没有经验的审讯人员，审讯时唯一依靠的就是抛证据，等到审讯人员证据抛完了，犯罪嫌疑人也什么都不说了。有甚者，犯罪嫌疑人掌握审讯人员的证据收集情况，从而为其狡辩提供了条件和依据，造成了有的犯罪嫌疑人在事实面前不认账，在自己亲手已签过字的发票面前还抵赖："虽然发票上的签名是我签的，但是不能证明我就领了这笔钱，我当时签完了字，账务上没有现金，说等有了现金再给我，由于我长期出差，这笔钱就一直没有给我，这怎么能证明我签了字就一定领到了钱呢？"事后在犯罪嫌疑人交代自己的犯罪事实时，问其为什么要这样狡辩，他说："你们把全部的证据都给我看了，只能说明我在发票上签了字，并不能证明我就一定拿到钱，所以我才辩解的，我也听说有类似的情况最后无法查清。"这说明审讯人员在使用证据的突破口上没有选择好，没有把握住使用的隐蔽性和悬念性，没有能让证据尤其是点滴证据，与犯罪嫌疑人的心理事实产生联想，被扩大、补充、自相完善，起到使用证据的"抛砖引玉"的效果。因而在使用证据的突破口上应选择隐蔽性、悬念性较强的证据作为突破口，尽量少使用"关键性证据"，在主要证据与次要证据之间应先选择次要证据为突破口。在大量的事实证据较为充分的情况下，应选择某一点有代表性的证据作为突破口。在证据较弱、较少的情况下，选择突破口时应注意隐蔽性，以促使犯罪嫌疑人产生心理证据为最佳效果。

3. 以犯罪嫌疑人关心的环节作为突破口。犯罪嫌疑人最关心的环节也是最容易暴露的环节，更是犯罪嫌疑人怕审讯人员掌握的环节。审讯人员如果抓住这一环节，作为审讯的突破口，能更迅速地达到对犯罪嫌疑人的心理限制。因而首先必须弄清犯罪嫌疑人所关心的环节是什么环节，是处在什么状态下的环节。从常规来看，犯罪嫌疑人说假话来掩盖自己犯罪事实的环节是其最关心的环节。犯罪嫌疑人说假话必然在某一环节的细节上出现"盲区"，如没有到过北京的人说去过北京，那北京的火车站是什么样子根本不知道，这便是说假话的"盲区"，也是说假话的人最关心、最怕涉及的问题，一旦涉及这个环节或领域便暴露了谎言。在某些细节上，因为在自己没有经历过的环节，不可能对其细节上有更多的了解，一旦审讯人员在问其经过的细节时，被审讯人必然要用假话来搪塞。自己编造的谎言能否蒙混过关，这是犯罪嫌疑人最关心的问题。审讯实践中为了证实犯罪嫌疑人对某一环节的供述真伪，常用假设的情景来作试探。例如，某公司的经理从本单位财务部门领取5万元"回扣"款，给有关业务单位，而实质上该款被自己侵吞了，在讯问经理送钱的经过时，他必然编造假话，凭空设想一套送钱的过程。而这一过程必须要设定时间、地点、送钱对象的特征等，这些条件都必须是客观存在的，如果审讯人员能证明上述条件是虚构的，其谎言才能被证实。为了达到这一目的，审讯人员在此基础上为其重新设定送钱的环节，让犯罪嫌疑人回答。如审讯人员问：你说的送钱时间，那天正好是下雨，你送钱去时是打伞还是穿雨衣？不论犯罪嫌疑人选择的是用伞还是雨衣，都进入了审讯人员为其设立的环节，因为那天根本就没有下雨。这是利用犯罪嫌疑人对某一情节并不清楚的环节，也是其关心和担心的环节作为突破口，有很大的迷惑性。

4. 利用犯罪嫌疑人已知的客观存在的某一环节作为突破口。客观存在的某一环节，一旦暴露，便会充分地证明犯罪嫌疑人的罪行。如收了公款不交公，这时犯罪嫌疑人关心的是在领款处自己留下的痕迹，这也是犯罪嫌疑人已知的客观存在的环节，一旦案发，犯罪嫌疑人最关心的就是领款的对方信息，最怕的是审讯人员掌握了这一信息。审讯人员如抓住这些环节作为审讯的突破口，便能取得最佳的审讯效果。

5. 以犯罪嫌疑人的行为所指向的对象为突破口。如在贪污、贿赂犯罪案件中，犯罪嫌疑人最怕涉及的对象是"钱和物"，抓住了钱财的来龙去脉，便抓住了贪污、贿赂犯罪的主攻方向，以此来作为突破口，便能起到"攻击"要害的效果。例如，在对某犯罪嫌疑人的住宅进行搜查时，发现巨额财产，在审讯中就可以选择这些巨额财产的来源作为突破口。如果在搜查中就连最起码的生活费都没有搜查到，那审讯时就应以财产的去向作为突破口，一位国家干部不可能连少量的生活费和正常的存款都没有，这种不正常的现象就是我们审讯的突破口。例如，某公安机关负责办理车辆入户的副局长利用为走私车入户办牌照索取贿赂的犯罪。在检察机关对其住宅进行搜查的时候，不但正常的存款没有，就连妻子女儿的金银首饰都没有发现，这对已有30年工龄的公安局副局长家里就不正常了，在审讯时讯问人以金银首饰的去向为突破口，展开了审讯："你给爱人和孩子买过金银首饰吗？"答："买过好几次，每次出差去南方都要给他们买些回来，有手链、项链、戒指。"问："这些东西送给别人了吗？"答："没有，都是给自己家里人买的。"问："现在这些东西在什么地方？"答：（不语）……（这时犯罪嫌疑人知道上当了，但为时已晚了）。问："讲，在什么地方？"答："我爱人知道。"问："但是你更清楚。"答："东西和钱都在我爱人的妹妹家里。"结果在其爱人的妹妹家里提取大量的金银首饰、高级手表和巨额存款，在铁的事实面前，犯罪嫌疑人只得将自己利用走私车入户上牌照收取贿赂的犯罪事实一一交代，成功地审结了一起难度较大的贿赂犯罪案件。

再如，安徽的某县民政局局长，将全县收集来的养老保险金不按国家指定的银行存储，而是私自转存到一小储蓄所，将收取的利息差价侵吞。案发后，这位民政局局长否认自己拿过利息，而储蓄所主任证实利息差价1万元是在自己的家里交给该局长的，并有家人证明，那天该局长是骑自行车，晚上到家里来拿的。在调查中还有邻居证实看见某局长去储蓄所主任家。在审讯中，讯问人员以利息作为突破口对其展开了讯问："你们局里有存款放在某储蓄所吗？"答："有。"问："为什么要存在某储蓄所。"答："储蓄所利息高，想搞点利息差。"问："存款的期限是多长时间？"答："半年。"问："现在半年到了没有。"答："早过了，都一年了，现在利息和本金都收回来了。"问："1万元的利息差呢？"答："我没拿。"问："你要了没有。"答："从来没要过。"问："为什么不要。"答：（不语）……问："我知道你家在农村、家里有事急用钱，但是你要说清楚，组织上会理解的。"答："钱是我拿的，给家里用了，这1万元我退出来，希望司法机关能从宽处理。"这是在审讯实践中利用行为对象作为突破口取得审讯成功的范例。

（二）以犯罪嫌疑人主观心理特点为突破口的选择

1. 以利害关系人的薄弱点为突破口。如在贪污、贿赂犯罪的案件中，利害关系的范围很广。在贪污犯罪中有共同犯罪人；在贿赂犯罪中，有行贿人、介绍贿赂人；在挪用公款案件中，有赃款的使用人；等等。如何在这些人中选择突破口是一项很关键的问题，选择得好，案件便能迎刃而解；选择得不好，便会起到连锁反应，有时会打草惊蛇，有时为串供提供了条件和时间，不仅案件攻不下来，而且满城风雨，造成了自己的被动局面。因而在审讯中选择利害关系人作为突破口，应注意选择的对象。通常在共同犯罪中"突破口"的选择在薄弱一方，起次要作用的一方。如在贿赂犯罪中选择行贿方作为"突破口"。因为这些人在案件中处在次要的地位，在承担的法律后果上、应负的法律责任上也是次要的。他们在审讯中的抗拒心理，并不像负主要责任的犯罪嫌疑人的抗拒心理那么强，较容易突破。此外，选择利害关系人作为突破口，也是为了堵住主要犯罪嫌疑人的退路，是防止其串供、翻供的最好方法。

2. 以趋利避害的心理作为突破口。趋利避害的心理人皆有之，哲学家爱尔维修说："快乐和痛苦永远是支配人的行为的唯一的原则。"去"苦"求"乐"是人的本能，在犯罪嫌疑人的身上，这种趋利避害的本能，更是时刻在指挥他的行为方向。趋利避害的心理状态常有几种表现：其一，抗拒心理状态。认为交罪供述了要受惩罚，不交代说不定还能混过去，利害权衡选择了"避"。其二，反复动摇状态。这是一种左右为难的心理状态，如果交代了犯罪事实，就要受到法律的惩罚，如果不交代又过不了审讯关，处在两难境地。其三，供述交罪心理状态。认为自己的犯罪事实已败露，定要受到法律的处罚，没有退路了，如果主动坦白交代，说不定还有从宽处理的希望，选择了坦白交代的路。可见如果"利"大于"害"，则趋之；而"害"大于"利"，则避之。如何选择趋利避害的心理作为突破口呢？通常审讯人员以固定"害"的程度，加大"利"的诱惑性来满足犯罪嫌疑人趋利避害的心理。例如，某一国家工作人员的贪污犯罪案。在案发后，犯罪嫌疑人已认识到自己贪污的数额巨大，会被严惩，畏罪心理非常强，但对犯罪嫌疑事实不愿交代，而且对赃款的去向也咬死不讲。该犯罪嫌疑人的心理是：反正自己的罪行已败露，要被判刑的，把赃款隐瞒下来，待日后还可以使用。在接手这件案件的审讯时，讯问人员以其趋利避害的心理为突破口展开了审讯："你知道你的罪行会带来什么样的结果吗？"答："我知道，少说要判我15年。"问："有从轻的办法吗？"答："有什么办法？"问："你为什么不想办法呢？想办法走从宽的路？法律不是规定得很清楚吗？"答："这我知道，揭发检举有立功表现的，投案自首的，能减轻处理，主动交代罪行的能从轻。"问："既然知道你为什么不走这条路呢？你的犯罪事实已经很清楚了，是无路可退的，你幻想着日后还能使用那笔钱？你想错了，这笔钱司法机关是一定要追回的，因为这是赃款。再者你虽然存在境外但你能保证境外的银行不破产吗？那时你的家庭会是什么样的你能知道吗？况且你赃款不交还要从重处罚，这种结果你想过吗？"答："（沉默不语）……那我坦白交代了，能得到从宽处理吗？"问："这是法律的规定，你为什么不相信法律呢？"答："那我愿意交代，我愿意将境外的存款交给你们，我可以写'授权书'给你们，争取宽大处理。"这是一件以趋利避害心理为突破口的成功案例。

3. 从犯罪嫌疑人的犯罪动机上找突破口。从贪污贿赂犯罪的主体来看，这些人并非思想品德坏，见钱眼开的人，他们犯罪是在一定的条件下，一定的对象，一定的思想状态下促成的，带有一定的偶然性。例如贿赂犯罪，一些国家工作人员利用手中的职权，为别人办了一些事，别人为答谢，送了一些钱、物，在这种情况下违反了法律的规定，被动地收受了贿赂。又如，有一位领导干部利用自己的职权，为他人赚了不少钱，赚钱的人没有自己独吞，而是将其中的一部分送给了这位领导干部。当时的这位领导干部想收但又怕日后出"问题"不敢收，当听到对方说，这笔钱如果你用不着还可捐献出来发展教育基金，在这种心理状态的支配下，才收下了这笔钱。对这样的犯罪嫌疑人，在讯问中，只要能认真帮助犯罪嫌疑人分析犯罪的原因，犯罪嫌疑人认为审讯人员讲得有情有理，一般会供述自己的犯罪事实。

4. 从犯罪嫌疑人的性格上找突破口。每个人由于性格的不同，在对待问题的态度和反应上也是不同的。不同性格的人在接受审讯时，会反映出不同的特点，审讯人员如能根据犯罪嫌疑人的性格特点，找出其性格弱点，作为突破口，便能收到事半功倍的效果。如性格直爽的人，较为讲义气，审讯时就应选择讲义气作为突破口，强化讲义气的性格特点，消除犯罪嫌疑人自己犯罪嫁祸他人的犯罪心理，让犯罪嫌疑人自己维护自己的形象。如果犯罪嫌疑人的性格为外向型的，善于夸大其词，而且耐力差，审讯中注意抓住这一弱点为突破口，让其充分表现，找准矛盾点发起进攻。对那些情感较为脆弱的犯罪嫌疑人，突破口应选择在情感的感化上，动之以情，晓之以理，引导其走供述交罪的路。

第八节　审讯人员自我形象的树立

随着社会科学文化的进步与发展，刑事犯罪主体的文化程度、社会修养也发生了根本的变化，在这些犯罪嫌疑人中间，有的属于高智商的智力型犯罪，有的虽然是属于普通的刑事犯罪，但是由于这些人见多识广，社会知识比较丰富，因此对审讯人员的个人素质提出了更高的要求。例如贪污、贿赂犯罪，其主体是国家工作人员，由于这些人的身份和地位的特殊性，习惯上为自己树立一定的形象，同时还养成了注意观察别人的心理状态的习惯。在其接受讯问的时候，更注意观察审讯人员的形象和心态，他观察的目的，在于了解对方权衡自己是否能战胜对方。因而讯问人员树立什么样的形象，将会对审讯人员产生直接的影响。由于特殊的诉讼地位，决定了审讯人员应当具备良好的心理素质、高尚的品质、严谨公正的工作作风、随机应变的观察能力以及丰富的社会科学知识。这是战胜以特殊主体为对象的必备条件。

审讯本身就是与犯罪嫌疑人进行心理较量的一种活动。法律赋予审讯人员在审讯中的优势，这种优势心理的产生从某种意义上来说，是自我调节、自我控制的结果。人们既可以进行自我心理调节与控制，也可以影响制约他人的心理，并通过其心理影响、制约、控制其行为。同时自身又可能接受他人的影响、制约与控制，有其自主性和接受性。加拿大有位心理学家提出了人格结构的PAC理论。他的基本观点是：人们的个性可由三种心理状态构成，即"父母"状态、"成人"状态和"儿童"状态，PAC分别表示这三种状态。"父母"状态表现为权威、优越感；"成人"状态表现为客观和理智；"儿童"状态表现为冲动、服从和听其摆布。这三种心理状态与年龄无关，任何人都同时具备这三种心理状态。在审讯中什么样的心理状态是审讯人员的最佳心理状态？从上述的三种心理状态来看：P型的心理状态表现为权威和优越感，并带着很强的优势心理；A型心理状态表现为客观理智。这两种心理状态才是讯问人员的最佳心理状态，它是在审讯人员的自我心理调节和自我的心理控制下而产生的。

自我心理调节和心理控制是建立在思维定势的基础上的，审讯人员如何面对被审对象，如何去寻找能支持优势心理产生的因素，克服消极心理因素，这是战胜对手必须具备的基础条件。在与犯罪嫌疑人进行心理交锋的时候，审讯人员应当有主宰、控制、影响犯罪嫌疑人的心理状态，审讯人员与被审讯人之间从心理状态的对比上看，审讯人员应该处在优势的地位，优势心理从审讯的初始阶段就应当具备，在审讯的过程中，通过审讯人员的自我调节又不断地加强和巩固。从贪污、贿赂犯罪的主体来看，这些人在平时的工作和生活中养成了自己特有的优势心理，这种心理自然会被带进审讯室与审讯人员进行对抗，有的还以此作为抗审的资本，如果审讯人员在心理上被其气势压倒了，如何再谈对其审讯呢？因而审讯人员应当意识到："我们永远是强者，我的对手就是犯罪嫌疑人，被讯问的对象，这里没有领导干部。"再者，审讯中的情况是千变万化的，在遇有突变的情况时，要防止犯罪嫌疑人耍花招，要注意克服消极因素的影响，使得自我心理调节适应不同情况的变化，掌握主动权，立于不败之地。有的犯罪嫌疑人为了抗审，在讯问时"一问三不知"；有的编造谎言以假乱真；有的蓄意挑衅，蛮横顽抗，制造僵局，更有甚者把自己从事的职业也拿来作为抗审的资本。如我是公安局局长，也干过预审，你们那些东西我懂，等等，藐视审讯人员。在这种强烈的刺激下，审讯人员应当有极大的心理耐力和坚强的自制能力，控制和调节自己的情绪，保持镇静，冷静地考虑和处理问题。如果动辄激愤、冲动、烦躁、感情用事，不仅会中其奸计暴露我们的底细和意图，还会带来更严重的消极后果。在这里笔者摘录一段审讯记录，犯罪嫌疑人是某基层法院的一名助理审判员，审讯一开始这位助理审判员就以反客为主、先声夺人的反审讯的方法，气势汹汹地叫道："怎么今天是你们三个人来审我？我先告诉你们，我是法官，我和×××无任何关系。你们审我是非法的。我知道你们三个人是受人指使的，我劝你们趁早不要搞这种犯法的事，一是你们从我这里得不到任何口供；二是我要控告你们，非把你们搞去坐牢不可……"审讯人员端坐在审讯席上，"欣赏"着这位助审员的表演，一言不发，看不见审讯人员有任何反应，这位助审员尴尬地停住了。此时，审讯人员心平气和地问："你讲完了没有？如果没有讲完，还可以继续讲下去，我们依然会'洗耳恭听'的。"于是，对方又继续干号："法官成了犯罪嫌疑人，真是千古奇冤，审讯我的人也将成为千古罪人……"审讯人员等他无话再讲了，才开始发问："某某，你有多大年纪？""我拒绝回答任何问题，你们无权审讯我。"审讯人员用蕴涵威严的口气问道："你口口声声说你是'法官'，怎么连起码的法律常识都不懂？你是被依法拘传到这里来接受审查的……"这位助审员在审讯中企图以"法官"的身份作挡箭牌，审讯人员将计就计，顺水推舟，以法制敌，灭其气焰。这时他才自知理亏，看审讯人员一眼，无可奈何地说："那你们问吧……"

审讯犯罪嫌疑人，讯问固然是非常重要的环节，然而审讯人员用自己高尚的品质、严谨的作风去影响犯罪嫌疑人，在审讯活动中将会起到更重要的作用。曾经有一位犯罪嫌疑人对自己的犯罪事实咬死不交代，其原因在于其所犯罪行重大，交代了将会受到法律的严惩，产生了强烈的抗拒心理和畏罪心理。在该案移送到检察机关以后，审讯人员帮助其分析原因，使其认识到"自己错了，错在什么地方，为什么会出现错误，怎样才能去修正错误"。在短短的时间内交代了自己的重大犯罪事实。事后在问其为什么会交代自己的重大犯罪事实时，这位犯罪嫌疑人畅快地说："审讯我的办案人品质高尚，水平高，交代自己的犯罪事实是我心甘情愿的。"这短短的几句话说明一个问题：审讯不仅是与犯罪嫌疑人对立的交锋，还是一种心理上相互影响的结果。犯罪嫌疑人只有信服你，才能交罪于你。这种"信服"是建立在审讯人员具备高尚的品质及严谨的工作作风的基础上的。审讯人员的活动是以法律为准绳履行自己的职责。在我们的工作对象上，应该遵守道德规范，尊重犯罪嫌疑人的人格，帮助他们，关心他们，使其积极地修正自己所犯下的罪行。因而审讯人员必须具备以下品质，即要秉公执法，不徇私舞弊；要坚持原则，不收受贿赂；要严守机密，不透露案情；要调查研究，不搞伪证；要忠于事实，不刑讯逼供。

随机应变的能力、丰富的社会知识也是审讯人员树立自己形象的一个重要方面。审讯活动中的观察，主要是了解掌握犯罪嫌疑人的特点及其审讯过程中的心理变化，以便采取相应的对策。有位形体学家曾经这样说过："没有人可以隐藏秘密，假如他的嘴不说话，他则会用指尖说话。因为当人的大脑进行某种思维活动时，他的大脑会支配身体的各个部位发出各种微细信号，这是人们不能控制而且也是难以意识到的。"这一理论为我们审讯犯罪嫌疑人观察其心理的变化提供了依据。优秀的审讯人员必须具备敏锐的观察能力，能看透犯罪嫌疑人的"五脏六腑"。通过捕捉犯罪嫌疑人细微的变化，进行剖析、洞察，及时采取相应的对策，掌握审讯的主动权。

审讯过程不是静止不动的。从过程的发展特点来看，有其阶段性和规律性。从犯罪嫌疑人的心理发展特点看，有其瞬息变化的突变性。犯罪嫌疑人受到审讯人员的刺激，会做出相应的反应，审讯人员要根据这种反应，制订讯问计划，采取适当的讯问方法，始终保持进攻状态，处在优势的地位。与此相反，审讯人员不能随机应变地观察被审对象，无法掌握主动权，跟着犯罪嫌疑人的谎言团团转，只能被犯罪嫌疑人牵着鼻子走，不仅失掉对犯罪嫌疑人的控制，更重要的是让犯罪嫌疑人理解为"无能"，看不出破绽，破坏了审讯人员的形象。有的犯罪嫌疑人虽然抗审失败了，但对审讯人员的察言观色能看透人的心灵深处的秘密的能力不得不折服：我的抗审虽然失败了，但我在这样的高手面前心服口服。

审讯在很多的时候牵涉各类不同的社会知识。例如，对于财会人员的贪污犯罪，审讯人员必须懂账务才能对犯罪嫌疑人进行审讯，如果审讯人员不但不懂账，就连最起码的账理都不懂，这时犯罪嫌疑人就可能利用这一弱点在账上做文章，来进行抗审。因为账目的真假，审讯人员分不清，审到后来变成"糊涂官审糊涂案"。记得有一位同行在讯问贪污罪的犯罪嫌疑人时，由于自己对财会方面的知识一无所知，刚刚开始审讯就被犯罪嫌疑人拉进了财务的账理中，犯罪嫌疑人一面为自己辩解，一面给审讯人员讲财会、账理知识，几个小时的审讯，审讯人员当了几个小时的"学生"，其审讯的结果如何便可想而知了。

当今的时代，已经是进入高科技的信息时代，已不是那种用算盘拨、账本记的时代了，利用高科技手段进行智能化、技术化犯罪的数量日渐增长，计算机犯罪、证券、期货犯罪等已经出现，这些新形式犯罪迫切需要检察机关的自侦部门尽快掌握这些蜂拥而来的社会科学知识。审讯人员的素质、科技知识水平，从根本上决定了审讯的质量和效果。审讯人员要在审讯中立于不败之地，就必须加强自身的素质的培养，丰富自己的社会科学知识，自己树立自己的形象。

第九节　审讯人员消极心理的克服

审讯人员消极心理是指审讯人员在讯问活动中，由于受到主观和客观的不良因素的影响，产生了一些不适应审讯活动需要或者阻碍审讯活动正常进行的思想状态，它是通过审讯人员的思想、行为、语言表现在审讯的全过程中的消极的心理现象。它包括：对外界信息刺激的反应迟钝、联想能力差、注意力分散、逻辑思维能力差、思维品质低下。审讯人员如果不设法克服这些消极的心理状态，就不可能在审讯活动中居于主导地位，取得审讯的成功。

一、对外界信息刺激的反应迟钝

我们每个人都是依靠感觉与知觉来了解周围的世界，审讯活动也是如此，审讯人员也是通过自己的感觉和知觉来了解犯罪嫌疑人的内心世界的，并且通过自己的感觉和知觉去发现犯罪嫌疑人的心理变化，掌握审讯的主动权。审讯人员对外界信息刺激的反应迟钝，实际上就是感觉与知觉方面的迟钝，它表现在：对犯罪嫌疑人瞬息万变的心理变化，不能及时、全面、正确地做出反应。根据感觉和知觉的历程我们可以看出，人们从接受外界信息刺激的反应的表现，要经过生理和心理的两个历程。首先是由具有生理功能的感觉器官接受刺激（如眼睛、鼻子、耳朵所接受的刺激），它属于物理性质的刺激，继而迅速转化为生理作用，再经过神经传导至大脑，成为心理性的讯息，从而对外界环境中的刺激有所感觉、有所知觉，此后根据个人的需要便表现出适当的反应，于是便由内心的心理作用转化为外部的行为。审讯人员和犯罪嫌疑人同样如此，都是在为了各自的需要和目的进行信息刺激反应，审讯人员要从犯罪嫌疑人的身上发现、寻找制伏犯罪嫌疑人的方法，而犯罪嫌疑人也要通过对审讯人员输送出来的信息，及时地采取应变措施来对抗审讯人员的审讯。它们共同的特点是捕捉瞬息万变的信息变化，来判断对方心理活动的真实情况，并采取相应的措施和对策来满足自己的需要。积极地捕捉对手的信息变化和消极地感觉对手的心理变化，其结果是截然不同的。消极地等待感觉的刺激，就不能准确、及时地感觉到对方的瞬间的心理变化。例如，犯罪嫌疑人经过自己激烈的思想斗争，认为主动交代罪行对自己有利，产生了准备交代的心理趋势，这种心理活动趋势就会有相关的信息反应表现出来，如果审讯人员不能及时地感受到这一有利的信息，那么他就失去了这次促使犯罪嫌疑人供述交代的机会。犯罪嫌疑人的心理信息反应只是瞬间的过程，这一瞬间过去了他又重新回到原来的隐蔽状态。这是在审讯过程中经常出现的情况，有的审讯人员甚至多次地错过突破机会，一次一次地失去成功的机会，其原因就是对外来信息的感受性低反应迟钝，这是审讯人员非常典型的而且也是普遍的消极因素。它产生的原因有以下几个方面：

首先，是审讯人员认识上的偏见和固执，他认为犯罪嫌疑人都是狡猾的，他们的言行都是在为自己狡辩，不需理睬。因而对犯罪嫌疑人传递出来的信息无动于衷、无感受。

其次，是审讯人员的错觉。错觉是审讯人员对客观信息的错误的认识，关于错觉我们已经在前面作了专题论述，在这里就不再赘述。为了说明审讯人员的错觉，笔者这里有这样一个案例：不久前笔者在观察一位同事的审讯时，就发现了这样一个问题，犯罪嫌疑人在经过一段时间的审讯之后，忽然情绪放松了，而且面部还微带笑容。这下可把审讯人员气坏了，他误认为是犯罪嫌疑人在嘲笑自己，顿时怒火冲天、火冒万丈，这时犯罪嫌疑人的脸也拉长了。事后我们在问犯罪嫌疑人为什么发笑时，她说："我不是在笑，在这种环境我又怎能笑得出来呢？当时不知道是什么原因，我已经准备把事情全都交代出来算了，谁知道你们忽然发那么大的火，又把我吓回去了。"由此可见审讯人员的错觉所造成的误解，经常会给审讯活动带来难以弥补的损失。

再次，是审讯人员对信息反应的理解能力差。由于审讯人员不注意对审讯业务的研究，不注意对犯罪嫌疑人的特点进行观察，对犯罪嫌疑人在审讯活动中表现出来的信息不去总结，这样，即使是犯罪嫌疑人做出了明显的信息反应，你也无法判断出其真实的心理活动。

最后，是审讯人员自身的对立情绪降低了对外来信息的感受性，由于审讯人员与犯罪嫌疑人之间的关系，存在相互对立的客观性，它表现在审讯的全过程中。犯罪嫌疑人为了使自己不受法律的惩罚，总是千方百计地来与审讯人员对抗，而审讯人员为了让犯罪嫌疑人说实话，也总是千方百计地与犯罪嫌疑人周旋，来达到惩罚其犯罪的目的。由于这一客观特点，审讯人员就要设法控制对立情绪的发展，有的没有经验的审讯人员不注意对对立情绪的控制，任其发展最后导致出现僵局的局面。同时，审讯人员自身的对立情绪（在条件反射的作用下），不仅影响犯罪嫌疑人的情绪，而且也影响了审讯人员对外来信息的感知，因为这一对立情绪所产生的内在动力，阻碍了感觉与知觉的联系，从而降低了对外来信息的感受性，出现了感觉、知觉的迟钝。

减少和克服对外界信息刺激反应迟钝的方法是：首先，审讯开始之前就必须调整好自己的心态，要学会理解犯罪嫌疑人。我们的审讯活动的目的，不仅仅是让犯罪嫌疑人交代自己的犯罪事实，更重要的是教育和帮助犯罪嫌疑人，使之以后不再犯罪，重新做人。其次，还要注意对自己的观察能力的训练，不断地总结才能不断地提高对外来信息判断的准确性。最后，是要有意识地帮助大脑清理出足够的空间让外界信息的摄入，提高感觉、知觉方面的能力。

二、联想能力差

联想是指通过感知或者回忆某一事物连带想起其他有关事物的心理过程。人们为什么能通过自己的感知而连带地想起其他的有关事物？这是由于事物之间的联系是客观存在的，事物之间的联系在人们头脑中的反应，就形成了人的联想的心理过程，这是不可抗拒的心理过程。在审讯活动中，丰富的联想力对审讯人员来说，是不可缺少的重要的基本条件。犯罪嫌疑人在接受审讯的过程中，由于心理活动的不断变化，经常会说出莫名其妙的话、做出莫名其妙的动作来，如果我们通过联想，把它们连接起来，这些莫名其妙的话和行为，就会成为真实的信息反应。例如，我们有一次在审讯犯罪嫌疑人时，他忽然莫名其妙地说出这样的一句话来："我还要告他呢。"我们问："你要告谁？"他说："告我们公司的经理。"我们又问："你为什么告你们的经理？"他说："他欠我的集资款不给我。"这时我们才联想起犯罪嫌疑人自己侵吞了公款，谎称自己将公款给了本单位的经理被其贪污了，于是我们直接告知犯罪嫌疑人，他欠你的集资款，你可以通过合法的途径来解决，不能通过侵占公款的方法来充抵，更不能采取嫁祸他人的方法来解决。最后他只得承认公款是自己贪污的。从而使得这起久拖不决的疑难案件终于水落石出了。

在审讯的过程中丰富的联想能帮助我们解决很多的疑难问题。相反联想能力差就可能贻误战机。有一次我们在审讯一名巨额财产来源不明的案件，犯罪嫌疑人已经将财产转移，并且拒绝提供财产的去向，他在审讯中忽然向审讯人员打听，自己家旁边的公路开始修建没有？他问这句话的时候，审讯人员并没有太在意。事后我们才知道他问这句话的真实意图：因为修路他家的房子就会被拆迁，而在他家的房子里埋藏了大量贪污来的现金，只要房子拆迁，贪污的现金就会全部暴露出来。如果我们当时能抓住这一情况进行联想，就会争取很多的时间提前取得案件的突破。

审讯人员联想力差的原因是：对外来信息的刺激只是消极地接收，不能积极地将外来信息内在的因果关系联系起来。在很多时候，犯罪嫌疑人提供的信息，就是他自己通过联想的结果。从前面的案例可以看出，犯罪嫌疑人担心埋藏在自己家里的财产可能会暴露，并且分析了在什么情况下有暴露的可能性：只有拆迁动土的情况下才能暴露。所以他在审讯的过程中，莫名其妙地问审人员那条路修了没有?"是否修路了"这一信息就是犯罪嫌疑人联想的结果。如果审讯人员消极地对待这一信息,那也只能是随便问问是否修路了而已,不可能联系到其他的什么事情来。如果审讯人员积极地将修路这一信息内在的、外部的因果关系联系起来,再把自己追缴赃款、赃物的目的联系起来,就有可能把追缴赃款、赃物与动土、修建工程方面的事情相联系,更进一步地接近了我们的侦查目标。所以要提高自己的联想能力,必须对客观事物的因果关系进行积极的联系,追根溯源,这样才能在关键的信息来临之际,不至于麻木不仁,错过良机。

三、注意力分散

注意是心理活动对一定对象的指向和集中。注意的指向是指:人处在注意状态的时候,其心理活动总是指向一定的对象,有选择地反映一定的对象。注意的集中是指人选择了注意的对象以后,注意使认识在一定的时间内,始终集中在这一对象上,并且抑制、克服与此无关的活动,以便认识的顺利进行。注意的对象可以分为:外部的注意和内部的注意。在审讯活动中注意的外部对象就是我们的审讯对象,也就是犯罪嫌疑人。内部的注意,也就是对自己情感、思想和体验的注意。注意是心理活动的重要组成部分,但是,注意本身不是一种独立的心理过程,它是和心理过程紧密结合在一起的,没有注意,所有的心理活动都难以顺利地进行。缺少注意的感知就可能出现"听而不闻、视而不见"的现象,缺少注意的思维就会胡思乱想。因此注意是保证心理活动能够顺利进行的必要条件。审讯人员在审讯过程中的注意是审讯活动成功的基本保证,审讯人员的注意分配和注意力的转移直接影响审讯的效果。

根据注意的产生和目的性以及需要注意的程度不同,注意又被分为无意注意、有意注意和有意后注意。

首先,从无意注意来看,它是事先没有预定目的,不需要作意志努力的注意,因为它不是由意识控制的,同时也被称为不随意注意。例如,我们在审讯的过程中,审讯人员全神贯注地听犯罪嫌疑人供述的时候,忽然窗外传来一声巨响,那么在审讯室里的人员,都会不由自主地去注意窗户外面的那声巨响,这就是无意注意。它直接影响审讯人员注意的定向性,直接转移了审讯人员的注意力,是审讯活动中的不利因素,并且这些不利的因素时刻都会发生。有时审讯人员带进审讯室的手机和BP机响了,有时审讯室墙壁上的挂钟忽然响了,有时正在审讯的时候忽然看守所的开饭的铃声响了,有时还会出现莫名其妙的噪音,如此等等直接转移了审讯人员的注意力。由于无注意的产生和维持不是依靠意志的努力,而是自然而然地产生心理活动的指向和集中,因此它对转移人的注意力占有绝对的优势。它会不失时机地来争夺人们的注意阵地，因为它的出现是突然的，所以它又具备了时刻转移人的注意力的条件，这对审讯活动来说是不利的。但是它对人和动物适应环境变化、保护自己的安全却是很重要的。

其次，从有意注意来看，它有预定的目的，是需要有一定意志努力的注意，是人有意识地控制的注意，是一种特有的心理现象。审讯活动就是审讯人员有意识的注意活动，为了使犯罪嫌疑人如实交代自己的罪行，必须时刻注意犯罪嫌疑人的一言一行，才能做到有的放矢、制伏犯罪。审讯成功的基本条件就是注意力集中。但是，有意注意需要意志的努力，消耗能量较大，容易引起疲劳，这是客观的原因和生理条件造成的。因而，当审讯人员长时间高度紧张的注意，必然引起疲劳现象的发生，这是审讯人员注意力分散的首要原因，也可以说是生理方面的原因。此外，还有一个内在的原因就是：有意控制注意的能力差，引起内部注意的转移。由于审讯人员缺乏工作责任心和完成任务的愿望、动机，就可能出现人在审讯室，心里想着其他事。再者，有些审讯人员在进审讯室之前，就带着许多不愉快的心事进入审讯室，这就需要审讯人员用更强的意志来克服不愉快的心事的干扰，清除与审讯无关的多余信息。如果不注意筛选和控制多余信息的干扰，那么注意就会发生转移，离开审讯人员有效的心理活动，就不可能完成审讯任务。

最后，有意后注意是指事前有预定的目的，不需要意志的努力的注意。有经验的审讯人员在对犯罪嫌疑人进行审讯的时候，不需要意志努力的注意，就能顺利地完成对目标的注意。

审讯过程中如何调节和掌握注意的分配与转移？从人们的生理情况和外界事物的客观反映可知，人的注意不可能长时间地集中在某一事物或某一点上，无论是外部信息的干扰，还是内部思想、情感的体验，都会引起注意的分散和偏离，我们的审讯工作需要全身心地投入，如何能使我们的注意能有效地集中在定向的对象上，心理学的研究已经为我们提供了许多科学方法。认知心理学认为，注意是心理加工的一种内在机制，它的基本作用在于对信息进行选择并调节行为，并且提出了注意的过滤器理论，他们把注意看作一个控制系统，主要负责对一定量的信息进行加工处理，过滤器犹如一个开关，当人在同一时间内面临大量的信息时，过滤器就作出某种选择，让一些信息通过，并阻断其他的信息。因此，在审讯活动中，审讯人员应当发挥注意的过滤器功能，利用信息之间的相互关系，鉴别、筛选犯罪信息，剔除与犯罪无关的信息，阻止不同类型的干扰信息渗入，保证与犯罪有关的信息"线路"畅通无阻。在审讯活动中，审讯人员如何去操纵注意的过滤器？主要是依靠审讯人员的有效注意的心理活动，以及审讯活动的任务和目的来决定的。除此之外，心理学家们还为我们提供了"注意的资源分配理论"。该理论认为：人类加工信息的心理资源是有限的，注意只能在心理资源许可的范围内承担有限的任务，在人们同时面临两种或者更多种的任务时，形成了系统对资源的竞争，人类信息加工系统会根据不同的任务目标分配有限的资源，选择一定的输入信息进行加工，其他没有选中的输入信息因为资源的限制得不到加工而被放弃。这一理论告诉我们，在审讯活动中，审讯人员的有效的信息加工资源，只能限制在对审讯对象的犯罪信息的加工和处理的范围内，超出了这一范围，就会造成对资源的竞争状态，就可能出现注意的转移，使得审讯对象的犯罪信息得不到加工而中断。那么，如何才能保证心理资源不受干扰，不被竞争？首先，必须加深对审讯的目的和任务的理解，了解它的艰巨性和复杂性。因为在很多的时候，审讯人员在对犯罪嫌疑人久攻不下的情况下，会出现注意的偏离，信息加工被迫中断。其次，经常提醒自己去注意正在进行的审讯活动，特别是当注意处在动摇或者需要特别注意的时候，要提醒自己"必须注意"。当其他的信息输入时，应尽快地放弃，迅速地把注意恢复到原来的对定向信息加工的状态上来，把跑丢的注意对象再捉回来。最后，用坚强的意志去与内外信息干扰作斗争，清除内心的杂念，不要把生活中不愉快的情绪带进审讯室。排除外界干扰，选择安静、无干扰的审讯环境，这不仅有利于审讯人员的注意力集中，同时也有利于犯罪嫌疑人集中注意力，摄取审讯人员提供的信息。

四、逻辑思维能力差

逻辑思维能力差是审讯人员在审讯活动中存在的又一消极现象，从逻辑思维的概念来看，它是以客观事物发展的规律为思维对象的科学，是研究思维和思维规律的科学。在审讯活动中的逻辑思维，是以犯罪嫌疑人的所作所为的言行发展是否符合事物发展的客观规律所进行的思维。逻辑思维能力是审讯人员重要的基本功，在讯问或者在审讯活动中，犯罪嫌疑人总是千方百计掩盖自己的犯罪事实，他们普遍采用的方法，就是以谎言来掩盖自己的犯罪事实，犯罪嫌疑人的供述也常常跟谎言联系在一起，因而，在很多的时候这些谎言使我们的审讯人员无法弄清犯罪嫌疑人的底细，使之逍遥法外。可是谎言又总是与客观事实相违背的，与客观事物的发展规律背道而驰，因而在审讯活动中犯罪嫌疑人必然会出现供述矛盾，一些有经验的审讯人员，都善于利用逻辑规律的思维方法，利用供述矛盾来揭露犯罪嫌疑人的谎言，迫使其交代自己的犯罪事实。

2001年7月，安徽省检察机关在对一名涉嫌受贿的犯罪嫌疑人进行侦查时，发现该犯罪嫌疑人的大部分赃款已经转移，为了证明犯罪、追回赃款，检察机关对有重大窝赃嫌疑的A某进行了重点调查，在传讯A某时，A某称自己家有存款300万元，并且声明此款是自己做生意赚的钱。否认自己替别人保管过任何钱财。当侦查人员问其现在做什么生意？生意是否好做？A某告诉侦查人员：自己现在准备做房地产生意，现在的生意非常难做，什么都要现钱才能买来，这不，上星期因拖欠几十万元的工程款，对方就是不开工，后来好不容易才从银行贷到款，工程队才愿意开工。这段话很明显地出现了破绽和漏洞，出现了逻辑矛盾，既然自己家里有300万元的存款，为什么还要付高利息向银行贷款呢？由此可以推断A某的300万元的存款根本就不是A某自己的钱。侦查人员抓住了这一矛盾，问其自己家里有钱为什么还要向银行去贷款？A某自知自己说漏了嘴，无言以对。最后A某只得承认300万元的存款是替别人保管的，并且供述了当时帮助某犯罪嫌疑人窝藏赃款的详细情节和赃款的数额，与后来犯罪嫌疑人的交代数额完全一致。从这一案例我们可以看出，审讯人员首先为被讯问对象设立暴露逻辑矛盾的条件，然后根据前因后果对事物的发展规律展开逻辑思维。很顺利地完成了这起窝藏赃款案件的审讯。如果审讯人员不注意采用积极的逻辑思维的方法，要让对方主动交出300万元赃款，可能就不是一件容易的事情了。

审讯人员的逻辑思维能力差的根本原因在于，对客观事物的发展规律采取消极的态度，对事物内部发展的因果关系不做积极的判断、推理，对事物发展的现象和本质、必然性和偶然性、普遍性和特殊性不做综合的分析，这种消极的主观因素，不可能产生积极的逻辑思维。从前面的案例来看，A某向银行贷款的原因是因为自己没有钱付工程款，才向银行贷款。也就是说，因为没有钱才贷款。这是符合事物的发展规律的；反之，因为自己有了300万元的存款才向银行贷款，这就违背了事物发展的基本规律。再继续探寻原因又不难发现：因为300万元的存款是别人的，所以自己才向银行贷款。由此恢复了事物发展的本来面目，这样才符合事物发展的客观规律，同时也符合了我们的讯问目的。A某称300万元是犯罪嫌疑人B某的，而犯罪嫌疑人B某交代300万元转移给了A某，所以这300万元是犯罪嫌疑人B某的。

如何提高审讯人员的逻辑思维能力？首先我们认识犯罪行为离不开抽象思维，离不开概念、判断、推理、范畴等抽象思维的基本形式。审讯人员在审讯活动中的逻辑思维形式与概念、判断和推理有着密切的关系。

概念是反映事物特有属性和范围的思维形式。我们在审讯的实践中，概念是审讯人员对犯罪嫌疑人进行认识的过程中的一种抽象概括，是对犯罪嫌疑人以及其犯罪行为的这一客观对象的主观反映，任何一个概念都必须依赖于认识主体而产生,是人的思维对客观事物认识的一种主观形式。为了完整、真实地反映客观事物,根据概念的特征,审讯人员在认识案件、认识犯罪嫌疑人的犯罪事实的过程中,必须做到:(1)概念的主观性和客观性的辩证统一。通过概念反映案件中的犯罪事实的时候,必须做到主客观的一致性。审讯人员在认识案件形成概念或者使用概念时,必须理解、认识概念的主观性与客观性的辩证统一。也就是说,既要准确地使用概念,目的是正确地反映案件的实际情况,同时又要对案件情况进行深入细致的分析,把握案件的本质,获取正确的概念,来指导我们的审讯活动。(2)概念的抽象性和具体性的辩证统一。审讯人员在认识犯罪嫌疑人形成概念的时候,经常是提取犯罪嫌疑人的犯罪事实的个别的和偶然的现象后的一般的、本质的和规律性的东西,而这些一般的、本质的和规律性的东西,并不像具体案件那样,可以看得见、摸得着,而必须依靠理性思维去理解和把握。例如,我们在讯问盗窃犯罪嫌疑人的时候,犯罪嫌疑人采取盗窃的方法,非法占有他人的财产,这只是一个抽象的概念,当犯罪嫌疑人交出了赃物的时候,这一赃物就成为证明犯罪事实的证据。赃物便成了物证,这一概念只有审讯人员的主观认识把握了它的具体本质与案件的内在联系时,才具有具体性,也才有具体的概念。(3)概念的普遍性和特殊性的辩证统一。我们认识案件的过程,不仅要从大量的个别、特殊的案件事实中,概括出案件的一般本质,还要注重根据概念所把握的一般本质属性去识别和认识案件的特殊性,从而根据案件的普遍性与特殊性的原则,来指导我们的审讯活动。(4)概念的确定性和灵活性的辩证统一。概念的确定性是指概念反映对象的共同本质,这种反映固定之后,其内涵与外延相对不变。而概念的灵活性是指概念随着客观对象自身以及审讯人员对其认识的发展而发生变化,它是由客观事物的运动发展决定的,它反映到概念中来,就构成概念的灵活性。概念的确定性只是一定阶段一个时期认识和审讯实践的产物,随着认识和审讯实践的不断发展,概念的内容也会不断发展和丰富。

判断是对思维对象有所断定的思维形式。在审讯实践中对犯罪嫌疑人的情况有所断定,必须运用判断这一思维形式。审讯人员对犯罪嫌疑人所作的任何一种判断,都不是轻而易举形成的,而是他们在审讯的实践中,根据犯罪嫌疑人的言行和客观存在的事实,通过复杂的理性思维的结果。在审讯活动中,要提高对犯罪对象的判断力,必须正确地运用逻辑范畴,作为人类思维工具的逻辑范畴,能够帮助人们正确认识现实,正确地认识各事物之间的联系和关系,正确地认识事物的本质及其规律。何谓逻辑范畴?它是人们用来认识客观现实的具有普遍性的概念,是人的思维反映客观世界辩证运动不可缺少的思维形式,是形成判断的重要条件和代表其判断力的重要标志。人们认识事物离不开逻辑范畴，但同时还要掌握必要的社会基础理论，它是人们在社会实践中，借助一系列概念、判断、推理表达出来的关于事物本质及其规律的知识体系。当然从认识的角度来看，理论来源于实践，审讯的实践经验是指导我们形成判断的重要基础。例如，我们在审讯的过程中发现犯罪嫌疑人始终采用挑衅的态度与审讯人员交流，便可做出犯罪嫌疑人的对抗心理极强的判断。此外，世界上一切事物都是物质、能量和信息的统一体，判断离不开信息的来源，我们对犯罪嫌疑人所犯罪行的判断，必须依靠案件的信息来源，信息量越多对案件的认识就越深刻，形成的判断就越准确。因此，审讯人员在形成判断时，必须注意尽量收集和集中较多的信息，同时，审讯人员应该特别注意收集和集中客观的、公正的、能够反映本来面貌的信息，减少错误的判断。

推理是由已知判断推出新判断的思维形式。在审讯思维的活动中，审讯人员对案件事实和犯罪嫌疑人的认识，除了需要运用概念形成判断外，更重要的是，要根据已知判断推出新的判断，形成案件事实的不同本质的新的认识。推理是形成新的认识必不可少的思维形式。推理是一种理性思维活动，是审讯人员对案件事实的一种主观认识，是在客观的前提和实践的基础上，运用经验定律和理论原理对案件内在矛盾运动认识的必然结果。案件的犯罪事实的内在矛盾和外在关系是推理产生的基础。其辩证的特征首先主要表现为推理中前提与结论的对立统一：前提和结论是相互依存、相互渗透、相互转化的；其次表现为推理内容的对立统一，审讯过程中犯罪嫌疑人为了掩盖自己的犯罪事实，大多是用谎话来掩盖自己的犯罪事实，因而必然会出现内外矛盾。在审讯活动中，审讯人员经常依靠犯罪嫌疑人供述来发现案件事实的内外矛盾，通过揭露矛盾取得审讯的成功。1999年检察机关在侦查某高级干部的受贿案件时，发现该高级干部在深圳用200余万元人民币购置了一套高级住宅，当审讯人员问其购房款的来源时，对方称该购房款是从香港的一位朋友处借来的，当问其朋友叫什么名字，在什么地方工作，还钱的方法？回答得只是支支吾吾、语无伦次，说不出所以然，并且对对方的情况并不了解。通过客观规律可以看出：能够借上百万元钱给自己买房子的朋友，就不是一般的朋友，而对对方的情况并不了解，是不可能借钱给你的。况且一个靠拿固定工资的干部，怎么才能还上这笔钱呢？显然这笔购房款不是借来的。在对其审讯的过程中，审讯人员抓住这一矛盾的主线进行揭露，迫使其供述了自己受贿犯罪的经过。

五、思维品质低下

思维是复杂的脑力劳动，这种脑力劳动存在明显的品质差异，良好的思维品质表现在：善于透过纷繁复杂的表面现象发现问题的本质；善于全面地考察问题，从事物的多种多样的联系和关系中去认识事物；善于独立地思考问题，独立地寻找答案；善于严格而客观地评价和检查自己的思维结果，不受别人暗示的影响；善于根据逻辑规律思考问题，自觉地服从客观的逻辑规律，使自己的思维首尾一致，不相互矛盾，根据充足，推论合理，结论正确；善于根据客观条件的变化，及时修改先前的方案，灵活地寻找解决问题的新途径。我们的审讯活动是侦查人员与犯罪嫌疑人之间攻心斗智的心理对抗，是看不见硝烟的心理战场，审讯活动的成败，在很大程度上取决于审讯人员思维品质的高低，审讯人员思维品质低下表现在：

1. 缺乏思维的深刻性。不注意通过案件的表面现象去发现犯罪的本质问题。我们的犯罪对象，大多善于采用表面现象来掩盖自己的犯罪事实，在审讯活动中，经常发现一些犯罪嫌疑人，为了否定自己的犯罪，总是千方百计地伪装自己，把自己说得像一朵花，大说特说自己如何为群众办实事，如何努力地工作，表现出自己与犯罪无缘。2001年笔者受命对一名涉嫌受贿犯罪的某县委副书记进行审讯，刚刚接触这位犯罪嫌疑人，他就大谈自己如何尽心尽力为老百姓办事，对工作兢兢业业，起早贪黑，廉洁奉公，从表面上看，这是一名难得的好县委副书记，可是当我们问其他在任县委副书记分管组织人事工作，仅仅6个月的时间，自己的存款就一下长了30余万元。当问其30万元的来源时，这位所谓的廉正书记，无言以对，最后只得交代自己的犯罪事实。表面现象在很多的时候被犯罪嫌疑人用来当护身符，审讯人员无论在任何时候都要设法拨开犯罪嫌疑人的伪装，去发现犯罪嫌疑人犯罪的本质。

2. 缺乏思维的独立性。审讯的过程，实际上是审讯人员对犯罪嫌疑人进行感知和认知的过程。审讯的目的要求我们不仅要正确地认识犯罪嫌疑人所实施的行为，更重要的是查明犯罪事实。审讯人员独立的思维是完成这一活动的基础，面对错综复杂的案件，需要审讯人员独立地发现问题、独立地解决问题、独立地寻找答案。善于独立思考的人很少去依赖别人，他们喜欢独立地、创造性地去认识案件的本质，探索解决问题的方法，找出有效的对策。思维的独立性在某种程度上表现出它的批评性，在思考问题时不受别人暗示的影响，既不人云亦云，也不自以为是，能够严格而客观地评价、检查自己的思维结果，冷静地分析是非、利弊，不仅知道某一事物的结论，还知道得出这一结论的根据。只有这样才能在纷繁复杂的案件中，去伪存真，去粗取精，抓住本质问题。

3. 缺乏思维的灵活性。思维的灵活性是指能够根据客观条件的发展与变化，及时地改变先前的方案，寻找新的解决问题的途径。思维具有灵活性的人，在审讯活动中，不呆板、不固执、没有框框、随机应变、纠正错误迅速。

记得有一次笔者在观看一位同行的审讯，审讯的对象是一位女性，审讯人员采用了"心理限制"的方法，通过揭露其犯罪事实，把犯罪嫌疑人推向了无路可退的境地。但是，由于犯罪嫌疑人在事实面前就是不认罪，每次处在无路可退的境地时，她不是沉默不语，就是矢口否认，多次出现僵局。结果审讯进行了一天，仍然是这个结果。后来归结这次审讯失败的原因：犯罪嫌疑人已经适应了这种审讯方法，同时由于被审讯对象的人格特征不同，不适用论理的方法，这时，审讯人员应当及时地改变审讯的方法，寻找审讯对象的其他弱点进行"攻击"，就有可能取得审讯的成功。然而，审讯人员一个方法用到底，缺乏灵活性，导致了审讯的失败。

4. 缺乏思维的流畅性。思维的流畅性实际上也叫思维的丰富性。在短时间内产生的概念多，思维的流畅性就大，思维就越有丰富性。反之，思维缺乏流畅性。心理学家们把思维的流畅性分为四种形式：首先是词的流畅性，它是指在一定的时间内能产生含有规定的字母或者字母的组合的词汇量的多少。其次是联想的流畅性，它是指在限定的时间内能够从一个指定词当中产生同义词或者反义词数量的多少。再者是表达的流畅性，它是按照句子结构要求能够排列词汇的数量的多少。审讯人员为了完成让犯罪嫌疑人交代犯罪事实的任务，根据自己的审讯计划，按照词汇的排列和语言表达的方法，在表达的流畅性的基础上，才能完整地表达自己的审讯意图。可是我们有的审讯人员在问题的表达方面缺乏流畅性，让别人听不懂，甚至前言不搭后语，这样就会严重影响审讯的效果。表达问题的流畅性是审讯人员的基本功，为了满足这一基本功的要求，必须注意平时的训练，战时的充分准备，如此临场才不至于语无伦次，前言不搭后语。最后是观念的流畅性，它是指在限定的时间内产生满足一定要求的观念的多少，也就是解决提出问题的答案的多少。这四种形式充分地说明了思维丰富、有实践经验的人能在短时间内表达出数量较多的观念。在审讯活动中，审讯人员与犯罪嫌疑人的较量，从表现形式上看，是语言的交锋，但是，实质上是心理思维的较量。有些时候犯罪嫌疑人所说的问题，审讯人员无话可答，更有甚者犯罪嫌疑人语言的流畅性远远超过了审讯人员语言的流畅性，犯罪嫌疑人的语言常常占据上风，审讯进行到了最后，让旁观者看了不知道是谁审谁，由此下去审讯是不可能取得成功的。出现这种情况的原因在于，审讯人员缺乏实战经验，遇见犯罪高手就产生畏惧心理，出现思维障碍，引起讯问语言的阻滞，表现出思维缺乏流畅性。因而，审讯人员必须加强思维流畅性的训练，提高思维品质。不断提高思维的深刻性和广阔性，加强思维的独立性和批判性，不断地掌握思维的逻辑性和思维的灵活性，培养自己良好的思维品质。

第十节　刑讯逼供的心理基础及矫正

一、刑讯逼供存在的原因分析

刑讯逼供是指从事司法工作的人员，对犯罪嫌疑人、被告人使用肉刑或者变相肉刑，逼取口供的行为。刑讯逼供是制造冤假错案的祸根，它主要产生在讯问犯罪嫌疑人的侦查阶段，古今中外以酷刑屈打成招的案例屡见不鲜，从封建时代合法的刑讯，到近代国民党时期的酷刑，以及国外刑讯的审讯理论，直到近年来媒体披露的刑讯逼供现象是与当今的文明社会格格不入的。刑讯逼供既然是制造冤假错案的祸根，那为什么这么多年还仍然屡禁不止呢？究其原因，刑讯逼供有坚实的心理基础。

首先，是历史上有刑讯逼供成功的案例可循。在人们的记忆里，无论是古代的官吏审案子，还是当代司法机关审案子，"大刑伺候"和棍棒相逼是取得口供最便捷的手段，无数人都是在此情形下才"招供"的，同时对犯罪嫌疑人无须合法不合法，为了惩罚犯罪可以不择手段，因而刑讯逼供在有些审讯人员的认识中是必然的审讯手段，联系到实际工作中，通过刑讯逼供的手段确实能够获得一些犯罪的线索和重要的证据，这又在一定程度上强化了刑讯逼供的犯罪心理。

其次，是审讯技巧上的贫瘠。在我们侦查机关内部，有部分侦查人员，根本就不懂得什么叫审讯。当这些人接触犯罪嫌疑人的时候，除了采取凶狠的态度逼犯罪嫌疑人交代罪行外，别无他计。当有的犯罪嫌疑人采取的抗审方法，刺激了审讯人员的时候，这时的审讯人员就会认为犯罪嫌疑人态度不老实、不讲实话，产生了心理冲突与心理失衡，从而形成一种心理压抑，在其达到一定程度的时候，压抑的情绪就会被激发，为了平息这种被激发出来的怒气，他就会用体罚、用棍棒向犯罪嫌疑人展示自己代表国家法律的权威。相反当我们的审讯人员掌握了审讯技巧进行审讯的时候，他就会感觉到除了"刑讯逼供"之外，还有一门能够让犯罪嫌疑人交代认罪的科学，他就不会再采取那些粗暴、幼稚的行为了。

再次，是因为审讯人员自身人格消极因素的失控，导致了粗暴行为下的刑讯逼供。每个人都存在人格特征的差异，这种差异也表现出人格消极因素的不同，有的审讯人员脾气暴躁、行为冲动、头脑简单、缺乏耐心、看问题片面、缺乏整体性和目的性，在审讯的过程中，犯罪嫌疑人的对抗行为最容易激活审讯人员的消极人格因素，如果审讯人员不注意控制自己的情绪，失控的情绪就会在瞬间爆发而产生攻击行为，导致刑讯逼供事件的发生。

最后，审讯人员的急功近利是刑讯逼供的又一心理基础。有的办案人员为了迅速破案，完成领导交办的任务，破案心切，心理上总是带着破案有功、破不了案受罚的认识来办案。因此为了满足自己的这种心理，必然要寻找他们认为是行之有效的审讯方法，那么刑讯逼供就会被首选为行之有效的审讯方法。他们在对犯罪嫌疑人进行刑讯逼供时，也曾想到这种行为的违法性，然而他们又在另外一个动机的支配下，寻找到了心理平衡：我们采取的刑讯逼供不是为了泄私愤，而是为了工作，为了尽快地破案，为了惩罚犯罪就应该不择手段。在这种思想支配下的办案活动，产生冤假错案是不可避免的。

二、刑讯逼供的心理矫正

从上面刑讯逼供的心理表现我们不难发现，刑讯逼供的产生与屡禁不止的原因，有历史的原因、有现实的原因、有实践的原因、有执法方面的原因，无论是哪一方面的原因，对刑讯逼供犯罪一方面要强化打击的力度，不姑息纵容；另一方面要加强审讯人员的心理矫正。这里所说的审讯人员的心理矫正具体是指：

首先，是从办案人员的心理矫正入手。刑讯逼供虽然在古今中外不乏成功的范例，但是它是我们国家法律所禁止的行为，既然是法律所禁止的行为，作为执行法律的工作者，就更应该依法来约束自己的行为，无论刑讯逼供在审讯犯罪嫌疑人的作用有多大，效果有多显著，只要是法律禁止的，我们都必须杜绝。况且刑讯逼供所产生的社会危害自不需多言，"屈打成招"下有多少冤假错案发生呀！审讯犯罪嫌疑人的目的，是让犯罪嫌疑人说实话，采取刑讯逼供的方法，有时也能使犯罪嫌疑人说实话，但是犯罪嫌疑人从心理上并不是心服口服，刑讯逼供从根本上是达不到对犯罪嫌疑人教育的目的的。从根本上来说，刑讯逼供是审讯人员无能的表现。审讯犯罪嫌疑人就是审讯人员通过语言交流作为讯问的手段，来使犯罪嫌疑人交代自己的罪行。如果审讯人员不能用语言交流的方法，让犯罪嫌疑人如实地交代自己的罪行，那么这只能说明我们的审讯人员不具备对付犯罪嫌疑人的技能，不能用合法的方法解决犯罪嫌疑人的认罪问题，审讯人员就应该在自己的身上找原因，加强审讯技巧的基本功训练，审讯人员应当时刻告诫自己："我们没有刑讯逼供打人的权力！"

其次，是纠正"先入为主"对犯罪嫌疑人进行"有罪推定"的错误意识。审讯人员在接受审讯任务的时候，如何看待坐在我们对面的犯罪嫌疑人？有的审讯人员刚刚进入审讯室，就把犯罪嫌疑人变成了犯罪人，因而把犯罪嫌疑人的正常辩解视为狡辩，由此而产生的对立情绪愈演愈烈，当这种冲突发展到一定的程度，这种冲突、对立的情绪就会导致刑讯逼供的结果。"先入为主"对犯罪嫌疑人进行"有罪推定"的错误意识，是公正执法的天敌。在审讯时，我们必须时刻提醒自己：我们面对的是犯罪嫌疑人，而且他们也仅仅是犯罪嫌疑人，我们审讯的目的，不仅仅是惩罚犯罪，而且还有保障无辜公民权利不受侵害的任务，二者有同等的重要地位。

再次，是犯罪嫌疑人的合法权益应当受到保护。刑讯逼供犯罪行为人总是以"专政者""执法者"自居，无视犯罪嫌疑人的法律权利和人格尊严，即便是犯罪嫌疑人就是犯罪行为人，其犯罪嫌疑人的人格尊严也应当受到法律的保护，作为执法工作者的审讯人员，更应该尊重犯罪嫌疑人的人格权利，不能因其涉嫌犯罪就无视犯罪嫌疑人的人格尊严，随意侵犯他人的人身权利。作为司法工作人员要认识到对犯罪嫌疑人进行刑讯逼供是对国家法律的践踏，从事侦查工作的审讯人员要努力提高自己的业务素质，加强审讯技巧的训练，要依靠自己的业务水平来战胜犯罪嫌疑人。

最后，是消除刑讯逼供的不良心态，特别是要消除特权思想，建立人权平等的观念，不去片面地追求办案效率，不急功近利。在审讯犯罪嫌疑人时要消除倾向性，不先入为主，对犯罪嫌疑人的供述和辩解做全面的分析和研究，找出正确的办案思路。要消除违法办案的侥幸心理，侦查工作对外不予公开的秘密性，是产生刑讯逼供的侥幸心理的基础。这里，如果往更深处再想一想，就会不难发现：无论是内部场所或者内部人员共同办案，违法达到一定的程度终究会被暴露的，侥幸心理只能是"自欺欺人""自食其果"。

三、刑讯逼供的心理矫治的方法

1. 开展心理培训，培养和完善健康和谐的人格。定期为办案人员开设心理健康知识培训，传授心理健康的保健方法，提供心理咨询服务，帮助他们缓解心理压力，维护他们的心理健康。有针对性地开展办案人员的心理训练，提高办案人员的心理素质，加强办案人员的心理自我控制能力、环境适应能力，建立健全完整的心理健康保障体系。培养和完善健康和谐的人格，就是要培养办案人员完整、协调统一的道德、观念、理智、情感、意志、认知，使之保持心理健康。

2. 调整心理压力，降低期望值。办案人员在面对犯罪嫌疑人对抗的时候，由于犯罪嫌疑人的不配合，使办案人员达不到自己期望的目标，这与其急于破案的心理交织在一起，产生了强大的心理压力，这种心理压力实际上就是刑讯逼供的心理动力源，办案人员感觉到自己即将爆发某一鲁莽行为的时候，应当立即采取措施进行自我调整，冷静地分析心理压力的来源，及时地降低期望值。例如，原来期望的目标是要犯罪嫌疑人全部交代自己的犯罪事实，此时应该及时地降低标准，只需要对方暂时交代某一犯罪事实或者某一犯罪情节即可。如果这一目标仍然达不到，那就再次降低标准，只要对方暂时能够回答问题或者能开口说话就行了。此后待自己的心理压力消除以后，分析原因，再重新组织审讯，不断地调整心理压力，形成心理健康的良性循环。

3. 变更位置，反向思维。在司法实践中，从犯罪嫌疑人与办案人员的表现特点来看。犯罪嫌疑人"逃"或者"避"，而审讯人员则是"追"或者"攻"。两者在侦查活动中所处的法律关系是执法者与违法犯罪者的关系，随着这种关系的对立程度不断增加，很容易引起办案人员的心理变化，诱发有心理问题的司法人员进行刑讯逼供。因此，我们的办案人员在这种时候能够有效地采取"变更位置"和"反向思维"的方法，将自己与犯罪嫌疑人变更一下位置："如果我是犯罪嫌疑人，为了逃避法律的惩罚，采取了一系列的对抗方法，办案人员对我进行刑讯逼供，我会怎么样呢？"这样通过反向思维的方法，有意识地与犯罪嫌疑人变换位置，有助于改善自己的思维方式和思维观念。

4. 转变认知，改变注意力。心理学家认为一个人的认知出现了问题，必然导致行为出现问题。刑讯逼供行为的出现来源于认知的缺陷。刑讯逼供多是在犯罪嫌疑人不愿意交代自己的犯罪事实的情况下出现的，审讯人员此时的认知缺陷在于：犯罪嫌疑人有意跟自己过不去，不给他些颜色看看，不解我心头之气。如果我们改变认知，在"气头上"忽然刹车暗示自己：对犯罪嫌疑人"动手"是无能的表现，大凡对犯罪嫌疑人"动手"的人，都是业务能力低下的人。其实，一名优秀的侦查人员，面对犯罪嫌疑人的对抗，首先要认识到：对方为什么要交代自己的罪行？我们的办案人员是否有让犯罪嫌疑人供述认罪的理由？如果我们没有让犯罪嫌疑人供述认罪的理由，那么犯罪嫌疑人根本就不会交代自己的犯罪行为。我如果是犯罪嫌疑人，那么我会不会主动交代自己的罪行？

从办案人员认识的注意目标来看，通常都是把自己的注意力集中在犯罪嫌疑人对抗的态度上，从而得出"犯罪嫌疑人有罪不供非常狡猾"的评价，从而激发出强烈的心理压力。如果办案人员能够及时地改变自己的注意方向，把自己注意的目标集中在"犯罪嫌疑人现在想的是什么？害怕的是什么？我们的办案人员应该做什么"上，这样办案人员就会减缓心理压力，主动寻找让犯罪行为人交罪供述的方法和对策，就能避免刑讯逼供的事件发生。

5. 控制积累，减缓速度。刑讯逼供的行为，实际上是办案人员的消极情绪积累到了一定的程度，情绪发展不断受到犯罪嫌疑人的对抗和阻碍的时候，积累成强大的心理压力爆发出的攻击性行为。如果我们的办案人员在受到犯罪嫌疑人的对抗和阻碍的时候，能够注意做好消极情绪的调节与控制，给自己一个良性的心理暗示，阻止消极情绪积累，心理的压力就会得到缓解。另外，心理学家认为调整语言的速度，可以减缓自己的心理压力。当办案人员遇到犯罪嫌疑人的对抗，产生了心理压力，俗话说"上火了"，减缓讯问的语言速度，有助于缓解自己的心理压力，起到"降火"的作用。同时，语言文字的内容和表述的语言速度，可以建立条件反射。例如，赞美的语言与挖苦批评的语言所产生的条件反射就不相同，和缓的语言可以帮助建立健康的行为。

6. 自我调整，分析对比。心理学家霍曼斯的社会交换理论认为：人的心理活动的特点在于交换关系，"趋利避害"是人的心理活动的重要特点。因此我们的办案人员因为自己工作的原因，进行刑讯逼供，触犯了国家法律，从人的"趋利避害"的本性来看，自己有必要以身试法吗？我们是否能够这样进行对比：用合法的手段去完成工作任务或者没有完成工作任务与用非法的手段进行刑讯逼供，为了工作去触犯国家法律，这对自己来说何利、何避？值得否？为此，我们自己能否在发生冲动的时候，冷静地警示自己"慢来"：违法的事情我不能做，我有能力处理好目前的处境。这种自我调整的方法能够有效地进行理智控制。

7. 消除侥幸，以人为本。刑讯逼供犯罪在很大程度上表现为侥幸心理，通常侦查讯问的环境、场所及时间大都是秘密的，从办案人员的角度来看，最重要的问题是他们的认识问题，他们常认为侦查活动是秘密的，刑讯逼供行为发现难、侦查取证难。同时有些领导还给予某些暗示，因为自己是为了工作，即使有违法行为，领导也会睁一只眼、闭一只眼的。这种"侥幸心理"强化了刑讯逼供的犯罪心理。但是，当你面对刑讯逼供的行为被侵害的对象的时候，你是否想到被侵害的对象随时随地都会控告你，如果造成严重后果或者致人死亡的，那后果更是不堪设想，最终是要以自己的前途和自由来做代价的，"权衡利弊"是否值得？以人为本，培养自己良好的社会适应性，其主要表现是培养、完善和谐的人格，使之道德、情感、观念、意志等方面协调统一。同时，犯罪嫌疑人与办案人员在人格上是平等的，我无权对其实施超越法律之外的行为。在此合理、有效的观念的支配下，实施心理矫治，能够对消极的失控情绪进行有效的控制。

第三章　犯罪嫌疑人的心理特征

第一节　犯罪心理的形成

　　犯罪心理的形成是多种因素综合的相互作用的结果，是在先天遗传物质与后天的社会环境相互作用下逐渐形成的。这是近年来心理学家抛弃了以前那种单一因素的研究方法，阐明了犯罪心理既不是先天固有的，也不是单由后天的环境所致，而是因生物因素、心理因素和社会因素的相互作用的结果；是个体在先天遗传物质的基础上，在环境的影响下，通过个体的选择性学习逐渐形成的，是遗传和环境多种因素交互作用的结果。从影响犯罪心理形成的个人因素来看，个体的先天遗传物质虽然对犯罪心理的形成产生一定的作用，但是在主体原有的心理结构中，存在着与犯罪心理形成有密切关系的不良的心理因素，这些不良的心理因素不仅影响人的行为方式，更重要的是影响到人对外界客观事物的选择。这种不良的心理因素在对外界客观事物进行选择吸收时，很多的时候被其选择的是法律禁止的行为。例如当他从电影、电视上看到强奸的镜头时，他选择的不是被强奸的被害人是如何的痛苦，而是认为强奸能够满足自己的欲求，只要自己行为隐蔽，就不可能被发现。这种选择在头脑中反复地出现，不断地巩固、加深，最后就会产生行为的动机，形成稳定的定向的犯罪心理。

　　从犯罪心理的形成过程的基本模式来看：个体犯罪心理形成的整个过程是在与环境的相互作用中，具有不健全人格的个体通过选择消极的外界因素，进行自认为合理的认知加工，通过主动或者被动地观察学习，逐渐萌发了犯罪意向。犯罪意向的萌发则是犯罪心理形成的标准。个体犯罪意向与外界诱因相互结合，产生犯罪动机，从而导致犯罪行为的发生。犯罪行为的成功或者失败，受惩罚的情况，等等，对个体犯罪心理起加强、巩固或者削弱的作用。这是绝大多数故意犯罪的犯罪人犯罪心理形成的基本模式。

　　从犯罪心理结构的分析来看：犯罪的直接原因来源于扭曲的心理结构。人是永远有所要求的动物，需要是无限的，有生理、精神、安全、爱、尊重和自我实现等方面。当一种需要得到了满足，另一种需要就会出现，不断满足、不断需要。需要被无限地循环，当需要偏离、扭曲就会危害社会，就会产生犯罪。需要偏离是犯罪的源泉，动机偏离是犯罪的直接动力。犯罪行为的出现来源于犯罪心理。犯罪的形成不是单一的某一因素引起的，作为发动犯罪行为内在原因的犯罪心理，是由相对稳定的多种不良因素的复合体所驱动。这个复合体呈相对稳定的结构状态，即犯罪的心理结构。犯罪心理结构的组成因素有动力因素、调节因素、特征因素和心理状态的意识水平。

一、动力因素

个体的人因为"需要"而产生了行为的动力，犯罪行为的动力是由被扭曲的畸形个人的需要、动机、兴趣、理想、想念和世界观等心理因素组成的。"需要"是发动犯罪行为的直接动力，是犯罪心理结构中最活跃的因素，是最深层次的心理因素。不同的犯罪是因为被扭曲的畸形个人的"需要"不同，这种"需要"的动力因素不同，就会产生不同的犯罪行为。

心理学家霍曼斯提出了"社会交换理论"，他认为人的行为活动是交换的过程，这种交换活动的行为是以趋利避害为行为准则的，人们在社会生活中，拥有独立的财物，人需要财物，因为它对自己有利，没有一个人能够离开财物而生存，这是人类社会通过社会实践形成的基本认识，也是人们获取财物的心理基础。根据需要的条件，犯罪的动力因素是在内因和外因的作用下产生的。社会的基本矛盾，表现出生产资料占有的不断变化，引发的分配方式多样化，出现了分配不平衡的结果。这种对财富占有的不平衡，导致了占有财富多的人和拥有财富少的人在社会地位、荣誉上的不平衡，引发了人生价值观的倾斜，激发了人们对财富占有的欲望。

1. 从犯罪产生的动力因素的条件来看：需要的动力是由弱逐渐变强的，直到受挫为止，在人的需要连续得到满足的时候，其人的渴求强度就会加大，动力因素增强；反之就会减弱，在看到他人获取成功的时候，自我渴求强度也会加大，但是当看见别人失败的情景时，其人的渴求强度也会减弱。由于上述特点，在我们的社会发展过程中，由于发展的机制上的不平衡，难免会出现预防机制不合理，对犯罪的打击不力，产生了犯罪的心理动力。

2. 个体人的需要的客观性表现在：生理的、安全的、社交的、自尊的、自我实现。人的这种需要是不断地产生，不断地满足，又不断地产生新的需要的过程。也就是说，旧的需要满足以后，新的需要就会产生，这是心理得以发展的基本动力。从需要的层次特点来看：这种需要会向两个层次方向发展，较高层次的发展是向着守法的维护社会利益的方向发展，低层次的发展则满足于比较低的层次需要，这对社会是无益的。因此，在社会化的发展过程中，当人们的需要始终处于低层次，又不能及时得到法律、道德、习俗的调整，出现了犯罪的动力因素。

3. 激情状态下形成的动力因素：当人处于激情状态时往往不能理智地对待自己的言行，自我的控制力下降，自我意识完全被狂躁的情绪控制，他的意识和注意力完全集中在引起激情状态的情绪反应的对象上。为了发泄这种激情状态，缓解由此导致的心理压力，获得心理的稳定和平衡，便会出现破坏性和攻击性的内在动力，产生了犯罪的动力因素。

二、调节因素

是以自我意识为核心的个体心理与行为的调节控制系统。系统包括自我意识、道德意识、法律意识等，自我意识的功能是对人的动力因素起调节、控制、协调、监督的作用。即对犯罪行为起加强或者削弱，发动或者阻止的调控作用。

1. 监督管理不规范、打击不力导致自我意识的方向迷失，失去了犯罪心理形成的自我控制能力。引发犯罪的原因，多由自我监督不力导致的，犯罪总是与社会活动联系在一起的，人的社会活动必须要受到制约，行为失控不受到制约必然导致犯罪。在今天高速的经济发展的过程中，它是一个不断实践、不断创新的过程，在这个过程中，一切事物都表现为动态的运动，不可能形成完善的监督制约机制，这就导致了自我意识的方向迷失，失去了对非法行为的控制。

2. 犯罪行为的隐蔽性诱发的侥幸心理，是犯罪心理形成的内在动力。犯罪行为的隐蔽性，是犯罪的基本特点所决定的，这种犯罪的隐蔽特点是诱发侥幸心理的基础，是犯罪行为的个体实施犯罪行为的又一心理动力。犯罪的最大特点就是犯罪行为的隐蔽性，这种行为的隐蔽性表现为"有证难取"的特殊性，因此诱发的侥幸心理，成为犯罪行为人实施犯罪的内在动力。

3. 犯罪行为前的调节作用，形成的心理平衡，失去了自我意识的监督作用，削弱了自我意识的控制力，强化了实施犯罪的心理动力。犯罪心理在形成过程中，在很多的时候会自发地去寻找心理平衡，这就破坏了自我意识的监督作用。犯罪人在实施犯罪前都要进行心理权衡，是"干"？还是"不干"？进行心理斗争的同时也在寻找心理平衡："就'干'这一次，下次不'干'了"，"别人能'干'我为什么不能'干'"？这样产生的心理平衡，就为实施犯罪提供了心理依据，推动犯罪行为的实现。如果寻找的心理平衡，没有破坏自我意识的监督作用，那么心理平衡的状态就会表现出："这样的事情我不干，我不缺少这样的钱","这样的钱不能拿,拿了要坐牢的,还是过平安的日子好"。自我意识的监督作用就能阻碍犯罪行为的发生。所以,我们在寻找心理平衡的时候,必须维护自我意识的监督作用,它能够有效地控制犯罪行为的发生。

4. 被动与主动的关系,产生了犯罪心理的实践基础,是犯罪心理形成的过程。犯罪最初大都是从被动开始的,犯罪心理的实践性,是犯罪心理形成和行为发展过程的特点。例如,犯罪时行为的实施,需要技巧、胆量、心理的动力的支持,这些对于没有犯罪经历的人来说,无疑是一个盲区,因而实施犯罪始终处于消极和被动的状态,当这些消极因素在外力的作用下,经过犯罪的心理实践或者经过犯罪的行为实践,强化了犯罪的心理的实践性,犯罪的被动与主动的关系就发生了变化,犯罪心理就会从消极的被动转化为积极的主动。例如盗窃犯罪,开始不愿意参与盗窃,后来经过别人唆使,在别人的带领下参与了盗窃,得到了好处(以比较小的力量获取了比较大的利益),这样在非法利益的驱使下,有了犯罪实践的基础,满足了犯罪心理的实践过程,被动的盗窃转换为主动的盗窃。

三、特征因素

表现为人格特征,它是由能力、气质和性格所构成的,是区别于他人的特征,人格特征是犯罪心理形成的基本条件。人格是个体区别于他人的相对稳定的性格特征,它的形成是以先天的遗传基因和后天的生活环境为条件发展而成的。在相同的外部因素的条件下,为什么有的人犯罪而有的人不犯罪?这就是犯罪的人格特征的区别。先天的遗传基因与后天生活的不良环境,形成了犯罪的人格心理。同时一个人的人格特征并不是一两天内形成的,在他的一生中有不同的环境阶段,如果环境阶段是被犯罪的情景包围着,这样对他的犯罪心理的形成产生了强化的作用。相反当他们处于守法自律的环境氛围中,那么控制犯罪心理产生的条件就会产生积极的作用,阻碍着犯罪心理的形成。

犯罪人格心理的形成来源于两个方面,即自我控制力差,由于其认识能力和适应能力低下,进而导致在一定背景和场合下产生实施犯罪行为的欲望。另一方面由于生活和工作的环境的耳濡目染,社会的不正风气、庸俗的社会文化、势利的人际关系、法制的漏洞、人治的特权潜移默化,而形成了唯我独尊、享乐至上、随心所欲的人格特征,这种人格特点在一定背景和场合下会产生实施犯罪行为的强烈欲望。这种"犯罪人格心理"的存在,犯罪的行为就有了心理基础。

四、心理状态的影响

即心理活动在展开时刻与活动过程中所具有的独特状况和相对稳定的状态，是实施犯罪的重要的心理因素，是心理活动的背景。心理状态的重要因素是意识水平的影响：意识、前意识和潜意识的作用与状态。

1. 自我心理辩解达到心理平衡是犯罪前的心理状态。一般而言，常有以下几种辩解理由：

（1）合理行为：常常用自己以为是合法的理由为自己的非法行为进行辩解。

（2）借比方法：他是用自己的犯罪意识与社会上的违法犯罪现象作比较，别人能干我为什么不能干？这种心态强化了自己的犯罪动机。

（3）投射心理：他是把自己的欲望、态度、观念和人格特征转移到了别人的身上，增强了自己实施犯罪的理由。

（4）理想结果：心往好处想，重利避弊是犯罪的心理平衡条件。犯罪是在一定的情况下，受到外界的刺激和自我内部的强烈需求的相互作用的情况下而产生的。在犯罪的过程中，充满着恐惧、紧张同时又充满着兴奋。心往"好处"想，达到心理的平静是自我心理平衡的方法，达到自我意识的理想结果，实际这种自我安慰也毁了自己。

2. 实施犯罪前的心理准备过程，是犯罪心理形成的内在动力。每一个人在实施犯罪前都会有一个自我平衡的心理准备过程，这种心理过程表现为：在实施前或者在实施的过程中，他们都要想到自己的行为结果会对自己产生什么样的伤害，用什么方法来回避。因此，犯罪行为人在实施犯罪前就会自动地进行心理权衡，如果权衡的结果是：这件事情可以干，反正又没有别人发现，以后如果事情暴露，我坚决不承认，也就会没事的。这样就产生了实施犯罪的内在驱动力，最后导致犯罪行为的发生。但是，如果他们在进行心理权衡时候认为：这件事情有可能被发现，一旦被发现后果不堪设想，这样就产生了实施犯罪的反向的内在驱动力，这就阻止了犯罪行为的发生。所以客观的条件对犯罪心理的形成，起到很重要的作用。

3. 客观环境的刺激，是产生犯罪心理的诱因。客观环境诱发的犯罪屡见不鲜，某人无意中发现一无人看管的柜台上有一叠人民币，瞬间产生了占有的心理动力，当他确认无人看管的时候，便伸手把钱装进了自己的衣兜。如贪污犯罪，犯罪嫌疑人开始并不想贪污公款，当他在月底结账的时候，发现库存现金多出7000元，当时他并不知道账错在哪里，就把现金暂时存放了起来。不久他需要用钱就从中支取了一部分，后来发现这笔钱是一笔收入款没有入账，但是钱已经用了一部分，自己跟自己说不入也就不入吧，等等看以后需要入的时候再入账。经过一段时间的相安无事，也没有人过问这笔账的事情，结果他不但这笔账没有入，还主动采取类似的方法侵吞公款。直到案发的时候他就有10万多元没有入账，待司法机关找他的时候，他已经构成了犯罪。

4. 犯罪的成功经验引起的行为的惯性，导致了犯罪的连续性。犯罪的行为人，大都不是实施了一次犯罪就停止了，有了一次，就有第二次，表现了犯罪行为的连续性。这是犯罪的成功经验刺激了大脑的兴奋中心产生的行为结果。犯罪行为的成功经验，导致了犯罪的继续，直到被抓获其行为才能停止。犯罪的成功经验必然会引发犯罪的重复行为，这是犯罪的基本特点。如果当成功经验刺激了大脑处于兴奋状态的时候，意识能够提醒有诸多的不利因素："要想人不知，除非己莫为"，就能够对犯罪行为的惯性起阻碍作用。

第二节　犯罪行为的发生

犯罪行为是怎样发生的？根据犯罪心理的形成过程我们可以看出，内因与外因的相互作用，经过反复的强化，最后实现了犯罪行为。内因是个体所具备的犯罪心理，在外界即外因客观条件的影响刺激下，产生了犯罪的动机。什么是犯罪动机？它是直接推动个体实施犯罪行为的内部动力，是实施犯罪的重要因素。由于这种犯罪动机的类型不同，动机所指向的犯罪目的也是不同的，长期以来学者们根据犯罪动机的不同内容，将其分为物欲型、情欲型、性欲型、政治型和过失型等。还根据犯罪动机的意识状态，将其分为有意识犯罪动机和无意识犯罪动机，即有明确意识支配下的犯罪和没有明确意识到的犯罪动机。从动机所涉及的内容可以看出，动机是在需要的基础上产生的，生理或者心理上的某种缺乏或不平衡的状态反映在人的头脑里，就会产生某种需要，随之产生犯罪意向和犯罪愿望，确定犯罪目的。这里讲的犯罪目的是指行为人主观上通过实施犯罪行为所希望达到的结果，在进入犯罪决定阶段以后，进行犯罪的预备，准备实施犯罪行为，当犯罪行为人与犯罪情境相互作用便导致了犯罪行为结果的发生。

犯罪的主体在实施犯罪行为的不同阶段有不同的心理反应。从实施犯罪行为的整个过程来看，可以分为三个阶段，即犯罪前、犯罪的过程中和犯罪之后。犯罪的主体在实施犯罪行为之前，其内心充满着矛盾冲突和紧张的心理，为了稳定这种心理状态，常常用自我安慰的方法来平衡自己，进行自我说服。例如，犯罪的主体准备盗窃公款的时候，虽然感觉到盗窃是一件不光彩的事情，但转念一想别人能用公款大吃大喝，我拿点钱用也是应该的。再如，有的强奸犯认为被害人愿意与自己发生性关系，甚至认为没有给被强奸的人带来什么伤害，同时也能满足被害人生理的需要。犯罪的主体在实施犯罪的过程中的心理状态与犯罪的经历和犯罪的形式有很大的关系。对于初犯来说紧张、恐惧是比较明显的，由于害怕被人发现被抓住，对犯罪结果怎样，心里没有底，他们的注意力不仅仅注意犯罪的对象，同时还要注意环境的周围，防止被别人发现，虽然他们的注意力处在高度集中的状态，但又时刻在转移注意的目标，所以犯罪现场经常会留下他们的作案痕迹，有甚者就连自己行为侵害的对象是什么样子，都没敢看清楚。而累犯和惯犯的紧张和恐惧的程度就不是那么明显了。他们对行为的结果心中有数，作案时沉着冷静，甚至遇到高兴的事情还得意忘形。在犯罪的形式上也有所不同，如抢劫、强奸、盗窃、杀人与贪污受贿就有很大的区别。例如，受贿案件，当受贿人从行贿人的手中接受财物的时候，虽然意识到这是犯罪行为，但是他首先想到的是这件事情只有我们两个人知道，没有其他人在场，不会被发现的，同时行贿人为了达到自己的目的，也不会说出去的，因而这类犯罪人的心理状态是比较平稳的。犯罪行为结束以后，犯罪人的情绪和行为都会出现一些明显的变化。有的表现为恐慌不安，头脑中常常会闪现出作案时的情景，每当这种情景出现的时候，就会坐卧不宁，行为反常。有的犯罪行为人在看见自己行为的结果惨不忍睹时，良心萌发罪恶感。有的犯罪行为人对自己造成的后果感到得意、满足、麻木不仁。有的在他们作案后，迅速地逃离现场时，但又不放心现场，有时还主动回到现场看个究竟。

  从总体上来说犯罪后的恐惧感占据着重要的位置，这是因为犯罪是危害社会的行为，它的最大的特点是要受到刑法的处罚性，这是犯罪后产生恐惧感的基本原因。这种恐惧感诱因是怕自己的行为被暴露，受到法律的惩罚。因而在他们实施了犯罪行为以后，便反复衡量自己行为暴露的可能性，寻找心理平衡的依据，当他们感觉到暴露的程度比较大，那么他们的恐惧感就会迅速增加。相反，如果当他们感觉到暴露的可能性非常小，那么犯罪后的恐惧感就会被减弱，犯罪后的恐惧感与可能暴露的程度成正比。犯罪后的恐惧感被减弱以后，继续犯罪的动机会被强化，进入犯罪的恶性循环状态。

  犯罪后的"环节的选择"为自己准备了"后路""壮了胆"。"环节的选择"是犯罪的行为人在实施犯罪以后，为了逃避法律的惩罚，选择了有利于或者能够否定自己犯罪的环节，来逃避法律的惩罚，"环节的选择"实际上是犯罪嫌疑人为自己准备了"后路"。一旦犯罪嫌疑人为自己做好"环节的选择"，就有了相对稳定的"定势心理"，形成了"心理支点"，使其暂时获得了心理平衡。此后"环节的选择"，被他人或者自我否定之后，"定势心理"便会自然消失,"心理支点"也就不存在了,于是新的恐惧感因此而生,迫使他们再次寻找新的"环节的选择"。

第三节 犯罪嫌疑人抗拒心理形成的原因

犯罪行为人在实施犯罪以后,被司法机关立案侦查进入了司法程序的侦查阶段,就会以犯罪嫌疑人的身份出现,客观原因引起了这些人主观上的心理变化,从变化的基本规律来看,多数犯罪嫌疑人处于矛盾的心理状态,既不甘心如实交代,也不敢一味对抗。随着侦查讯问的不断发展变化,其心理状态也在不断地变化。有的可能从消极的状态向积极交罪的心理状态转化;也有的可能从积极的交罪心理状态向消极抗拒交代的心理转化。侦查部门为了查清犯罪事实,其侦查手段之一就是对犯罪嫌疑人进行审讯,而犯罪嫌疑人在审讯中的消极心理就是抗拒心理。审讯的全过程就是从消极的心理向积极交罪心理转化的过程,也是讯问人员消除对抗心理的过程。由于犯罪嫌疑人的主客观条件不同,在接受审讯时的心理特点也不相同,有其各自起主导作用的心理特征,消极的心理特征是我们审讯对象的心理障碍。常见的心理障碍有:

一、畏罪心理

这是一般犯罪嫌疑人都普遍存在的心理状态,在犯罪嫌疑人的身上表现得比较突出。无论是有一定的社会地位和职权的国家工作人员,还是普通百姓,面对将要受到的惩罚,害怕和恐惧心理困扰着自己,在审讯时表现为:

1. 拒绝回答。认为如实供述会受到惩罚,干脆什么都不说,以免"言多必失",给司法机关留下证据,有的甚至连与犯罪没有关联的一般性问题也拒绝回答。

2. 反复无常。供述时供、时翻、供词不稳定。这类人都深知自己的行为触犯了法律,有的甚至连自己将来被判处多少年的徒刑都算得一清二楚,但同时又不愿接受这种现实,常以反复无常的对抗方式逃避办案人员的审讯。

3. 情绪消沉。这类犯罪嫌疑人包袱沉重,忧心忡忡,情绪消沉,有时下意识地长吁短叹。

4. 对审讯人员进行反侦查。犯罪嫌疑人在不知道司法机关掌握了哪些证据的情况下,常常用试探、摸底的方法来进行反侦查。

5. "趋利避害"。犯罪嫌疑人在接受审讯时,由于畏罪心理的作用,他或主动坦白或抗拒审讯;或检举揭发或嫁祸他人。总之,犯罪嫌疑人会做出有利于自己的选择,以逃避或减轻法律对他的制裁。

二、优势心理

有的犯罪嫌疑人因工作的关系，建立起很多的关系网。有的关系人还得到了他的很多"好处"，这些人的社会地位足以成为犯罪嫌疑人的"保护伞"；有的关系人在某种程度上还与此案有着一定关联，造成了犯罪嫌疑人对这些关系网的心理依赖，过高地评价了自己的"保护伞"和对他人的依赖。这是犯罪嫌疑人优势心理产生的根源。

这类犯罪嫌疑人在接受审讯时，情绪比较稳定，对自己的行为后果想得比较多，对自己的"退路"抱着很大的希望。在整个审讯中，表现得漫不经心，把注意力集中在其他事物上，不愿去思考自己的犯罪问题，其定势心理集中在依靠关系脱案上。认为自己关系多、路子广、有后台，即使被抓，只要自己坚决不供认，就会有人给自己开脱罪责。由于这类犯罪嫌疑人的心理状态比较稳定、顽固，审讯时不能急于求成。一方面采取迂回的讯问方法，扩大讯问话题的范围，依靠逻辑关系找矛盾点，利用矛盾对其心理加压，同时暗示其任何一个关系人都不会以身试法为其开脱罪责，目的是促使犯罪嫌疑人较为坚定的抗拒心理向矛盾心理转化。矛盾心理是犯罪嫌疑人的基本心理状态，从实施犯罪到接受审讯的不同环节都有表现，也是犯罪嫌疑人普遍存在的心理状态。在审讯阶段表现为供还是不供的矛盾，这种矛盾心理对审讯人员来说是一个关键时刻，矛盾就如同一根杠杆中的支点，如果审讯人员的方法不当，就会向相反方向倾斜，如果采取有效的、有针对性的方法，杠杆就会向着有利于犯罪嫌疑人交罪的方向倾斜。

三、侥幸心理

侥幸心理是犯罪嫌疑人自以为能逃脱法律惩罚的主观存在的自信心理，是犯罪嫌疑人对自己行为所产生的后果的一种认识的心理状态。表现为以下几种情况：

1. 认为自己作案的手段高明、隐藏得较深，司法机关拿不到证据，只要自己不说就无法定罪。

2. 轻视司法机关的侦查能力，认为审讯只不过是问问话而已，只要没有证据摆在面前，我不说你就没办法。

3. 认为自己多年来在社会上影响广，利用"钱""权"交易编织不少的"关系网"和找到不少的"靠山"，这些都会对自己起到很大的帮助，司法机关不敢对我怎么样。

4. 认为自己订立的攻守同盟牢不可破，不会出卖自己。

5. 有的犯罪嫌疑人对司法机关"内部情况"有所了解，更是不怕审讯。片面认为所有的调查、讯问只不过是怀疑自己，并没有真凭实据，这种心理状态是妨碍犯罪嫌疑人认罪服法的主要心理障碍。

在很多时候一些刑事犯罪的嫌疑人已经是"二进宫""三进宫"，对司法机关的审讯有所了解，有的甚至是了如指掌。在接受审讯时有心理准备，并且有一套完整的抗审经验来对付审讯，其表现为：矢口否认、守口如瓶、时而谎供乱供、避重就轻、反复无常；有的以攻为守、大喊大叫、公开谩骂；有的泣不成声、喊冤叫屈、装疯卖傻、逃避罪责。而贪污贿赂犯罪嫌疑人在讯问中常表现出以守为攻的状态，不管讯问人员怎样问，我就是不说。回答问题比较慎重，你不问他不说，从表面上看有一定的顺从性，而实质上带有很强的"抗拒心理"。

侥幸心理是支撑犯罪嫌疑人拒供的心理基础，为了使其交代罪行，讯问人员应设法矫正犯罪嫌疑人的侥幸心理，设法全面、具体地了解整个案情，摸清犯罪嫌疑人侥幸心理存在的根源，采取针对性的方法和步骤，对自恃作案手段高明的犯罪嫌疑人，审讯人员应加强心理攻势，技巧地使用证据，利用供述矛盾进行"心理限制"。在证据不全的情况下应间接地使用证据使其产生错觉，但应注意有的犯罪嫌疑人为了试探摸底，向你索要证据，此时可以间接地使用出示证据。有时犯罪嫌疑人认为我们无法掌握的证据而被我们掌握了，直接使用效果更好。对那些依靠外援、建立攻守同盟的被审讯人，应设法使用谋略型讯问方法，有针对性地采取"离间计"消除其幻想。

四、戒备心理

戒备心理是犯罪嫌疑人的一种防御性的心理，也是一种自卫的本能反应。这类犯罪嫌疑人对审讯保持高度的戒备和警觉，使我们的讯问人员很难接触到他们的内心活动。在这种戒备心理的支配下，犯罪嫌疑人对审讯人员的教育、开导持怀疑态度，把"坦白从宽、抗拒从严"的政策看成是引他们上钩的"诱饵"，他们不相信审讯人员是真诚地挽救他们，不相信审讯人员会公正地处理问题，始终把审讯人员放在敌对的位置上。产生这种戒备心理的原因是：在客观上，由于犯罪嫌疑人与讯问人员在法律上的地位不同，处境不同，相互的关系不同，决定了犯罪嫌疑人在接受审讯的过程中，始终保持高度的警觉和防备；从主观上讲，犯罪嫌疑人普遍存在"畏罪心理"，怕受到惩罚表现出自卫的本能而产生"戒备心理"。其表现是：犯罪嫌疑人在戒备心理的支配下，认为祸从口出，往往不主动开口说话。即使开口，也是经过周密的考虑，尽可能避免出现矛盾和漏洞，不使讯问人员找到缺口，以此来保护自己的防御体系。在这种心理的支配下，对讯问人的问话会全神贯注，用心琢磨，回答问题小心谨慎，犹豫不决，神态上十分注意自己所处的环境，留心观察讯问人员的言行举止。表现出异乎寻常的关心，多方猜测讯问人员的意图，疑神疑鬼，对审讯人员的讯问，往往不愿立即回答，甚至以反诘的口吻向审讯人员试探摸底，然后再搪塞推诿或嫁祸他人，有时供述之后还怀疑审讯人员是否相信。

由于戒备心理的存在，使犯罪嫌疑人不可能针对其罪行做出真实的供述，阻碍了讯问顺利进行，因此必须设法加以矫正。首先必须弄清犯罪嫌疑人所处的戒备程度，这种戒备程度又常常以我们讯问人员的言谈举止、审讯方法、政策水平、职业道德而定的。因而在讯问的过程中应当以客观、公正、诚恳的态度取得犯罪嫌疑人的信任。讯问之初，先不要急于追讯案件的实质问题，可以采用自由交谈的方法，先问一些与案情关系不大的问题，逐渐松弛犯罪嫌疑人的戒备心理，使其在不知不觉中露出马脚，谈出关键问题，一举成功。

五、对抗心理

对抗心理是犯罪嫌疑人对司法机关和侦查讯问人员不信任和敌视心理活动的状态。这种心理状态产生的客观原因主要有两点：第一，是因案件的来源。司法机关的案件来源，有的是通过举报，有的是通过上下级移交或有关部门交办。而犯罪嫌疑人则误认为，别人在利用司法机关整人，甚至有的犯罪嫌疑人还将自己与他人的对立矛盾的个人关系与司法机关打击犯罪职责混为一谈，认为司法机关在帮助对立面整自己。第二，有时还因我们办案的讯问人员不注意讯问的方法，强化了犯罪嫌疑人的对抗心理，这是产生对抗心理的客观根源。在主观上，由于自己的犯罪行为已暴露，怕受到惩罚，本能地对办案机关、办案人员产生一种抵触、对立、敌视和不信任的心理表现。

对抗心理经常表现为情绪冲动，行为暴躁缺乏理智，情绪反复无常，进而拒供、乱供、欺诈、搪塞和顶撞；时而公开对抗、出言不逊、反诘顶撞；时而对关键情节矢口否认、极力狡辩；时而喊冤叫屈、发泄不满；时而对审讯表现出不感兴趣、懒懒散散，对讯问人员的问话反应冷淡、漫不经心，甚至不予理睬，使讯问陷入僵局。

消除犯罪嫌疑人的对抗心理，首先应缓解情绪，仔细地去观察，从平心静气的交谈入手，不要急于追讯具体的案件情节和实质性的内容，避免造成直接的对抗。建立相应的交流基础，再寻其原因，对症下药。在出现直接对抗的状态时，要迅速地避开，从对方最感兴趣的话题切入，让其思维无法再回到原来的对抗定势心理的思维轨道上去，逐步地转化对抗心理。

第四节 犯罪嫌疑人的"人格"特质

　　差异在抗审中的表现说到人格，人们经常会想起人格尊严，实质上对人格的解释，因为站的角度不同，理解就不同，因而出现了解释上的不一致。站在法律的角度上人格的一般解释为：权利义务主体的资格。社会生活上的解释为："人品"、人的品行，品格。在心理学上的解释：是指人的个性、性格。心理学家们认为：人格是个体在对人以及一切环境中事物适应时所显示的异于别人的性格的个体的性格。它是在遗传与环境相互影响下，逐渐发展的心理特征所构成。它的特点在于：这些心理特征表现于行为时，具有相当的统合性与持久性。如前所不同的人由于遗传因素的影响和自己生活环境的相互作用，便产生了区别于他人的世界观和方法论，这一世界观和方法论，不仅包括人的品行、品格，又包括人的个体性格，因而笔者认为，"人格"不能截然地把人的品行、品格和人的性格分开，而是既含有人品的概念又包括性格的特征。例如，当人们在谈论现今环境的时候，有的人表现得沉默寡言不感兴趣，而有的人则表现出积极亢进，这是指人的社会态度不同；在对金钱的处置态度上，有的人表现得十分吝啬，而有的人则表现得慷慨大方，这是指人对物质的价值观不同；当人们在谈论对人生和生命的看法时，有的人表现出积极乐观，而有的人则表现出消极悲观，这就是人们所说的人生观不同。这些反应实质上是"人格"的反应。如果将这些反应说成是人的"性格"反应，或者将这种反应说成是"人品"反应，都是不全面的。

　　心理学家们认为，个体"人格"的形成，主要是遗传与环境因素的影响，并且在身体和生理的有关方面，受遗传的影响较大，而在认识与知识的方面，受环境因素的影响较大。我们今天在研究审讯心理学的时候，为什么要对犯罪嫌疑人的人格进行研究？因为在犯罪嫌疑人的抗审过程中，人格因素对犯罪嫌疑人的供述影响较大。例如，2001年我们在侦查一起国家高级干部受贿案件时，该领导干部利用自己手中的权力，为他人牟取私利，并从其手中受贿一套高级住宅，转手送给自己的情妇A某某。在我们的同志对A某某进行讯问时，A某某坚持自己不认识那位高级干部，也没有收到他的高级住宅，更没有与其发生过"两性"关系，审讯进行了两个多月，一直没有进展，她守口如瓶并且把"防卫的底线"推得比较靠前，始终否认与这位领导干部认识。当时审讯人员的审讯记录是这样写的：8月14日对A某某的审讯进行得比较艰难，她的回答是，我没有什么可说的，我没有做过的事，我说不出来，我同"他"之间没有任何关系，我也不认识他，房子的事是我自己买的，我没有找过任何人，更没有找过什么领导干部，如果有这方面的事，我会跟你们说清楚的。而根据调查的情况已经基本清楚：A某某不仅是那位高级干部的情妇，而且自己的工作调动和住宅都是那位领导干部一手筹办的，这些事实也是比较清楚的，同时A某某也知道我们已经掌握了她的这些情况，但就是守口如瓶，坚持两个多月不开口，其原因何在？为了找准A某某抗审的原因和心理支点，审讯人员对A某某的人格进行了调查分析：A某某出生在郊区农村，家庭生活非常艰苦，父母常年累死累活连几间住房都盖不起来，因为经济问题，兄弟姐妹们无一人读过高中。几年前她经过别人的介绍在本市一家宾馆当了一名客房部服务员，后被频繁出入该宾馆的某国家高级干部发现，此后便有热情有余的关怀和暗送秋波的半推半就。久而久之，在宾馆里人来客往不方便，在家里夫人孩子更不能越雷池半步，为了男欢女爱，为了取得A某某的欢心，手握大权的某高级干部，弄一套住房本是小事一桩。于是不几日，一套修葺一新的住宅，便划归在了A某某的名下。在往后，这位宾馆的普通服务员忽然坐在了某国家机关的办公椅子上。此后，农村的破房子也跟着变成了楼房。这位农家孩子可以说是一夜之间改变了自己的命运。然而好景不长，当司法机关对这位高级干部进行侦查时，A某某作为共同受贿的犯罪人，自然脱不了干系，在其接受审讯时，审讯人员略施小计，这位农家小姐便中了圈套，交代了自己用少女青春的代价，换回了豪华的住宅，舒服的工作，家庭的变化。当审讯人员问其抗拒两个多月不愿意的原因时，她说：我跟他（指那位国家高级干部）发生性行为，已经有好几年的时间，我是用我青春的代价——我当时还是处女，他给了我一套住房，我知道这套房子也是别人送的，如果我要是交代了，这套房子就要被你们没收，这是我用我的青春换来的，就是为了这套房子，我才抗了两个多月没有交代。A某某生活在贫穷的农村家庭的环境里，在她的人格表现上，金钱的作用在她这里是第一位的，超过了人的名声和道德，有时甚至超过生命。她在交代时有过这样的供述：我曾经谈过几个男朋友，他们听说我与那位领导有"关系"，就都吹了。她在讲这番话的时候，并没有感到很伤心，同时她也并不在意别人对她的任何评价。我们的审讯人员有意识地这样问她：你在原单位的工作已经没有了，因为你的工作不是正常途径得来的。她回答：这没有关系，我本身就喜欢服务行业，我可以再回宾馆去当服务员。审讯人员又问：你收的那套房子我们要没收！她答：这绝对不行，你们凭什么要没收我的房子？这是他对我青春的补偿，这套房子是他送给我的，也是我应该得到的，你们不能没收我的房子。可见，在她的"人格"尺度上，姑娘的贞操远没有一套房子贵重。她在成为那位高级干部排不上名次的小"情妇"之后，对别人在她背后的指指点点而不以为然，不感觉耻辱，而反过来则认为自己能成为那位高级干部的"情妇"是一种荣耀。所以在对其审讯时，其心理压力并不大，而促使她坚持"抗审"的"心理支点"是那套房子，那是她当一辈子服务员拿的工资，也买不来的，这套房子对她来说太重要了。她在被审讯时始终不愿意承认，自己与那位高级干部的两性关系，她认为一旦自己承认有两性关系，那套房子就保不住了，所以坚持了两个多月不开口。这就是A某某在贫困的环境中，形成的"人格"特点对审讯影响的具体表现。

犯罪嫌疑人的"人格"在审讯中的表现是比较突出的，我们现在姑且用"思想觉悟"这个词来打比方，"思想觉悟"越高，在审讯中就越容易接受审讯人员的信息，反之，"思想觉悟"越低，在审讯过程中，就越不容易接受审讯人员信息的暗示。犯罪嫌疑人在审讯中接受审讯人员信息的程度，也决定了犯罪嫌疑人进入"临界"状态的速度，并与犯罪嫌疑人的"人格"基本特征有密切的关系。何谓"人格基本特征"，它是人对客观现实反应和付诸行为的基本态度和认识。它的特点在于不同的人人格的差异现象。心理学家对人格测验和评定是从人格差异现象入手的，并不是对人格的高低予以评定。但是从审讯心理学的角度上来评定犯罪嫌疑人的人格的时候，不仅要评定、找出他们的人格差异，还要确定他们的人格基本特征。有人说犯罪嫌疑人或者犯罪分子，不会有太高的人格。笔者认为，这种说法是不客观的，人犯了罪并不证明他的人格就低。例如，有的国家高级干部因自己的一念之差收受贿赂，构成了犯罪，当司法机关的侦查人员对其进行审讯时，他能很快地承认自己的犯罪事实，不抵赖。而有的犯罪嫌疑人在铁的事实面前还抵赖不认账，耍无赖。这里不仅仅是表现在人格上的差异，同时也表现出了思想觉悟的高低。笔者认识一位比较有名的审讯专家，一次偶然的机会，我们共同对一犯罪嫌疑人进行审讯，经过几十次的审讯，被审讯人拒不开口，甚至在铁的事实面前仍不认账。此后他开玩笑地说："这个人的人格基调太低，不是一天能转变过来的。"事后我有心对这位犯罪嫌疑人的家族进行了调查，发现这位犯罪嫌疑人的父母、伯父、兄弟姐妹，为人处事"唯利是图"，不讲道理，其父亲和伯父爱说假话，为了评定职称能偷改自己的人事档案，当地的老百姓公认：这一家人实属无赖。这种类型的人格特点对审讯活动会产生较大的影响，在很多时候这类人往往因为一丁点儿的利益，能坚持抗审几个月不开口，因此在审讯的过程中，应该针对不同的人格特点采取不同的方法。

审讯实践中经常发现：有的犯罪嫌疑人在接受讯问的时候，只要讯问人员点出有关的犯罪证据，犯罪嫌疑人便能交代自己的犯罪事实，有的犯罪嫌疑人甚至听到讯问人点出相关的某一情节，都能很痛快地交代全部的犯罪事实。而有的犯罪嫌疑人在证据面前还要百般抵赖。笔者认为，这种区别的根本原因就在于犯罪嫌疑人的人格区别。我们研究审讯心理学的目的，就是通过对犯罪嫌疑人在审讯活动中的心理反应，找出其心理活动规律对症下药，迫使其认罪服法，完全彻底地交代自己的犯罪事实。因而仅从人格区别的横向特点来研究犯罪嫌疑人在审讯活动中的心理规律，是不全面的。要清楚地知道犯罪嫌疑人在审讯活动的心理规律和表现，更重要的是还要从纵的方面对犯罪嫌疑人的本质特点进行研究，这就是"人格基调"。把人格的特征用高低的方法来予以评价，目的是便于审讯人员对犯罪嫌疑人的特点的掌握。

怎样判断犯罪嫌疑人的"人格基调"？说到基调，本身就是相对稳定的高低标准，在审讯过程中如何判断犯罪嫌疑人的"人格基调"，是我们研究审讯方法和对策的基础。笔者认为犯罪嫌疑人在客观事实面前能够承认客观事实，其人格表现为正常，属于标准的人格表现。如果当犯罪嫌疑人在客观事实确凿的情况下，还仍然否认客观事实，是低人格基调的表现。低人格基调的表现往往是与自己的利益以及利害关系联系在一起的，当犯罪嫌疑人发现对自己的利害发生变化的时候，他会向着对自己有利的方面发展。因此在审讯这类犯罪嫌疑人时，首先，应该多注意把他们放在利弊对比的关系中，让其作出选择，逐渐把他们引向有利于供述交罪的方面。其次，对这类人在审讯的开始就应当主动地提高他们的人格基调，肯定他们身上的闪光的东西，把别人高品质的人格表现转嫁到他的身上，帮助犯罪嫌疑人提高人格基调。例如，有的犯罪嫌疑人自私自利，但是对待自己的孩子却不是那么吝啬，讯问时可以这样说："你为了自己的孩子能够成才、多读书，而你自己在生活上却是省吃俭用。在工作上你还经常帮助别人关心别人，这是非常可贵的。"用这种方法让犯罪嫌疑人自己立起来。再次，要多注意对错觉的利用，经常让犯罪嫌疑人产生我们已经掌握全部情况的错觉，继续抗审已经失去意义，逼其就犯。最后，由于犯罪嫌疑人的性别差异，在审讯的方法上要有所区别，男性的犯罪嫌疑人重理，女性的犯罪嫌疑人重情，审讯时不能眉毛胡子一把抓。

第五节　个案特征对犯罪嫌疑人的心理影响

犯罪嫌疑人为了逃避法律的制裁，最重要的手段就是抗审。抗审行为的出现又是以心理因素为基础的，产生这一心理因素的原因，可以归纳为以下几种情况：畏罪心理，侥幸心理，优势心理，戒备心理，抗拒心理，等等。笔者认为，上述情况仅仅说明犯罪嫌疑人某一侧面的抗审心理表现，并不是最终的心理基础，如一名犯罪分子与追捕的公安干警进行对抗，其对抗的心理基础并不是仅仅怕公安机关抓住，而是因为手中有武器，有对抗的工具，才产生了对抗的心理，如果没有武器，犯罪分子再怕抓，客观上也只能表现为逃跑，不可能会出现直接的进攻行为。这一结论表明犯罪嫌疑人的抗审心理产生是以案件的具体情况为基础的。相反，侥幸心理、优势心理、畏罪心理、戒备心理的产生也是以具体的案件作为心理依据的。

犯罪嫌疑人实施的犯罪行为，是由客观事实经过被转化确认后成为客观证据，这是针对客观存在而言。而主观存在针对具体案件而言，是由心理事实经过联想思维的确认，转换成心理证据。客观事实转换成客观证据是无可非议的，但是不是任何时候客观证据都能转换成心理证据。原因在于客观事实的严密程度和人的记忆障碍。从客观事实严密的可塑性来看，可塑性越大转换成心理证据的可能性越小，反之，可塑性越小，转换成心理证据的可能性越大。如某一业务员因出差需向财务人员借款1万元，业务员将事先写好的借条交给了财务人员，但财务人员因当时身边没有现金，须次日向银行取款支付业务员的出差费，于是该借条便留在了财务人员处，待次日取款后再出差。谁知该业务员当晚因紧急情况必须出差，时隔数日，业务员出差返回，持差旅费报销单去财务人员处报销，财务人员便将数日前业务员的借条取出，要业务员冲账还钱，当然业务员没有拿这1万元出差费，不可能认账还钱，而财务人员手持其借条，证据在握，不还钱不行。该案将如何断案？作为财务人员明知业务员没有取走这1万元，但是为了达到侵吞这1万元的目的，坚持1万元被业务员取走，并将借条作为依据。故此能证明该案件唯一的"证据"——1万元借条，这虽然是客观存在的依据，但是它永远也不会转换成心理证据。作为业务员并没有拿这1万元，因而不可能形成心理证据。作为财务人员自己侵吞了1万元，也不可能形成心理证据，而在某种程度上这张借条便成了自己抗审的心理依据，强化了抗审心理。由此可见，案件的具体情况对犯罪嫌疑人抗审的心理影响会产生非常重要的作用。

具体案件是通过行为人、行为对象、主观意识和客观行为诸多因素对犯罪嫌疑人的抗审心理产生影响的。首先从犯罪的主体来看，如贪污、贿赂犯罪的主体有行贿人和受贿人，站在受贿人的角度上，行贿人会不会供出自己的受贿行为，其可靠程度是对抗审心理产生影响的重要因素。如果行贿人传递给受贿人的信息是：永远都不说出来，那么受贿人的抗审心理就会被强化，反之行贿人传递给受贿人的信息是随时都有可能将贿赂的事情说出去，那么受贿人抗审的心理强度就会随之而降低。在有相关的主体参与的案件中，相关人或证人将如何陈述犯罪嫌疑人的情况，对其抗审的心理影响也是较大的。例如，某犯罪嫌疑人从本单位借了3万元的差旅费，在其出差回来报销时称其中的2万元已作为业务的"回扣"费，给了对方单位的负责人，并写了张白纸条在财务上报销冲了账。后来经过查证，这2万元根本没给对方，而是被自己侵吞了。那么在当时，"回扣"所给的对方的负责人变成了该案的相关人，他在没有收取"回扣"的情况下，是不可能承认自己拿了"回扣"的，因为他要负的是法律责任。在检察机关找其核对时，他会如实陈述自己没有拿"回扣"。同时，他还会从不同角度来证明自己没有拿"回扣"。犯罪嫌疑人自己侵吞了公款，采取嫁祸他人的方法，在当时他并没有想到日后会被检察机关查出来，但交到财务上的白纸黑字已无法改变，他本人也更清楚，对方没有拿"回扣"是不会承认的，这对犯罪嫌疑人的心理影响较大，但嫁祸他人的理由支持不了抗审，他就重新选择另一种方法来维护自己的抗审心理，就该案的当时情况，犯罪嫌疑人的谎言被揭露以后，又谎称：我提的2万元本来是应该给我的奖金提成，因为不好直接提奖金，所以才用"回扣"的名义提奖金的，并且也是经过某局长同意的。显然某局长的证词便成了问题的关键。犯罪嫌疑人把退路选在局长的身上，是因为某局长曾经说过，干得好，有赢利到年底可以提奖金。但他并没有说可以提前支取奖金，更没有让其以"回扣"的名义提奖金，那犯罪嫌疑人为什么把环节的选择指向某局长呢？原因在于某局长曾经提到过奖金，虽然"回扣"与奖金风牛马不相及，但硬往一块拉，也不能说完全没有道理，最多是不应该提取，这与完完全全的侵吞公款总归属于两回事。这就从另一侧面再次为其抗审提供了心理依据，审讯人员如果不能彻底铲除这一心理依据，抗审的状况会持续发展下去，不会轻易放开。

　　作为主体的关系人的知情范围越大，暴露的可能性就越大，对犯罪嫌疑人的心理影响也就越大。随着犯罪事实逐渐暴露，抗审心理强度也会随之越来越小，直至放弃，供认认罪。

　　犯罪嫌疑人的行为对象大多是财、物，犯罪嫌疑人是为了占有不属于自己的合法的财产，才伸出犯罪的手，这些客观存在的财产便成了该犯罪嫌疑人构成犯罪的依据，当其涉嫌犯罪被司法机关审讯时，那些记忆里的财、物便觉醒、活跃起来，并且自行排列分类，对已经暴露的犯罪事实，设法寻找辩解的理由和挽救的办法；对可能会暴露的犯罪事实设法进行隐蔽，使其最大限度不暴露；对自己坚信不会暴露的，无须过问，顺其发展。上述情况是犯罪嫌疑人抗审的重要心理因素。例如，原阜阳市市长肖某某巨额财产来源不明案，在初查阶段就发现肖家在银行的存款就有1700余万元。在初次审讯肖某某时，肖某某很快地就承认这1700余万元是自己家的钱，其原因在于这些存款已经被发现了无法挽救，支持抗审的环节已经不存在了，但是在这起案件中，仅仅承认是自己的，并不能算案件侦查终结，更重要的是钱的来源、性质、构成犯罪的数额，这也是司法机关侦查的重点。肖某某也非常清楚检察机关一定会追问这些财产的来源，因为这1700余万元的巨额存款不可能从天上掉下来，针对自己"可能会暴露"的犯罪事实，只要检察机关认真地追下去，自己的受贿、妻子的贪污就会全部暴露出来，同时还会牵涉到其他的行贿人，坚持不说硬抗，显然行不通，检察机关不会轻易放过自己，更何况自己的妻子也是知情人，还有众多的行贿人他们会怎样说，自己并不清楚。这诸多的不利因素，对肖某某的心理产生了较大的影响，从根本上削弱了肖某某的心理对抗强度。下面摘录一段初次审讯肖某某的讯问记录：

问：你把你家的存款的来源一笔笔地讲清楚？
答：好！这都是逢年过节亲朋好友送的礼钱。
问：哪些亲朋好友？
答：我记不清了。
问：那么多的巨额存款竟然记不清是谁送的，你认为能说得通吗？
答：时间长了，人数又多，所以我记不清了。
问：时间长的记不清了，那时间短的呢？
答：（沉默）……
问：讲！
答：在我爱人出车祸的时候×××给了5000元，还有我爱人做生意赚了一些钱。
问：你爱人做什么生意，赚了多少？
答：具体是我爱人周某某做的，你们问她，我不太清楚。
问：讲你清楚的。
答：××给了几次钱，具体数额问我爱人，还有倪某……

随着审讯力度不断加大，那些巨额财产的来源一点点地清楚了起来，查明了大量的受贿犯罪事实和巨额贪污的犯罪事实。并且在涉案的总额上从1700余万元上升到2000多万元。从这起案件的特点可以看出，通过已知的巨额财产，追未知赃款来源，这属于"可能会暴露"的范畴。被审讯人在接受审讯时，都表现出一定的"松动性"，抗审的决心并不太大，这说明支持犯罪嫌疑人的心理因素受到外来信息和主观判断的制约，原因在于这种暴露的可能性有时还能使犯罪嫌疑人产生已经暴露的错觉，增加了心理压力和心理限制。当这种压力和限制超过了犯罪嫌疑人的心理承受能力时，供罪的冲动便会由此而出。这表明犯罪嫌疑人面对"可能会暴露"的犯罪事实趋向供述的比例较大，同时这种比例又与"可能会暴露"的犯罪事实的隐蔽程度有关。例如，贪污受贿得到的赃款存进了银行，存在着暴露的可能性只要去银行查询便可清楚。

但存在国内的银行与存在境外的银行，对犯罪嫌疑人的心理影响是不同的，国内的银行随时都有可能被查出来，而存在境外的银行就不容易被查到，这从客观上强化了犯罪嫌疑人的对抗心理。

没有暴露的犯罪事实对犯罪嫌疑人抗审的心理影响，是建立在有牵连事件的基础上的。案件本身没有暴露或者不会暴露，但与此有牵连的某一事件，有可能会暴露，并且存在着一定的必然性，只要某一事件暴露就会涉及其犯罪事实的暴露，因而是否有牵连事件是影响抗审的心理力度的又一重要因素。例如，某一犯罪行为涉及财务账上重复报销贪污公款，但检察机关在查阅账务时，就有可能发现自己另外一笔或几笔报假账的假发票，这样犯罪嫌疑人最关心的就是查账的结果。在很多的时候犯罪嫌疑人所关心的不是已经暴露的犯罪事实，而是没有暴露的更重要的犯罪事实。一般有经验的审讯人员，在审清了已经暴露的犯罪事实以后，并不是就此收兵结束，而是总要丢下一句话：你还有其他犯罪事实没有交代！犯罪嫌疑人就会误会为另外一些犯罪事实也被检察机关掌握了。

不会暴露的犯罪事实，对犯罪嫌疑人抗审的心理影响最强，犯罪嫌疑人根据自己对客观事实的认识，分析确定某一犯罪事实不会暴露，抗审的心理就会被强化。例如，某犯罪嫌疑人的贪污，只能通过财务账上反映出来，结果那些账务在一次失火中全部烧毁。这样就无法证明其犯罪事实，只有犯罪人自己说出来，别人才可能知道，这便成了犯罪嫌疑人据不认罪的心理基础。针对这类案件审讯的主攻方向应当改变，变化不同的角度进行审讯：账务虽然烧毁了，账务上的证据消失了，但不能排除其他方面的证据存在，因为赃款是客观存在的，无论是存在银行还是放在家里，还是购置了其他物品，都会有所记载，不可能凭空消失，这就给证据存在的可能性和必然性留下了依据，同时也为在审讯活动中转变犯罪嫌疑人对客观存在的认识，提供了依据。

犯罪行为的隐蔽性是犯罪嫌疑人抗审又一重要的心理基础。贪污、受贿案件的证据难取的重要原因就是犯罪行为的隐蔽性，行贿人送钱、送物都是在较为隐蔽的情况下进行的，没有人在大庭广众之下行贿受贿，这是贿赂案件的基本特点。虽然这类案件的隐蔽性较强，但是它有暴露的可能性。原因在于贿赂案件是为他人谋利为前提的，其相互的关系是建立在金钱的基础上的，除此以外，没有其他的因果关系。如建筑工程的投标，发包方应选择技术水平高、信誉高的施工单位。可是到后来中标的却是技术低下、价格高的施工队，其原因不言而喻——有利可图。但是该工程队不可能保证好的质量，早晚要出事，这就隐藏着暴露的可能性。又如卖官买官，某些人品质低劣，不学无术，却被重用升官，并且官越升越高，这些人因为是花钱买来的官，另一方面捞钱再买更大的官。如此恶性循环，本身就隐藏着暴露的可能性，但也确实存在着逃离法网的条件——行为的隐蔽性在很多情况下无证可取，一人送钱，一人收钱，无文字记录，送钱的不承认，这些行为本身就无据可查，犯罪嫌疑人抗审的"定势心理"就是以此为基础的。贪污、受贿案件的行为过程，除了照片、录像和录音之外，就是用有关的证据来证明，这类案件都是事后被发现的，所以当时录像、拍照的可能性极小，有关证据虽然能证明行为，但常常是处在无法获取的状态，所以在很多的时候犯罪行为的隐蔽性便成了抗审的"靠山"，为此专家学者们涉足了心理领域，开辟了审讯心理的通道，通过犯罪嫌疑人对行为的记忆痕迹来再现其犯罪行为。但是它的普及性较差，不容易掌握。笔者在多年的审讯实践中总结出的"心理限制"法，有着很强的实用性。它是在利用外界信息压力的刺激，使其产生无法选择的心理状态。它是以假设行为、逻辑矛盾、设谎导谎的信息压力作为刺激的条件与犯罪嫌疑人的心理行为痕迹相呼应，这一心理行为痕迹实质上就是心理事实，通过联想，被确认产生心理证据，这种心理证据的无法选择性，导致了心理限制最终使得犯罪嫌疑人供述交罪，取得犯罪行为的再现。

第六节 个体特征对犯罪嫌疑人的心理影响

研究犯罪嫌疑人个体特征的目的，就是根据其不同的具体情况，对症下药，同时更重要的是：在众多的具体情况中，找到他们统一的供述认罪的普遍规律。在审讯活动中，由于犯罪嫌疑人的个性特征、性格特征、性别特征、年龄特征、体型特征、意志特征的不同，审讯人员在掌握普遍规律的情况下，根据其个体特征灵活运用审讯技巧，是取得审讯成功的基本保证。

一、性格特征

何谓性格？在心理学中，指一个人区别于其他人的稳定的心理状态。这一心理状态是复杂的，单从某一方面来给予评价是不充分的、不准确的。古希腊医生加伦认为：人的性格与人体中黄胆汁、血液、黏液、黑胆汁之间的比例有关，何种体液占优势就表现为何种性格。即胆汁质、多血质、黏液质、抑郁质，这四种气质类型的典型表现为：

胆汁质：直率、热情、精力旺盛、脾气急躁、情绪兴奋性高，容易冲动、反应迅速、心境变换剧烈，且有外倾性。

多血质：活泼好动、反应迅速、敏感、喜欢与人往来，注意力容易转移，兴趣和情绪容易变换，具有外倾性。

黏液质：安静、稳重、反应缓慢、沉默寡言、情绪不易外露、注意力稳定但不易转移，忍耐性强，属于内倾性。

抑郁质：情绪体验深刻、孤僻、行动迟缓，具有很高的感受性，善于觉察他人不易觉察的细节，具有内倾性。

上述几种性格特征，在审讯实践中的表现并不明显，有时甚至出现很大的差异，当然这不是加伦人格特征的错误，而是审讯的特殊环境，接触犯罪嫌疑人时间的长短，审讯人员与犯罪嫌疑人所处的地位和关系，不能完全、及时、准确地将犯罪嫌疑人的性格表现出来。首先，犯罪嫌疑人在特殊的环境中，处于不利的地位，时刻都有受到严厉惩罚的可能性。从犯罪嫌疑人趋利避害的本能来看，接受审讯时犯罪嫌疑人总是要将对自己不利的因素隐蔽起来，挖掘自己更深层次的有利因素，来维护自己所处的被动地位，这样的犯罪嫌疑人就不可能暴露自己的真实性格。于是把在正常情况下的人格反应，用来衡量非正常状态下的人格特征，是不准确的。其次，在审讯过程中，审讯人员受到时间上的限制，不可能全面准确判断出犯罪嫌疑人的真实性格。最后，审讯人员与犯罪嫌疑人在审讯过程中，始终处在对立的地位。犯罪嫌疑人在没有供述之前，对立情绪占优势，根据前苏联心理学家巴甫洛夫的高级神经活动的抑制和兴奋过程的三种基本特征，即强度、平衡性和灵活性，犯罪嫌疑人的对立情绪占优势，就失去了神经活动的平衡性，因而不可能有两个同时占优势的特征出现，即对立情绪和某一个性情绪同时出现。所以在审讯过程中，加伦的四种气质类型特征，就不可能完全正确地反映出来。

通常在审讯过程中，审讯人员只能通过犯罪嫌疑人在审讯各阶段的变化判断出大概的性格趋向，不是完全准确的人的性格。这种性格趋向只有两种，即内趋向和外趋向，根据这两种趋向的特点分析，外趋向：情绪兴奋性高，反应快，审讯过程当中达到"心理限制"的高峰比较快。内趋向：情绪体验深刻，不易外露，反应缓慢，在审讯过程中达到"心理限制"的高峰比较慢，而情绪反应也不明显。笔者认为：犯罪嫌疑人的性格特征在审讯活动中的表现是犯罪嫌疑人达到被"心理限制"的过程的快、慢来体现的。这种快、慢速度实际上是完成在审讯时犯罪嫌疑人"心理历程"的快、慢速度。初次审讯的"心理历程"表现为：可能发生的情况（不知底）→判断是什么事（摸底）→如果是那件事（环节的选择）→已确定是某件事（没有完全暴露）→坚持住，不能说（对抗）→客观信息与心理事实印证（设法否定客观信息来源）→外部客观信息被强化，心理事实转化心理证据（无法否定）→被心理限制（请求救助）→"供"、"抗"矛盾（反复不定）→自我说服（供）。

对两种不同趋向性格的人的审讯必须注意进入被"心理限制"的时机，掌握好力度。犯罪嫌疑人一旦被"心理限制"达到了顶点时，审讯人员应当及时缓解压力，给犯罪嫌疑人"自我说服"的空间，如果不注意控制这种压力，就可能使这种压力超过犯罪嫌疑人的心理承受压力的限度，导致僵局的出现。内趋向性格的人，一旦形成僵局，就难以改变。虽然外趋向性格的人的情绪容易变化，但是在形成僵局以后，就要用双倍的努力才能扭转过来。

二、意志特征

人的意志是人自觉地采取一定目的并以此抉择一定的方法，从而调节行为去实现目的的心理历程，它是人对待事物的一种方式。不同的人对同一事物或同一人在不同的条件下对同一事物可能采取不同的行动，且各有其不同的行动目的、动机和方法。不同意志的犯罪嫌疑人面对同样的审讯，其顽抗的程度也不相同。意志强的犯罪嫌疑人在审讯活动中，总是妄想在意志上与审讯人员较量，不坚持到最后是不会轻易放弃的，这就要求审讯人员以顽强的斗志，坚持到最后的胜利。

第七节 犯罪嫌疑人的"心理事实"与"客观事实"

心理事实即行为主体对自己经历过的客观事件的主观记忆再现的确认。我们每个人对客观事物的感知或者自己经历过的客观事物，作为记忆经验存储在自己大脑的记忆中，当再次需要自己经验过的客观事物出现的时候，大脑的记忆会把曾经存储过的事物的某些特征或者某些基本情况再现出来。这种被再现出来的自己曾经经验过的客观事物的记忆，我们称为心理事实。例如，我们去过重庆，对重庆的地理特点的记忆：重庆是一座美丽的山城。此后，当别人说起重庆并且评价重庆是一座位于平原上的城市时，不管现在的重庆是什么样子，但是，你记忆中再现出来的重庆还是一座山城，这就是自己的心理事实。它是不以人的意志为转移而在其内心存在的。当犯罪分子作案以后，犯罪过程中的情景、细节、被害人的反应、现场的惨状、赃款赃物的去向，都会在自己的脑海里打下深深的烙印，这种犯罪后留下的情景会渗透在犯罪行为人不同深度的意识里，并且时常会有意识地或者无意识地在自己的记忆里反复出现，遇到外界的信息刺激会表现得更为活跃。随着心理运动的不断变化，犯罪时的情景交替不断地在脑海里出现，经常是自己给自己放电影，把自己记忆中的犯罪事实再现出来进行自我体验，这种体验不是以人的意志为转移的，是心理活动的规律而决定的内心存在。这种内心存在不仅有其客观性，而且还有其相关性，案发以后案犯就会产生与作案有必然联系的心理。例如，案犯在杀过人之后迅速地逃离了现场，案犯对杀人过程只记得自己捅了对方一刀，别的什么也没有看见，可是当别人告诉他被捅的那个人浑身是血已经死了。这时他就会把这部分信息补充进来，与自己的杀人行为进行联系，因而，在他的心理痕迹上就会留下，那个人被自己捅了一刀浑身是血已经死了，当外部信息告诉他现在公安机关正在捉拿凶手的时候，其心理事实就会自动告诉他那人是自己杀的，这就是在心理相关性的作用下，把别人死亡的结果与自己的行为联系到了一起。心理事实来源的一方面是相关性，而另一方面就是它的客观性。从本质上来说，案犯的心理事实是最贴近案件的客观事实的认知，这种认知是因对案件最直接最强烈的体验而引发的，不是司法人员强加的，有其客观的特定性。

什么是客观事实？客观事实与心理事实的相互关系是什么？客观事实就是客观存在的确认，它是独立于主体意识之外的一切事物和事件。例如，杀人的行为导致了他人的死亡，他人的死亡是因为杀人犯的行为导致的，这是客观存在的事实。犯罪行为所造成的后果，是不依任何人的意志为转移的客观存在，这种客观存在被证明、被确认就是客观事实。犯罪行为所造成的客观存在，通过案犯的主观联系，与案犯在犯罪以后的记忆痕迹即心理事实相对照确认之后便形成了心理证据。心理证据是犯罪行为人自我心理活动的结果，它是根据客观事实联系自己的心理事实，进行自我证明的心理过程。例如，盗窃案犯从他人的住宅里盗窃了金项链、金戒指、摄像机和手提电脑等物品，案发后司法机关从其家中搜查出了这些被盗的物品，当案犯面对这些物品的时候，就必然地把这些物品与自己的行为联系在了一起，这些物品便成了客观事实，案犯面对这些物品通过心理确认确定这些物品是自己从他人的住宅里盗窃的，由此便产生了心理证据。心理证据是犯罪嫌疑人供述认罪的心理基础，审讯人员要善于从犯罪嫌疑人的心理活动与客观事实的内在联系中，寻找心理证据，从而揭示案件真相。

第八节　犯罪嫌疑人"心理证据"的转换

何谓"心理证据"？根据法律规定，"证据是证明案件真实情况的一切事实"。证据有一个基本属性，即客观性。它是指客观存在的事物被人们感知并存入记忆中的事实，它是不以人的主观意志为转移而客观存在的事实。这一事实就是客观证据。当犯罪行为人实施犯罪以后，当时案件的事实便通过其心理复制而储存下来，形成案件的心理事实。这种已知的心理事实能准确、彻底、完整地记录犯罪嫌疑人在实施犯罪时的具体行为，是犯罪行为人的心理记忆所确认的事实，即心理事实。客观事实与主观记忆相吻合，便能形成"心理证据"，如果不能相吻合，就不能形成心理证据，这种能否吻合的情景来源于行为人的主观判断和主观心理思维，它是自我的思维过程，外界不能强加。当然这种主观的心理判断也有其两重性，即对客观存在做出的错误反应。也能形成心理证据，这种心理证据就是对客观存在的错误认识。在审讯时，若证据较为充足，向犯罪嫌疑人出示，便能得到其心理记忆的证实而形成心理证据。但是在更多的时候，犯罪行为人很少有证据留下。审讯人员为了使犯罪嫌疑人产生心理证据，只有让犯罪嫌疑人产生客观存在的"错觉"，将获取的信息联想扩大产生更多的证据想象物，扩展心理思维的回忆，幻想出一些并不存在的情景，产生变形的心理证据，即想象的"心理证据"，错觉转换的"心理证据"，其成功的效果通常是与审讯人员的讯问策略、迷惑程度、谋略方法紧密相连的。

怎样转换心理证据？主要有以下四种方法：

第一，根据客观存在转换成"心理证据"。这里所说的客观存在，不是犯罪行为的全部过程，而是犯罪行为某一侧面，零散的甚至是点滴的事实。心理证据是心理事实与客观事实达到相互印证的产物，心理事实具有稳定性和不变性，而客观事实能被人为地控制。在审讯实践中，通常是利用犯罪行为人的心理联想过程与心理事实产生共振，形成心理证据。联想为什么能充当这个媒介作用？心理学家认为，联想是指感知或回忆某一事物连带想起其他有关事物的心理过程，由于事物之间的联想是客观存在的，反映在人们的头脑中形成的联想就成为一种不可抗拒的心理活动。

第二，把假定的客观事实转换成心理证据。审讯多数是在没有掌握客观事实的情况下进行的，如果犯罪嫌疑人知道审讯人员并没有掌握自己的犯罪事实，那么他是不会主动供述认罪的，为了解决这一难题，一些审讯人员采用了假设客观事实存在，并已被其掌握的这一信息刺激犯罪嫌疑人，从而寻找客观事实。也就是说用假设的事实，这个媒介就是行为人的联想和假设存在，即通过假设的证据或者逻辑矛盾，使之成为对心理事实的联想，产生心理证据，在审讯人员外力的作用下被心理限制，达到供述真实的犯罪事实的目的。

第三，把供述矛盾的逻辑信息转换成心理证据。犯罪嫌疑人在供述中产生矛盾是客观必然的，从客观存在的情况看，犯罪事实的经过在时间上有连续性，每一环节，每一具体行为，构成犯罪的整体性，各种证据材料是犯罪活动的客观反映，具有系统性，犯罪的证据、情节之间有着内在联系的逻辑性。犯罪嫌疑人的供述过程实质上就是犯罪嫌疑人重复犯罪记忆中再现当时的犯罪情景,并对这一情景进行解说的过程。由于犯罪人的畏罪、侥幸、抵触、逃避的抗拒心理的存在,供述中总要竭尽全力进行编造谎言,虚构情节,隐蔽事实真相,必然与客观规律产生矛盾。这种矛盾被揭露以后,便自然地进入客观事实的领域,形成再生客观事实,被印证产生了心理证据。

第四,通过揭谎、导谎转换成心理证据。犯罪嫌疑人在抗审中的最大的特点就是谎言,用谎言来掩盖自己的犯罪事实,这是审讯活动中的普遍规律,但是这些谎言一旦被揭露"心理证据"便宣告成立。可是在审讯实践中揭露谎言并不是一件容易的事,揭露谎言是有条件的,在没有条件的情况下揭露谎言,必须创造条件,笔者认为:审讯人员可根据案件的具体情况,主动地帮助犯罪嫌疑人编造谎言,并让犯罪嫌疑人加入共同编造,最后予以揭露,达到心理证据的转换。笔者将其称为"导谎"。

第九节 犯罪嫌疑人供述动机形成的基本特点

审讯人员都很清楚,犯罪嫌疑人在事实和证据面前都能交代自己的犯罪事实,而且占有很大的必然性,有人说:"这是他无路可走,无法抵赖,不得不交代。"实质上证据面前不得不供述是有一定的心理基础的,这种心理基础是以心理被限制为条件的。"心理限制"是指思维对象受到强制性的限制和制约,失去了任意思维的对象。如犯罪嫌疑人在客观的事实和证据面前无法抵赖,无路可退,对自己的犯罪行为无法否定,失去了对其否定的选择性和对其心理思维应如何辩解的限制性。它与人身强制有着一定的区别。人身强制是慑于法律的强制力,对人身的自由进行限制,强制性地指定人身的活动范围,并进行强制性的对话,这是一种外在的限制,对人的外部身体产生作用,而不能对人身心理的思维活动进行限制。内在的心理限制是对心理的内心限制,也称为心理限制,从正常人的思维特点来看,有着思维的广泛性和前思后虑的任意性。在正常信息刺激的情况下,思维较为活跃,思维的路子较为宽广,思维的方向带有任意性;而被心理限制后的思维状态就不同了,这时的思维只能按照讯问人员指定的方向进行思维,没有任意性,这种心理被强制的状态有利于犯罪嫌疑人按照讯问人员的指令如实地交代自己的犯罪事实。

中外的司法机关的侦查机构,为了使犯罪嫌疑人交代犯罪事实,对犯罪嫌疑人采用"测谎仪"进行测谎,而被测后的犯罪嫌疑人均能如实地交代自己的罪行,效果良好,这是什么原因?这是因为犯罪行为人的客观事实被测谎仪证实,对心理事实产生了作用力,形成了心理证据,实现了心理限制的内在根据。客观的行为被证实，无路可退，思维进入这段领域它被堵塞，无法循环下去，停留在被限制的状态，达到了心理限制的效果。在这个阶段，如果讯问人员能坚持将犯罪嫌疑人的思维控制在这个范围，那么随着时间的推移，犯罪嫌疑人的心理压力将越来越大，产生某种需要才对某一目标的追求，这便出现了供述的动机。

　　对犯罪嫌疑人的心理限制是促其交代犯罪事实的较为有效的途径，是供述动机产生的基础。在审讯实践中，为了实现对被审讯对象的心理限制，不能仅仅局限在"测谎仪"的使用。更重要的是，通过客观证据的出示，点滴证据的暗示，供述矛盾的揭示，来实现对犯罪嫌疑人的心理限制。另外，还可根据案情的特点采用审讯谋略与技巧，也能实现对犯罪嫌疑人的心理限制。如采用"假设"的客观事实信息，提供给犯罪行为人，也能起到以假乱真的效果。行为人对假设信息的误解，通过扩展的联想与心理事实的共振，形成心理证据，取得了心理限制的基础。再者在讯问过程中犯罪嫌疑人透露出来的客观事实信息是不可忽视的环节，也是我们在讯问过程中"无证取证"以现象引出犯罪事实的有效途径。由于贪污、贿赂犯罪的特殊性，它与其他刑事案件相比有自身的特点，这类犯罪是先有犯罪嫌疑人，然后再查明犯罪嫌疑人的所作所为，确定其犯罪事实。并且这类犯罪总是在一定的时间、空间内进行，与一定的人发生关系，并且在接受讯问时，总要或多或少地将自己的犯罪事实的信息洒落出来。例如，受贿案件，犯罪行为人在某项业务中，从业务关系的对方收取贿赂，给国家带来的巨大的损失，在接受讯问时，行为人总会将该项业务的经过情节一五一十地道来，为了更进一步说明问题，总会强调自己没有得到好处。而讯问人员并没有问其是否拿了"好处"，这是自己主动说出来的，这就是我们要获取的客观事实信息。当然，讯问人员不能完全消极地坐等犯罪嫌疑人在供述中自动抛出客观事实信息，而是要积极主动地去寻找、开发，甚至要制造机会让犯罪嫌疑人暴露。常用的做法是：首先，有间歇地多次深追细节，因为细节容易被忽视，犯罪嫌疑人常常没有留意对一次一次的供述是如何掩饰的，于是供词在细节上一次一个说法，有时文不对题，有时此地无银三百两，矛盾百出。讯问人员利用这些细节上暴露出来的客观事实信息，去转换事实，实现心理证据。其次，对同一事实情节从不同的角度发问，或是以不同的顺序进行提问，使犯罪嫌疑人在完全没有心理准备的情况下供述，然后进行比较，找出洒落的客观事实信息。最后，把某一事实情节混杂在其他问题中提问，在犯罪嫌疑人对拆散的事实情节不知不觉中作了零碎的供述，然后综合比较，便能发现客观事实信息。从无到有，从小到大，从弱到强，来发展这种客观事实信息，然后转换成客观证据，达到用心理证据来实现心理限制的目的。

实现心理证据并不意味着犯罪嫌疑人就一定能进入心理限制阶段，原因在于强化的心理证据才能产生心理限制，而淡化的、分散的心理证据就不一定能产生心理限制。

　　如何强化心理证据产生心理限制，常用的方法是用语言限制对方的定向思维，在心理证据的范围内进行思维，做出决断。注意不要任意改变这种范围。在对方努力的岔开，试图寻找新的范围时，讯问人员应设法把岔出来的话题收回去，促使对方向供述状态发展。使用语言限制有三个特点，第一语言平抑，内含强制力，其目的是用平抑的语言，避免出现僵局。犯罪嫌疑人出现心理证据以后，犯罪的行为被客观的证据限制，无路可退，处在进退两难的境地，形成心理压力，就会寻找爆发的"出气口"。如果我们使用过激、过硬的讯问语言，势必会充当"出气口"引起僵局。如常见的："我犯罪你们枪毙我好了，我没有什么可说的。"这就是僵局性的语言，原因在于我们使用的讯问语言和态度不当。第二是语意单调，其目的是限制犯罪行为人的定向思维，在有了心理证据的情况下会尽全力来摆脱目前的窘境，扩展他的思维范围，寻找"出路"，讯问人员如果使用语意复杂的语言，就等于是帮助犯罪行为人联想扩大思路，这样很难再收回到原来的被限制的思维范围中去。第三是语句重复，这种重复单一的语句，其使用的根本目的是促使其增加心理限制，咬定咬准关键性的一句话，重复使用，而这句话必须是有利于犯罪嫌疑人供述的关键语，如："钱怎么处置了？或钱哪里去了？钱干什么用了？"等等，咬准一句话紧追，直到交代为止。除了上述的方法之外，采取不相适应的讯问方法，就会淡化分散心理证据，就不可能会产生心理限制。

第十节　犯罪嫌疑人翻供的心理特征

　　翻供是指犯罪嫌疑人在侦查阶段就自己的犯罪事实作了供述以后，又部分或者全部地推翻原来的供述的一种现象，是一种对原来供述的态度的转变。犯罪嫌疑人的翻供无疑是对侦查活动的干扰，这种现象不仅增加了案件的侦查难度使得案情变得复杂化，而且还严重地阻碍了司法机关对案件事实的认定，甚至导致难以确认的疑案。

　　在侦查实践中翻供现象时有发生，其主要原因是因为证据不足对犯罪嫌疑人的行为难以确认，虽然已经提取了某些间接证据并且确定其有重大犯罪嫌疑，但是被提取的间接证据不能形成有效的证据锁链，从客观上不能完全确定嫌疑人的犯罪行为。这是导致犯罪嫌疑人翻供的基本原因。人的行为是因为心理原因引起的，那么犯罪嫌疑人翻供的心理原因是什么？在审讯的实践中，大家都很清楚，犯罪嫌疑人只有感觉到供述对自己有利的时候，他们才会供述认罪。也就是说犯罪嫌疑人供述认罪是以"趋利避害"为前提的。当犯罪嫌疑人发现自己的供述对自己不利的时候，就会想方设法去改变自己的供述直至翻供。由此可见，只有当犯罪嫌疑人发现自己的供述对自己不利的时候，才会做出翻供的选择。那么让犯罪嫌疑人产生不利于自己的感知认识的因素是什么呢？

首先，是因为外部信息的刺激而引起的。外部信息的来源主要是审讯人员和监管场所提供的。犯罪嫌疑人在侦查阶段被采取强制措施以后，其主要的外部信息来源是审讯人员带来的，审讯人员向犯罪嫌疑人传递什么样的信息，都会引起犯罪嫌疑人的关注。实际上，他们也是对自己即将面临的命运的关注：现在到底"政府"掌握了我多少犯罪证据？自己心里没有底，只有向审讯人员去摸底。如果审讯人员采取的方法不当，不注意隐蔽自己，暴露了不该暴露的案件情况，就可能引起犯罪嫌疑人心理状态的变化。如审讯人员告知犯罪嫌疑人：我们现在虽然没有掌握你确凿的犯罪证据，但是有人看见当时在现场的好像就是你。那么犯罪嫌疑人在审讯人员的这一句话里就得到了两条信息：第一条是司法机关还没有掌握确凿的犯罪证据；第二条是目击者只是"好像"，并没有确定到过现场的就是我。可见司法机关只是怀疑我犯罪，我不该信任他们的话做出不利于自己的供述，现在推翻过去的供词还来得及，他们没有足够的证据就定不了我的罪。于是本来可以通过审讯使犯罪嫌疑人认罪服法并获得更为有力的犯罪证据，可是在外行的审讯人员的刺激下导致了犯罪嫌疑人的翻供，不但没有取得新的有力证据，而且过去已经固定的间接证据也被推翻了。

审讯人员的方法不对路强化了犯罪嫌疑人的抗拒心理，是犯罪嫌疑人翻供的又一重要因素。本来犯罪嫌疑人认为审讯人员可以信任，可是通过几次审讯发现自己的判断是错误的：审讯人员不可信，态度蛮横不讲理，行为肤浅层次低，这样的人是不会给自己好处的，即便是自己全部交代犯罪事实，也不会得到从宽处理的。人常说：坦白从宽，牢底坐穿；抗拒从严，回家过年。翻供不为丑，回家走一走。与其把命运交给别人来掌握，不如翻供抗到哪一步是哪一步。这样一来就使侦查陷入困境。更有甚者，审讯人员不仅没有强化犯罪嫌疑人的顺应心理，而且使犯罪嫌疑人的顺应性消失得无影无踪，使得抗拒心理被进一步转化成逆反心理。例如，我们在对一名国家高级干部的受贿案件进行侦查时，发现其子（某公安机关干警）不仅参与了其父的犯罪，并且还帮助其父转移财产，企图逃避法律的惩罚。其子在接受审讯时本身就带着极强的抗拒心理，认为自己的父亲犯罪不应该株连到自己，在初次审讯时表现得阳奉阴违，经过一段时间的教育开导其抗拒心理有所转变，交代了自己的母亲曾经转移过一些财产出去。可是到了第二次审讯，换了一组审讯人员审讯，结果就大不一样了：这位犯罪嫌疑人不但推翻了第一次的供词，而且还采取乱供的方法把他自己所有认识的人，都拉进了转移财产的人员名单。后来经过一一核实才知道他说的全是假话。我们在后来总结原因的时候才知道，当时是我们的审讯人员采取了错误的方法，这位审讯人员后来是这样说的：开始我就给他一个下马威，你站起来！你要老实一点，如实地交代自己的问题以及帮助你家转移财产的人员名单。事后我们问这位犯罪嫌疑人为什么说假话乱咬人？他说：我也是干公安的，我在公安大学学习审讯的时候，你还不知道在哪儿玩泥呢，开始就来训我，叫我老实一点，如实交代问题，我就是不老实，你能把我怎么样？想知道转移财产的人员名单，我把认识的人都告诉你，自己找去吧，我没有时间陪你玩。这是审讯人员的错误方法所造成的结果。此外，审讯人员虽然面对的是犯罪嫌疑人，但是犯罪嫌疑人也有人格尊严，如果审讯人员不注意尊重对方的人格，就可能会导致恶果。在有的时候犯罪嫌疑人发现审讯人员在愚弄自己，他不但不会继续说真话，而且还会把原来的真话推翻，也就是我们在这一节里说的"翻供"。再有，审讯人员的刑讯逼供、引供、诱供、指供，都容易造成犯罪嫌疑人的翻供。因为犯罪嫌疑人在审讯的过程中，其抗拒心理被转化以后，其本身的顺应心理就会被逐渐强化，在这种情况下犯罪嫌疑人最容易接受审讯人员的暗示和诱导。犯罪嫌疑人为了讨好审讯人员，就顺着审讯人员的意图供述，当供述出现矛盾的时候，必然要否定原先真实的供述，于是就出现了翻供的情况。

除了审讯人员的方法不当所引起的"翻供"外，外部的其他信息也能导致犯罪嫌疑人的"翻供"。有的犯罪嫌疑人虽然被采取了强制措施，但是由于看守所的管理不严，外部的信息能够通过看守所传递给犯罪嫌疑人，从而引起犯罪嫌疑人的心理变化。例如，当一起打群架的犯罪嫌疑人被刑事拘留以后，本来犯罪嫌疑人只是认为被害人只是受了一点轻伤，以为没有什么大不了的，所以在供述的时候还能比较客观地交代自己的犯罪事实。但是当他收到看守所外面传来的信息，才知道被害人已经死亡，这可不是一件小事情，杀人是要偿命的，千万不能承认是自己干的。于是当审讯人员再次提审这位犯罪嫌疑人的时候，就可能出现翻供的情况。再如，一名强奸犯罪嫌疑人被采取了强制措施以后，一直对自己的犯罪事实供认不讳，当他得知自己的家人已经做通了被害人的工作，把强奸说成是双方自愿的通奸的时候，紧接着就出现了翻供的情况，使得本来并不复杂的强奸案件，变得复杂了起来。

其次，是犯罪嫌疑人的心理因素引起的翻供。犯罪嫌疑人被采取了强制措施以后，其大部分时间是自己在独立思考，自己对犯罪时的情景的记忆，每一次办案人员来提审的情况，他都会像放电影一样，反反复复地放，权衡哪些事对自己有利,哪些事对自己不利。当他发现前面的供词有部分或者全部对自己不利,为了扭转过去的不利的供词,他就会在下一次的提审时设法来扭转,继而出现翻供。有的犯罪嫌疑人为了摸我们的底,在审讯时采取投石问路的方法来摸底,由于审讯人员的反应不同,容易使犯罪嫌疑人产生错觉,犯罪嫌疑人在被采取了强制措施以后所产生的错觉,容易导致犯罪嫌疑人的翻供。犯罪嫌疑人的错觉主要是以司法机关到底掌握了自己多少犯罪事实为前提的,一旦犯罪嫌疑人的错觉认知告诉他现在司法机关并没有掌握其犯罪事实,那么他就会用翻供的方法做出抗审的行动。

审讯的对策,在审讯的过程中发现犯罪嫌疑人翻供,首先必须要弄清犯罪嫌疑人翻供的原因,对症下药,认真分析、找准突破口,瓦解犯罪嫌疑人翻供的心理基础。在证据比较充分的情况下用证据来否定翻供。在证据不充分的情况下,用逻辑关系和间接证据来否定翻供。在审讯的过程中发现犯罪嫌疑人翻供时,应当立即阻止其翻供,直接告知犯罪嫌疑人翻供的危害性,并且还应该多鼓励犯罪嫌疑人说实话,告知其说假话会造成严重的不利后果。犯罪嫌疑人在翻供以后,审讯人员应当改变审讯的角度,从犯罪的情节中找出相关的"利害关系",来动摇犯罪嫌疑人翻供的趋利避害的心理基础,消除其侥幸过关的心理,引导犯罪嫌疑人放弃翻供的借口,选择供述的路,巩固犯罪嫌疑人只有供述才是最好的出路的心理基础。让犯罪嫌疑人把翻供的假话自己再重新翻过来。犯罪嫌疑人的翻供是因为信息的干扰,使得本来就不稳定的心理因素出现了失衡状态,因而,我们在审讯时必须严格控制不利的信息的干扰,使犯罪嫌疑人无法获得有利于翻供的信息。同时有的翻供信息来自审讯人员本身,是审讯人员的信息刺激才导致犯罪嫌疑人的翻供,因而审讯人员必须管好自己的言行,封锁有利于犯罪嫌疑人翻供的信息,使犯罪嫌疑人无法得到翻供的信息。另外为了更正犯罪嫌疑人的翻供,可以从其他人的口供或者陈述中获取新的证据线索,来否定翻供的虚假事实。最后,为了防止犯罪嫌疑人的翻供,必须要对犯罪嫌疑人已经作的供述进行巩固,用证据来把犯罪嫌疑人的口供确定在事实的范围内,翻供就无法进行了。

第十一节 犯罪嫌疑人的心理"支点"与"退路"构筑的抗审心理体系

两军对垒最大的特点是双方有与对方较量的资本,如果没有对抗的资本,就不可能形成对抗的态势。犯罪嫌疑人与审讯人员的对抗,也是有对抗的资本的,犯罪嫌疑人的对抗的资本来自于犯罪行为所涉及的"客观存在"和"心理存在"。这里犯罪行为所涉及的"客观存在",就是犯罪嫌疑人的行为所涉及的犯罪痕迹,它如果能够支持犯罪嫌疑人的抗审,通过了心理评价,就成为犯罪嫌疑人抗审的心理"支点",如果犯罪行为所涉及的"客观存在",即犯罪痕迹,不能够支持犯罪嫌疑人的抗审,得不到心理评价的肯定,犯罪嫌疑人就形成不了抗审的心理"支点"。因为犯罪嫌疑人需要抗审,最大的特点是否认自己与犯罪有关,犯罪嫌疑人的心理支点正是以这两个方面为基础的,如果犯罪嫌疑人认为自己的犯罪行为没有被暴露,他就会以此为心理支点进行抗审。还有的犯罪嫌疑人其犯罪行为被暴露后,认为侦查机关不能证明自己的犯罪,那么他就会以自己没有犯罪来作为心理支点与审讯人员对抗。当犯罪嫌疑人设立的抗审的心理支点被破除以后,犯罪嫌疑人就会重新去寻找新的能够支持自己抗审的"客观存在",来作为抗审的心理"支点"继续对抗审讯。

从审讯实践来看,犯罪嫌疑人仅仅找到了抗审的心理"支点"还是远远不够的,与此同时他还要为自己准备"退路"。一些有经验的审讯人员在审讯的活动中,首先注意的是如何堵住犯罪嫌疑人的"退路",把犯罪嫌疑人控制在自己的火力范围内展开"攻击"。如果审讯人员不注意堵住犯罪嫌疑人的"退路",那么犯罪嫌疑人就会利用自己的"退路",逃出审讯人员的火力范围。例如在一起凶杀案件中,现场勘验证明犯罪嫌疑人在案发时间去过发案现场,仅仅有这点线索,如果审讯人员不注意堵犯罪嫌疑人的退路,直接讯问犯罪嫌疑人:你去过杀人现场,你就有重大的杀人犯罪嫌疑。那么犯罪嫌疑人就会理直气壮地告诉你:我去过现场就能证明我一定是去杀人的吗?这就是犯罪嫌疑人的"退路"。相反,如果审讯人员能够注意堵住犯罪嫌疑人的"退路",让犯罪嫌疑人产生错觉,现场只有犯罪嫌疑人一人去过,因此只要有人去过,那么他就是犯罪嫌疑人,这样如果犯罪嫌疑人就是杀人的凶手,那么他会否认自己去过发案现场,这样就把犯罪嫌疑人的谎言给逼了出来,审讯人员只要把"攻击"的目标对准揭露谎言,就能把犯罪嫌疑人拉进自己的火力范围,使犯罪嫌疑人无路可退。犯罪嫌疑人在抗审的全部活动中,就是依据自己选择的心理"支点"和"退路"构筑自己完整的抗审体系。

在审讯活动中,审讯人员从接触犯罪嫌疑人开始,总是要从否定开始,经过再次的否定进入寻找"退路"阶段,最后在"退路"被堵住的情况下放弃抗审。这是犯罪嫌疑人抗审的基本过程,也可以把它看成是犯罪嫌疑人的一套完整的抗审体系。从犯罪嫌疑人第一次否认自己有犯罪行为开始,他就做好了心理准备,这个心理准备就是心理"支点",当犯罪嫌疑人的心理支点被撤除以后,犯罪嫌疑人并不会立即就放弃抗审,他还要继续寻找自己的"退路",当"退路"被堵死以后,犯罪嫌疑人才会逐渐放弃抗审。今天当我们研究审讯心理学的时候，必须要知道犯罪嫌疑人抗审的全部心理过程，才能找出有效的科学方法，使犯罪嫌疑人自己主动放弃抗审。首先，我们来分析能够帮助犯罪嫌疑人抗审的心理支点。什么是犯罪嫌疑人的心理支点？它是支持犯罪嫌疑人实现某一目的和愿望的积极的心理状态，这一心理状态是以某些客观存在为基础的，通常正是由于某些客观因素，为犯罪嫌疑人提供了抗审的基础和条件。例如，杀人现场没有目击者，也没有留下明显的痕迹，这样犯罪嫌疑人就会以此为条件来作为抗审的支点：反正又没有人看见，只要自己不承认司法机关就无法认定我是杀人犯。这就是客观因素为犯罪嫌疑人提供的抗审心理支点。犯罪的行为对象和犯罪的行为本身组成的客观因素有：人、财物、行为。他们所产生的心理支点有：利害关系、密切程度、信息的反馈量、存在的暴露、来源的暴露、去向的暴露、行为的原因、行为的结果、痕迹的证明，等等。这些因素是犯罪嫌疑人寻找心理支点的基础，也就是说犯罪嫌疑人的抗审的心理支点，就是依靠上述因素而产生的。当一名审讯人员接受对一名犯罪嫌疑人进行审讯的时候，为了消除犯罪嫌疑人的心理支点，必须在调查摸底阶段弄清楚犯罪嫌疑人的心理支点的基础因素，才能找准目标，运用审讯技巧铲除犯罪嫌疑人的心理支点。

"退路"的本身含义是"回旋的余地"。这里指的是犯罪嫌疑人进行自我保护的又一种抗审方法。犯罪嫌疑人在接受审讯的全过程中，支点被铲除以后，犯罪嫌疑人就会迅速地为自己寻找"退路"来进行自我保护。通常犯罪嫌疑人选择的"退路"的来源，是在进行心理的自我选择、权衡的过程中形成的，不同的人对"退路"的选择的方法是不同的。这在很多方面与犯罪嫌疑人的"人格"特征是分不开的，有的犯罪嫌疑人的心理支点被铲除以后，在寻找"退路"的过程中很快就会放弃"退路"，顺应审讯人员的意志。有的犯罪嫌疑人还与审讯人员"讨价还价"：我要是这样你们会怎样？能否那样？有的犯罪嫌疑人认准一个死理作为抗审的"退路"，一直坚持到最后。例如贪污贿赂犯罪，其犯罪嫌疑人用大量的公款去行贿国家高级干部牟取私利，案发后，因为公款已经被侵吞，犯罪的事实已经暴露，犯罪嫌疑人再去寻找心理支点进行抗审已经失去了意义，这时的审讯人员的讯问重点是公款的去向，有的犯罪嫌疑人就会认为不能出卖朋友，为人要讲义气，虽然自己给了钱，但是人家也为自己办了事，况且此人还在"台上"，只要自己不供认他，他就一定会出面来保自己，来搭救自己的，只要自己坚持"一问三不知"、"时间长记不清楚了"，就会有希望的。还有的犯罪嫌疑人是以对抗心理作为抗审的"退路"，他认为是司法机关有意跟自己过不去，是故意地来整自己，我就是不服气，他是以积极的对抗来作为自己的"退路"的。也有的犯罪嫌疑人把"退路"选择嫁祸他人，把犯罪的行为转嫁到他人的身上，自己干的事情说是别人干的，自己贪污了公款说是送给了别人……更有的犯罪嫌疑人采取事实面前不认账，无论你证据多么确实充分我自己就是不承认，用这种无赖的方法来作为自己的"退路"。由此可见，不同的人选择的退路是不同的，其原因就在于他们各自的"人格"的特征不同。当犯罪嫌疑人在为自己选择"退路"的时候，这个退路是通过心理评价而产生的，心理评价又来源于"经验"和"认识"，这种"经验"和"认识"的反映，是人由先天和后天的结合，集中从"人格"的特征中表现出来的，什么样的"人格"特征就会反映出什么样的"退路"选择。有的犯罪嫌疑人在客观事实面前，能很快承认自己的犯罪，而有的犯罪嫌疑人在客观事实面前，就是不承认，有的审讯人员把这些人比做"无赖"。这就是犯罪嫌疑人对"退路"选择的"人格"表现。

如何解决犯罪嫌疑人的"退路"呢？犯罪嫌疑人在抗审的过程中失去"支点"以后，他会本能地为自己选择"退路"，如何让犯罪嫌疑人认识到自己已面临"四面楚歌"无路可退的境地，是解决犯罪嫌疑人的"退路"的基本方法。

首先，是利用有关证据断其"退路"。犯罪嫌疑人选择的"退路"经常是为了推翻主要关键的证据，如果犯罪嫌疑人所选择的"退路"不能推翻关键证据，那么犯罪嫌疑人所选择的"退路"就失去了意义。相反在很多的时候，关键性的证据能够帮助我们断其"退路"。例如，某单位办公室的手提电脑被盗。现场勘查后提取了5个人的脚印，经过鉴定确认有4个人的脚印是本办公室的工作人员的，这些人均被排除有作案的可能。另外一个人的脚印是本单位工作人员李某的。经过了解的情况分析李某的犯罪嫌疑最大，现场发现的脚印是本案唯一的关键证据。在审讯人员讯问李某时，审讯人员首先是堵其"退路"，问："你是否知道办公室的手提电脑被盗？"答："我听说了。"问："你是听谁说的？"答："我是听他们办公室的人说的。"问："你是不是经常去办公室？"答："我不经常去办公室。"问："你最近去过办公室没有？"答："没有。"问："你最后一次去办公室是什么时间？"答："在半个月以前。"问："在半个月以后你是否去过办公室？"答："没有。"这时审讯人员拿出了脚印的鉴定报告问："你既然没有去过办公室，为什么在办公室主任的办公桌前有你的脚印？"李无话可说，只得承认自己盗窃手提电脑的犯罪事实。这个案件从通常的情况来看，犯罪嫌疑人选择的"退路"是：我虽然去过发案现场，但是我并没有盗窃的行为。这样尽管现场鉴定有犯罪嫌疑人的脚印，但是并不能证明犯罪嫌疑人就有盗窃的行为。相反，如果我们把关键证据首先不是用来证明犯罪行为，而是用来堵犯罪嫌疑人的"退路"，就会出现截然不同的效果。就前面的案例，如果审讯人员首先用提取的脚印来证明犯罪行为，就有可能出现这种情况，问："我们在案发现场发现了你的脚印，你怎么解释？"答："我经常去办公室办事，所以在办公室留有我的脚印，去办公室的人也不是我一个，难道去了办公室就有盗窃行为吗？我虽然去了办公室但是我并没有盗窃电脑。"可见这样的审讯是失败的。

其次，是"造势"的方法，即直接告知犯罪嫌疑人你已经无路可退了！你已经构成了犯罪，这是客观存在的。堵截的方法是：当犯罪嫌疑人把退路指向某一特定的对象时，审讯人员应当迅速地将其拦截，阻止犯罪嫌疑人完成对特定对象的指向。例如当犯罪嫌疑人把"退路"选择为嫁祸他人的时候，审讯人员应当立即告知犯罪嫌疑人："你不要再说了！他人的事情我们已经调查清楚了"。或者"这件事情我们已经清楚了，现在你要说的是你自己的事情！"这样犯罪嫌疑人就会暂时放弃这一"退路"，寻找别的方法，因为在短时间内寻找别的方法比较困难，此时犯罪嫌疑人有可能向临界状态迈进。

再次，是假设存在为犯罪嫌疑人设立"退路"障碍。在审讯活动中，审讯人员在接触犯罪嫌疑人之前，必须要分析犯罪嫌疑人可能选择的"退路"，把握审讯的主动权。这里的"假设存在"就是通过分析犯罪嫌疑人可能选择的"退路"，而设定一系列不利于犯罪嫌疑人的障碍，使犯罪嫌疑人放弃对"退路"的选择。农民为了田里的庄稼不受鸟雀的侵害，用稻草编制成假人然后扣上一顶破草帽，便可以假乱真吓唬鸟雀不敢再侵害庄稼。这里的稻草人就是为鸟雀侵害庄稼而设置的障碍。从犯罪嫌疑人抗审的习惯来看，他们在对"退路"的选择上通常采取否定的方法。例如，我没有干过这件事情，我不知道，我没有去过，不是我拿的，等等。前段时间笔者受命对一起共同贪污犯罪后，将赃款用于购置一栋私人住宅的犯罪嫌疑人进行审讯，该犯罪嫌疑人与共同贪污的主犯系情夫、情妇关系，我们在对她的审讯之前就要预计到她可能选择的"退路"。首先她会否认自己与共同贪污的主犯系情夫、情妇关系，当这一否定不能奏效的时候，她就会迅速地进入第二层次的否定——我没有与对方一起共同贪污更没有使用过赃款。我们如果在这之前分析出她可能选择的"退路"，采取假设存在为犯罪嫌疑人设立"退路"障碍，审讯就会出现截然不同的效果。对前面的这一案例，笔者首先告知对方："你与某某的关系已经不是一个人知道了，那笔公款的去向我们也清楚了，我们今天不是要你说这些的，因为你已经构成了犯罪，我们今天只想知道你对这件事情的态度，能否得到从宽处理。"显然犯罪嫌疑人再去否认他们的关系、否认自己与赃款有关已经毫无意义了。最后犯罪嫌疑人权衡了利弊，表示愿意退出用于购买住宅的公款，同时交代了共同贪污的犯罪经过。

最后，是迂回堵截的方法。犯罪嫌疑人选择自己的"退路"，在很多的时候是根据自己犯罪的行为特征来选择的，由于这种行为的复杂性和难以确定性，堵其"退路"不可能一步到位，需要采取迂回堵截的方法才有效。例如交通肇事逃逸案件，这一罪名涉及两种行为，一种为交通肇事，另一种是交通肇事后逃逸，这两种行为只要否定了前面一种，那么后面肇事后逃逸也就不存在了，犯罪嫌疑人经常采取这种方法来选择自己的"退路"。有一犯罪嫌疑人在夜间驾车，撞倒路边行人以后驾车逃跑。交警部门将其抓获归案以后，犯罪嫌疑人称：当时是夜间驾车，光线很暗没有看见路边的行人，所以根本就不知道自己撞倒了人……（这样从行为上来说就不能构成肇事后逃逸的故意）下面有一段讯问记录。问：你驾车行驶的那段路面的状况如何？答：路面非常平坦。问：你开了多少年车了？答：16年了。问：你那天开车是不是太疲劳了？答：那天我才开两个多小时的车，根本就不疲劳。问：既然是这样，那么在路面非常平坦的情况下，你开了16年车的老驾驶员，如果不是疲劳驾车，你的汽车撞倒物体就应该有所感觉。答：……我好像撞倒了什么东西。问：在你的汽车撞倒那人的时候，你的对面有一辆车开过来你看见没有？答：我记不清楚了。问：但是你对面那辆车的驾驶员却看见了你，并且记住了你的车牌号！你当时停车下来看见了什么？答：我……看见我的车后面躺着一个人，我知道是我的车撞倒了人，当时因为天黑没有人看见，我就开车跑了……第二天一早我把车开进了修理厂补了补被撞坏的车漆。这里审讯人员采取迂回堵截的方法，从堵"退路"的方面入手，取得了审讯的成功。

第四章　犯罪嫌疑人抗审的三大心理因素

心理支点是犯罪嫌疑人对抗审讯的心理依据，犯罪嫌疑人从对抗审讯到供述认罪的过程，是心理支点的转化过程，根据犯罪嫌疑人在接受审讯的心理过程表明，对抗审讯拒不供述的重要原因来自于：利益关系、对抗条件和人格特征。当犯罪嫌疑人对抗的三大心理支点被置换以后，讯问人员帮助犯罪嫌疑人重新建立起了供述认罪的心理支点，便完成了审讯任务。

第一节　对抗利益关系的心理冲突与平衡

从利益的概念上来看，利益就是好处，或者说就是某种需要或愿望的满足。根据利益的分类，由于利益存在于不同领域而有物质利益、政治利益、精神利益，三种利益之分。在职务犯罪的侦查活动中，职务犯罪嫌疑人的抗审行为，就是围绕着物质利益、政治利益、精神利益这三种利益而展开的，犯罪的惩罚性告诉了犯罪嫌疑人在实施犯罪行为之后，将由此带来的物质利益、政治利益、精神三种利益的损失。这是犯罪嫌疑人抗审的重要心理依据，这种心理依据的来源是"社会交换理论"下的人的基本行为规则，即"趋利避害"的本性。人们的认识在于对自己有利的就会积极的行为，对自己不利的就会表现出对抗行为。在侦查讯问活动中，由于犯罪行为的应受惩罚性，犯罪嫌疑人供述自己的犯罪事实，就意味着将会受到惩罚、利益将会受到损失。所以犯罪嫌疑人认识到这种后果的时候，就会选择对抗。与此相反，如果犯罪嫌疑人意识到自己在实施犯罪行为之后，向司法机关供述不仅不会受到惩罚，而且还会得到奖励，那么犯罪嫌疑人就不会选择抗审了。犯罪嫌疑人是理性人，在侦查讯问过程中嫌疑人的任何决定，都是他的一种理性选择行为。这是人的本性所决定的，任何人都有着趋利避害的本能。我们每一个人，在做出某种行为的决定之前，都会在内心考虑并权衡该行为是否能给自己带来利益，若自己的判断为"是"，则会选择去实施该行为；反之则会选择不去实施该行为。犯罪嫌疑人在被侦查讯问的过程中，选择的抗审行为过程有一个理性选择决定自己行为的过程。在侦查讯问起始阶段，有罪的犯罪嫌疑人都会将自己如实供述犯罪事实后，随之而来的各种后果看得比较重，因为该行为将受到刑罚处罚而失去人身自由或生命权利；没收财产而失去自己原有的财产；失去现有的优越的工作机会；失去现有的社会地位和良好的声誉名誉；失去自己的亲情友情；等等。因此犯罪嫌疑人不会轻易在侦查讯问开始时就供认自己的犯罪事实。

　　上述情况表明，犯罪嫌疑人是为了维护自己的利益才选择抗审的，可是在很多时候，犯罪嫌疑人又总是从开始的"抗审"，经过讯问人员的语言交流，放弃了对抗，选择了供述，这又是什么原因呢？难道犯罪嫌疑人不知道供述以后会给自己带来不利的后果吗？显然不是！从犯罪嫌疑人抗审的行为表现来看：犯罪嫌疑人首先是选择拒供而保持沉默，经过讯问人员的语言交流，继而进行了假供即以欺骗撒谎来应付审讯人员的提问。其次是经过实质性的对抗，利益关系发生了部分变化，犯罪嫌疑人选择交代了其中的一点或者一部分犯罪事实。最后是利益关系发生了根本的变化，犯罪嫌疑人经过权衡利弊，如实供述了自己的全部犯罪事实。由此可见当犯罪嫌疑人认为供述比对抗对自己有利的时候，犯罪嫌疑人就会放弃对抗选择供述。这是犯罪嫌疑人在经过对抗的利益关系的心理冲突之后，发生的利益关系的变化，继而进行的利益平衡的结果，即讯问活动的最高境界：犯罪嫌疑人明知自己供述以后对自己不利，还仍然选择供述。

　　在审讯活动中犯罪嫌疑人对利益关系的认知，还可分为长远利益与眼前利益。这种长远的利益关系是行为的最终结果，犯罪行为的最终结果是刑法的处罚，犯罪嫌疑人一开始的对抗，原因就在于担心这种长远利益的丧失。审讯活动中犯罪嫌疑人所面对的眼前利益，就是当前被讯问所带来的心理焦虑和心理压力。很多时候犯罪嫌疑人为了解脱这种心理焦虑和心理压力，就会选择放弃对抗而获取眼前利益。因此，如果犯罪嫌疑人始终选择维护自己的长远利益，那么犯罪嫌疑人就会选择积极的对抗。如果犯罪嫌疑人为了摆脱眼前的困境，为了当前利益就可能选择顺应服从。

　　关于在侦查讯问活动中犯罪嫌疑人所面临的利益关系，还表现为整体利益与局部利益。犯罪嫌疑人犯罪以后对自己、对家庭、对自己的生活圈所带来的伤害以及利益的损失，是整体的利益关系损失。因为自己的犯罪行为给自己的局部利益或者给家庭某个成员带来的伤害，是局部利益关系损失。这两种利益关系经常是会发生冲突。犯罪嫌疑人在讯问中的对抗行为通常是为了维护整体利益而产生的，可是在很多时候犯罪嫌疑人为了局部利益就会放弃整体利益。例如，某犯罪嫌疑人在被采取强制措施以后，仍然坚持积极的对抗，拒不交代自己的犯罪事实,当得知自己的女儿再有两个月就要参加高考了,可是因为自己的犯罪,导致了女儿无心读书,面临无法参加高考的情况,这对女儿的一生将会产生重要影响。此种情况下犯罪嫌疑人选择了积极的配合,努力创造取保候审的条件,尽快地走出看守所,让其女儿能够顺利参加高考。这种局部的利益使犯罪嫌疑人放弃了整体的对抗。

犯罪嫌疑人所面临的利益关系最重要的区别在于:合法利益与非法利益的关系。犯罪嫌疑人的对抗行为是为了维护非法的利益关系,即掩盖犯罪行为达到对自己非法利益的维护。当犯罪嫌疑人认识到自己的犯罪行为对社会造成的危害,产生了悔过的思想认识,积极主动供述自己的犯罪事实,从根本上来说就是对合法利益的维护,这种认识过程,就是非法利益关系向合法利益关系转化的过程。实现这种转化就是讯问人员的基本任务。

基于人的趋利避害的本能,被讯问人行为模式的择优选择功能,是其自身行为选择的依据。一旦犯罪嫌疑人认识到供的后果优于不供的后果时,供述就成为其必然选择。例如,法律规定在被追诉前主动交代行贿行为的,可以减轻处罚或者免除处罚。这就为在大量的贿赂案件侦查中,先突破行贿人继而瓦解受贿人的心理防线,并最终突破全案提供了法律保障。而行贿人可能在对众多的行贿事实中,选择交代已被检察机关发觉查处的行贿事实,这是行贿人两害相权取其轻的心理的直接行为表现。此外,在共同犯罪案件中,攻守同盟中必然有人会出于自保自私的心理率先背弃盟约,以求得相对较轻的处罚结果。在侦查审讯中,客观地存在嫌疑对象有很多"利益"争取的空间。讯问人员注意把握这些"空间",帮助犯罪嫌疑人选择有利的空间,犯罪嫌疑人就能够产生利益关系的顺应行为。如法律对侦查规定的时限要求,是犯罪嫌疑人明知的,作为犯罪嫌疑人,是想让侦查员把法律赋予的侦查时限用足,还是尽快了结自己的事?显然后者是他们的利益取向。再比如,法律明确规定了取保候审的条件,不具备取保候审条件的就应该采取强制措施,满足取保候审条件的就可以解除强制措施,显然后者能够满足犯罪嫌疑人趋利避害的条件选择。还有,在侦查力量的选择上,作为犯罪嫌疑人是想让自己的问题由很多人来查处呢?还是按常规办就可以了呢?显然,没有哪一个犯罪嫌疑人会觉得由于自己的不配合而导致一个庞大的群体都投入到他的案件侦查工作中来。需要指出的是,趋利避害的选择性,当一个重要的利益失去以后,接踵而来的就是尽力去追求一个较轻的损失后果,即争取坦白获得从宽处理,以此获取新的利益关系。

审讯活动中的利益关系的把握,是讯问人员依据案情而帮助犯罪嫌疑人作出的行为选择,其作用就是能够让犯罪嫌疑人更好、更快、更准确地去把握为自己争取可能"利益"的时机,并作出顺应性的行为抉择。

第二节 抗审的对抗条件的得失

犯罪嫌疑人一般不会轻易供述出自己的犯罪事实，这是由抗审的对抗条件所决定的。侦查讯问实践中，犯罪嫌疑人很少主动地向侦查机关供述其犯罪事实。美国刑事司法学界和警察科学界最著名的学者之一弗雷德英博说："人类一般不会主动、自发地供认自己的罪行……期望作案人未经审讯的触动便因良心的折磨而供认罪行的想法的不切实际的。"再有侦查学鼻祖汉斯格罗斯也说："希望每个人都能坦白自己的罪行，是残忍的至少是不人道的。"因为犯罪嫌疑人在具备自我保护的条件下，是不能轻易放弃自己对利益的要求的。犯罪嫌疑人没有经过讯问人员的接触，就不可能知道自己是否存在自我保护的条件，趋利避害的行为本能告诉他：无论是什么样的行为，只要是对自己不利的都要进行对抗，这是犯罪嫌疑人很少主动地向侦查机关供述其犯罪事实的重要原因。

对抗条件是决定犯罪嫌疑人对抗行为存在、发展的内部原因，同时对抗条件也是制约和影响对抗行为存在、发展的外部因素。有条件对抗犯罪嫌疑人才会选择对抗，如果没有了对抗条件，犯罪嫌疑人就会放弃对抗。如同儿童与青少年进行武力对抗，显然儿童没有与青少年进行武力对抗的条件，失去了武力对抗条件只能选择放弃。由此，犯罪嫌疑人选择的抗审，是在有条件对抗的基础上产生的。

犯罪嫌疑人的对抗条件，是建立在犯罪事实没有暴露的基础上的。如果犯罪事实已被侦查机关查清，自己即使不如实供述也不影响司法机关对自己的处罚，在无法逃避损失后果的情况下，就失去了对抗条件，犯罪嫌疑人的对抗就失去了意义，自然放弃对抗。

"条件"认知的程度决定了犯罪嫌疑人抗审的行为方向。在很多时候侦查讯问人员手里并没有掌握犯罪嫌疑人的犯罪证据，讯问犯罪嫌疑人的目的就是要让犯罪嫌疑人自己交出犯罪证据，犯罪嫌疑人也正是在这种情况下供述自己的犯罪事实的。如果犯罪嫌疑人明知侦查讯问人员没有掌握自己的犯罪证据，证明自己犯罪还要依赖自己的供述，自己还有条件对抗，那么犯罪嫌疑人能够选择放弃对抗吗？显然不会的。那是什么原因导致犯罪嫌疑人在有条件对抗的情况下放弃对抗呢？这是由犯罪嫌疑人对"条件"认知的程度决定的，在讯问活动中，讯问人员的态势以及所提供的信息，足以使犯罪嫌疑人感觉到讯问人员已经掌握了犯罪证据，或者是犯罪信息，认知的结果是对抗条件的丧失，这实际上是对"条件"认知的错觉造成的，是误以为"条件"的丧失。这正是讯问人员在没有掌握犯罪嫌疑人犯罪证据的情况下，能够使犯罪嫌疑人供述犯罪事实的重要基础。

"对抗条件"的把握程度决定了犯罪嫌疑人的对抗程度。对犯罪事实暴露程度的把握，实际上就是对抗条件的认知。全部犯罪事实的暴露与局部犯罪事实的暴露，多个犯罪事实的暴露与部分犯罪事实的暴露，是犯罪嫌疑人选择全部供述还是部分供述的重要基础。如果犯罪嫌疑人的认知是全部的犯罪事实的暴露，那么就有可能选择全部的供述，如果犯罪嫌疑人的认知是部分的犯罪事实的暴露，那么他就不可能选择供述全部的犯罪事实，而会选择暴露多少就供述多少，这是人的趋利避害的本性所决定的。在讯问活动中讯问人员如何组织"对抗条件"的认知？是全部的"对抗条件"的丧失，还是部分的"对抗条件"的丧失，是由讯问的目的所决定的。侦查犯罪是全部的犯罪行为，而不是局部的犯罪行为，所以讯问人员在组织对犯罪嫌疑人的信息影响时，是让犯罪嫌疑人对全部的犯罪事实的认知，避免犯罪嫌疑人对局部的犯罪事实的认知。如果让犯罪嫌疑人产生的是局部的犯罪事实的认知，那么犯罪嫌疑人只能供述局部的犯罪事实，从而掩盖了其他的犯罪事实。所以"对抗条件"的丧失，是整体的还是个体的，对犯罪嫌疑人的对抗行为有着重要的影响。

犯罪行为的记忆是犯罪嫌疑人"对抗条件"产生的基础。首先侦查讯问是在审讯者预先认为犯罪嫌疑人有罪的前提下进行的，而这个前提的产生则是基于犯罪嫌疑人的犯罪记忆，没有犯罪记忆就不存在对抗，犯罪嫌疑人实施了犯罪行为，因为这种行为是社会的否定行为，是要受到法律惩罚的行为，由此才会引起对抗，如果没有犯罪的行为记忆，那就不存在对犯罪行为的隐瞒和对抗了。犯罪嫌疑人的"对抗条件"依赖于犯罪的行为记忆，在犯罪嫌疑人实施犯罪活动的过程中，那些能够证明犯罪行为的因素，和犯罪事实暴露的可能性，对犯罪嫌疑人心理的"对抗条件"产生了重要影响。犯罪行为的记忆是犯罪嫌疑人自我确认的依据，犯罪嫌疑人在被讯问过程中的一系列行为都是从这里开始的，犯罪的记忆是犯罪嫌疑人对抗的前提，没有犯罪记忆就不存在对抗的问题了。在讯问的空间里，对犯罪行为的记忆是模拟产生、再现的，在讯问的空间里，讯问人员对犯罪行为的模拟程度，对犯罪嫌疑人的对抗条件的认知有着重要影响。讯问人员模拟的犯罪事实与犯罪嫌疑人的行为记忆相吻合，犯罪嫌疑人的对抗条件就会自动丧失，反之就会被强化。再有，人的生理和心理的特征反映，犯罪的行为记忆在讯问人员外来的信息刺激下被激活，自然会通过不同的渠道反映出来（这是形体语言研究的结果）。例如，犯罪嫌疑人为了掩盖自己的犯罪事实，对抗侦查讯问的基本方法就是"谎言"，这种"谎言"在外来的信息刺激下，总会通过说谎者的外部形体反映出来，告诉别人自己在说谎。另外，说谎者引发的心理焦虑，促成了自我对抗条件的降低和削弱，由此犯罪的行为记忆是隐瞒犯罪事实的天敌。

第三节 人格特征反映的抗审行为

讯问实践表明犯罪嫌疑人的人格特征对抗审行为会产生重要的影响。从人的个体人格形成的基本特征来看，心理学家们认为：个体人格的形成，主要是遗传与环境因素的影响，人格是一个整体，它由三部分组成，即本我、自我和超我。"本我"是人格结构中最原始的部分，从出生之日起便存在，构成本我的成分是人类的基本需求，也是生之本能。它是促动个体求生活动的内在力量。"自我"是个体在现实环境中由"本我"中分化发展而产生的，由"本我"而来的各种需求，如不能在现实中得到满足，他就必须迁就现实的限制，并学会如何在现实中获得需求的满足。这种需求对"本我"的冲动具有缓冲和调节功能。"超我"是人格结构中的道德部分，处于管制地位，是个体接受社会文化道德规范的教养而逐渐形成的。当"超我"不能对自我起到管制作用时，"本我"和"自我"会因为各种需求而产生内在的动力，从而采取实现需求的行为，这种行为就可能会违反社会文化的道德规范。因此犯罪嫌疑人的个性与经历，直接影响嫌疑人的社会化程度和人格特征反映。

人格特征在环境的影响和刺激下发生变化，是人格基本属性所决定的。孟母三迁的故事流传已久：孟子小的时候，父亲早早地死去了，母亲守节没有改嫁。一开始，他们住在墓地旁边。孟子就和邻居的小孩一起学着大人跪拜、哭嚎的样子，玩起办理丧事的游戏。孟子的妈妈看到了，就皱起眉头："不行！我不能让我的孩子住在这里了！"孟子的妈妈就带着孟子搬到市集，靠近杀猪宰羊的地方去住。到了市集，孟子又和邻居的小孩，学起商人做生意和屠宰猪羊的事。孟子的妈妈知道了，又皱皱眉头："这个地方也不适合我的孩子居住！"于是，他们又搬家了。这一次，他们搬到了学校附近。每月夏历初一这个时候，官员到文庙，行礼跪拜，互相礼貌相待，孟子见了之后都学习记住。孟子的妈妈很满意地点着头说："这才是我儿子应该住的地方呀！"于是居住在了这个地方。后来，大家就用"孟母三迁"来表示人应该要接近好的人、事、物，才能学习到好的习惯。这也说明了环境能改变一个人的爱好和习惯、改变人的人格特征。在偷盗的环境里生活就会想着向别人那里获取钱财，战争环境中的战士想着的是浴血奋战，环境对造就人格有着重要的意义。

审讯空间的环境，对犯罪嫌疑人来说是特殊的甚至是陌生的，面对这种特殊而陌生的环境，犯罪嫌疑人没有现成的经验储存，如何面对审讯空间的环境，犯罪嫌疑人只能调动以往人格经验，来应对眼前所面临的环境。所以犯罪嫌疑人进入审讯空间之后，其相对稳定的人格特征会发生变化，原本是外向型性格的却表现为沉默寡语，原本是内向型性格的却表现出口若悬河的积极对抗。再有，随着讯问空间的信息刺激不断发生作用，犯罪嫌疑人原本是有较高的品格特征的人，如优秀的公务员、高级领导干部，众人评价品格高尚的人，却在审讯室内表现出无赖、满口谎言、狡辩抵赖等行为。由此审讯空间能够改变犯罪嫌疑人相对稳定的人格特征出现人格属性差异。因此审讯人员必须注意调整犯罪嫌疑人的人格属性差异，使其人格特征达到正常的人格状态，满足审讯所需要的人格特征。在讯问的空间里调整犯罪嫌疑人的人格行为特征，是通过对犯罪嫌疑人评价的方法来进行的。通过对犯罪嫌疑人的品格评价，激发其闪光的、优秀品质的人格，建立自我维护的心理行为，帮助犯罪嫌疑人搭建供述认罪的平台。

犯罪嫌疑人的成长过程同时也是一个社会化的过程，在他的社会化过程中，社会行为规则与价值观念都会内化在犯罪嫌疑人的行为模式与思维模式中，即使是在犯罪过程中，犯罪嫌疑人也摆脱不了社会化过程对其的影响。在侦查讯问中，犯罪嫌疑人也摆脱不了正常社会价值观念与行为规则对其的影响。这主要表现为由于犯罪而在嫌疑人心中形成的罪责感与内疚感，也即通常所说的良心受到折磨。根据犯罪学家的认识，在犯罪实施过程中，大多犯罪嫌疑人在控制侵害对象时，其内心有一个将对象非人格化或道德评价降低的现象，以求得自己内心的平静或平衡。因而，有些犯罪学家就此提出了一种被害预防的对策，即被侵害对象在面临被侵害而无力反抗的情况下，要放弃无谓的反抗而不要放弃对犯罪人的劝说——让犯罪人将自己看作一个他一样有人格的人，像他家人亲友一样的人，从而激起犯罪人的道德感，产生不平衡的内心冲突，而自动放弃犯罪。因而在讯问犯罪嫌疑人的活动中，讯问人员就要设法改变犯罪嫌疑人的平衡的心理状态，使之出现不平衡的心理愧疚，出现社会规范要求下的道德感，从而使其放弃对抗转而积极供述罪行。

第五章 审讯的方法和技巧

第一节 审讯前的准备工作

审讯和打仗一样要打有准备之仗，无准备地匆忙上阵，必然是胜少败多。审讯的全部活动是与犯罪嫌疑人面对面进行的，这不仅是正义与邪恶的较量，同时也是审讯人员与犯罪嫌疑人智慧和业务素质的较量，是一场复杂而且尖锐的斗争。多年来审讯的特点告诉我们审讯不容许带有盲目性和随意性，否则就可能吃败仗，就可能会导致应该成功的案件中途夭折，使犯罪分子逍遥法外。因而，做好审讯前的准备工作，是完成审讯任务的重要条件。

一、审讯力量的配备

侦查部门在确定犯罪嫌疑人以后，对犯罪嫌疑人的审讯实际上也是侦查活动的继续，也是侦查活动的重要手段。因此在审讯力量的配备上，应当安排有丰富经验的审讯人员主持审讯。在一般的情况下不得少于两人，我国的刑事诉讼法对讯问犯罪嫌疑人有明确的规定，这里我就不再赘述了。两名审讯人员其中一人担任主审一人担任记录，要分工明确、互相配合，审、记双方的默契配合是审讯成功的重要条件。有的案件就是因为主审与书记员，不能很好地配合，让被审讯的犯罪嫌疑人摸了底，导致了审讯的失败。例如，有的书记员因为基本功差，进了审讯室不知道记录什么，经常打断审讯人员的讯问，问这句话该不该记，那句话该不该记，这不仅打乱了审讯人员的思路，而且还暴露了我们的审讯意图。有的书记员在审讯过程中还乱插话表现自己，从而干扰审讯活动的正常进行。更有甚者，有的书记员将该记的没有记，不该记的乱记，结果是审讯记录废话连篇，必须返工再来，岂知有的信息瞬间即过，是不可能再失而复得的。有的书记员不甘当助手，认为自己不比担任主审的人员差，为什么让我当书记员来记录？这种情绪带进审讯室，就会成为一种干扰审讯的阻力，影响审讯活动的正常进行。因此，审讯前的人员的组织和配备，必须要分工明确、互相配合，为了一个共同的目标而组成战斗团体。

在全部的审讯活动中应当尽量保持人员的稳定，没有特殊的情况最好不要更换审讯人员，因为更换了审讯人员容易引起被审讯人的心理变化，如果在犯罪嫌疑人没有交代供述的情况下更换审讯人员，容易强化犯罪嫌疑人的抗拒心理，在犯罪嫌疑人来说他会认为：你们这两人审不了我，只有换人来审，不管是谁来我都是不会交代的。而在我们的侦查实践中，常常确实是因为久攻不下才更换审讯人员的。如果必须要更换审讯人员，最好不要同时更换两个人，应该逐步地更换，以利于对案件情况的熟悉，也便于犯罪嫌疑人的情绪稳定。

我们的审讯活动不仅要严格按照刑事诉讼法规定的程序进行，依法应当回避的坚决要回避，除此之外，按照法律规定不应该回避的，如果可能对犯罪嫌疑人的审讯产生不利影响的，也应当回避。这是因为我们每一个人都不是生活在真空里，作为审讯人员也是普通的人，也有一定的生活范围，也有自己的亲朋好友，有的同志能够坚持原则自动申请回避，可是有的人就不一定能做到这一点。他认为谁没有熟人熟事的，见熟人就回避那么案件还办不办了？这话说起来似乎有道理，但是，它在实践中所造成的损失是难以挽回的。例如，我们在对一起久攻不下的案件进行总结时发现：审讯人员中间有一位同志与被审讯的犯罪嫌疑人是普通的认识关系，但是在此之前，这位审讯人员还得到过被审讯的犯罪嫌疑人的舅舅的帮助，由此，使得犯罪嫌疑人产生了一种优势心理，一直坚持抗拒了几个月，不交代自己的犯罪事实，就连自己经手签字领取的现金，都是一问三不知，使审讯工作无法进行下去，该案件的侦查陷入了困境。

二、全面地研究熟悉案情

实际上审讯前的准备过程，就是审讯人员对案件材料的研究和熟悉的过程。全面地研究熟悉案情的目的就是要使自己明白该干什么，不该干什么，该怎样去干。我们通过全面地研究熟悉案情，就能清楚知道案件本身的现状，已经获得了哪些材料，还需要哪些材料，存在着哪些问题？需要用什么样的方法去解决。明确审讯的任务和方向，全面地研究熟悉案情的方法在于：通过案件本身的性质确定案件的特点；通过已经掌握的现有的材料，来确定侦查讯问的方向；通过现有的材料与犯罪嫌疑人的关系，确定讯问犯罪嫌疑人的方法；通过犯罪嫌疑人与案件的内在联系，提前把握可能会出现的问题，掌握主动权。具体而言：

1. 通过案件本身的性质确定案件的特点。刑事案件的侦查特点可分为两大类。一类是先有危害社会的案件事实的出现，再去寻找实施犯罪的行为人，也就是说先有事而后找人。例如，在某一凶杀现场发现一少女被杀，寻找谁是杀害少女的凶手，便成为该案件的侦查重点。当某一目击者确认在特定的时间范围内，只有 A 某到过凶杀现场，于是 A 某便成了犯罪嫌疑人。那么审讯犯罪嫌疑人的目的，就是为了确定在某一凶杀现场发现一少女被杀，与犯罪嫌疑人 A 某是否有直接的因果关系？审讯活动也就会围绕少女被杀与 A 某是否有直接的因果关系而展开。当目标被确定以后，就需要制定审讯方法。在通常的情况下审讯这类犯罪嫌疑人，大多采用联系的方法和否定的方法，联系的方法需要查明现场与犯罪嫌疑人的联系；现场的遗留物与犯罪嫌疑人的联系；被害人与犯罪嫌疑人的联系；目击者与犯罪嫌疑人的联系。否定的方法需要查明能否否定犯罪嫌疑人有杀人的行为；能否否定犯罪嫌疑人有杀人的时间；能否否定犯罪嫌疑人到过杀人的现场；能否否定犯罪嫌疑人有杀人的动机；等等。另一类是先发现犯罪嫌疑人，然后再去寻找其犯罪事实。例如，某一国家工作人员挥金如土，与自己的正常收入严重不符，并且银行还有巨额来路不明的存款，经群众举报该国家工作人员曾多次索取他人的贿赂。那么该国家工作人员是否犯有贪污贿赂罪，他的巨额财产是从什么地方来的？当该国家工作人员成为我们的讯问对象时，钱的来源、去向、数量、性质就是我们侦查讯问的目标。

  2. 通过已经掌握的材料，来确定侦查讯问的方向。通过上述案件的性质和特点来看，无论是先有案件再找犯罪的人，还是先有犯罪嫌疑人然后再确定案件的性质，都会留下或多或少的犯罪材料和犯罪线索，这是我们侦查讯问的基础。当我们在拿到这些材料以后，不要急于与犯罪嫌疑人接触，要对所取得的材料认真地进行研究，制订审讯方案，确定侦查讯问的方向。通常对材料的研究是研究它的来源，也就是材料本身的真实性和可靠性，材料的内在联系，材料与犯罪嫌疑人的关系，进行综合评价，确定案件的性质和特点。找出案件的侦查重点后，就要根据该案件所需要的证据体系的证明特点，考虑还需要取得哪些证据？这些证据如何提取？也就是说在该案件中如何通过审讯来向犯罪嫌疑人要证据。审讯犯罪嫌疑人时的最初依据是现有的已经掌握的材料，这些材料分为两个方面：一方面是与犯罪事实有联系的材料；另一方面是犯罪嫌疑人个人的材料。确定侦查讯问的目标的重点，依据的是与犯罪事实有联系的材料，而确定侦查讯问的方法的重点，依据的是犯罪嫌疑人个人的材料，和该犯罪嫌疑人与客观的犯罪事实的内在的联系。因而，熟悉案件本身的材料，对照案件的事实，看证据材料与案件的事实是否一致，是否有矛盾，来源是否合法，哪些证据在讯问中能够使用，哪些证据不能使用，还要进一步弄清什么问题。与此同时，还必须对犯罪嫌疑人的基本情况熟悉。包括犯罪嫌疑人的原来姓名、别名、绰号、年龄、文化程度、职业、社会关系、生活经历、思想品质、家庭情况、性格特征、犯罪动机、目的、手段、后果、犯罪的时间、地点、环境、有无前科、是惯犯还是偶犯、对方是否掌握我们的情况，对方犯罪以后的心理状态，等等。对上述情况了解得越多，为我们利用的条件就越多，其成功的系数就越大。

3. 通过现有的材料与犯罪嫌疑人的关系，确定讯问犯罪嫌疑人的方法。当我们的办案人员拿到案件的材料以后，如何通过现有的材料与犯罪嫌疑人的关系，来对犯罪嫌疑人进行讯问，是审讯必要的、不可缺少的过程。根据案件的性质和特点的不同所采取的方法也是不相同的。但是尽管不同的案件有其不同的方法，他仍然有其规则可循。讯问的实践中经常采用的方法为：先易后难，先近后远，先小后大，先外后内，先明后暗，先弱后强。这里所说的"先易后难"，是指某些与案件有密切关系的事件，能够比较容易被犯罪嫌疑人认可的事实，作为我们首先解决的问题，然后逐步深入解决不容易被犯罪嫌疑人承认的犯罪事实。"先近后远"，是指先解决时间和距离比较近的犯罪事实，"时间近"的犯罪事实，因有较强的记忆痕迹还不至于在短期内忘记，距离是指难、易的程度（特指），某一事件的距离比较远，指的就是该事件难度大不容易掌握。例如，某犯罪嫌疑人不仅参与了高科技犯罪，同时还参与了普通刑事犯罪，从这两起犯罪的侦查的难易程度来看，普通刑事犯罪比较容易掌握，而高科技犯罪带有特殊的专业技术，有比较高的科技含量，不容易被掌握。所以在对这类犯罪嫌疑人审讯时，从先后的选择上应当先从普通刑事犯罪开始，待自己对专业技术比较强的那部分犯罪事实掌握之后再进行讯问。"先小后大"，是指先从比较小的犯罪事实入手，把重大的犯罪事实作为最后的主攻重点，如果我们把重大的犯罪事实开始就作为攻击的目标，势必会影响对小的犯罪事实的侦查。"先外后内"，是指先从案件的外部联系入手，逐步深入挖掘案件的内在联系，也可以先从案件的现象入手，逐步深入案件的本质。"先明后暗"，是指先选择比较公开暴露的犯罪事实或者情节，然后再设法接触那些比较隐蔽的犯罪事实。"先弱后强"，人们常说审讯要找薄弱环节作为突破口，这里的"先弱后强"就是要先选择犯罪嫌疑人的防御体系比较弱的环节，作为首先"攻击"的目标。我们在审讯的过程中所说的环节、事件、对象，都是与案件的事实有密切关系的，是能够引起案件事实连锁反应的，并且能够直接影响犯罪嫌疑人的整个防御体系。如果只是无关紧要的环节、事件、对象，那么尽管它有薄弱的属性和容易被"攻击"的特点，但是最终还是动摇不了犯罪嫌疑人的整个防御体系。

4. 通过犯罪嫌疑人与案件的内在联系，提前把握可能会出现的问题，掌握主动权。审讯过程中比较容易出现的问题是：给犯罪嫌疑人留有退路。如何提前堵住犯罪嫌疑人的退路，是我们掌握主动权的基础。我们在对每一个目标进行"攻击"之前，必须要首先研究和掌握犯罪嫌疑人可能选择的退路，才能有效地防止我们从前门攻，犯罪嫌疑人从后门跑的结果。如何在审讯之前找出犯罪嫌疑人的退路？首先，根据犯罪嫌疑人与案件的内在联系的逻辑关系来进行寻找。例如，盗窃犯罪的案件，案发后从犯罪嫌疑人的身上搜查出了大量的现金，在通常的情况下，审讯大多选择赃款和赃物的来源作为审讯的突破口，因为赃款和赃物的来源是非正常的，是由于犯罪分子采取的不法手段而获取的，所以犯罪嫌疑人会否定非法的来源。当审讯人员追查赃款和赃物的来源时，犯罪嫌疑人就会选择合法获取的方法作为退路。他就会告诉你这些钱是父母给的，或者是找朋友借的，再者是自己做生意赚的。提前掌握了他们的退路，做到心中有数，就能提前设法去堵住其退路。其次，是根据人的一般思维特点寻找犯罪嫌疑人的退路。通常采取位置置换的方法，自己讯问自己处在犯罪嫌疑人这个角度会选择什么方法作为退路。通常犯罪嫌疑人发现对自己不利的情况时，大多采取直接否定的方法："不是我""没有""我不知道""我没干"，等等。审讯人员应当提前做好准备，在审讯的对策上为了不让对方直接说出"不"字，通常采取"跨越前提"的方法，先设定犯罪事实存在，来堵其退路。再者，犯罪嫌疑人的退路通常会选择我们的薄弱环节，因此我们在审讯之前就要注意掌握薄弱环节在什么地方，如何隐蔽薄弱环节。例如，犯罪分子在作案的过程中和作案以后，没有被任何人发现，也就是说现场没有目击证人。案件缺乏证人是我们侦查讯问的薄弱环节，犯罪嫌疑人就会依此认为：自己在作案时反正没有人看见，司法机关只是怀疑，没有证人证明，我就是不承认。那么审讯人员就要设法把自己的薄弱环节隐蔽起来。隐蔽的方法通常是采用跨越薄弱环节的方法：现场虽然没有目击者，但是现场有犯罪嫌疑人的遗留物，跨过人证，把物证作为主攻方向。这样犯罪嫌疑人就无法利用我们的薄弱环节。

三、全面了解犯罪嫌疑人

在没有与犯罪嫌疑人正面接触之前，必须要对犯罪嫌疑人有所了解，了解得越多越全面越好。了解的目的就是把握审讯的主动权，对犯罪嫌疑人能做到对症下药，最后达到制伏犯罪的目的。怎样去了解我们的对手？以及了解什么？这是我们必须要搞清楚的。

在与犯罪嫌疑人正面接触之前，如何去了解对方，其方法主要是：（1）通过阅读案件材料了解犯罪嫌疑人。审讯之前我们最先接触的就是案件材料，阅读材料就是要在案件材料的字里行间找出犯罪嫌疑人的特点。（2）通过看守所的看守人员和同号房的"狱友"或者狱中"特情"了解犯罪嫌疑人。犯罪嫌疑人在被采取强制措施以后，其心理反应非常大，表现得也比较强烈，通过看守所的看守人员和同号房的"狱友"或者狱中"特情"，都能比较容易地了解情况，审讯人员应当多向他们了解对手的情况。（3）通过犯罪嫌疑人的至爱亲朋以及与案件有其他关系的人了解犯罪嫌疑人。作为犯罪嫌疑人的至爱亲朋，在他们相互交往的过程中，应当对犯罪嫌疑人有所了解，甚至是比较直接的了解，通过他们可以了解到许多我们没有掌握的东西。（4）通过对犯罪嫌疑人的家庭了解犯罪嫌疑人。主要是了解犯罪嫌疑人的生活环境，家庭对犯罪嫌疑人的影响，通过找其家庭成员了解犯罪嫌疑人。

了解犯罪嫌疑人的基本内容：（1）犯罪嫌疑人的基本情况。姓名、年龄、性别、化名、绰号、性格、文化程度、籍贯、职业、个人简历、身高、体重、健康情况、智力情况、婚否、家庭成员情况以及相互关系、父母的详细情况、兄弟姐妹的详细情况、婚姻情况、住房条件、经济状况等。（2）犯罪嫌疑人的社会关系情况。与哪些人接触得比较频繁，业余时间的爱好是什么？经常出入什么场所？（3）犯罪嫌疑人的思想表现情况。主要是遵纪守法情况，自己的习惯和爱好，与别人相处所表现出来的性格特征。了解犯罪嫌疑人的基本情况，就是为了能够充分地利用犯罪嫌疑人提供的条件，来达到制伏犯罪的目的。

四、审讯计划的制订

审讯活动不是盲目地想到哪里就问到哪里，而是有计划、有步骤地进行的。如果在接触犯罪嫌疑人之前，不去认真地研究制订审讯计划，审讯就会带有盲目性，就会陷入被动。审讯之前制订审讯计划，是审讯活动的重要内容，是取得审讯成功的基本保证。在全面熟悉案件情况的基础上，如何制订审讯计划？制订审讯计划可以分为两个方面：一方面是从案件本身的需要而制订的审讯计划；另一方面是根据犯罪嫌疑人的特点而制订的审讯计划。

根据案件本身的需要而制订的审讯计划。案件的已知条件是什么？无论是情况紧急的案件，还是一般情况下出现的案件，都应该有先知的条件，也就是已知情况。通过已知的条件得知需要寻找的未知目标。当案件处在紧急情况下，案情还在继续发展，有些问题必须要立即查明，否则随着时间拖延，犯罪的隐患就会给人民的生命财产造成重大的损失。例如，投毒案件，犯罪嫌疑人在实施投毒行为被抓获以后，审讯的目标就要根据已知的投毒情况和投毒案件的特点，来确定未知的投毒的范围、毒品名称、可能造成的后果，必须要立即查清楚，才能避免更大损失出现。为了弄清这些情况，必须立即对犯罪嫌疑人进行审讯，明确需要立即解决哪些问题，哪些问题可以暂缓解决，制订突击审讯的方案。除此之外，还有一些不需要紧急处理的案件，虽然不是十分紧急，但是必须要在法定期限内完成，这就要求我们不仅要抓住案件的实质，根据已经掌握的案件线索，寻找未知的案件线索。而且还要求我们把握法定办案期限，争取提前结案。每一种类型的案件都有其自身的特点，制订案件的审讯计划，除了制订好如何寻找未知的案件线索之外，根据案件的发展趋势以及可能出现的情况，案件会向什么性质的范围发展，要有心理准备。同时还要根据法定的构成要件，来确定讯问的目标。如有的案件需要确定犯罪嫌疑人的行为是故意还是过失，才能使案件的定性准确。犯罪嫌疑人杀了人，是故意杀人还是过失杀人是截然不同的两个概念。所以，根据法定的构成要件，来确定讯问的目标，是制订审讯计划的重要方法。

根据犯罪嫌疑人的特点而制订的审讯计划。初次审讯，在审讯之前对犯罪嫌疑人的情况的了解，只能是间接的或者是某一部分的，不一定是犯罪嫌疑人的真实的特点。所以在审讯之前制订的审讯计划，应当在审讯的过程中不断地改变、不断地完善，才能做到审讯方法有的放矢。通常是在讯问犯罪嫌疑人的基本情况的过程中，逐步了解犯罪嫌疑人的基本特点。犯罪嫌疑人的基本情况包括：姓名、年龄、籍贯、职业、主要社会关系。如果在这一过程结束之后，还需要进一步对犯罪嫌疑人了解，可以采取试探的方法讯问：你对司法机关的讯问有什么想法？也可以采取侦查式的讯问方法：你知道自己犯了什么罪吗？一般情况下犯罪嫌疑人的基本性格在这一过程中就会逐渐表现出来。这里应当注意在这个阶段双方都在试探摸底，审讯人员要特别注意隐蔽自己。当审讯人员掌握了犯罪嫌疑人的特点之后，就可以根据本次审讯的重点，明确需要解决的具体问题，确定好具体的突破口，制订或者选择"攻击"的方法。在一般情况下对性格外向的人，可以采取直接"攻击"的方法，直接告知犯罪的存在，逐步的缩小"心理限制"的范围。对那些性格内向的人，通常采取"迂回"的方法，一步一步向突破口推进，给犯罪嫌疑人一个心理承受过程，避免过急形成僵局。在接触犯罪嫌疑人之前，应当确定使用哪些证据，使用证据的时机与方法。此外，任何对犯罪嫌疑人进行教育以及说服教育的具体内容（其目的是转变犯罪嫌疑人的抗拒心理），使用什么样的讯问语言以及语言的节奏，语言的强弱刺激程度，对犯罪嫌疑人可能作出的回答，应当采取什么对策，要有心理准备。

初次审讯以后，在之后的审讯活动中，审讯计划的制订主要是根据案件内容的需要而制订的。因为在以后的审讯过程中，审讯人员与犯罪嫌疑人经过了初次审讯的磨合，都有了相互的了解，无须再花费时间了解对方本身的特点。审讯计划应当是解决案件的实质性内容。通过审讯需要解决哪些问题，先问什么，后问什么，先使用哪些证据，后使用哪些证据，应当有总体的规划和有针对性的策略。对可能出现的问题要有提前了解，提前做好准备，免得临阵束手无策。

第二节 审讯过程中初始阶段的任务和审讯方法

审讯过程中初始阶段也可以称为试探摸底阶段。试探摸底阶段不仅仅是表现审讯过程的初始阶段，同时也表示首次接触犯罪嫌疑人第一次审讯的初始阶段。在这一阶段审讯人员的首要任务是：选择接近犯罪嫌疑人的方法，取得犯罪嫌疑人的初步信任，逐步摸清犯罪嫌疑人的底细，向犯罪嫌疑人推销一个观念，即让犯罪嫌疑人感觉到自己有罪，并且犯罪事实已经被审讯人员掌握，说实话可能对自己有利。

一、如何摸清犯罪嫌疑人的底细

摸清犯罪嫌疑人的底细是审讯过程中"初始阶段"的首要任务。经常有的人把它称为试探摸底阶段。它是每一起成功的审讯案件必须经历的阶段。它的特点表现在犯罪嫌疑人与审讯人员都处在相互摸底的阶段，不仅审讯人员要知道对方的底细，而且犯罪嫌疑人也要知道审讯人员的底细。审讯人员了解犯罪嫌疑人的目的，是为了制伏犯罪取得审讯的成功。而犯罪嫌疑人了解审讯人员，就是为了逃避法律的惩罚。因而在此阶段双方的表现都是非常警惕、注意力非常集中，都希望在最短的时间，以最快的速度了解对方，来掌握审讯初始阶段的主动权。犯罪嫌疑人摸底的主要目的就是要知道审讯人员到底知道犯罪嫌疑人多少犯罪事实，掌握了哪些证据，还有哪些证据没有被掌握。而审讯人员所要知道的内容就是犯罪嫌疑人到底干了哪些事，犯了哪些罪行，如何根据犯罪嫌疑人的特点，让犯罪嫌疑人如实交代自己的罪行。要知道犯罪嫌疑人到底犯了哪些罪行，除了我们已经掌握的线索之外，还要依靠犯罪嫌疑人自己来提供犯罪线索和犯罪事实。可见对犯罪嫌疑人的充分了解，才是审讯取得成功的基础。在审讯的初始阶段应从以下几个方面了解犯罪嫌疑人的底细：

首先要知道犯罪嫌疑人的"定势心理"。什么是"定势心理"？犯罪嫌疑人接受审讯时，准备用什么方法来接受审讯的心理准备，在审讯中称为定势心理。这种心理准备带有相对的稳定性，也带有很大的普遍性。犯罪嫌疑人几乎都带着事先准备好的心理状态来接受审讯，这种相对稳定的心理状态，贯穿于审讯的全过程，在审讯的试探摸底阶段和对抗相持阶段表现得较为明显。审讯中这两个阶段的任务实质上也是为了转化犯罪嫌疑人的定势心理。犯罪嫌疑人在这个阶段的攻守程度，也取决于定势心理的程度。

定势心理作为犯罪嫌疑人在接受审讯时的相对稳定的心理准备，并不是短期内形成的。根据犯罪的特点，犯罪嫌疑人在实施犯罪时，就已经存在了反侦查的心理准备，这种心理状态的稳定程度决定了存储的时间，存储的时间越久越不易改变，因为这种心理定势会反复在自己的大脑中进行思维循环而被加固。

犯罪嫌疑人的定势心理程度还依赖于产生这种定势的根据，那些依据多种事实而形成的定势或与多种需要相联系的定势稳固程度较高。假如某种定势只依赖于某一环节或事实，那么只要否定了这一环节和事实，就可以改变这种思维定势。但如果其定势心理所依赖的环节和事实很多，其定势心理就不容易改变。如受贿人一旦收取了钱物以后，其心理状态立即会因日后有多少暴露的可能性而发生微妙变化：首先，没有第三者目击，行贿人因感谢不会揭发；其次，可以借口朋友交往的礼尚往来；最后，没有损害国家利益等。只要自己不说，天知地知，你知我知。这一系列的环节和根源稳固了受贿人的定势心理。

这种定势心理是否承受过其他外力的"攻击"，是否有免疫性？如果犯罪嫌疑人仅就此案的犯罪事实没有受到过其他人或单位讯问过，那将是脆弱的，容易被改变的。反之，如果受到讯问，那就会增强抵抗力和免疫性，从而变得更加巩固不易改变。可见犯罪嫌疑人的定势心理，是犯罪嫌疑人抗拒审讯的重要的心理基础，必须首先弄清楚。审讯过程中的摸底，就是要摸清犯罪嫌疑人带进审讯室的基本的心理状态——定势心理。如何摸清犯罪嫌疑人的定势心理？通常采用"定位刺激法"来发现犯罪嫌疑人的定势心理。

"定位刺激法"是采取给犯罪嫌疑人设定某一前提，然后观察其反应，根据其反应从中发现并且找出犯罪嫌疑人的定势心理的方法。这种方法的使用是在问完了犯罪嫌疑人的基本情况以后，犯罪嫌疑人的情绪比较平稳的情况下，很平和地告知犯罪嫌疑人："你已经构成犯罪了！"然后观察犯罪嫌疑人对这句话的反应。通常会出现两种反应趋向：一种是没有明显的反应，既不辩解也不回答，表现出沉默无语的默认状态。这种反应大都是"畏罪心理"的反映。他们知道自己的罪行重大，心理基础是怕受到惩罚，心理表现是走一步看一步，根据情况的发展而定。另一种反应则比较强烈：我不承认我有罪，我有什么罪？你们说我有罪你拿出证据来！或者用其他的理由来进行辩解，这种心理表现是"侥幸心理"的反映——我自己知道事情是我干的，但是你们找不到证据，我就是不承认，千万不能承认。这两种定势心理告诉我们审讯的方法必须要依据对方的基本的心理特征。针对"畏罪心理"，审讯人员应当多给他们求生的希望，把他们往求生的路上领，常常摆出"利""弊"关系，让对方选择，尽最大的努力使对方形成一种观念："说实话对自己有利。"而针对"侥幸心理"，则要改变方法。无论是采用"逻辑的方法"、"以证取证的方法"还是"牵连追根方法"，最终要使对手形成一种观念："事情他们已经都知道了，抗拒已经失去意义"。在一般的情况下，只要能够把握这两种定势心理的特点，就能够把握审讯的大方向，不至于走弯路。

其次要知道犯罪嫌疑人的"人格"特征是什么？因为犯罪嫌疑人的"人格"特征，对审讯活动有着重要的影响。犯罪嫌疑人的"人格"基调越高越容易接受审讯人员的"暗示"。我们在这里所说的"暗示"，不是带有诱供性质暗示，而是采用的一种"心理影响"的方法，引导犯罪嫌疑人放弃抗拒，走供述认罪的路。研究犯罪嫌疑人的"人格"基调的目的，是确定犯罪嫌疑人在客观事实面前供述认罪的程度。人格基调低的人，低到一定的程度，就会被称之为"无赖"，在客观事实面前还会抵赖不认账，其供述认罪的顺应性比较差。与此相反，人格基调比较高的人，在客观事实面前供述认罪的顺应性比较强，容易接受审讯人员的暗示，笔者认为这是供述认罪的基础。也就是说，人格基调高供述认罪的基础就好，相反就差。对人格基调比较低的犯罪嫌疑人，审讯人员首先的任务是调整犯罪嫌疑人的人格基调，把犯罪嫌疑人的低人格基调拔高。当犯罪嫌疑人被限制了人身自由或者面对司法机关的讯问，由于这种外来的信息刺激，产生了被歪曲的人格基调。例如，犯罪嫌疑人认为自己仅仅干了一件小事，你们司法机关就小题大做，产生了破罐子破摔的思想意识，心灵深处被社会否定的逆反对抗的心理记忆被激活，有的认识他的人就可能说：这个人过去不是这样的，怎么现在会变成这样呢？这里可以证明人的"人格基调"可以在短时间内通过外部信息的刺激而发生变化。既然能向社会否定的逆反对抗的方面发展，同时也可以向社会的肯定的顺应服从的方面发展。因此在初审阶段，审讯人员不仅要设法了解犯罪嫌疑人的"人格"特征，还要通过人为的刺激拔高犯罪嫌疑人的人格基调，改变犯罪嫌疑人逆反对抗的心理。

如何在初审阶段寻找犯罪嫌疑人的人格特征？

用观察的方法，也就是前面所说的审讯人员的"眼睛"，用我们自己的眼睛去发现犯罪嫌疑人的人格特点。犯罪嫌疑人为了不让审讯人员更多地了解自己，总是要千方百计地掩盖自己，伪装自己的心态。但是他的下意识反应和细微的人体动作会告诉我们他的心理活动情况。例如手的动作、脚部的动作、面部表情的变化、眼神的变化，这些都能比较明确地表现出犯罪嫌疑人的心理活动情况。这些人的重要特点是"自私""唯利是图"，只要我们仔细地去观察，就会不难发现。关于审讯人员的"眼睛",前面已经作了详细的叙述,在这里就不再赘述。

用耳朵去听、用心去感觉。语言是心理的表现,犯罪嫌疑人的心理活动特点总是要通过自己的语言表述出来的,审讯人员用自己的耳朵细心地去听,就会有所收获。例如,那些语言粗鲁刻薄格调低下的犯罪嫌疑人,就不可能有较高的文化素养和比较高的人格品质。他们在语言的表述上总是表现出对他人的不满,对他人的言行要求极为刻薄,甚至指责讯问人员的不是,表现得蛮不讲理。而对自己从不认为有"错",甚至是对自己的犯罪也认为是别人造成的,不属于自己的责任。对待自己宽容对待他人刻薄,是他们人格品质表现的特点。

另外,犯罪嫌疑人的人格特征还表现在:"对抗的持久性。"审讯人员为了转变犯罪嫌疑人的对抗心理,通过教育谈道理,有的人抗拒心理转变得比较快,而有的人抗拒心理转变得比较慢。这是因为有的人"明事理",知道什么是错什么是对,什么是应该干的什么是不应该干的,一旦发现审讯人员说的话有道理,其抗拒的程度就会立刻减弱,逐步消失。而有的人"不明事理",属于低品质的人,不知道什么是错什么是对,什么是应该干的什么是不应该干的,他有自己的行为标准,尽管审讯人员的话说得在情在理,他也是听不进去。所以这种类型的人抗拒心理转变得比较慢,需要的时间比较长,有一定的持久性。同时有的犯罪嫌疑人善于隐蔽自己,抗拒心理的转变不容易被发现,因此我们在寻找犯罪嫌疑人的人格特征时,不仅要用眼睛去观察,还要用心去感受。审讯人员与犯罪嫌疑人较量的审讯过程,实际上也是与犯罪嫌疑人心理交流的过程。在很多的时候对对方的心理感知,不是依靠对方的语言表述才感知到的,而是依靠自己的心理感觉来感知对方的心理特点。例如,不会说话的"眼睛",眼神的交流能够表现心态,眼神的敌意就是对抗的心态表现,眼睛对视的时间长短也是心理表现的一个方面,对方眼睛对视的时间比较长,超过正常的无言交流的眼睛对视的时间,就表现出了一定的"攻击性"。前面我们介绍了四目对视的特点,当审讯人员与犯罪嫌疑人初次接触四目对视时,谁的眼睛先避开对方谁多半是弱者。这里主要说明的就是眼神的"攻击性"。既然眼神具有"攻击性",抗拒心理就不可能被消除。

犯罪嫌疑人的防卫底线的设置,与犯罪嫌疑人的人格特征有很大的联系。防卫底线是犯罪嫌疑人为了抗拒审讯所设置的"屏障"的位置。例如,报复杀人案件,犯罪嫌疑人明明与被害人认识,而在讯问犯罪嫌疑人时坚持自己不认识被害人。他的防卫底线就比较靠前。当客观事实证明他不但与被害人认识,而且与被害人有刻骨的仇恨。在事实和证据面前,犯罪嫌疑人还仍然坚持自己不认识被害人。这里可以看出,犯罪嫌疑人的人格基调极其低下,实属无赖。另外，还是这样一个案件，犯罪嫌疑人既承认与被害人认识，又承认与被害人有仇恨，但是犯罪嫌疑人否认自己是杀人凶手。这里可以看出，犯罪嫌疑人的防卫底线就比较靠后。因为犯罪嫌疑人知道认识被害人并且有仇恨，这是明摆着的事情，是不可否定的。所以他就自动地放弃了。与前面的犯罪嫌疑人相比，后者的人格基调就比较高。

　　心理学家们认为，对人格的研究，仅仅是对人格差异的研究，除鉴别人格差异之外，不评定人格的高低。审讯心理学把人格的特征用高低的方法来予以评价，目的是为了便于审讯人员对犯罪嫌疑人的特点的掌握。在审讯心理学中人格差异的重要特点是：犯罪嫌疑人在客观事实面前能不能够承认客观事实。大多数犯罪嫌疑人都能在客观事实面前认罪，而少数的犯罪嫌疑人面对客观事实要无赖拒不认罪。他们的这种差异显然是与犯罪嫌疑人的世界观和人的品行、品格有关。而世界观、人的品行、品格又是人格的具体表现。为了说明犯罪嫌疑人在审讯活动中，对客观事实的认识特征，用人格差异来说明犯罪嫌疑人对客观事实的认识特征，解决的仅仅是认识的现象不是认识的实质。所以为了在审讯活动中更进一步地说明犯罪嫌疑人面对客观事实表现不同的实质问题，首先设定基本特征即基调，用高低来评价犯罪嫌疑人的认识差异，才能准确地反映出人格差异的实质。因而笔者认为犯罪嫌疑人在客观事实面前能够承认客观事实，其人格表现为正常，属于标准的人格表现。如果当犯罪嫌疑人在客观事实确凿的情况下，还仍然否认是客观事实，其人格表现是低人格基调的表现。低人格基调的人不能在审讯活动中与审讯人员产生正常的沟通，审讯活动需要犯罪嫌疑人具备最低的基本的"人格"才能满足其条件。因而需要人为地拔高其人格才能展开审讯活动。

　　如何在初审阶段拔高犯罪嫌疑人的人格基调？其方法通常采用称赞、评定、心理同情和展望前途的方法，即直接赞美法。人大多都有一个共同的特点，爱听赞美、赞扬、好听的话，实际上这是人们的心理需求，外来的赞美顺应了这个心理需求，出现了积极的情绪。为了对犯罪嫌疑人进行情感的影响，应该充分利用这一心理特点，便能取得很好的效果。首先，是对犯罪嫌疑人的"闪光点"加以肯定。将其参加工作直到案发为国家和社会做过一些有益的事提取出来加以肯定、赞扬使犯罪嫌疑人感觉到社会还没有忘记他曾经做过的贡献，由此而产生情感上的共鸣。如有一位市长涉嫌犯罪，在审讯他的时候，对抗心理极强。他仰坐在椅子上，面向天花板双眼闭目养神。这时的他很难听进别人的劝导，审讯人员先不谈案件的实质，而是对他过去的工作做充分的肯定："你为社会作出了很大的贡献，你曾经用自己的智慧和汗水对城市的建设作出了很大的贡献，这个城市的老百姓是不会忘记你的，还希望你能回去参加这座城市的经济建设。"此后的这位市长不仅改变了自己的坐姿，而且满脸带着感激之情："谢谢你。"这短短的几句话取得了双方情感上的沟通。其次，是对犯罪嫌疑人的人品的评价，把高尚的品格往犯罪嫌疑人的身上粘。如："你性格直爽，敢作敢为，为人讲义气，重感情，办事情实事求是，不搞虚假的一套，在工作中出现的问题，敢于承担责任，为人处事光明磊落，办事公正，客观全面，到任何时候都是一条好汉。"把这种品德粘在犯罪嫌疑人的身上，他是不会往下脱的。同时对方还会千方百计地维护被强加的形象，并按照这种形象去作出行为。应当注意的是，在对"人品"评价时，收集典型事迹进行评价效果最好。

二、如何接近犯罪嫌疑人

审讯人员与犯罪嫌疑人虽然同在一间审讯室，身体相距可以说是近在咫尺，但是他们的心理相距、情感相距就可能离之千里。接近犯罪嫌疑人实际上是指接近其心理，是进行心理接触的基础。审讯在很大的程度上是与犯罪嫌疑人进行心理沟通的过程，也是情感交流的过程。因此，审讯人员只有接近犯罪嫌疑人，才能与犯罪嫌疑人进行心理沟通和情感交流。审讯人员如果不能接近犯罪嫌疑人，就不可能了解犯罪嫌疑人的心理情况，就不可能对犯罪心理起到转化作用，有时甚至背道而驰，距离我们的审讯目标越来越远。所以接近犯罪嫌疑人是审讯活动中不可缺少的环节。接近犯罪嫌疑人通常采用情感影响方法。

从情感影响的心理机制来看，心理科学证明，情感的实质是人对客观对象是否符合自己的需要作出的一种心理反应。这种反应，是对象与主体之间的某种关系的反应，表现为对待客观对象的一种态度。而这种态度又是与人的活动、需求、利害关系有着密切的联系。在某种程度上来讲，是由动机所促动的行为，其目的在于寻求动机的满足。由此可知，行为动机能否使个体的动机获得满足的结果，自然就会伴随产生不同的情绪。满足了则快乐，不满足则痛苦、沮丧。对象与主体的需求不同就会产生不同的情感，不同的情感又驱使主体采取不同的活动，以符合主体的要求和需要。从而导致了两种效应——顺应和逆反，顺应常常表现为信任和接受，逆反则常常表现为对抗和不满。可见情感对行为有促进作用，也有干扰和阻碍作用。

在讯问活动中，讯问人员所设置的情感符合了犯罪嫌疑人的需求和某种满足，审讯人员便会获得信任，犯罪嫌疑人的对立情绪就会被克服，更换出一种新的情绪和新的观点，把审讯人员看作是可以亲近的人，并信其讲话的真实性，就容易把审讯人员的要求转化为自己内心的动力和必然的趋向，达到供述交罪的目的。相反，审讯人员的情绪和情感对犯罪嫌疑人的需求发生了干扰作用时，逆反心理便会出现，消极的情绪便会对供述动机起到妨碍作用。因此，在讯问中，审讯人员应时刻注意把握住犯罪嫌疑人的情感方向，防止犯罪嫌疑人逆反心理的产生，消除已经出现的逆反心理。在审讯的方法上，应该体现或运用以情感人，以理服人，控制犯罪嫌疑人的情感，使其顺着审讯人员的意图发展下去。

从情感的来源来看，情感不是自发的，而是由刺激引起的心理反应，是人对客观对象是否符合自己的需要而做出的心理反应。这种引起情感变化的刺激，有外在的，也有内在的，有时是具体可见的，有时是隐而不显的。就引起情感的外在刺激而言，生活中的任何人、事、物的变化都会影响人的情感。如一部好的电影能催人泪下，演员在屏幕上流泪，观众在台下陪着流泪，看到悲伤处，有的观众还能痛哭流涕。这就是外部情感刺激的作用。审讯中，讯问人员的言、行都会影响犯罪嫌疑人的情感和情绪，讯问人员不同的言行，会给犯罪嫌疑人带来不同的情感和情绪。如讯问人员在审讯时，对犯罪嫌疑人所犯的罪行表现为理解，并帮助其认识自己的罪行，修正自己的罪行，其语言平和，态度真诚，犯罪嫌疑人所表现出来的情感和情绪反应，应该是包含感激和信任的情感和情绪。而相反，讯问人员对犯罪嫌疑人的语言生硬，态度严厉，犯罪嫌疑人会出现消极的情感，产生逆反的情绪。这种情感和情绪的出现，是外在刺激直接引起的。至于情感和情绪的内在刺激则是心理上的，诸如记忆、联想、想像等心理活动。如犯罪嫌疑人在看守所里，听到高墙外学生的朗朗读书声，便会自然想到自己的孩子和家庭，泪流满面，愧恨不已。

由上述可以证明：情感的产生是以客观对象为影响源，符合情感主体的需要而产生的。例如，贪污、贿赂犯罪嫌疑人在审讯时，最不愿听的语言就是"贪污、受贿"，如果讯问人员避开犯罪嫌疑人不愿听到的词语，改用拿了钱或收了钱，并对其一时糊涂干的蠢事表示同情，这样从客观上满足了犯罪嫌疑人畏罪心理的需要，使得犯罪嫌疑人的情感方向顺应了自己的意图。这本身就是对犯罪嫌疑人的接近。在审讯活动中犯罪嫌疑人情感的产生也是由两方面来决定的：一方面是讯问人员的情感输入；另一方面是犯罪嫌疑人心理的需求。为了使犯罪嫌疑人的情感方向与审讯人员的意图保持一致，必须要研究犯罪嫌疑人的心理需求。

如贪污、贿赂犯罪嫌疑人由于自己的特殊社会地位，反映出与其他刑事犯罪人的心理状态上的区别，从而产生了不同的心理需求。这类人对"名声""面子""前途"看得比较重，在犯罪以后，还要寻求心理上的解脱与安慰。如果审讯人员能够尽量满足对方的心理需求，便会产生顺应性的情感。从审讯的常规来看，对被审对象大多是直呼其名的，如果改变这种直呼其名的称呼，称"老张""老李"或"李老""张老"，使得犯罪嫌疑人感觉讯问人员没有把他当犯罪分子对待，在"面子"上得到了满足。有时审讯人员忽然称呼其原来的职务——"张局长"，这时对方会想象自己又官复原职了。在对受贿犯罪嫌疑人进行审讯时，多指责行贿人，犯罪的恶果是由行贿人造成……这样犯罪嫌疑人就会感觉到你在为他讲话。在贪污、贿赂犯罪嫌疑人中，有的是领导干部，还有的是特殊的专业人才，这个时候他们最希望对他过去的贡献进行评价，对他为社会创造的财富和功绩进行肯定。如果审讯人员不吝啬赞美之言，是会使其感激不尽、激动不已的。这种对象与主体间的需求关系产生了不同的情感，这便是情感的来源。

从情感的作用来看，多年来在公安机关与检察机关的审讯活动中，经常有人对审讯活动的方法和技巧，用"动之以情，晓之以理"来予以概括。美国人对审讯的方法结论是：情感的方法和逻辑的方法。由此可见"情"与"理"是审讯活动中的两大法宝。在审讯活动中，这种情感的作用是通过消除犯罪嫌疑人在侦查讯问中的消极的因素，激发积极的因素，强化供述的动机来实现其审讯的目的。

首先，情感的作用在于消除对立，化解僵局。犯罪嫌疑人带进审讯室的对立情绪有两方面的原因：一方面是犯罪嫌疑人固有的对立情绪；另一方面是审讯人员的方法不对引发的对立情绪。犯罪嫌疑人自身的对立情绪的产生，是有原因的。因为他面临的是法律的制裁，由此而产生对立情绪；另外从案件的来源上看，有很多是因为犯罪嫌疑人与他人的关系不和，产生了矛盾冲突，发展到了被举报、被揭发的结果，有的还误认为公安机关和检察机关被自己的对立面利用，而有意跟自己过不去，利用法律来整他，因此种种而产生的对立情绪，在初次审讯的时候，就必然会落在审讯人员的身上。为了取得审讯的成功，必须首先消除这一对立情绪，拉近与犯罪嫌疑人情感的距离，才能建立良好的讯问基础。如果这种对立的情绪不但没有能够得到转变而且被强化了，情感的距离就会越来越远，讯问就会陷入僵局。此时讯问人如能及时地对犯罪嫌疑人实施理智的、友善的情感影响，就能重新逐步地接近犯罪嫌疑人，就能逐步纠正其错误的认识，消除其对立的情感，化解僵局。

其次，情感的作用在于转化消极，排除障碍，拉近心理距离。犯罪嫌疑人消极的心理状态普遍表现为"畏罪心理"，即由于自己伸出了犯罪的手，必然会受到法律的制裁，自己的前途、名誉没有了，家庭受到了影响和牵连，感觉无颜再面对社会和家庭，精神痛苦、悔恨内疚。消极心理状态在审讯中还表现出侥幸的心理状态：你们司法机关知道多少我讲多少，能混过去就混过去，没有证据我坚决不承认。还有的犯罪嫌疑人带有很强的戒备心理，把审讯人员远远地推到了对立的一面，对审讯人员极不信任。诸如此类的消极因素，造成了犯罪嫌疑人的供述障碍。此时审讯人员若能把握住犯罪嫌疑人的情感方向，有针对性地满足犯罪嫌疑人的心理需求，便能激发顺应性的情感。如对贪污罪的犯罪嫌疑人对其所犯罪行表现为后悔，不该贪图钱财而失去了自己的前途和自由。审讯人员应抓住这一心理状态，表示出理解、同情，"你当时不是想贪图那些钱财，由于他人的作用，你才一时的冲动做了糊涂事，你一定会对那些行为感到痛心、内疚、后悔，假如我处在那种情况，我也许会干的……"顺应犯罪嫌疑人的心理需求，减弱了罪责感和认罪后果的忧虑，排除供述障碍，促其通过认罪来解脱自己。

再者，情感的作用在于双向沟通，同感共识。在心理学的研究上，对情感的特征提出了"双向性"的论述：认为情感不是单向的表达，情感表达多半是沟通对象的。情绪和情感的表达方式，具有同感共识，而后才能达到表情达意的目的。情感的表达，实质上就是情感的沟通。在讯问活动中，审讯人员情感表达，实质上就是与犯罪嫌疑人进行情感的沟通。在讯问活动中，审讯人员情感表达的对象就是犯罪嫌疑人，通过真实友善的情感影响，逐步纠正其对讯问情境的错误认识，消除犯罪嫌疑人在不良情感支配下产生的对立、紧张、恐惧的情绪表现。这种影响的过程，实质上就是沟通的过程，如果不能达到沟通，产生同感共识，就不能真正地转变、纠正其不良的消极因素。例如贪污、贿赂犯罪嫌疑人多是国家公务员，对自己犯罪后的道德品质评价非常慎重。总希望别人降低对罪行的道德严重程度的评价，或者完全否定道德品质与所犯罪行的关联性。如：你犯的那点事，也是偶然的，不是必然的，你不是见钱眼开贪财的人，你的人品大家是了解的……这样会在犯罪嫌疑人的心理上得到某种满足，产生了同感共识，达到了情感的沟通，拉近审讯人员与犯罪嫌疑人的距离。如果将上述一段话按相反的方法说出来："你的犯罪不是偶然的，你以权谋私，见钱眼开，你的品行谁不了解……"这段话在犯罪嫌疑人的心里一定会受到排斥，产生对抗情绪，因为这段话不能满足嫌疑人的心理需要，产生了逆向情感，无法进行沟通。我们这里所说的沟通影响，是以接近犯罪嫌疑人为基础，改变犯罪嫌疑人的行为为目的的，审讯人员对犯罪嫌疑人的心理作用，是消除犯罪嫌疑人在讯问中的消极的情感、情绪、因素的不良影响，引导激发积极的情感、情绪，并对此加以支持达到强化供述的目的。

从情感涉入的时机来看，情感不是任何时候都起作用，它是在到了一定时机时才起作用的，就像人在口渴的时候需要喝水，这时水对他来说就是迫切需要，如果这时你送上水给他喝，他会感激你。但是，如果对方在不渴的时候，你给他送水，他不但不把这当回事，反而还认为你是多此一举，适得其反。在审讯活动中更是如此，审讯人员不分青红皂白，不根据当时的实际情况，不注意犯罪嫌疑人的心理状态，盲目地涉入情感性的语言，不仅达不到效果，反而会让犯罪嫌疑人误认为你是在求他供述，结果事与愿违。

什么时机是涉入情感的最佳状态？这里有一段讯问记录：

问：你放给某公司60万元的高利贷是从什么地方来的？

答：是我借的。

问：从什么地方借的？

答：是广州的朋友借给我的。

问：叫什么名字？

答：好像是姓张。（注意"好像"）

问：怎么认识的？

答：朋友在一起吃饭认识的。

问：在哪里吃饭认识的？

答：记不清了。

问：怎么联系？

答：电话联系。

问：电话号码呢？

答：丢了。

问：他家住什么地方？

答：不知道。

问：钱到后来怎么还？

答：他来找我。

问：通过你刚才的回答，你对你所说的借钱的人根本就不了解，同时他对你也不会有更多的了解，他能借给自己不了解的人60万元吗？60万元不是小的数目，你能借给你并不熟悉的人6000元吗？情理不合，你编的这个借款人是不存在的，讲！钱从哪里来的？

答：（沉默）……

问：讲！

答：（不语）……

问：我知道你不是贪的人（情感涉入），你为社会办了不少好事，不计较个人的得失，我想一定有什么原因……（下台阶）

答：唉！我还是说吧，这60万元是别人送给我的，我当时不愿要，我是领导干部，怕日后找麻烦，他们说钱是我们给你的，你用不着怕，以后可以捐给社会做福利事业，所以我才收下的。

这段审讯记录，可以清楚地看到情感涉入的最佳状态，最后仅用几分钟，便成功地审结了这起较为复杂的案件。

从情感涉入的方法来看，情感影响的目的是接近犯罪嫌疑人，并与犯罪嫌疑人建立起一种良好的讯问基础。如何能达到这一目的是由情感的双向特征来决定的，实施情感影响的主体只有正确适时地表达情感，才能使情感影响的对象产生共鸣，才能达到情感影响的目的。有什么样的情感影响的方法，就会有什么样的结果。如果影响主体的表达方式并没有与对象产生同感共识或者没能满足其某种心理需要，便会产生逆向型情感。如影响的主体采取激烈、讽刺、挖苦的表达方式影响对方，对方立即便会反应出对抗不满的情绪，就不可能建立起良好的情感关系，虽然情感的产物有其内在的心理原因，但更重要的是外界的影响方法。

在审讯活动中情感影响的主体就是审讯人员，审讯人员的行为对犯罪嫌疑人产生什么样的情感影响起着很重要的作用。审讯活动的主体与对象是相互影响的关系，审讯人员的一言一行都会对犯罪嫌疑人的心理产生影响。所以审讯人员应注意以下几点：

（1）应该注意自我形象的影响。审讯人员外部形体的影响，常规的审讯是坐姿，审讯人员应坐在椅子的前半部，身体前倾，眼睛平视，两手平放在桌子上面，这种审讯的姿势表示愿意接受对方的信息。相反，审讯人员身体后倾，双手叉放在前胸，眼睛斜视，这个形象表现对犯罪嫌疑人来说，只能产生逆反的心理反应，强化犯罪嫌疑人的对抗心理。改变空间的方法也可对犯罪嫌疑人进行情感影响，在适当的时候，审讯人员可以走向犯罪嫌疑人的身体侧面进行交流，根据对方的年龄的不同，还可把手放在对方的肩上，以示亲近。相反审讯人员忽然走向犯罪嫌疑人的背后与其进行交流，必然会使犯罪嫌疑人产生某种恐惧感。光明磊落、实事求是，是审讯人员应当留给犯罪嫌疑人的形象，这种形象的树立，是靠对犯罪嫌疑人的供述评价树立的，在犯罪嫌疑人的大量的谎言中哪怕有一点点细节上的真实供述，都应该加以肯定和鼓励，给予实事求是的评价。表现出待人办事的公正性，赢得犯罪嫌疑人的信赖。

（2）对犯罪嫌疑人生活上、身体上的关心，是最直接的情感影响的方法。由于犯罪嫌疑人被限制了人身自由，当犯罪嫌疑人的特殊需要不能得到满足的时候，如果审讯人员能适当予以满足，哪怕是微乎其微的点滴关怀，犯罪嫌疑人都会产生感激之情。如犯罪嫌疑人的衣服少、天气冷了，家里又没有送来衣服，审讯人员把自己穿的衣服脱下来给对方穿；夜间审讯，审讯人员将自己吃的夜宵，送给犯罪嫌疑人吃；审讯人员自己泡的茶一口没喝，而给犯罪嫌疑人喝,自己的烟给犯罪嫌疑人抽,自己吃的药给犯罪嫌疑人吃,等等。还可以根据案情的需要,特意设置这些情节,来加强情感的影响,接近犯罪嫌疑人。

(3)审讯中利用语言进行情感影响的方法,也是非常重要的。语言文明、态度平和,是审讯人员语言交流的条件,尊重犯罪嫌疑人的人格,不歧视、侮辱、讽刺挖苦,是情感沟通的基础。语言声调的高低应该保持适度,不可过高,过高的声调容易引起对方的紧张。但也不可过低,过低了显得审讯人员有气无力。语言的速度,提问的频率,也会影响犯罪嫌疑人的紧张程度,因此应保持协调的讯问速度。语言本身产生的情感影响是一个方面,另一方面是"忌讳语"的影响,犯罪嫌疑人最不愿意听到的词语就是犯罪嫌疑人的忌讳语。通常为了避免这些刺激语的出现,采取更换"忌讳语"的方法:如"犯罪"更换为"错误","谎言"更换为"说错了","矛盾"更换为"与事实不符","挪用公款"更换为"拿用了","行贿"更换为"给了","受贿"更换为"收了","贪污"更换为"取了""拿了","态度蛮横"更换为"情绪激动"。这种更换"忌讳语"的方法不仅能转变对立情绪,消除畏罪时紧张的心理,而且还能使犯罪嫌疑人感到审讯人员对他的理解、同情,给了他"面子",不拿话刺激他。

(4)帮助犯罪嫌疑人解脱心理压力,也是对犯罪嫌疑人情感影响的又一种行之有效的方法。犯罪嫌疑人在案发后心理负担很重,他会从不同的方面来衡量自己。如:道德标准、品行标准、社会的影响、外界会对自己有怎样的评价、亲朋好友会怎样理解,等等。审讯人员应根据犯罪嫌疑人的心理来制订情感影响的方法。通常采用的方法是强调客观原因的方法。记得在一起审讯中,我们采用上述方法,被讯问人泪流满面,不仅交代了自己受贿的数额,还把自己怎么会走上犯罪道路的原因也总结出来:"我今天走到这一步是三个'字'害了我,一个是'情'字,一个是'松'字,一个是'利'字。我的情面太软了,原则性的事情没有把住关,没有坚持原则。其次是'放松'了自己,在今天的市场经济中,金钱有一定的诱惑力。最后,是我的弱点被别人利用了,才导致了我今天的恶果,你们的一席话说到我的心里去了,我将来还要把这些东西写出来以示后人。"此外,将心比心,设身处地为其考虑。如:"这件事如果换了我或者任何其他人都有可能做出类似的事情。现在事情已经过去了,也不必再用过多的精力去考虑它,应该考虑的是怎样认识错误、改正错误,总结原因,吸取教训走从轻从宽的路,以后不要再犯了。"这段话既表现对其犯罪的理解和同情,又指明了走交代从宽的路。最后是消除顾虑。犯罪嫌疑人在接受审讯的时候,经常是忧心重重,瞻前顾后担心自己交代后会受到处罚,自己的一切都将付诸东流。这时,就该语重心长地告诉他:"任何人都有走弯路的时候，跌倒的时候，要有勇气面对现实，重新起步，以后的路还长着呢！未来的生活还会更美好，多想着未来的美好生活，就会减轻自己的心理负担。"等等。

如前所述，外来的赞美能使犯罪嫌疑人产生积极的情绪。其次，要注意对犯罪嫌疑人的人品的评价。有的人虽然犯罪了，但是他又有忠厚老实、工作勤勤恳恳、为人办事热情的一面，审讯时应该抓住其优点进行评价："你为人办事热情，喜欢帮助别人，无论谁有困难找你帮忙，你总是尽力帮助解决，大家还说你人品好，忠厚老实……"但应当注意的是，在对犯罪嫌疑人进行情感影响的时候，应该注意其目的性，因为它是以接近犯罪嫌疑人，促进其供述交代为前提的，所以应该有导向性。另外在对其进行"人品"评价时，应注意收集典型事迹进行评价，效果最好。再者，是帮助犯罪嫌疑人树立形象。这种方法是为了促使犯罪嫌疑人交代供述做准备、打基础的。它是利用犯罪嫌疑人尚有的荣誉感和自尊心为前提的。犯罪嫌疑人处在被审讯的特殊环境中，对自己的尊严、荣誉已经无暇顾及了，有的犯罪嫌疑人认为我反正犯罪了，社会影响也无法挽回了，听天由命，表现出"死猪不怕开水烫"的心态，这种心态是不利于审讯的。审讯人员应该把他"立"起来，把他平时应该有的荣誉感、尊严感再"还给他"，帮助他把自己原有的形象重新树立起来。如："你性格直爽，敢作敢为，为人讲义气，重感情，办事情实事求是，为人处事光明磊落，客观全面，当领导的就该像你这样，到任何时候都是一条好汉。"这一形象被树立起来以后，对方就会千方百计地维护自己的形象，并按照这种标定的形象去作出行为。最后是对犯罪嫌疑人的行为进行修正，这种方法是以帮助犯罪嫌疑人如实地交代自己的犯罪事实为目的的，但是更重要的是让犯罪嫌疑人知道自己犯罪了，为什么犯罪，怎样去修正自己的犯罪行为。从客观上来看，只要有社会的存在，犯罪现象是不可避免的，犯罪并不可怕，关键是如何对待犯罪，有无悔罪的表现，我国刑事诉讼法规定的从重、加重、从轻、减轻、免除处罚等规定，就是针对犯罪后有无悔罪表现而规定的，以此来引导犯罪嫌疑人走从宽的路。这种方法能从根本上缩短审讯人员与犯罪嫌疑人的心理距离，使得审讯人员全方位地走近了犯罪嫌疑人。

三、如何取得犯罪嫌疑人的信任

在审讯活动中审讯人员如果不能取得犯罪嫌疑人的信任，那么犯罪嫌疑人就不可能心甘情愿地对你说实话。可以说，审讯活动中审讯人员取得犯罪嫌疑人的信任，是审讯成功的基础，是审讯活动最为有效的方法。取得犯罪嫌疑人的信任通常有以下几种方法：

（一）训斥法

训斥本身是对对方进行批评斥责的一种方法。由于训斥的方法不同而产生的效果也是不同的，审讯中的训斥要有"法"，这个"法"就在于通过表面的批评斥责，而实际上让犯罪嫌疑人感觉到是在帮助自己，是通过暗示的方法，达到启发对方，让对方认为会给自己带来有利的结果。这种训斥的方法被称为"套近乎"的绝招，它的目的是拉近了审讯人员与犯罪嫌疑人的情感距离，按照审讯的意志采取自己的行为。如笔者所在的检察院在查处一起受贿案件时，从行贿人处了解到受贿犯罪嫌疑人的受贿数额以及受贿的时间、地点、目的。但是在第二天这位行贿人又忽然跑到检察院来翻供："我昨天向你们讲的情况有出入，我当时是给了对方钱，但是没有几天他又退给我了，因为时间长了，我把这件事忘了，所以今天来更正一下。"这种情况很明显是被串供后，行贿人才翻供的，因为那么大一笔钱，不可能在记忆中有此反复。此案在审讯时久攻不下，行贿人始终坚持受贿人已将钱退回，咬定不松口。这种情况的出现将意味着该受贿案的全部流产。审讯人员抓住了行贿人被串供、被利用的可能性，采取训斥的方法："你怎么不动脑子想想，你昨天的供述态度坚定，有条有理，时间、地点清清楚楚，今天忽然来翻供，这不是明显经过串供了吗？这种事本来与你没有多大的关系，但现在你硬往自己身上拉，你真是猪脑子！弄不好还要落个包庇罪，你感觉这值得吗？"犯罪嫌疑人带着那种近似呆滞而复杂的目光注视着审讯人员，他感觉到审讯人员的训斥是为了帮助自己，是对自己有利的。继而他道出了串供的经过："他（指受贿人）硬是要我这样说，昨天晚上他到我家里找我说，只要我说实话就是行贿罪，所以我今天才这样说的，实际上我上次讲的话都是真的。"在审讯中利用训斥的方法来接近犯罪嫌疑人，它是撤开自己和对方的特殊的对立地位，通过"假设亲近关系"顺应对方心理满足的需要。

（二）寒暄法

寒暄本是用来向别人问候，嘘寒问暖，以示关心的方法，也是平时与别人见面相互问候的应酬话。比如：张大爷，最近身体好吗？眼下天气冷了您老要多保重。再如，您是新调来的吧？刚来情况不熟，有什么事需我帮忙的尽管说一声。这些寒暄话让别人听到心里热乎乎的。但如果把这种方法用在审讯上，那便会有一番妙用，可以通过寒暄的方法来接近对方，消除对方的猜疑、警惕、紧张的心理，以最快的速度建立起谈话的基础。在使用时，一般都不要切入事件的主题，从拉家常开始，通过了解犯罪嫌疑人的家庭情况，创造一个有利于犯罪嫌疑人交罪的气氛。不要把寒暄与正式审讯截然分开，实际上寒暄本身就是一种审讯方式，是一种以寒暄为烟幕的审讯方式，如果对方不知是计，则中了圈套。

(三) 借威法

这种方法是先借他人之力威慑对方,使之陷入困境,然后再出其不意地帮助对方使其对你感恩不尽,目的是达到接近对方,最后控制和操纵对方。成功的途径是在于借别人的"力"和"威"使对方知恩感恩。审讯人员用心良苦的目的在于人为制造风险,一边打,一边拉,先打后拉,"打"要有一定的隐蔽性、迷惑性,拉才能奏效。集中力量先打,先以强大的攻势向犯罪嫌疑人正面发起强攻,强化其心理压力,造成大军压境之势态,不交代绝对过不了关。然后替换审讯人员,改变前面的强攻态势,来一个180度转弯,以施恩为主,用情感的方法进行交流谈心,帮助消除心理障碍,在交流谈心的过程中,解决事件的实质性问题。这种方法能使对方对审讯人员感恩,产生佩服之心,达到接近犯罪嫌疑人心理的目的。

(四) 变通法

审讯活动中为了避开犯罪嫌疑人不愿听到的词语、不愿涉及的事件,避免造成其心理压力,产生心理障碍,采取变通转换的方法,避开刺激语,造成让犯罪嫌疑人过了桥而不知桥下有水的结果。变通法的目的,就是使犯罪嫌疑人虽然不承认自己的犯罪,但其说明的行为已符合犯罪的构成要件,只要嫌疑人承认主观的思维和客观的行为,满足犯罪的构成要件,至于犯罪嫌疑人对某具体罪名所持的态度无关紧要。如:某领导干部利用职权,提拔了一批干部,这些被提拔的干部为了表示感谢之情,送上厚礼"谢主隆恩"。而在审讯中,这位领导干部对收取部下的厚礼供认不讳,而对受贿这一法律用语则是持对抗否定的态度,实际上这位领导干部只要承认了收取钱财,就等于供认了自己的受贿行为。这种变通转换的方法通过满足犯罪嫌疑人的心理需要,拉近了审讯人员与犯罪嫌疑人的心理距离,建立相互交流的基础,这是审讯人员达到获取口供提取证据的重要前提。

(五) 置换法

置换法是用来置换自己的位置的方法,把自己从审讯台上态度严厉的审讯官,置换成犯罪嫌疑人的帮助者。置换的方法可以根据犯罪嫌疑人的年龄与自己的年龄上的差异,来确定自己被置换的角色和口气。比如犯罪嫌疑人的年龄比自己小,你可以称呼他老弟。当然置换法并不是仅仅解决置换称呼的问题,而是利用这个称呼使犯罪嫌疑人产生情感上的错觉,使得在审讯的这一过程中能尽快地接近犯罪嫌疑人、接近犯罪嫌疑人的情感、接近犯罪嫌疑人的心理。接近的方法是直接告知犯罪嫌疑人:"有什么困难可以直接告诉我,我可以帮助你。我知道你一定有困难,需要我的帮助。你可以放心,我一定会帮助你。同时我也请你相信,我只会拉你一把,而不会推你一把的。"

（六）暗示法

这是利用心理暗示的方法，让犯罪嫌疑人把审讯人员当成"自己人"，来取得犯罪嫌疑人的信任。在我们的办案实践中，大部分的犯罪嫌疑人在案发后总要托关系找人"说情"，试图来开脱自己的罪责，审讯人员应当对这种不正常的现象加以充分利用，让犯罪嫌疑人误解审讯人员被"买通"，成了"自己人"，对犯罪嫌疑人进行"暗示"使其"心中有数"。这种策略的具体方法是：变换自己角色的位置，以对方的自己人角色出现，让犯罪嫌疑人相信审讯人员"心中有数"，反而能达到说服对方的目的。如中国某电器公司的某业务人员，将该单位的一车皮冰箱，低价出售给个体户，携巨款潜逃，数月后办案人员在山西省长治市将其抓获归案。犯罪嫌疑人知道自己犯的不是小罪，审讯时，他一句话也不愿说，抱着反正活不成的态度跟审讯人员对抗。针对这种情况，审讯人员就采用了"暗示法"的策略：你姐夫对你很关心，现在你的问题已经这样了，只有设法走从宽处理的路，才能使自己受到从宽处理，你有从宽处理的可能，但是还需要你自己配合。对方在听到这种话以后，马上感觉到话里"有音"，那种"求救"的信息立即从对方的情绪中表现了出来："那我该怎么办呢？"审讯人员答："你应该实事求是把事情的经过说清楚争取从宽。从宽的条件应该由你自己来创造。"结果犯罪嫌疑人如实交代了犯罪事实和赃款的去向，节省了大量的人力和物力，成功地将此案交付了审判，也使得对方得到了从宽处理。在使用"暗示法"时，要使犯罪嫌疑人相信审讯人员"心中有数"，不仅要对全案有基本的了解，而且对犯罪嫌疑人的家庭情况更要了解清楚，否则，这种"暗示法"无从谈起，也是不会取得犯罪嫌疑人的相信的。

四、如何让犯罪嫌疑人形成有利的供述观念

这里我们必须首先弄清楚什么观念是有利于犯罪嫌疑人供述的观念。畏罪心理和侥幸心理是犯罪嫌疑人抗拒审讯的两大心理支柱。这里只要犯罪嫌疑人感觉到：自己的罪行已经全部暴露，失去了抗拒的意义。那么侥幸心理就会随之消失，心理支柱就会随之垮掉，相继畏罪也失去了意义，畏罪心理就会向其他的心理转化，重新寻找新的心理支柱。如果在没有更好的理由说服犯罪嫌疑人继续抗审的话，那么放弃抗拒说实话可能对自己有利的观念就会越来越强烈，最后发展成供述观念。可见，当犯罪嫌疑人感觉到已经失去了抗审的意义，这是形成有利的供述观念的基础。而让犯罪嫌疑人感觉到抗审已经毫无意义，可以采用以下方法：

（一）"造势"法

让犯罪嫌疑人一进审讯室就感觉到自己有罪。引起这种感觉的来源主要有

两个方面：一方面，来自审讯人员。审讯人员的"造势"不是采取暴风雨式狂轰烂炸，故作声势，而是从审讯人员的神态和语言中反映出对犯罪嫌疑人的"惋惜"和"同情"，让犯罪嫌疑人自己去感悟。审讯人员不是被动地让犯罪嫌疑人感悟，而是积极主动地尽力使犯罪嫌疑人觉得自己有罪。常用的刺激语有：你还年轻，我们真为你可惜；我们的调查已经进行了很长时间了，你可能还不知道，当然你也不可能知道；关于你的问题，我们调查的结果已经得到证实，你不想谈谈原因吗；我们不知道你当时是怎么想的，可以说我们对你的父母、妻子、孩子都非常的同情；这就是通过审讯人员提供的信息让犯罪嫌疑人通过联想产生自己有罪的感知。另一方面，来自审讯室内的环境。主要是利用三尺审讯台来做文章，审讯桌上可以设"空城计"。从审讯的准备阶段来看，审讯桌上应当放些什么东西平时可能不大被人们所注意，但是这对犯罪嫌疑人来说是至关重要的。他要从审讯桌子上放置的东西，来判断自己的处境，寻找自己所需要的信息，摸清楚审讯人员的底。犯罪嫌疑人进了审讯室，首先就会注意审讯桌上放置的东西。通过观察审讯人员桌子上的物品和资料，可以判断出自己的处境情况。在犯罪嫌疑人第一次走进审讯室时，一眼就看见审讯人员桌子上放着的只有两张纸内容的卷宗，他就会感觉到司法机关还没有掌握多少犯罪情况，只是核对、怀疑自己于是就会产生相对稳定的定势心理来与审讯人员周旋。但是如果适当地将其他的材料多放一些在审讯桌子上，把几大卷材料堆放在审讯桌子上，此时的犯罪嫌疑人所反映的结果会截然相反，他会自然地产生联想，把桌子上的卷宗与自己的犯罪联系到一起：司法机关已开始大量的调查，并收集到了大量的材料，这些材料记载了我的哪些犯罪事实呢？通过这种造势，就会使犯罪嫌疑人忐忑不安，越看越觉得犯罪事实已暴露了。

（二）"开门见山"法

即直接"告知"犯罪嫌疑人已经构成犯罪，用比较坚定的口气直接告知犯罪嫌疑人他已经没有任何退路了。这种方法的特点是：审讯人员直接向嫌疑人推销一种观念，"根据我们的调查并通过材料证实你已经构成了犯罪，我这是很负责任地告诉你，你可以把我现在所说的话记下来，我开始也怀疑过这件事可能不是你干的，但是那些证据材料是不会说假话的……"通常有两种反应，一种是沉默无语，对审讯人员所推销的观念表示默认。针对这种情况审讯人员还应当继续强化自己推销的观念，让犯罪嫌疑人感觉到犯罪事实已经暴露，不说实话不行了。另一种表现是极力地辩解自己没有干任何违法犯罪的事。这时审讯人员应当立即阻止犯罪嫌疑人的辩解，不要让犯罪嫌疑人把辩解的话说完。如：你不用说了，我们一切都清楚了。阻止犯罪嫌疑人辩解的目的，就是为了强化我们推销的观念，让犯罪嫌疑人感觉到自己已经构成犯罪。

这里应当注意，在阻止犯罪嫌疑人的辩解时，一定不能让犯罪嫌疑人把辩解的话说完，设法使犯罪嫌疑人中断辩解，否则一旦让犯罪嫌疑人辩解完毕，犯罪嫌疑人就会反过来找你讨要否定他辩解的理由。如果审讯人员没有充分的准备，没有相应的证据作保证，那是非常危险的。在推销对方已经构成犯罪的观念的同时，还要进一步向犯罪嫌疑人推销这一观念，即"现在已经没有任何退路了，说实话对自己才有利"。

（三）"迷惑"法

迷惑犯罪嫌疑人是形成有利的供述观念的前提条件。迷惑就是利用虚假的方法迷惑对手，使之产生错误的认识和判断作出错误行动。历史上的"空城计"可算是"迷惑"的经典。审讯活动中使用"迷惑"的意义在于，隐蔽自己，暴露对手，以最大的限度将自己掌握的有限材料的内情隐蔽起来，迷惑犯罪嫌疑人，使其暴露自己的犯罪事实。

从认识的角度来看，正确的认识是对客观事物的正确反映，然而被虚假事实迷惑的认识，只能得到错误的认识。犯罪嫌疑人在接受审讯时，如果审讯人员不加掩饰地将自己所掌握的情况全部抛出，犯罪嫌疑人就掌握了审讯人员的全部底细，就会迅速地来调整自己的抗审对策，就不会轻易交代自己的犯罪事实。但是如果与此相反，审讯人员注意自己语言表述得隐蔽性和迷惑性，犯罪嫌疑人就无法得到真实的情况，完成不了试探摸底的任务，在此情况下，他就会产生各式各样的猜测和猜想，形成不了相对稳定的心理定势，在外力的作用下就容易产生动摇。由于讯问人员注意自己的隐蔽性和迷惑性，犯罪嫌疑人想知道的情况又无法知道，他越是不知道就越想知道，反复问自己到底哪个环节、哪件事出了问题，在没有正确答案的时候产生联想，这些人总是将最近发生的事情、情节、最重要的犯罪行为，搬出来比照，对号入座。有时为了了解判定自己的判断分析推测是否正确，说出一两个典型事例来试探审讯人员，这时审讯人员不要急于表态，也不要深追，等到供述交代的后期再补追。

近几年犯罪的显著特点是：反侦查能力不断增强，犯罪后留下的客观证据越来越少，有的审讯人员把犯罪嫌疑人留下的证据的多少作为衡量审讯成功的系数的大小。一名优秀的审讯人员能在没有证据的情况下，向犯罪嫌疑人要证据，在证据少的情况下，在犯罪嫌疑人身上扩大发展证据，在只有枝节性的证据情况下，通过犯罪嫌疑人来完善证据。因为随着社会科学技术的发展，犯罪分子的反侦查意识和能力增强了，使我们不可能掌握更多的证据。为了取得更多、更直接的证据，只有让犯罪嫌疑人误认为我们掌握了证据，已经清楚全部的犯罪事实，自己不说也不行了，在这种情况下，他才能提供证据给我们，这种情景只有在犯罪嫌疑人在被迷惑的情况下，产生错误的认识之后才能作出这种行为。有不少犯罪嫌疑人在迷惑的情况下交代自己的犯罪事实以后，产生了后悔的想法，"我当时怎么就这么糊涂，讯问人员并没有掌握我的那些犯罪事实，自己为什么要急于交代呢？"其原因并不是犯罪嫌疑人糊涂，而是被讯问人员的迷惑所致。没有"迷惑"就不会有审讯的成功。使用"迷惑"的方法是取得审讯成功的基础。贯穿在审讯的全过程中，可以说每一个环节都必须有惑的存在。常用的迷惑的方法有：

1. 证据暗示法。在持有部分证据的情况下，审讯人员不要急于抛证据来引供词，而是反过来用供词发展证据，最后审讯结束阶段将证据让犯罪嫌疑人过目，予以确定。有人说证据是让犯罪嫌疑人开口的"法宝"。为什么不去直接使用呢？直接出示证据固然容易使犯罪嫌疑人供述，既省事又省时，但是这种被直接出示的证据，审讯人员只能得到该证据范围内的供述，而对该范围之外的其他罪行便会一无所获。审讯中不是不可出示证据，而是为了使现有的证据发挥更大的威力和作用，这就是出示证据的方法要带有迷惑性，也就是说出示证据的方法最好不要"明示"，而采用暗示证据的方法，这种方法就是迷惑的方法，他是让犯罪嫌疑人知道审讯人员这里有证据，但又不清楚证据的具体内容。

2. 语言迷惑法。语言的迷惑能使犯罪嫌疑人一步一步地走进"迷宫"。让其相信自己的犯罪事实已全部暴露了，但自己又不明白这件事是怎么暴露的，什么环节出了问题？使用迷惑性的语言是建立在找准犯罪嫌疑人的抗审的条件和依据之上的。迷惑性语言都是围绕某一"支点"展开的：你早知今日何必当初！纸是包不住火的，你不说并不要紧，可是有多嘴的替你说了；虽然你们的关系是有"基础"的，但有谁不是为自己着想呢？要想人不知，除非己莫为；是否犯罪你心里明白，我们也十分清楚；等等。这种迷惑性的语言，在实质上还存在隐含的前提，这一隐含的前提是让犯罪嫌疑人扩展自己的心理证据，达到以假引真的目的。

3. 神态迷惑法。讯问人员在审讯活动中的喜怒哀乐都会对犯罪嫌疑人产生影响，有时犯罪嫌疑人为了刺探审讯的重点和目标，会用各种方式来达到自己的目的。如果讯问人员因犯罪嫌疑人的供述符合自己的意图就表现出满意的神态，不符合自己的心愿就表现出不耐烦的神态，那么犯罪嫌疑人就知道审讯人员要什么，不要什么了，对什么感兴趣，对什么不感兴趣，久而久之就连审讯人员手里有多少"货"都能知道得一清二楚，出现这种情况不可能会有审讯的成功。审讯人员只有隐蔽了自己才能"迷惑"别人，只有管好自己的"神态"别让神态"乱说话"，才能在需要神态产生迷惑作用时起作用。审讯人员神态的迷惑性是根据审讯的目的来决定的，神态的迷惑性也就包含在实现这一目的的过程当中。如，审讯人员急需的东西，而犯罪嫌疑人就是不给，审讯人员为了完成这项任务，首先表现在神态上要有迷惑性，虽然急需，而神态的表现应漫不经心，无所谓，越急越应沉着冷静。如果对急需的东西表现出急不可耐的神态，就会引起犯罪嫌疑人的重视和猜想，权衡对自己不会有利或引起警惕性，出现了不予配合的局面。由此对犯罪嫌疑人的供述不论是"轻重缓急"还是"有用无用"，都不能在审讯人员的神态上表现出来。所以，审讯人员在审讯中要态度庄重、沉着、冷静、注意力集中，以不变应万变。

4. 利害关系法。案发后虽然犯罪嫌疑人在不同程度上与利害关系人订立了攻守同盟，但是还是时刻担心这些人会供述案情，把自己送上绝境。从犯罪的赃款赃物处置特点来看，大多数犯罪嫌疑人都以转移赃款赃物的存放来逃避惩罚。赃款赃物的转移目标又都是自己较为信赖的亲朋好友。有很多的时候，搜查犯罪嫌疑人住宅一无所获，就连日常的生活费用都没有，这就不正常了，因为案发后，稍有风吹草动，这些人便如惊弓之鸟，迅速转移罪证，加之在办案时，因程序、手续及各方面的原因不能及时进行搜查，贻误了战机，留给了犯罪嫌疑人转移赃物的时间。赃款、赃物的转移对犯罪嫌疑人来说算是吃了一颗"定心丸"，也成了他们抗审的心理支柱。因而利害关系法的目标是让犯罪嫌疑人误认为窝藏的赃款赃物已暴露。如："虽然是亲朋好友，但谁愿意背窝藏的罪名，况且还是替别人背黑锅。"又如："你是为了保护自己，但有时亲戚也是为保护自己，毕竟是犯罪的，谁不为自己考虑呢？"如果犯罪嫌疑人的赃款并没有转移，那么他对上述语言不会有多大的注意，如果对方真的将赃物转移了，那他就会非常重视这里的含义，会认真地分析研究，表现出心不在焉、愣神，实际上他是在激烈地思考：窝藏的对象会不会向司法机关交出赃物、赃款？而追赃款的去向实际上也是审讯取得成功的有效方法。

不过，在使用迷惑法时一定切记迷惑莫被迷惑误。犯罪嫌疑人为了取得抗审的成功也会用假象来迷惑审讯人员。有的犯罪嫌疑人为了取得审讯人员的同情，大讲特讲自己的丰功伟绩，自己辛辛苦苦半辈子，工作勤勤恳恳，多次拒绝贿赂，可以说是两袖清风，可到头来成了个被调查的犯罪嫌疑人，这是从何说起……还有的犯罪嫌疑人故作镇静，表现出轻松自然的情绪，对审讯人员表现得顺从协助，态度老实，问什么说什么，对答如流，以此来迷惑审讯人员。更有甚者赌咒发誓，声泪俱下。因此审讯人员必须注意在这种假象的背后，将会隐藏着更大的犯罪，不要被这种表面现象所蒙蔽，自己的心中应有根主线，既然是迷惑对迷惑，就该假戏真做地演下去，装糊涂，使对方失去警惕，待找准了目标，临门一脚便能取得成功。

5. "错觉"影响法。在心理学的研究上人们很早就发现了错觉现象，并且把那种完全不符合刺激本身特征的失真的或扭曲的事实的知觉经验，称为错觉。它是人脑对客观事物不正确地反映的一种心理现象。然而对这种现象形成的真正原因，迄今仍然没有确切的了解，但是这种错觉所导致的人们在社会生活认识上的错误是有害的，这一点人们是清楚的。但它也不是任何时候都是有害的，如果将这种"错觉"放在审讯犯罪嫌疑人的身上，就会产生有利的作用。在很多的时候，需要犯罪嫌疑人产生错觉，才能完成审讯任务。在证据并不充分的情况下，审讯犯罪嫌疑人最有效的办法，是让犯罪嫌疑人产生我们已掌握了证据的错觉。

如何能使犯罪嫌疑人产生错觉？笔者做过这样的调查，有犯罪行为的犯罪嫌疑人在第一次被司法机传唤的时候，首先想到的是自己的犯罪事实和行为已暴露了，他会对号入座，将自己的犯罪事实与司法机关的传唤想到一起，而实质上司法机关对其传唤是核实别人的犯罪事实，这就是产生了错觉。科学家们认为这种错觉现象是受动机影响的。动机影响着知觉者，在面对同一刺激情景时，持不同动机的人所获得的知觉经验是很不相同的。例如，面对同一美丽的海湾，画家、摄影家、建筑家、港口设计家、钓鱼者、游泳者以及土地收购的资本家，其所得知觉大不相同，原因是因为他们各有不同的动机。这一动机的另一种解释是"需求"。如因生活贫困需要金钱的人，对金钱的知觉就与富人不同。有位心理学家，以出身贫富不同家庭的 10 岁儿童做实验，让贫富儿童在相等距离内按照摆在面前的各种硬币"五角"，凭其主观知觉，在地面上画出它的面积的大小。实验结果发现：富家儿童在画面上夸大 20%，而贫家儿童在画面上夸大 35%，可以看出贫家孩子对金钱的求得具有更强烈的动机。由此可见动机的不同使错觉的产生具有可能性。犯罪嫌疑人在接受审讯时，由于畏罪、侥幸等心理状态和动机，也会必然地产生某种程度的错觉。

犯罪嫌疑人的错觉在审讯中有非常重要的位置，这是根据审讯的客观条件决定的。犯罪嫌疑人实施了犯罪以后，很少将自己的犯罪证据留下来，因而在审讯时除了利用犯罪嫌疑人留下的少量客观证据，还要利用犯罪嫌疑人错觉幻想出来的证据。例如，贪污犯罪嫌疑人在被检察机关审讯的时候，很快会联想到可能是自己某一笔账单被发现了，否则为什么要传讯自己呢？由此产生了讯问人员掌握了某一账单依据的错觉，审讯人员就要注意对这一错觉加以利用。从犯罪嫌疑人产生错觉的内容来看：

（1）犯罪嫌疑人对审讯目标的错觉。犯罪嫌疑人所犯罪行有时司法机关并非十分清楚，很多的时候只了解某些现象，仅仅是犯罪嫌疑，审讯的目的是捕捉、寻找犯罪事实，因而在审讯时并没有固定的目标。这些情况犯罪嫌疑人并不知道，总以为自己的某一犯罪行为被发现了，因而处在寻求应付审讯的方法状态中，这是初审阶段犯罪嫌疑人对审讯目标的错觉，具有一定的普遍性。在这一阶段审讯的方法应该具有隐蔽性，不能暴露审讯目标。犯罪嫌疑人在这个阶段的错觉是自发的，并不是外来信息刺激造成的。如果犯罪嫌疑人对我们审讯的目标了解得一清二楚，那么审讯人员在审讯中所采用的方法和审讯技巧只能是一句空话。因为我们在审讯中所采取的方法和技巧是建立在对方的错觉的基础上的，使用审讯技巧的目的就是要让犯罪嫌疑人产生错觉，麻痹对方，声东击西隐蔽审讯的主攻方向和目标，削弱对方的防御强度，避其强攻其弱，使得犯罪嫌疑人首尾难顾，以失败而告终。

（2）对司法机关掌握证据的错觉。审讯实质上也是发现证据、收集证据、提取证据的过程，其目的是利用收集证据来证实犯罪，用手中已获得的少量证据获取大量的证据，以零散的证据获得完整的证据，以枝节性的证据获得关键的证据。这种取证方法的成功，是建立在犯罪嫌疑人不了解审讯人员掌握证据的程度的基础上的，如果犯罪嫌疑人知道审讯人员手中的证据松散无力，不足以证明其犯罪，还需通过他自己的交代才能定罪，那么犯罪嫌疑人大多不会交代自己的犯罪事实，他会用一言不发来对付审讯。犯罪嫌疑人不了解审讯人员是否掌握证据以及掌握证据的多少，是其错觉产生的基础。因而在审讯时讯问人应当在证据的使用上注意技巧性和隐蔽性，尽量少出示证据，杜绝出示模棱两可的证据！出示证据时应注意证据的效应，每出示一次证据应该起到令犯罪嫌疑人对我们掌握证据程度错觉的扩大和强化的作用，加速对犯罪嫌疑人心理限制的实现。审讯犯罪嫌疑人成功与否，在很大程度上取决于犯罪嫌疑人对我们掌握程度的错觉，产生获取证据程度的错觉越大，对犯罪嫌疑人产生的心理限制的压力就越大，趋向供述交罪的距离就越近，注意犯罪嫌疑人错觉的利用是审讯成功的最有效的方法。

（3）犯罪嫌疑人对利害关系人产生的错觉。利害关系人顾名思义是与本案有一定关联的人，这些人掌握了犯罪嫌疑人一定的犯罪事实，与犯罪嫌疑人有一定的利害关系，有时能对案件的成败起到重要的证明作用，因而也是犯罪嫌疑人在接受审讯时较为关心的问题。受贿犯罪案件中犯罪嫌疑人最担心的是行贿人的处境情况：是否也被抓获了？是否交代了全部的犯罪事实？订立的攻守同盟是否被瓦解了？在挪用公款给他人使用的案件中，使用赃款的人是否将该款的来龙去脉全讲了？巨额财产来源不明的案件中，为了款项来源而订立的攻守同盟是否被揭穿，假设的对象是否讲了实话？等等，这些都是犯罪嫌疑人急于想知道的问题，直接关系到犯罪嫌疑人交代的程度，因而这些人总是千方百计从审讯人员的口中、神态中、行为动作中了解判断这些利害关系人的情况。如果审讯人员在审讯中注意隐蔽自己的语言、神态行为，那犯罪嫌疑人会根据自己的主观臆测和判断产生各种不同的错觉，被我们所利用。如果审讯人员在审问中抛出同伙人的点滴信息，便会造成犯罪嫌疑人更多的联想，产生错觉，如："你不说有人说"，"钱给别人使用了，正像你想像的，结果并非能落好"，等等。这时犯罪嫌疑人便会产生他人已供述的错觉，联想出对自己的不利因素，加速了心理证据的形成。因而在审问中应注意对案件的保密，否则对犯罪嫌疑人的错觉之词无从谈起。

（4）犯罪嫌疑人对客观事实存在产生的错觉。审讯中为了使犯罪嫌疑人对客观事实存在产生错觉，将这种客观存在分为实际存在和假设存在两大类。笔者将客观存在分为两大类的原因是：实际的客观存在是指犯罪嫌疑人实施犯罪时留下的行为痕迹和与此相联系的各种情景；而假设的客观存在是审讯人员为了使犯罪嫌疑人产生某种假设的犯罪痕迹和相联系的各种情景。因为犯罪嫌疑人在进行犯罪以后，留下来的客观存在的痕迹极少，而这些痕迹和情景又是犯罪嫌疑人在被审问时赖以顽抗的基础。从这类犯罪特点来看，时间长，隐蔽性强，有时几年以后才能发现，大量的痕迹和相关的情况都消失了，这对审讯是极为不利的。为弥补这一缺陷，采取假设的痕迹，使犯罪嫌疑人产生错觉，是较为有效的方法。例如某一单位私设"小金库"私分公款案发后将"小金库"账簿全部销毁，让司法机关无据可查。审讯时犯罪嫌疑人表现出了极强的侥幸心理，认为账已销毁无证可取你们就定不了我的罪，审讯时不是一问三不知，就是全部记不清楚了。结果审讯人员采用了"假设的客观情景"："你认为账销毁了就无据可查了吗？但是你忽略了一件事，你们的财务会计怕日后对公款的去向说不清楚，在笔记上又作了记录，这一点你可能没有想到吧？！"这一信息的出现使犯罪人乱了阵脚，他不但没有怀疑这一情景的真实性，而且把"小金库"以外的款项也联系起来，最后交代了各项款子的来龙去脉及数额，取得了审讯的成功。

让犯罪嫌疑人产生错觉是建立在对某些信息确信的基础上，合情合理的客观的逻辑联系，才能取信于犯罪嫌疑人，如果胡乱地给犯罪嫌疑人输入一些信息，不但不会使犯罪嫌疑人产生错觉，还会使犯罪嫌疑人看出我们在骗他，强化了对抗的心理。所以在设置错觉的时候，审讯人员应顺着案情的发展合乎情理地将假设的信息传递给犯罪嫌疑人。但不能滥用、乱用，否则适得其反。因此在设置错觉时：①应对案情有充分的深入调查了解，掌握了一定的实际情况，摸准了犯罪嫌疑人的心理脉搏，做到不用则已用则奏效。②错觉信息的语言的运用。错觉信息的语言特点，从表面上看似乎具有模糊性，而实质上具有很强的针对性，这是常用错觉信息的语言特征之一。③"自言自语"也是错觉信息的又一重要语言特征。在审讯中有些话不便直说但又必须要说，通常采用"自言自语"的方法将信息输出,这是设置错觉的又一语言特点。④合情合理的语言是错觉产生的基础,因为犯罪嫌疑人最爱听的就是合情合理的语言,最容易取得犯罪嫌疑人的相信,如果犯罪嫌疑人不相信审讯人员的话,错觉便无从谈起,从设置的方法来看,就是人们常说的:"无事生非,无中生有。"

第三节 审讯过程中对抗相持阶段的任务和审讯方法

对抗相持阶段,是审讯过程中的第二阶段,是犯罪嫌疑人通过第一阶段的试探摸底,进入了完全对抗的阶段,这一阶段犯罪嫌疑人所选择的抗审强弱程度,是在自我的心理调整下进行的,有的学者称之为:内控制性因素,它是适度的控制心理对外部信息的反应,是保持适度的均衡作用的内在倾向性因素。犯罪嫌疑人寻求的满足受到阻碍后,他就会根据其阻碍程度来调整对抗的强度,这种对抗的强度又是以一定的条件为基础的,条件又是建立在犯罪嫌疑人的"心理支点"之上的,它是以对自己是否有利的环节为根据的。犯罪嫌疑人选择的"有利环节"得不到审讯人员的否定,其心理对抗程度就会增强,受到对方的否定,其心理对抗程度就会减弱。通常犯罪嫌疑人的心理支点,是以三个方面的因素为条件的:第一,是人的因素,除自己之外,他人对自己有无危害,这种危害的因素是什么?以及他人与涉案的密切关系;第二,是财产因素,如涉案的财产是否存在暴露的可能性,财产的来源与自己的关系,危害程度,财产的去向与自己牵连的程度;第三,是行为,实施犯罪行为是否留下痕迹,其行为的结果对自己的危害程度和应该承担的责任,以及行为实施的原因与自己承担后果的关系。"人""财""行"作为"定势心理"的支点,是抗审的重要条件,是对抗相持阶段犯罪嫌疑人心理对抗程度被强化的依据。犯罪嫌疑人对外来信息的否定,是建立在个体主观因素之上的,他是根据审讯人员传递给犯罪嫌疑人的信息来确定的:一是对审讯人员能力和技巧水平的否定;二是对审讯人员行为和态度的否定。这些否定强化了犯罪嫌疑人的对抗心理。这是审讯过程中犯罪嫌疑人普遍的心理表现,不是以审讯人员的意志为转移的。

一、强化"定位"转化"心理证据"

在对抗相持阶段,审讯人员的首要任务是强化对犯罪嫌疑人的定位,通过"拒辩"来阻止犯罪嫌疑人的辩解,告知犯罪嫌疑人辩解是徒劳的,巩固"定位的成果",对犯罪嫌疑人形成"攻击"态势。原因在于,犯罪嫌疑人被"定位"后,并不甘心束手就擒,总要寻找退路为自己开脱,他们在此之前就准备好了一套抗审环节,来支持自己抗审,如果审讯人员让犯罪嫌疑人把自己的辩解和否认完整地表述完,那他就会坚持让你作出回答和解释,如果审讯人员没有足够的证据否定他的"抗审环节",就会进一步支持犯罪嫌疑人的抗审心理,抗拒心理就会被增强。相反,审讯人员开始就阻止其辩解,将对方准备好的抗审环节迅速加以否定,并证明一切辩解都是徒劳的,以此打乱犯罪嫌疑人的抗审计划,进一步强调"定位",强化犯罪行为已暴露的客观存在,在这里首选使用较多的是"跨越前提"的方法,对已订立的攻守同盟采取"离间"予以拨离。其次是启动犯罪嫌疑人的联想,进行转换。转换的方法有:首先,根据已获得的证据的客观存在,转换成"心理证据";其次,采用假设的证据,通过心理思维的联想转换成"心理证据";再次,通过迂回事件的细节,找出蛛丝马迹和矛盾转换成"心理证据";最后,通过设立谎言揭露谎言来转换心理证据。

二、以"攻击性"来把握主动性

在审讯过程中的对抗相持阶段,审讯人员的"攻击性"是把握主动、制伏犯罪、深挖犯罪的前提。什么是"攻击性"?它是积极的、自觉的、主动的、进攻和"攻击"状态。在审讯的活动中通过"攻击"的手段来把握审讯活动的主动性,是审讯活动的需要。从审讯人员与犯罪嫌疑人的法律关系来看,他们是侦查与被侦查的关系,在诉讼活动中他们始终处在主动与被动的法律地位。犯罪分子在实施犯罪以后(除主动投案自首之外),很少有主动到司法机关要求接受惩罚的,原因就在于他的被动性。审讯人员只有积极主动地对犯罪进行侦查讯问,才能查明犯罪,使犯罪分子受到法律的惩罚。从审讯活动的实践来看,犯罪嫌疑人进入审讯室以后,总是采取你不问我就不答的方法来隐瞒自己的犯罪事实,用防守的方法来保护自己进行抗审,是大部分犯罪嫌疑人在审讯活动中的基本方法。在审讯进入到了对抗相持阶段以后,无论犯罪嫌疑人采取什么防守的方法或者进攻的方法,都需要审讯人员采取积极的"攻击"方法,才能把握审讯的主动权,否则不进则退。因为在这一阶段形成了双方力量的对比,智慧的较量,技巧的评判。审讯活动每向前进一步,都是审讯人员积极主动"攻击"的结果。一旦审讯人员放弃了"攻击",犯罪嫌疑人就会反守为攻,由被动转为主动,因此积极主动的"攻击"状态,是把握审讯活动主动权的基础。

在审讯技巧方面,很多审讯人员为了使犯罪嫌疑人形成一种观念,总是积极主动地向犯罪嫌疑人灌输某些信息使犯罪嫌疑人形成审讯人员所需要的观念,这种观念就是犯罪的行为和事实已经被审讯人员掌握,只有如实地交代罪行对自己才是最为有利的。但这种观念的形成不是仅仅依靠审讯人员把信息输出之后就能完成的,为了使这种观念能深入犯罪嫌疑人的灵魂深处,必须要给予一定的压力,才能使这一信息进入更深的层次,然而形成这种压力的动力来源就是审讯人员积极的"攻击性"。通常审讯人员积极的"攻击性"程度与犯罪嫌疑人的犯罪心理成正比。

审讯人员积极的"攻击性"是深挖犯罪的重要条件,没有审讯人员积极的"攻击性",就不可能达到深挖犯罪的目的。从犯罪的特点来看,尤其"惯犯",在他们被抓获以后,暴露出来的犯罪事实仅仅是被抓获时的犯罪情节,该犯罪嫌疑人是否有其他的犯罪你并不清楚。从惯犯的情况来看,他并不是第一次作案就被抓获的,他在数次作案后被抓的只有最后一次,因此犯罪嫌疑人总是千方百计地隐瞒那些没有被发现的犯罪。如何把那些隐瞒的犯罪挖出来,是我们审讯的重要任务,因而深挖不仅要立足于已经暴露的原发案件,而且更重要的是继续深挖案中案、案外案,达到强化审讯侦查的侦破功能。这样就必然要求审讯人员在审讯的全过程中要积极地、主动地保持进攻的"攻击"状态。

审讯活动是一种特殊的交流活动,是你死我活的斗争,是复杂的取证过程。审讯在很多的情况下是审讯人员向犯罪嫌疑人索要犯罪证据的活动。犯罪嫌疑人在实施了犯罪行为以后,由于这种犯罪行为是社会禁止的行为,是要受到法律制裁的行为,所以犯罪嫌疑人的自我保护意识也促成了审讯人员的讯问要有"攻击性"。

在对抗相持阶段如何通过审讯人员的"攻击性",来把握审讯活动的主动权?审讯人员为了制伏犯罪,在审讯活动中所需要的只有进攻没有防守。"攻击性"本身具有强制性的特点。它表现了审讯人员勇往直前的精神,不获全胜绝不收兵的信心,以及犯罪嫌疑人必须要交代犯罪事实的态势。这里所说的强制方法就是审讯人员对选择的目标如何进行"攻击"。犯罪嫌疑人的防卫阵地需要攻击才会放弃才能被摧毁。审讯人员必须全身心地带着"攻击性"才能产生对犯罪嫌疑人强制的效果。在审讯活动中的"攻击性"和主动性,并不是永远属于审讯人员,如果审讯人员把握不好自己的优势地位,就有可能变主动为被动。通常犯罪嫌疑人把审讯人员推向被动地位的原因是被动的"话题"引发的。例如,在某地发生了一起重大强奸、杀人、焚尸案件。案发现场是卫生进修学校的女学生宿舍,女学生A某某被人勒颈部窒息死亡。经过法医检查,该学生处女膜严重破裂,但是没有发现精液,尸体被点燃的被褥焚烧,现场被破坏得非常严重,勘查结果没有提取到犯罪分子的足迹、指纹、精液。经过摸底排查发现案发的女学生宿舍每天晚上都有副校长负责锁门，并且由他一人掌管该楼的全部钥匙，他有作案的条件。经过走访该副校长周围的邻居证实，在发案的当天凌晨1时左右听到该副校长家的防盗门开关的声音，这一情况表明他有作案时间。另外，该校长平时生活作风败坏，多次与该学校老师发生两性关系，并且对被害人的姿色经常在老师们中间评论，夸其姿色如何的漂亮，有作案的心理基础。这个案件可以看出我们没有掌握直接相关的证据，这在审讯过程中就是我们的被动"话题"。当我们的审讯人员把这位副校长请进审讯室时，他表现出了很强的"侥幸心理"，声称自己是共产党员、先进工作者、人大代表，怎么能干这种事情呢？当审讯人员说：我们的办案原则是不轻信"口供"重"证据"。这时该副校长就像发现了救命稻草，大声嚷道：你们说这件事是我干的，既然你们说到证据，那就请你们拿出证据来，只要你们有证据证明是我干的，我无话可说，你们也不要跟我绕圈子了，我也不想再回答你们什么问题了，你们认为我有罪你们就定，希望你们不要再问我了！审讯人员抛出的这一话题并没有多大的实际意义，可是他抛出来的这一话题却把自己推向了被动的地位。这时审讯人员的主要精力只能去应付如何回答对方提问，其思维活动处在如何回答对方提问的被动的思维状态下，其语言的表达也反映出被动的回答状态。可见这一规律使得审讯人员自然丧失了主动的"攻击性"。所以在审讯中审讯人员应该时刻注意抛弃被动的"话题"，选择主动的"话题"。如何选择主动的"话题"？通常是以犯罪嫌疑人的薄弱环节为"话题"展开"攻击"。在审讯过程中如果发现或者遇见可能出现的被动"话题"，应当立即阻止其出现或者中途打断被动的"话题"，或者设法避开被动"话题"找出主动的"话题"来把握主动性。

三、"攻击点"的选择

审讯与打仗一样，攻击敌人首先要找准敌人的薄弱环节，薄弱环节又是指那些比较容易击溃的地方，我们在审讯过程中选择"攻击点"，就是寻找犯罪嫌疑人的薄弱环节，寻找比较容易"攻击"的点，一点击溃全军覆没，这是我们选择"攻击点"的目的，也是选择"攻击点"的方法和目标。如何能够达到一点击溃全军覆没的目的，这就需要从犯罪嫌疑人的行为上寻找、从有部分证据证明的犯罪事实和情节上选择、从犯罪嫌疑人的心理去挖掘、从犯罪嫌疑人的牵连关系上索取、从犯罪嫌疑人的身上做文章，这就是我们要选择的"攻击点"的范围，它是在我们多年的审讯实践中总结出来的，也就是说审讯实践告诉我们如何去选择审讯的"攻击点"。

（一）从犯罪嫌疑人的行为上寻找"攻击点"

无论是什么样的性质的犯罪，它可以是作为或者是不作为，由于危害结果的出现，客观方面就产生了犯罪的行为与犯罪的危害结果之间的必然的联系。通常在我们的审讯实践中，犯罪嫌疑人总是以否认这种联系来抗拒审讯，否认自己与犯罪的危害结果的联系。其关键之处集中表现在行为上，在以作为为犯罪构成的要件上，犯罪嫌疑人总是否认自己有其行为，而在不作为为犯罪构成的要件上，犯罪嫌疑人总是积极地辩称自己有过积极的行为。可见，无论是以作为构成犯罪，还是以不作为构成犯罪，这里重要的焦点集中在犯罪嫌疑人的行为上。犯罪嫌疑人在接受审讯时大多把抗审的目标集中在犯罪的行为上，这是因为作为犯罪构成的必要要件，即犯罪的客观方面，是衡量是否构成犯罪的重要条件之一。所以无论是侦查人员还是犯罪嫌疑人，都会把注意的重点集中在这一方面，它是侦查与反侦查的关键。既然是关键我们就要在关键的问题上做文章，显然如何通过犯罪嫌疑人的行为来寻找"攻击点"，是审讯工作的重要方法之一。犯罪行为是由许多条件组成的，行为的组成条件又是由许多的细节联系起来的。例如凶杀案件，犯罪行为人产生了杀人动机之后，就要去寻找杀人工具，在自己家里拿走了菜刀，就去寻找被杀的对象，当其发现了被杀对象之后，就采取了跟踪的方法一直跟踪到了被害人的家里，当被害人拿着钥匙正准备开门的时候，凶手乘其不备向被害人连砍数刀，然后将凶器扔进了护城河，便径直走回了家中，当其母亲在做饭时发现自己家里的菜刀不翼而飞时，就问儿子是否拿了家里的菜刀？因为家里只有母子俩，在家里丢了东西她只能询问儿子。这一系列的细节组成了杀人的行为，这些细节就像一颗颗珠子串起来就成为一条链子。但是，当犯罪嫌疑人实施了犯罪以后，那些犯罪的细节就像一颗颗珠子散落在客观世界和犯罪嫌疑人的主观世界里。当侦查人员找到某一细节时，就像发现了一粒散落的珠子，通过继续追寻其他散落的珠子，直到成为一条链子，达到证明犯罪事实的目的为止。在审讯实践中我们通常是把犯罪行为的组成细节作为我们的"攻击点"。在上述凶杀案件中如果我们了解到犯罪嫌疑人家的菜刀不翼而飞了，我们审讯的"攻击点"就可以选择在不翼而飞的菜刀上。因为在一个两口人的家里，母亲到处找菜刀，别人是不可能专门去偷她家的菜刀的，正常的推理是把杀人凶手与菜刀联系在一起，经过现场勘查被害人是被菜刀砍死的，审讯的"攻击点"集中围绕菜刀的去向展开追问，只要追到菜刀的下落，杀人的犯罪事实也就不攻自破了。

从犯罪嫌疑人的行为细节上选择的"攻击点"，不仅有利于我们对案件的突破，同时还有利于我们深挖犯罪。追踪细节是审讯的王牌，把细节作为我们选择的"攻击点"，更是深挖犯罪的重要手段。犯罪嫌疑人经常在接受审讯时会发生细节上的错位，偷了张三家的东西说成是偷了李四家的，把第一次的盗窃与第二次的盗窃发生了混淆，也就是说在记忆的细节上发生了错误，这样两次盗窃就都暴露了出来。例如，有一盗窃自行车的惯犯，通过销赃人的检举揭发，得知该盗窃惯犯曾经交过三辆自行车让其出手（售），其中女式凤凰牌两辆、男式永久牌一辆。审讯人员选择了犯罪嫌疑人盗窃自行车的细节作为"攻击点"，结果这位犯罪嫌疑人第一次交代曾经让销赃人帮助出手四辆自行车，其中男式永久牌三辆、女式凤凰牌一辆，以及每辆车被盗窃的时间、地点、当时的环境、天气。之后，多次让其重复盗窃自行车的时间、地点、什么车在什么地方盗窃的。这位犯罪嫌疑人重复了两次竟然说出互相不同的盗窃地点有九处。盗窃的地点与盗窃自行车的品牌发生了错位，此后，审讯人员进一步抓住盗窃的行为细节作为"攻击点"，结果这一犯罪嫌疑人竟然交代出盗窃64辆自行车的犯罪事实。

（二）从点滴犯罪事实和情节上选择"攻击点"

当我们对某一犯罪嫌疑人进行审讯时，被讯问对象的最大的特点是："犯罪嫌疑"。既然是犯罪嫌疑那么无论是在事实和情节上，总是有某一点或者某一部分与犯罪发生了联系，才被称为犯罪嫌疑人。犯罪嫌疑人并不是一定就能构成犯罪，其原因就在于那些与犯罪发生了联系的某一点或者某一部分，能否得到发展成为证明犯罪事实和行为的链条。任何一种犯罪事实和犯罪行为都是通过不同的行为点来证明的。我们把审讯的"攻击点"选择在有部分证据证明的犯罪事实和情节上，目的就是为了让已经被证明的点滴事实和某一情节，得到全面充分的扩展，最后能够达到确实充分的证明犯罪的目的。把"攻击点"选择在已经能够证明的点滴事实和某一情节上，也是为了使犯罪嫌疑人自己把完整的证明体系发展起来。例如，前面提到的盗窃案件，审讯人员把"攻击点"选择在已经掌握的销赃这一环节上，仅仅掌握了销赃这一环节，并不能证明全部的盗窃事实，也就是说虽然通过别人卖过自行车，并且是多次，但是这并不能说明这些自行车是盗窃来的。但是，只要我们把"攻击点"选择在销赃的环节上，犯罪嫌疑人就会误认为我们已经掌握了自行车的来源是盗窃的，同时他也会自觉地把销赃这一犯罪事实与自行车的来源联系到一起，最后完成对盗窃犯罪的证明。这一"攻击点"选择的实质就在于，使犯罪嫌疑人感到审讯人员已经收集到证明他犯罪事实的充分确实的证据，再顽抗下去是徒劳的，坦白交代可能还有一线的希望，从而被迫交代自己的犯罪事实。

（三）从选择与犯罪嫌疑人有密切联系的特殊情节为"攻击点"

我们所说的特殊情节指的是那些只有犯罪嫌疑人、证人、被害人、共同犯罪的同案人才知道的情节。犯罪嫌疑人在犯罪的过程中，出于实施犯罪的需要，做出了一些与案件有一定联系的特殊情节，这些情节不仅能有效地证明犯罪，而且它还能起到牵一发而动全身的效果。只要集中"攻击"这一点，就会对犯罪嫌疑人全部防御体系产生重要的影响，一旦这一点被攻破，犯罪嫌疑人全部的防御体系就会被瓦解。例如，有一盗窃犯罪案件，犯罪嫌疑人在实施盗窃犯罪的过程中，因自己不慎在进入房间时，被窗户上的破玻璃将手臂划破流了许多血在现场，在案发的当天犯罪嫌疑人就去了医院做了治疗，并且在犯罪嫌疑人的手臂上还仍然留着被玻璃划破的伤口。这一特殊的情节就能把犯罪嫌疑人引向犯罪的现场，因现场留下的血迹与案发当天犯罪嫌疑人去医院做治疗时留下的血迹相同，犯罪嫌疑人的手臂上还仍然留着被玻璃划破的伤疤，医院的医生也能够证明犯罪嫌疑人在案发后，去医院治疗过伤口。在审讯时如果我们把"攻击"的重点集中在犯罪嫌疑人的手臂伤疤的来源上，并且联系现场留下血迹的血型，只要攻破了这一点，那么盗窃犯罪的全部事实就会迎刃而解。

（四）从选择与犯罪嫌疑人有密切联系的特定物为"攻击点"

这种特定物是与犯罪嫌疑人实施犯罪有密切联系的物品，是证明犯罪最有力的物证。如强奸案件，现场虽然有强奸时搏斗的痕迹，有被害人身上的累累伤痕和被害人的陈述，但是在审讯的时候，审讯人员一般总是以犯罪嫌疑人留在现场的精液为"攻击点"，这是因为精液只能从犯罪行为人的体内排出，与犯罪嫌疑人的联系最为密切，是证明犯罪的最有力的物证。一般的强奸犯罪嫌疑人在接受审讯时最担心的就是现场遗留的精液，有的时候我们在侦查现场并没有提取到精液，但是犯罪嫌疑人并不知道我们没有提取到精液，这时仍然可以用假设精液存在的方法，以此来作为"攻击点"。

（五）从犯罪嫌疑人的心理上去选择"攻击点"

犯罪嫌疑人的心理反映在不同的阶段，其特点也是不同的，实施犯罪阶段与犯罪以后接受司法机关的审讯阶段，犯罪嫌疑人的心理状态是截然不同的。我们这里研究的是审讯心理学，是以研究实施犯罪以后接受司法机关的审讯阶段的心理特点为内容的。在这一阶段犯罪嫌疑人的心理表现为两大心理特征，即侥幸心理和畏罪心理。

侥幸心理的犯罪嫌疑人认为自己的作案手段高明，有一套反侦查技巧，自己在作案时没有被别人发现，也没有留下什么证据，把逃避打击的全部希望都寄托在侥幸心理上。这类犯罪嫌疑人最大的弱点就是：不给自己留有退路，他们很少考虑到一旦他们依赖的抗审的精神支柱被摧毁以后，如何继续进行抗审。如果审讯人员选择了准确的"攻击点"，能够直接摧毁其拒不认罪的精神支柱，他就会放弃对抗的侥幸心理逐步向交罪的心理转化。侥幸心理的精神支柱是：认为自己的作案手段高明，没有留下证明自己犯罪的证据，司法机关仅仅是怀疑，没有确凿的证据。因此，我们对其"攻击点"的选择，应当围绕如何让犯罪嫌疑人形成罪行已经暴露的观念，使犯罪嫌疑人自动地放弃对抗。因为每一个案件都有其自身的特点，所以为了让犯罪嫌疑人形成一种观念的方法也是多种多样的，对"攻击点"的选择也是不同的。这里应当特别注意的是：我们对"攻击点"的选择，不是犯罪嫌疑人把一系列的事件准备好了让我们去选择的，而是依靠我们自己对全部案件的了解，自己去发现，自己从已经获得的犯罪情节中，找出我们所需要的"攻击点"。审讯实践中我们常常利用使犯罪嫌疑人形成错觉的方法来寻找"攻击点"。例如，盗窃案件，犯罪嫌疑人被抓获以后仅仅是犯罪嫌疑，没有足够的证据证明其犯罪，因而犯罪嫌疑人的侥幸心理非常强烈。为了让犯罪嫌疑人形成错觉，审讯人员问：你是作案的老手了，不应该在作案的现场留下痕迹，你太粗心大意了……答：我在现场留下了什么痕迹？问：你在现场留下了什么还用得着我告诉你吗！答：（不语）……问：（选择的"攻击点"）你到现场干什么去了？答：我没有去过现场。问：那在现场为什么有你留下的痕迹？答：我不知道。问：（反复追问形成观念）你到现场干什么去了？答：（不语）……这里只要犯罪嫌疑人承认自己曾经去过现场，紧追下去就可能突破全案。除此之外，还可以通过逻辑的方法，找出犯罪嫌疑人供述的矛盾点，把形成矛盾的原因作为我们的"攻击点"。还有跨越前提的方法，我们可以帮助犯罪嫌疑人设定某一事实的存在，把我们设定的事实作为"攻击点"。例如审讯贪污贿赂案件的犯罪嫌疑人，为了扩大某一案件的证明范围，就需要向犯罪嫌疑人讨要证明其犯罪的线索。问：你存在银行里的钱是活期的还是定期的（这里的前提是：有钱存在银行）？询问这类话题审讯人员有路可退，因为银行里的存款可以是平时没有用的钱存起来的，但是也可以是贪污受贿而来的。从另外一个角度讲，现在的家庭或多或少在银行都有存款。这时我们的"攻击点"就应该选择存折的去向上，一旦我们提取了他们巨额存款的数额，那么存单上的数额又成为我们的"攻击点"。所以当我们的审讯活动不断地深入发展的时候，随之我们对"攻击点"的选择也在发生不断的变化。审讯的全过程就是"攻击点"的不断变化不断发展，一个点一个点地向前推进，直到全部攻克案件。总之对心存侥幸心理的犯罪嫌疑人的"攻击点"的选择，要围绕如何击垮犯罪嫌疑人的精神支柱而展开。在审讯的活动中犯罪嫌疑人的两大精神支柱：一是证据，犯罪嫌疑人认为证据已经不存在了，我们就要设法复原证据，当然这里所说的证据指的是心理证据。由于犯罪嫌疑人在实施犯罪以后的主观意识较强，难免会产生对客观事实认识上的误区，审讯人员不仅要利用这个误区，更重要的是要创造这种误区，犯罪嫌疑人的认识误区是产生心理证据的基础，选择"攻击点"的任务是将其作为一种手段、一种催化剂，把犯罪嫌疑人记忆中的行为转化成心理证据。二是事实，侥幸心理的犯罪嫌疑人认为，作为犯罪行为的事实是看不见摸不着的，犯罪事实是依靠证据来证明的，如果没有证据就不可能有再现的犯罪事实。我们在审讯活动中选择"攻击点"的目的，就是要把犯罪嫌疑人留在大脑记忆里的犯罪事实一点一点地赶出来。

畏罪心理是犯罪嫌疑人害怕自己的犯罪行为被揭露后受到法律惩罚的一种心理状态。这种心理状态在审讯实践中的表现，并不是仅仅害怕受到法律的惩罚，而是多种相关的思维活动的综合反映，这种相关的思维活动总是围绕着这样的几个问题而展开的，第一是司法机关是否掌握了自己的犯罪证据？第二是司法机关把自己抓来到底是掌握了哪些情况？第三是如何摆脱审讯人员的讯问寻找逃避惩罚的退路？第四是司法机关会如何处置自己？所以一些有经验的审讯人员在针对畏罪心理的犯罪嫌疑人选择"攻击点"的时候，总是根据上述的四种基本的心理活动的特点来确定"攻击点"。首先，犯罪嫌疑人被带进审讯室，其心理活动是围绕着司法机关是否掌握了自己的犯罪证据而展开的。他总是千方百计地去捕捉来自审讯室里的信息，以此来判断自己的处境，选择对抗的方法。这时审讯人员选择的"攻击点"的任务是吸引犯罪嫌疑人注意审讯人员的语言表达，从中领悟到一种强烈的态势，这种态势的产生来源于司法机关已经掌握了大量的证据，是这些大量的证据而激发出来的态势，已经说明了情况——犯罪证据已经被掌握。其次，是犯罪嫌疑人急切想弄明白审讯人员到底掌握了哪些情况，是部分还是全部？"攻击点"的选择是：直接告知犯罪嫌疑人已经构成犯罪，选择成熟的证据作为"攻击点"，给犯罪嫌疑人定位。这样对方会放弃寻找我们到底是掌握了哪些情况，从而有利于犯罪嫌疑人向供述方面转化。再者，审讯人员在发现犯罪嫌疑人寻找辩解的理由和退路的时候，应当阻止其辩解，选择的"攻击点"是犯罪嫌疑人作为退路的辩解理由，"攻击点"可以从不同的侧面对他们的辩解理由进行围攻，最后让犯罪嫌疑人明白自己已经无路可退了，以此寻求新的"求生"和"求轻"愿望。最后，是犯罪嫌疑人最关心的司法机关会如何处置自己，"攻击点"的选择是摆出利害关系，攻其害，扬其利，供有利，抗无益。

（六）从犯罪嫌疑人的牵连关系上选择"攻击点"

犯罪嫌疑人在接受审讯时最为致命的弱点就是牵连关系，牵连的关系越多犯罪行为暴露的可能性就越大，按照犯罪嫌疑人的话说牵连关系越多就越危险，抓住了犯罪嫌疑人的牵连关系就等于抓住了犯罪嫌疑人的尾巴。什么是牵连关系？犯罪行为人在实施犯罪的一系列活动中，与犯罪有着某种直接或者间接的联系，这些直接或者间接的联系的个体反过来又能说明或者证明某一种行为或者是某一种犯罪的关系。犯罪行为的牵连关系的个体有人和物，它可以由人与人、人与物、物与物之间的接触而产生，人与人之间有共同犯罪的行为人，知情人或者证人、污点证人；人与物之间有赃物、现场遗留物、痕迹；物与物之间有同类物、非同类物、瞬间消失物、形状物等。

　　首先，我们从人的牵连关系上选择"攻击点"。人与人的牵连关系有共同犯罪的行为人，犯罪嫌疑人归案以后，最为担心的是另外的同案犯的情况，是否也被抓获了？是否交代了共同的犯罪事实？是否有可能会供出自己？这样的案件我们就可以选择另外的同案犯作为"攻击点"。知情人或者证人虽然没有参与犯罪嫌疑人的犯罪，但是他们对犯罪嫌疑人的某些犯罪行为有所了解、知情，有的甚至是犯罪现场的目击者，因此犯罪嫌疑人最担心他们向司法机关告发或者是出面作证，一旦他们出现犯罪行为就会彻底败露，这是犯罪嫌疑人在接受审讯时最关心的问题，所以我们把"攻击点"选择在犯罪嫌疑人最关心的问题上，最能击中要害。当然知情人或者证人并非是公安机关、检察机关聘请的职员，是能随叫随到的，有时甚至无处去找。这样我们的审讯人员就要设法根据案件的特点和情况，为犯罪嫌疑人设立知情人或者证人。假设知情人或者证人存在，并且已经向公安、检察机关提供了情况，以此作为"攻击点"。具体的方法我们在前面已经作了阐述，这里就不再赘述。另外还有污点证人，他与犯罪嫌疑人有着某种密切的联系，并且自己的身上也沾了些污点，这类人最了解犯罪嫌疑人的情况，可以以此作为"攻击点"。

　　其次，是从人与物的牵连关系上选择"攻击点"。包括赃物、现场遗留物、痕迹等。例如犯罪嫌疑人抢劫的财物，因为它的特殊性，对犯罪嫌疑人有震慑作用，最能说明问题，也最有证明力，所以选择赃物作为"攻击点"也是比较多的。此外，只有去过现场才会有遗留物，强奸案件只有实施了强奸行为才会在现场留下精液，这类案件在审讯时大多都选择现场留下的精液为"攻击点"。最后现场的脚印、手印、牙痕、轮胎印迹等都可以作为我们借用的"攻击点"。物与物之间有同类物、非同类物、瞬间消失物、形状物、条件物等。把"攻击点"放在同类物上应当做好充分的准备，不可乱用，否则对方会以此来作为反击点，向你发起攻击，就可能导致被动的局面出现。在审讯的过程中非同类物也可以作为"攻击点"。例如，黄金和人民币是非同类物，在一起受贿案件中，犯罪嫌疑人转移了赃款，为了追回赃款，审讯人员根据人们平时的习惯，喜欢把金银与人民币放置在一起，只要找到金银的存放处，也就找到了人民币的存放处。所以审讯人员把"攻击点"选在了金银饰品上，最后取得了审讯的成功。再者看瞬间消失物，它是以短暂的形式存在的，很容易消失和转变，如气味里有汽油的气味、腐烂的气味、香水的气味、爆炸的气味等。例如有一起杀人焚尸的案件，犯罪嫌疑人将人杀了以后，用汽油将尸体焚烧后逃离现场。在勘验现场时发现犯罪嫌疑人是用汽油焚烧尸体的，在案发现场有人证明该犯罪嫌疑人也在围观的人群中，并且还闻到犯罪嫌疑人的身上有汽油味。审讯时"攻击点"就放在汽油的气味上："你当时身上的汽油味是从哪里来的！"追出犯罪嫌疑人身上汽油味的来源，就等于又把犯罪嫌疑人推向了杀人的现场。审讯人员一步一步地紧逼："你在洒汽油的时候没有注意却把汽油洒在了自己的身上，是不是……"一直保持沉默的犯罪嫌疑人无法说出汽油的另外来源，只得默认点头，最后道出了全部的杀人经过。图纹形状物也是我们选择的"攻击点"。很多的刑事案件的发案现场，可以发现千差万别的图纹形状物，如血溅图案、刹车时的轮胎痕迹图案、玻璃裂痕的形状、物体相互作用的痕迹图案等。利用犯罪现场的图纹形状物来作为"攻击点"，有利于揭露犯罪嫌疑人的谎言。我们选择犯罪现场的"条件物"作为审讯犯罪嫌疑人的"攻击点"，是因为它是由特定的事件或者行为产生的。条件物对于重建犯罪的心理现场有着重要的作用。如天气、光、火、烟、位置、体积等。例如有一盗窃犯罪案件，盗窃案犯乘烈日炎炎的中午，人们午休时进入某机关行窃。当审讯人员问其为什么进入某机关大院？该案犯回答："我是为了锻炼身体到该机关大院去跑步的。"犯罪嫌疑人的这种回答显然不符合逻辑也不符合常理，烈日炎炎有谁在中午跑步锻炼？审讯人员抓住这一情节作为"攻击点"，犯罪嫌疑人被逼得走投无路，最后只得交代自己盗窃的犯罪事实。

（七）从犯罪嫌疑人的身上寻找"攻击点"

在犯罪嫌疑人的身上有犯罪的动机、有作案的规律、有事业家庭与情感等。审讯人员要善于利用犯罪嫌疑人自身存在的弱点，把我们的"攻击点"集中在犯罪嫌疑人薄弱环节上，就可以达到事半功倍的效果。

首先，在犯罪嫌疑人的身上寻找"攻击点"时应当认真研究其犯罪的动机。有的犯罪嫌疑人虽然做出了危害社会的行为，已经构成了犯罪，但是他们的犯罪动机却不一定就是很坏的。例如，前不久有一国有大型企业的一位高级工程师，因为涉嫌受贿而锒铛入狱。仅仅3年的时间，这位不到40岁的高级知识分子，受贿的数额达数十万元。这名犯罪嫌疑人来自贫穷的农村，是父母在极度贫困的情况下培养他上了大学，又有了理想的工作，按理他是不应该伸出犯罪的手的。可是当我们的检察机关对他进行审讯的时候，才知道他的父母在这不到3年的时间里，都身患癌症而相继去世，为了给父母治病他才伸出了犯罪的手。他受贿的动机很清楚，是为了给父母治病。审讯人员抓住了犯罪嫌疑人的这一动机为"攻击点"，一方面给予理解，另一方面指出其不应该干触犯法律的蠢事——谁都有父母,无论是谁遇见这种情况都会毫不犹豫地去挽救父母的生命,可是不能采取贪污和受贿的方法,这样你的父母在九泉之下也不会安心的。经过审讯人员的一席话,犯罪嫌疑人感觉这话说到自己心里去了,感觉到审讯人员能够理解自己的犯罪行为,最后消除了对抗交代了全部的犯罪事实。

其次,从犯罪嫌疑人作案的规律上寻找"攻击点"。犯罪行为的规律性表现在多次实施犯罪的行为过程中,除了第一次实施犯罪之外,一般的刑事犯罪案件都有一定的规律性。例如,有这样一例抢劫杀人案件,杀人凶手使用的工具是螺丝刀,一连数起抢劫杀人案件使用的凶器都是螺丝刀。凶手归案以后,审讯人员把"攻击点"选择在作案的工具——螺丝刀上,逼着犯罪嫌疑人不得不交代数起抢劫杀人的犯罪事实。

最后,利用性格的特征来作为"攻击点"。性格特征实际上也是人格特征的表现,有的人吃软不吃硬,有的人吃硬不吃软,有的人性格外向,而有的人性格内向。例如,对那些性格暴躁的犯罪嫌疑人,就要采取刺激的方法和激将法,对那些内向的犯罪嫌疑人,不能急于求成,要帮助犯罪嫌疑人分析犯罪的原因,解脱犯罪嫌疑人的内心痛苦,让犯罪嫌疑人自己把犯罪事实说出来。

四、对犯罪嫌疑人进行"攻击"的主要方法

审讯与打仗一样要有方法,打没有方法的仗是注定要失败的。审讯过程中的"攻击"方法,是审讯技巧中的重要环节之一。审讯过程中的"攻击"方法是在保持积极主动的"攻击"状态的基础上,如何借助外力对犯罪嫌疑人展开"攻击"的方法,即如何借助外力进行"攻击"的方法。在审讯活动中借助外力进行"攻击"的方法如下:

首先,是借助点滴的客观犯罪事实,或者某一点滴的情节展开对犯罪嫌疑人的"攻击"。我们的审讯对象是犯罪嫌疑人,他们之所以被称为犯罪嫌疑人,就是因为他们与客观的犯罪事实之间有着一定的必然的联系。所以在审讯活动中为了打击犯罪嫌疑人的嚣张气焰,强化犯罪嫌疑人的罪责意识,抓住与客观的犯罪事实相联系的某一点来进行"攻击"。在这一方面一定要小题大做,以点示面、以点滴的痕迹揭示一系列的犯罪行为。在客观方面等于直接告诉犯罪嫌疑人:不要以为自己的作案手段高明,你确实在作案现场留下了犯罪的痕迹,这些痕迹已经足以说明问题了。每一个案件都有其自身的特点,这些特点的本身就包含着不利于犯罪嫌疑人的因素,这些因素有时是表现在某一个点,有时是表现在某一方面,这就要看我们的审讯人员如何借助这些不利于犯罪嫌疑人的因素。例如,共同犯罪案件,犯罪行为人是两人以上实施的犯罪,

这样审讯人员就可以利用这一特点，对他们两个人中的任意一个人都可以用同样的方法展开"攻击"："你不说没有关系，但是有人会说，别人会告诉我们你的所作所为，你的事情让别人去说你不感觉到被动吗？"这样犯罪嫌疑人就会感觉到两个人作案，你不说别人就有可能说，迟说不如早说。在审讯的实践中审讯人员借助案件特点中的某一点滴情节或者某一方面，对犯罪嫌疑人展开"攻击"大都能获得显著的效果。

其次，是借助法律规定的某一特定内容展开对犯罪嫌疑人的"攻击"。借助法律的规定对犯罪嫌疑人进行"攻击"，不能简单化、程式化，仍然喊着过去的老口号——"坦白从宽，抗拒从严"，这样的口号喊下去，有时不但收不到好的效果，反而起反作用，在看守所的号子里经常会听到："坦白从宽，牢底坐穿，抗拒从严，回家过年"。在很多的时候我们需要把犯罪嫌疑人的犯罪行为与法律规定的构成要件进行比较对照，来强化法律对犯罪嫌疑人的震慑力。如一盗窃犯罪案件，在犯罪嫌疑人实施盗窃犯罪的过程中，被物主发现转而实施了暴力，其犯罪的性质发生了变化，犯罪嫌疑人使用了暴力就构成了抢劫罪。这里就可以直接告知犯罪嫌疑人已经构成了抢劫罪，已经无路可退，如何能争取好的认罪态度，选择从宽的道路才是利弊选择的关键。在有的时候我们还可以利用一些程序法的内容，告知犯罪嫌疑人没有口供我们照样可以定罪，因为我们有了能够证明犯罪的证据，所以你交代与不交代并不影响案件事实的认定，但是有一点是清楚的，交代与不交代，认罪与不认罪在最后的量刑处罚上，显然是不相同的。这种"攻击"的结果是让犯罪嫌疑人权衡利弊，选择认罪交代的结果。

再次，是利用亲情关系展开对犯罪嫌疑人的"攻击"。亲情关系人人皆有，但是这种亲情关系在人们的正常生活中与人们在非正常的活动中的感觉是极不相同的。亲情关系在正常生活中在正常人的眼睛里并不会产生多么强烈的反映，也不会引起多么大的注意力。可是当人一旦犯了罪，处在特定的时空的条件下，人身自由受到了限制，在这种情况下亲情关系就会引起情感的变化，产生心理作用。其原因在于犯罪嫌疑人的人身自由受到了限制以后，隔断了与外界的联系，不知道自己的结果是什么？要负什么样的法律责任？自己在看守所还要待多长时间？自己最担心的那件事情不知道被发现了没有？家里的情况现在不知道怎么样了？是否在托人找关系走门路让自己早点出去？这些都是犯罪嫌疑人非常想要知道的。但是在看守所或者审讯室能够经常与自己接触的人，并不是自己能够信任的人或者是不能完全信任的人。这样犯罪嫌疑人就根据自己的判断把人划分为可否信任的范围。从办案人、同案人、朋友、亲情来看，亲情关系是犯罪嫌疑人比较信任的关系。正因如此，他们更希望这些亲情关系能够通过"门路"打通办案人的关系。所以，当审讯人员在审讯时提及犯罪嫌疑人的亲情关系的时候，犯罪嫌疑人会全神贯注注意这方面的信息。也正是因为如此，亲情关系方面的信息更容易使犯罪嫌疑人产生错觉。我们的审讯人员在初次接受审讯任务时，总是要花好多的时间去了解犯罪嫌疑人的家庭情况和亲情关系，其目的就是为了在审讯时便于利用。在一次案件的审讯时，了解到犯罪嫌疑人非常孝顺自己的母亲，在审讯时笔者记录下了这样的话："我去过你的家，见到了你的母亲，我感觉到她是一位非常好的母亲，她非常想念你……她辛苦了一辈子不就是为了你吗？她多么希望你能成才，能成为社会有用的人，可是你都干了些什么？你对得起你的母亲吗？当你去伤害别人的时候，你想过没有？别人也有母亲，你知道别人的母亲是多么痛苦吗？你伤害的那些人，他们也是上有老下有小，你能看到他们痛苦的眼泪吗……"这时犯罪嫌疑人就会感觉到母亲的情感已经延伸了出来，通过犯罪嫌疑人的联想，把亲情关系与审讯人员联系在了一起。他会感觉到审讯人员的训话就是母亲的训斥。借助亲情关系不仅能够尽快消除犯罪嫌疑人的对抗心理，更重要的是能够取得犯罪嫌疑人的信任。例如，在2001年笔者接受了一起特大诈骗案件的审讯，犯罪嫌疑人利用银行收储付高额利息为诱饵，以伪造的银行假证件，骗取某国有大型企业的闲置资金数千万元。案发以后犯罪嫌疑人自知罪行重大，必然要判重刑，审讯时拒不交代犯罪事实，并且与前期的审讯人员产生了极强的对抗情绪。在接受这起案件以后，笔者就借助犯罪嫌疑人的亲情关系，第一次与犯罪嫌疑人在看守所见面的时候，就直接告诉犯罪嫌疑人：我刚刚从你家里来，你的爱人对你非常关心，你的孩子也非常想念你，他们现在都已经上班了，工作也不错，他们怕你挂念让我告诉你，叫你放心，叫你多注意自己保重身体，我这次来还给你带来了换洗衣服和日用品，你也不要拿我当外人，你有什么要求可以告诉我，我尽量给你想办法。你的问题是非常严重的，现在是由我来负责你的案子，我们来共同努力使你得到从宽处理，关键是要靠你的配合。犯罪嫌疑人听完了这样的一席话之后，很快转变了态度并且对我们的审讯人员也信任了起来，当天就交代了全部的犯罪事实。这是一起成功的审讯范例，但是使用时应当注意方法，多了解犯罪嫌疑人的亲情关系，越深入越好，不能用假的东西欺骗犯罪嫌疑人。

最后，是创建能使犯罪嫌疑人默认的环节然后借之。犯罪嫌疑人在接受审讯时能够直接承认自己的犯罪行为或者犯罪事实的范围很小，也就是说对自己的所作所为敢于直接承认的比例较小，而默认的比例却要大得多。这是因为默认的心理压力要比直接承认的心理压力小得多，所以在审讯时审讯人员首先要设法让犯罪嫌疑人对某一事件或者事实表示默认，然后再设法让犯罪嫌疑人直接承认。在审讯实践中确认犯罪嫌疑人的默认的环节或者默认的范围，都是凭借自己的经验和感觉来确定的。什么样的事情、什么样的环节，犯罪嫌疑人能够默认并不是可以固定起来的，它是根据犯罪嫌疑人的不同特点、不同人格来确定的。审讯活动中为了再现犯罪事实，总是通过有着内在联系的不同的行为点连接成为完整的行为事件，这些不同的行为点的连接组成了完整的犯罪事实。我们创建能使犯罪嫌疑人默认的环节，就是在犯罪嫌疑人的不同的行为点来寻找。我们现在就拿前面说过的诈骗案件来举例说明。从这起诈骗案件的整个过程来看，犯罪嫌疑人首先是伪造银行一系列存款票据，然后寻找诈骗的目标，经过他人认识了诈骗的目标，向诈骗的目标传递银行有高利息存款的信息，并且只有犯罪嫌疑人亲手去办利息最高，同时还有存款返利，紧接着被骗单位的领导认为有利可图，便同意将暂时闲置的几千万元的资金存入了犯罪嫌疑人指定的银行和指定的账户，此后该犯罪嫌疑人从存入的几千万元中取出几百万元作为该项存款的利息和返利，交给了存款单位。于是该犯罪嫌疑人便成了该地区最有经济实力的"企业家"。从前面一系列的行为的点来分析，最容易使犯罪嫌疑人默认的"环节"：犯罪嫌疑人通过别人的介绍认识了被骗单位的某些人。创建默认的方法是把需要犯罪嫌疑人默认的环节，直接告知犯罪嫌疑人。如：你是通过别人的介绍认识了存款单位的某些人……（默认环节是犯罪嫌疑人认识了存款单位的某些人）等待犯罪嫌疑人的反应只需要几秒钟，就完成了全部的默认过程。紧接着就可以利用创建的默认环节展开"攻击"。就此案的情节审讯可以这样进行：你认识了存款单位的某些人以后与他们又发生了什么关系？利用这样的"攻击"方法可以一步一步地把犯罪嫌疑人推向绝路。

第四节 审讯过程中反复动摇阶段的任务和审讯方法

审讯活动过程中阶段的划分，并不是审讯活动的需要，也不是审讯活动过程的表现形式，更不是作为审讯活动过程必须经历的阶段。它是根据审讯活动的整个过程中犯罪嫌疑人心理变化的特点来划分的。反复动摇阶段就是以犯罪嫌疑人反复动摇的心理状态来确定的。犯罪嫌疑人从拒不认罪的对抗心理状态，经过与审讯人员的信息交流，产生了趋向于供述认罪的动摇的心理状态，由于这种心理状态具有不稳定的特点，随时都有可能向其他方面转化，所以反复动摇是犯罪嫌疑人在这一阶段显著的心理特点。但是犯罪嫌疑人的这种心理状态使我们的审讯活动带有很大的风险性，审讯人员稍不留神犯罪嫌疑人动摇的心理就会退回到对抗相持阶段。因而控制犯罪嫌疑人反复动摇的心理状态，是审讯过程中又一项艰巨的任务。

一、犯罪嫌疑人进入反复动摇阶段的特征表现

如何能够发现犯罪嫌疑人已经进入了动摇的心理状态，是我们对动摇心理控制的基础。接受审讯的犯罪嫌疑人，从抗拒审讯转化到动摇阶段，其大量思维是处在激烈的斗争状态，是供还是不供，形成思维过程中相互干扰的情景，表现在外部的形体方面便是多次出现无根据的下意识动作。如双手抱头，两脚颤抖，双手托额，抬手抱胸，搓手，捏拳，两脚搓地，浑身不停地颤动，坐的椅子向前半部移动，莫名其妙的下意识动作频繁出现，等等。从面部的表情来看，犯罪嫌疑人的目光呆板，两眼无神，游移不定，眼圈含泪，有时痛哭流涕，不敢正视讯问人；有时脸色苍白，肌肉紧张地抽动，满脸是汗，有的低头深思欲言又止。从语言的表达情况来看，这一阶段的犯罪嫌疑人在交代问题上还讨价还价，提出各种条件。如：我交代以后你们会不会给我"取保候审"，能不能从轻减轻处理。犯罪嫌疑人的这一心理过程的变化，是从抗拒交代到趋向于交代。在语言的运用上也是从否定的强硬状态趋向于含糊其辞，动摇不定的回答。犯罪嫌疑人的常用语有：让我想想再说？能否让我跟家人见一面再说；让我回监房好好想想再回答你们。有时审讯人员为了深挖犯罪："你还有事情没有交代。"正常的回答是"我确实没有了！"以没有余罪做出坚定的回答。而隐瞒着某些问题的犯罪嫌疑人常用："我好像没有什么交代的了，我认为我好像都交代完了。"有时犯罪嫌疑人还能直接向讯问人员暴露思想，"我交代了，我的一切全完了！"等等。

在语言的节奏上，表现为缓慢梗塞，无节奏，下意识地唉声叹气，语言的声调变低，有气无力。犯罪嫌疑人的动摇状态只是在抗拒的前提下向前跨了一步，离供述交代的实现还有一定的距离。尽管如此，这种动摇心理状态如果控制不好，不仅不会向供述方向发展，而且还会强化抗拒心理。因此在犯罪嫌疑人进入动摇状态时，必须准确及时地掌握，再根据其特点来加以控制。

二、如何控制犯罪嫌疑人反复动摇的心理状态

首先，是强化已发生作用的方法和技巧，加大"攻击"力度。审讯犯罪嫌疑人使之从抗拒审讯到动摇状态形成，并不是偶然的，它是审讯人员根据犯罪嫌疑人的个体特点有针对性地施加心理影响而形成的。因而在审讯中讯问人员要注意发现是在什么情况下，用什么样的方法，以什么情节和事实成为犯罪嫌疑人的心理动力。当出现动摇反应时，就应该抓住不放，加强对这一领域的

攻势。如果是逻辑矛盾引起的，就应抓住矛盾点不放，限定在某一细节范围做供述，形成心理证据的压力促使其向心理限制方面转化。注意对"题外语言"的控制，不要让与其无关的语言干扰犯罪嫌疑人的思维。在这一状态下犯罪嫌疑人的思维已受到客观的控制，被禁锢在某一极小的范围。一旦外力插入，便将这张被禁锢的网撕开了出口，让思维的目标转向别的领域，去寻找解脱这种心理压力的方法。讯问人员应咬定某一关键性词，不断重复达到对其思维的控制，如：讲！讲！讲！如果犯罪嫌疑人的思维忽然转向别处，讯问人员应立即采取迂回的方法将其思维再拉回到原来的状态，进行控制。

其次，是对犯罪嫌疑人提出的要求，要根据情况针对性地解决，不要随便承诺许愿，对那些"让我回去想想再说"或"让我回号房想想明天再说"等，不能答应，应紧追下去。经验表明，有90%以上的犯罪嫌疑人"让我回去想想再说"，都是缓兵之计，待第二天再提审时，就变卦了，又转回到了原来的起始状态，还要重新采取方法来进行审讯，而这一次的审讯难度会比前次的审讯难度要大得多。犯罪嫌疑人经过长时间的思考和总结，找出在被审讯时出现问题的原因，再次审讯时犯罪嫌疑人多半会避开前次失败的环节，防守更加严密，从而加大了审讯的难度。

再次，犯罪嫌疑人在动摇阶段的心理特点是：趋利避害的心理，是交代还是不交代，是进还是退，他要权衡利弊，如果讯问人员将其退路给堵死封住，犯罪嫌疑人才能作出向前进的选择。审讯中常用的封其退路的方法是：你的问题已经明了，你对问题交代是迟早的事，但迟不如早，应争取主动，争取立功，争取从宽处理。又如，司法机关办案是以事实为依据、以法律为准绳的，不轻信口供，你的口供只证明你自己对问题的态度，主动交代能从宽处理，不交代从严处理，你的问题已经清楚，两条路由你选择。这时的犯罪嫌疑人实质上只有一条路的选择，把犯罪嫌疑人推到交代的主线上来，此时犯罪嫌疑人便向供述方向作出行动。

最后，是对犯罪嫌疑人实施心理共振，这种方法主要是以对犯罪嫌疑人的行为给予同情和理解为基础的。如："对你的情况我们是比较理解的，从你本人的心愿来说并不想出现这样的结果，有其他的原因……"站在犯罪嫌疑人的角度，对其行为给予同情，使其产生心理共振，能有效转移犯罪嫌疑人担心交罪后自己所承担的后果的畏罪心理，审讯实践中经常会出现动之以情、晓之以理，才能达到让犯罪嫌疑人交罪的结果。同时还应该注意，在犯罪嫌疑人难以张口供述的情况下，要选准时机让其"下台阶"，让开一条路对方才能做出交罪的行动。这就是犯罪嫌疑人在反复动摇阶段，进行心理控制的最佳结果。

三、阻止犯罪嫌疑人对心理防线的修复

犯罪嫌疑人设立的心理防线是抗审的基础,一旦犯罪嫌疑人的心理防线被突破,抗审也就失去了意义。犯罪嫌疑人设立的心理防线是犯罪嫌疑人耐以抗审的基本条件,也是犯罪嫌疑人抗审的心理支柱。犯罪嫌疑人在实施了犯罪以后,在接受审讯之前或者在审讯的过程中,为了逃避法律的惩罚,总是要千方百计地否定自己的犯罪行为,我们把犯罪嫌疑人进入审讯室准备对付审讯人员的方法即相对稳定的心理准备,称之为心理防线。通常犯罪嫌疑人设立的心理防线,是根据案件的具体情况来设定的,而这些具体情况是能够直接影响案件成立的构成要件,它包括罪重与罪轻、此罪与彼罪、单一罪与数罪、偶犯与惯犯等。犯罪嫌疑人总是以否定自己与犯罪的客观事实之间的联系,或者是有利于自己的选择来设立心理防线的。心理防线实际上就是犯罪嫌疑人如何对付审讯、逃避法律惩罚的心理准备和方法。

从犯罪嫌疑人设立心理防线的特点来看:有的犯罪嫌疑人采取的是全盘否定的方法。如,"我没有杀人!"还有的犯罪嫌疑人采取重点否定的方法。如,"我根本就不在现场!"也有的犯罪嫌疑人选择构成犯罪的重要支点来予以否定。如,交通肇事后逃逸:"我根本就没有发现,也没有感觉到我的车撞倒了人,我如果知道车撞倒了人,我是肯定不会逃跑的。"总之犯罪嫌疑人所设立的心理防线是以否定犯罪的客观事实为前提的。

从犯罪嫌疑人设立的心理防线的位置来看:有时犯罪嫌疑人设立的位置比较靠前,而有时犯罪嫌疑人设立的心理防线的位置比较靠后。例如,A 和 B 共同进行盗窃,讯问 A 是如何与 B 合谋进行盗窃的?A 答:"我根本就不认识 B。"从他的防线设立的位置来看,是非常靠前的。根据逻辑关系可以看出,A 根本就不承认自己认识 B,所以就不存在合谋的问题,更不可能有合谋盗窃的事情。可是在有的时候犯罪嫌疑人设立的心理防线是非常靠后的。再拿前面的例子来进行分析:A 承认自己认识 B,并且曾经与 B 商量准备盗窃某个单位的货物,但是我们后来并没有实施盗窃的行为。这样一来犯罪嫌疑人设立的防线与前面相比较就显得比较靠后。从认识同案犯,到合谋盗窃,直至实施犯罪的行为,我们可以把这些比做三道门槛的三扇大门。他们设立的防线靠前或者靠后,并不仅仅是位置上的变化,它表现出犯罪嫌疑人固守的程度和决心。有的犯罪嫌疑人主动地放弃前面防线,把心理防线设立在最后的一道门槛上。这说明犯罪嫌疑人抗审的决心和信心并不是太大。审讯人员取得审讯的成功是以突破一道道防线为基础的。所以犯罪嫌疑人把防线设立在第一道门槛之外,其抗审的决心是非常大的。

犯罪嫌疑人的心理防线被突破以后，犯罪嫌疑人总是要千方百计地来修复被击溃的防线。如前面案例所说的，答："我根本就不认识B。"问："你既然不认识B，那么在B的身上怎么会有你的东西？"这时犯罪嫌疑人就会问自己"怎么办"，审讯人员已经将自己的心理防线撕开了一个大口子，应当迅速地将撕开的口子进行修复，否则审讯人员就会以此为通道长驱直入，导致全军覆没。所以犯罪嫌疑人所设立的心理防线被撕开以后，犯罪嫌疑人总是要千方百计地来修复被击溃的防线。从前面的例子来看犯罪嫌疑人通常采取的修复方法是：那东西不是我的；我没有这样的东西；或者你怎么就认定B身上的东西就是我的呢？如果审讯人员没有足够的事实来证实B身上的东西是A的，那么犯罪嫌疑人也就完成了修复的任务。如果审讯人员有足够的事实来证实B的身上的东西是A的，那么犯罪嫌疑人还会进行再次修复。如："这个东西是我在一个人的手里买的，或者这是我捡来的。"这样就进入了反复的撕口子与反复的修复的循环，这种循环不利于审讯活动的顺利进行，在很多时候这种循环的修复过程更能强化犯罪嫌疑人的对抗心理。因此，我们在审讯活动中必须要设法阻止犯罪嫌疑人对心理防线的修复。

如何阻止犯罪嫌疑人对心理防线的修复呢？犯罪嫌疑人对心理防线的修复的重要的条件就是"时间"，其次是外部信息的干扰。如果在没有外部信息干扰的情况下，给犯罪嫌疑人足够的时间，那么犯罪嫌疑人就能迅速地修复被攻破的心理防线。在有的时候犯罪嫌疑人修复被突破的心理防线所需要的时间比较短，而有的时候却需要很长的时间才能修复。例如，我们在审讯实践中经常遇到犯罪嫌疑人要求回号房考虑考虑，明天再来回答审讯人员的问题，或者我考虑一下明天再来交代。这说明犯罪嫌疑人对被突破的心理防线需要很长的时间才能修复。有经验的审讯人员是不会让犯罪嫌疑人回号房考虑问题的，他会继续组织力量对犯罪嫌疑人发起进攻，直到犯罪嫌疑人交代犯罪事实为止，其目的就是不给犯罪嫌疑人修复心理防线的时间，以此来阻止犯罪嫌疑人对心理防线的修复。在审讯实践中，阻止犯罪嫌疑人对心理防线的修复的方法是：控制犯罪嫌疑人自我修复心理防线的时间，加强外部信息的干扰，阻止犯罪嫌疑人把注意力集中到如何修复心理防线上来。从上面的例子我们可以看出阻止犯罪嫌疑人对心理防线的修复的方法：审讯人员问A，问：你是怎么认识B的？答：我根本就不认识B。问：你既然不认识B，那么在B的身上怎么会有你的东西？答：你们怎么能够确认……审讯人员这时就有要设法加强外部信息的干扰，不给犯罪嫌疑人修复心理防线的时间。首先阻止犯罪嫌疑人把第一句话说完，然后告知犯罪嫌疑人："你不要再说了，你想说什么我们也知道了，我们现在只想知道你对这个问题的态度，这也是我们将决定对你如何进行处罚的问题。"这一句话使犯罪嫌疑人不可能再回过头来想着如何修复心理防线,它不仅控制了犯罪嫌疑人的思维时间,更重要的是对犯罪嫌疑人进行了信息干扰,使犯罪嫌疑人无法进入心理修复的状态。

四、强化"内推动力",促进供述"动机"的形成

什么是"内推动力"?首先,作为个体的人为了适应生存,其身体的本身就具备了必要的调节机构,能够自行运作自动调节,经常保持某一适合于个体生存所需要的标准,从而达到维护生命,发挥生活上其他的功能的需要。人的个体的这种自我调节特征,就是人的个体不可缺少的均衡作用,人知冷热饱饥就是均衡作用的结果。人的均衡作用不仅表现在生理上,而且也表现在心理方面。其次,人的个体在失去均衡作用时,为了恢复均衡满足均衡的条件,就会产生某种需求,需求是指个体生理和心理上的一种匮乏状态,这种匮乏状态如果达到体内均衡作用必须调节的程度时,你就会感觉到需求的存在。诸如,人对自由的需求、对被人尊重的需求、对水和食物的需求,等等。最后,人的个体为了满足上述需求,实现对需求的补足,必然会产生内在推动力量,迫使个体的人有所活动,去实现需求状态存在的结果。这种内在推动力量被称为驱力。从上述三点可以看出:人的个体内部失去均衡,为了恢复均衡而产生需求,因为需求的存在而产生驱力,在驱力的推动下实现其行为。这是个体行为的内在推动原因。为了更进一步地说明内在推动原因,还必须研究影响均衡作用的因素。均衡作用存在于两个方面,一方面是内部的,如生理上的、心理上的,即内部原因引起的。另一方面是外部信息引起的均衡失却。例如,我们到某地去,本来不想去书店买书,可是路过一书店门口发现橱窗内有一本好书,便进去将那本书买了下来。这就是外部刺激物能够引起内部均衡失却的原因。由此可见,作为人的个体行为的内在推动原因,其行为由驱力推动,驱力产生于需求,而需求又是因为内部均衡失却引起的。即失衡、需求、驱力、行为。我们把失衡、需求、驱力的因素称为"内推性因素"。由于"内推性因素"而产生的内在驱力,我们称为"内推动力"。

"内推动力"的作用在于:"内推动力"是人实现需求结果的不可缺少的重要的条件,同时"内推动力"也是需求状态存在的结果。人为了达到某一目的其行为背后必然有"内推动力"的支持,人们能够保持满足需求状态的行为,始终追求某一特定的行为目标的重要原因,就是因为"内推动力"的作用。"内推动力"不仅能够支持人的行为,同时"内推动力"的强弱程度对人的行为的积极程度也有着重要的影响。例如,有的人为了追求物质享受,获取物质的欲望非常强烈,那么他的"内推动力"就会支持他去追寻钱财。任

何一个人的犯罪也都是在"内推动力"的作用下实现的。一年前笔者在受命审讯一位国家高级干部的受贿犯罪案件时，笔者问他当别人把钱送给你的时候，你当时是怎么想的？他说：我当时很为难，看到别人送来的一包钱，从心里来说想要，但是又怕别人知道，一旦别人知道了传出去就麻烦了，因为受贿是犯罪的行为，还是把钱退还回去，可是当自己拿着钱准备退还回去时，就是迈不动脚步，如果不收下这包钱，又怕得罪了送钱的人（行贿的人），况且这笔钱等以后自己退休了还能防老，反正钱是他自己送来的，只要日后帮他办些事情，行贿的人是不会说出去的，只要行贿的人不说别人也不会知道。先暂时收下如果有风吹草动，再还回去也不迟。从那以后随着时间的推移、随着送钱来的人数的不断增加，那种怕人发现的紧张心情，也就逐渐消失了，随之而来的是对他们的送礼感觉习以为常。更何况我也不是白拿他们的钱，我也为他们办了一些事情。这就是我走上犯罪道路的原因，我后悔呀！国家给了我丰厚的待遇，已经足够我生活的了，我为什么还向别人受贿呢！现在后悔已经晚了。如果这位高级干部当时能够坚持廉洁自律，那么他的"内推动力"就会触使他把行贿人的钱还回去。相反，如果这位高级干部贪图钱财，那么他的"内推动力"就会阻碍他把行贿人的钱还回去。他在前面有这样的一句话："当自己拿着钱准备退还回去时，就是迈不动脚步。"这是因为它没有"内推动力"的支持。

"内推动力"的特点，是帮助我们利用"内推动力"进行审讯的理论基础。首先，"内推动力"不仅受"内推因素"的影响，同时它还受"外拉因素"的影响。我们在前面把失衡、需求、驱力的因素称为"内推因素"，而因为外部诱因引起的外界刺激因素，我们把这类因素称为"外拉因素"。外拉因素对"内推因素"的影响表现在：当外部刺激的信息通过感知的渠道，传递给"内推因素"的"需求"进行检验评价时，如果能够得到"需求"的确认，那么外部刺激的信息就会转换成为"内推因素"的驱力，形成"内推动力"。例如，我们在前面所说的我们到某地去，本来不想去书店买书，可是路过一书店门口发现橱窗内有一本好书，便进去将那本书买了下来。这就是外部刺激物能够引起内部均衡失却产生"需求"的原因。这里，当我们看见书店橱窗内有一本书的时候，经过"需求"的确认是一本好书值得自己一读，这便产生了获得这本书的"内推动力"，实现了买书的行为。由此可见"内推动力"可以在"外拉因素"的作用下发生转变。

其次，"内推因素"的均衡作用使得人的生理和心理在短时间内保持均衡状态时，他们的"内推动力"等于零。同时当他们的"需求"处在矛盾的状态下，也就是说当两种"需求"的力量处在对立的情况下，这时的"内推动力"也是处在静止的"零"状态。例如,当一名盗窃犯罪分子准备去进行盗窃的时候,当他发现盗窃目标的同时又感觉到周围可能还有人,如果实施行动就有可能被周围的人发现,如果现在不实施行动就有可能错过机会,在这进退两难境地,犯罪分子的"内推动力"是处在静止的"零"状态。一旦当"外拉因素"和"内推因素"相互结合,使得"进""退"的斗争结果处于失衡状态,"内推动力"就会去支持"胜利"的一方去实现其行为。这里"进""退"两者都有其各自同类的内推因素进行支持,比如,"实施行动就有可能被周围的人发现,不实施行动就有可能错过机会"。这就是同类的内推因素。它们在平常的情况下处于"睡眠状态",一旦觉醒就会立即对同类的内推因素进行支持,并且谁先觉醒谁就占主动。如"不实施行动就有可能错过机会"先觉醒占了主动,"内推动力"就会去支持他去实施盗窃的行为。相反,如果先觉醒的是"退"的内推因素,那么"实施行动就有可能被周围的人发现",这时,"内推动力"就会支持"退"的同类,阻碍盗窃的行为实施。有的学者把这一过程称为自我说服过程或者是自我选择过程。

最后,人的记忆仓库存储着大量的不同类型的"内推因素",虽然它们在平常的情况下处于"睡眠状态",当人需要某一部分"内推因素"起作用的时候,这一部分"内推因素"就会立即复活,在均衡作用的控制下进行活动,最后转化成"内推动力",这是内部原因引起的。但是,当外部原因需要某一部分"内推因素"起作用的时候,也可以通过外部信息的刺激,使这一部分特定"内推因素"立即复活,产生"内推动力"实现其行为。例如,某一犯罪嫌疑人在接受审讯时,起初选择的是抗拒的方法来对付审讯,而审讯人员为了使犯罪嫌疑人选择供述认罪的路,采取了信息刺激的方法,告知犯罪嫌疑人:"你的犯罪事实已经清楚,我们也不希望你今天能说些什么,但是我们还要对你尽到责任,不希望看到你被从重处罚的结果,我们想你也不希望自己最终被从重处罚,然而,坦白认罪才能有最好的结果,才能被从宽处理。该怎么着你自己选择,机会对你来说只有这一次了。"这种"利""害"关系的信息刺激,就可能唤醒"内推因素"对"利""害"关系的选择:反正自己的犯罪事实已经暴露,再抗拒下去也是徒劳,不如坦白认罪说不定还真的能得到从宽处理。于是"内推因素"就会产生坦白认罪的"内推动力"。

如何强化"内推动力",促进供述"动机"的形成?从上述"内推动力"的特点可知,内推动力可以在"外拉因素"的作用下发生转变,转变后的"内推动力"是与"外拉因素"的需要相一致的。强化"内推动力"的目的是以让犯罪嫌疑人产生供述动机为前提的。前面所说的"外拉因素",在审讯的活动中就是审讯人员向犯罪嫌疑人发出的刺激信息。这种刺激信息不仅要激活坦白认罪的"内推因素",而且还要进一步强化"内推动力",使后实现供述的行为。为了满足强化的条件,"内推动力"的另外的一个特点告诉我们,"内推因素"是在"同类因素"的帮助下被强化的。"同类因素"的需求与"内推因素"的需求的方向是一致的。所以当"同类因素"被激活以后,从客观上强化了"内推因素"。当犯罪嫌疑人初次接受审讯的时候,其心理状态并非只有抗拒,同时还有供述的因素。虽然他们在初次接受审讯的时候抗拒的因素占主导地位,但是当他们发现抗拒已经失去意义的时候,供述的因素便被唤醒了,由此,供述的结果对自己是否有利便占了主导地位。他们常常这样问自己:供述的结果到底对自己是否有利?根据现在的情况来看,供述应该是对自己有利的,也就与此同时"同类因素"被激活告知抗拒已经失去意义,不如供述为好,此时供述的内推动力被强化,产生了供述动机。当然供述动机的产生并不意味着供述行为的实现,只有在供述的内推动力达到一定的程度,才能实现供述的行为。为了使供述的内推动力达到实现供述的行为的程度,必须从不同的角度激活供述的"同类因素",来壮大供述的内推动力,实现供述的行为。

第五节 审讯过程中供述交罪阶段的任务和审讯方法

　　供述交罪阶段是审讯过程中的最后的阶段,也是出成果的阶段,审讯人员的方法对路、正确,犯罪嫌疑人就会放弃抗拒,供述自己的犯罪事实。审讯进入这一阶段以后,审讯人员应当特别小心,因为在这一阶段,成功往往取决于瞬间,如果错过了,还得从头做起。这是因为处在睡眠状态中的供述因素觉醒后,停留在大脑里的时间并不长,因为其他觉醒的因素也要在大脑中占一席之地,它会对其他觉醒的因素进行信息干扰,所以当供述因素觉醒后,应当牢牢地把握住,不要让其他觉醒因素将其挤掉,控制干扰信息的流入。这是"供述交罪阶段"审讯人员的重要任务。犯罪嫌疑人被指定对某一特定的主题做出不利于自己的回答,而自己暂时又找不到摆脱的方法,处在被动限制的状态下产生了外来的心理压力,在这种压力达到一定的限制时,就有了供述交罪的趋势。可是当这种压力超过了一定的限度,超过了人的承受强度,自身的内推动力就会将其推向另一极端,形成僵局。但是当这种压力达到一定强度,再适当地予以缓解,让出"自我说服"的空间,维护自首的内推动力,理想的结果就会出现。

　　通常在供述交罪阶段,自我说服的内推动力因素在于:(1)解脱自己被限制的心理压力;(2)犯罪证据已被掌握,败局已定;(3)为了隐瞒更大的罪行避重就轻;(4)维护自尊"敢作敢为";(5)对审讯人员的信任;(6)对自己行为的后果认识不清;(7)中计上当,陷入圈套;(8)保护他人。这些因素实质就是供述的内推动力而引发的,一旦出现就要注意捕捉,时刻准备推进顺应性信息来强化内推动力,并积极为其提供条件、铺设"台阶",直到供述行为成为现实。

实现了犯罪的供述行为,并不能意味着审讯工作全部完结了,犯罪嫌疑人还有心理反复,还会出现翻供的情形。笔者认为,最成功、最完美的审讯结果不仅仅是让犯罪嫌疑人供述交罪,更重要的是让其认罪、悔罪,所以审讯活动应该再进入第二轮,进行更深层次的心理接触,建立新的思想认识体系,使其知罪、认罪、悔罪,进行"自我修正",巩固成果,防止反复。

一、如何控制干扰信息的流入

进入了供述交罪阶段的犯罪嫌疑人,由于受到来自审讯人员的信息的控制,其心理活动的范围越来越小,思维的对象越来越集中。在审讯的实践中进入供述交罪阶段的犯罪嫌疑人,主要的思维目标是:自己供述交代了以后会产生什么样的后果?对自己是否有利?这时有两种因素直接影响犯罪嫌疑人的思维结果:一种是在积极内推动力因素的作用下,它会告诉犯罪嫌疑人:还是交代认罪算了,这样继续抗下去看来也不会有什么好的结果,也许认罪要比抗拒对自己有利。当犯罪嫌疑人的思维进入到了这一环节的时候,并不是就此会停留在这一环节上,它会在内推动力因素的作用下继续发展下去。犯罪嫌疑人统统想到:我认罪并交代了犯罪事实以后会出现什么样的结果?这时联想会帮助犯罪嫌疑人设计出各种结果来:我认罪交代了犯罪事实以后可能会得对从宽处理,他们会同情我的,很可能还会免除处罚。这时的联想帮助了犯罪嫌疑人进入供述交罪的通道。另一种是在消极内推动力因素的作用下,它会在联想的帮助下把犯罪嫌疑人的思维带进另外的通道。如我供述交罪以后他们不给我从宽处理怎么办?这一联想使犯罪嫌疑人放慢了供述的脚步,出现了犹豫不决的情景。接下来联想与思维仍然继续在发展和循环:我要是拒不认罪交代,他们会从重处罚我吗?这时无论是哪一方面来的信息的干扰,都可能对犯罪嫌疑人的供述产生重要影响。例如,当犯罪嫌疑人正准备进行供述时,忽然想起前不久有一重大案件的犯罪分子主动交代了自己的犯罪事实,结果到后来还是被法院判了死刑。这一信息进入了犯罪嫌疑人的思维循环中,就会产生消极的反作用。所以我们的审讯人员应当严格控制干扰信息的流入。

从审讯活动中干扰信息的来源可以区分内部干扰信息和外部干扰信息。就内部干扰信息来说,无论是什么样的信息因素,它觉醒以后就要在大脑的思维活动中占一席之地,不仅如此,它还会对其他觉醒的因素进行信息干扰。内部信息的存在是大脑记忆经验的结果,当大脑的思维需要某一类型的记忆经验时,就会在自己的经验记忆库里去寻找,因为人的一生保存在经验记忆库里的东西比较多,也比较丰富,有正面的经验记忆也有反面的经验记忆,谁最先被找出来,谁就会最先产生作用,有时被找出来的经验记忆是与审讯人员要求的审讯目的相一致,审讯人员就能顺利完成审讯任务。如果犯罪嫌疑人找出来的记忆经验与审讯人员的审讯要求不一致,就会出现反复。这就是我们所说的内部觉醒信息的干扰。而就外部干扰信息来说,外部信息有三个方面:

第一是来自审讯人员的信息干扰。审讯人员的信息干扰主要体现为他们的语言和神态,审讯实质上就是与犯罪嫌疑人进行信息交流的过程,由于审讯人员所提供的信息在犯罪嫌疑人的身上产生了作用,才使犯罪嫌疑人从开始的抗拒阶段,转入到了"供述交罪阶段",但是,有的时候审讯人员提供的信息语言,不能促使犯罪嫌疑人向"供述交罪阶段"转化,那么审讯人员所提供的语言信息就变成了干扰信息。例如犯罪嫌疑人因为自己所涉及的犯罪事实还牵涉自己的好朋友,如果自己交代了犯罪事实就会把朋友也牵连进去,所以犯罪嫌疑人犹豫不决,就是怕朋友说自己不讲义气出卖朋友。可是就在这个时候审讯人员忽然说出:我们做人要有自己做人的准则,有的人为人非常讲义气,所以大家都非常的尊重他,我们也了解到你为人也是比较讲义气的,有不少的人都非常崇拜你。审讯人员的这样的一席话把犯罪嫌疑人"立起来"了,朋友义气的心态被加强和巩固,坚定了不能出卖朋友的"信念",犯罪嫌疑人原本正准备供述交代罪行的,让审讯人员这一席话又给说退了回去。审讯人员的语言信息刺激是为了促进供述交罪的发展,应当起到积极的促进作用,可是上述审讯人员的一席话却起的是反作用,已经到了犯罪嫌疑人嘴边的犯罪事实,又让其咽了回去。这就是审讯人员语言信息干扰的结果。另外还有神态信息干扰。所谓神态信息是指非语言信息方面的表现形式,它表现在手、眼、身、法、步及形体方面。人的大量的信息交流一般表现在非语言信息方面,在审讯活动中更是如此。犯罪嫌疑人在很多时候需要审讯人员的同情和理解,如果外来的非语言信息顺应了此时此刻犯罪嫌疑人的心理需求,审讯活动就会向着有利供述的方向发展。但如果这时审讯人员恰恰表现出来的是讥讽神态,从整个的信息交流的任务和作用的分析,这就成为我们所说的干扰信息。对干扰信息的控制方法是:当犯罪嫌疑人进入了"供述交罪阶段"以后,审讯人员应该时刻注意犯罪嫌疑人的心理变化和心理特点,要知道犯罪嫌疑人心里想的是什么、担心的是什么、最怕的是什么……以此来衡量什么是干扰信息,就会在这一特定阶段进行自我控制，杜绝干扰信息出现。

第二是来自审讯环境的干扰。人们常用"触景生情"来表达环境对人的情感的影响，环境能够对人的情绪产生影响的重要原因是因为人的"联想"，"联想"能够扩展人的思维，能够帮助犯罪嫌疑人摆脱被"心理限制"的困境。所谓的"联想"是指由一事物而想到另外一事物的心理过程。由当前的事物回忆起有关的另一事物，或者由想起的一件事物又想起另外的一件事物都是联想。例如，审讯室内的墙壁上有幅计划生育的宣传画，犯罪嫌疑人看着它马上联想到自己才几岁的儿子，并由此想到已经有好几个月没有见到儿子了，不知道儿子现在怎么样了，这都是司法机关造成的，于是立即产生了不满的情绪和对抗的心理，仅仅是一幅宣传画就强化了犯罪嫌疑人的对抗心理，实际上这就是环境中的干扰信息。因此为了减少审讯环境对犯罪嫌疑人的干扰，应当注意审讯环境中的物品的放置，在审讯室内尽量不要放置与审讯无关的物品，以减少环境对犯罪嫌疑人的心理干扰。另外，有的时候审讯室内的物品能够通过犯罪嫌疑人的联想，帮助犯罪嫌疑人摆脱困境。审讯进入了"供述交罪阶段"，实际上也是把犯罪嫌疑人推向了困境，摆在犯罪嫌疑人面前的出路只有一条——坦白认罪，争取从宽。审讯人员在实践中可能都会有这方面的感觉：当犯罪嫌疑人被某一"证据"或者某一"逻辑关系"限制以后，总是要千方百计地摆脱这种限制。如果犯罪嫌疑人在特定的短时间里，不能摆脱困境，就会沿着供述交罪的路线去行为。如果犯罪嫌疑人在特定的短时间里能摆脱困境，他就会退出"供述交罪阶段"返回到"反复动摇阶段"或者"对抗相持阶段"。而很多时候犯罪嫌疑人是通过审讯室内的物品产生联想而摆脱困境的。例如，犯罪嫌疑人在被审讯人员逼近困境、"走投无路"的时候，忽然发现审讯人员桌子上的案卷仅仅只有几页纸，联想到"证据"，于是犯罪嫌疑人就采取索要"证据"的方法："你们说我构成了犯罪，你们可以拿出证据来，你们没有必要再来找我。"于是审讯人员只得再组织第二次进攻。从这里可以看出，审讯室里的每一样物品，都有可能干扰我们的审讯，成为犯罪嫌疑人的利用物。

第三是声音和噪音的干扰。人们在注意力集中进行学习的时候，最害怕室外声音和噪音的干扰。审讯也跟学习一样不能有声音和噪音的干扰，尤其是审讯进入了供述交罪阶段，犯罪嫌疑人对外界信息感受的灵敏度非常高，也非常脆弱，容易改变。在有的时候犯罪嫌疑人已经拿定注意："还是交代算了，不交代是过不了关的。"可是就在这个时候一段外来的声音，打断了犯罪嫌疑人的思维，同时也打断了审讯人员讯问语言的连续性和"攻击性"，整个审讯活动被迫中断。待外来的声音和噪音的干扰消失以后，审讯人员再重新组织语言把中断线连接起来，再把犯罪嫌疑人的思维重新限制在被控制的范围，这时犯罪嫌疑人的思维就可能发生变化，被突破的心理防线就有可能在这个时候被修复。几年前笔者审讯过一名贿赂案件的犯罪嫌疑人，开始的审讯难度比较大，审讯进入到了后半部分时逐渐顺了起来，犯罪嫌疑人的思想有了很大的转变，可是当审讯进行到了中午的12点钟以后，犯罪嫌疑人的情绪忽然发生了变化，又重新回到了审讯的起始点，为了分析这种变化的原因，当时只有暂时停止了审讯。待继续审讯并且将其突破的时候，审讯人员问犯罪嫌疑人当时为什么会出现那种反复无常的情况？这时犯罪嫌疑人才慢慢地回想起当时的情况，他说：你们的审问到了12点钟的时候，你们审讯室墙壁上的挂钟响了，我听到了挂钟的闹铃声知道是中午12点钟了，这是我爱人下班的时间，在到你们这里来之前，我跟我爱人商量过"出事"以后怎么办，我爱人说这件事情（指受贿）千万不能说，说了就全完了，这是要判刑的，我想起了我爱人说的话，感到后怕所以才坚持自己没有拿钱，没有受贿。从这样的一个例子我们可以看出，仅仅就是挂钟的闹铃声，使犯罪嫌疑人联想到爱人的嘱咐，使得犯罪嫌疑人即将崩溃的抗拒心理被强化了。所以在审讯活动进行的过程中，应当严格杜绝声音和噪音进入审讯室干扰审讯，更不要在审讯室内放置带有声音的东西，应保持审讯室内的绝对安静。

二、深挖是审讯活动的继续

审讯的目的是让犯罪嫌疑人交代自己的犯罪事实，但也是侦查活动的一项重要手段，犯罪嫌疑人归案以后，经过审讯交代了自己的犯罪事实，审讯人员完成了任务大功告成，审讯也就结束了。但从侦查审讯的实践来看，实际上这个时候的审讯并没有结束，在很多的时候才是侦审的开始。从犯罪活动的特点来看：有的是多次实施犯罪，有的是惯犯和累犯，有的是以犯罪为业。但是被司法机关抓获的只有这一次。你在讯问他的时候，大多数犯罪嫌疑人最大限度也是只交代这一次犯罪事实，或者再交代一些"鸡毛蒜皮"的事情，以前的其他重大犯罪和数次犯罪，都会被隐瞒下来，他们也更清楚地知道，那一系列的罪行所要承担的法律后果是严重的，所以他们也不会轻易向司法机关全部地彻底地交代出自己的犯罪事实。能够隐瞒多少是多少，少暴露一点是一点。那些剩余的犯罪就需要我们的审讯人员继续予以深挖，不能满足于犯罪嫌疑人交代的某一件犯罪事实上，而是要加大力度继续深挖余罪和漏罪，审讯就是要彻底追出犯罪嫌疑人的全部犯罪事实，这是在审讯活动中继续深挖犯罪的主要原因，也是侦查工作的发展方向和首要任务。

审讯从试探摸底阶段，进入对抗相持阶段，进一步发展成反复动摇阶段，最后完成供述交罪的完整的审讯过程。从实质上来看完成了这样的审讯过程并不意味着审讯的结束，在很多的时候它才是审讯的开始。例如，一个盗窃数百辆自行车的惯犯，在他盗窃最后一辆自行车时被公安机关抓获。后来得知这一盗窃案犯不仅是盗窃的惯犯，而且还是"二进宫"的累犯。开始的审讯进行得比较艰难，犯罪嫌疑人根本就不承认自己是盗窃自行车，坚持自己是认错了自行车开错了锁，并且辩解自己从来就是守法良民，不曾有过盗窃行为。经过数个回合的审讯较量，犯罪嫌疑人终于交代了盗窃这一辆自行车的犯罪经过。在这里审讯的全过程已经进行完毕，如果就案办案那么该案完全可以侦查终结。可是从深挖的角度来看，犯罪嫌疑人盗窃自行车的手段娴熟，接受审讯时对答如流，不像是初犯，更不像是一般的普通盗窃案件。审讯进入了深挖的阶段以后，审讯人员从犯罪嫌疑人的生活来源和经济收入，以及自行车销赃后的去向，利用矛盾开拓新线索，终于挖出盗窃数百辆自行车的大盗窃案犯。在审讯过程中深挖犯罪就是要在立足原案件的基础上，挖出案中案、案外案、窝案和串案，追余罪、追数罪，达到彻底查清犯罪事实的目的。

那么，怎样深挖犯罪？在审讯的过程中进行深挖犯罪的方法：首先，是来自审讯人员"攻击"的连续性，犯罪嫌疑人交代了某一件犯罪事实以后，审讯人员的"攻击"意识不能就此停止，他应该让犯罪嫌疑人感觉审讯活动仍然在继续。这使犯罪嫌疑人直接感觉到他的其他罪行也已经被掌握，审讯仍然在继续。其次，是审讯人员直接告知犯罪嫌疑人还有其他的罪行没有交代。如：直接说出"你还有大量的犯罪事实没有交代"。同时注意观察犯罪嫌疑人的反应，如果犯罪嫌疑人没有明显反应，或者在思考什么问题，这说明犯罪嫌疑人还有余罪没有交代，应当加强"攻击"。当犯罪嫌疑人进行辩解的时候，审讯人员应当立即阻止犯罪嫌疑人的辩解，并且直接告诉犯罪嫌疑人隐瞒犯罪事实的严重后果，让犯罪嫌疑人感觉到前有生路，后有"追兵"，只有交代才有生路。再次，是利用犯罪嫌疑人的供述矛盾，进行深挖紧追，也可以利用案件之间的联系，牵连出更深层次的犯罪。最后，是根据案件暴露出来的蛛丝马迹，追根溯源，直到彻底查清楚犯罪为止。

三、防止犯罪嫌疑人翻供

侦查审讯人员最不愿意遇见的事情，就是犯罪嫌疑人"翻供"。翻供虽然在刑事诉讼的过程中已经成为普遍现象，有时严重地困扰着我们的侦查活动，"翻供"在有的时候能使侦查方向走向歧途，甚至能导致应该成功的案件中途夭折。所以对翻供必须引起高度的重视。从翻供的概念来看："翻供"是犯罪嫌疑人或者被告人，在刑事诉讼的过程中，推翻或者改变自己曾向司法机关作过的犯罪供述的行为。所以当我们的审讯活动进入到了"供述交罪阶段",犯罪嫌疑人交代供述自己的犯罪事实之后,审讯人员就要做好防止犯罪嫌疑人"翻供"的准备。

犯罪嫌疑人"翻供"的主要原因有来自主观方面的,也有来自客观方面的。犯罪嫌疑人的趋利避害的心理是"翻供"的重要主观因素,犯罪嫌疑人已经向审讯人员供述了自己的犯罪事实,后来经过权衡利弊、反复思考,发现已经供述过的犯罪事实对自己严重不利,为了挽回这个被动的局面,就采取"翻供"的方法。另外的一个原因是串供和订立攻守同盟,或者受"号子"里的人煽动。而审讯环境的改变和外部信息的影响,审讯人员的水平、方法和手段所导致的"翻供",是犯罪嫌疑人"翻供"的客观原因。

犯罪嫌疑人除避重就轻、趋利避害,为了逃避法律的惩罚而进行的"翻供"以外,还有的犯罪嫌疑人为了澄清事实进行的辩解或者是更正过去所作的错误的陈述而"翻供"。因此我们对犯罪嫌疑人的"翻供"的目的要加以区分。当然,我们在这里所说的"翻供"特指犯罪嫌疑人出于趋利避害的心理而导致的"翻供"。

从犯罪嫌疑人的口供的作用来看,口供虽然有很重要的证据作用,但是审讯人员在审讯活动中所获得的口供,是为了寻找到更多、更直接的证据。这也是我国刑事诉讼制度的一条最根本的原则,即重证据、重调查研究、不轻信口供,只有被告人供述而没有其他证据的,不能对被告人定罪处刑;没有被告人供述,其他证据确实充分的,可以对被告人定罪处刑。这就为我们控制"翻供"的问题打下了非常好的基础。轻口供重证据是防止"翻供"的有效途径。但是在很多的时候由于案件的特殊性和犯罪要件的构成要求,使"翻供"以后案情更加复杂化。比如涉税案件,一般的"翻供"的对象都以主观没有故意为主。贿赂案件的翻供大多是以行为对象所涉及的言、行为"翻供"的焦点,因为这些言、行大多没有证据固定,比较容易"翻供"。强奸案件的"翻供"一般都是强调自己没有违背妇女的意志,没有使用暴力,是妇女自愿的,有的把强奸"翻供"为谈恋爱、淫乱、流氓或者是卖淫嫖娼。杀人案件的"翻供"一般是把故意杀人"翻供"为过失杀人,或者是正当防卫、紧急避险,有甚者推翻全部的指控。诈骗案件的"翻供"特点一般是犯罪嫌疑人都否认自己没有非法占有的故意,等等。一些原本水到渠成并不复杂的案件,被犯罪嫌疑人的"翻供",人为地变得复杂了起来。因此在犯罪嫌疑人的供述交罪阶段,审讯人员的首要任务不仅仅是让犯罪嫌疑人如实交代自己的罪行,还有防止犯罪嫌疑人"翻供"的任务。如何防止犯罪嫌疑人的"翻供",在侦审的实践中证明最为有效的方法,就是能在犯罪嫌疑人首次供述的全过程中,抽掉犯罪嫌疑人"翻供"所依赖的全部条件。

犯罪嫌疑人的"翻供"并不是凭空"翻"的,他是在一定的条件下并且有一定的可能性,才做出"翻供"的决定的。如果不具备"翻供"的可能性,没有任何条件支持犯罪嫌疑人"翻供",即便犯罪嫌疑人有再强烈的"翻供"心理和动机,也不可能达到翻供的目的。犯罪嫌疑人所依赖的"翻供"条件:

首先是没有证据固定的口供,犯罪嫌疑人供述了自己的犯罪事实以后,没有相关联的证据加以佐证,就像"墙头草",一旦犯罪嫌疑人的思想发生变化,进行"翻供"的时候,审讯人员只有再根据犯罪嫌疑人的"翻供"情况重新组织证据,如果犯罪嫌疑人认为这次"翻供"的结果对自己仍然不利,那么犯罪嫌疑人还有可能再进行第二次翻供,或者第三次"翻供",审讯人员也只能再围绕犯罪嫌疑人的口供转,久而久之,这种恶性循环的结果是可想而知的。因而在犯罪嫌疑人的供述交罪阶段,为了防止犯罪嫌疑人的"翻供",必须在犯罪嫌疑人供述的过程中把犯罪嫌疑人的口供用相关的证据加以固定。在有的时候由于案件的特殊情况,犯罪嫌疑人的口供无法用证据加以固定,在这种情况下一方面寻找相关的事件或者间接的证据加以固定,另一方面让犯罪嫌疑人自己提供证据来固定自己的口供。例如,杀人案件的犯罪嫌疑人在供述杀人的犯罪事实时称:我当时的主观故意就是想把对方杀死。审讯人员为了防止犯罪嫌疑人翻供,固定犯罪嫌疑人故意的杀人动机,问:你说你是故意想把对方杀死有什么证据?犯罪嫌疑人答:我当时用刀子捅对方的时候,选择的部位是对方的心脏,这是致命的地方很容易造成人的死亡,另外,我用刀子把对方捅倒的时候,我是看着他死的没有救他,在此之前我曾经把要杀死除掉对方的想法告诉过我的好朋友A某。在这种情况下犯罪嫌疑人就为我们提供了固定口供的证据。即使以后犯罪嫌疑人"翻供",也难以推翻自己提供的证据。

其次是证据间不能相互组成一个完整的闭合性证据锁链,给犯罪嫌疑人的"翻供"留下了条件。那么,如何堵住犯罪嫌疑人"翻供"的退路?在整个诉讼过程中,防止犯罪嫌疑人"翻供"的最好的时机,就是犯罪嫌疑人的供述认罪阶段。犯罪嫌疑人的"翻供"主要就是要推翻在这一阶段的不利供述,所以在这一阶段做好犯罪嫌疑人"翻供"的预防是最为有利的。其最有效的方法之一就是犯罪嫌疑人供述犯罪的"细节",犯罪嫌疑人供述得越细越彻底就越不容易被轻易推翻。我们在侦查的实践中都很清楚,一个在证据间能相互组成一个完整的闭合性证据锁链的案件并不太多,但是这并不意味着就不能足以证实其犯罪。在很多的时候,直接证据不能形成一个闭合性证据锁链的情况下,间接证据和只有犯罪嫌疑人在实施犯罪时才知道的犯罪细节,就会成为证明犯罪的有力证据，同时细节也是"翻供"的"天敌"。例如，盗窃案件的犯罪嫌疑人在接受审讯时供述：自己共盗窃两辆摩托车，其中第一辆摩托车能够知道车的品牌和被盗窃的时间、地点以及销赃的去向，第二辆摩托车不知道车的品牌，只知道大概的时间、地点，后来在准备销赃的时候又被别人偷去了。如果第一次的审讯就这样结束了。由于侦查机关当时没有找到第二辆摩托车的失主，无法确定犯罪嫌疑人盗窃的数额，侦查工作还要继续。从前面的审讯结果我们可以看出，审讯人员对犯罪嫌疑人交代第二辆摩托车没有做深追细究，给犯罪嫌疑人留下了"翻供"的条件。果然没过几天当犯罪嫌疑人得知盗窃的数额较大与巨大不是一个概念，量刑也不是一样后，就开始在第二辆摩托车上进行"翻供"：你们上次提审问我关于第二辆摩托车的情况，我当时说错了，那不是"摩托车"是"助动车"，所以我不知道车的品牌。因为，高档的进口"摩托车"的价格要远远超过"助动车"的价格，同时犯罪嫌疑人把"摩托车"翻成"助动车"，而"助动车"根本就不存在，既没有来源也没有去向，更无证据可查。此后审讯人员对犯罪嫌疑人的"翻供"加大了审讯的力度，迫使犯罪嫌疑人交代了"翻供"的真实原因，并且供述了第二辆摩托车是高档的进口摩托车，因为没有中国字所以他不认识。除此之外关于"摩托车"的特征，当时"摩托车"停放的位置，以及盗窃"摩托车"时的细节等，都做了深追细究，使后来与向派出所报案的失主取得了联系，并且核实了失主向派出所报案时登记的"摩托车"的特征相吻合，以此证明了犯罪嫌疑人盗窃的犯罪事实。由此可见，如果审讯人员在第一次审讯犯罪嫌疑人的时候，能够深入细致地不放过任何一个细节，在犯罪事实的每一个细节上下功夫，把犯罪嫌疑人实施犯罪的行为细节全部固定起来，即便是犯罪嫌疑人"翻供"也不影响犯罪事实的成立。同时我们在审讯时还要时刻注意检查犯罪嫌疑人在供述中哪些情况没有讯问到，并且横向地、全方位地讯问到位，哪些地方有漏洞，做到及时发现、及时补充，使供述材料完整、严密，让犯罪嫌疑人无法"翻供"。这是审讯人员在审讯的活动中，在犯罪嫌疑人供述交罪阶段，必须要高度重视的重要环节。

四、不同类型案件犯罪嫌疑人的抗审心理特点

审讯不能"眉毛胡子一把抓"，其原因在于不同类型案件的犯罪嫌疑人在抗审过程中有其各自的心理特点，不仅如此，即便是同一类型的犯罪案件，犯罪嫌疑人在犯罪的行为之前、行为的过程中和行为之后的心理特点也是不同的。由于这些特点的不同，就决定了我们的审讯必须要对症下药，才能有的放矢，取得审讯的成功。我们在这里对审讯心理学的研究，主要是对犯罪嫌疑人实施犯罪的行为之后的心理特点，更确切地说是犯罪嫌疑人在接受审讯过程中的心理特点。长期以来，犯罪学家将犯罪类型分为：物欲型犯罪、性欲型犯罪、情绪型犯罪、信仰型犯罪等。根据审讯实践中的具体案件情况，我们选择几种比较典型的案件，来进行分析：贪污、贿赂犯罪，盗窃、抢劫犯罪，杀人犯罪，强奸淫乱犯罪，伤害犯罪，政治信仰、封建迷信犯罪。

（一）贪污、贿赂犯罪

该类案的犯罪嫌疑人是特殊主体，是利用职务之便的国家工作人员，这些人在案发前手中有权，身居要职，有的甚至是在位的高级领导干部，一旦这些人成为犯罪嫌疑人，成为检察机关的打击对象，客观原因引起了这些人主观上的心理变化，从变化的基本规律来看，多数犯罪嫌疑人处于矛盾的心理状态，既不甘心如实交代，也不敢一味对抗。随着侦查讯问的不断发展变化，其心理状态也在不断变化。有的可能从消极的状态向积极交罪的心理状态转化；也有的可能从积极交罪的心理状态向消极抗拒交代的心理转化。实质上在审讯中消极心理的具体表现就是抗拒心理。审讯的全过程就是从消极的心理向积极交罪心理转化的过程，也是讯问人员消除对抗心理的全过程。从案件的具体情况来看，犯罪嫌疑人面对审讯，其心理的紧张和恐惧通常比较突出，为了平衡这一心理状态，他们会采取自我安慰的方法来平衡自己。尤其是贿赂案件的犯罪嫌疑人，他们经常从情理方面来进行心理平衡。例如有的受贿人称：我帮助别人办了点事情，别人表示感谢送了些钱，这也是在情理中的事，况且人家送来钱，如果你不收下，别人就会有看法，碍于面子才收下的钱。另外这类犯罪嫌疑人很少去回忆案件的细节，他们往往害怕回忆自己犯罪的细节，每当那些犯罪的情景在自己的脑海里出现的时候，他们根本不敢让细节在自己的记忆里反复出现，一方面害怕那些细节时刻在困扰自己的精神，另一方面是产生了自我安慰的错觉，认为不对那些细节进行回忆，那些细节就会在自己的记忆里慢慢消失，犯罪过程也就不存在了。因此他们在接受审讯人员的讯问时，总是设法让自己的头脑中保持空白，对外来的信息持排斥、否定态度。例如，有一集团公司的销售处长，伙同他人贪污公款，这位销售处长在收钱的时候，留下了一张收条。当审讯人员把这张收条出示给他时，他还没有看完收条，就下意识地否定："我不知道这是怎么回事，这件事情不是我干的。"这是犯罪嫌疑人潜意识中运用心理防御机制的产物。笔者在近二十年的审讯实践中发现，有很大一批犯罪嫌疑人对自己大量的犯罪事实采取的是装糊涂的方法，他们对自己大脑里的记忆，就像一张白纸，有的人希望在这张白纸上清楚地留下记录，而这些人却希望它乱七八糟、杂乱无章无法辨认。他们在接受审讯时总是设法将这些杂乱无章无法辨认的记录输入自己的记忆库，让审讯人员一件件一条条地清理出来。

（二）盗窃犯罪

盗窃犯罪是刑事犯罪中最多的一种犯罪，它是指秘密窃取公私财物的犯罪。其特点是采取隐蔽的手段，经常是有预谋的、不计任何形式的常习性的犯罪。盗窃犯罪的手段可以说是多种多样的，但是在作案手段上的最显著的特点是谨慎、隐蔽。为了防止自己被发现、被抓获，经常选择"伸手不见五指"的黑夜去作案，犯罪嫌疑人有时也根据人们的生活规律在白天作案，如双职工白天都上班，可以明目张胆地入室盗窃。由于盗窃犯罪的隐蔽性，导致了这类犯罪分子在接受审讯时的侥幸心理比较突出。侥幸心理是影响盗窃犯罪嫌疑人如实供述犯罪事实的主要心理障碍。因为在这类犯罪嫌疑人中有很多人不是第一次作案，有的是盗窃的惯犯、累犯，他们在多次的盗窃中都取得了成功，仅仅在最后这一次才被抓获，因而他们的心理特点是：只供述被抓获的这一次，不涉及其他次的盗窃。他们的口头语是：供小不供大，供近不供远，供己不供人（同伙），供事不供物（赃款、赃物的去向）。其目的是为了掩盖自己更多、更大的犯罪，防止"拔出萝卜带出泥"。他们在案件发生以后，最担心的是公安机关打破沙锅问到底，追查他们的其他问题。他们经常在这种情况下丢卒保车，暴露一点交代一点。审讯时应多注意抓细节，算经济账，算生活的来源，查销赃渠道和赃款、赃物的去向，挖余罪，追教唆犯，注意发现蛛丝马迹从而一追到底。

（三）抢劫犯罪

抢劫犯罪属于暴力犯罪，犯罪嫌疑人在实施犯罪时，既不像盗窃犯罪那样隐蔽地进行，也不像诈骗犯罪那样"和风细雨"，而是公然采取暴力的手段和方法获取他人的财物。抢劫犯罪有三种类型：预谋性的、机会性的和转化性的。

首先，从预谋性的抢劫犯罪来看，犯罪嫌疑人在犯罪之前往往就开始预谋，选择抢劫的目标，时间、地点、工具、逃离现场的方法都做好了充分的准备。案发后他们在接受审讯时总是要回避自己的预谋性，他们在供述的过程中往往只是承认自己是偶然的见财起意，只供现象不供事实，极力隐瞒抢劫预谋的策划过程，避重就轻是他们重要的抗审手段，他们总是以种种借口否认自己使用过暴力，其目的是为了改变抢劫的犯罪性质。

其次，机会性的抢劫犯罪，即见财起意。犯罪嫌疑人在供述过程中一般只承认某些犯罪情节，不谈犯罪动机，在有共同的犯罪嫌疑人参加的案件，在供述时极力强调犯罪团伙的重要作用，称自己只是凑热闹，跟着别人混混而已，把自己装扮成"随大流"的从犯。对抢劫的数额故意减少，对受害人被伤害的程度故意减轻，企图蒙混过关逃避惩罚。对此，审讯时应注意利用矛盾，步步紧逼，抓住有利环节，先发制人，各个击破。

最后，是转化性的抢劫犯罪，在通常情况下盗窃和诈骗转化成抢劫犯罪的情况比较普遍，由于犯罪嫌疑人在事实犯罪的过程中，客观情况发生了变化，促使犯罪的动机也发生了变化，犯罪嫌疑人本来的动机和目的是以盗窃或者诈骗获取钱财，但是在事发的过程中被事主发现，由此产生了暴力对抗，从而产生了暴力犯罪。他们在审讯过程中的特点是：在审讯中极力回避要害问题，隐瞒自己的犯罪事实，目的是蒙混过关，逃避法律的惩罚。

（四）杀人犯罪

犯罪嫌疑人杀人的原因是多种多样的，有的是蓄谋已久，有的是激情犯罪，但不论是什么原因，他们在实施杀人的行为时，可以说其自私自利、残忍的犯罪本性已经发展到了不可约束的地步才实施的杀人。在这种情况下、我们姑且不谈杀人的动机是什么，从他们杀了人以后的心理状况来看，首先是侥幸心理，犯罪嫌疑人认为自己的作案手段比较狡猾，现场没有留下什么痕迹，尸体已经处理好了，不容易被发现，作案时的证据都已经销毁，无证据可查。同时，与自己共同作案的人或者是在现场的目击者，都已经订立了攻守同盟，肯定不会说出去的，因而坚信自己的犯罪行为不会暴露。所以他们在接受审讯的过程中能故作镇静，常常赌咒发誓称自己是冤枉的："自己绝对不会干那种事情，你们一定是搞错了。"这种表现在累犯和惯犯的身上极为普遍。这些人习惯在枝节问题上绕圈子，让审讯人员失去信心。在审讯的过程中一旦发现这类情况应该及时将其揭穿，以肯定的态度告知犯罪的存在，目的是强化犯罪嫌疑人证据已经暴露的错觉，削弱犯罪嫌疑人的侥幸心理，进一步强化犯罪嫌疑人的顺从意识，设法让犯罪嫌疑人顺从审讯人员的审讯思路发展。审讯人员在审讯的语言上应多用肯定性的语言，千万不要使用模棱两可的语言，让犯罪嫌疑人摸去了底细。还应多注意加强谋略方面的"攻击"，使之一步一步地走进我们的"包围圈"。

大多数杀人犯罪嫌疑人都会清楚地知道自己杀了人要偿命，即便是不偿命也会坐一辈子牢，自己的一生就此了结了，其心理压力非常大。在审讯的过程中的表现为：态度消极、精神紧张，对前途悲观失望，犯罪嫌疑人认为即便是自己坦白也不可能会从宽，就是自己的态度再好也无济于事，因为自己毕竟是杀了人，罪行非常严重，必然难逃严惩。所以在接受审讯时，对争取从宽处理的条件是不抱任何希望的。但是这些人有一个普遍存在的特点，就是他们常常对家里的亲人想得比较多，也比较细。在审讯的过程中应当多注意用"情"去感化他们，唤起他们尚存的良知，走悔过自新的路。例如，在审讯的过程中可以利用他们对家里亲人的思念来引导他们，如说：你的犯罪给你的家庭带来了多么大的创伤，给你的亲人带来了多么大的痛苦，你的家庭失去了你，他们该怎样的生活你知道吗？他们每天都是用眼泪来度日的。然而被你杀害的对方也是有父母、妻子和孩子的人，他们一家人是怎样生活的你知道吗？一个家庭失去了儿子、丈夫、父亲将会是什么样的痛苦心情，可想而知……杀人犯罪嫌疑人不仅常常有对亲人的思念，也常常有对美好生活的憧憬，每当这种时候他们便产生了强烈的求生欲望，这种求生的欲望便会产生两种反应：一种是千方百计掩盖自己的犯罪事实，逃避法律的惩罚，求得一线生机，在绝望中幻想着"九死一生"；而另外一种是认为事情已经至此，人是我杀的，这是否定不了的，不如老老实实认罪，落个认罪态度好，说不定还能从轻处罚，还有生还的可能。上述的两种心理状态的根本目的是相同的，讯问人员应当注意利用这一心理特点，选择比较恰当的讯问方法，取得审讯的成功。

（五）强奸犯罪

强奸犯罪是以违背妇女的意志，采取暴力、胁迫或者其他手段强行与妇女发生性行为作为构成要件的犯罪。强奸犯罪的犯罪嫌疑人在接受讯问时，在很多的时候一般不否认与被害人发生过性行为，其原因在于犯罪嫌疑人在实施犯罪行为时，与被害人正面接触的比较多，犯罪行为人的一些基本特征被害人都能比较清楚地掌握和辨认出来，有时犯罪行为人不容易被外人发现的生理和身体上的特征，都能在其实施犯罪行为时被发现。这些条件就成了证明其犯罪的铁证。同时现场还可能留下毛发、精斑、脚印、擦拭物以及强奸时留下的其他痕迹，都是犯罪嫌疑人不可否认的事实。因而这类犯罪嫌疑人都习惯把抗审的"情景选择"转向其他的方面。首先是否认自己使用暴力和胁迫手段，与被害人发生的性行为当时是经过对方同意的，是对方勾引他的，目的是为了敲诈他的钱财，因为自己无钱可敲诈，才被对方告发。还有甚者把强奸说成是"谈朋友"，是双方同意的，没有违背对方的意志，把强奸说成是通奸。还有的犯罪嫌疑人编造谎言，把被害人说成是卖淫女，因为价格没有谈好发生了冲突，因此被害人才向司法机关告发的，把自己的强奸说成是嫖娼。

在审讯这类犯罪嫌疑人的时候，首先就要消除他的侥幸心理，打掉幻想："设定现场的遗留物足够证明其犯罪"。当犯罪嫌疑人交代部分犯罪事实的时候，不要急于求成，应当逐步扩大事实范围，一件事情一件事情地追问到底，然后反复核实口供与客观证据的内在联系，形成强有力的证据锁链。另外对强奸案件的审讯一定要从"细"处入手，不要放过任何一个细节，应在细节上做文章。设法排除犯罪嫌疑人的谎言，逼其说实话、说真话。当犯罪嫌疑人有难言之隐不愿意开口的时候，应当多做思想工作消除其顾虑，同时还应当注意供词之间、证据与证据之间、供词与证据之间是否合乎情理，是否有犯罪嫌疑人辩解的情况存在,是否有隐情,是否有矛盾,使用暴力的具体行为,被害人意识的真实性,以及犯罪嫌疑人与被害人之间的关系,他们在此之前是否认识等等都是审讯人员讯问的重点,不可马虎从事。

(六) 涉税案件

涉税案件的种类以及所涉及的范围,随着经济建设的不断发展也逐渐地扩大了起来。从常见的涉税案件来看,偷税案件非常普遍,涉及的范围很广,也比较有代表性,所以这里我们把它作为重点来进行研究。根据刑法所规定的构成要件,偷税罪是指纳税人有意违反税收法规,用欺骗、隐瞒等方式逃避纳税,情节严重的行为。根据多年来查办偷税案件的情况可以发现,偷税案件的手段是多种多样的,方法更是千奇百怪。但是,在案发后犯罪嫌疑人都有其共同的心理特点,即认为钱是自己辛苦赚来的,拿去缴税实在不甘心。这些人在接受讯问的时候最担心的是怕自己在经济上受到损失,其次才是怕负法律责任。他们在接受讯问时大多都是采取相互推诿的方法,来推卸责任。对偷税的行为装糊涂,如声称:这可能是会计搞错了,我是不知道这件事。在调查财务会计的时候,财务会计则证明:这是法人代表逼着我做的假账,如果我不做他就要炒我的"鱿鱼",我只有服从照办。偷税案件的犯罪嫌疑人另外一个特点是:把自己故意的"偷"说成是过失的"漏",这是他们惯用的伎俩。讯问人员在审讯时首先就要围绕犯罪的故意展开讯问。犯罪的故意是审讯偷税案件的重要环节,因为在偷税案件里过失是不构成犯罪的,如果审讯人员把握不住故意的重点,案件就有可能中途"流产"。但这里要让犯罪嫌疑人承认自己是故意偷税是非常困难的,偷税案件的审讯重点就是要证明其偷税的故意,审讯人员在接受这类案件时,不可以急于求成,应当做好充分的准备。审讯时不要一步就跨进涉税范围,如果讯问时直插主题,对方很可能一句话就把审讯人员堵回来了,从而失去了回旋的余地。审讯时应当多注意从外围向中心的圈子"挤",从不同的角度把他控制在"故意"的范围内,让他自己来证明自己偷税的故意。这里审讯人员要时刻注意控制犯罪嫌疑人的注意力,不要让联想帮助犯罪嫌疑人解脱被困的处境。在使用证据的时候不要孤立地出示证据,应尽量让其他的事实协同证据一起出现。目的是加大证明力度的压力。由于偷税案件的方法和种类比较多,特点也不一样,所以审讯有很强的针对性,在某种情况下这种针对性还能帮助我们制伏犯罪。例如,隐匿巨额营业收入偷税案,重点是抓住:"为什么隐匿巨额营业收入"不放,逼其交代偷税的故意。再如,利用开大头下尾发票等为手段的偷税案,审讯时应注意从利用开大头下尾发票的动机为突破口,抓住对方为什么开大头下尾发票,选择好角度紧追下去,逼其一步一步地走向自我证明偷税的故意。

（七）毒品案件

毒品犯罪案件是指以毒品为对象的犯罪活动。包括非法种植、制造、贩卖、运输、走私、窝藏、非法持有毒品，以及引诱、容留、教唆、强迫他人吸食注射毒品等犯罪活动。

毒品案件与其他案件相比有其自身特点，犯罪嫌疑人在作案的手段上狡诈多变，行为诡秘，反侦查意识非常强，他们在实施犯罪之前都经过精心的策划、周密的准备，人员活动有严密的组织系统，有的采取遥控指挥，有的采取单线联系的方法，有的贩毒团伙还内外勾结进行跨国犯罪。从目前我国的缉毒部门以及世界反毒品组织对该类犯罪采取的侦查方法上来看：有的指派警官"卧底"，有的收买内线，有的将毒贩秘密逮捕后"反用"。这些都是十分有效的侦查措施。毒品犯罪的共同心理动机是以牟取暴利为基础的，而毒品案件有团伙型和独立的个体型，他们在"落网"以后的共同的心理特点是：求生的欲望极强。在团伙型的毒品案件中其成员落网以后，开始总是坚守原先订立的攻守同盟，宁愿自己死，绝不牵咬别人，认为自己虽然落网了，但是家里的人会有"组织上"照顾的，如果自己出卖了同伙，不但自己难逃法网，而且自己的家人都要受到牵连，那些贩毒的同伙们也不会放过他的。所以他们在刚刚被捕获时，其抗审的态度非常强硬，一问三不知，装聋作哑。对此审讯时多采取离间的方法，对他们订立的攻守同盟进行瓦解，削弱他们的对抗意志，利用家庭的亲情关系强化他的求生欲望，教育引导他们走立功赎罪的路，为我"反用"。独立的个体型毒品犯罪，属于无组织的松散型。这类犯罪嫌疑人的犯罪心理形成和发展的重要心理依据就是"侥幸心理"，他们认为自己的行动比较诡秘，不可能被发现，况且自己在被抓获时，身上没有任何毒品，司法机关没有我贩毒的证据，就不能把我怎么样。当司法机关发现了他们的蛛丝马迹的时候，他们又总是用谎言来掩盖自己已经暴露的"狐狸尾巴"。审讯的方法一般多采取"错觉"战术。审讯人员可以利用虚假的信息，使犯罪嫌疑人产生自己的犯罪事实已经被掌握，或者他人已经供出了自己的犯罪事实的错觉，逼其交代犯罪的经过。审讯人员在审讯的语言上应该多注意使用"跨越前提"的语言技巧，对犯罪嫌疑人活动的全过程进行系统的分析研究和推理，把他们每一个行为"点"有效地连接起来，找出事态发展的必然结果，进行"攻击性"的挤压，逼其一步一步将各个点连接起来，形成完整的行为过程。

五、疑难案件的审讯方法

疑难案件是指公安检察机关在侦查的刑事案件中，因为案件证据不足、案情复杂，主要的犯罪事实既不能认定，也不能否定，重新获取证据的难度比较大，导致一时难以准确定罪的案件。疑难案件的特点主要表现在：事实不清，证据不够确实充分，犯罪嫌疑人拒供、翻供，导致案情奇特怪诞，人难审、证难取、性难定。疑难案件形成的原因大体上可以分为人的因素和客观自然的因素。

首先是人的因素。这里的人指的是与案件有着某种牵连关系的人，他们包括侦审人员、犯罪嫌疑人、证人和受害人。在审讯人员的身上表现为：业务素质差，审讯的方法不当，在初次审讯时就向犯罪嫌疑人透露了全部的案情，或者审讯带有指向性进行引供、诱供、刑讯逼供，强化了犯罪嫌疑人的对抗心理。侦审人员工作失误，应该提取的证据没有提取，在直接证据无法提取的情况下，忽视了对间接证据的收集和提取，导致了证据的丢失，出现了无法挽回的局面。还有的侦审人员破案心切，只重视犯罪嫌疑人的口供，忽视证据的收集，犯罪嫌疑人在交代自己的犯罪事实以后，审讯人员不去深追细挖犯罪的细节，对犯罪嫌疑人的口供抠得不死，细节不固定，由于有的证据已经无法收集，一旦犯罪嫌疑人翻供，应该成功的案件，便成了疑难案件了。在犯罪嫌疑人的身上表现为：拒不交代犯罪事实，能坚持多久就坚持多久，坚决不交代犯罪事实，各方面的因素强化了犯罪嫌疑人的拒供心理。在证人的身上表现为：由于证人与犯罪嫌疑人有着某种特殊的关系，或者与案件有着千丝万缕的联系，对公安、检察机关的调查不配合，不愿意作证或者作假证，导致了疑难案件的出现。在受害人的身上则是由于受害人所处的特殊地位，或者受害人所处的特殊情况，不能向公安、检察机关陈述案件的真实情况，导致了疑难案件的出现。

其次是客观自然的因素。社会的不正之风，给犯罪带来了某种契机，给依法打击犯罪设置了障碍，利用权力、金钱、人事关系，干扰阻挠公安、检察机关办案时有发生。有的时候犯罪嫌疑人刚刚被逮捕关进了看守所，没几天就莫名其妙地被取保候审了，可是当犯罪嫌疑人离开了看守所的几天内，就出现了翻供的情况，并且订立了大量的攻守同盟，导致了案件的中途夭折，变成了无法定案的疑难案件。在近几年来，纪检、监察、检察联合办案的比较多，配合得也是比较好的，可是有的时候也会出现对案件看法上的分歧。有的在联合办案的时候，就同一案件出现各自为政的情况，各自都掌握案件的材料以便相互牵制。例如，有一起案件审判机关已作了终审判决的数月以后，某单位的办案人才把主要的犯罪材料拿出来。因而该案只得再重新侦查，可是由于犯罪嫌疑人经历了一个完整的诉讼程序，办案单位所掌握的材料自己了解得一清二楚，该串供的串了，该订立攻守同盟的订了，该堵的"洞"堵了。由于这些原因，虽然重新组织了侦查人员，但是已经无法补充到新的有力的证据，而此时的犯罪嫌疑人有了充分的心理准备，也有了更丰富的抗审经验，更有甚者是有了坚定的抗审"信念"，与办案人又一次展开较量，致使整个案件出现了被动的局面，最后成了无法侦结的疑难案件。同样，时空关系也会影响证据的及时提取，导致疑难案件的出现。因为案件的发生事过境迁，有的已经过去好几年，有的直接证据已经无法提取，导致疑难案件的出现。在我们的侦查实践中，客观的因素和自然的因素导致疑难案件的出现，在很多的时候是不可避免的。例如有的证据涉及境外，这就给我们的取证造成了非常大的困难。如毒品案件毒品的来源在境外，证据就要到境外去提取。贪污贿赂案件的赃款已经存在了境外，其证据还要去境外提取，有时甚至无证据可取。这不仅仅是给案件增添了疑难程度，同时它还强化了犯罪嫌疑人的抗拒心理。在客观原因方面，还有的团伙案件中主犯在逃，主要的犯罪事实难以弄清，造成了案件的复杂化。另外关押场所不严或者管理不善，造成犯罪嫌疑人串供、订立攻守同盟，导致了疑难案件的出现。

从上述的疑难案件的成因我们不难发现，疑难案件的出现关键是犯罪嫌疑人的抗审。如果犯罪嫌疑人能够如实交代自己的犯罪事实，那么疑难案件也就不疑难了。所以审讯犯罪嫌疑人，让犯罪嫌疑人说实话，是解决疑难案件的最为有效的途径。

根据犯罪嫌疑人的心理状况来分析，疑难案件的犯罪嫌疑人的"定势心理"是非常稳定的，其原因在于从案件的开始一直到变成疑难案件，在这样的一个完整的过程中，犯罪嫌疑人与我们的侦查人员已经进行了面对面的你死我活的较量，长时间地反复审讯，导致了犯罪嫌疑人抗审心理的强化，"定势心理"得到了巩固和加强。因此对疑难的案件，我们审讯的方法和目的就是要围绕如何动摇犯罪嫌疑人的"定势心理"展开，其目的是将犯罪嫌疑人的抗拒心理转换为供述心理。我们对疑难案件的审讯，实际上是我们在前期的审讯失败之后又重新发起的进攻。所以在重新审讯之前，我们必须认真总结失败的原因，分析犯罪嫌疑人赖以抗审的心理支点，重新审视犯罪嫌疑人，做到"知己知彼"才能取得疑难案件的审讯成功。

首先，对疑难案件的审讯不可急于求成，必须认真分析犯罪嫌疑人赖以抗审的心理支点，判断是什么原因强化了犯罪嫌疑人的抗审心理。通过对第一轮或者第一阶段的审讯，犯罪嫌疑人了解了我们哪些底？掌握了哪些情况？犯罪嫌疑人对我们的审讯人员每次发起的"攻击"所持的态度是什么样的？此外，犯罪嫌疑人采取什么样的对策，我们的审讯人员具体讯问的内容，犯罪嫌疑人所表现出来的反应，哪些语言会使犯罪嫌疑人表现得轻松自如，哪些语言使得犯罪嫌疑人紧张恐惧，这些情况都要在重新审讯之前全面细致地了解清楚。与此同时我们还要认真收集各方面的资料，认真查阅卷宗，不仅要了解案件的详细情况、各种矛盾和疑点，还要详细了解犯罪嫌疑人的主要的社会关系、亲情关系，个人的详细情况、性格特点，案件与犯罪嫌疑人的密切关系，犯罪嫌疑人在该案件中所起的作用，该案件是否有共同犯罪人以及他们之间的关系，等等。

其次，是给犯罪嫌疑人打基础，在全面细致地了解犯罪嫌疑人的情况之后，不要急于采用审讯技巧进行审讯，如果急于求成，势必会走前次失败的老路。给犯罪嫌疑人打基础的目的就是设法取得犯罪嫌疑人的信任，即：给犯罪嫌疑人打基础主要打的是情感基础，给犯罪嫌疑人补情感课。如果审讯人员不能取得犯罪嫌疑人的信任，那么犯罪嫌疑人就很难将审讯人员的话听进去。而审讯人员的话犯罪嫌疑人听不进去，再高明的审讯技巧也是无用的。如何取得犯罪嫌疑人的信任，在实践中方法很多，有"亲情法""同情法""评价法""昵称法"等。这些方法笔者在本书中已经作了专题论述，在这里就不再赘述。审讯人员取得犯罪嫌疑人的信任，是审讯疑难案件的基础。在2001年笔者接手了一起久攻不下的疑难案件的审讯，这是一起全国罕见的特大诈骗案，该案件当时是中纪委在查处另外一起特大贿赂案时发现交办的。当时的犯罪嫌疑人的抗拒心理极强，几个月的审讯始终把办案人放在对立的位置。抗审的表现是：不说实话，一问三不知。笔者在接受这起案件的审讯时，并没有急于审讯犯罪嫌疑人，而是在收集犯罪嫌疑人的大量的资料和弄清楚主要的社会关系之后，以取得犯罪嫌疑人的信任为基础，对犯罪嫌疑人展开了审讯。审讯的开始主要讯问犯罪嫌疑人在看守所的生活情况，然后直接告诉犯罪嫌疑人笔者曾经到她家里去过，并且把犯罪嫌疑人的孩子的生活工作情况，都如实告诉了犯罪嫌疑人，并且还将她的爱人和孩子的问候和希望，也一一地传递给了她，让她知道审讯人员和她的家里人，都希望她能够得到从宽的处理。在这样的过程中我们始终没有涉及犯罪的实质问题。当犯罪嫌疑人听完了我的情况介绍以后，不仅放松了对我们的戒备，而且对我们有了一定的信任感，并且主动向我们提出来愿意如实交代犯罪事实，争取从宽处理，希望政府能给自己留一条活路。犯罪嫌疑人思念家人的情感和求生的强烈欲望，产生了审讯人员就是她的家人代表的错觉，因此她把应该跟亲人说的话，想办的事情，也都交给了审讯人员。致使这起抗拒了几个月诈骗上亿元的特大案犯，仅仅在几个小时的时间内就交代了全部的犯罪事实。

最后，是审讯方法的应用，审讯疑难案件，取得犯罪嫌疑人的信任是基础，隐蔽审讯意图是条件，审讯人员良好的心理状态和必胜的信心是取得审讯成功的保证。另外，疑难案件既然被称为疑难案件就是因为它有其自身的特点,所以我们在审讯的方法上不能"眉毛胡子一把抓",对不同的疑难案件要有针对性。(1)通常对主要的犯罪事实不清、证据缺乏的疑难案件,一般的都是采用迂回渐进的方法,寻找矛盾的细节,然后展开"攻击"。(2)对于特别重大的恶性案件,应当抓住犯罪嫌疑人贪生怕死的求生心理,对犯罪行为所产生的严重后果,以及所要承担的法律责任,直接告知犯罪嫌疑人,告诉他已经没有任何的退路,彻底清除犯罪嫌疑人的侥幸心理,使犯罪嫌疑人形成巨大的心理压力,置犯罪嫌疑人于绝路、死地,同时给犯罪嫌疑人留出回生的余地,给犯罪嫌疑人求生的希望,逼着犯罪嫌疑人放弃抗拒的侥幸心理,走坦白从宽的路。(3)对畏罪心理严重的犯罪嫌疑人,可采取分解式的审讯方法,把犯罪嫌疑人所涉及的犯罪事实分解开来,进行审讯,然后再把细节一点点组合起来,达到证明犯罪的目的。这种方法是在犯罪嫌疑人放松警惕的情况下实现的。一般犯罪嫌疑人对大块的犯罪事实的注意力是非常集中的,而对点滴的犯罪细节却不是有太高的警惕性,审讯人员能够把犯罪嫌疑人的点滴犯罪细节确定下来,经过组合集中就成了完整的犯罪事实。在很多的时候,一起重大的疑难案件的突破往往要经过几十次审讯的分解与组合,最后达到证明犯罪的目的。(4)被采取了强制措施的犯罪嫌疑人,统统身在看守所而心却飞出了看守所,飞到了自己的亲人的身边,他们思念家人的亲情关系是审讯人员最好利用的关系。因为犯罪嫌疑人对亲人十分思念,如果我们的审讯人员能够对他的亲人的情况有比较细致的了解,并且能够站在他亲人的角度上对他表现出关心和帮助,那么犯罪嫌疑人产生错觉就可能把审讯人员与自己的亲人联系起来,把审讯人员当做自己的亲人加以信任,那么他就会把全部的隐瞒的犯罪事实说出来,请求得到审讯人员的帮助,从而取得了审讯的成功。(5)利用一切可以利用的因素,解决疑难案件中犯罪嫌疑人的抗审问题,如充分利用狱内侦查耳目,摸犯罪嫌疑人的底。利用易地关押、改变环境,给犯罪嫌疑人增加心理压力,促使犯罪嫌疑人向交罪心理的转化。

六、对犯罪嫌疑人心理结构的"攻击"方法

在对犯罪的侦查活动中,犯罪嫌疑人大多不会主动交代自己的犯罪事实,在很多的时候,有的案件因为证据难取,犯罪嫌疑人拒不交代犯罪事实,导致了案件的中途夭折。但是相反,有很多的案件虽然证据难取,犯罪嫌疑人拒不交代犯罪事实,可是在那些审讯技巧娴熟的办案人员手里,均能使犯罪嫌疑人交代犯罪事实,将其绳之于法。在侦查活动中审讯技巧的重要作用,是众所周知的。那么,如何运用审讯技巧有效地打击犯罪?笔者认为:审讯活动取胜的重要途径,是掌握犯罪嫌疑人在抗审活动中心理结构的组成因素和审讯技巧的

使用规律，才能取得审讯活动的成功。

犯罪嫌疑人在抗审活动中心理结构的组成因素：

犯罪嫌疑人在侦查审讯活动中对抗心理的形成，不是单一的某一因素引起的，作为发动对抗行为内在原因的对抗心理，是由相对稳定的多种对抗因素的复合体所驱动，这个复合体呈相对稳定的结构状态，即抗审的心理结构。心理结构的组成因素有动力因素、调节因素、特征因素和心理状态的意识水平。

（一）动力因素

贪污、贿赂犯罪抗审的动力因素，是由因外来的危害因素引起的个人的需要、动机、安全感、条件、记忆等心理因素组成的，是犯罪嫌疑人极力摆脱侦查人员控制，满足自己在对抗活动中的趋利避害的需要。目的是逃离法律的惩罚，寻找较大的安全系数和有利因素，排斥不利因素、危害因素。动力因素产生的条件是犯罪行为的客观存在与犯罪的心理事实。犯罪行为的记忆是心理事实存在的条件，犯罪的心理事实引发的趋利避害的心理需要是产生抗审的直接动力。因为犯罪嫌疑人自己的行为是犯罪的行为，是要受到法律惩罚的行为，等待自己的将是已知的灾难，这是犯罪行为的动力因素的基本条件。这个基本条件就是产生动力因素的根据，也是抗审的直接动力。这里犯罪嫌疑人如果没有实施犯罪行为，那么他的动力因素的特点、方向就不同。如果实施了犯罪行为，那么外来的危害因素所引起的个人的需要，是安全感；危害因素引起的个人记忆是犯罪的心理事实；危害因素引起的个人的动机是趋利避害；危害因素引起的行为条件是拒不交代、掩盖自己的犯罪事实。这就是犯罪嫌疑人在审讯活动中拒不认罪的动力因素。只有改变和降低他的动力因素的条件，才能产生供述动机。在抗审活动中动力因素的重要特点是：需要是空间的安全感（这里的安全感不是当前的，而是此后的），"动机"是"趋利避害"，"条件"是选择有利的"环节"，"记忆"是犯罪的"心理事实"，目标是以最大限度的自我保护。对动力因素的"攻击"方法，是让犯罪嫌疑人形成已经暴露了犯罪行为的基本认识，明白自己选择有利的环节已经不存在，犯罪事实已经暴露，失去了对抗的意义，将犯罪嫌疑人引入权衡利弊的平台，确立"说实话对自己有利，只有说实话才是最大限度的自我保护"的意识。在审讯活动中影响动力因素变化的重要条件有：

1. 犯罪后的自我认识的暴露程度与对抗的动力因素成反比。犯罪嫌疑人在实施了犯罪行为以后，犯罪后的恐惧感与可能暴露的程度成正比。也就是说当其他人的财产被占为己有之后，犯罪的恐惧感便产生了，他们惴惴不安，因为这是社会的否定行为，是法律所禁止的，这种恐惧感的诱因是怕受到法律的惩罚。心理状态是在反复衡量自己行为暴露的可能性：行贿人会不会说，是否有其他人发现，钱和物存放在什么地方才安全，会不会被发现？犯罪行为的交换条件，形成了心理平衡依据，（满足了行贿人的某些要求）此外，当他感觉到自己满足了行贿人的某些要求，行贿人不可能会把送钱的事情说出去的时候，犯罪后的恐惧感就会减弱，对抗的动力因素就会强化。相反，如果当他感觉到行贿人有可能会把送钱的事情说出去，他的恐惧感会迅速增加，逃避法律惩罚的对抗的动力因素就会减弱，如果犯罪嫌疑人认为自己的犯罪事实已经被发现，那么他的动力因素就会进行转化，进行趋利避害的选择。

2. 犯罪后的"环节的选择"使得犯罪嫌疑人对抗的动力因素被强化。"环节的选择"是犯罪的行为人在实施犯罪以后，为了逃避法律的惩罚，选择了有利于或者能够否定自己犯罪的环节。"环节的选择"实际上是犯罪嫌疑人为自己准备的"后路"。一旦犯罪嫌疑人为自己做好"环节的选择"，就有了相对稳定的"定势心理"形成了"心理支点"，使其暂时获得了心理平衡，对抗的动力因素也就被强化了。此后，"环节的选择"被他人或者自我否定之后，"定势心理"便会自然消失，"心理支点"也就不存在了，于是新的恐惧感因此而生，迫使他们再次寻找新的"环节的选择"，对抗的动力因素也就随之变化。

3. 时间与行为量带来的实践性，满足了心理稳定的条件。随着时间的推移和犯罪行为次数的不断增加，犯罪行为一直没有暴露，犯罪人处于安全的状态，犯罪的心理痕迹被淡化。由此时间与行为量带来的实践性，在犯罪嫌疑人心理形成了记忆经验，犯罪行为被习惯化，从而满足了心理稳定的条件。另外在数个犯罪行为中，如果不知道自己哪一次行为被暴露，无法选择对抗的环节，他会等待临场随机应变，使动力因素处于待发状态。

4. 审讯人员的审讯方法是犯罪嫌疑人动力因素变化的重要条件。审讯人员的方法不对路，暴露了审讯的意图和证据的占有量，就会强化犯罪嫌疑人对抗的动力因素。反之，就会减弱犯罪嫌疑人对抗的动力因素。

（二）调节因素

是以自我意识为核心的个体心理与行为的调节控制系统。系统包括自我意识、道德意识、法律意识等。自我意识的功能是对人的动力因素起调节、控制、协调、监督的作用。即对抗审行为起加强或者削弱、发动或者阻止的调控作用。犯罪嫌疑人是通过从审讯人员那里得到信息与动力结构进行组合反应，再由调节控制系统决定抗审的削弱或者加强。同时调节因素对外来信息的识别和监督作用，帮助意识系统判断外来信息的性质，实现最佳的调节效果。在抗审的活动中犯罪嫌疑人获取的信息，通过调节功能分发给其他的心理结构因素，再从心理结构因素获取加工后的反应，经过调节、控制、协调、监督、整理后，形成整体的信息反应的动力因素，实现信息反应行为的动力。具体表现为对自己犯罪行为的认识、对抗的持久程度。调节因素是处于意识状态下的控制、调节系统，在很多的时候表现为思维习惯和意识经验。人格特征是经验基础，是贪污贿赂犯罪嫌疑人在抗审活动中的行为表现的内在反映。例如，当犯罪嫌疑人在抗审中找不到有利的因素进行对抗的时候，那么调节因素表现为等待状态，所反映的行为就是沉默，没有形态反映。相反，如果犯罪嫌疑人在抗审中找到有利的因素进行对抗的时候，那么调节因素所反映的行为就是积极的，表现为语言的辩驳、对抗等。犯罪嫌疑人的调节因素的外在表现有助于审讯人员掌握犯罪嫌疑人的心理活动情况，是审讯人员的参照条件。

（三）特征因素

表现为人格特征，由能力、气质和性格所构成，体现了人格的心理特征。犯罪嫌疑人抗审的特点，是性格特征构筑的防御体系，表现出对抗审讯采取的方法。

1. 逃避惩罚的人格特征。不同的人格特征表现出抗审的方法不同。根据人格特征的行为表现，外向型的人格特征表现为积极对抗，而内向型的人格特征表现为沉默消极的对抗；根据人格特征的认识选择，表现为直接对抗和间接对抗；根据人格特征的意识水平差异，表现为自主对抗和嫁祸他人；根据人格特征的品质，表现为对谎言控制与谎言放纵。

2. 逃避惩罚的对抗规律。对此犯罪嫌疑人会出现两种方式：一是嫁祸他人，将自己干的事情嫁祸给别人；二是直接抗审，直接对抗审讯，否定自己有犯罪的行为。

3. 逃避惩罚的对抗特点。谎言是犯罪嫌疑人对抗审讯的基本特征。

4. 逃避惩罚的对抗表现。人格特征品质的好坏表现在对"客观事实"与"心理事实"的接受程度。人格特征品质好的，在"客观事实"面前认可的程度比较大；人格特征品质差的，在"客观事实"面前认可的程度比较小。有很多人格特征品质差的犯罪嫌疑人，在"客观事实"面前就是不"认账"。个体的人格品质越低，越会在"客观事实"面前耍无赖，同时个体的人格品质越高，对谎言的控制系数越大。

（四）心理状态

即心理活动在展开时刻与活动过程中所具有的独特状况和相对稳定的状态，是抗审活动的重要的心理因素。心理状态的重要因素是意识水平的影响；即意识、前意识和潜意识的作用与状态。意识水平是基础；意识分为三个层次即意识（是可以直接感知到有关的心理部分）、前意识（在意识和潜意识的两可之间）、潜意识（无意识）。潜意识有两个含义：（1）自己行为的动机不能意识到。（2）在清醒的意识下面还有潜在的心理活动在进行着。它的内容表现在一些被压抑的无法满足的情感经验、本能欲望与冲动，在潜意识中积极地寻找出路追求满足。另外前意识可以将潜意识的内容收取到意识部分中去，变成意识。在犯罪的心理结构中，除了调节结构是处于意识状态，其余的特征结构、动力结构及心理状态，都有一部分处于无意识状态，能够对犯罪动机、不合逻辑与不合情理的行为进行解释。

犯罪嫌疑人的意识水平受到侦查审讯活动信息的影响和刺激发生变化，寻找意识的依附和寄托，表现为趋向对抗或者趋向供述的心态特征。当犯罪嫌疑人的意识的依附和寄托成功，就会产生对审讯人员的信任感和服从感，就可出现趋向供述的心态特征。审讯人员和审讯环境及审讯信息对犯罪嫌疑人的意识会产生重要的影响。犯罪行为人在实施犯罪以后，客观原因引起了主观上的心理变化，从变化的基本规律来看，多数犯罪嫌疑人处于矛盾的心理状态，既不甘心如实交代，也不敢一味对抗。随着侦查讯问的不断发展变化，其心理状态也在不断地变化。有的可能从消极的状态向积极交罪的心理状态转化；也有的可能从积极交罪的心理状态向消极抗拒交代的心理状态转化。审讯的全过程就是从消极的心理向积极交罪心理转化的过程。由于犯罪嫌疑人的主客观条件不同，在接受审讯时的心理特点也不相同，有其各自起主导作用的心理特征。消极的心理特征是我们审讯对象的心理障碍，是犯罪嫌疑人在抗审活动中的心理背景和重要的心理因素，即"畏罪心理"（将要受到惩罚的恐惧心理状态）、"侥幸心理"（自以为能逃脱法律惩罚的主观存在的自信心理，是犯罪嫌疑人对自己行为所产生的后果的一种认识的心理状态，其特点是认为自己作案手段隐蔽，不会被发现）、"优势心理"（犯罪嫌疑人以为能够取胜的自我认识，例如认为自己已经订立了攻守同盟，形成了心理优势）、"戒备心理"（自我防卫的心理状态，表现为回答讯问谨慎小心）和"对抗心理"（对抗的心理因素和动机，是抗审活动中的重要表现）。

对贪污、贿赂、渎职犯罪的审讯，不是简单审讯就能解决的，这是复杂的心理对抗过程。心理结构是抗审动机产生的直接原因，坚实的抗审心理结构是犯罪嫌疑人拒不交代犯罪事实的重要因素。只有掌握了犯罪嫌疑人的心理结构，改变犯罪嫌疑人的心理结构，才能转换出交代犯罪事实的动机。心理结构组成因素不是单一的，它是由动力因素、调节因素、特征因素、心理状态因素组成，每一个因素都有独立的动力作用，同时又相互影响形成动力的统一体，即行为动机。在审讯的活动中审讯人员只有摧毁犯罪嫌疑人抗审的心理结构组成因素，才能转变犯罪嫌疑人的对抗动机。根据心理结构因素的作用来看，犯罪嫌疑人抗审的心理结构的构成因素不是孤立单一存在的，是意识活动的有机整体。消除犯罪嫌疑人的对抗心理,"攻击"犯罪嫌疑人的心理结构,是最有效的方法。在审讯活动中,犯罪嫌疑人对自己处境的客观认识是基本准确的,审讯人员的任务就是设法打乱犯罪嫌疑人的正确判断,把犯罪嫌疑人推进相反的供述方向。例如,起初的时候犯罪嫌疑人明知审讯人员没有掌握他的足够证据,告诫自己千万不能交代,那么经过对他的审讯,他又交代了犯罪事实,这是什么原因呢?这就是因为犯罪嫌疑人的心理结构在审讯人员施加信息的影响下发生了质的变化,转变了对抗心理,走向供述认罪道路。笔者在 20 年的审讯实践中,总结出了四大审讯规律,即误区规律、心理限制规律、置换规律和经验规律。它们能够有效地摧毁犯罪嫌疑人的抗审的心理结构,转变对抗心理,走向供述认罪道路。

七、犯罪嫌疑人沉默对抗的心理基础

人的行为来源于心理认知,沉默对抗的行为是以逃避法律惩罚为认知基础的。沉默对抗就是这一心理基础的行为表现。笔者跟踪询问了一些以沉默对抗后交代犯罪事实的犯罪嫌疑人,在与他们谈心交流的时候他们这样说:对你们的审讯,我感觉有一股气压在心里,认为你们司法机关有意跟我过不去,社会上有好多人犯罪,真正受到法律惩罚的有多少?因为有后台,你们不敢管、不愿管,只有拿我们这些人开刀,气堵在心里不想说话,保持沉默更能表明态度,我就是这么样,想怎么整你们看着办,犯在你们手里我也不想说什么,我认倒霉。为了跟你们对抗,我必须保持足够的精力来对付你们,因为你们随时都可以休息,而我们因为案件在自己身上,时刻都在想着可能会发生的不利情况,这些已经把自己熬得筋疲力尽了,如果再按照你们的审讯提出的问题进行回答和周旋,那么用不了多久自己就会耗尽精力,陷入疲劳状态,很容易就会放弃对抗。另外因为疲劳状态,自己不能控制自己,本来自己就干了那件事,要编造假的事实,就难免出现漏洞,一旦出现了漏洞自己的麻烦就大了,你们会紧追不放的。还有我们在直接跟你们交流的时候,容易使自己动怒,一动怒就会疲劳,一疲劳就招了。再有沉默是保护自己的最好的方法,你们审讯我的目的,就是要从我的嘴里得到犯罪的证据,如果你们已经掌握了我的犯罪证据,那么你们根本就不需要来审讯我了,你们审讯我的目的就是为了获得更多的证据,我说得越多暴露得就越多,牵连的事情就越多,所有的事情都是坏在嘴上的,说了不如不说,所以保持沉默是最好的方法。还有,法律规定了 12 小时的期限,如果我能在这个期限内管好自己的嘴,坚持"抗"下去,你们拿不到证据就要放人。当然这 12 个小时不是好"熬"的,如果实在忍不住"熬"不住了,就要下决心用自伤的办法来结束。自伤把鼻子撞破,满脸是血，看起来很可怕但没什么伤，恢复很快。还有一种自伤的方法，就是趁人不备把物品吞进肚子里，然后顺地打滚"嗷嗷"叫，你们就无法审讯下去，只得把我们送进医院，最后不了了之放我回家。除了自伤，另一个办法就是主动找打，设法去激怒审讯人员，你们是不敢打我的，如果你们打了我，那我就成功了。如果真的被打一顿，我也有机会休息了。总之不能怕，其实你们不敢把我怎样。打人是所有审讯活动中里最没有用的，你们就算是打我，也不敢真的把我打伤了，否则刑讯逼供的罪名就会落在你们的头上。

在这里我们可以看出，犯罪嫌疑人的沉默对抗除了本能自我意识对抗之外，还依赖于以下三个方面的认知经验：（1）保存实力不"接招"。在犯罪嫌疑人的眼里，审讯的目的就是跟自己过不去，就是要把自己送进监狱的，必须要拿出全部的力量来进行自我保护。同时他们也根据自己获取的经验，认识到了一条基本规律：在审讯的活动中，犯罪嫌疑人与审讯人员的交流，最大的特点是消耗体力和精力，一旦达到疲劳的极限，他们就会放弃对抗来满足眼前的不适。在审讯活动中以沉默的方式进行对抗，能够有效地保存实力，防止内力的消耗，守住拒不交代的阵地，控制自己不被审讯人员的信息俘虏。（2）封锁信息不暴露。审讯活动的语言交流实际上就是信息交流，交流的信息越多，暴露的问题就越多，牵连出来的事情就越多，最后暴露出全部的犯罪事实。沉默对抗却无此"烦心"，它能够以不变应万变，达到有效的自我保护，俗话说"只要自己不开口，神仙难下手"、"祸从口出"，自己的犯罪证据在自己的嘴里，管好自己的嘴，就能够取得抗审的成功。（3）他山之石不攻玉。审讯活动的重要特点是审讯人员根据自己掌握的信息，有时甚至是与案件无关的信息，展开对犯罪嫌疑人的"攻击"，以点滴的信息获取更多的犯罪信息，最后达到制伏犯罪的目的，这就是他山之石可以攻玉。在犯罪嫌疑人选择沉默对抗的方法时，审讯人员的信息不能对犯罪嫌疑人产生信息反应，就无法获取更多的信息，就不能取得他山之石可以攻玉的效果。长期以来在我们的审讯实践中，犯罪嫌疑人的沉默对抗行为，足以使我们的审讯陷入僵局，导致侦查活动的失败。

第六章　"不得强迫自证其罪"规则下的侦查讯问攻略

第一节　树立职务犯罪侦查活动中的人权保障理念

一、职务犯罪侦查活动中人权保障的法制理念

职务犯罪的腐败毒瘤已经成为国际社会的重要打击对象，并引起了国际社会的广泛关注，各国在积极打击职务犯罪的同时，也逐渐认识到职务犯罪侦查过程中人权保障的重要性。由于侦查讯问行为是一种诉讼活动中的对抗行为，这种对抗行为所引发出来的暴力的"生理行为"即以酷刑，或施以残忍的、不人道的或侮辱性的待遇或刑罚，已经从另一个角度危害着社会。由此联合国制定了诸多国际人权法律文件，逐步确立了与犯罪侦查相关的一系列国际人权保护原则和规则，《禁止酷刑和其他残忍、不人道或有辱人格的待遇或处罚公约》（联合国大会1984年12月10日通过，1987年生效）第9条、第15条，形成了人权国际保障的措施和程序。这些规定在不同程度上体现了国际人权法的要求，也是我国职务犯罪侦查中人权保障的重要参考标准。为保障诉讼活动的顺利进行，国家执法人员有必要采取一定的强制手段和措施，而如果这种强制手段和措施属于非正当行使权力之列，则必然使公民的权利遭受损害。我国刑事诉讼法进一步深化了人权保障措施，这无疑是规范了国家执法人员的侦查讯问的行为和人权保障理念。

（一）职务犯罪侦查讯问的对抗行为诱发的暴力取证的行为倾向

职务犯罪嫌疑人的对抗侦查讯问的行为来源：利益、条件和心理支点。首先是根据人的"趋利避害"的行为法则，犯罪嫌疑人为了维护自己的利益，避免刑罚处罚而带来的伤害，只能选择对抗，隐瞒犯罪事实。这种对抗行为的选择是在自主意识条件下产生的，是自我保护的行为本性。当犯罪嫌疑人在接受审讯的过程中发现自己的犯罪事实已经暴露，对抗已经失去了意义的时候，

就有可能选择放弃对抗,选择供述。这就为"不得强迫自证其罪"条件下,犯罪嫌疑人自愿供述犯罪事实的可能性。因为如果如实供述就能够获得从宽从轻的处罚,能够在讯问人员的身上获取新的利益,即利益的获取方向发生了变化。但是相反如果犯罪嫌疑人认为讯问人员不会给自己带来利益的时候,没有取得犯罪嫌疑人的信任,那么犯罪嫌疑人就很难向讯问人员供述犯罪事实。其次是犯罪嫌疑人对抗的心理条件,对抗行为必须建立在一定的行为条件上,才能产生对抗的行为,如果犯罪嫌疑人没有了对抗条件,那么犯罪嫌疑人就很难附属对抗行为。这个对抗条件就是犯罪事实的隐蔽性和犯罪证据的暴露程度,暴露的可能性越大,对抗的条件就越少,犯罪嫌疑人趋向于如实供述的动力就越强。最后是犯罪嫌疑人对抗的心理支点,这种心理支点又表现出相对稳定的心理定势。这种心理定势是以个体的人格意识经验为前提的,人格决定了意识,什么样的人格意识就会出现什么样的对抗行为。因此利益、条件和支点是犯罪嫌疑人对抗讯问隐瞒犯罪事实的三大心理要素,缺一不可。

犯罪嫌疑人的三大心理要素,是其对抗行为的基础,整个讯问空间是以犯罪嫌疑人的行为对抗为特征的。因为是对抗行为,对抗的另一面的讯问主体更是积极的行为者,也是为了提取犯罪事实的获得者。在以语言交流的方式不能解决遏制对抗行为,达不到获取犯罪证据目的的时候,就可能引发出相对应的暴力行为,产生刑讯逼供的生理取证行为,即以酷刑或施以残忍的、不人道的或侮辱性的待遇或刑罚,以此来满足对抗状态下的讯问行为需要。

犯罪嫌疑人抗审的行为品质决定了侦查讯问结果,如果犯罪嫌疑人对自己行为处境产生的是正确的认识,那么他就不可能向审讯人员如实供述犯罪事实。因为审讯人员讯问犯罪嫌疑人的目的是讨要犯罪证据,是为了证明其犯罪的。犯罪嫌疑人如果不如实的供述自己的犯罪事实,那么侦查审讯人员就无法获取犯罪证据,犯罪嫌疑人也不会受到法律的追究,如果犯罪嫌疑人始终清楚、明白这一点,那么犯罪嫌疑人就不可能选择如实供述。因为如实供述会给自己带来不利的后果。但是如果相反,犯罪嫌疑人对自己的处境产生错误的认识时,如犯罪事实已经暴露,面对审讯人员设置的两难选择,对抗已经失去意义,供述对自己有利,那么他就可能选择如实供述。因此,当犯罪嫌疑人对讯问的空间产生的是正确认识,那么他就不可能如实供述犯罪事实。如果产生的是错误的认识,就会选择如实供述。

讯问人员暴力取证的原因在于:在审讯全过程的对抗状态下,审讯人员的行为受阻,会激发出强大的心理压力,这是审讯人员受到的心理强制,这种心理强制行为不能自我解脱,压力达到一定程度时就会出现暴力取证行为。审讯人员的暴力行为对犯罪嫌疑人有着重要的影响,这种心理影响更进一步强化了犯罪嫌疑人的正确认识（自己说不说实话对审讯人员很重要）。当犯罪嫌疑人在暴力行为的作用下，意志的承受能力达到一定的限度后，不平衡的生理状态就可能改变认识，反应出顺应的行为，以满足讯问人员的需要。当然这种顺应行为也包含着虚假的行为，表现为虚假供述。这种暴力行为从根本上违反人权保障的基本法则，同时也是导致冤假错案发生的重要原因。

嫌疑人自愿供述的心理依据为：在审讯活动中，只有当犯罪嫌疑人产生错觉的时候，犯罪嫌疑人才会做出如实供述的决定，这种侦查讯问科学结论已经被世界上许多国家普遍采用，并且得到了科学证实。这种认知错觉产生的供述行为，来源于人的趋利避害的本性，在审讯室这样的特殊空间里，审讯人员规范严肃的语用行为，直接对犯罪嫌疑人的心理行为产生重要的影响，人格行为在人们的语言交往活动中，礼貌的语言合作性，是语言交流的基本状态，讯问人员在审讯的语义中让犯罪嫌疑人始终感觉到，审讯人员始终是为了自己的利益着想，就可能出现顺应的服从状态，向审讯人员陈述内心的隐私，以此获得审讯人员的帮助，从而获得新生的利益。这就达到了"在不得强迫其自证其罪"条件下的自愿如实供述犯罪事实的讯问目的。

（二）生理强制行为与心理矫正行为的侦查讯问方法的取舍

从古至今侦查讯问的方法只有两大类型，一种是生理强制的方法，一种是心理矫治的方法。生理强制的方法操作简便，收效快捷，无科技含量，任何不懂侦查审讯技巧的人都能够操作。但是这种生理强制的方法是法律制度所禁止的，是被唾弃的不人道的侦查暴力行为。心理矫治的侦查讯问方法，是从心理学的角度，以犯罪的行为对社会、对他人造成的危害结果，进行的心理影响的过程。这种心理的影响又同时满足了讯问活动的"规范合法、科学有效"性，即在保障严格履行法律规定的行为条件下，运用科学的侦查讯问方法，获取犯罪嫌疑人自愿如实供述的行为结果。

1. 侦查讯问活动中的生理强制行为。犯罪嫌疑人对抗侦查审讯、隐瞒犯罪，不能如实供述犯罪事实，已经成为世界各国共同关注的难题，犯罪嫌疑人实施了犯罪行为后隐瞒犯罪而逍遥法外，这无疑使对被害人的人权保障出现了无奈的局面，为了减少这种无奈的局面，提高破案率，提高侦查审讯的科学有效性，就成了各国侦查讯问人员的行为方向和重要研究课题。侦查活动离不开讯问，讯问犯罪嫌疑人是侦查活动的重要主题，犯罪嫌疑人隐瞒下来的犯罪证据，是很难被发现提取的，只有犯罪嫌疑人自己自愿的提交，才能被提取证实犯罪科以刑罚。为了能够使犯罪嫌疑人自愿提交犯罪证据，向犯罪嫌疑人讨要口供，已经成为侦查讯问的主流。从侦查讯问的对抗性质来看，解决口供问题的方法，可分为两大类型即生理的方法和心理的方法。

生理的方法是以改变人的生理的平衡状态为特征，使得被讯问人在生理的失衡状态下，激发出顺应的行为。改变这种生理的平衡状态是在暴力的行为状态下产生的，人的生理平衡对人的生存状态产生了重要作用，人的生理平衡是生存的需要，健康的人身体正常（不渴、不饿、不冷、不热、不痛）、精神平定，处于协调自由活动状态。一旦生理上出现失衡状态，就会产生痛苦、严重者导致死亡。当人出现生理的不平衡状态时，就会立即出现需要平衡的动机，即生理平衡的动力趋向，这种生理的失衡产生的动力趋向，为审讯犯罪嫌疑人获取口供提供了方法和条件。为了使犯罪嫌疑人供述自己的犯罪事实，使用暴力改变其生理的平衡状态，激发出犯罪嫌疑人顺应的供述行为。这种被暴力激发的供述行为有如实的供述，也有为了顺应审讯人员的要求做出虚假的供述，也为冤假错案创造了条件。这种生理讯问方法产生的基础是在有罪推定的心理意识指导下，急于获取口供的破案心情，不具备科学的审讯方法和技巧，而采取强迫被讯问人供述的方法，实施的行为是对身体的暴力，实施的结果虽然有真实的犯罪供述最终演绎出了对人身权利的保护，又对人身权利的侵害，但也有虚假的犯罪供述，同时也侵害了犯罪嫌疑人的人身权利。

我国现阶段虽然实行的是控审分离的诉讼制度，但有些司法工作人员在讯问犯罪嫌疑人时却抱着"被讯问者就是罪犯"的心理态度，当讯问进行的不顺利时，怀着对犯罪嫌疑人的痛恨和犯罪分子不打不招的心态，便实施了刑讯。例如佘祥林杀妻案：1993年12月，湖北省京山县雁门口镇何场村人，系京山县公安局马店派出所原治安巡逻队员佘祥林，因涉嫌杀死妻子而被刑事拘留。曾两次被宣告"死刑"，后因证据不足逃过鬼门关。后被京山县人民法院以故意杀人罪判处有期徒刑15年，剥夺政治权利5年。但在10年后，被佘祥林"杀害"达11年之久的妻子张在玉突然现身，后此案得以平反。被定死罪的口供是被办案民警残忍地体罚毒打了10天10夜，在办案民警的"提示下"，佘祥林开始一个一个细节地交代自己的"犯罪经过"，按民警的口味完成全部供述的。此案造成佘祥林的母亲杨五香、哥哥佘锁林上访被公安机关拘留，杨五香含恨而死。

《世界人权宣言》中明确规定，"任何人不得加以酷刑，或施以残忍的、不人道的或侮辱性的待遇或刑罚。"国际社会通过了一系列禁止酷刑的国际法律文件，在反酷刑的相关国际公约中，最为著名的是《禁止酷刑和其他残忍、不人道或有辱人格的待遇或处罚公约》，目前加入的国家或地区已达140多个，我国也于1986年12月12日签署了该公约，并于1988年11月3日对我国生效。尊重和保障人权是我国宪法确立的一项重要原则，体现了社会主义制度的本质要求。刑事诉讼制度关系公民的人身自由等基本权利，将"尊重和保障人权"明确写入刑事诉讼法，既有利于更加充分地体现我国司法制度的社会主义性质，也有利于司法机关在刑事诉讼程序中更好地遵循和贯彻这一宪法原则。

2. 侦查讯问活动中的心理矫治行为。侦查讯问活动是刑事诉讼活动中的重要组成部分，它的行为规范就是来自于刑事诉讼法的法律规定，依法审讯是基本要求，在唾弃了生理强制方法后，心理矫治的讯问方法无疑成了唯一可取的，被称为讯问科学。心理矫治的侦查讯问方法，是从心理学的角度，以犯罪的行为对社会、对他人造成的危害结果，进行的心理影响的过程。这种心理的影响又同时满足了讯问活动的"规范合法、科学有效"性，即在保障严格履行法律规定的行为条件下，运用科学的侦查讯问方法，获取犯罪嫌疑人自愿如实供述的行为结果。

心理矫治的方法是利用犯罪嫌疑人的人性趋利避害的行为特征和对犯罪行为的记忆经验的心理反应，来获取犯罪的证据信息。犯罪嫌疑人隐瞒犯罪的心理依据，是以利益、条件和心理支点为基础的，审讯人员能够通过心理影响的方法，改变犯罪嫌疑人获取利益的方向，如刑事诉讼法规定的犯罪嫌疑人如实供述，能够获得从轻、从宽处罚，使犯罪嫌疑人向审讯人员讨要从宽、从轻处罚的利益；犯罪行为的隐蔽性是犯罪嫌疑人对抗审讯的基本条件，审讯人员通过"嫌疑"的行为信息，帮助犯罪嫌疑人激活其隐藏在心灵深处的犯罪记忆，从心理上拆除犯罪嫌疑人的对抗条件，满足对抗意义的心理过程；心理支点是人的行为方向，他的来源是趋利避害的行为规则，审讯人员提供的心理信息影响是供述有利，能够获得从轻处罚；对抗不利，对抗只能加重自己的心理负担。经过犯罪嫌疑人自我的心理确认，对抗的心理支点产生动摇或者被移除，供述动机由此而生。

(三)"不得强迫自证其罪"条件下的侦查讯问行为规则

1. "不得强迫自证其罪"的侦查讯问行为规则。"不得强迫自证其罪"的权利源于英国李尔本案件，1637年李尔本被指控印刷出版了煽动性书籍，王室特设法庭强迫其宣誓作证，李尔本予以拒绝并因此遭到鞭打和被施以枷刑。1640年，李尔本在英国国会就强迫自证其罪进行了痛诉，要求国会通过立法禁止强迫自证其罪，英国国会予以采纳。自此拒绝自证其罪的权利得到确立。

我国修改后的《中华人民共和国刑事诉讼法》在原有的禁止刑讯逼供的基础上，明确规定了"不得强迫任何人证实自己有罪"。这是我国刑事诉讼法一贯坚持的精神，因为原有的刑事诉讼法里就有严禁刑讯逼供这样的规定。为了进一步防止和遏制刑讯逼供，这次刑事诉讼法明确规定严禁刑讯逼供、不得强迫任何人证实自己有罪。此次修法重点放在了非法证据排除规定上，而且还规定了严密的、严格的证据收集程序，这样的规定对司法机关是一个刚性的、严格的要求。与我国增强诉讼中的对抗性的刑事诉讼发展趋势相一致，体现了诉讼的民主性和文明性。从制度上防止和遏制刑讯逼供及其他非法收集证据的行为，为维护司法公正和刑事诉讼参与人的合法权利提供保障。

侦查讯问活动无疑是一种对抗性行为，它的目的是保障刑罚能够顺利的实施，保障更加广泛的人权，即在全部的侦查活动中既要保障人民大众的权益，又要保障被侦查对象的合法权益，这两者的保障是统一的，既要满足司法公正，又要满足人权保障。因此刑事诉讼法在规定了"不得强迫任何人证明自己有罪"的同时，规定了"犯罪嫌疑人对侦查人员的提问，应当如实回答"。这是从另外一个层面、另外一个角度来实现两个保障。我国刑法规定，犯罪嫌疑人若如实回答了问题，交代了自己的罪行，则可以得到从宽处理。刑事诉讼法作为一部程序法，要落实这样一个规定，它要求犯罪嫌疑人如果要回答问题的话，就应当如实回答，如果如实回答，就会得到从宽处理。可见，不得强迫自证其罪与如实应讯两者之间是两个保障的统一。一方面确立包括沉默权在内的拒绝强迫自证其罪的权利，另一方面采取鼓励、支持犯罪嫌疑人的陈述措施，使其能够积极地进行供述和辩解，从而有利于查明案件的客观真实。

2. 人权保障条件下的侦查讯问原则。侦查讯问与人权保障产生冲突的原因在于：在职务犯罪侦查活动中，言辞证据占有重要的位置，口供更具有其他证据无可比拟的地位，"零口供"所占的比例是非常小的，侦查讯问活动本身是对抗性的活动，其本身就存在着较强的利益冲突。首先，讯问人为了揭露犯罪，被讯问方为了隐瞒犯罪，双方的较量和斗争直到犯罪嫌疑人转变态度供述犯罪事实为止。其次，这种冲突又存在不平等的地位问题，犯罪嫌疑人往往处于相对不利的地位，容易出现侵害人权的现象。最后，被讯问对象大多是被称为犯罪嫌疑人的身份，这种身份判定的来源是"侦查假说"，是侦查人员根据初步掌握的证据和事实，运用侦查经验和逻辑推理，对案件情况、犯罪人情况等做出的初步推断而形成的。

"侦查假说"在很多的时候决定了侦查人员的行为意识，侦查人员通过调查、初查后，根据初步获取的证据信息和材料，研究、分析、判断案情，犯罪动机和目的、犯罪的行为过程等做出初步推断。这种初步推断，在侦查中形成某种较为合理的"侦查假说"，它能够给侦查人员确定侦查方向、划定侦查范围和选择侦查途径。侦查人员通过"侦查假说"获得的信息资料，直接影响了侦查讯问人员的行为意识和侦查意识，获取的犯罪信息资料越多，其侦查行为的"攻击性"和主动性就越强。由此当涉嫌的被讯问对象极力隐瞒、对抗的时候，侦查讯问人员已经建立起来的"犯罪嫌疑的行为推定"产生了侦查"攻击"态势，形成了强制的侦查讯问外力。侦查活动的主动性的核心问题，就是"侦查意识"，侦查行为是在利益的冲突条件下展开的，没有侦查意识的侦查行为，是很难取得侦查讯问成功的，即揭露犯罪、证实犯罪必须建立在积极主动的行为条件下，才能满足侦查活动的对抗性的需要。因此侦查意识始终与"存在假定"密切相联系，因为侦查活动是寻找犯罪事实、寻找犯罪证据，而不是最后的证明犯罪事实、证明犯罪证据。所以侦查人员的"侦查意识"是侦查行为的目的决定的，与"无罪推定"意识没有内在的联系，它们不是同一个诉讼阶段的行为。如果强调侦查人员在履行侦查活动行为，必须坚持"无罪推定"的原则，那么侦查活动的主动性就成为了一句空话。"存在假定"不是为了制造冤假错案，而是为了充分查明犯罪事实，为侦查目标提供积极的侦查方向。而这种积极的侦查行为又必须建立在依法的基础上，是在严格依照我国刑事诉讼法对侦查讯问的法律规定，严禁刑讯逼供和以威胁、引诱、欺骗以及其他非法的方法收集证据，不得强迫任何人证明自己有罪。

此外，刑事诉讼法明确规定了非法证据排除的具体标准：采用刑讯逼供等非法方法收集的犯罪嫌疑人、被告人供述和采用暴力、威胁等非法方法收集的证人证言、被害人陈述，应当予以排除。违反法律规定收集物证、书证，可能严重影响司法公正的，应当予以补正或者做出合理解释，不能补正或者做出合理解释的，对该证据应当予以排除。因此侦查讯问活动必须遵照刑事诉讼法的人权保障的刚性规定，同时又根据刑事诉讼法给予的侦查权限范围，履行侦查行为。

刑事诉讼法关于侦查讯问活动，严禁刑讯逼供，不得强迫任何人证明自己有罪的原则，对依法侦查讯问有一定的约束力，对于侦查实践的影响是存在的，但也不宜过分夸大。反对强迫自证其罪的重点在于"不能强迫"，不能使用生理的、身体的暴力行为获取口供。而不是说不能讯问、不要口供。最高人民检察院为了防止在取证过程中出现刑讯逼供和威胁、引诱、欺骗行为，要求自侦部门讯问犯罪嫌疑人时必须全程同步录音录像。因此，对于侦查人员来说，提高依法办案的水平，提高在人权保障条件下的侦查讯问行为的科学有效性是一项现实而紧迫的要求。针对刑事诉讼法关于犯罪嫌疑人接受讯问时"应当如实回答"的规定，犯罪嫌疑人若如实回答了问题，交代了自己的罪行，则可以得到从宽处理。刑事诉讼法作为一部程序法，要落实这样一个规定，它要求犯罪嫌疑人如果要回答问题的话，就应当如实回答，如果如实回答，就会得到从宽处理。从侦查讯问的角度来看，这无疑是开启了一扇大门，表明犯罪嫌疑人存在自愿供述的可能性，即存在"犯罪嫌疑人明知道供述对自己不利，还仍然要供述"的可能性。因此，我们认为这就是侦查讯问活动应当把握的境界和侦查讯问的行为原则。

第二节　人权保障规则下的侦查讯问攻略

刑事诉讼法明确规定严禁刑讯逼供，不得强迫任何人证实自己有罪。如何运用侦查讯问的科学方法，有效地揭露犯罪、打击犯罪，正确履行侦查活动的职责，这是在新的人权保障规则下侦查讯问人员面临的一项重要课题。笔者认为，不得强迫犯罪嫌疑人供述，侦查讯问的一切方法和技巧，只能在自愿供述的范围内，围绕着如何能够使犯罪嫌疑人自愿供述的条件下展开。

一、人格倾向的自愿供述机理与讯问方法

侦查讯问的实践表明犯罪嫌疑人的人格特征，对"抗审行为"产生了重要的影响，"人格基本属性"是人对客观现实反应和付诸于行为的基本态度和认识，人格就是相对稳定的性格特征，这种相对稳定的认识基础是犯罪嫌疑人对抗审讯的心理依据，犯罪嫌疑人从对抗审讯到自愿供述认罪的过程，是心理认识的转化过程，根据犯罪嫌疑人在接受审讯的心理过程表明，对抗审讯拒不供述的重要原因来于：利益关系、对抗条件和人格特征。当犯罪嫌疑人对抗的三大心理支点被置换以后，讯问人员帮助犯罪嫌疑人重新建立起了供述认罪的心理支点，便完成了犯罪嫌疑人自愿供述的审讯任务。

1. 对抗利益关系的心理冲突与转化。从利益的概念上来看，利益就是好处，或者说就是某种需要或愿望的满足。由于利益存在于不同领域，从而有物质利益、政治利益、精神利益三种利益之分。这是犯罪嫌疑人抗审的重要心理依据，这种心理依据的来源是"社会交换理论"的人的基本行为规则，即"趋利避害"的本性。犯罪嫌疑人为了维护自己的利益，才选择抗审的。可是在很多的时候，犯罪嫌疑人又总是从开始的"抗审"，经过讯问人员的语言交流，放弃了对抗，选择了供述，这又是什么原因呢？难道犯罪嫌疑人不知道供述以后会给自己带来不利的后果吗？显然不是！当犯罪嫌疑人认为供述比对抗对自己有利的时候，犯罪嫌疑人就会放弃对抗选择供述。这是犯罪嫌疑人在经过对抗的利益关系的心理冲突之后，发生的利益关系的变化，继而进行的利益转换的结果，即讯问活动必须把握的行为境界：犯罪嫌疑人明知自己供述以后对自己不利，还仍然选择供述。审讯活动中利益关系的把握，是指犯罪嫌疑人在审讯人员的帮助下，更好、更快、更准确地把握为自己争取可能"利益"的时机，做出顺应性的行为抉择。

利益关系的审讯方法具体而言，首先，作为被讯问人的犯罪嫌疑人其重要的特点是"犯罪嫌疑"，有犯罪的信息反映，这将是犯罪嫌疑人可能"丧失利益"的基本认识。"可能丧失利益"是前提，至于可能丧失多大的利益，在犯罪嫌疑人意识里还是个未知数。由此审讯人员帮助犯罪嫌疑人设置一个"小利益"和一个"大利益"来让犯罪嫌疑人自己选择，实际上是两难选择，是保护小的利益还是保护大的利益，必须选择其一，只要犯罪嫌疑人做出利益选择，他的行为就会做出"丢卒保车"的供述。例如巨额财产来源不明案，犯罪嫌疑人就是不愿意供述财产的来源，当审讯人员告知犯罪嫌疑人：你的财产的来源只有两个，一个是你自己受贿来的，另一个就是你儿子受贿来的，不是你就是你儿子，二者必择其一，犯罪嫌疑人为了不把责任牵连到儿子身上，就只得如实的供述自己的受贿行为。"博弈理论"也告诉了我们两难选择的道理，美国的警察抓住了两名盗窃犯，因为证据不足很难指控犯罪。于是警察就将两名嫌疑人分别关押，并且分别告知两名嫌疑人："如果两人都不供述，则两人分别被判二年徒刑，如果两人都供述，那么两人就要分别被判五年徒刑，如果一人供述一人不供述，那么供述的人只能被判二年，而不供述的就要被判十年"，结果二人都选择了供述。这是利益的二难选择在审讯活动中的基本运用规律。其次，是帮助犯罪嫌疑人建立趋利避害的平台，通过输入暴露的犯罪信息，来转变嫌疑人的认识基础。因为犯罪总是要留下痕迹的，如职务犯罪就存在赃款赃物暴露的可能性，行贿人、受贿人主动供述交代的可能性，利用职务之便行为暴露的可能性，反侦查行为暴露出来的再生证据等。这些都是犯罪嫌疑人对利益丧失认识的因素，是审讯空间对犯罪嫌疑人的心理产生影响之后而发生的。最后，是帮助犯罪嫌疑人建立起"利益方向的转移"，讯问人员应当在较短的时间里，与犯罪嫌疑人建立起情感关系和信任关系，当犯罪嫌疑人在对利益做出选择的时候，那个给付利益目标就是讯问人员，当犯罪嫌疑人向审讯人员索要利益的时候，犯罪嫌疑人就会做出自愿的供述。

2. 对抗条件的心理冲突与转化。犯罪嫌疑人不轻易供述出自己的犯罪事实，是抗审的对抗条件所决定的，对抗条件是决定犯罪嫌疑人对抗行为的存在、发展的内部原因，同时对抗条件也是制约和影响对抗行为存在、发展的外部因素。犯罪行为的隐蔽性，就是犯罪嫌疑人的对抗条件，有条件对抗犯罪嫌疑人才会选择对抗，如果没有了对抗条件，犯罪嫌疑人就会放弃对抗。犯罪嫌疑人的对抗条件，是建立在犯罪事实没有暴露、犯罪证据没有被司法机关掌握的基础上产生的，这是犯罪嫌疑人对抗讯问的基础。如犯罪事实已被司法机关查清，自己即使不如实供述也不影响司法机关对自己的处罚，犯罪嫌疑人就失去了对抗的条件，他的对抗就失去的意义，就会自然的放弃对抗选择自愿供述。

对抗条件转化的审讯方法。侦查讯问是以审讯者预先的"侦查假说"为基础的,而这个前提的产生则是基于犯罪嫌疑人的行为外露和内在的犯罪记忆,如果没有犯罪的行为记忆,那就不存在对犯罪行为的隐瞒和对抗了。在讯问的空间里,犯罪行为的记忆是被审讯人员模拟产生、再现的,讯问人员通过"侦查假说"对犯罪行为的模拟,能够对嫌疑人的对抗条件的认知有着重要的影响。讯问人员模拟的犯罪事实与犯罪嫌疑人的行为记忆相吻合,犯罪嫌疑人的对抗条件就会自动丧失;反之就会被强化。由于犯罪的行为记忆在讯问人员外来的信息刺激下被激活,犯罪嫌疑人自然会通过不同的心理语言行为反映出来,这是人的生理和心理特征的反映,也是形体语言研究的结果。例如,犯罪嫌疑人为了掩盖自己的犯罪事实,对抗侦查讯问的基本方法就是"谎言",这种"谎言"在外来的信息刺激下,总会通过说谎者的外部形体反映出来,自然的就会暴露自己在说谎。另外说谎者引发的心理焦虑,促成了自我对抗条件的降低和削弱,导致最后选择供述。

3. 对抗侦查讯问的人格倾向与心理支点的撤离。侦查讯问的实践证明,犯罪嫌疑人对抗侦查讯问是建立在一定的心理基础之上的,这个心理基础就是对抗的心理支点即心理定势。心理定势是相对稳定的心理状态,这种相对稳定的对抗心理状态,是由人格倾向的基本属性来决定的,什么样的人格倾向就会反映出什么样的对抗行为,因为"人格基本属性"是人对客观现实反应和付诸于行为的基本态度和认识。例如,有的国家高级干部因自己的一念之差收受贿赂,构成了犯罪,当司法机关的侦查人员对其进行审讯时,他能很快地承认自己的犯罪事实,不抵赖。而有的犯罪嫌疑人在铁的事实面前还抵赖不认账,耍无赖。表现出了在人格上的差异、思想觉悟的高低,这里的思想觉悟就是"超我"的社会道德规范意识。如果犯罪嫌疑人"超我"的社会道德规范意识强烈,其犯罪的行为记忆被外来的信息刺激激活以后,就会产生强大的心理焦虑的压力,为了缓解、释放这种压力,就会选择供述。可是如果犯罪嫌疑人的人格倾向是"自我"的认识特征,其社会道德规范意识就比较弱,很难产生悔过的心理焦虑的压力,对抗审讯、隐瞒犯罪事实,是其主导行为方向。只有改变犯罪嫌疑人"自我"的人格倾向,帮助犯罪嫌疑人从"自我"的人格倾向向"超我"的人格倾向的转移,才可以实现其自愿供述的目的。因为生活在同一社会空间里,每一个人都有"本我""自我"和"超我"的人格特征,只是在特殊的审讯环境的空间里,产生的认识反映不同,有的"超我"的意识比较强,有的则比较弱,这是个体的认识经验对空间的反映而造成的。审讯人员如果能够把握、改变、适应"超我"人格的空间,就能转变犯罪嫌疑人的对抗行为。因此审讯人员必须注意调整犯罪嫌疑人的人格属性差异，使其人格特征达到正常的人格状态，满足审讯所需要的人格特征。

对抗心理支点撤离的讯问方法。在讯问的空间里调整犯罪嫌疑人的人格行为特征，是通过对犯罪嫌疑人评价的方法来进行的。通过对犯罪嫌疑人的品格评价，激发其闪光的、优秀品质的人格，建立自我维护"超我"意识的心理行为，帮助犯罪嫌疑人搭建供述认罪的平台。

犯罪嫌疑人的成长过程同时也是一个社会化的过程，在他的成长过程中，社会行为规则与价值观念都会内化在犯罪嫌疑人的行为模式与思维模式中，即使是在犯罪过程中，犯罪嫌疑人也摆脱不了成长过程对其的影响。这主要表现为由于犯罪而在嫌疑人心中形成的罪责感与内疚感，也即通常所说的良心受到的折磨。西方社会里有许多人在干了坏事后到教堂找神父忏悔，这主要表现在犯罪嫌疑人的罪责感与内疚感上。

从受贿犯罪的情况来看，如果犯罪嫌疑人认为谁都不愿意把自己的钱给别人，只有在无奈的情况下才不得不给钱，那么嫌疑人就可能不会去拿别人的钱了。例如，一次某企业公司的经理为了找某领导办事，委托中间人向某领导送去5万元人民币，某领导当即就收下了，可是就在某领导准备拿着钱走的时候，中间人告诉他，那个公司经理在委托送钱的时候说："怎么办呢！不给钱办不成事啊！"听到了这句话的时候，这位领导干部立即将钱退还给了中间人。这一行为说明，犯罪嫌疑人的犯罪行为是在心理平衡的状态下实施的，一旦心理不能平衡就会放弃犯罪行为。上述的某领导干部已经接受了中间人的5万元，但是听到中间人的传话之后，心理出现了不平衡状态，便放弃了拿钱的行为。根据犯罪学家的认识，在犯罪实施过程中，大多数犯罪嫌疑人在控制侵害对象时，其内心有一个将对象非人格化或道德评价降低的现象，以求得自己内心的平静或平衡。因而，有些犯罪学家就此提出了一种被害预防的对策，即被侵害对象在面临被侵害而无力反抗的情况下，要放弃无谓的反抗而不要放弃对犯罪人的劝说——将犯罪人看作是一个和他一样有人格的人、像他家人亲友一样的人，从而激起犯罪人的道德感，使其产生不平衡的内心冲突，从而使犯罪嫌疑人自动放弃犯罪。因而在讯问犯罪嫌疑人的活动中，讯问人员就要设法改变犯罪嫌疑人平衡的心理状态，使之出现不平衡的心理愧疚，出现社会规范的道德感，而放弃对抗积极供述罪行。审讯活动中审讯人员通常采取"昵称"的方法，不直呼其名，而是称呼对方原来的职务，有效地维护犯罪嫌疑人内心深处的"超我"的闪光品质。同时对犯罪嫌疑人在职期间的丰功伟绩，进行评价和赞扬，使其产生"超我"行为的自我维护，培养出"心理焦虑"的悔罪行为，达到犯罪嫌疑人自愿供述的目的。

侦查讯问中审训者在帮助犯罪嫌疑人建立"心理焦虑"的悔罪行为的同时，还应该把握和控制住犯罪嫌疑人的心理活动倾向，包括犯罪嫌疑人内心对于供述与否的判断。犯罪嫌疑人供述与否，主要取决于他对犯罪后果的担心，以及由犯罪所引起的罪责感两者之间进行的理性选择（即判断）。前者源于法律对其影响，后者则源于其成长过程中的社会化影响。如果犯罪嫌疑人对各种损失后果的担心大于罪责感，则他会选择拒供或假供；如果犯罪嫌疑人的罪责感胜于其对后果的担心，则他会选择如实供述。当然除此之外，还有一种情况应当引起审讯者的注意：对于无法逃避利益损失后果的情况下，有的犯罪嫌疑人并不害怕法律的惩罚给其带来的利益损失，却很在乎其犯罪事实公开后所带来的形象或名誉受到损害，甚至宁愿死也不愿供述自己的犯罪事实，诸多的自杀现象表明，这种情况在老年犯罪嫌疑人或女性犯罪嫌疑人身上出现得较多。对此审讯人员就要设法改变犯罪嫌疑人的这种心理认识，用其他的行为关系来置换这种心理状态。例如，一位犯罪嫌疑人因为受贿在其接受调查期间就想到了自杀，讯问人员及时的发现并且对其进行了开导："你本人也是一名优秀的干部，也不是一个贪财的人，只是儿子出国需要钱，你也是为了你的儿子，不然你也不会伸手去拿别人的钱！"讯问人员的一席话使犯罪嫌疑人转变了心理状态、放弃了自杀，选择了如实供述。

二、犯罪记忆经验的再现与讯问方法

犯罪嫌疑人供述自己的犯罪事实是因为自己实施了犯罪行为，心理的记忆有犯罪事实存在，有的犯罪事实已经过去数年，仍能清晰的陈述出当时的犯罪情景，这就是记忆经验的作用。例如，审讯活动中的刑讯逼供导致嫌疑人不得不进行谎供和假供，本来自己就没有实施犯罪行为，就没有犯罪的记忆，审讯人员非要逼其供述所谓的犯罪事实，无奈只有编造虚假的犯罪事实。在审讯活动中犯罪行为的存在是记忆存储的结果，供述认罪是重现的过程。在这样的过程中，当外来的信息涉及该犯罪情景时，犯罪嫌疑人根本不需要再次对自己犯罪的现场进行核实，便会清楚地记得该犯罪现场的情景，这种犯罪的情景便会通过记忆的"备用性"活动，表现出对该"现场"的记忆经验和认识。记忆的特征是他的"备用性"，"备用性"行为提供给意识的认知经验，无须再次进行核实，便会直接跨过意识来反馈这一意识经验。由此可知，记忆经验是犯罪嫌疑人供述的基础，意识经验的习惯反映是犯罪嫌疑人供述的条件。

再现犯罪记忆经验的讯问方法。在审讯活动中审讯人员常常利用犯罪嫌疑人的记忆经验的"反馈"现象，达到使其揭露犯罪事实的目的。在讯问的方法上表现为：首先是促进或者加大犯罪嫌疑人说话的语言惯性，嫌疑人的

"口误"就会出现。语言的"口误"是不希望说出来的话，通过意识经验的惯性流露了出来，这个"口误"就包含着犯罪的记忆痕迹。只要抓住犯罪的记忆痕迹，犯罪嫌疑人就很难摆脱，最后不得不供述。其次是犯罪嫌疑人对抗讯问的谎言。犯罪嫌疑人对抗审讯的基本行为表现就是谎言，如果犯罪嫌疑人在面对侦查讯问时不说谎，那么审讯的对抗性就不存在了，侦查讯问也就失去了意义。犯罪嫌疑人在讯问中的谎言行为，是犯罪嫌疑人的主动供述行为，不是讯问人员的强迫行为，根据刑事诉讼法的自愿供述原则，应当如实供述，即如果供述就应当如实供述。既然是自愿供述，而又不如实供述，作为审讯人员就应当在犯罪嫌疑人自愿供述的基础上，使犯罪嫌疑人从不如实供述转变成如实供述，完成谎言的转变过程。在侦查讯问活动中改变犯罪嫌疑人的谎言，是审讯的重要任务。改变谎言重要的是要能够识别谎言，根据在审讯活动中的实践可见：从意识反应的角度看，说谎的意识行为必须要跨过记忆经验，才能反应出谎言的语用行为，因此说谎话的信息刺激反应与说实话的反应比较，说谎的反应比说实话的反应要慢。从生理行为的变化角度看，说谎引发的心理焦虑导致胃蠕动的失调，引起唾液分泌的失调，出现口干不断舔嘴唇的行为反应。识别谎言为的是揭露谎言，揭露谎言就是为了再现犯罪的记忆行为。

在审讯活动中，犯罪嫌疑人的记忆经验是通过犯罪的"情景""情节""现场""涉案人"的心理行为反映传递给审讯人员的，再现犯罪记忆经验的讯问方法，首先，是要表现出谎言的供述矛盾，讯问人员根据嫌疑人的供述矛盾进行分析揭露，导致了嫌疑人自我的心理强制，因为不能自圆其说，只得放弃谎言，供述实情；其次，是讯问人员为了发现谎言揭露谎言，采取了"导谎"的方法，根据嫌疑人说谎的情景，将自己编制的情景加入到嫌疑人的谎言中进行"催化"，使其充分的暴露谎言，让犯罪嫌疑人自己把自己逼进无路可退的境地。再次，是特请证明的方法。审讯人员选择一个或者多个特定的情景，来解读嫌疑人的谎言，这种有理、有据、有节的解读谎言的行为，足以对犯罪嫌疑人的心理产生强烈影响和控制力，犯罪嫌疑人只能放弃谎言从实供述。最后，是心理测试的方法，运用心理测试仪器对嫌疑人的谎言进行测试，转换出嫌疑人说实话的动机。以下面的案例加以说明：公安机关在一荒郊的草坪里发现一具无名女尸，是一起杀人碎尸案，死者是一名年轻的女性，经过调查得知该女性是来本地打工的外地女性，与其他两名外地女性同租在一间出租屋内，据出租屋内的其他两名女青年证实，该女子在失踪的前两天其丈夫来过本地，听该女子介绍她的丈夫也在另外一个城市打工，因为出租屋是住的三个人，她的丈夫来了以后就出去找了旅馆住的，从那天她丈夫来本地开始，该女子就没有回来，当时还以为该女子是跟丈夫一同回老家了，就没有多想，谁也不会想到她会被杀害。那么该女子到底是被谁杀害的，侦查的目标首先集中到了该女子的丈夫身上。公安机关找到了该女子的丈夫李某，在询问该女子的一些情况时，李某既不感觉到惊讶也不感觉到突然，更不问妻子的下落，明显的表现出对妻子下落的知情——有知情的记忆特征反映。如果李某对自己的妻子被杀不知情，那么他就会急于向公安人员询问妻子的下落，因为公安人员专门来询问自己妻子的情况，无论是什么原因，他也要知道妻子的情况。但是李某的表现是极为平静和消极，超出了常规。李某的这种明显的知情的记忆行为反应，引起了办案人员的注意，经过审讯，李某承认是自己杀害了妻子，并且交代了杀害妻子的原因是妻子对自己的冷淡，他怀疑妻子又喜欢上了别人，在争吵的过程中，他用手将妻子掐死后，将尸体剖解后抛尸的全部犯罪事实。

第三节 "阳光"监督条件下的讯问语用行为技巧

侦查讯问是刑事诉讼活动中的重要组成部分，侦查讯问活动中的人权的法律保障，已经成为执法活动中的刚性要求。为了更进一步规范侦查讯问行为，最高人民检察院在2006年做出了关于侦查讯问活动进行全程同步录音录像的规定，意在从根本上遏制刑讯逼供等非法取证的行为。但是这一规定在侦查讯问实践中的界限把握出现了难题，尤其是嫌疑人的自愿供述原则与侦查讯问人员的"提取"行为之间，出现了诸多的矛盾。供述犯罪事实、接受刑罚处罚，这对犯罪嫌疑人来说，无论从哪个角度讲也不可能是心甘情愿的，侦查讯问行为的对抗性已经说明了这个问题！因为揭露犯罪的需要，侦查讯问行为的"攻击性"、主动性和强制性就成了必然。这是摆在讯问人员面前一对矛盾，如何能够既揭露犯罪打击犯罪，又保障不强迫嫌疑人的自愿行为，是侦查讯问活动的合法性与科学性应当把握的原则。因此"规范合法、科学有效"的审讯方法，已经成为侦查人员必须履行的行为规则，同时也体现了打击犯罪活动中的人权保障的现实意义。

一、准确把握讯问语用行为的两种属性

规范合法的侦查讯问行为是以满足刑事诉讼法规定的侦查规则为前提的，同时能够保障科学有效的侦查讯问行为得以顺利的实施，这种两全其美的方法，就是要求侦查讯问人员运用讯问语言行为来实现的。讯问的语用行为是侦查讯问的核心，从讯问语言的基本特征来看，讯问的语用行为包含着两大基本属性，一是讯问语言的意思的直接表述，是讯问话语层面的直接含义，即讯问语言的"前景含义"，代表着语言层面的第一属性。另外的一个属性是直接语义层面下

面的、隐含的语义,是直接含义派生出来的被扩大了的"言外之意",即讯问语言的"背景含义"。因此,讯问语言的目的性而引出的语用行为的复杂性,讯问语言的科学有效性,就是要把握这两种语言属性的科学统一。

从讯问语用行为的属性来看,讯问的目的是为了确定"这一笔钱对方拿了没有?",这是讯问语言的第一个层面,在这个层面里只是询问对方是否拿了别人的钱,没有其他的意思,也就是说没有其他的背景含义。因为这种语言是以核对为目的的,核对式的语言只有核对的层面内容,而没有更深层次的意义,讯问对象本身就是为了隐瞒自己拿了别人的钱的行为,当讯问人用核对的语言询问对方拿了还是没拿?那么隐瞒的行为就会脱口而出——没拿!因为这种核对式的语言,不能让对方将拿钱的心理事实进行确认,不能产生更大范围的联想。如果讯问人员改变讯问的方法,将核对式的语言加入第二语言层面的含义,摄入背景信息,如"别人为什么要给你这个钱?",在这里,语言的第一个层面就是"别人给钱的目的是什么?你拿了没有?",而第二个层面就是"你拿了别人的钱!",因为这一句话能够让对方产生联想,达到对自己的拿钱行为与讯问人员提供的语用行为信息进行确认,对方就很难跨越"别人给钱的目的"来直接回答"自己没有拿别人的钱"。同时这个第二层面的语用行为能够使对方产生错觉——自己隐瞒拿钱的行为已经暴露,这就是语用行为的背景信息影响产生的结果。

通常人们在语言的交流活动中,语言的第一个层面并不是说话人的真实的意思表述,很多的时候说话人的真实的意思表述,恰恰与语言的第一个层面的真实的意思表述相反,如"我很想去!"而实际他根本就不想去。这里第二层面的不想去,才是说话人的真实意图。语用行为的前景信息是语言表达结构包含的主要信息,也是语言表达的主要信息。与背景信息的区别是:背景信息是附带出现的信息,背景信息与表达的结构本身的逻辑关系并不是很密切,但是前景信息与表达的语言结构本身有着密切的逻辑关系,有着严格的制约性。背景信息是层面上的意思表述,是直接的语用行为。因此这种语用行为在讯问活动中,必须满足于合法的行为,即排除刑讯逼供。讯问活动中的语用行为在很多的时候,是通过背景含义来完成的,讯问语言的背景含义的效果,直接产生对讯问结果的影响,是科学有效性的重要表现。因此讯问人员的语用行为的目的性,应当在满足"前景含义"规范合法的基础上,把握"背景含义"的科学有效性。

二、充分运用讯问语用行为的背景信息

审讯语言背景信息的预设方法。背景信息预设的含义,是审讯语言表达结

构附带包含的信息。例如,审讯人员问犯罪嫌疑人:"你存那么多钱干什么?"犯罪嫌疑人答:"那是我儿子的钱存在银行的。"这句话无论犯罪嫌疑人出于什么样的目的,但是审讯人员应该能够知道他的背景含义:"他有儿子","银行里有存款"。这种背景信息正是审讯人员需要知道的,审讯人员应当知道这样附加的背景信息,就是获得了新的信息。实际上审讯的过程就是不断地获取新信息的过程。审讯人员获取了新的信息后,就要紧追不舍:"钱存在哪家银行?存了多少钱?"一旦犯罪嫌疑人把银行存款的信息告诉了审讯人员,就等于交出了犯罪证据。通常在审讯活动中审讯人员要设法隐蔽自己,不应该让犯罪嫌疑人知道的信息,就要特别小心的不在审讯的语言过程中显露背景信息。同时要注意犯罪嫌疑人在回答问题的过程中的语言背景信息,审讯人员发现的背景信息越多,掌握犯罪嫌疑人的信息量就越大。

三、"合作原则"下的"沟通"的讯问方法

美国语言哲学家格赖斯提出的语言交际的"合作原则",即人们在进行话语交际的过程中总是相互配合的,为了能够达到相互配合的目的,话语交际的双方都应当遵守某些话语原则,语言的交际活动才能得以进行。这种"合作原则"表现了语言交际的真假质量、信息的数量、议题的相关、条理方式等。但是审讯活动是在对抗的语境中产生的语言行为,因此,在这样特殊的语境条件下,并非总是严格遵守交际的"合作原则",在对抗的语境条件下,其语言行为常常偏离常规,不符合"合作原则"。这种违反"合作原则"的语言行为通常包含着复杂的背景含义,审讯人员常常需要越过犯罪嫌疑人话语的表面意义,去推断话语中所隐含的言外之意。例如,犯罪嫌疑人因大量的受贿犯罪被立案侦查,在审讯时用谎言对抗进行否定,"我是共产党员,我不可能收受贿赂去拿别人的钱!"这句话就违反了"合作原则"讲真话的质量准则。犯罪嫌疑人在这里说了假话,故意违背"质量准则"。违背"合作原则"所产生的语言含义,在很多时候是根据语境推断而获得的。对抗性的语境出现违背"合作原则"的情形,是由审讯活动的基本特征决定的,审讯成功的基本过程是从对抗发展到配合顺从的过程,也是协调语境下实现和满足语言"合作原则"的过程。完成这一过程的基本方法就是"沟通","沟通"就是为了设定的目标,把信息、思想、情感传递给犯罪嫌疑人,并达成协议的过程。完成这种传递任务的就是审讯人员的语言行为。

审讯活动是一项复杂的系统工程,是审讯者与犯罪嫌疑人的心理沟通过程,审讯的全部活动是在沟通的过程中完成的。侦查讯问机制主要是由审讯者、犯罪嫌疑人及讯问环境构成的。犯罪嫌疑人在什么样的情况下会遵守语言

行为的"合作原则"如实招供,侦查机关的审讯者如何利用所拥有的一切资源来影响犯罪嫌疑人、促使其如实供述其犯罪事实。换句话说,即侦查机关(审讯者)如何才能提高侦查讯问工作的效率,以尽快地获取嫌疑人自愿供述的口供,在很大的程度上取决于与犯罪嫌疑人的"沟通"程度。犯罪嫌疑人对抗的关键是不能够沟通、不需要沟通、不愿意沟通。审讯活动是在交流的过程中完成的,因此只有沟通了才能吸收信息,信息才能产生作用。很多时候犯罪嫌疑人对信息的影响和刺激是封闭的,在这种情况下就产生不了沟通,出现了违背"合作原则"的情形,自愿供述的目的就不能实现。有效的沟通是讯问的主要目的,因此,将讯问理解为一种沟通,具有很重要的意义,这其中涉及信息发送者、信息接收者、信息刺激和信息渠道。信息的发送与接收一样重要,有许多渠道可以发送信息(包括口头与非口头),但是仅仅有信息的发送和接收并不够。讯问应是一个开放的系统,其中存在各方面的影响。沙伏特指出,在侦查讯问中审讯者应当通过一定的控制影响手段,即运用一定的姿势或表情来调动被讯问者的态度,因为一定的姿势或手势可以代表对犯罪嫌疑人的奖励或惩罚。侦查讯问是在审讯者对犯罪嫌疑人的影响、控制下,实现侦查讯问目的的过程。

在"合作原则"下的"沟通"的讯问方法:首先,是要进行充分的准备,弄清楚犯罪嫌疑人对抗的心理特点。在通常的情况下犯罪嫌疑人大多是"畏罪心理"和"侥幸心理"并存,从什么角度切入能够尽快地达到目标,这里包括最高目标和最低目标,同时还有如果达不到目标如何进行目标的转移。这些情况,讯问之前讯问人员都必须考虑清楚。这里以"沟通"为手段的语言行为不能直接涉及案件的主题,效果最佳的方式是通过用"拉家常"的方式询问其个人的学习经历、社会经历、生活状况、夫妻关系、交往情况、个人爱好等建立沟通的平台。

其次,确认犯罪嫌疑人的需求,发现研究犯罪嫌疑人当前的需要。如果嫌疑人由于畏罪心理对安全的需要尤为突出,那么审讯人员就应当从降低损害的角度切入;如果犯罪嫌疑人当前的需要是荣誉感,那么审讯人员就应当从降低罪责感的角度切入;如果犯罪嫌疑人的侥幸心理比较突出,那么犯罪嫌疑人当前的需要是摸底,即犯罪事实的暴露情况,这时审讯人员的"切入点"就是犯罪事实已经暴露的信息。确认需要的语言行为方法是:尽量要让犯罪嫌疑人侃侃而谈,必要的时候加以鼓励和附和,但是讯问人员则要做到时刻头脑清醒,逐步进入"沟通"的通道,使犯罪嫌疑人充分地暴露心理需要的信息。这里应当注意的是,审讯人不能刻意围绕审讯目标,以免暴露审讯意图,同时还会引起犯罪嫌疑人的警觉,封闭"沟通"的通道。

再次，审讯人员要阐明自己的观点。审讯人员的出发点应该是从关心、帮助犯罪嫌疑人的角度，以能够使犯罪嫌疑人认识"错误"，改正"错误"获得从轻处罚为目的的。其语言行为方法是通过"闲聊"，即"自由式交谈"，与被审讯人"套近乎"，说明自己的观点：希望每一个犯罪嫌疑人都能够获得从轻处罚，提出符合既定需要的建议，在对建议的问题上找出几个方案，让对方选择，使犯罪嫌疑人在"自由交谈"中打开"沟通"的心理通道。

复次，需注意对犯罪嫌疑人提出的问题和要求，要给予及时的答复，不能答复的要说明原因。有的犯罪嫌疑人经常会直接询问，自己供述认罪以后能不能办"取保候审"？能不能判缓刑？等等。审讯人员应当根据情况给予客观的回答，针对那些罪行比较严重的，明显判不了缓刑的人，不要正面回答，以免强化其畏罪恐惧心理，在直接告知法定从宽、从轻的条件的同时，客观地告诉他判刑是审判机关决定的，不是侦查机关决定的，你的认识以及态度，都会记录在案，成为审判机关的参考意见。

最后，是完成"合作原则"的语言行为目标，这种合作原则能够通过外部或者内部的积极反馈表现出来。其语言行为是通过评价来解决与犯罪嫌疑人的心理沟通问题。对犯罪嫌疑人进行评价，主要包括对犯罪嫌疑人个人的评价（包括人的成长过程、历史的闪光点、行为的客观原因以及与他人的相互关系），对事件的评价（事件发生的原因、客观的影响、现实的目的性），对行为的社会关系的评价，不断地降低犯罪嫌疑人的畏罪心理，提高社会环境影响的作用，从而进入犯罪嫌疑人的内心世界，逐步控制被审讯人的情绪和情感；消除对立抵触情绪，让他体会到政府对其挽救的诚心；激发其个人荣誉感，或利用其感情脆弱，唤起其后悔心，感到自己的行为的确给家庭、给自身造成了巨大的痛苦和遗憾，从而自愿选择供述交罪。

第七章　犯罪嫌疑人供述认罪的六大基本规律

根据在审讯活动中犯罪嫌疑人供述认罪基本特点来看，犯罪嫌疑人由于个体和客观方面的特点，表现出供述认罪的六大基本规律。即犯罪事实暴露的心理误区；解脱心理限制的困境；趋利避害的交换条件；意识经验的习惯反应；"人格"道德系数的满足和"需要"的基本属性。

第一节　犯罪事实暴露的心理误区

犯罪事实暴露的心理误区是犯罪嫌疑人供述认罪的内在动力。犯罪嫌疑人在审讯活动中的对抗特点是：只要有条件对抗的，就不能放弃，因为放弃了对抗就意味着有危害的结果，要承担法律责任。所以不到无路可退的境地，就不会自动放弃对抗。放弃了对抗，交代供述自己的犯罪就等于把自己的一切交给了司法机关，就意味着等待自己的是惩罚。因此只要有条件对抗的犯罪嫌疑人都会坚持对抗。犯罪嫌疑人坚持对抗的"条件"，就是建立在犯罪行为是否暴露的基础上的，也就是说自己犯罪的证据是否被侦查机关掌握。这里对抗的"条件"在于犯罪嫌疑人自己的犯罪行为还没有暴露或者还没有全部暴露，还有对抗的余地。如果犯罪嫌疑人通过自己认识的感知，意识到自己的犯罪行为已经暴露，已经被司法机关掌握，就会自发进行自我行为意义的评定：坚持对抗已经失去了意义，对抗的结果与放弃对抗的结果是同样的，每当犯罪嫌疑人处于这种情景状态的时候，他们的注意力会从原来的如何进行对抗，不断分析外来的信息，判断"事态"发展对自己的危害程度，迅速转移到这种行为可能给自己带来的惩罚结果是什么上，他们会从不同的角度来分析自己将要承担的法律后果，以及测定法律后果以后自己所面临的处境和其他相关的情形。这时他们会从降低自己的损失方面来考虑自己当前的行动趋向：根据当前的情况看，对抗显然已经不能降低损失，全盘托出也不是最好的办法，这虽然符合审讯人员的意图，但是如果审讯人员不能给自己从轻或者减少损失机会，那么自己是一点退路都没有了，如果交代一点再留一点，自己不但保留了退路，也能根据情况随机应变，以审讯人员的信息反馈来作决定。这里，犯罪嫌疑人如果希望从审讯人员那里得到好处的话，这种希望和需要越强烈，其动机也就越强烈，供述交代的行为实现得就越快。反之，如果犯罪嫌疑人的希望不是从审讯人员那里得到好处，而是从自己的身上挖掘得到好处的方法，那么这种供述的动机是不会强烈的，甚至是没有供述动机。这种情况下犯罪嫌疑人是不可能交代犯罪事实的。

犯罪嫌疑人对犯罪事实是否暴露的认识，来源于自己的判断。这种判断依据对外部情况反映的认识和自我心理的客观记忆的认识。这种认识有两个方面：（1）正确的认识，即犯罪事实确实已经暴露，审讯人员已经掌握了确定的犯罪证据；（2）错误的认识，即犯罪事实暴露的心理误区，也就是误认为犯罪事实确实已经暴露，审讯人员已经掌握了确定的犯罪证据。在大量的侦查实践中，审讯人员是在没有掌握犯罪证据的情况下，对犯罪嫌疑人进行的讯问，目的就是从犯罪嫌疑人那里获取犯罪证据。因为侦查活动的特殊性和审讯人员的隐蔽性、技巧性，把犯罪嫌疑人带入了犯罪事实已经暴露的认知误区，逼出犯罪嫌疑人的供述动机。如果审讯人员提供给犯罪嫌疑人的信息是：审讯人员还没有掌握犯罪嫌疑人的犯罪证据，审讯的目的就是要犯罪嫌疑人自己提供自己犯罪的证据，那么犯罪嫌疑人就不可能有供述犯罪事实的动机产生。在很多的时候犯罪嫌疑人对自己的处境的认识是正确的，表现为审讯活动中的积极对抗。但是随着审讯活动的不断地深入，在审讯人员信息的不断影响下，犯罪嫌疑人的认识发生了变化，出现了根本的转变即认知错觉。这就是犯罪嫌疑人在审讯活动的开始进行对抗，经过审讯后才交代犯罪事实的根本原因。

犯罪嫌疑人认知错觉产生的根源：首先，是来源于审讯人员的态势，审讯人员强大的"攻击"态势是犯罪嫌疑人认知错觉产生的直接根源。在犯罪嫌疑人的认知过程中，审讯人员积极地"攻击"态势，说明了审讯人员掌握犯罪证据的程度，有心理基础。相反，如果审讯人员消极地进行审讯或者是没有积极的"攻击"状态，说明审讯人员掌握犯罪证据的程度比较低，没有心理的"攻击"基础。因为对审讯人员来说，对没有犯罪行为的人（因为没有证据）就没有积极"攻击"的必要，这同时也给犯罪嫌疑人提供了认识根据。审讯人员积极地"攻击"就证明有"攻击"的必要，因为有了已知的案件情况，才会有目的性、才有"攻击"的意义。这是犯罪嫌疑人认知错觉产生的根源。其次，审讯人员行为的隐蔽性，是犯罪嫌疑人认知错觉产生的基础。犯罪嫌疑人认知错觉的产生，来源于自我意识与客观信息的有机结合，在犯罪嫌疑人这里，审讯人员行为的表现，就是客观信息，客观信息的重要特点就是司法机关拥有的犯罪事实的"量",对犯罪嫌疑人来说就是犯罪事实暴露的程度。审讯人员行为的隐蔽性,就是控制着拥有的犯罪事实的"量"。犯罪嫌疑人在实施犯罪行为以后,犯罪行为就变成了客观存在,犯罪嫌疑人对犯罪的记忆就成为其"心理存在",只要审讯人员发出的某一点的信息,与犯罪嫌疑人的心理存在相确认,犯罪嫌疑人就会认识到客观的犯罪事实已经暴露,产生了认知错觉,进入心理认识的误区。最后,是犯罪嫌疑人自我意识的知觉经验:一方被否定了,那么另外一方就被肯定了,这种肯定的情形就是犯罪事实,这是犯罪嫌疑人认知错觉产生的内在根源。犯罪嫌疑人记忆中的犯罪情景与外来的情景信息相确认,是产生心理误区的条件。人们的行为特点是不做无用的"功",这是犯罪嫌疑人放弃对抗的本质原因,对利益的追求是犯罪嫌疑人供述认罪的基本特点。

第二节 解脱心理限制的困境

犯罪嫌疑人由于供述矛盾暴露以后,不能自圆其说,被审讯人员推进了死角,心理活动被限制在一定的范围内,主观、客观方面都受到强制,这种强制更重要的是对犯罪嫌疑人意识的强制,当潜意识不能帮助其解围的时候,便会产生强大的心理压力,犯罪嫌疑人为了摆脱这种心理压力,会产生减轻压力的心理需要,因而供述动机由此而生。在人们的心理活动中,心理压力是导致激情状态的重要原因。激情状态是不计后果的单一的心理冲动,这种心理冲动是来源于心理压力的重要的表现特征,通常会出现:"这件事情是我干的!又能怎样!"其目的就是为了缓解心理压力。心理限制的作用是对犯罪嫌疑人的调节控制系统进行限制,控制心理结构的相互联系和相互支持,破坏调节因素,心理的压力在无法解脱的情况下,只有供述交代才能缓解心理压力,因此出现了供述动机。从某种程度上来说是逼出犯罪事实,犯罪嫌疑人在审讯的活动中的对抗特点就是谎言或者否定,谎言容易出现逻辑矛盾,当审讯人员揭露逻辑矛盾,使犯罪嫌疑人不能自圆其说的时候,就会在犯罪嫌疑人的心里产生强大的压力,犯罪嫌疑人为了摆脱这种压力,就会寻找开脱的理由,在短时间内找不到解围的方法的时候,这种压力就会不断强化,导致了认识的发展和变化,出现了供述认罪的动机。只有供述才能解脱心理压力,这是供述动机产生的直接动力。

第三节　趋利避害的交换条件

心理学家们根据人的行为科学的研究，成功总结出了"社会交换理论"，阐明了人的行为是以交换为基础的，交换的特点就是"趋利避害"。"趋利避害"是人们行为的基本属性，人们的一切活动都是以"趋利避害"为原则的，这种"趋利避害"的交换以满足自己的需要为前提，满足于利益的获得，排除危害的存在。当自己的安全受到威胁的时候，这时的自我需要就是自己的安全，那么他就会以自己的行为来换取自己的安全；当自己需要食物来满足生存的需要的时候，那么他的行为就会为摄取食物来进行交换，以满足自己生存的需要；当自己的利益受到侵害的时候，他的行为就会为避免受到侵害来进行交换，当出现的这种侵害是不可避免的时候，那么他的行为就会为减少或者降低侵害来进行交换；当自己的人身自由受到限制的时候，那么他的行为就会为获取自由进行行为交换。由此可见犯罪嫌疑人因为自己实施了犯罪，将要受到法律的惩罚，将要受到人身自由的限制，那么犯罪嫌疑人在接受审讯的时候，就会选择积极的对抗行为，来换取将要受到的惩罚。如果当犯罪嫌疑人选择积极的对抗行为，不能换取避免将要受到的惩罚，甚至更加重了惩罚，那么他就会改变"交换"的行为，寻找可能不受惩罚或者减轻惩罚的行为，前面采取的对抗行为不能满足免除惩罚或者减轻惩罚的需要，就会自然地放弃对抗行为，放弃了对抗行为，留给自己的交换条件就只有顺从，以供述认罪来交换减轻惩罚或者免除惩罚的心理需要。这是许多犯罪嫌疑人通过审讯之后，才交代犯罪事实的原因。

第四节　意识经验的习惯反应

人们有了记忆便有了记忆经验，人们的知识经验来源于行为实践的记忆，有了行为的记忆才有认识经验，没有行为实践就不可能有人的认识经验。人们的记忆经验大量储存在人的潜意识里，一旦外来的信息刺激到了该领域，意识经验就会做出积极的反应。例如犯罪嫌疑人在接受审讯的时候总是不会轻易交代自己的罪行，这就是记忆经验的原因所致。因为犯罪行为是社会的否定行为，是要受到惩罚的行为，自我个体实施了这种社会否定行为，客观事件与主观认识产生了比较强烈的记忆经验，这种记忆经验来源于他人的影响和社会环境的信息传播。一旦与此相关的信息出现的时候，这种特定的记忆经验就会积极迅速再现这种特定的情景，引发出恐惧和本能的自卫反应，即对抗的行为反应。

人的潜意识承担着重要的记忆经验,在受到特定的记忆经验信息刺激的时候,记忆经验的信息内容,会通过潜意识超前准确地予以反映。在审讯活动中,当外来的信息涉及该犯罪情景的时候,犯罪嫌疑人根本不需要再次对自己犯罪的现场进行核实,便会清楚地记得该犯罪现场的情景,这种犯罪的情景便会通过潜意识的活动,表现出对该"现场"的记忆经验和认识经验。这种现象心理学家称之为"超前反馈"现象,心里有了认识经验,无须再次进行核实,潜意识便会直接跨过意识来反馈这一意识经验。在审讯活动中可以利用犯罪嫌疑人意识经验的"超前反馈"现象,达到暴露犯罪的目的。意识经验表现的方面比较多,如有语言的"口误",不希望说出来的话,通过潜意识的意识经验流露了出来,还有对说谎的意识行为的经验反应,说谎话的信息刺激反应比较慢。人的这种意识规律为我们审讯犯罪嫌疑人提供了可靠的利用条件,是审讯人员借助犯罪嫌疑人心理活动规律进行审讯的重要根据。我们在审讯活动中,就是要根据犯罪嫌疑人的生理条件、记忆经验、行为习惯、思维的规律性,进行有效利用,成为有利的审讯条件。因为犯罪嫌疑人的记忆经验是犯罪的"情景""情节""现场""涉案人"等。这种记忆经验在审讯活动中随时都会传递给审讯人员,在审讯的活动中应当注意"接收""培养"、加强利用。

第五节 "人格"道德系数的满足

在客观事实面前承认客观事实的程度,我们将其用"人格"道德系数来衡量比照。"人格"道德系数越高,在客观事实面前承认客观事实的程度就越高。在很多的时候只要把犯罪事实放在犯罪嫌疑人的面前,犯罪嫌疑人就会承认犯罪事实,但是也有的犯罪嫌疑人在客观事实面前不承认犯罪,这就是"人格"道德系数的差异。这种差异需要审讯人员来对其进行调整,调整的目标就是满足在客观事实面前供述认罪的需要。犯罪嫌疑人承认客观事实,实际上是对客观事实的确认的认识过程。客观事实经过心理记忆的确认,表现出确认的行为反应,在审讯活动中就是供述认罪。

在我们审讯活动中所表述的,客观犯罪事实,虽然是客观存在,但是它有两个特点,一个特点是:已经暴露了客观存在,表现出审讯人员已经掌握客观的犯罪证据,拿给犯罪嫌疑人他就可能供述认罪。因为这是客观的犯罪事实,能够有效证明犯罪嫌疑人的犯罪行为。另一个特点是:没有暴露的犯罪事实,审讯人员没有掌握犯罪嫌疑人的犯罪证据的犯罪事实。这种犯罪事实是被假设的存在,是审讯人员在审讯的空间设立的模拟的客观犯罪事实。用这种模拟的客观事实让犯罪嫌疑人进行心理事实（犯罪的记忆）的确认，当犯罪嫌疑人完成了这一确认的过程，进行确认的行为反应的时候，犯罪嫌疑人供述认罪的目标也就达到了。

审讯活动是各方面心理有机配合的产物。首先，要调整犯罪嫌疑人的"人格"道德系数，使之满足在客观事实面前供述认罪的需要；其次，要模拟的客观事实让犯罪嫌疑人进行心理事实（犯罪的记忆）的确认，达到供述认罪的目的。

第六节 "需要"的基本属性

需要是有机体缺乏某种东西时的一种主观缺失状态，常以一种不满足感或对某种对象的必要感被体验着，是客观需求在人脑中的反映。它是个体积极性的源泉，一经产生，就会引起有机体的内部紧张状态，以此推动人去积极行动。当其具有明确的指向目标，并具备达到目标的条件时，就转化为动机，并导致活动的行为。人的需要包括生理的和心理的，人们时刻都在为这些需要而行动。人们为了满足于需要就会实施需要的行为，有的犯罪，也有的实施自己不愿意实施的行为。例如审讯活动中的刑讯逼供，被审讯的人并不想交代自己所谓的"犯罪事实"，或者不愿意交代自己真正的犯罪事实，但是在大刑的"伺候"下，自己为了免受皮肉之苦，满足生理上的需要，就只得勉为其难交代自己的犯罪事实。生理上的需要是如此，心理上的需要也是如此。犯罪嫌疑人对抗审讯，拒不交代自己的犯罪事实，是因为自己安全的需要，自己幸福生活的需要，因为这些需要的作用，才导致了对抗行为的产生。可是当另外的一种需要超过了犯罪嫌疑人因为对抗所依赖的需要的时候，犯罪嫌疑人就会放弃这种对抗，去满足另外的更大的需要，以放弃自己认为小的需要来获取大的需要。在审讯活动中这一行为的最终表现，就是供述认罪。例如有一起女性受贿犯罪的案件，犯罪嫌疑人拒不交代自己巨额财产的来源。当审讯人员问：你家里有这么多的钱，不是你受贿的，就是你儿子受贿的，你交代不出来源，可能不是你收的……犯罪嫌疑人听到这话的时候，为了不使儿子受到牵连，只得实话实说：这些钱与我儿子无任何关系，都是我受贿来的，我交代具体的钱的来源。因为保护儿子的需要，超过了保护自己的需要，所以她才选择放弃对抗，交代自己受贿的犯罪事实。

第八章 犯罪嫌疑人谎言抗审的把握与讯问方法的运用

第一节 谎言抗审的行为表现

在侦查活动中犯罪嫌疑人总是用谎言来对抗审讯，掩盖自己的犯罪事实，这是犯罪嫌疑人抗审行为的基本特征。心理学家认为：人们的行为规则，是通过"社会的交换理论"表现出来的。"社会的交换理论"阐述了人们的行为规则，就是趋利避害。利益关系是人们的行为关系，无论是社会的自然人还是犯罪后的犯罪嫌疑人，都会遵循着趋利避害的行为规则。犯罪嫌疑人在实施了犯罪行为之后，为了逃避法律的惩罚，总会千方百计地实施掩盖行为，其特征反映出了人的趋利避害的本能。一个人一生中很难不说谎，为了利益关系人们有时需要说谎，谎言和趋利避害的行为是一对孪生兄弟，趋利避害的行为离不开谎言，这也是人在犯罪后的行为特征，犯罪嫌疑人在接受讯问的时候总是用谎言来掩盖自己的犯罪事实，这已经成为犯罪嫌疑人对抗审讯的行为规律。

谎言显然能够给犯罪嫌疑人带来利益，犯罪嫌疑人的对抗行为，正是模仿着这种谎言的规律而产生的，审讯中的对抗是谎言与揭露谎言的对抗，是犯罪嫌疑人掩盖犯罪事实的谎言与审讯人员揭露犯罪事实的对抗。在审讯室里如果犯罪嫌疑人都能够实话实说，那么审讯室内的对抗行为也就消失了。因此审讯人员的讯问目的就是要改变犯罪嫌疑人的谎言，使其说真话。

犯罪嫌疑人在抗审过程中的基本行为表现是谎言，谎言的基本特征是语用行为的矛盾表现，谎言的暴露表现就是矛盾的语用行为的存在。由于说谎而引起内心的焦虑，焦虑是一种不明确的忧虑的不安状态，通常不与特定的起因相联系，在焦虑状态下，矛盾的不平衡的心理状态在短时间内不能被修复，由此自我心理限制的压力就会增加，犯罪嫌疑人会因承受不住这种不平衡的心理焦虑的压力，继而产生释放的动机，选择如实供述。心理焦虑压力是犯罪嫌疑人供认的部分原因。虽然犯罪嫌疑人希望逃避真实供述的后果，但他并不希望以增加与欺骗相连的内心焦虑为代价换取这样的结果。焦虑的力量是供认的动机。审讯活动中由于犯罪嫌疑人供述矛盾的出现，其心理语用行为得不到发展，矛盾的语言不能自圆其说，心理焦虑急剧激化，导致了心理的不协调状态的出现。由于生理现象的协调本能，他会积极寻找能够平衡心理行为的条件，联想是重要的帮手，但是联想不是在任何时候都能够起作用的，一旦联想找不到平衡的理由和条件，其心理活动就会被强制在不协调的情景范围内，达到一定的程度，当联想的潜意识不能帮助其解脱困境的时候，便会产生强大的心理压力，犯罪嫌疑人为了摆脱这种心理压力，会产生减轻压力的心理需要的动机，实话实说便能够释放这种因为谎言造成的内在压力，供述动机便由此而生。

犯罪嫌疑人运用谎言抗审的基本方法有三个方面的选择，即直接否定、嫁祸他人、沉默否定。这三大选择涵盖犯罪嫌疑人对抗的基本行为特征。直接否定即直接否定自己实施了犯罪行为；嫁祸他人即自己实施了犯罪行为而谎称是别人干的；沉默否定即运用沉默的方法，面对客观存在的犯罪事实进行否定。这种谎言抗审的行为，来源于犯罪嫌疑人的"情景选择"。关于"情景选择"，本书在"审讯人员如何使用自己的耳朵"一节中已作了详细论述，此处不再赘述。

第二节 谎言的识别

犯罪嫌疑人隐瞒犯罪事实的抗审方法就是"谎言"，用"谎言"来掩盖犯罪事实是犯罪嫌疑人对抗审讯的基本行为，由此审讯中识别犯罪嫌疑人的谎言已经成为审讯活动的重要内容和任务，确定犯罪嫌疑人是否实施了犯罪行为，首先就要识别审讯对象供述语言的真实性与否，例如贪污、贿赂犯罪，即一方说钱给了对方，对方称没有收到钱。那么到底钱是否给了对方？由此而引出了谁在说谎。只有确定了谁说谎才能确定谁是真正的犯罪嫌疑人，以此确定审讯的主攻方向，找出真正的犯罪人。再有犯罪嫌疑人实施了犯罪行为，在接收审讯的过程中总是用谎言否定自己的犯罪行为，为了确定被审讯人是否有犯罪行为，就必须要识别其是否在说谎，找出事实真相。

审讯活动中识别谎言是一件极其困难的事，国内外的一些学者试图通过身体的某一部分，来进行谎言的识别，这种单凭身体或面部某一部分来确定是否存在谎言，具有很大的局限性和风险性。比如眼睛、鼻子、嘴巴、手的表情或动作来判断是否说谎，这种"典型说谎行为"是根据不同人的特点，不同的环境和不同的心理状态发生变化的，这种变化和特征告诉我们，在说谎者与非说谎者之间的差别往往很细微，目前也没有发现所谓的"典型说谎行为"，更重要的是非说谎者也会产生"奥赛罗错误"的心理变化。奥赛罗是莎翁作品中的人物，他的情人Desdemona因为被诬有不贞行为，由于她没有办法证明自己清白而出现情绪波动，这种情绪波动的表现又正好和被言中的人表现一致，于是被看作是真有不贞行为。关于谎言的典型行为的结论，不是一概而论一成不变的，有些研究谎言的专家们试图通过说谎人的面部表情，找出说谎人的典型行为表现特征，很多人都把飘忽离散的眼神理解成典型的说谎标记，这种判定就会出现误差，因为飘忽离散的眼神很多的时候与人的心理活动有很大的关系，例如当你讯问犯罪嫌疑人是否在说谎的时候，而犯罪嫌疑人此时忽然联想到别的情景，那么他的行为表现就会出现另外的反映，与说谎与否的主题根本就不相干。所以我们说典型的说谎行为应当要考虑与眼神相关联的其他心理行为特征。再如，如果某人在思考疑难问题时眼睛走神，这是人的心理认识过程的特征反映，并不意味着就是撒谎。这种单一的面部表情说，可能会导致对谎言判定的误差。因为人脸的43块肌肉可以组合出1万多种表情，其中喜怒哀乐的情绪表现就有数千种。因此准确的找出谎言的典型的行为表现特征，是非常困难的。同时犯罪嫌疑人在抗审中的谎言行为，本身就是一种积极的掩盖行为，因此更为注意自己说谎时的行为表现，他也会像掩盖犯罪事实一样的掩盖自己的谎言行为。因此我们在识别谎言时应该对犯罪嫌疑人的谎言进行全面的分析、比对，不能单凭身体或面部某一部分，比如眼睛、鼻子、嘴巴、手的表情或动作来判断是否撒谎。

在审讯实践中，首先，审讯人员面对的是不同的犯罪嫌疑人，同样的犯罪行为，发生在不同人的身上行为表现就会不同。在这个人身上时会被视为诚实的表现，但在另一个人身上时，就会得到另外的一种表现。这种现象不会告诉你哪个是真哪个是假。解决的办法就是要对比，找出个体的特征反映。其次，谎言的典型行为反应是细微的动作反应。这种细微的动作瞬间即逝，很难被发现捕捉，尤其是犯罪嫌疑人对谎言特别敏感，为了防止谎言行为的外露，当觉察到细微的脸部表情可能暴露谎言的时候，就会作出积极的防备。再次，传统的识别谎言的方法大多是通过听声音的变化和观察眼神的接触频率来判定谎言。但是人的声音的变化和眼神最容易受人的思维控制，尤其当对方在对抗心理极强的情况下，眼神接触就会减少许多，想通过眼神来检测谎言就很困难。复次，就是靠直觉来感知谎言。在很多时候我们凭借感知能够猜测出谎言，也有的时候我们还会在无意识的情况下推理出谎言，在犯罪嫌疑人谎言情境出现的瞬间，在无意识的情况下感知到的谎言情境，比有意识有目的的效果更好。所有在通常都是有意识有目的的感知谎言的情况下，并不能放弃对在无意识的情况下感知到的谎言情境的回忆捕捉。最后，谎言对人的心理会产生焦虑和压力，因此说谎对人来说并非是一件容易的事情，他对人的心理素质要求非常高，因为说谎者需要面对心理焦虑的压力，不同的人承受压力的能力不同，在说谎时受到巨大沉重的压力打击时，如果说谎人没有足够的承受能力，谎言的典型行为便表现了出来，谎言很容易就会被识破。由此我们说识别谎言是一套讲求细致灵活的工作，要求尖锐的判断力和观察力。

　　谎言是伴随着人的基本情绪而产生的，人类有七种基本情绪，分别是悲伤、恐惧、高兴、愤怒、厌恶、吃惊和蔑视。犯罪嫌疑人在接受审讯的时候，就会导致这些基本情绪的产生，实践表明这些伴随谎言出现的欺骗行为，也会通过人的表情、声音、说话的方式和肢体行为暴露出来。

　　首先，对被讯问人的面部表情进行观察。面部表现情绪的方式是生物进化的结果，当情绪发生时，生理上所发生的某些变化是自然而然地反映出来的，而且来得极快，人无法加以控制，只能被动地加以感受，所以，随着情绪而来的表情是难以通过自制力加以隐瞒的，旁观者可以明显地看出来。例如在产生恐惧时眉毛会不自觉地抬起，而在伪装愤怒时必须将眉毛往下压。当人在悲伤、忧愁、焦虑产生负罪感的时候，最引人注意的活动部位是额头；当人在害怕、着急、担忧之时，眉毛会奇特地扬起；伤心时嘴角下撇，欢快时嘴角提升，委屈时嘴巴微撇，惊讶时嘴巴张开；情绪激动时，瞳孔会扩大，这些都是说谎者无法控制的。人的面部表情变化是难以人为控制或掩饰的。当我们对犯罪嫌疑人进行信息刺激时，其中枢神经系统便会直接指挥面部表情发生变化。讯问人员通常而言可使用"假定"的信息来作为刺激语。这种"假定"的信息刺激语，就是直截了当地假定某件事情的存在来进行刺激验证。当这种刺激语向对方施放以后，在对方没有任何心理准备的情况下，如果对方与犯罪有关，在接受信息刺激以后面颊的颜色最明显的是变红或变白，而这种表情的停顿时间也比较长，反之，正常、自然的表情停顿时间不会拖得那么长，如果对方与犯罪事实无关，在接收信息刺激以后，便会出现较大的反差，表现为惊讶的表情。而这种表情起始得快，消失得也快。

　　人们对谎言的研究发现根据面部表情反应能够判断出谎言，当外来信息反应刺激出谎言的时候，面部表情两边不对称，两边脸的动作相同，但其中一边的动作强过另一边。科学家们发现，右脑似乎专司情绪处理，因此推想有一边脸可能更为情绪化。由于右脑控制左脸的许多肌肉，而左脑控制右脸，所以一些科学家认为，情绪在左脸上表现得应该比较强烈。我们在实际生活中不难发现，说谎人扭曲的表情能够很快被感知，就是因为说谎人的一边脸的动作比另一边来得大，显示情感可能并不是真实的，即不对称可以视为一种说谎线索。审讯活动中犯罪嫌疑人与审讯人员不仅仅是语言的交流，更重要的是眼神交流，这种交流的时间长短能够反应出交流人之间的心理活动情况。当人们对交流的内容感兴趣的时候，交流的时间与眼神对接时间就长，相反就短，眼神与说话的时间有一个平均值，正常情况下平均值为60%，眼神交流的平均值低于60%多半是对交流的内容不感兴趣。犯罪嫌疑人在用谎言抗审的时候，当谎言说出的瞬间，眼神会迅速的避开审讯人员，避开与对方的眼神交流，表明不愿被你看穿自己的心理活动，不敢正视你，心虚。可是在很多的时候当谎言的瞬间反应过后，犯罪嫌疑人的眼神又回到了与审讯人员的眼神交流状态，这个过程反应是犯罪嫌疑人需要观察审讯人员是否觉察到自己在说谎所作出的视线转移特征。谎言的面部表情是很复杂的，这是心理活动反应的特征：人在笑的时候有真笑和假笑，识别真假重要的不是笑的次数多少，而是笑的质量。假笑是皮笑肉不笑，而发自内心喜悦的笑不仅需要嘴唇的运动，而且需要眼睛周围肌肉的配合，假笑时眼角是没有皱纹的。假笑的目的是掩盖恐惧、愤怒、悲伤或厌恶情绪，在审讯活动中这种情况也会出现在犯罪嫌疑人身上。当审讯人员提供的信息对犯罪嫌疑人产生刺激的时候，为了掩盖某些情绪而出现的假笑，审讯人员应当及时地做出判断，确定犯罪嫌疑人的真实情绪。另外还有假笑的笑容是不对称的，发自内心的微笑应该是均匀的，也就是说，脸部两边应该是对称的，并且在鼻子、嘴角和眼睛周围都会产生笑纹，而且真正的笑来得快，但消失得慢。伪装的笑容会有些轻微的不均匀，眼部的肌肉没有被充分调动，因而不会产生笑纹，假笑来得相对也会较慢；人的情感表现是以面部为重要表现基础的，眉毛的变化可以告诉我们的喜怒哀乐，眉毛上挑并挤在一起表示恐惧，明知故问的时候眉毛会微微上扬，眉毛上扬、下颚张开表示惊讶；在对外来信息表现为惊讶的时候，真正的吃惊表情转瞬即逝，超过一秒钟便是假装的，而假的惊讶表情会停留很长时间，很多的时候当审讯人员直接涉及谎言的主题的时候，犯罪嫌疑人会通过惊讶的表情表现出来，但是这种惊讶大多是假装出来的；当人陷入悲伤的时候，额头、眼角都应该有纹路产生，而假悲伤却没有，这可以帮助讯问人员判断犯罪嫌疑人是真的悲伤还是假的悲伤；眼睛在很多时候会表现出不同的生理反应，害怕、愤怒都会使人的瞳孔放大，由于注意力太集中，他们的眼球开始变得干涩，这会让他们频繁地眨眼。另外可以在识别谎言的时候一直盯着说谎者的眼睛，看他眼球的运动方向。通常，当一个人编造谎言时，眼球会向右上方转动。当他们真的在回忆某事时，眼球则会向左上方转动。有的犯罪嫌疑人视线闪烁不定，左顾右盼，有的眼睛不住地向下看，寻找内心的稳定，以降低紧张程度，减轻心理压力。这种"眼动"是一种反射动作，是假装不来的。真实的情感是通过面部表情对称的表现出来的，当面部表情两边不对称的时候，极有可能他们的表情是装出来的，是假情感；说话时嘴部的动作是为了表达的需要而表现出来，多余的嘴部动作便是内部心理活动的表现，如抿嘴表示对自己的话没有信心。犯罪嫌疑人在说谎的时候，会产生心理焦虑，这种焦虑会引发面部器官的特殊反应，有人说谎会脸红，这是因为多余的血液流到面部。鼻子其实也一样，因为鼻子里有海绵组织，当一个人说谎时，鼻子会因为海绵组织充血膨胀出现瘙痒，此时说谎者就会下意识地摸鼻子，这是谎言的生理反应。在审讯的实践中我们不难发现，当审讯人员针对犯罪嫌疑人的某个行为进行质问的时候，如果犯罪嫌疑人对你的质问显露出不屑一顾的神情时，说明你的问题触到了对方的痛处，没有引起对方的积极反应。此外，谎言是一种虚假的行为，这种虚假的行为表情能够通过表情停留的时间长短来予以判断。涉及面部表情的持续时间，以及出现的快慢和消退快慢，这种时间因素都能提供说谎线索。一般来说，长时段的表情——有的长达十秒左右或更长，通常约五秒，差不多都是假的。真正发自内心的表情也只是瞬间的几秒钟，除非情绪达到了极点，如欣喜若狂、怒气冲天或悲哀至极等，此时真正的情绪表情在脸上顶多停留几秒钟。即使在极端的情况下，面部表情也很少能持续那么久，如果这种表情持续的时间过长就是假装出来的虚假表情。另外表情与动作的配合有一定的顺序，虚假的表情与动作的配合会出现顺序的不协调。假设有人在心里不愉快，说了一句"你真是非常讨厌"，生气的表情若是在话讲过后才出现，大可断定表情是装出来的。但若在讲话同时，甚至话还没讲之前，表情已经出现了，那么表情与语用行为是统一的。面部表情与肢体动作之间的相对顺序，回旋的余地更小，如当人在非常愤怒的情况下，表现出重重捶打桌子和愤怒的肢体行为，如果愤怒的表情是在捶打桌子之后才出现，同样可以断定是装出来的。事实上，任何与肢体动作不同步的面部表情都很可能是说谎线索。

其次，从对被讯问人所表现出来的声音和说话方式进行观察。在生活常态的情况下声音和说话方式表现为语速较快声音响亮，而在说谎时却表现为说话缓慢轻柔。在正常情况下人的说话声调是平稳的，而回答问题时声调忽然升高都是说谎的表现。正常的语言交流很少需要词语重复的，说谎时就表现出语词重复的情况。例如："你拿了她的钱吗？""不，我没有拿她的钱。"对问题的生硬重复是典型的说谎表现。在侦查讯问中犯罪嫌疑人已经准备好了谎言，于是当审讯人员问其关键的犯罪行为情况，犯罪嫌疑人能够很迅速地予以回答，谎言会脱口而出，在谎言突然说出时，很多人以为撒谎要花更多时间来反应，但如果谎言已提前准备好，就会迫不及待说出来。从语言反应的时间上来看，回答与提问之间的时间差被称为反应潜伏期，反应潜伏期越长，说明回答者对真相有所隐瞒。

更为重要的是犯罪嫌疑人在说谎时，由于受到内心焦虑的干扰，在谎言的输出过程中，内部焦虑会破坏正常的语言表述的声音和说话的方式，犯罪嫌疑人在正常的表述过程中，对那些关键性的问题所作出的声音和说话方式的反应表现出超正常的状态，这是对关键问题所涉及的情景有所隐瞒的表现，需要讯问人员的耳朵来识别。犯罪嫌疑人说谎的声音和说话的方式，在于讯问人员要用"耳朵"仔细的听来辨别。

最后，是对被讯问人的肢体行为表现进行观察。在审讯室这样的特殊空间里，讯问人员能够直接观察到犯罪嫌疑人说谎时所表现出来的手势与姿势。手势是指用手和手臂表示出的各种动作姿势，姿势指以躯干为主体的身体的各部位做出的各种姿势以及呈现出的不同状态。手势和姿势根据内心活动的体验，能够表现出自我体验的行为特征。犯罪嫌疑人在回答一般问题的时候手势动作表现的比较多，但随着讯问的深入，当涉及案件的核心问题时，犯罪嫌疑人的手部动作减少了，那么犯罪嫌疑人就可能已经在说谎了，因为当犯罪嫌疑人把注意力集中在自己回答问题的内容上时，身体动作变得不再是自发而是刻意做出的时候，这些身体动作就会明显减少。

手部的动作是根据人体的不同反应而发生动作的，人体的哪个部位瘙痒了手便会自然伸向哪个部位。有科学家发现，人在撒谎的时候身体会产生一种叫茶酚胺的物质，这种物质会使鼻腔内软组织引起鼻子痒的感觉，于是人会不自主地摸鼻子。有的犯罪嫌疑人为了掩盖这种动作，在谎言说完的时候会用手在鼻子下沿部位很快地摩擦几下，又或者是非常轻微地触碰一下，这个细微的动作通常都表明了这个人在对自己的谎话进行掩饰。无论犯罪嫌疑人采取什么样的谎言表达方式，最终还是担心被审讯人员识别出来，因此犯罪嫌疑人在说谎的时候会下意识地用手遮掩嘴巴部位，这表明说谎者想要抑制自己说出谎话。遮掩的方式也有多种，有的人会假借咳嗽来遮掩，有的人则会用拳头或者是手指来遮掩嘴巴，但是意图都是一样的。犯罪嫌疑人在说谎时因为内心的矛盾体验，还会用手指去抓挠自己耳垂下方脖子的那块区域，做出了这个挠脖子的动作，尤其是当说话的内容和手势不一致的时候，这种矛盾的感觉会很明显。说谎时除了鼻子会痒之外，脖子部位的神经也会产生刺痒的感觉，于是在说谎的时候便会去挠抓，来消除这种感觉。这也就是为什么说谎的人会挠脖子。同时他们在担心自己说的谎言会不会被识破的时候，也喜欢经常地拉拽自己的衣领。说谎需要绞尽脑汁编造事实，心理的不协调状态也会表现出手指指向一边，眼睛却朝另一边看，出现肢体完全跟不上的矛盾状态。犯罪嫌疑人在说谎时，为了避免直接注视到审讯人员的脸部，会稍微用力的揉眼睛，拉拉耳垂、揉揉耳背或将整只耳朵压向前以掩住耳孔，这是一种掩饰动作。犯罪嫌疑人在接受讯问时空间状态是坐在椅子上的，通常在心理平衡的状态下双手是放在大腿部的，当他在说谎的瞬间手会紧握椅子扶手，这种动作表明他对自己的表述是不认可的，不是客观事实。

说谎的脚部行为变化。犯罪嫌疑人处于心理平静的状态时，其脚部和腿部是处于伸展的放松状态，当谎言出现以后，其脚部和腿部会出现收蜷状态。在审讯犯罪嫌疑人的时候，讯问人员很少注意对方的脚部动作，脚部的动作变化也能够"说出"很多内容，通过观察对方移动脚的方式，可以一窥此人的内心世界。当对方说谎出现焦虑感觉的时候，会增加脚步移动来表达这种情绪。而女性则相反，如果她们感觉紧张，就会保持双脚不动。观察双脚，还能判断一个人是否在撒谎。如果一个人的双脚完全静止，安分得有点过分，那他正在说谎。不少人认为，一个人说谎时会因为紧张而增加动作，但事实上，说谎者往往发出完全错误的信号。每个人都关注眼睛和脸部，但人们善于控制（那些部位的）动作，因此，是否说谎的可靠迹象是脚部动作，根据我们自己的内心体验，如果我们说谎，我们确实会压抑自己正在做的动作，包括脚部动作。脚部的行为特征在很大程度上表露出说话人的性格特征、对谈话对象的看法、情绪和心理状态。脚部行为能够表现出真实情感，其原因可能是因为它们是反馈最少的身体部位，我们判断别人说话时的情绪，大部分是依据面部表情来判断的，对方是真笑还是假笑，被掩饰的眼神能够让我们感知对方情感，就是自己在说谎时有时也会注意到自己的手的特殊表现。但是我们很少注意到我们脚的特殊变化，除非你是在刻意的观察，尽管你是要刻意的观察，也很难感知到自己的脚会发生什么样的变化。

第三节 谎言的捕捉

审讯实践可以清楚地证明，犯罪嫌疑人说真话与说假话时的面部情绪状态是不同的。人在说谎话时常常会发生一系列生理上的变化，如呼吸与心跳节律加快、血压上升、消化液分泌减少、汗液分泌增加等。传说在我国古代官府为判别某个嫌疑犯是否说谎，就要他嚼一把米粉。如果吐出的米粉仍是干的，则说明他说的是谎话。因为，当他说真话时，他的情绪稳定，唾液分泌正常，嚼过的米粉就会是湿的或成团状的。而当他说谎话时，他的情绪一定紧张，唾液分泌因此受到抑制，所以嚼过的米粉仍是干的。同时还表现出说谎人的嘴唇是干燥的，不时地用舌舔嘴唇，嘴唇上下接触的频率也不断地增加，谎言大多能够从反常的行为中表现出来。

20世纪世界上就有很多国家为了解决谎言的问题，研究出了很多测谎办法，最有代表性的就是"测谎仪",即心理测试仪的问世,它象征着犯罪心理测试技术的发展。这种犯罪心理测试技术主要是用于犯罪调查和辅助侦讯,是运用现代心理学和实验技术成果以及神经生理学、生理电子学等学科研究成果,同时、同步记录人的多项心理生物反应指标,进而评判心理痕迹对应相关的技术。多年来人们把这项技术称之为测谎技术,将这种技术的测试仪称为测谎仪。它是通过对人的皮电、血压、呼吸、肌肉等指标的变异,把作案人、知情人或无辜人准确地分离开来。从犯罪心理测试的原理来分析,并非测试被测人是否在说谎,而是测评被测人有无违法犯罪事实的特殊事件的记忆痕迹。心理科学为此提供了依据:人的大脑对外界刺激都会留下一定的印迹,其主要表现为心理痕迹的记忆,实际上也是外界刺激的记录和储存,这种记忆从时间的层次来看,有瞬间的、短时的和长时的;从记忆的来源来看又可分为视觉的、听觉的、嗅觉的、感觉的、动作的等,其深刻程度取决于对个体生活刺激的强度。

对于作案人或知情人来说,因为犯罪是一种反社会行为,是被明令禁止的行为,在人们的脑海里会留下深深的不可磨灭的印迹。因为在犯罪以后,在受到外部信息刺激时,总会再现犯罪时的情景和某些行为的细节,出于畏罪的心理,作案人对于案件事实极端敏感,会极力回避"当时的犯罪情景"。一旦犯罪心理测试技术设计的相关问题被提起,作案人或知情人对作案事实的记忆痕迹立即就会在大脑的记忆区域恢复起来。复现并唤起被测试人相关的情绪记忆、动作记忆、视觉记忆等,这种大脑记忆区的复活兴奋性变化,必然会引发邻近的情绪中枢的心理生物反应,一般难以受别人的意识调控。因此,被测试人皮电、血压、呼吸、肌肉等指标的变异,人的情绪中枢心理生物反应,即便是保持沉默,始终不回答问题,但在相同的语言测试题下,作案人或知情人心理生物指标的差异反应,比起无辜者会非常显著地表现出来,被实时同步地显现在电脑的屏幕上。目前我们国家的公安部门使用的测试方法为"准绳问题测试法""区域比较测试法""知情、参与测试法""犯罪情景测试法""气象信息测试法"等。人在受到刺激的情绪反应下可以引起心率、血压、血容量、皮肤电位、肌电、脑电波和呼吸、体温、唾液、瞳孔、胃蠕动的变化。犯罪嫌疑人在作案的时候,心理处于异常紧张的状态,对一些细节问题都会留下深刻的印象。在审讯时,实际上是把犯罪人的记忆带入犯罪的特定情景中去,相应便会引起一系列的心理活动,受到刺激后的中枢神经系统的控制中心丘脑,又发出信息到自主神经系统,使机体做好应付心理和生理的刺激,导致适应性防御机制的变化。植物性神经系统所控制的人们机体、活动不是随意的,欲掩饰恐惧情绪的心理活动会在能记录放大生理信号的多道生理记录仪——测谎仪上显示出来,而且有时还能通过人的外部形体反映出来。在没有条件使用测谎仪的情况下（目前检察机关还没有普遍使用），我们可以通过观察法来辨别犯罪嫌疑人是否在说谎，并通过这一手段来确认谁是真正的犯罪人，让真正的犯罪人如实地供述自己的犯罪事实。

测谎设备所显现出来的生理的指标变化，依赖于能够引起犯罪行为人心理和生理变化的"信息刺激语"。什么语言才是"信息刺激语"？首先，这种刺激语能使犯罪嫌疑人产生心理和生理等反常的变化。经过多年的实践证明，将"仅罪犯才知道的问题"作为信息刺激语，才能使真正的罪犯产生反常的生理和心理变化。例如某人是贪污犯罪的嫌疑人，将公款侵吞之后，谎称这笔钱给了某业务单位负责人了。测试谎言时，只要让犯罪嫌疑人将如何把钱送给别人的细节描述出来，犯罪嫌疑人必然要用谎言来编造送钱的一系列细节。因为犯罪嫌疑人根本就没有把钱送给别人，而是自己贪污了，因而让其交代送钱的细节，那只能用编造的谎言来陈述所谓的送钱细节，而这一"细节"时常又是促使犯罪嫌疑人交罪的突破口，因而这种"细节"越客观、全面，越能暴露谎言的特征。

在审讯实践中，讯问人员常常采取编制细节、捕捉供述矛盾来捉谎。犯罪嫌疑人在用谎言编造某些情节的时候，最担心的是涉及情景的细节，正如"一根链条的强度取决于它最弱的那一环"。细节即是谎言链条上强度最弱的一环，于设谎者来说，是最容易对付的地方，而于说谎者来说，恰好就是可以利用的地方。要使对方暴露谎言，盯住其细节不放，是最好的捉谎方法。抓细节的同时利用细节再设置谎言，引发犯罪嫌疑人继续说谎，来扩大谎言的范围，达到充分暴露谎言的目的。

贪污、贿赂犯罪的谎言经常表现为：自己将公款贪污了，而谎称公款已行贿给了别人。审讯时只要让犯罪嫌疑人反复叙述送钱时的细节经过，并且另外再设置虚假的情节混入细节中去，犯罪嫌疑人必然要用谎言来编造送钱的一系列细节，并且把审讯人员为其设置的虚假情节也编造了进去。例如，某单位财务人员将公款私存，将所得利息自己贪污了，案发后，他谎称该款已作为某项工程的预付款，给了某施工单位的领导，而该施工单位的领导根本就没有收到这笔钱。在讯问时审讯人员从送款的细节入手，问："送款的时间、地点、方法、票面？"答："2010年5月1日放假，直接送到对方的家里，票面是100元一张，用报纸包着送去的。"问："2010年5月1日正是'五一'劳动节，正好是该领导家的儿子结婚，你是怎么送的（设置假情节）？"答："那天他家里人很多，都是来贺喜的，我是把他叫出来单独给他的。"其实5月1日那天根本就没有儿子结婚的事，这一假情节的设置使得这位说谎者的谎言暴露得淋漓尽致。

第四节 谎言的对策

一、揭谎的逻辑环节

审讯人员通过寻找犯罪嫌疑人的供述矛盾，达到揭露谎言，满足犯罪嫌疑人自我心理强制的形成，产生供述动机以达到使犯罪嫌疑人交代供述的目的。这种揭露矛盾的方法，不仅在国内被普遍使用，在国外尤其是在美国的司法部门，在审讯的方法上还仍然采用逻辑的途径进行审讯，矛盾的揭露在审讯中有着重要的作用。利用逻辑推理找出矛盾予以揭露，其目的是促进犯罪嫌疑人自我心理强制的形成达到供述的目的。审讯中从矛盾的来源来看，应该将矛盾分成两大类，一类是与犯罪嫌疑人有直接联系的矛盾；另一类是审讯人员为其设定的矛盾。在刑事案件中犯罪行为人都是为了达到某种目的，满足某一需要，伸出了犯罪的手。首先是由于道德品质上的自私、贪婪、忌妒、多疑，在相互关系上的地位不同、利益不同、作用不同决定了犯罪主体之间的矛盾结果。其次就是犯罪嫌疑人主观方面的心理矛盾，犯罪嫌疑人在接受正面审讯时，处于被指控的地位，由于法律规定使得审讯人与犯罪嫌疑人形成了特殊的语言对立关系，心理受到的影响极大，由于心理行为作用的结果，使其自发地与犯罪事实联系到一起，当审讯涉及犯罪事实的时候，便产生了两种对立的矛盾心理状态，即拒供还是供述，两种意念的此起彼伏，反映出反复动摇的矛盾心理。最后是犯罪嫌疑人的主观心理状态与客观存在的矛盾。犯罪嫌疑人实施了犯罪行为以后，犯罪时的情景总是不断在大脑的思维中迂回，被记忆的行为过程自发地储存了起来，形成心理事实。由于案发后的畏罪心理的行为结果，反映在审讯中犯罪嫌疑人大多采用谎言、假话来抗审，这些假话、谎言与客观事实的存在，必然会产生矛盾，供词与供词之间的矛盾；情节发展的内在联系的矛盾；证据之间的矛盾；行为人与某行为情节的矛盾等。另一类是审讯人员为了促进犯罪嫌疑人供述而设置的矛盾，并且将其假设在某一犯罪情节中，让犯罪嫌疑人继续深化、发展这一矛盾，达到证实谎言暴露谎言的目的。犯罪嫌疑人在供述自己的犯罪事实时，总会涉及行为的前因后果，而在前因后果发生矛盾的时候，必然在因果关系的环节中表现出来，为了通过对供述矛盾的揭露，满足犯罪嫌疑人自我心理强制的条件，提取犯罪嫌疑人在供述中的矛盾的环节，组成完整的揭露矛盾的联合体系，我们将那些能够证明供述矛盾存在的环节称为"逻辑环节"。

运用"逻辑环节"一般开始不涉及案件主题，而是寻找与主题相关的细节，根据逻辑推理，在犯罪嫌疑人谎言的语用行为过程中寻找逻辑矛盾。这里的语用行为就是语言的运用行为。一些有经验的审讯人员在审讯语言的习惯上，大多采取迂回的语用行为方法，来寻找案件陈述中的逻辑矛盾。语用行为表现是：首先从涉及讯问主题的外围步步深入，以情节找主干，从小到大，从案件发展的每个情节到细节，有间歇性地让犯罪嫌疑人重复、追问，从案件情节的不同角度、不同顺序进行深化细追，在整个情节中把关键性的细节抽出来，混杂在次要的问题中让其陈述，然后进行推理、比较来发现语用行为中的逻辑矛盾。犯罪嫌疑人在谎供中的矛盾就是通过某一供述环节反映出来的，表现为违反了客观存在的规律性。例如，某副市长忽然违反国家对走私汽车入户的管理规定，批条指示该市车管所给予走私车入户上牌，如果不是"有利可图"，这位副市长能愿意干这种既承担责任又违法的蠢事吗？审讯中为了证明"有利可图"的目的，首先必须证明矛盾的存在。矛盾的出现必然会引出矛盾的情节，而这一情节又隐蔽在事件发展的环节中，通过提取这些隐蔽的情节，来达到证明矛盾的目的。也就是说能够提取足以证明矛盾存在的环节，进行逻辑分析、推理来证明矛盾、揭露矛盾，这就是逻辑环节。

运用逻辑的方法设置逻辑环节的语用行为，应当选择有理、有据、有礼、有节的客观存在的事件和环节，能够直接推出存在的矛盾。例如，某银行的行长，违反信贷管理规定，对贷款的企业不考核，不按银行信贷规则遵循贷款要"贷前三查，贷后监督"的程序，由信贷员对贷款的单位或个人进行贷信调查，然后将结果上报信贷部门领导，最后一道程序才是由行长签字批贷。这位行长不是不明白，而是很清楚这里有"利"可图。他一次性贷款200万元给一个仅有10万元固定资产的某公司。此案讯问时提取逻辑环节应先从违反信贷规定，明知故犯环节中提取。这里的语用行为表述：

问：你们的银行贷款有哪些规定？
答：贷前三查，贷后监督。
问：贷款需要有一定的资产担保吗？
答：按规定需要。
问：你贷款的某公司是什么性质的公司？
答：不十分清楚。
问：你贷给对方公司200万元是做什么用的？
答：可能是做生意。
问：你贷给某公司的这笔款子是用什么来担保的？
答：没有担保。
问：那它如果亏损了怎么办呢？

答：估计不会亏的。

问：如果亏了还不上这笔款子怎么办呢？

答：没想过。

问：根据贷款的日期，这笔款子已经到期了，为什么还没有还呢？

答：我问过他们，款子占用在货上还没有回笼。

问：如果该款回不了笼呢？

答：不可能全部回不来，多少要回来一些。

问：这笔款子到期后你催讨过吗？

答：催过。

问：向法院起诉过吗？

答：没有。

问：为什么没有。

答：（不语）……

问：你敢吗？

答：（不语）……

（在上述的语用行为的合作过程中，对逻辑环节的提取已足够证实矛盾存在的原因了）。

问：你身为行长，违反规定对贷款的企业不验资、不检查、不监督、不调查、无担保，款子到期无回笼，无任何保全措施，后果出现不采取补救办法，不向法院起诉，你能说通吗？这又说明什么？（提供满足对方产生自我心理强制的条件）原因你不用说谁都清楚！但这件事还要你自己说！讲……讲……

答：（沉默）……他们在贷款时给了我5万元的"好处费"。

问：对方拿5万元就换走了你200万元，你是银行行长，这笔账你是怎么算的。

答：谁知他们到现在还不还呢？

前面设置的语用行为已经充分证明了该行长违章贷款、收受贿赂的目的。这里运用了逻辑的语用行为提取了犯罪嫌疑人无法抵赖的特定事实和环节，进行客观的联系和组合，使之能系统化地揭露供述矛盾，证明犯罪结果的过程。

二、揭谎的情景环节

谎言是犯罪嫌疑人抗审的基本方法，揭露犯罪嫌疑人的谎言就能够破坏对抗的心理结构。但是，如何能够发现谎言、证明谎言，却不是一件容易的事情，在很多时候，犯罪嫌疑人的谎言是笼统的、不明显的，有时中间掺杂在许多真实的情景，经常是难以证实和鉴别的。为了能够使犯罪嫌疑人的谎言自然地呈现出来，在审讯实践中专门针对谎言，设立了特定的环节情景来证明谎言，即谎言的供述语境。例如，犯罪嫌疑人实施了犯罪以后，为了证明自己没有作案的时间，就采取编造谎言的方法，告诉审讯人员在某天、某时、某地见过某人，而实际上犯罪嫌疑人在那个时间正在实施犯罪，不可能见到某人，审讯人员为了揭露谎言故意设立虚假的情景，让犯罪嫌疑人充分地编造谎言："不错在那天之前某人出了一场车祸，头上被撞伤是用纱布包着的，你见到他时一定看他头上有纱布。"这时犯罪嫌疑人会接着审讯人员的话继续编造谎言，"我看见他时确实头上有纱布包裹着。"这样犯罪嫌疑人就上了审讯人员的当，钻进了审讯人员设置的圈套。因此谎言的出现有两种情况：一种是主观的，另一种是客观的。犯罪嫌疑人为了逃避法律的惩罚，总是以谎言来进行对抗，这是主观的。另一种是审讯人员为了进一步证明谎言、揭露谎言，创建了一种假设情景和环节，使犯罪嫌疑人在编造谎言的过程中，为了把假话说得比真话还要真，扩大了谎言的情景和环节的范围，同时，审讯人员创建的假设情景和环节，也被纳入了谎言的情景和环节范围，进行"填补"和"繁殖"形成了新的谎言情景与谎言环节，这个被共同创建的谎言统一体，自然也就包含着证明的环节和情景，这里只要审讯人员点破了证明的环节和情景，谎言无须揭露便会自然地暴露出来。

  犯罪嫌疑人说假话的语用行为具有以下特点：首先是语用行为的表述简练，语言背景含义单一，同时，语言背景含义与语言前景表义一致。例如"是"或者"不是"，"有"或者"没有""不是我干的"。其次是对情节的语用行为表述笼统不敢深入细节。这样对于讯问人员揭露谎言就增加了难度，有的时候明知道犯罪嫌疑人在说谎，但就是无法予以揭露，根本原因就在于犯罪嫌疑人谎言的单一性和情节表达的笼统性。例如，审讯人员讯问犯罪嫌疑人是否去过杀人现场？犯罪嫌疑人回答"没有"。这里审讯人员明知犯罪嫌疑人在说谎，却无法揭露他的谎言，原因就是没有证明谎言的依据，所以明知是假话只有睁着眼睛看着他说而无奈。所以运用假设的情景环节，证明犯罪嫌疑人的谎言，在审讯实践中有着非常重要的意义。"证谎"在审讯实践中的语用行为方法有"存在设立""情景设立""气象设立""环境设立""测谎（心理测试）的配合"等方法。

  存在设立的语用行为特征，是审讯人员把与案件有特殊联系的人和物提取出来，假设他的存在或者不存在，并且将其放进案件的情节中去，让犯罪嫌疑人去自由发挥，因为犯罪嫌疑人本身就是在说谎，他对审讯人员为其设置的人或者物是否存在根本就不清楚，犯罪嫌疑人为了证明自己清楚，只有去编造谎言，审讯人员为其设置的人或者物的存在与否，正好符合犯罪嫌疑人说谎的心理需要，所以犯罪嫌疑人会在审讯人员为其设置的人或者物上再做"文章"、继续说谎，这样就扩大了谎言的范围，便于审讯人员的揭露。例如，犯罪嫌疑人在某一时间内，根本就没有见到某人或者某物，而犯罪嫌疑人则谎称自己见到某人或者某物，为了让犯罪嫌疑人的谎言暴露，审讯人员可以为其设立某人或者某物根本就不存在。语用行为方法："你到过某人的单位去看过某人的出差报销单吗？在你说的时间范围内某人根本就不在本地，这些我们已经调查过了，你是如何能见到某人的？"如果这时犯罪嫌疑人表示默认，审讯人员就可以直接来揭露犯罪嫌疑人的谎言，如果犯罪嫌疑人要狡辩，审讯人员应当立即阻止，并且直接告知犯罪嫌疑人不要再说谎了，以此来进一步证明犯罪嫌疑人被揭露的谎言，强化犯罪嫌疑人的心理认识。

情景设立的语用行为特征，是审讯人员用假设的情景，放进案件的情节中去让犯罪嫌疑人用谎言去发挥，待其谎言全部暴露之后再予以揭露。例如犯罪嫌疑人在某一特定的时间没有去过某宾馆见过某人，而犯罪嫌疑人谎称自己在某一特定的时间去过某宾馆见到过某人。情景设立的语用行为方法：例如贪污犯罪行为人自己把公款贪污了谎称钱送给了别人，在接受讯问时，犯罪嫌疑人一再坚持钱是送到对方家里的。设立证明谎言的语用行为如下：

问：你送钱时收钱人在干什么？

答：在看电视。

问：哪天？

答：12月25日晚上。

问：正好那天晚上停电怎么能看电视？（设立的特定情景，实际上根本就没有停电）

答：开始是停电点蜡烛的，后来有电了才看电视的。

因为本身送钱的经过就是假的，这样他的谎言就能够被证明出来了。

气象设立的语用行为特征，是根据天气情况来为犯罪嫌疑人设立的谎言证明方法。犯罪嫌疑人在实施犯罪以后，为了逃避法律的惩罚总是要进行情景的选择，有的选择自己没有去过现场，有的选择自己没有作案的时间等。那么犯罪嫌疑人在作案的时间范围内，人在什么地方？人在干什么？犯罪嫌疑人通常的语用行为表述："当时我在什么地方，在干什么。"因为犯罪嫌疑人当时在犯罪现场，不可能在其他的什么地方，因此犯罪嫌疑人对他自己编造的地方的当时情况根本就不了解，为了证明自己在某地，只有编造谎言，这时审讯人员把气象情况加进犯罪嫌疑人的谎言里，让犯罪嫌疑人去充分地发挥，然后一举揭露。例如审讯人员告诉犯罪嫌疑人某地在某时下了一阵小雨，并且问犯罪嫌疑人在下雨的时候你在干什么？因为当时犯罪嫌疑人根本就不在某地，所以对某地是否下雨根本就不清楚，因此犯罪嫌疑人就会采取默认的语用行为方法，问："在下雨的时候打的是什么样的雨伞？"以此来逼着犯罪嫌疑人说谎，达到揭露谎言的目的。

环境设立的语用行为特征，是犯罪嫌疑人为了掩盖犯罪事实，经常用谎言来描述某地的情况，以示自己曾经到过某地或者是从某地而来，环境设立是为犯罪嫌疑人设立某地的环境，以此证明犯罪嫌疑人对某地环境的说谎。案例：1955年冒充蒋总统秘密特使案。当时的审讯人员为了弄清对方到底是不是蒋总统秘密特使，采取环境设立的方法来试探对方是真特使还是假特使，审讯人员的语用行为表述："中央日报是'台湾政府'的报纸，它的社址在哪里？台湾的'国防部'地址在什么地方？"结果这位假特使回答得驴头不对马嘴，暴露了自己是冒牌货的实情。再如有的贪污贿赂案件，犯罪嫌疑人将公款自己贪污了却谎称送给了别人，由于是"一对一"的案件，一个人说给了，而另外一个人说没有拿，当审讯人员问及犯罪嫌疑人款子是怎么送的，犯罪嫌疑人称是送到对方的家里的，根据了解，犯罪嫌疑人根本就不认识对方的家，审讯人员便采用了环境设立的方法来进行证明，语用行为表述："你既然到对方家里送钱，就应该知道他们家放置在客厅里的沙发，是皮质的还是人造革的？"犯罪嫌疑人说是皮质的，当时我就是坐在客厅的沙发上的。而实际上客厅里根本就没有沙发，只有几把椅子。

总之证明谎言的语用行为技巧，可以从不同的角度，借助一切可以借助的条件，放开来让犯罪嫌疑人充分说谎，并且有意识地帮助犯罪嫌疑人扩大说谎的范围，达到充分揭露谎言的目的。这里应当注意的是在设立情景和环节时，语用行为的涉入应当与犯罪嫌疑人的语言情境要统一，应当在顺应犯罪嫌疑人的语言情境的条件下，涉入证明的情景与环节，才能够被犯罪嫌疑人确认和借用，才能够被融入发挥。否则，如果对犯罪嫌疑人说谎的语用行为进行阻拦，或者，审讯人员的自我形态的表露，不能顺应犯罪嫌疑人说谎的语言情境，被犯罪嫌疑人认为他的谎言已经被怀疑或者已经被识破，那么审讯人员所设置的证明环节和情景，就不能起作用。

三、揭谎的定向环节

坚定的信念和态度，会对犯罪嫌疑人的心理产生重要的影响，坚定的语用行为能够强化坚定的信念和态度。犯罪嫌疑人对审讯人员的行为态度的坚定程度的评价，是从审讯人员的语用行为中获取的。在犯罪嫌疑人接受讯问的时候，为了摸审讯人员的底，判断审讯人员到底掌握了哪些犯罪事实，总是会千方百计地从审讯人员的语用行为中获取信息。审讯人员的语用行为所反映出来的坚定程度，是犯罪嫌疑人分析判断的基础。如果审讯人员对某一事件的语用行为的表述不坚定，那么犯罪嫌疑人就会分析判断不坚定的原因。显然，语用行为的表述不坚定就是对某一事件不能充分地肯定！因此，也就是对犯罪行为是否存在的不肯定，获取了这样的信息，就会强化犯罪嫌疑人的对抗心理。与此相反，如果审讯人员对某一事件的语用行为表述是坚定的，那么犯罪嫌疑人就会认为这种坚定的语用行为是对犯罪行为暴露的肯定。犯罪嫌疑人的侥幸心理的支点，就会被拆除。在审讯实践中审讯人员的语用行为越坚定，犯罪嫌疑人的对抗程度就越弱，与此相反就会导致讯问活动的失败。

审讯人员语用行为的坚定程度，不是依靠讯问人员语言声音的高低表现出来的，而是依靠定向的语用行为反映出来的。定向的语用行为反映出审讯人员对某一事实全力以赴的行为态势，是对语用行为目标的坚定态度和确认。语用行为目标是讯问活动的着力点，是对抗双方的重心，在双方的力量发生偏移的时候，重心就会发生偏移。例如，有一起贪污案件的财务人员，贪污了巨额公款后销毁了全部账目和财务凭证，被传讯后谎称财务账目被盗，自己不知账目的下落。讯问人员开门见山地：

问：你保管的财务账目必须要交出来！（讯问人员表现出了坚定的语用行为）

答：我不知道账哪里去了！可能是被小偷盗走了。（这里回答的语用行为也是坚定的）

问：小偷要你的账干什么！你不要再编了！账哪里去了？（进一步强化坚定的态度）

答：（不语）……（这里否定的坚定程度开始减弱）

问：我现在就是要问你账哪里去了！

答：（不语）……

问：你必须把账交出来！在这里你没有任何退路！

答：（不语）……

问：因为单位的财务账目不是你的私有财产，所以你必须要交出来！没有其他的余地！

答：账被我撕毁了。

问：那就请你把它恢复起来！

答：（不语）……

问：账是怎么撕毁的？

答：因为是小金库的账，钱被用了，就把账撕毁了。

问：撕毁的账在什么地方？

答：在我家的废纸桶里面。
问：账上的钱谁用了？
答：我用了。
问：用了多少？
答：可能有一二十万元吧！
问：做什么用了？
答：平时用了一些，另外的存银行了。
问：存折在哪里？
答：在我家卫生间顶棚的夹层里！

办案人员提取了被撕毁的账目和存折，成功地将该案交付了审判。这起贪污案件的审讯成功，表现出了审讯人员的准确判断和坚定的目的性，从而使犯罪嫌疑人不得不交出犯罪证据，起关键作用的是审讯人员全力以赴的定向语用行为。审讯活动中的语用行为的定向性，就是对审讯目标的确定性，围绕审讯目标的定向语言活动，语用行为特征是审讯人员的坚定决心，即不把犯罪事实交代出来绝不罢休的决心，以此动摇犯罪嫌疑人的侥幸心理。例如，在审讯一起犯罪嫌疑人翻供的案件中，审讯人员为了查明翻供的原因和真实的犯罪事实，审讯人员围绕犯罪嫌疑人"为什么翻供"展开了追讯："你为什么翻供？"答："（不语）……"问："为了证明你的认识态度和行为表现，我们必须要弄清楚你翻供的原因，这同时也是你的认识问题，所以你必须讲清楚，不讲清楚这件事情是不会结束的！"审讯人员的决心，使犯罪嫌疑人的心理受到了强制，不说明原因是过不了关的，说了原因就等于交代了犯罪事实，左右为难，因为眼前的难关犯罪嫌疑人只得选择交代放弃对抗。语用行为的定向作用能够有效地对犯罪嫌疑人的谎言实施心理干预进行定向震慑，完成犯罪嫌疑人自我心理强制的认知过程。

四、揭谎的"特情"环节

犯罪是一种行为关系，是一系列情景相互联系的行为关系，犯罪是一系列情景关系的行为结果，这种相互联系的情景行为关系，能够有效地证明犯罪行为。通常犯罪嫌疑人为了否定自己的犯罪行为，总是要在这一系列的犯罪情景相互联系的行为关系中，找出特定的情景关系进行歪曲、说谎，以此作为否定犯罪的理由。犯罪嫌疑人选择的特定的情景关系就是"特情"关系，审讯人员对犯罪嫌疑人"特情"关系的语用行为干预，就是为了矫正被否定、歪曲的行为情景关系。"特情"关系的语用行为干预的作用在于通过提取某相互联系的个体情节和细节的存在与否的关系，予以证明另外一行为关系的存在与否。反过来，犯罪行为的存在与无必然联系的某些事件、物品、行为、语言的特定情景存在着关联性，这种关联性足以证明犯罪行为的存在，通过这种证明的过程来满足对犯罪嫌疑人的自我心理强制干预。这种干预或者证明的过程必须是充分的，如果这种干预或者证明不够充分，犯罪嫌疑人就可能找出否定的理由，这个理由就能够帮助犯罪嫌疑人解脱自我心理强制。

用来干预或者证明犯罪行为存在的某些事件、物品、行为、语言的特定情景必须真实可靠，才能揭露谎言，成为犯罪嫌疑人不可否定的理由。例如，北京公安局的预审官汲潮在审讯外国派遣间谍李克时，就采用了证明法取得了审讯的成功。李克是以合法身份，通过合法手续进入我国进行间谍活动，合法的身份是他的护身符，为了剥掉李克的合法外衣，汲潮针对李克自称是来自中国某大学专门进修先秦文学是研究管子的专家，巧引了先秦文学的历史典故，通过证明法，诱其深入。他对这位自诩为"管子专家"的李克提出问题发问道："老马识途"，总该知道吧？李克只顾翻白眼，回答不出来。汲潮代之作答：这个典故出自《韩非子·说林》。齐桓公曾带兵攻打孤竹国，孤竹国国君派手下的黄花元帅向齐军诈降，将齐军诱入迷谷。只见四周山崖陡峭，狂风怒吼，飞沙走石，寒气逼人。齐桓公见状忙叫人去找黄花元帅，岂料黄花元帅早已不见踪影。齐军大乱，左冲右突，自相践踏。齐桓公忙叫管仲献计。管仲说，老马能记住它所走过的路，我们可以利用马的这种灵性渡过难关。齐桓公叫人挑选了几匹从孤竹国的军队中俘获的老马，解开缰绳，让它们随意行走，各军的大队人马跟着这些识途老马，终于走出了可怕的迷谷，最后击退了孤竹国的军队，平定了边境的祸患。汲潮运用有关管子的典故，使李克瞠目心慌、汗颜，汲潮乘势进击，直指要害："你这管子专家，对'老马识途'却茫然无知，这不是很奇怪吗？看来你对管子的学问很不在行啊。"汲潮进而又一针见血地对其揭露道："你的工夫也没有使到学术研究上。你始终另有使命，你始终在从事一项见不得人的勾当。"汲潮接着又乘势造势，猛烈攻心，对其施加心理压力，终于迫使李克这个巧于伪装的异国间谍，承认自己的间谍身份，并且交代了他收集我国情报的罪行。

"特情"关系的语用行为干预有：时间、地点、人物、常识、关系、情节、细节、环境、天气……例如，时间的干预条件，审讯人员为了证明犯罪，讯问犯罪嫌疑人在案发时间的行动和活动情况，以此来证明犯罪嫌疑人有犯罪存在的条件。例如，交通肇事逃逸案件，犯罪嫌疑人开车撞人后逃跑，经过目击者辨认，犯罪嫌疑人否认自己有肇事逃逸的行为，车辆上也没有明显的肇事痕迹，这里有当时的一段讯问笔录：

问："星期六的下午四时你在什么地方？"

答:"我在一家超市的门口。"

问:"你是怎么知道当时的时间就是四点钟的?"

答:"我是问超市门口的一个修理自行车的老板,他告诉我是四点钟。"

问:"那天下午在那条路上发生了交通事故你知道吗?"

答:"我知道。"

问:"你是怎么知道的?"

答:"我是听别人跟我说的。"

问:"谁跟你说的?"

答:"我们家的邻居跟我说的。"

问:"在什么地方说的?怎么说的?"

答:"在我晚上回家的时候,在门口遇到他,他告诉我下午十字路口那边出了一起车祸。"

问:"你在问超市的门口的一个修理自行车的老板时间的时候,是在车祸发生之前还是在车祸发生之后?"(特情涉入了)

答:"是在车祸发生以后。"

问:"车祸是什么时间发生的?"

答:"我不知道。"

问:"你既然不知道车祸的发生时间,怎么知道你问修理自行车的老板时间的时候,是在车祸发生以后呢?"(语用行为的干预开始)

答:"(不语)……"

问:"你根本就不是听别人说的发生了交通事故,你就是直接的交通肇事者!你不但知道交通事故发生的时间,而且你在车祸发生以后,迅速地逃离了现场,此后你又空手步行来到了超市的门口,问修理自行车的老板'现在几点钟'?让修理自行车的老板证明你不在发案现场"。

讯问人员的这段语用行为的干预,把犯罪嫌疑人推进了"自我心理强制"的领域,使其不得不供述自己交通肇事的逃逸经过。这里应当注意在运用"特情"语用行为干预的过程中,语用行为的节奏、语气和声调应当顺应选择的"特情"的语境条件,如果当时的语境条件不能顺应"特情"的语用行为,应当暂时放弃,待条件成熟再进行实施。因为如果"语境"条件不成熟,犯罪嫌疑人在没有退路的情况下容易形成激情状态出现僵局,导致语用行为的不合作状态。例如前面的交通肇事逃逸案件,讯问人员开始组织运用"特情"语用行为干预:

问:"星期六的下午四时你在什么地方?"

答:"我记不清了"。(不合作的语境,条件通道受到阻碍)如果强行运用

"特情"语用行为干预，便会出现下列情况：

问：（跨过前面的"特情"）"我再问你那天下午在那条路上发生了交通事故你知道吗？"

答："我不知道"。（语境条件再次受到限制）

问：（自我组织"特情"）"那天下午在那条路上发生了交通事故你知道！因为你就是直接的交通肇事者！你不但是交通肇事者，而且你还是交通肇事后的逃逸者！"

答："绝对不可能！"

问："怎么不可能？"

答："不是我干的！"（出现了激情状态）

问："就是你干的！"

答："你们说是我干的，那就是我干的，随你们的便！"（这里出现了僵局）审讯人员只有再重新组织语用行为才能够使审讯活动继续发展下去。

"特情"关系的语用行为干预的语境条件，应当是讯问人员自己创建的，自己能够控制的。仍然是前面的交通肇事逃逸案件，审讯人员为了创建适应语用行为干预的语境条件，首先运用了无声语言的神态影响，产生情感的沟通。其次是使犯罪嫌疑人产生语言情境的对应反应，使之满足语用行为的语境条件：（和蔼的态度、手势告知犯罪嫌疑人）"你请坐！"

问："你是做什么工作的？"

答："没有具体的工作。"

问："正常的生活来源靠的什么？"

答："家里有房屋出租，有时也做些小生意。"

问："最近做了什么生意？"

答："最近没做什么生意。"

问："不做生意那你干什么呢？"

答："跟朋友在一起玩。"

问："平时都跟哪些朋友在一起？"

答："比较要好的几个朋友。"

问："星期六你跟哪些朋友在一起？"

答："你说的是星期六的上午还是下午？"

问："星期六的下午四时你在什么地方？"

答："我没有跟朋友在一起，我在一家超市的门口。"（以下的语境使犯罪嫌疑人无法进入激情状态）

问："你是怎么知道当时的时间就是四点钟的？"

答:"我是问超市的门口的一个修理自行车的老板,他告诉我是四点钟。"
问:"那天下午在那条路上发生了交通事故你知道吗?"
答:"我知道。"
问:"你是怎么知道的?"
答:"我是听别人跟我说的。"
问:"谁跟你说的?"
答:"我们家的邻居跟我说的。"
问:"在什么地方说的?怎么说的?"
答:"在我晚上回家的时候,在门口遇到他,他告诉我下午十字路口那边出了一起车祸。"
问:"你在问超市门口的一个修理自行车的老板时间的时候,是在车祸发生之前还是在车祸发生之后?"(特情涉入了)
答:"是在车祸发生以后。"
问:"车祸是什么时间发生的?"
答:"我不知道。"
问:"你既然不知道车祸的发生时间,怎么知道你问修理自行车的老板时间的时候,是在车祸发生以后呢?"(语用行为的干预开始)
答:"(不语)……"
问:"你根本就不是听别人说的发生了交通事故,你就是直接的交通肇事者!你不但知道交通事故发生的时间,而且你在车祸发生以后,迅速地逃离了现场,此后你又空手步行来到了超市的门口,问修理自行车的老板'现在几点钟'?让修理自行车的老板证明你不在发案现场。"这种变换过的语用行为的干预,同样能够把犯罪嫌疑人推进了"自我心理强制"的领域。

同样在上述的交通肇事的"特情"语用行为的干预中出现的僵局,显然是语用行为的失败环节。如果当时的语境条件不能顺应"特情"的语用行为,就应当暂时放弃,经过语言情境的调整后,待条件成熟再进行实施。因为语境条件不成熟,说明没有语用行为合作的情态,也就是说丧失运用"特情"的语用行为的条件。通过前面的僵局过程可以看出:如果当时审讯人员感觉到语境条件出现了问题,就应该立即停止"特情"语用行为的干预,更换语用行为,就能够避免僵局的出现。通常更换语用行为的方法是在犯罪嫌疑人不知不觉中巧妙地把话题岔开,即便是已经进入了或者已经组织实施了"特情"语用行为的干预,也要立即把它拉出来,避免发展下去的僵局后果。

"拉出"或者"岔开"语用行为目标的方法:

(1)接话而岔。就是接过对方的话题,岔开已经设立的语用行为目标。

如前面的答话："我不知道。"接话："你知道什么？"岔开："你的姓名知道吗？"为了尽快地进入更换的目标："你家有几口人？"这样的话题犯罪嫌疑人无法做出否定性的回答，更不可能说自己不知道，这里虽然从一个目标转向了另外一个目标，但是，原来设立的语用行为目标的中心没有变，仅仅是语用行为范围扩大了，无论语用行为的范围扩大到什么程度，都要随时准备重新进入原来设立的目标，继续完成"特情"的语用行为干预。如："你父母亲是做什么工作的？"答："工人。"问："你有兄弟姐妹吗？"答："有！他们都在上学。"问："他们上学你在做什么？"答："我有时跟朋友做点生意，其他没有什么事。"问："星期六你干什么去了？"（进入了原先的目标范围）

（2）眼前情景。把眼前的情景作为岔开话题的跳板。如前面的交通肇事逃逸案件，问："你手上的伤是怎么回事？"如果是旧伤，可以把它与过去骑摩托车联系在一起，逐渐把话题引向星期六的摩托车肇事的主题。如果是新伤，那么经过推理，正好能够与星期六的摩托车肇事联系在一起。

（3）跨越结果。从对方回答的结果，进行反向顺应。如前面的回答："我不知道！"跨越结果的方法岔开："我知道你要说这样的话！"继续岔开："你知道是什么原因吗？"再继续："你可能还要说不知道！"。继续深入："因为你是怎么想的我知道！"这样虽然拉开了范围，但是只要有条件出现，就能够向中心迂回。

（4）及时阻止。当对方不利的语义出现，尚未来得及展开的时候，就要及时地阻止对方把话题展开。再如，前面的回答："我不知道！"及时阻止："你别说了，我只想告诉你一件事……"阻止完了以后，至于把话题岔向何处那就是自己掌握了。

第九章　沉默对抗行为的把握与讯问方法的运用

　　侦查讯问活动中的沉默是指在讯问过程中，接受讯问（持有话轮者）的犯罪嫌疑人使用无言语的沉默行为，这是侦查讯问过程中的一种消极对抗的语用行为，即无言语的交流行为。关于犯罪嫌疑人享有保持沉默权利，我国立法虽然没有明确犯罪嫌疑人享有保持沉默的权利，但是我国的法律也没有限制沉默行为的规定，这就是说犯罪嫌疑人可以保持沉默，有不说话的自由。同时刑事诉讼法修改后加进了任何人不被强迫自证其罪，实际上就是保障了犯罪嫌疑人说话自愿性的权利。在我国当前的职务犯罪侦查实践中，侦查机关主要是通过讯问犯罪嫌疑人来获取犯罪证据的，而犯罪嫌疑人为了隐瞒犯罪证据，很多的时候采取沉默的方法来对抗侦查讯问，这无疑是给侦查讯问活动带来了一定的难度。

第一节　"沉默"的心理行为基础

　　"沉默"的内涵，从词汇意义层面看，"沉默"等同于动词否定形式"不说"，但是如果从言语交际角度看，"沉默"与"不说"二者之间有着很大的区别。尽管"沉默"以说话为前提，但没有说话并非都是沉默，沉默是一种表达方式，即"沉默"具有实施言语行为的能力。而"不说"不仅失去这种预设，而且可以意味着没有言语能力或不掌握某种具体语言。"沉默"是被人控制的言语动作，是一种有意识的自我控制行为，蕴涵着说话人或者听话人一时难以表达或不愿意表达、不方便表达或无法表达的多种思想、情感和复杂的心态。在需要话语的交际活动中，"沉默"通常表达的是违反规范的行为。在侦查讯问的背景条件下，犯罪嫌疑人针对讯问人员提问的沉默行为，首先，表现为参与的沉默行为和不参与的沉默行为，参与的"沉默"分别表达肯定或者否定意义，有时甚至带有评价意义；不参与的沉默是消极的沉默，是指逃避、不悦、拒绝、挑衅、放弃等非言语行为的对抗特征。其次，表现为无意的沉默和有意的沉默。无意的沉默，犯罪嫌疑人由于恐惧、犹豫、遗忘等心理原因，对讯问人员的提问一时没有做出回答，或者不知道如何回答或无言以对，因而沉默。此类的沉默中，犯罪嫌疑人并非有意违反合作原则沉默不回答。在这种情况下讯问人员可通过安慰、开导，降低其罪责感等手段帮助犯罪嫌疑人放弃沉默。有意的沉默，即嫌疑人有意违反语言的合作原则，对讯问人员的提问不做回答。在法律的特定语境中，对于这种沉默，讯问人员可以帮助犯罪嫌疑人建立语言交流的合作平台，提供交流的条件，使其放弃沉默。最后，情感意义与心理禁锢的沉默行为。犯罪嫌疑人在被审讯的空间里的心理状态不相同，有时心理状态还不是单一的对抗，而是多种心理相交织状态下的沉默。如针对12小时的讯问时限，被讯问人沉默是为了拖延时间，对讯问人的提问进行回避，因反感而不愿意理睬，这些都属于情感意义上的沉默。另外的一种情况就是暂时没有语言的表述，处于思考、回忆、犹豫、担心、动摇不定的心理禁锢状态的沉默。

第二节　"沉默"的心理行为表现

"沉默"的心理行为特点，从反应显示的层面看，首先表现出犯罪嫌疑人对抗行为的模糊性。犯罪嫌疑人的沉默不言语，给审讯人员捕捉其对抗的心理状态增加了识别的难度。其次是沉默行为的表现，可分为整个讯问语言交流的不合作的沉默，和持有话轮后的话语间的沉默。再有是被讯问人沉默的心理状态各不相同，有时心理状态还不是单一的，而是多种心理相交织。其沉默的心理行为表现：

1. 抗拒心理行为的沉默。此时的沉默有意违反合作原则，想以此拖延时间，回避问题，或激怒审讯人员使讯问无法继续，或者认为享有沉默权而对讯问人的提问一律拒绝回答。

2. 思考状态下的沉默。此时的沉默可能是对犯罪情景回忆，可能是思考如何措辞，可能是犹豫反复权衡自己应该怎么办，可能是思考分析猜测行为人员用意，可能是思考可能导致的后果等。

3. 话语条件下的沉默。犯罪嫌疑人在接受讯问的话轮中，没有准备好回答的方案，不知道怎么回答，没有回答的话语条件，无法决定接着该说什么于是保持沉默。

4. 激情状态下的沉默。此时沉默代表一种强烈、短促的情绪状态，"我无话可说"，"我什么也不想说。"

5. 惊讶、恐惧、悲伤心理状态下的沉默。被讯问人在受到剧烈的感情影响说不出话来。

6. 隐瞒心理状态下的沉默。此时的沉默是为了有所隐藏不能说。

7. 对讯问人不满状态下的沉默。由于对讯问的心存不满因而沉默不愿理睬。

8. 语塞的沉默。在讯问人的层层追问下终于露出马脚，因无言以对而沉默。

上述情形列明被讯问人保持沉默的原因。讯问人可以依此推断出被讯问人沉默的原因。此外，由于"沉默"往往伴随着其他非语言行为同时使用，例如面部表情、眼神、体态动作等，这些信息也均可成为判断犯罪嫌疑人为何做出沉默行为的依据。因此，对讯问中"沉默"行为的解读，要根据犯罪嫌疑人的面部表情、说话态度、语气、语调等进行推断。这些非语言因素在侦查讯问中的作用越来越凸显出来，成为解读"沉默"言语意义不可或缺的条件。

第三节 "沉默"行为的讯问方法

讯问活动中的犯罪嫌疑人的沉默，许多是受目的——意图牵引的，讯问目的是为了查明案件事实获取犯罪证据，这个目标是一个整体，沉默注意的目标是这个总目标的整体所带来的伤害，而不是组成这个整体的"分子"，这个目标的"分子"对犯罪嫌疑人的危险信息的影响是比较小的，犯罪嫌疑人对这个"分子"的防卫的意志能力就比较弱，这也是开启语言交流合作平台的一个机会。

一、"分解"法

即讯问人将这一个总目标化成许多局部的意向分配在一次又一次小的话轮之中，把讯问的目标集中在一个个被分解后的"分子"目标上，进行各个击破，最后集中总结出完整的犯罪证据的总目标。如财产犯罪可分解为房子、车子、儿子、票子、位子等。这种分解法的运用，在侦查讯问实践中对于解决犯罪嫌疑人的沉默问题，产生了良好的效果。例如因受贿而导致的国家巨额财产损失的渎职犯罪案件，犯罪嫌疑人面对自己的渎职行为，始终保持沉默的对抗态势，防守的目标就是渎职行为。讯问人员对渎职行为进行了分解：经常的住处在哪里（确定有住处）；不经常的住处在哪里（确定有多处住房）；房子是自己买的吗（确定产权）；房子购买的价格（确定购房金额）；全家每年的工资收入（确定合法拥有的财产）；购房款是哪里来的（家庭财产的超额来源）；超额部分的合理解释与不合理的来源；受贿的行为确定（为什么别人给钱）；

最后集中指向渎职犯罪。

问：平时在哪里住？
答：上海。
问：上海的房价很高？
答：是的。
问：你的全家经济收入一年有多少钱？
答：十万元左右。
问：你买房子当时花了多少钱？
答：二百多万元。
问：购买房子的钱是哪来的？
答：借的（说谎）。
问：没有钱才会借钱，你借了钱怎么还？
答：……（沉默）。
问：是不想还了吗？
答：不是。
问：那是什么？
答：没有借、不是借的。
问：那就是人给的？
答：是……是的。

二、"曲线"渐进法

即通过绕弯子达到总的目标。侦查讯问的空间导致犯罪嫌疑人的沉默，是因为犯罪嫌疑人有沉默的条件和语境，能够满足非合作性的需要，如果讯问人员不给犯罪嫌疑人沉默的条件，选择一个犯罪嫌疑人很感兴趣的问题，那么犯罪嫌疑人就会很乐意的回答，也就不再保持沉默了。例如，如果犯罪嫌疑人对国学问题有很深的研究造诣，那么他就可能滔滔不绝说出其中的奥妙所在，因为国学是他语言的兴奋点，这样就自然的失去了沉默的条件。此后，通过这些兴奋点的不断转移，最终达到侦查讯问的目标。侦查讯问的实践中，讯问人员通常选择"拉家常"，先从询问一些生活琐事入手，在逐渐使犯罪嫌疑人戒备心理放松、能正常答话后，再渐进问清其有关的基本情况，然后趁势递进，切入审讯的目标。当犯罪嫌疑人感悟到危险的信息以后，会意识到自己既然已经回答了前面的提问，如再回避主题问题，于情于理都站不住脚，从而只好做出答话选择。

三、"填补"法

即讯问人员通过给出少于需要的信息或沉默，有意让犯罪嫌疑人去补足。这是一个吸引犯罪嫌疑人进入同一思考圈的心理方法。因为讯问人员提供给犯罪嫌疑人的信息量不足，犯罪嫌疑人被迫动用想象、推测来补足少给的信息部分。犯罪嫌疑人处于沉默的行为过程中，其意识状态并非是完全封闭的，在很多时候需要外来的信息进行补充和支持，如果审讯人员给出的信息量，少于其需要的信息或沉默，就会使其感觉到心理的不适，导致其心理压力的出现，这种压力达到一定的程度，语言行为就会出现。例如犯罪嫌疑人在沉默的过程中，需要获取审讯人员的信息反应，可是审讯人员并没有做出应有的惊讶反应，而是轻描淡写地说"我早就知道你会这样的……"这时犯罪嫌疑人产生的信息需求就是：审讯人员怎么早就知道自己会这样？于是疑问、猜疑、反思导致心理压力的出现。再如，犯罪嫌疑人在沉默的过程中做出虚假的回答后，若讯问人沉默不语，犯罪嫌疑人通常会感到很大的心理压力，担心自己被识破，不知接下去如何应对，这时往往会自乱阵脚，从而暴露事实真相。

四、"刺激"情绪法

即使用刺激性的语言，激其情绪激动，使其按捺不住冲动的情绪而开口说话。刺激情绪有通过激活逆反心理来实现话语条件的。例如，"你连话都不敢说，还能够当领导吗"？有通过正话反说来达到对情绪刺激的。例如，"你今天千万别说话，如果你说了话就证明你没有问题"；有的通过离间的方法来激活语言。例如，"你不说话正好，这正说明跟你一起干那件事的人，他们说的话是可信的，你不说别人就不说吗？他们可都希望你别说话"；有的通过冤枉的设局，故意讯问一些使犯罪嫌疑人感到冤枉的问题，激发犯罪嫌疑人的气愤或委屈，引发其表白或辩解。审讯人员能够顺势导入讯问主题，置犯罪嫌疑人于两难之境，既然感到冤枉就应该做出辩解和说明情况，这样如果犯罪嫌疑人再保持沉默岂不是自己默认了？因此犯罪嫌疑人只得做出辩解和语言的合作。

五、"声东击西"法

犯罪嫌疑人在审讯活动中防守最严密的环节，就是犯罪事实的目标，也是其沉默行为的重点，讯问人员只要涉及犯罪的目标，对抗的沉默行为就会重复开始。因此讯问人员把与犯罪行为有牵连的线索，或者与犯罪行为根本不相干的问题，作为讯问的主题，使其在放松警惕的情况下，进入积极的话语平台，待主题目标成熟时，迅速切换到讯问的主题。这是一种调动式讯问方法，首先是要调动犯罪嫌疑人的语用行为，进行讯问的话轮参与；其次是转移犯罪嫌疑人的"防御"目标，在其放松警惕的情况下，转向犯罪嫌疑人的犯罪主题（使用这种方法应当在讯问前就要做好充分的准备）；最后是被利用的"声东"有时是与讯问的主题风马牛不相及，但是经过语轮的发展和牵连，最终达到"击西"的目的。

六、"忽然"提问法

提问的特点是有问有答，沉默也是一种语用行为，针对提问做出的是"沉默"的回答，是一轮无声音的回答。犯罪嫌疑人的沉默体现着内在的强烈的心理活动，仅仅是话语的不参与。如果讯问人员此刻也保持着无话语的默许，那么犯罪嫌疑人就会感觉到交流受阻产生不适，同时讯问人员的沉默，在嫌疑人看来是一种等待，等待着犯罪嫌疑人的回答，经过沉默一段时间后，讯问人员突然提问，犯罪嫌疑人就会在措手不及的情况回答问题，这种策略常常能够收到较好的效果。

七、逻辑矛盾展示法

通过罗列犯罪嫌疑人沉默的行为，运用逻辑关系对其行为的诸多矛盾点进行评价，使其意识到自己选择的沉默并非高明之举。讯问活动中通常罗列和揭示逻辑矛盾关系的方法：一是犯罪嫌疑人平日生活中健谈善交流和现在接受讯问时沉默寡言的反差矛盾。二是客观事实的存在，沉默就是默认，沉默就是无话可说，因为客观存在，所以无须辩解。三是以明确告知我国刑事诉讼法明确规定犯罪嫌疑人应当如实回答，与故意沉默不语的行为矛盾。四是告诉其既然能够回答其他问题，而对讯问主题却持沉默态度是什么原因？使犯罪嫌疑人认识到沉默不答违反了语用行为的逻辑关系，是自己的行为错误，是自己的行为出现了矛盾。此种情形下犯罪嫌疑人为掩饰矛盾，只好选择开口说话。

八、笔录敦促法

通过直接告知犯罪嫌疑人"根据你目前的态度和行为，我们要记录在案了"，即以记录的方式反映犯罪嫌疑人沉默拒答的恶劣表现，阐明不利的后果，使犯罪嫌疑人滋生害怕被认定有罪并被重惩的恐慌心理，只好做出说话的妥协选择。从另外一个角度还可告知犯罪嫌疑人，现在沉默不愿意供述，我们给你记录下来，是你自己选择默认不说话的，到时候可别说是讯问人员不让你说的，到那时你后悔都来不及了，因此调动其趋利避害的行为方向。

在审讯实践中应当综合运用上述方法,结合犯罪嫌疑人的心理变化因势利导,帮助犯罪嫌疑人改变沉默行为,把握住审讯活动的走向,才能达到讯问的目的和效果。

第十章　认知误区的"攻击"规律和审讯方法

人的行为的正确性与否完全依赖人的认识的正确与否。由于人的认识错觉的存在，就会出现认识的错误，心理学家把它称之为认识的盲点或者叫作认识的黑洞效应。例如，一位将军听下属的战况报告，士兵报告说："某团屡战屡败。"将军听了暴跳如雷。第二次士兵又来报告说："某团屡败屡战。"将军听后感觉很满意。实际上士兵报告的结果是一样的，可是得到的效果反映却不是一样的。这是什么原因呢？这就是人的认识误区——认知错误。人的认知错误是普遍存在的，给人们的行为产生了重要的影响。但是这对于我们审讯犯罪嫌疑人来说，却能够产生重要的作用，我们在大量的审讯活动中，根据犯罪嫌疑人普遍存在的认知错误和在审讯活动中的心理特点，通过审讯人员向犯罪嫌疑人施加错觉信息的影响，把犯罪嫌疑人引入认知错误的心理误区，促使犯罪嫌疑人供述自己的犯罪事实。

第一节　错觉讯问法

错觉是人们对客观事物的不正确的认识，是人们普遍存在的认知错误，认知错误从根本上来说是正确认识客观世界的障碍，但是把这种认知错误运用在审讯活动中，却有着独特的功效。这里作为犯罪嫌疑人的人，存在的认知错误就是我们审讯利用的根据。在审讯活动中，审讯人员有意识地把犯罪嫌疑人带入认知误区，使犯罪嫌疑人产生被动的心理地位，在无法改变自己被动状况的情况下，形成供述认罪的心理动机。这里主要是通过提供一个对犯罪嫌疑人不利的信息或者是设定一个对犯罪嫌疑人不利的事件，使其产生错误的认识。因为犯罪嫌疑人对抗审讯的心理依据，在很多的时候是侥幸心理。通常可以让犯罪嫌疑人误认为，自己的犯罪行为已经暴露，对抗下去已经失去了意义，例如说：你拿了钱你不说别人不说吗？（暗示对方已经交代了）目的是"攻击"犯罪嫌疑人的"侥幸心理"，促其转变心理状态，达到使犯罪嫌疑人供述认罪的目的。

在心理学的研究上，人们很早就发现了错觉现象，并且把那种完全不符合刺激本身特征的失真的或扭曲的事实的知觉经验，称为错觉。它是人脑对客观事物不正确反映的一种心理现象。然而对这种现象形成的真正原因，迄今虽然没有确切的了解，但是这种错觉所导致的人们在社会生活上的错误认识是有害的，这一点人们是清楚的。但它不是任何时候都是有害的，如果将这种"错觉"放在审讯犯罪嫌疑人的身上，就会产生有利的作用。在很多时候，需要犯罪嫌疑人产生错觉，才能完成审讯任务。在证据并不充分的情况下，审讯犯罪嫌疑人最有效的办法，是让犯罪嫌疑人产生我们已掌握了证据的错觉。

一、如何能使犯罪嫌疑人产生错觉

通过大量的审讯实践可见：有的犯罪嫌疑人在第一次被公安、检察机关传唤的时候，首先想到的是把自己的犯罪事实和行为进行对号入座，将自己的犯罪事实与公安、检察机关的传唤联系到一起，而实质上公安、检察机关对其传唤，主要是核实别人的犯罪事实，这便产生了错觉。科学家们认为这种错觉现象是受动机的影响。动机影响的知觉者，则是在面对同一刺激情景时，具有持不同动机的观点者，所获得知觉经验是很不相同的。例如，面对同一美丽的海湾，画家、摄影家、建筑家、港口设计家、钓鱼者、游泳者以及土地收购的资本家，其所得知觉大不相同，原因是因为他们各有不同的动机。这一动机的另一种解释是"需求"。如因生活贫困需要金钱的人，对金钱的知觉就与富人不同。有位心理学家，以出身贫富不同家庭的10岁儿童做实验，让贫富儿童在相等距离内按照摆在面前的各种硬币"五角"，凭其主观知觉，在地面上画出它的面积的大小。实验结果发现：富家儿童在画面上夸大20%，而贫家儿童在画面上夸大35%，可以看出贫家孩子对金钱的求得，具有更强烈的动机。由此可见动机的不同使错觉的产生具有可能性。犯罪嫌疑人在接受审讯时，由于畏罪、侥幸等心理状态和动机，也必然会产生某种程度的错觉。

犯罪嫌疑人的错觉在审讯中有着非常重要的作用，这是根据审讯的客观条件决定的，犯罪嫌疑人实施了犯罪以后，很少将自己的犯罪证据留下来，因而在审讯时除了利用犯罪嫌疑人留下的少量客观证据，还要利用犯罪嫌疑人错觉幻想出来的证据，例如，贪污犯罪嫌疑人在被检察机关传讯的时候，很快会联想到可能是自己某一笔账单被发现了，否则为什么要传讯自己呢？由此产生了讯问人员掌握了某一账单依据的错觉。

1. 犯罪嫌疑人对审讯目标的错觉。对于犯罪嫌疑人所犯罪行，有时司法机关并非十分清楚，很多的时候只了解某些现象，审讯的目的也是为了捕捉、寻找目标，因而在审讯时就没有固定的目标。这些情况犯罪嫌疑人并不知道，总以为自己的某一犯罪行为被发现了，处在寻求怎样的方法应付审讯的状态中，这是初审阶段犯罪嫌疑人对审讯目标的错觉的普遍性。在这一阶段审讯的方法应该具有隐蔽性，不能暴露审讯的目标，一旦审讯目标暴露，犯罪嫌疑人的错觉也就消失了。犯罪嫌疑人在这个阶段的错觉是自发的，并不是外来信息刺激造成的。如果犯罪嫌疑人对我们审讯的目标了解得一清二楚，那么审讯人员在审讯中所采用的方法和审讯技巧只能是一句空话。因为我们在审讯中所采取的方法和技巧，是建立在对方的错觉的基础上的，使用审讯技巧的目的就是要让犯罪嫌疑人产生错觉，麻痹对方，声东击西隐蔽审讯的主攻方向和目标，削弱对方的防御强度，避其强攻其弱，使得犯罪嫌疑人首尾难顾，以失败而告终。这就要让犯罪嫌疑人产生公安、检察机关已经掌握了犯罪证据的错觉。审讯实质上也是发现证据、收集证据、提取证据的过程，其目的是利用收集证据来证实犯罪，用手中已获得的少量证据获取大量的证据。以零散的证据获得完整的证据，以枝节性的证据获得关键的证据。这种取证方法的成功，是建立在犯罪嫌疑人不了解审讯人员掌握证据程度的基础上的，如果犯罪嫌疑人知道审讯人员手中的证据松散无力，不足以证明其犯罪，还需通过他自己的交代才能定罪，那么犯罪嫌疑人大多不会交代自己的犯罪事实，他会用一言不发来对抗审讯的。犯罪嫌疑人不了解审讯人员是否掌握证据，掌握证据的多少，是其错觉产生的基础。审讯犯罪嫌疑人说明犯罪嫌疑人与犯罪事实有关，司法机关不会平白无故乱找人的，这是犯罪嫌疑人错觉产生的根据。因而在审讯时讯问人应当在证据的使用上注意技巧性和隐蔽性，尽量少出示证据，杜绝出示模棱两可的证据。出示证据时应注意证据的效应，每出示一次证据，应该起到令犯罪嫌疑人对审讯人员掌握证据程度错觉的扩大和强化的作用，加速对犯罪嫌疑人心理限制的实现。审讯犯罪嫌疑人成功与否，在很大程度上取决于犯罪嫌疑人对审讯人员掌握程度的错觉，产生获取证据程度的错觉越大，对犯罪嫌疑人产生的心理压力就越大，趋向供述交罪的距离就越近，注意犯罪嫌疑人错觉的利用是审讯成功的最有效的方法：因为证据已被掌握，抗拒已失去意义，在趋利避害心理的驱使下，而选择供述交罪的路。

2. 犯罪嫌疑人对"利害关系"人产生的错觉。利害关系人，顾名思义，是与本案件有一定关联的人，这些人掌握了犯罪嫌疑人的一定的犯罪事实，与犯罪嫌疑人有一定的利害关系，有时能对案件的成败起到重要的证明作用，因而也是犯罪嫌疑人在接受审讯时较为"关心"的问题。受贿犯罪案件中，犯罪嫌疑人最担心的是行贿人的处境情况：是否也被抓获了？是否交代了全部的犯罪事实？订立的攻守同盟是否被瓦解？在挪用公款给他人使用的案件中，使用赃款的人，是否将该款的来龙去脉全供了？巨额财产来源不明的案件，为了款项来源而订立的攻守同盟是否被揭穿，假设的对象是否讲了实话？……这些都是犯罪嫌疑人急于想知道的问题，直接关系到犯罪嫌疑人交代的程度，因而这些人总是千方百计地从审讯人员的口中、神态中、行为动作中了解判断这些利害关系人的情况。如果审讯人员在审讯中注意隐蔽自己的语言、神态行为，那犯罪嫌疑人会根据自己的主观臆测和判断产生各种不同的错觉，被我们所利用。如果审讯人员在审问中抛出同伙人的点滴信息，便会造成犯罪嫌疑人更多的联想，产生错觉，如"你不说有人说"，这时犯罪嫌疑人便会产生他人已供述的错觉，联想出对自己的不利因素，加速了心理证据的形成。因而在审问中应注意对案件的保密，否则对犯罪嫌疑人的错觉无从谈起。

3. 犯罪嫌疑人对客观事实存在产生的错觉。审讯中为了使犯罪嫌疑人对客观事实存在产生错觉，将这种客观存在分为实际存在和假设存在两大类。笔者将客观存在分为两大类的原因是：实际的客观存在是指犯罪嫌疑人实施犯罪时留下的行为痕迹和与此相联系的各种情景；而假设的客观存在，是审讯人员为了使犯罪嫌疑人产生某种错觉而假设的犯罪痕迹及其相联系的各种情景。因为犯罪嫌疑人在进行犯罪以后，尤其是贿赂犯罪，留下来的客观存在的痕迹极少，而这些痕迹和情景又是犯罪嫌疑人在被审问时赖以顽抗的基础。从这类犯罪特点来看，时间长，隐蔽性强，有时几年以后才能发现其犯罪，大量的痕迹和相关的情况都消失了，这对于审讯是极为不利的。为弥补这一缺陷，采取假设的痕迹使犯罪嫌疑人产生错觉，是较为有效的方法。例如某一单位私设"小金库"私分公款，案发后将"小金库"账簿全部销毁，让司法机关无据可查。审问时犯罪嫌疑人表现出了极强的侥幸心理，认为：账已销毁无证可取你们就定不了我的罪，审讯时不是一问三不知，就是声称全部记不清楚了。结果审问人员采用了"假设的客观情景"，说"你认为账销毁了就无据可查了吗？但是你忽略了一件事，你们的财务会计怕日后对公款的去向说不清楚，在笔记上又作了记录，这一点你可能没有想到吧？"这一信息的出现使犯罪人乱了阵脚，他不但没有怀疑这一情景的真实性，而且把"小金库"以外的款项也联系起来，最后交代了各项款子的来龙去脉及数额，审讯取得了成功。

二、审讯活动中错觉如何设置

让犯罪嫌疑人产生错觉，是建立在犯罪嫌疑人对某些信息确信的基础上，合情合理的客观的逻辑联系，才能取信于犯罪嫌疑人，如果胡乱给犯罪嫌疑人输入一些信息，不但不会使犯罪嫌疑人产生错觉，还会使犯罪嫌疑人看出来审讯人员在骗他，反而强化了对抗心理。所以在设置错觉的时候，审讯人员应顺着案情的发展，合乎情理地将假设的信息"推销"给犯罪嫌疑人，不能滥用、乱用，否则将适得其反。因此在设置错觉时，首先，应对案情有充分的深入调查了解，掌握了一定的实际情况，摸准了犯罪嫌疑人的心理脉搏，做到不用则已用则奏效。其次，错觉信息的语言的运用。错觉信息的语言特点，从表面上看似乎具有模糊性，而实质上具有很强的针对性，这是常用错觉信息的语言特征之一。再次，"自言自语"也是错觉信息的又一重要的语言特征。在审讯中有些话不便直说但又必须要说，通常采用"自言自语"的方法将信息输出。最后，合情合理的语言是错觉产生的基础，因为犯罪嫌疑人最爱听的就是合情合理的语言，这样最容易取得犯罪嫌疑人的相信，如果犯罪嫌疑人不相信审讯人员的话，错觉便无从谈起。从设置的方法来看，就是人们常说的："无事生非，无中生有。"让犯罪嫌疑人的错觉为审讯服务。

三、审讯中设置错觉的方法

1. 直接告知犯罪嫌疑人其犯罪的存在，是让犯罪嫌疑人产生错觉的基本方法之一。在审讯进入试探摸底阶段，直接告知犯罪嫌疑人已经构成犯罪，让犯罪嫌疑人产生司法机关已经获得了犯罪证据的错觉，这种错觉是审讯人员强加给犯罪嫌疑人的，当然犯罪嫌疑人对审讯人员的错觉设置，并不是当时就能取得犯罪嫌疑人的信任产生错觉的，这要通过犯罪嫌疑人的观察和体验之后才能获得。对此审讯人员通常采用的方法是阻止或者否定犯罪嫌疑人对审讯人员提出的犯罪存在的辩解，进一步强化犯罪嫌疑人对犯罪存在的错觉，只要犯罪嫌疑人产生罪证已经被司法机关掌握的错觉，这对审讯人员来说就等于取得了审讯任务的基本成功。在审讯的活动中只有让犯罪嫌疑人产生证据已经被司法机关掌握的错觉，犯罪嫌疑人才能放弃抗拒，在趋利避害心理的驱使下，犯罪嫌疑人会选择对自己有利的方面做出行动，当犯罪嫌疑人认为供述对自己最为有利，那么犯罪嫌疑人就会选择供述认罪。

2. 审讯桌上的"空城计"。从审讯的准备阶段来看，审讯人员的桌上应当放些什么东西这个细节，平时可能不大被人们所注意，但是这对犯罪嫌疑人来说是至关重要的。犯罪嫌疑人进了审讯室，首先注意的就是审讯桌上放了些什么东西。通过观察审讯人员桌子上的物品和资料，可以判断出自己处境的情况。如果在犯罪嫌疑人第一次走进审讯室时，一眼看见审讯人员桌子上放着的只有两张纸内容的卷宗，他就会感觉到司法机关还没有掌握多少犯罪情况，产生了相对稳定的定势心理来与审讯人员周旋。但是如果反过来适当地将其他的什么材料也放在桌子上，此时的犯罪嫌疑人所反应的结果会截然相反，他会自然地产生联想，把桌子上的卷宗与自己的犯罪联系到一起：司法机关已开始大量的调查，并收集了大量的资料，这些资料是记载了我哪些犯罪的事实呢？这就达到了进门就让其迷惑不解的目的，使之越看越觉得犯罪事实已暴露了，这是审讯桌上的"空城计"。

3. 暗示证据的方法。在持有部分证据的情况下，审讯人员不要急于抛证据来引供词，而应反过来用供词发展证据，最后审讯结束阶段将证据让犯罪嫌疑人过目，予以确定。有人说证据是让犯罪嫌疑人开口的"法宝"，为什么不去直接使用呢？这是因为，直接出示证据固然容易使犯罪嫌疑人供述，既省事又省时，但是这种被直接出示的证据，审讯人员只能得到该证据范围内的供述，而对该范围之外的其他罪行便会一无所获。审讯中不是不可出示证据，而是为了使现有的证据发挥更大的威力和作用，这就是出示证据的方法要带有迷惑性，也就是说，出示证据的方法最好不要"明示"，而要采用暗示证据的方法，这种方法就是迷惑的方法，让犯罪嫌疑人知道审讯人员这里有证据，但又不清楚证据的具体内容。如因为贪污、贿赂犯罪大多是合同、票据、证书、财务资料、银行资料等，在放置的方法上既要让犯罪嫌疑人看见这些资料，又要让其不清楚具体内容。审讯人员有时还可以抽出一些资料，读其中的某一内容和情节，来通过犯罪嫌疑人联想的发展扩大，最后系统化，达到证据材料的"无中生有"。

4. 语言的迷惑性。语言的迷惑能使犯罪嫌疑人一步一步地走进"迷宫"。让其相信自己的犯罪事实已全部暴露，但自己又不明白这件事是怎么暴露的、什么环节出了问题。使用迷惑性的语言是建立在找准犯罪嫌疑人的抗审的条件和依据之上的。"在贿赂犯罪案中，行贿人只要不告发就没事，即便行贿人告发，但没有其他人证明'一对一'无凭无据也没事。"这是受贿犯罪嫌疑人在抗审中的"心理支点"。迷惑性语言都是围绕这一"支点"展开的，如"你早知今日何必当初！纸是包不住火的，你说不说并不要紧，有多嘴的替你说了……你们的关系虽然是有'基础'的，但有谁不是为自己着想呢？要想人不知，除非己莫为……是否贿赂你自己心里明白，我们也十分清楚"等。这种迷惑性的语言，在实质上还存在隐含的前提，这一隐含的前提是让犯罪嫌疑人扩展自己的心理证据，达到以假引真的目的。

5. 审讯人员神态的迷惑性。审讯人员在审讯活动中的喜怒哀乐都会对犯罪嫌疑人产生影响，有时犯罪嫌疑人为了刺探审讯的重点和目标，会用各种方式来达到自己的目的。如果审讯人员对犯罪嫌疑人的供述能符合自己的意图就表现出满意的神态，不符合自己的心愿就表现出不耐烦的神态，那么犯罪嫌疑人就知道审讯人员要什么、不要什么，对什么感兴趣，对什么不感兴趣，久而久之就连审讯人员手里有多少"货"都能知道得一清二楚，出现这种情况不可能会有审讯的成功。审讯人员只有隐蔽了自己才能"迷惑"别人，只有管好自己的"神态"，别让神态"乱说话"，才能在需要神态产生迷惑作用时起作用。审讯人员神态的迷惑性是根据审讯的目的来决定的，神态的迷惑性也就包含在实现这一目的的过程当中。如审讯人员需要的东西，而犯罪嫌疑人就是不给，审讯人员为了完成这项任务，首先表现在神态上要有迷惑，虽然急需，而神态的表现应漫不经心无所谓，越急越应沉着冷静。如果对急需的东西表现出急不可耐的神态，就会引起犯罪嫌疑人的重视和猜想，权衡对自己是否有利或引起警惕，出现不予配合的局面。由此对犯罪嫌疑人的供述不论是"轻重缓急"还是"有用无用"，都不能在神态上表现出来。所以审讯人员在审讯中要态度庄重、沉着、冷静、注意力集中、以不变应万变。

6. 利害关系的迷惑性。与犯罪嫌疑人有某种利害关系的人，如杀人后帮助转移尸体的人，盗窃后帮助销赃的人，介绍贿赂的中间人，挪用公款的使用人，赃款去向的窝藏人等，案发后虽然犯罪嫌疑人在不同程度上与这些人订立了攻守同盟，但是还是时刻担心这些人供述案情，把自己送上绝境。从贪贿犯罪的赃款处置特点来看，大多数犯罪嫌疑人都以转移赃物、赃款的存放来逃避惩罚。赃款、赃物的转移目标一般又都是自己较为信赖的亲朋好友。例如：江苏省某市原市长钟某某，将受贿案赃款赃物转移到某公司经理处窝藏；广州省某市原公安局局长洪某某，将赃款赃物转移到武汉的妻弟家中窝藏；广东某县委副书记王某某，利用亲属转移、窝藏贪污受贿案赃款赃物就有十多人；等等。这是贪污、贿赂犯罪普遍存在的特点，有很多的时候，在犯罪嫌疑人的住宅搜查一无所获，就连日常的生活费用都没有，这就不正常了，因为案发后，稍有风吹草动，这些人便如惊弓之鸟，迅速转移罪证。加之在办理这类案件时，因程序、手续及各方面的原因不能及时进行搜查，从而贻误了战机，留给了犯罪嫌疑人转移赃物的时间。赃款、赃物的转移对犯罪嫌疑人来说算是吃了一个"定心丸"，也成了他们抗审的心理支柱。因而迷惑的目标是让犯罪嫌疑人误认为窝藏的赃款赃物已暴露。如"虽然是亲朋好友，但谁愿意背窝藏的罪名，况且还是替别人背黑锅"，又如"你是为了保护自己，但有时亲戚也是为保护自己，毕竟是犯罪的，谁不为自己考虑呢"。如果犯罪嫌疑人的赃款并没有转移，那么他对上述的语言不会有多大的注意，而如果对方真的将赃款转移了，就会非常重视这里的含义，会认真分析研究，外面表现出心不在焉、愣神，实际上他是在激烈地思考、判断窝藏的对象会不会向司法机关交出赃物、赃款。追赃款和赃物的去向，实际上也是审讯取得成功的有效方法。

7. 迷惑莫被迷惑误。犯罪嫌疑人为了取得抗审的成功，也会用假象来迷惑审讯人员。有的犯罪嫌疑人为了取得审讯人员的同情，往往大讲特讲自己的丰功伟绩，如"自己辛辛苦苦半辈子，工作勤勤恳恳，多次拒绝贿赂，可以说是两袖清风，可到头来落个被检察院调查的犯罪嫌疑人，这是从何说起……"还有的犯罪嫌疑人故作镇静，表现出轻松自然的情绪，对审讯人员表现出顺从协助，态度老实，问什么说什么，对答如流，以此来迷惑审讯人员。更有甚者会赌咒发誓，声泪俱下。因此审讯人员必须注意在这种假象的背后，往往隐藏着更大的犯罪，并且不能被这种表面现象所蒙蔽，自己的心中应有根主线，既然是迷惑对迷惑，就该假戏真做地演下去，装糊涂，使对方失去警惕，待找准了目标，"临门一脚"便能取得成功。

第二节 结果讯问法

结果讯问法，即审讯时跨越设定的前提，直接攻击犯罪的目标和犯罪的行为结果的方法。如讯问贪污案件的犯罪嫌疑人：你为什么要重复报销发票？你在银行有那么多存款是哪里来的？讯问杀人案件的犯罪嫌疑人：你为什么要杀他？讯问抢劫案件的犯罪嫌疑人：你为什么要抢他的东西？这种方法有两个目的，一是对犯罪嫌疑人心理状态的侦查，掌握犯罪嫌疑人对"环节选择"的内容；二是能够发现特征因素的对抗反应，如果犯罪嫌疑人表现出否定或者反驳，应当立即阻止，维护以此而产生的压力的连续性，为后来的转变功能服务。

犯罪嫌疑人在初次接受审讯时，大多是处于被动的心理状态，由于犯罪嫌疑人对犯罪行为的情景记忆的存在，当他与审讯人员接触的时候，这种犯罪情景就会再现，通过审讯人员实施的不利的危险信息刺激被激活以后，产生了强大的心理压力，当这种强大的心理压力达到一定的程度，就会自发选择降低这种压力的方法。有的选择对抗、狡辩来进行自我心理维护，达到降低心理压力的目的，有的犯罪嫌疑人就选择供述、配合方法，达到降低心理压力的目的，这就转化成了认罪、供述的心理动机。犯罪嫌疑人这两种方法选择的共同特点，仍然是处于被动的心理状态。如果审讯人员的外部信息刺激不能对犯罪嫌疑人的认知产生危险的时候，或者外部信息刺激没有触及该犯罪行为的情景记忆，那么犯罪嫌疑人在接受审讯时的心理压力，会逐渐减小趋向平稳，继续下去就会发生本质的变化，这时如果审讯人员不能改变犯罪嫌疑人的平稳的心理状态，犯罪嫌疑人就会从被动转为主动，直接影响审讯活动的顺利进行，甚至导致审讯活动的失败。

犯罪嫌疑人犯罪行为的情景记忆，记忆痕迹比较稳定的阶段是犯罪行为的结果，任何犯罪行为必然有犯罪行为结果，犯罪行为的结果也反映了犯罪行为的行为目的，例如，贿赂案件的犯罪行为的结果是利用职务之便，收了别人的钱财；杀人案件的犯罪行为的结果是夺取了别人的生命；交通肇事逃逸案件的犯罪行为结果是肇事后逃逸。这些犯罪行为的结果会清晰地留在犯罪嫌疑人的记忆里，一旦有类似的信息刺激，这种犯罪的情景就会在犯罪嫌疑人的脑海里再现，引起紧张导致心理压力。当我们的审讯人员直接讯问犯罪嫌疑人犯罪行为结果的时候，犯罪的情景就会在犯罪嫌疑人的脑海里再现，由于审讯人员的控制，犯罪嫌疑人必然要设法摆脱这种控制，进行自我保护。犯罪嫌疑人的这一认知反应过程，需要一定的时间，时间差比较大。这是区别真正的犯罪行为人和无犯罪行为人的时间值，无犯罪行为人对其认知反应过程的时间比较短。当我们的审讯人员讯问无犯罪行为人，让其回答犯罪行为结果的时候，他们会迅速做出否定的反应，时间差比较小。这是侦查、区别犯罪嫌疑人是否有犯罪行为的基本方法之一，当我们的审讯人员通过这种方法确定犯罪嫌疑人有犯罪行为存在的时候，应当立即对犯罪嫌疑人的否定和辩解进行阻止，把犯罪嫌疑人的认知限制在犯罪行为结果的范围内展开"攻击"。不断促使犯罪嫌疑人心理压力的最大化，向供述动机方面转化，达到供述犯罪事实的目的。

例如，甲驾驶一辆摩托车，逆行撞倒了放学回家的学生乙后逃逸，目击者提供了不太准确的摩托车牌号和肇事者的特征，公安机关通过排查走访群众，证实甲驾驶摩托车去过肇事现场，公安机关找到了肇事者甲。笔者提取了当时的一段讯问笔录：

问：姓名、年龄、职业……
答：……
问：驾驶证号码？
答：……
问：你在七月二十五日下午骑摩托车撞倒了人，为什么逃跑？
答：（声音降低、语言速度减慢）我没有撞人、没有逃跑……
问：我现在就问你为什么逃跑？
答：（不语）……
问：说！为什么逃跑？
答：（不语）……
问：你以为你能跑掉吗？
答：我也不是为了跑，我是怕他家里来人打我。
问：你是怎么撞倒他的（指被撞者乙），你把经过讲一下？
答：我从城里的朋友那里回家，骑着摩托车到了四和路的时候，前面有一台农用车，我就超车了，超过了车准备从前面向左拐弯，不知道从什么地方冒出来一个小孩，当时我刹车已经来不及了，就撞了过去，撞过以后我也没有看，就开车回家了。

问：你撞的小孩有多大年龄？

答：我也没有注意看，大概有十几岁。

问：穿的什么衣服？

答：上身穿的是白色衣服，下身我没有注意。

问：对这起交通肇事你打算怎么办？

答：我愿意接受处罚，不知道我撞的那个小孩伤得重不重？

问：（实际上被撞的小孩经过抢救无效已经死亡）关键不是那个小孩伤得重不重，而是你的认罪态度，肇事后逃跑已经是错了，现在你就不能错上加错了，你要有一个好的认罪态度才行！

答：我一定争取好的态度。

……

第三节　动机讯问法

从概念来看，动机是导致人类心理和行为产生的促动因素，是人类愿望的最基本的促动力。一种动机就是一种欲望或者希望，动机作为一种欲望存在于个体内。动机包含了内在的驱动力，从某种程度上讲，动机是实现欲望和行为的内在动力。犯罪的动机就是实现犯罪结果的直接原因和直接动力，犯罪是由于犯罪动机引出的结果。例如强奸犯罪是因为性欲的动机引发的结果，贪污、贿赂犯罪是因为物欲、贪欲引发的结果。当犯罪嫌疑人在实施了犯罪行为以后，留在大脑里的记忆不仅仅是犯罪的结果、犯罪的过程，还有犯罪的原因、犯罪的心理动力——动机。无论在什么时候，只要犯罪嫌疑人的大脑里出现犯罪的过程和犯罪结果的时候，他就会联想起犯罪的原因即动机，他们会这样问自己：我为什么要去干那件事？这样，原因和动机就会经常浮现在犯罪嫌疑人的脑海里，动机在犯罪嫌疑人的记忆里是非常容易被激活的。动机讯问法就是根据犯罪嫌疑人容易被激活的犯罪动机，帮助犯罪嫌疑人分析犯罪动机，通过犯罪的动机引出犯罪的结果。

在审讯活动中通常是先从犯罪的结果开始，追讯犯罪的原因和犯罪的动机。这种方法有利于让犯罪嫌疑人产生错觉，消除侥幸心理。而动机讯问法容易使犯罪嫌疑人产生心理的顺应性，加大暗示心理战的力度和效果，从源头排除侥幸心理。其方法是审讯人员有意识地避开犯罪的结果、犯罪事实和犯罪行为，直接进入犯罪心理的深层次进行追讯，围绕普通犯罪产生的动机，嫁接到犯罪嫌疑人的身上,"引蛇出洞"追出犯罪结果。例如,贪污贿赂犯罪的讯问方法有:你现在又不是缺吃少穿的,何必要去贪那些财呢?你的前途还很大,为什么非要选择这样的方法呢?事情的经过你就不要说了,你就说说原因?是不是必须要去贪那点财?……这时犯罪嫌疑人就会设法否定自己的贪财,他会选择自己的否定方法——通常是选择对犯罪行为的否定,来否定自己的贪财。但是犯罪行为和犯罪事实,已经被审讯人员封住,不让其涉入,那么犯罪嫌疑人只得选择原因和动机来进行否定,这种单一的对原因的否定越细、越具体,与犯罪行为和犯罪结果的联系就越大,暴露的程度也就越大。同时审讯人员已经封住了犯罪事实和犯罪行为,不让其涉入,足以使犯罪嫌疑人产生犯罪行为已经暴露的错觉,达到"堵其一面,逼其就范"。

第四节 假设讯问法

假设概念是理论学家们提出的为了对人们所观察到的现象进行解释的概念。之所以说它是假设,因为假设的东西本身是看不见、摸不着的,因此也是不确定的。说它是思维的产物,因为它是理论家们想出来的,不是以实践为依据的。比如,"本我"的概念就是一个假设的概念,"本我"谁也没有见过,包括理论家本人。因此假设存在的行为和物质,必须是合理的,符合逻辑的,更进一步说是可信的,否则假设存在就失去了意义。在审讯活动中,根据逻辑关系,假设某一件事情的存在,用客观逻辑联系的方法,直接对犯罪嫌疑人展开"攻击",促使犯罪嫌疑人把客观的犯罪事实与犯罪记忆中的心理事实进行确认,转化成为心理证据,达到使犯罪嫌疑人供述认知的目的。例如,说:你为什么会有那么多的存款(假使存在,因为受贿的财产不会飞走的)?你为什么收别人的钱?你收的那么多的钱干什么用了?目的是使犯罪嫌疑人产生心理误区,由此动摇犯罪嫌疑人的侥幸心理。再如,杀人的第一现场为什么有你的遗留物?为什么有你的脚印和毛发?杀人的第一现场在被害人死亡的时间范围内,只有一个人去过!此时,如果犯罪嫌疑人是真正的杀人凶手,那么他就会立即把当时的杀人现场与自己记忆中的行为进行确认,并且能够迅速回忆当时现场的某些情景,分析毛发与脚印遗留的可能性。这种思维过程需要一定的时间,可以从犯罪嫌疑人的外部神态中反映出来。一旦犯罪嫌疑人出现这种情况,审讯人员应当立即展开"攻击",不要给犯罪嫌疑人喘息的机会,逼其做出回答:说!怎么回事?你到现场干什么去了?你为什么要杀他?这样犯罪嫌疑人就会顺着审讯人员为其设置的路径,走进包围圈。如果犯罪嫌疑人不是真正的杀人凶手,那么他就会立即起来反驳:我绝对没有去过杀人现场,我为什么要杀人？这是不可能的事情！……因此审讯人员在审讯的实践中一定要认真把握，不能选错了"攻击"对象。

假设在汉语中的解释为：假如是这样，姑且认定。为了在审讯的活动中更能清楚地表达原意，我们把假设解释为：虽然目前不是这样或者虽然目前不存在，但是我们可以假设它是这样或者假设其存在，其目的是为了便于说明问题。我们在审讯犯罪嫌疑人的时候，由于缺乏直接的证据证明犯罪嫌疑人犯罪，而犯罪嫌疑人由于畏罪心理的困扰，拒不交代自己的犯罪事实。在很多的时候，犯罪嫌疑人知道审讯人员没有掌握犯罪嫌疑人的直接犯罪证据，故坚持抗审直至逃避法律的惩罚。在这里，犯罪嫌疑人赖以坚持抗审的心理依据，就是审讯人员的手里没有能够证明其犯罪的直接证据。那么假如或者假设证据的存在，审讯人员手里有证明犯罪嫌疑人犯罪的直接证据，再顽固的犯罪分子也不会抗拒否认，因为事实清楚证据确凿，已经失去了抗拒否认的意义。审讯人员在接受审讯的时候手里没有"炮弹"，犯罪嫌疑人是不会投降的，那么审讯人员手里有假"炮弹"或者是假设的"炮弹"，而被犯罪嫌疑人误认为是真"炮弹"，那么犯罪嫌疑人仍然会投降。因此，我们在审讯的活动中虽然没有直接的证据，但是我们可以假设直接证据的存在，使得犯罪嫌疑人产生犯罪事实已经暴露的错觉，促其认罪服法。

那么，怎样能使假设的证据产生作用？关键是让犯罪嫌疑人确信审讯人员假设的证据存在，这是审讯活动中能否有效运用"假设法"的关键。例如，犯罪嫌疑人只要去过犯罪的现场就会留下痕迹，如脚印、毛发、指纹、烟头、排泄物等。在很多的时候，犯罪嫌疑人对留在现场的遗留物，并非很在意很留心。有的时候犯罪嫌疑人在现场留下了什么东西就连他自己也不清楚，还有的现场的遗留物是不可避免地留在那里的，如毛发、衣服纤维、人体气味等。我们在审讯活动中就是利用犯罪嫌疑人对现场遗留物的不留心不注意，"帮助"犯罪嫌疑人假设现场的遗留物，导致犯罪嫌疑人确信自己在现场留有遗留物，犯罪嫌疑人的心理事实被确认，最后只有放弃抗拒走供述认罪的路。有这样的一起案件：某市卫生学校的一名女学生，在深夜被人入室强奸后杀害在宿舍里，经过公安机关的排查确定了犯罪嫌疑人，在对犯罪嫌疑人采取了强制措施以后，审讯一直处在僵持的对抗状态，由于现场没有发现遗留物，没有直接的证据证明犯罪，审讯进行得非常艰苦。为了取得这起案件的审讯成功，审讯人员改变了审讯方法，采用了假设法，直接告知犯罪嫌疑人：为什么在现场有你遗留的毛发？并且经过科学的鉴定已经确定无疑，你的毛发为什么会在案发现场？几个月来对你的审讯目的就是为了挽救你，希望你不要再错过机会了。这样一来犯罪嫌疑人感觉再抗拒下去已经失去了意义，强烈的求生欲望使犯罪嫌疑人交代了强奸杀人的全部经过。就此，审讯人员成功审结了一起疑难的强奸杀人案件。

第五节　离间讯问法

　　离间，这里主要是剥离犯罪嫌疑人与利害关系人的默契关系，摧毁他们的统一体。犯罪嫌疑人对抗审讯的条件，是建立在犯罪嫌疑人的犯罪没有证明的情况下，能够证明犯罪嫌疑人犯罪的，有人、物品、事件的相互关系等，这是对犯罪嫌疑人的最大威胁，也是他们在犯罪以后最关心的问题。通常犯罪行为人在实施了犯罪以后，总是千方百计地掩盖犯罪证据，通知知情人不要说出去，订立攻守同盟。这是犯罪嫌疑人赖以对抗的重要条件，一旦失去了这些条件，犯罪嫌疑人就会从对抗向供述方面转化。尤其是在共同犯罪的案件中，当得知另一行为人，没有遵守攻守同盟的诺言时候，就会产生被出卖的心理认知，引发出报复行为，促使双方相互检举揭发，最后达到查清犯罪的目的。如"你以为订立了攻守同盟他就不说了吗？谁不为自己考虑呢（暗示他人已经说了）？"剥离犯罪嫌疑人对他人的依附，扩大犯罪嫌疑人意识中的行为暴露量，消除"侥幸心理"，加大心理状态的反向动力。

　　"离间法"就是我们常说的挑拨离间，是有意识地制造敌人内部的矛盾斗争，采取借刀杀人的方法造成两败俱伤。离间法在审讯活动中，有时是克敌制胜的良方。在一些刑事犯罪的案件中，犯罪的涉嫌人并不是孤立一人，总要与其他人有着某种联系，这是使用"离间法"的基础。再者，大多数犯罪嫌疑人都是利己主义者，都有求生恶死的本能，这是离间成功的思想根源。不管攻守同盟多么坚固，只要在生与死中选择，这些人会为求生，出卖朋友，保存自己，甚至有的犯罪嫌疑人在抗审中为保护自己嫁祸他人。例如，某行贿者为了承接某写字楼的工程，一次性给了发包方负责人"见面礼"5万元，轻而易举地将该写字楼的工程拿到手，并且双方为了5万元还订立了攻守同盟："死都不说"。案发后，犯罪嫌疑人一口咬定自己无任何受贿行为。于是审讯人员采用了离间法："你以为你将写字楼承包给他们，他们就不揭发你，不出卖你啦？"犯罪嫌疑人真的以为对方已将5万元的事说出来了，只好交代了自己拿了5万元的犯罪事实。

　　使用"离间法"的重要性还在于：在共同犯罪的案件中，犯罪嫌疑人订立的攻守同盟，强化了犯罪嫌疑人在审讯活动中的对抗心理，是我们审讯成功的一大障碍，我们只有将他们剥离，然后进行各个击破。有的案件犯罪嫌疑人的防卫非常坚固，但是一旦审讯人员离间成功，订立攻守同盟的共同犯罪的行为人，就会相互揭发来争取主动，这是审讯共同犯罪嫌疑人的一大法宝。

第六节 借助讯问法

借助讯问，即借助他物、他人、亲情关系、空间关系、犯罪嫌疑人个人的某些行为细节等关系，进行合理利用，使犯罪嫌疑人产生情感转移的错觉和犯罪行为暴露的错觉。首先，是把对抗的心理状态转变成服从的心理状态。例如从亲情关系来看，利用犯罪嫌疑人的亲情关系，可以说：你的父亲为了你的事情吃不好饭，睡不好觉，他是多么希望你能早日回到他的身边。审讯人员语重心长的话，对犯罪嫌疑人的对抗心理起到抑制作用，这是从情感的角度来借助的。其次，是犯罪暴露的错觉，例如，贿赂案件的犯罪嫌疑人，在大量敛财索取贿赂的时候，不可能不透露给与自己有亲情关系的人，甚至其他的人，这就为犯罪的暴露提供了又一个条件，为我们的借助讯问法提供了依据。再如，一起盗窃案件，犯罪嫌疑人因为要结婚没有钱，就开始盗窃，一次得逞之后，继续多次盗窃，女友离开了他，父母在他被第一次逮捕的时候相继去世，家里只有一个未成年的弟弟。在这个案件中犯罪嫌疑人的女友和其弟弟，应当是知情人，这也是犯罪嫌疑人最担心的暴露根源。在审讯的时候审讯人员可以借用这个条件：你的女朋友和你共同生活了一段时间，可以说对你的情况非常了解，难道你不开口就能隐瞒过去吗？这使犯罪嫌疑人在无法否定的情况下，供述了自己的犯罪事实。

借助讯问法可以借助一切可以借助的人、物和情景，来"攻击"犯罪嫌疑人。如你作案多次，尽管时间和地点不同，但是你作案的方法和手段是一样的（这是对其行为的借助）；从你的家里提出来的那些物品，它不是"哑巴"，它会成为证明你犯罪的证据的（这是对物品的借助）。借助一切的客观条件，从而打开犯罪嫌疑人的心理大门。如有的犯罪嫌疑人在自己的生活范围内，有"亲信"和"保护伞"，这是犯罪嫌疑人比较信任的客观对象，这种信任不仅仅是对其个体的本质的信任，关键是对其提供信息的信任，是自己能够从中获得利益的信任。因此借助这种信任关系，可以摧毁犯罪嫌疑人的心理支点。

第七节 模拟情景讯问法

模拟情景，就是通过推理、研究，找出相似的犯罪情景，进行重复模拟，再现给犯罪嫌疑人，让犯罪嫌疑人进行复合认识，重现心理事实，达到客观事实与心理事实的确认，形成心理证据。心理证据是犯罪嫌疑人供述认罪的必要条件，是其供述认罪的理由和根据。犯罪嫌疑人实施了犯罪行为以后，其行为导致的犯罪事实是客观事实，这种客观事实是物质的，其本身往往不能跟犯罪的行为人联系在一起。例如，一起杀人案件，凶杀案件是存在的客观事实，但是这仅仅证明凶杀案件的存在，并不能证明与某个特定的人的联系，即便是真正的凶手，如果没有充分的认知条件的相互联系和证明，那么他也不会承认自己是杀人凶手。由此可知，犯罪的客观事实如果不能被犯罪的心理事实确认，就形成不了心理证据，这种心理证据是犯罪嫌疑人通过客观事实的认知条件和理由，经过诉讼过程中侦查活动的影响，与自己实施的犯罪行为的记忆痕迹即心理事实的确认，而形成的对犯罪的确认和认知过程，即心理证据的形成。

心理证据的形成，依赖于犯罪的心理事实，犯罪的心理事实来源于犯罪行为人的记忆，这种记忆痕迹就是心理事实。为什么犯罪的心理事实会持久存在，而其他的行为事实常常会被遗忘？人的行为是心理活动的结果，这种行为的结果会在大脑的记忆里留下痕迹，有短期的记忆痕迹、中期的记忆痕迹和长期的记忆痕迹，它的特点是随着时间的推移而逐渐遗忘。可是犯罪活动的记忆痕迹却相反，它不但不会随着时间的推移而渐渐遗忘，反而会一直保留在犯罪嫌疑人的记忆中，有时在外来信息的刺激下和自我意识的作用下，犯罪的情景会重新复活起来，就像"放电影"一样在犯罪嫌疑人的大脑里重现，这种犯罪行为的记忆痕迹通过犯罪嫌疑人的认知记忆保存下来，就是犯罪的心理事实，一旦重现，犯罪行为人就会感觉到恐惧、不安和焦虑。因为犯罪行为是社会的否定行为，是要受到法律惩罚的行为，如果在客观上这种犯罪的行为与自己联系在了一起，自己就要付出接受惩罚的代价。这里讲的客观联系，是经过司法机关干预而形成的犯罪行为与犯罪嫌疑人的联系。不是主观的犯罪事实与心理事实的联系，主观的联系如果没有客观的司法机关的信息干预，就不能形成心理证据，犯罪行为人就不可能将自己的犯罪行为向司法机关公布，因为犯罪的心理事实在没有经过犯罪行为人的确认过程以后，就形成不了心理证据，就不会供述认罪。

模拟情景讯问法，也即再现犯罪的心理现场，就是在审讯的活动中，找出犯罪嫌疑人实施犯罪的心理事实，通过审讯人员的信息干预，帮助犯罪嫌疑人将客观存在的犯罪事实与犯罪嫌疑人的心理事实进行确认，形成心理证据，产生心理限制，使之达到供述认罪的目的。犯罪事实是有形的物质存在，是犯罪行为的可见结果，是可见的单一的物质存在。而犯罪的心理事实却是无形的存在，有的时候常常是多种、多层次的复合存在。单一的物质存在只能证明某一次或者某起犯罪的存在，而多种、多层次的复合存在则由有多次犯罪行为引起的存在，因此犯罪嫌疑人的心理事实是多数的复合存在，是证明犯罪比较完整的存在。寻找确定犯罪嫌疑人的心理事实是查明犯罪的重要途径。模拟情景讯问法，是根据审讯人员已经掌握的部分犯罪情节，经过逻辑推理和分析研究，把犯罪嫌疑人隐藏在心里的无形的犯罪心理事实"显影"、重现出来，使犯罪事实与心理事实进行对接，逼迫犯罪嫌疑人将客观的犯罪事实与自己隐藏起来的心理事实进行确认，最后形成心理证据。这种心理证据通过犯罪嫌疑人的自我心理加工的过程，便会产生犯罪事实已经暴露的心理误区，这是产生供述认罪动机的心理依据。心理学的研究表明，一个人处于不安状态时，如果得到某种含糊的情报，又与自己不安的原因有着某种联系，他就会围绕自己的"不安情景"进行揣测，并且有越揣摩含义越多的感觉，从而使自己陷入忐忑不安、心理焦虑、思想溃散的境地。例如，犯罪嫌疑人翻供后，虽然自己翻供了，但是对翻供是否对自己有利而处于不安状态时，如果得到某种含糊的关于翻供问题的信息，就会陷入心理焦虑、思想溃散的境地，以致聚集的对抗因素散了——"散了心"。犯罪嫌疑人的对抗力是由聚集的对抗心理因素的集散程度决定的，对抗因素越是聚集对抗力就越强；反之就越弱。因此，一旦"散了心"，就会趋向供述事实，认罪服法。

国外有些司法机关，在审讯犯罪嫌疑人的时候，利用给犯罪嫌疑人画像、模拟犯罪情节等手段，对犯罪嫌疑人进行审讯，达到实现心理证据的目的，已经成为成功的经验和方法。

模拟心理事实的方法有：犯罪的心理事实隐藏在犯罪嫌疑人的心灵深处，是不会轻易暴露出来的，因此审讯人员必须从犯罪嫌疑人实施犯罪的自然属性和社会属性中，找出犯罪行为与犯罪事实之间的内在联系，去开启心理事实的大门。这里的自然属性是犯罪行为的结果所形成的个体的特点、内在联系和行为规律。对其进行分析研究、推理，填补再现犯罪的行为过程。这里的社会属性是犯罪嫌疑人的人格关系的体现，即社会交往的人际关系、认识倾向和情感反应，如智力犯罪、暴力和激情犯罪……这些犯罪所造成的犯罪结果不同，犯罪行为不同，情节过程不同。而这些属性总要通过犯罪的行为表现出来，因此我们不仅要详细分析和阅读卷宗，更重要的是必须对犯罪嫌疑人的社会背景、个体情况、因果关系进行认真地调查研究，多问几个"为什么"，通过"疑"点、"空白"点，找出犯罪的行为规律，较为准确地把犯罪的行为与结果联系起来，呈现出犯罪的心理事实。

例如，2005年1月29日上午在皖北检察机关，犯罪嫌疑人王某被法警带进审讯室，他的个头中等偏高、消瘦、皮肤偏黑，没有刮去的胡须隐藏着一股怒气。不知道是什么时候那件看守所特有的狱服——黄色马甲，已经被脱了下来，搭在了手臂上（审讯人员想这可能是他的虚荣心的表现），法警为其打开了手铐，他将黄马甲搭在了椅背上，斜坐在椅子上。

问：你叫什么名字？

答：王某。

问：年龄和职业？

答：我1965年出生，大学副教授，兼职律师。

问：因为什么罪行被逮捕的？

答：伪造证据。

问：示意黄马甲，你怎么把它脱了？穿上吧（试探对方的对抗反应程度）！

答：……不太情愿地将马甲穿在了身上，没有继续把纽扣扣上（服从了一半，保留了一半的对抗）。

问：我们通过社会上的走访和了解，对你的评价是很高的，你为人比较实在，乐于帮助别人，同时你也是一个非常有水平的人，你是通过自己的努力读完了博士，当了大学教授，这是不容易的。但是帮助别人应该有一个原则，不能触犯法律。

答：我没有触犯法律，都是他们有意要整我，你不了解情况，我为了这个案件辩护，得罪了他们（指检察院）。

问：据我所知，事情不是你说的那样，检察院不久前还邀请你作为专家组的成员，参与检察院的执法活动，态度怎么就变化得那么快呢？关键是你不应该帮助犯罪嫌疑人伪造假证据。

答：不是我帮助犯罪嫌疑人伪造假证据，这件事情确实不是我干的，他们为了让我承认还打我，这件事我怎么说呢，这个事情我怎么能够说清楚，不是我干的非要说是我干的，我是有口难辩哪。

问：王教授啊！你是一个聪明人，又精通法律，检察机关能凭空逮捕你吗？在你的问题上是靠证据来说话的，不是凭空跟你过不去就逮你。

答：他们有什么证据！就是没有证据才逼我承认的，我要是承认了，他们才好收场，不然他们就没法交代。

问：你的这种想法正好把你自己逼上了绝路，本来你干的这件事情，并不是什么大不了的事情，干错了事情，能够有一个好的态度，争取检察机关对你的谅解，有可能检察机关不起诉你或者判处缓刑（给予希望让其转变态度）。可是你拒不认识自己的犯罪问题，给检察机关的公正执法造成障碍，提供了难题，你不但没有认识到自己行为的危害性，而且采取了积极的对抗行为，采取串供的方法隐瞒事实，法院是肯定要判你实刑的，你是大律师是应该清楚的。我没有想到在处理这件事情上，你怎么就这么糊涂，实在是太不聪明了，不像是你处理事情的风格。

答：他们（指检察院）非要这么说，我有什么办法呢？我要是说假话死我一家人！

问：现在你可能也知道了，在你们几个人中间，你不说别人也都说了，这样的结果对你能有利吗？你替别人干事情，到后来让别人把你卖了，你说你愚蠢不愚蠢，你这叫干的什么事情（离间）！你也是太实在了（利用矛盾）！

答：我知道他们已经说了，他昨天回去就跟我说了：对不起了！我"丢了"（看守所管理不严）。他胡说八道是他的事情，他是想讨好检察院。

问：这你就错了，他这样做最起码能得到从轻处罚，把自己的损失降到最小的程度。如果你当时不翻供，如果你像起初那样积极交代自己的犯罪事实，检察院根本就不会逮捕你，因为你能够主动交代，就没有逮捕你的必要，检察院也会谅解你的，你不该翻供啊！

答：现在我能够说什么呢？真假难辨，他们非要让我承认假的担保协议是我让江某签字的，这不是事实。他们非要把假的东西栽在我的身上来，让我承认，他们好结案，我不能违背良心。我跟你说实在的，当时的情况就是这样，我不承认是我干的，就把我关起来，逼着我顺从他们，他们才好有台阶下。

问：王教授啊，你不应该翻供啊！你在律师界是很有名望的，在同行们中间你要树立一个榜样，敢作敢为，教育同行，引以为诫（给台阶下）。以后不能感情用事，无原则地帮助人，通过这次事情来教育他们，并且树立一个样子给他们看，作为律师这样的事情不能干，给他们敲一个警钟，也是一件好事。实际上你是为了江某而不是自己，并不是什么丑事情，根本就没有必要对抗、否认、翻供（增强心理承受力）。根据客观情况来看，你说不说都构成了犯罪，因为客观已经存在，不说、抗拒的后果只能是量刑重，认罪态度好是从轻的情节，你比谁都清楚，你能够积极地配合，检察机关是不会为难你的，同时也能够谅解你，过去做错了事情，现在改正了，检察机关会理解你的，会对你进行从轻处罚的，你是律师应该清楚这一点的。作为我们来说能够拉你一把，不会推你一把的，我劝你能够听我一句话，对你只有好处，没有坏处（再现心理事实）。你作为律师在代理案件的过程中，为了帮助犯罪嫌疑人开脱罪责，你利用去看守所会见的便利条件，帮助犯罪嫌疑人制造假证，并且将假证带出看守所，交给了有关人进行了处理和完善后，由你送交了法庭，导致本来事实清楚、证据确凿的案件无法审判，阻碍司法活动的顺利进行。事发后，检察机关发现了问题，直接找你讯问，你当时还能够认识到自己"问题"的严重性，供述了自己的制假行为。可是当公安机关再次讯问的时候，你带着"侥幸心理"想蒙混过去，于是你进行了翻供，推翻了前面的供述。由于你在这件事情上的错误处理，才导致了你目前的不利处境。我想跟你说两句话不知道你是否愿意听？

答：我愿意听你的。

问：你的翻供已经失去了意义，实话实说才能改变你目前的处境！

答：你们想让我怎么说我就怎么说吧（找台阶下）！

问：不是我们让你怎么说你就怎么说，你要说实话。

答：实际上我以前说的都是实话，他们非要让我这样说，那我就这样说，你们记录吧：假的担保协议是我带进看守所让江某签字的，江某签了字的假协议是我带出来交给赵某的，再有赵某将假协议进行复印，再把复印的假协议交给陈某，然后我与另一合肥的律师从陈某处取出后，交给了法庭。至于假的担保协议的原件在什么地方，你们要问赵某。

问：你说的这是实话吗？

答：唉（叹气）！是实话（非常不情愿地）。

问：那我们现在对你进行录像，固定你的供词，你同意吗？

答：我同意。

记录、录像、固定证据同时进行，该案件的最关键的人物全部供述交代了犯罪事实，经过查证属实，顺利地将该案交付了审判。

第八节　概率讯问法

从概率的概念来看，它是某事物的此与彼的比值和占有率。概率对于我们每一个人的认识有着重要的影响，人们在很多时候是因为概率的影响而发生认知错误的。例如，在一起团伙的犯罪案件中，有三名犯罪嫌疑人被刑事拘留，分别是A犯、B犯、C犯，在审讯的过程中，审讯人员有意透露给A犯，在他们三个人中间要放一个人回家，其他两个人要转逮捕。按照概率来看每个人都有三分之一的可能性，A犯为了打听消息，又不敢直接问办案人员准备放谁回家，于是他就转变一种方法来问办案人员：在我们三个人中间谁会直接转逮捕？办案人员告诉他：C犯会直接转逮捕的。他听到后心情轻松了许多。按照概率来看，被放回家的概率从1/3的可能性，上升到了1/2，A犯心情轻松了许多的原因，是被放回家的概率上升了。但是相反从这件事情的本质来看，A犯被直接转逮捕的概率也上升了，再者，从根本上来说，A犯被放回家的概率仍然还是1/3的可能性，这就是概率跟我们开的"玩笑"，导致了认知错误。在审讯活动中，犯罪嫌疑人在很多的时候把自己卷入了概率的盲区不能自拔，这就为我们审讯提供了"攻击"的靶子和利用的条件。在很多的时候犯罪嫌疑人面对审讯人员的"攻击"所想的并不是单一的对抗,而是在权衡对自己有利的概率是多少,是交代还是不交代。在各占50%的情况下,如果趋向于交代认罪的概率增加了20%,那么供述认罪的概率就会从50%增加到70%,对抗拒不认罪的比率就会下降到30%,这样犯罪嫌疑人的内在动力就有70%,就会选择供述认罪的结果。相反,当对抗拒不认罪的比率上升了20%,那么对抗拒不认罪的比率就会从50%上升到70%,这样阻碍供述的内在动力就会增加到70%,犯罪嫌疑人就不可能选择供述认罪的结果。

概率讯问法是利用犯罪嫌疑人普遍存在的认知错误的概率因素和审讯活动中犯罪嫌疑人的心理特点,把犯罪嫌疑人带进概率因素的认知误区,转化和增加供述认罪的内在动力,促使犯罪嫌疑人选择供述认罪的行为结果的一种方法。这里应当注意,我们利用犯罪嫌疑人概率因素的认知错误,不是对犯罪嫌疑人进行诱供,而是建立在让犯罪嫌疑人说实话、提供真实可靠的犯罪证据的基础上,达到令其供述犯罪事实的目的。同时,不轻信口供,让证据来证明犯罪嫌疑人供述的真伪,达到提取真实可靠证据的目的,是审讯心理"攻击"方法的原则。这里,犯罪嫌疑人选择对抗不愿意供述认罪的内在原因,就是认为自己的犯罪行为可能没有暴露,心理认识的没有暴露的概率是100%或者是80%,也可能是60%以上,既然对抗对自己有利的概率可能在60%以上,那么犯罪嫌疑人就不会选择供述认罪的结果,而只有对抗的不利因素的概率高于60%,才会选择供述认罪。概率讯问法就是不断提高这种对抗对自己不利的概率,降低对抗对自己有利的概率。通常采用的方法是:在审讯活动的最后阶段,犯罪嫌疑人处在是供述还是对抗的十字路口的时候,在这种摇摆过程中,把犯罪嫌疑人拉入犯罪行为已经暴露的认知错觉圈,这里包括对物质暴露概率的认识、对于人的暴露概率的认识、对于"关系"(事件)暴露概率的认识,帮助犯罪嫌疑人建立较高暴露概率的认知,建立内在自我动员的供述心理机制。把犯罪嫌疑人带入认知概率圈,可以直接告知犯罪嫌疑人:司法机关在没有接触或者在没有找犯罪嫌疑人的时候,该犯罪嫌疑人暴露的概率为50%,当司法机关确定了犯罪嫌疑人的时候,该犯罪嫌疑人的犯罪行为暴露的概率就上升到60%以上,这是司法机关确定犯罪嫌疑人的根据。确定的依据就是:犯罪行为留下的物质对象,如现场遗留的痕迹和遗留物,犯罪行为留下侵害对象,贪污贿赂犯罪留下的财物、银行的存款(物质不灭定律);犯罪行为留下的人的证明(活口是要说话的),如共同犯罪人,案件的知情人,犯罪行为的侵害对象;犯罪行为涉及的"关系",如人与人的关系、人与物的关系、人与行为的关系、物与物的关系、物与行为的关系、行为与行为的关系(任何事物都不是孤立存在的)……这些因素就是犯罪行为暴露概率高的基本原因。

如某犯罪嫌疑人利用职务之便买官卖官收受贿赂,经举报收受李某5万元人民币。审讯时审讯人员告知该犯罪嫌疑人:在贿赂案件中,如果行贿的人心甘情愿送钱给别人,那么你暴露的概率是50%,另外的50%掌握在犯罪嫌疑人自己手里,可是世界上有80%以上的人,不会心甘情愿地把自己的钱送给别人的,这样你受贿犯罪暴露的概率就是80%以上,这就是现在检察机关找你的原因。同时既然已经暴露,还仍然采取对抗的方法,那么审判机关一定会100%的从重处罚。如果认罪态度好,主动交代自己的罪行,还有50%的从轻处罚的概率。当犯罪嫌疑人听到这样的话的时候,他的自我意识开始启动了:在所有向自己行贿的人中间,推测谁暴露自己的概率最大?结果推测出有80%的概率是李某,既然他已经说了,自己隐瞒的意义已经不大了,不如争取主动,有从轻的可能,于是供述了自己收取李某5万元的犯罪事实。经过审讯人员的紧追深挖,该犯罪嫌疑人不仅交代了收受李某五万元人民币的犯罪事实,还交代了其他收受贿赂的犯罪事实。

在有的时候,我们还可以利用"加""减"法,来帮助犯罪嫌疑人形成概念错觉。把客观事实与处理结果和认罪态度表述为"加""减"关系,客观事实不变,态度的变化直接引起处理结果的变化。根据"加""减"来看:客观事实+认罪态度=处理结果。这道公式可以看出认罪态度决定了处理结果。

帮助犯罪嫌疑人设置概率误区的方法是根据犯罪行为相互联系的对象,如:人、物质、关系,首先帮助设置犯罪行为的暴露概率,其次再用对抗与供述所获得从轻处罚的概率比较,引发犯罪嫌疑人内在供述动力的方法。应当注意,使用这种方法,在犯罪嫌疑人处在供述的动摇阶段时的效果最好。

第九节　间隔讯问法

根据心理实验表明,当个体处于某种特定的"空间间隔"或者"时间间隔"的环境时,会对个体产生某种特异的刺激。在此刺激的作用下,个体原来的某种反应不但没有因为"空间"或者"时间"间隔而终止,相反这种心理活动的反应会愈加强烈。例如,当别人在窃窃私语的时候,然后用一只眼睛看着某人,那么该人就会感觉到别人的窃窃私语与自己有关。这种现象叫作"间隔心理效应",其运用于审讯活动中有着非常重要的作用。例如,我们在拘押犯罪嫌疑人的隔壁房间里,故意安排人员透露案情,此举作用在于干扰犯罪嫌疑人意志、增加疑虑。再如,我们在审讯犯罪嫌疑人的时候,为了使犯罪嫌疑人产生某种心理反应,故意安排人在犯罪嫌疑人能够看到的地方,进行窃窃私语,并且把视线与犯罪嫌疑人连接起来,让他感觉到有"事情"发生了,使其产生心理误区。另外有效利用"时间间隔"的方法，在掌握好一定的时机或者将犯罪嫌疑人审讯到一定的程度，审讯人员适时采取忽然停止审讯的方法，增加犯罪嫌疑人的不安感和焦虑感，使其在焦虑困惑中暴露出犯罪的痕迹。

间隔讯问法在某种程度上是对犯罪嫌疑人的心理暗示，从方法上来讲不是让犯罪嫌疑人听到而是让犯罪嫌疑人感觉到，目的是为审讯人员利用某一信息提供条件。有的时候需要让犯罪嫌疑人感觉到"那个"证据已经被取回来了，或者"那个"人已经替自己开口了，自己最担心的"那件事"发生了，等等。

第十节 "造势"讯问法

所谓"造势"，即创造一种大兵压境的心理态势，造成犯罪嫌疑人的心理错觉，逼其供述犯罪事实。犯罪嫌疑人在接受讯问时的心理基础，是本能的自我保护心理，这种心理通过意识的发展，表现为对抗的行为，这种行为所依赖的心理基础是侥幸心理和自信心理。这种侥幸心理的产生来源是意识对犯罪行为的心理估价，是自我意识的产物。这种自我意识在没有进入审讯对抗之前，是比较稳定的，一旦进入审讯对抗活动中，它就会根据审讯人员的信息刺激而发生变化。如果审讯人员的信息刺激不能对犯罪嫌疑人的侥幸心理产生威胁，不能改变犯罪嫌疑人的侥幸心理，也就是说，审讯人员表现出来的信息刺激"空洞"、"无力"，让犯罪嫌疑人感觉到审讯人员手里无"货"，这样审讯的结果不仅不能消除犯罪嫌疑人的侥幸心理，同时还强化了犯罪嫌疑人的侥幸心理，增强了犯罪嫌疑人的对抗信心。与此相反，如果审讯人员提供的信息刺激，表现为一种犯罪存在的态势，把犯罪嫌疑人拉入了犯罪行为已经暴露的认识误区，就能够直接对犯罪嫌疑人的侥幸心理产生威胁，改变犯罪嫌疑人的侥幸心理。由于侥幸心理是犯罪嫌疑人对抗的基础，因此失去了侥幸心理就失去了对抗的心理基础。

通常在审讯活动中，审讯人员并没有直接的犯罪证据，仅仅是通过某些细节来推断犯罪的嫌疑，如果实打实地在审讯中表现出来，就不能改变犯罪嫌疑人的侥幸心理，因此审讯人员必须要创造一种态势，即"造势"，逼犯罪嫌疑人改变侥幸心理。

通常审讯人员选择的"造势"的方法是：选择一个与案件有着某种关系的环节，逼其说明原因。顺着原因追下去，犯罪的事实也就可能出现。

例如某一银行的行长把自己单位经营的黄金生意介绍了一部分给自己的弟弟，行长的弟弟走私黄金的来源，并不是直接从某一银行出来的，而是直接从交易对方处取走的，要认定行长伙同其弟弟走私黄金的直接证据并不在审讯人员手中。审讯人员选择了行长与其弟弟的经济关系进行"造势"展开"攻击"。

问：你知道今天为什么找你到这里来吗？

答：不知道。

问：你应该知道！你不但知道而且你还非常的清楚！因为这不仅仅是你弟兄俩人的事情，我们现在不需要你说别的，只要你说说你和你弟弟在去年都干过些什么事！包括经济关系！

答：我跟我弟弟没有干过什么事，兄弟之间经济上互相支持是有的。

问：你是知道我们问你的是什么！这也是你和你弟弟不该干的事情，更是你作为行长不该干的事！我们为什么知道得这样清楚，因为你干的事情没有不透风的墙……你现在有顾虑，怕吃官司，但是这个官司吃到什么程度，取决于你的认识问题！什么态度什么处理这是法律规定的！侥幸混过去对你来说已经是不可能的了……

答：（不语）……

问：讲！

答：……

问：讲！

答：你们说的是不是我弟弟买黄金的事情？

问：你自己说！

答：我跟我弟弟做过几次黄金的生意……最后他顺利交代了做黄金买卖的全部经过。

第十一章　心理限制的"攻击"规律和审讯方法

犯罪嫌疑人被逮捕、拘留，只能是对犯罪嫌疑人的人身自由进行限制，不可能对犯罪嫌疑人的心理思维和心理认识予以限制。心理限制就是通过控制犯罪嫌疑人的心理思维的活动量，不让犯罪嫌疑人通过联想的帮助来解脱困境，达到对犯罪嫌疑人的心理思维限制的一种方法。其作用是对犯罪嫌疑人的调节控制系统进行限制，控制其心理结构的相互联系和相互支持，破坏调节因素，逼出犯罪事实。

第一节　矛盾讯问法

矛盾讯问法，即审讯人员通过寻找犯罪嫌疑人的供述矛盾，通过揭露谎言，逼其说明原因交代犯罪事实（通过揭露谎言达到心理限制的方法）。例如："你说你家的全部存款只有 10 万元，为什么存折上的数额不对？"并就此逼其交代钱款的去向和确切的数额以及来源，使其暴露出犯罪行为。

一、矛盾讯问法的具体含义

有经验的审讯人员都喜爱利用犯罪嫌疑人的供述矛盾，通过对其进行揭露，来达到使犯罪嫌疑人交代、供述的目的。这种揭露矛盾的方法，不仅在国内被普遍使用，在国外尤其是在美国的司法部门，他们在审讯的方法上还仍然采用"逻辑的途径"进行审讯。这种审讯方法的普遍性、一致性，证明矛盾的揭露在审讯中有着重要的作用。利用逻辑推理找出矛盾予以揭露，其目的是对犯罪嫌疑人进行心理限制达到供述的目的。审讯中从矛盾的来源来看，应该将矛盾分成两大类：一类是与犯罪嫌疑人有直接联系的矛盾；另一类是审讯人员为其设定的矛盾。在刑事案件中，犯罪行为人都是为了达到某种目的，满足某一需要，伸出了犯罪的手。首先，由于道德品质上的自私、贪婪、嫉妒、多疑，在相互关系上的地位不同、利益不同、作用不同，决定了犯罪主体之间的矛盾。其次，是犯罪嫌疑人主观方面的心理矛盾。犯罪嫌疑人在接受正面审讯时，处于被指控的地位，由于法律规定使得审讯人与犯罪嫌疑人形成了特殊的关系，后者心理受到的影响极大，便被动地与犯罪事实联系到一起，当审讯涉及犯罪事实的时候，产生了两种对立的矛盾心理状态，即拒供还是供述的两种对立的心理活动，两种意念的此起彼伏，反映出反复动摇的矛盾的心理。最后，是犯罪嫌疑人的主观心理状态与客观存在的矛盾。犯罪嫌疑人实施了犯罪以后，犯罪时的情景总是不断在大脑的思维中迂回，被储存起来，形成心理事实。案发后的畏罪心理的表现，反映在审讯中是犯罪嫌疑人大多采用谎言、假话来抗审，这些假话、谎言与客观事实的存在必然会产生矛盾。这种矛盾表现在：供词与供词之间的矛盾；情节发展的内在联系的矛盾；证据之间的矛盾；行为人与某情节的矛盾等。对于审讯人员为了促进犯罪嫌疑人的供述而设置的矛盾，并且将其假设在某一犯罪情节中，让犯罪嫌疑人继续深化、发展这一矛盾，达到暴露谎言的目的。犯罪嫌疑人在供述自己的犯罪事实时，总会涉及行为的前因后果。而在前因后果发生矛盾的时候必然在因果关系的环节中表现出来，为了通过对供述矛盾的揭露达到对犯罪嫌疑人的"心理限制"，提取犯罪嫌疑人在供述中的矛盾的环节，组成完整的揭露矛盾的"攻击"体系，笔者将那些能够证明供述矛盾存在的环节称为"逻辑环节"。

二、矛盾讯问法的运用

如何根据逻辑推理寻找逻辑矛盾，这是审讯活动中运用逻辑关系的重要目的。一些有经验的审讯人员在审讯时，习惯上大多采取迂回的审讯方法，来寻找案件中的逻辑矛盾。这种方法是：先不涉及讯问的主题，而从外围步步深入，以情节找主干，从小到大，从案件发展的每个情节到细节，有间歇性地让犯罪嫌疑人重复，进行深追，从案件情节的不同角度、不同顺序进行深化细追，在整个情节中把关键性的细节抽出来，混杂在次要的问题中让其供述，进行推理、比较来发现逻辑矛盾。犯罪嫌疑人在谎供中的矛盾就是通过某一供述环节反映出来的，表现为违反了客观存在的规律性。如，某副市长忽然违反国家对走私汽车入户的管理规定，批条指示该市车管所给予走私车入户上牌，如果不是"有利可图"，这位副市长能愿意干这种既承担责任又违法的蠢事吗？按正常人的行为规律，如果不是"有利可图"的原因，不会有违反规定、违反法律的行为后果。审讯中为了证明"有利可图"的目的，首先必须证明矛盾的存在。矛盾的出现必然会引起矛盾的情节，而这一情节又隐蔽在事件发展的环节中，通过提取这些隐蔽的情节，来达到证明矛盾的目的。也就是说，能够提取足以证明矛盾存在的环节，进行逻辑分析、推理来证明矛盾、揭露矛盾，这就是"逻辑环节"。多年来被侦查部门普遍使用，有着较强的实用性。我们将这种方法称为"逻辑法"。

运用"逻辑法"来设置"逻辑环节"，是证明矛盾、揭露矛盾的需要。从设置的方法来看，它是通过提取"有理""有利""有节"的客观存在的事件和环节，来推出矛盾的方法。例如，某银行的行长，违反信贷管理规定，对贷款的企业不去考核，不按银行信贷规则遵循贷款要"贷前三查，贷后监督"的程序，不遵守由信贷员对贷款的单位或个人进行"贷信"调查，然后将结果上报信贷部门领导，而是直接签字批贷。这位行长不是不明白，而是很清楚这里有"利"可图。他一次性贷款200万元给一个仅有10万元固定资产的某公司。对此案提取"逻辑环节"应先从违反信贷规定，明知故犯环节中提取。如，

问："你们的银行贷款有哪些规定？"答："贷前三查，贷后监督。"问："贷款需要有一定的资产担保吗？"答："按规定需要。"问："你贷款的某公司是什么性质的公司？"答："不十分清楚。"问："你贷给对方公司200万元是做什么用的？"答："可能是做生意。"问："你贷给某公司的这笔款子是用什么来担保的？"答："没有担保。"问："那他如果亏损了怎么办呢？"答："估计不会亏的。"问："如果亏了还不上这笔款子怎么办呢？"答："没想过。"问："根据贷款的日期，这笔款子已经到期了，为什么还没有还呢？"答："我问过他们，款子占用在货上还没有回笼。"问："如果该款回不了笼呢？"答："不可能全部回不来，多少要回来一些。"问："这笔款子到期后你催讨过吗？"答："催过。"问："向法院起诉过吗？"答："没有。"问："为什么没有？"不语……问："你敢吗？"不语……上述的讯问记录中的"逻辑环节"的提取已足够证实"矛盾"存在的原因了。问："你身为行长，违反规定对贷款的企业不验资、不检查、不监督、不调查、无担保，款子到期无回笼，无任何保全措施，后果出现不采取补救办法，不向法院起诉，你能说通吗？这又说明什么？原因你不用说谁都清楚！但这件事还要你自己说！讲……"（沉默）……过一会儿，才答："他们在贷款时给了我5万元的'好处费'。"问："对方拿5万元就换走了你200万元，你是银行行长，这笔账你是怎么算的？"答："谁知他们到现在还不还呢？"前面设置的问话已经充分证明了违章贷款，收受贿赂的目的，用一切能够证明犯罪嫌疑人供述矛盾存在的情节，完整、系统地揭露犯罪的行为过程，也是逻辑环节的设置过程。"逻辑法"的运用就是实践中通过提取犯罪嫌疑人无法抵赖的某些特定的事实和环节进行组合，使之能系统化地揭露供述矛盾，证明犯罪结果的过程。

第二节 导 谎 法

谎言是犯罪嫌疑人抗审的基本方法，揭露了谎言就能够破坏对抗的心理结构。犯罪嫌疑人如果不如实供述其犯罪事实而是撒谎，则会由于说谎而引起内心的焦虑，随着焦虑的增加，犯罪嫌疑人会因承受不住这种焦虑而选择如实供述。在很多的时候，犯罪嫌疑人的谎言是笼统的、不明显的，审讯人员无法确定揭露的对象，只有设定确定的谎言对象，帮助犯罪嫌疑人设置谎言，引导犯罪嫌疑人对确定的对象说谎，再通过揭露谎言达到心理限制的方法。例如贪污犯罪，犯罪嫌疑人自己把公款贪污了却谎称钱送给了别人，讯问其经过，钱是送到对方的家里的。问：送钱时收钱人在干什么？答：在看电视。问：哪天？答：12月25日晚上。问：正好那天停电怎么能看电视（设假导谎，实际根本就没有停电）？答：开始是停电的点蜡烛的，后来有电了才看电视的（因为本身送钱的经过就是假的）。这样他的谎言就被导出来了。由于说谎而引起内心的焦虑，随着焦虑的增加，在无法解脱的情景下，心理限制的压力就会增加，嫌疑人会因承受不住这种焦虑的心理压力而选择如实供述。焦虑是一种不明确的忧虑的不安状态，通常不与特定的起因相联系。在个人理想与客观实际之间出现冲突或认识不一致的时候，焦虑就会出现。理想的目标与客观实际差距越大，认识就越不一致，焦虑也随之增加。焦虑的增加，是嫌疑人之所以在审讯中供认的部分原因。虽然嫌疑人希望逃避真实供述的后果，但他并不希望以增加与欺骗相连的内心焦虑为代价换取这样的结果。焦虑的力量是供认的动机。谎言的出现有两种情况：一种是主观的，另一种是客观的。犯罪嫌疑人为了逃避法律的惩罚，总是以谎言来进行对抗，这是主观的。另一种客观的，是审讯人员为了进一步揭露犯罪嫌疑人的谎言，帮助犯罪嫌疑人编造谎言，然后揭露谎言。

谎言是犯罪嫌疑人抗拒审讯的最基本的规律，谎言在讯问活动中存在的必然性，是对犯罪嫌疑人抗审规律的客观总结。讯问活动中抗审的规律，实质上就是运用谎言的规律；讯问的全过程，也就是揭露谎言、去伪存真的过程。而为了揭露谎言，就必须要让犯罪嫌疑人充分说谎，谎言说得越多，就越有利于我们的全面揭露。审讯人员就是通过对谎言的揭露来证实犯罪，迫使犯罪嫌疑人交代自己的犯罪事实。世界上很多国家为了解决这一问题，研究出了很多测谎办法，最有代表性的就是测谎仪的问世，它象征着犯罪心理测试技术的发展。这种犯罪心理测试技术主要是用于犯罪调查和辅助侦讯，是运用现代心理学和实验技术成果以及神经生理学、生理电子学等学科研究成果，同时、同步记录人的多项心理生物反应指标，进而评判心理痕迹对应相关的技术。多年来人们把这项技术称之为测谎技术，将这种技术的测试仪称为测谎仪。那么犯罪嫌疑人为什么在接受审讯时要用说谎的方法来抗审？这是因为犯罪嫌疑人在实施犯罪以后，为了逃避法律的惩罚，总要千方百计地隐瞒自己的犯罪事实，说真话就等于交代自己的犯罪事实，为了不供认犯罪事实，只有用假话来对付审讯。因此，他们往往在接受审讯之前就做好了心理准备，如何用假话来掩盖真的犯罪事实。根据犯罪嫌疑人说假话的特点来看，通常语言简练单一，例如"是"或者"不是"，"有"或者"没有"，"不是我干的"等，情节表达笼统不敢深入细节。这样对于我们揭露谎言增添了很大的难度，在有的时候明明知道犯罪嫌疑人在说谎，但就是无法去揭露他，其原因就在于犯罪嫌疑人谎言的单一性和情节表达的笼统性。例如，审讯人员讯问犯罪嫌疑人是否去过杀人现场，犯罪嫌疑人回答"没有"。这里审讯人员明知犯罪嫌疑人在说谎，却无法揭露其谎言，其原因是没有证明谎言的依据，所以明知是假话只有睁着眼睛看着他说而无能为力。为了解决这个问题，笔者在自己多年的审讯实践中总结出了"导谎法"，在审讯活动中有着很强的实用性。

一、"导谎法"的具体含义

犯罪嫌疑人在抗审的活动中，由于犯罪嫌疑人抗审的谎言意思单一、情节表达笼统，因为没有证明谎言的依据，明知犯罪嫌疑人在说谎，就是不能证明其说谎。审讯人员在无法揭露犯罪嫌疑人的谎言的情况下，采取引导、促使犯罪嫌疑人说谎的办法，审讯人员故意把虚假的情节融合在某一犯罪的情节中，让犯罪嫌疑人继续编造谎言，扩大谎言的范围，最后达到揭露谎言促使犯罪嫌疑人供述认罪的目的。例如，犯罪嫌疑人实施了犯罪以后，为了证明自己没有作案的时间，就采取编造谎言的方法，告诉审讯人员在某天某时某地见过某人，而实际上犯罪嫌疑人在那个时间正在实施犯罪，不可能见到某人，审讯人员为了揭露谎言故意设立虚假的情景，让犯罪嫌疑人充分编造谎言："不错在那天之前某人出了一场车祸，头上被撞伤是用纱布包着的，你见到他时一定看到他头上有纱布。"这时犯罪嫌疑人会接着审讯人员的话继续编造谎言："我看见他时确实头上有纱布包裹着。"这样犯罪嫌疑人就上了审讯人员的当，钻进了审讯人员设置的圈套。

二、"导谎法"的运用

"导谎法"在审讯实践中如何运用？常用的方法有"存在设立""情景设立""气象设立""环境设立"等方法。

1. "存在设立"方法。是审讯人员把与案件有特殊联系的人和物提取出来，假设其存在或者不存在，并且将其放进案件的情节中去，让犯罪嫌疑人去自由发挥，因为犯罪嫌疑人本身就是在说谎，他对审讯人员为其设置的人或者物是否存在根本就不清楚，犯罪嫌疑人为了证明自己清楚，只有去编造谎言，审讯人员为其设置的人或者物的存在与否，正好符合犯罪嫌疑人说谎的心理需要，所以犯罪嫌疑人会在审讯人员为其设置的人或者物上再做文章、继续说谎，这样就扩大了谎言的范围，便于审讯人员的揭露。例如犯罪嫌疑人在某一时间内，根本就没有见到某人或者某物，而犯罪嫌疑人则谎称自己见到某人或者某物，为了让犯罪嫌疑人的谎言暴露，审讯人员可以为其设立某人或者某物根本就不存在："你到过某人的单位去看过某人的出差报销单吗？在你说的时间范围内某人根本就不在本地，这些我们已经调查过了，你是如何能见到某人的？"如果这时犯罪嫌疑人表示默认，审讯人员就可以直接来揭露犯罪嫌疑人的谎言，如果犯罪嫌疑人要狡辩，审讯人员应当立即阻止，并且直接告知犯罪嫌疑人不要再说谎了，以此来进一步证明犯罪嫌疑人被揭露的谎言，强化犯罪嫌疑人的心理认识。

2. "情景设立"方法。是审讯人员用假设的情景，放进案件的情节中去让犯罪嫌疑人用谎言去发挥，待其谎言全部暴露之后再予以揭露。例如犯罪嫌疑人在某一特定的时间没有去过某宾馆见过某人，而犯罪嫌疑人谎称自己在这一特定的时间去过某宾馆见到过某人。审讯人员可以采用"情景设立"的方法："你到某宾馆看见某人在干什么？"回答："他在看电视。"（情景设立）："我记得当天在那个时间某宾馆停电怎么能看电视？"回答："当天是停电了，停电的时候他（某人）在点蜡烛，后来电来了才看电视的。"待犯罪嫌疑人的谎言全部表现完毕之后，审讯人员再告诉犯罪嫌疑人某特定时间某宾馆根本就没有停电，使得犯罪嫌疑人的谎言暴露得淋漓尽致。

3. "气象设立"方法。这是根据气象信息的天气情况来对犯罪嫌疑人导谎的方法。犯罪嫌疑人在实施犯罪以后，为了逃避法律的惩罚总是要进行"情景的选择"，有的选择自己没有去过现场，有的选择自己没有作案的时间，等等。那么犯罪嫌疑人在作案的时间范围内，人在什么地方？人在干什么？犯罪嫌疑人会用谎言来告诉审讯人员，当时他在什么地方，在干什么。因为犯罪嫌疑人当时只能在犯罪现场，不可能在其他的什么地方，因此犯罪嫌疑人对他所说地方的当时情况根本就不了解，为了证明自己在某地，只有编造谎言，编造一些根本不存在的情况，这时审讯人员把气象情况再加进犯罪嫌疑人的谎言里，让犯罪嫌疑人充分地去编造，然后一举揭露。例如审讯人员告诉犯罪嫌疑人某地在某时下了一阵小雨，并且问犯罪嫌疑人在下雨的时候你在干什么？因为当时犯罪嫌疑人根本就不在某地，所以对某地是否下雨根本就不清楚，因此犯罪嫌疑人会采取默认的方法："噢我当时在干什么。"还可以进一步问他在下雨的时候打的是什么样的雨伞，以此来逼着犯罪嫌疑人说谎，达到揭露谎言的目的。

4. "环境设立"方法。犯罪嫌疑人为了掩盖犯罪事实，经常用谎言来描述某地的情况，以示自己曾经到过某地或者是从某地而来。审讯人员为犯罪嫌疑人重新设立某地的环境，来帮助犯罪嫌疑人说谎。如1995年的冒充蒋总统秘密特使案。当时的审讯人员为了弄清对方到底是不是"蒋总统"秘密特使，采取环境设立的方法来试探对方是真特使还是假特使，审讯人员问：中央日报是"台湾政府"报纸，它的社址在哪里？台湾的"国防部"地址在什么地方？结果这位假特使回答得驴头不对马嘴，暴露了自己冒牌货的身份。再如有的贪污贿赂案件，犯罪嫌疑人将公款自己贪污了却谎称送给了别人，由于是"一对一"的案件，一个人说给了而另外一个人说没有拿，当审讯人员问及犯罪嫌疑人款是怎么送的，犯罪嫌疑人称是送到对方家里的，而根据了解，犯罪嫌疑人根本就不认识对方的家，审讯人员便采用了环境设立的方法来进行导谎：你既然到对方家里送钱，就应该知道他们家放置在客厅里的沙发，是皮质的还是人造革的？犯罪嫌疑人说是皮质的，当时他就是坐在客厅的沙发上的。而实际上该客厅里根本就没有沙发，只有几把椅子。抓住这一事实予以揭露，便能一举成功。

总之运用导谎的方法，可以从不同的角度，借助一切可以借助的条件，放开来让犯罪嫌疑人充分说谎，并且有意识地帮助犯罪嫌疑人扩大说谎的范围。达到充分揭露谎言的目的。

第三节　测谎（心理测试）的配合

心理测试仪主要是以皮肤电阻、血压、呼吸、心电图等生理的变化情况，根据紧张峰、准绳、情景、知情的反应规则，来证实其心理变化的特征。心理测试仪能够准确地反映出被提问者在回答问题时的心理活动过程，从而鉴别被提问者究竟在说真话还是在撒谎。将心理测试结果直接告知犯罪嫌疑人，然后通过信息影响展开心理"攻击"，利用测试结果对犯罪嫌疑人的心理进行限制，从而降低犯罪嫌疑人心理优势因素的供应量，达到对其心理限制的目的。

我们在使用心理测试仪的时候，一定要根据被测试人的具体情况来进行，不可完全依赖心理测试仪，心理测试仪作为科技的发明，归根结底是为人服务的，所以我们在使用心理测试仪的时候，一定要坚持以案件和犯罪嫌疑人为主,不能死搬硬套,否则心理测试仪就会变成我们审讯的障碍。关于心理测试仪有专门著作表述,在这里不再赘述。

第四节 定向"攻击"法

定向"攻击"法主要在于对案件的分析,以显示审讯人员的准确判断和强大力量,指出审讯人员正全力以赴,不让嫌疑人把犯罪事实交代出来绝不罢休,以表明审讯人员的决心。这样做的用意是暗示犯罪嫌疑人,他已经成为犯罪嫌疑人,审讯人员的决心是:不审出犯罪事实绝不罢休,以此直接"攻击"犯罪嫌疑人的侥幸心理。例如,在一起对翻供的犯罪嫌疑人的审讯中,审讯人员为了查明翻供的原因和真实的犯罪事实,围绕犯罪嫌疑人为什么翻供展开了"攻击",并且表明了坚定的态度,不交代翻供的原因绝不罢休:你为什么翻供?为了证明你的认识态度和行为表现,我们必须要弄清楚你翻供的原因,这同时也是你的认识问题,所以你必须讲清楚,不讲清楚这件事情是不会结束的!审讯人员的决心,使犯罪嫌疑人的心理受到了限制,不说明原因是过不了关的,经过审讯人员的一再强调,犯罪嫌疑人只得放弃了对抗。

犯罪嫌疑人在实施犯罪后,因害怕被查获受惩罚而心情趋于紧张,他们通常十分关注审讯人员的动向,主动收集相关信息。为了尽快查明犯罪事实,审讯人员根据分析推断出犯罪嫌疑人的特有的个性心理,实施心理干预进行定向震慑。根据对已经掌握的案件线索的分析,以显示审讯人员的准确判断和强大力量,指出审讯人员正全力以赴,不查明犯罪事实绝不罢休,以表明审讯人员破案的决心,清除犯罪嫌疑人的侥幸心理。

第五节 特情证明法

特情证明法是通过提取某一个体情节和细节的存在,并且根据其内在的、本质的联系,来证明另外一行为的存在。反过来说,犯罪行为的存在与无必然联系的某些事件、物品、行为、语言的特定情景存在着关联性,这种关联性足以证明犯罪行为的存在,通过这种证明的过程来达到对犯罪嫌疑人的心理限制。这种证明的过程必须是充分的,如果这种证明不够充分,犯罪嫌疑人就可能找出否定的理由,这个理由就能够帮助犯罪嫌疑人解脱心理限制。用来证明犯罪行为存在的事件、物品、行为、语言的特定情景必须真实可靠,才能成为犯罪嫌疑人不可否定的理由。例如,北京市公安局的预审官汲潮在审讯外国派遣间谍李克时,就采用了"证明法"取得了审讯的成功。李克是以合法身份,通过合法手续进入我国进行间谍活动,合法的身份是他们的护身符,为了剥掉李克的合法外衣,汲潮针对李克自称是来自中国某大学专门进修"先秦文学专攻管子"一节时,汲潮巧引了先秦文学的历史"典故",通过证明法,诱其深入,对这位自诩为"管子专家"的李克连续提出问题发问。汲潮首先问道:"孟子之论管子也,与孔子异。孔子虽于器小之讥,偶有微词,而一则称之曰如其仁如其仁,再则叹之曰微管仲吾其被发左衽。孟子之论管子,轻薄之意溢于言表,常有彼哉彼哉羞与为伍之心。嘻,其过矣。这些话出自哪里?是什么意思?""管子专家"目瞪口呆,什么也答不出来。结果是汲潮代之作答。"这段话出自梁启超的《管子评传》第一章'叙论'的第二段,意思是孔子十分推崇管子,而孟子则轻薄管子,甚至羞与为伍。"接着,汲潮又向其提出第二个证明问题:"管鲍分金"这个典故是怎么回事?李克也无从回答,心情烦躁,伸出舌头不停地添着干涩的嘴唇。结果仍然是汲潮代之作答。这个典故出自《史记·管晏列传》。其中有管仲曰:吾始困时,尝与鲍叔贾,分财利多自与,鲍叔不以我为贪,知我贫也;吾尝为鲍叔谋事而更穷困,鲍叔不以我为肖,知我不遇时也;吾尝三战三走,鲍叔不以我怯,知我有老母也;我幽囚受辱,鲍叔不以我为无耻,知我不羞小节而耻功名不显于天下也。生我者父母,知我者鲍子也。汲潮紧接着又提出第三个问题:"老马识途",总该知道了吧?李克只顾翻白眼,仍是回答不出来。结果还是汲潮代之作答。这个典故出自《韩非子·说林》。齐桓公曾带兵攻打孤竹国,孤竹国国君派手下的黄花元帅向齐军诈降,将齐军诱入迷谷。只见四周山崖陡峭,狂风怒吼,飞沙走石,寒气逼人。齐桓公见状忙叫人去找黄花元帅,岂料黄花元帅早已不见踪影。齐军大乱,左冲右突,自相践踏。齐桓公忙叫管仲献计。管仲说,老马能记住它所走过的路,我们可以利用马的这种灵性渡过难关。齐桓公叫人挑选了几匹从孤竹国的军队中俘获的老马,解开缰绳,让它们随意行走,各军的大队人马跟着这些识途老马,终于走出了可怕的迷谷,最后击退了孤竹国的军队,平定了边境的祸患。就这样,在审讯中,汲潮运用有关"管子"的"典故",连续三次设伏对其发问,使李克三次瞪目心慌、汗颜,终于把其一步步地逼入了窘境和迷谷。在此情况下,汲潮乘势进击,直指要害:上边提到的三个问题都是有关管子的常识,你这管子专家却茫然无知,这不是很奇怪吗?看来你对管子的学问很不在行啊。汲潮进而又一针见血地对其揭露道:"你的工夫也没有使到学术研究上。你始终另有使命,你始终在从事一项见不得人的勾当。"汲潮接着又乘势造势,猛烈攻心,对其施加心理压力,终于迫使李克这个巧于伪装的异国间谍,承认自己的间谍身份,并且交代了他收集我国情报的罪行。

在这里汲潮组织的三个问题都是有关管子的常识,以此来证明李克利用大学进修的合法外衣，从事间谍活动的犯罪事实。在汲潮的证明成功以后，便对李克形成了心理压力，在李克不能用合理方法辩解的时候，这种心理压力就会逐渐增强，达到了对李克的心理限制，逼其交代犯罪事实。

证明法的证明条件的选择通常有时间、地点、人物、常识、关系、情节、细节、环境、天气等。在审讯的实践中，审讯人员利用上述的证明条件，来完成对犯罪嫌疑人的心理限制。关于证明条件的选择，主要是根据犯罪情节的需要和犯罪嫌疑人的行为特点来决定的。例如，时间条件，在很多的时候我们的审讯人员，为了证明犯罪，讯问犯罪嫌疑人在案发时间的行动和活动情况，以此来证明犯罪嫌疑人有犯罪的条件。如，一起交通肇事逃逸案件，犯罪嫌疑人开车撞人后逃跑，在审讯犯罪嫌疑人的时候，犯罪嫌疑人否认自己有肇事逃逸的行为，车辆上也没有明显的肇事痕迹，在审讯中：

问：星期六的下午四时你在什么地方？

答：我在一家超市的门口。

问：你是怎么知道当时的时间就是四点钟的？

答：我是问超市门口的一个修理自行车的老板"现在几点钟了"，他告诉我是四点钟。

问：那天下午在那条路上发生了交通事故你知道吗？

答：我知道。

问：你是怎么知道的？

答：我是听别人跟我说的。

问：谁跟你说的？

答：我们家门口的邻居跟我说的。

问：在什么地方说的？怎么说的？

答：在我晚上回家的时候，在门口遇到他，他告诉我下午十字路那边出了一起车祸。

问：你在问超市门口的那个修理自行车的老板时间的时候，是在车祸发生之前还是在车祸发生之后？

答：是在车祸发生以后。

问：车祸是什么时间发生的？

答：我不知道。

问：你既然不知道车祸的发生时间，怎么知道你问修理自行车的老板时间的时候，是在车祸发生以后呢？

答：不语……

问：你根本就不是听别人说的发生了交通事故，你就是直接的交通肇事者！你不但知道交通事故发生的时间，而且你在车祸发生以后，迅速地逃离了现场，此后你又空手步行来到了超市的门口问修理自行车的老板"现在几点钟了"，让修理自行车的老板证明你不在案发现场。

这段讯问把犯罪嫌疑人推进了心理限制的境地，使其不得不供述自己交通肇事逃逸的经过。

第十二章　心理置换的"攻击"规律和审讯方法

心理置换的"攻击"规律和审讯方法，是向犯罪嫌疑人"推销"一种观念，把审讯人员所需要的"东西"置换出来（审讯人员所需要的"东西"，就是交代犯罪事实）。例如，在绑架的案件中，受害人总是千方百计地满足绑匪的要求，因为对被害人来说，人比钱物更重要，所以才有交换的基础。置换规律就是根据这一特点，用犯罪嫌疑人认为比交代犯罪事实更重要的东西，与犯罪嫌疑人进行交换，达到让犯罪嫌疑人供述认罪的目的。

第一节　心理置换的理论基础

人的一切活动和行为都是因为需求而产生的，这是由于人的个体内部的需要和变化，不断地失去均衡，为了恢复均衡而产生需求，因为需求的存在而产生驱力，在驱力的推动下实现其行为，这是个体行为的内在促动原因。人是因为寻求需要而产生了内在动机，这种动机在心理动力的驱动下而付诸行动，行动的结果又促使新的需求产生。心理学家认为每个人的行动都是按照这种规律循环下去的。均衡作用存在于两个方面：一方面是内部的，如生理上的、心理上的，即内部原因引起的。另一方面是外部信息引起的。例如我们骑自行车在马路上行驶，忽然与对面来的一辆自行车相撞，在处理的方法上，有两种情况：第一种情况是对别人骑自行车与自己相撞感到非常恼火，并且指责对方骑自行车不看路。而对方被刺激以后更是怒火万丈，使互相指责演变为争吵甚至斗殴。造成这种结果的原因就在于双方的心理需求不但没有得到满足，而且受到严重的阻碍，由于需求的存在而产生的内在驱力，被一步一步强化，达到一定的程度就出现了双方大打出手的局面。而另外的一种处理方法就会出现截然不同的情况，当对方与你骑的自行车相撞时，对方不仅没有向你赔礼道歉，而且出言不逊对你进行指责，这时你如果能够理智地告诉对方：我们俩骑自行车相撞本身就是一件痛苦的事情，如果我们再因此发生冲突，那不就更痛苦了吗？我们俩能够在这里相撞，说明我们有缘分，一回生二回熟，下一次见面我们可就是朋友了。这样的解决方法我想怎么也不会发生冲突，其原因在于：对方的个体内部失去均衡的状态而产生的需求被恢复了、被还原了，原有的心理失衡状态置换了。这种恢复和还原的方法不是仅仅满足对方的心理需要，而是把对方失去均衡的状态而产生的需求全部置换过来，用新的稳定信息置换回去，以此来恢复均衡、保持原来的均衡的状态。置换法不仅在日常的生活中运用广泛，而且对于我们审讯犯罪嫌疑人也有着很重要的作用。

置换法在审讯活动中的重要作用在于：犯罪嫌疑人在实施了犯罪以后，由于其犯罪行为要受到法律的惩罚，要坐牢，其人身自由要被限制，家庭和社会舆论要受到谴责，等等。这些因素告诉了犯罪嫌疑人将要失去正常人的生活条件，甚至有可能还会失去生命，这样一来犯罪嫌疑人个体的均衡状态发生了变化，出于自我保护的"需要"，也是人的自我保护的本能，由于需求的内在驱力的作用，产生犯罪嫌疑人抗审的行为。犯罪嫌疑人的内在驱力不仅为抗审提供了支持的动力，而且还为抗审提供了方法。犯罪嫌疑人在抗审中方法的选择，就是"情景的选择"，即犯罪嫌疑人为了达到逃避法律惩罚的目的，在实施了犯罪以后，选择对自己有利的情景来对抗审讯，实际上也是犯罪嫌疑人为了抗审而选择的情景。犯罪嫌疑人的情景选择是犯罪嫌疑人抗审的心理支点，是不利于犯罪嫌疑人供述认罪的，因此我们必须用有利于犯罪嫌疑人供述认罪的情景，把犯罪嫌疑人不利于供述认罪的情景置换过来，使犯罪嫌疑人放弃抗审，走供述认罪的路，其目的就是改变犯罪嫌疑人的思想。具体来讲，把置换的方法运用在对犯罪嫌疑人的审讯活动中，实际上这正是审讯心理学在审讯活动中的实践运用，那么置换的方法能否运用于审讯实践，应该解决这样几个问题：人的认识为什么能够置换？犯罪嫌疑人的什么意识是我们置换的对象？怎样置换犯罪嫌疑人的抗审意识，促其走供述认罪的路？

以改变犯罪嫌疑人思想为目的的置换法，为什么能够改变犯罪嫌疑人的抗审思想？从前面骑自行车相撞的例子可以看出，如果对方不愿意跟你交流，没有相互交换思想的心理动机，也就是说你的话对方根本就没有听进心里去，或者你的话虽然对方听了进去，但是没有让对方感觉到有应该变换的需要，或者是替换的必要以及替换后对自己是否有利。就拿前面骑自行车相撞的例子来说，当时虽然对方很生气，但是对方个体的否定因素也同时告诉他，如果发生冲突对自己也是不利的，自己现在最需要的就是平安无事。因此当你告诉对方："我们俩人骑自行车相撞本身就是一件痛苦的事情，如果我们俩人再因此发生冲突，那不就更痛苦了吗？我们俩人能够在这里相撞，说明我们俩人有缘分，一回生二回熟，下一次见面我们可就是老熟人老朋友了。"这句话正好符合对方的心理需要，他本身并不想以此事来招惹是非，所以对方才愿意拿自己此时此刻的"攻击"状态，置换成友好的和平状态。这里对方个体内在的否定因素起到了积极的促进作用。在人的个体内在的诸多的因素中"同类因素"包含着"肯定因素"和"否定因素"，都能帮助人们对心理需求的置换，这是由人的趋利避害的本能决定的。再者，是因为人们相互交流的需要。人与人的相互交流是人类社会存在的特点，这种特点不仅表现为人在行为方面的交流，更重要的是人与人之间的心理交流。人们也是在不断通过交流，相互置换对方的心理需求，达到情感上的统一，达到相互认识，相互理解，相互促进，相互影响，在审讯活动中审讯人员就是以自己的言行去影响犯罪嫌疑人，让犯罪嫌疑人走供述认罪的路。这种影响的方法实际上就是审讯人员把自己的观点和认识，传递给犯罪嫌疑人，然后把犯罪嫌疑人心理的抗拒意识置换出来，达到使犯罪嫌疑人供述认罪的目的。

那么，审讯活动中的置换对象是什么？即，我们在审讯活动中应该改变犯罪嫌疑人的什么思想？这里首先应当从我们的审讯目的来看，无论公安机关还是检察机关，审讯犯罪嫌疑人的目的就是要让犯罪嫌疑人如实交代自己的犯罪事实，因而我们置换的对象就是支持犯罪嫌疑人抗审的心理因素和心理支点。犯罪嫌疑人的对抗心理产生于两大心理基础：一是"畏罪心理"，它包括恐慌心理、戒备心理、绝望心理和本能的自我保护的抗拒心理；二是"侥幸心理"，包括优势心理、对抗心理。在这两大心理基础中，畏罪心理是基础，侥幸心理是条件，畏罪心理的强弱在很多的时候受侥幸心理的影响，这两大心理集中表现在审讯活动中就是对抗心理，而影响犯罪嫌疑人抗审的因素包括人的因素（审讯人员、证人、被害人、共同犯罪人）、案件因素（性质、情节、作用、暴露的程度）、环境因素（看守所、社会、家庭）等。这些因素是犯罪嫌疑人抗审的直接因素，只有当上述因素置换成顺应性因素，犯罪嫌疑人才能走供述认罪的路。

一、人的因素

首先，是审讯人员的因素。审讯人员是整个审讯活动的重要组织者和决策者，审讯人员的一言一行都会给犯罪嫌疑人产生重要的影响。犯罪嫌疑人在实施了犯罪之后被抓获带进了审讯室，出于人的最本能的自我保护意识，他最关心的是审讯人员会用什么样的方法来审讯自己？审讯人员到底掌握了多少自己的犯罪证据？自己的哪些犯罪事实已经暴露了？自己最担心的事情会不会出现？审讯人员的素质和业务水平怎么样？这些因素都将会对犯罪嫌疑人的抗审行为产生重要的影响，是强化了对抗心理，还是削弱了对抗心理，其关键就在审讯人员的身上。审讯人员不同的言行造就了犯罪嫌疑人不同的抗审心理。同时，犯罪嫌疑人也是通过审讯人员的言行来了解他最关心的问题，做出抗审的选择，修正自己原来带进审讯室的"定势心理"，选择有针对性的方法进行抗审。在这里，为了进一步地说明审讯人员在犯罪嫌疑人眼中的形象问题，我们可以改变角度，站在犯罪嫌疑人的角度来评价审讯人员。作为审讯人员应当是双重身份？还是单一的身份？从犯罪嫌疑人眼里的双重身份来看，审讯人员首先是自我（本人），其次是执行法律的工作者（法律人）。犯罪嫌疑人在接受审讯的过程中，审讯人员本人身上的美德、智慧和光点，使犯罪嫌疑人得到了某些需求和满足，同时又体现着作为执法者的"法律人"，以法律为依据使犯罪嫌疑人明白什么事情能做、什么事情不能做的道理，犯罪嫌疑人感悟到审讯人员身上的双重性，就有助于犯罪嫌疑人从抗拒心理向供述认罪的心理转化。犯罪嫌疑人眼睛里的审讯人员的身份，就是审讯人员（法律人）是借助国家的法律来置自己于死地的对头，是整自己的仇人。这种单一的形象，容易强化犯罪嫌疑人的对抗心理，不利于审讯活动的进行。

其次，是证人的因素。证人是指就其自己所了解的案件真实情况向公安、检察、法院以及国家安全机关所作陈述的国家公民，是了解案件真实情况的第三者，是当事人以外的诉讼参与人。证人就自己所了解案件情况向司法机关所作的陈述，被称为证言，证言的构成是证人经过对客观事物的观察、感受、思维，即感受器官和大脑的机能把客观事物转变为主观印象。因此我们研究证人证言的特征和证人的心理活动规律，对于我们调查取证有着非常重要的意义。正是因为如此，证人在客观上充当了犯罪嫌疑人掘墓人的角色。然而证人并不都是能够如实向司法机关作证的，有的证人与犯罪嫌疑人有某种关系，有的证人与犯罪的事实有某种联系（污点证人），有的证人因为某些特殊的原因，不作证或者作伪证、假证、错证。证人的这些特点对犯罪嫌疑人的抗审心理有着重要的影响。其中，犯罪嫌疑人与证人的某种关系是对犯罪嫌疑人的抗审心理产生重要影响的因素。例如犯罪嫌疑人与证人的关系比较密切，那么作为犯罪嫌疑人来说他就会认为证人不会做出对自己不利的事情，就会强化自己的对抗心理。与此相反如果犯罪嫌疑人与证人的关系不和，犯罪嫌疑人就会认为证人是不会帮助自己说话的，其抗审心理就会相应减弱，而对证人的对抗心理和仇恨就会相应增加。除此之外证人的证明程度、作用也会对犯罪嫌疑人的抗审心理产生重要的影响。证人的证明程度指的是能够完全证明案件的事实，还是能够证明部分犯罪事实，以及证人的证明在认定案件事实方面所起的作用。例如当关键性的证人能够证明的事实对认定案件的事实不能起很大的作用时，犯罪嫌疑人的抗拒心理就会被强化，相反如果证人的证明对认定案件的事实起重要的作用时，犯罪嫌疑人的抗审心理就会削弱。在我们审讯案件的过程中，由于客观的原因，证人的情况经常会被犯罪嫌疑人掌握，在案件发生之前、在案件发生的过程中、在案件发生之后、在嫌疑人被抓获归案接受审讯的活动中，由于案件的性质不同，证人的信息总会或多或少地被犯罪嫌疑人掌握，因为证人的证明会对犯罪嫌疑人的抗审心理产生重要的影响，所以审讯人员在审讯的初始阶段必须要了解犯罪嫌疑人已经掌握了证人的哪些情况？是否已经串供？是否订立了攻守同盟？对证人特点的了解有多少？以及证人对犯罪嫌疑人的心理影响是什么？……为审讯人员置换抗拒心理做准备。

再次，是被害人的因素。被害人是指在刑事犯罪案件中，直接遭受犯罪行为侵害的人。他的特点在于了解案件的情况，并且能以自己受害的亲身感受和所见所闻，向政法机关证明实施犯罪的行为人所作所为的性质和特点。因而，被害人在证明犯罪的活动中有着非常重要的、直接的证明作用。他是证明犯罪的一个重要的组成部分。从另外一个角度来看，他又是一个特殊的证人，一个自己亲身遭受直接侵害的证人。所以他又有很强的证明力。这种证明力表现在能直接证明犯罪行为的轻重、犯罪的性质和种类。所以被害人的因素也是影响犯罪嫌疑人抗审心理的又一重要因素。这些因素表现为被害人的被害程度：是轻微伤害，还是重伤，是否已经死亡，等等。他们对犯罪嫌疑人的心理刺激是不同的。重伤者比轻伤者对犯罪嫌疑人的心理刺激要强，犯罪嫌疑人所造成的伤害程度越大，其畏罪心理就越强，导致的抗审心理也就越强。被害人的死亡与否，也是心理影响的重要因素。如果犯罪嫌疑人知道被害人没有死亡，犯罪嫌疑人就会自我降低其社会的危害性，用心理平衡的方法来给自己以希望。但是如果犯罪嫌疑人知道被害人已经死亡，他就会感觉到事态的严重性，很可能自己要用生命来作代价，从人的本能上就强化了犯罪嫌疑人的对抗心理。同时由于犯罪嫌疑人知道被害人已经死亡，因为死无对证，这对犯罪嫌疑人耍无赖提供了条件，进而使犯罪嫌疑人的抗审心理被强化。在审讯的实践中，一些有经验的审讯人员，在犯罪嫌疑人不知道被害人是否死亡的情况下，总是制造被害人没有死亡的假象，让犯罪嫌疑人产生被害人没有死亡的错觉，以此来降低犯罪嫌疑人心理压力的同时，来瓦解犯罪嫌疑人的对抗心理，摧毁犯罪嫌疑人的对抗条件，促使犯罪嫌疑人放弃对抗，使审讯人员顺利地把供述认罪的心理置换过去，促使犯罪嫌疑人实现供述认罪的目的。

最后，还包括共同犯罪人的因素。这里的共同犯罪人就是与犯罪嫌疑人共同实施犯罪的人，为了一个共同的目的而实施犯罪。共同犯罪人的因素主要有：在共同犯罪中所起的作用、犯罪以后共同犯罪人对犯罪后果所持的态度、犯罪嫌疑人与共同犯罪人之间的关系、其他的共同犯罪人是否归案、犯罪嫌疑人与其他共同犯罪人是否订立了攻守同盟，等等。这些因素对犯罪嫌疑人的威胁最大，因为共同犯罪人最知情。而且与单独犯罪相比，共同犯罪最容易突破，在共同犯罪的案件中，参与实施犯罪的人越少安全系数就越大，参与实施犯罪的人越多其安全系数就越小，这是一般犯罪嫌疑人都明白的道理，这些因素的变化同时也影响着犯罪嫌疑人抗审心理的变化，当犯罪嫌疑人感觉到安全系数比较大的时候（共同犯罪人的特点和表现对自己有利的时候），其抗审的意识就越强，当犯罪嫌疑人感觉到安全系数比较小的时候（共同犯罪人的特点和表现对自己不利的时候），其抗审的意识就会减弱。当犯罪嫌疑人感觉共同犯罪人还没有"出卖"自己时，其抗拒心理就比较强，当犯罪嫌疑人感觉到共同犯罪人已经把自己供出去了，其抗拒心理就会自然减弱，有时会自动放弃抗拒，协助审讯人员把供述认罪的意识置换过来。所以共同犯罪的同案人，时刻都是犯罪嫌疑人"关心"的对象，经常在审讯犯罪嫌疑人的时候，他们表现出人在审讯室，而心已经飞向了同案犯。

二、案件因素

首先是案件的性质对犯罪嫌疑人的心理影响，因为案件的性质决定了犯罪嫌疑人所要承担的法律责任，不同类型的案件所承担的刑罚也是不同的。例如杀人案件所要承担的刑罚责任，与交通肇事案件相比就要重得多，因而杀人案件对犯罪嫌疑人所产生的心理压力，也要比交通肇事案件对犯罪嫌疑人心理产生的压力要大得多。在审讯活动中，犯罪嫌疑人的心理压力是与犯罪嫌疑人的抗拒心理成正比的。所以在审讯活动中，审讯人员只有首先消除犯罪嫌疑人的心理压力，才能有助于犯罪嫌疑人转变抗拒心理。

其次是案件的情节。同样的案件其情节严重与情节轻微，对犯罪嫌疑人的心理影响也是不同的。例如抢劫案件，犯罪嫌疑人在实施暴力抢劫的行为时，造成对被害人严重伤害或者死亡的，与抢劫行为实施后没有给被害人造成其他伤害的，情节就有所不同，前者可以看出实施抢劫的情节恶劣，而后者抢劫的情节与之相比就轻得多。情节严重的案件所造成的社会影响比较大，相反，犯罪嫌疑人的心理影响也是比较大的，在审讯活动中解决其心理压力的难度也是比较大的。所以在审讯犯罪嫌疑人之前，必须首先要掌握案件的情节，才能知道具体的案件对犯罪嫌疑人的心理影响有多大、压力有多大，才能知道使用多大的力才恰到好处。

再次是在案件中所起的作用。这里是指犯罪嫌疑人所实施的行为，在该案件中所起的作用。有的犯罪嫌疑人所实施的行为，在该案件中起主要的关键作用，而有的犯罪嫌疑人所实施的行为，在整个的案件中起次要作用，这对犯罪嫌疑人的心理影响和产生的心理压力，也是不同的。在整个的案件中其行为起次要作用的，其心理压力比较小，而在整个的案件中起主要的关键作用的，其心理压力比较大。我们在审讯的活动中，经常会听到犯罪嫌疑人这样说：我反正又不是主犯，在整个的犯罪过程中我只是起次要的作用，因此我不负主要责任。由此可以看出该犯罪嫌疑人的心理压力是比较小的。还有的犯罪嫌疑人常常以自己在案件中的次要作用，来进行自我安慰，自我心理平衡，达到减轻心理压力的目的。

最后是案件暴露的程度。这里所说的案件暴露的程度，一方面是指该案件的全部侦查情况以及司法机关所掌握的证据材料，在犯罪嫌疑人的面前所暴露的程度。在整个侦查审讯的活动中，暴露给犯罪嫌疑人的情况越少、越隐蔽，就越容易使犯罪嫌疑人产生错觉。相反如果我们把所有的侦查情况和结果都暴露给犯罪嫌疑人，犯罪嫌疑人就会感觉到有机可乘、有空可钻，会强化犯罪嫌疑人的抗审心理。另一方面是犯罪嫌疑人自己暴露的案件的事实情况。犯罪嫌疑人在实施了犯罪以后，直到被抓获归案，以犯罪嫌疑人的身份接受审讯的时候，都能比较清楚地知道自己的犯罪原因，有的甚至还清楚地知道哪些犯罪事实暴露了，哪些犯罪事实没有暴露，也就是犯罪嫌疑人自己对自己犯罪事实暴露程度的确认，这种被自己确认的犯罪事实暴露的程度，与犯罪嫌疑人的抗审心理的强弱成反比。犯罪嫌疑人确认自己的犯罪事实已经基本暴露，其抗审心理就会表现得比较脆弱，相反如果犯罪嫌疑人确认自己的犯罪事实还没有暴露，其抗审心理就会被强化，犯罪嫌疑人就会坚持顽抗下去，直到没有希望为止。影响犯罪嫌疑人抗审心理的还有"可能暴露的牵连物"，如抢劫来的财物，因藏匿的地方不隐蔽，容易暴露，犯罪嫌疑人最担心的就是犯罪的物证，一旦暴露就会置自己于死地。还有凶杀案件凶手的血衣，犯罪嫌疑人在杀人以后，将血衣抛掷荒野，这样暴露的可能性就比较大，只要司法机关找到了被抛掷荒野的血衣，就会通过血衣来证明犯罪的人。贪污、贿赂、巨额财产来源不明的案件，银行里的存款采取实名制以后，就比较容易暴露，一旦成为司法机关的注意对象，那些存款就像一个定时炸弹，随时会让犯罪嫌疑人遭到牢狱之灾。因而这些"可能暴露的牵连物"，也会对犯罪嫌疑人的抗审心理产生重要的影响。审讯人员必须注意掌握这些因素。

三、环境因素

环境因素对犯罪嫌疑人在抗审活动中的心理影响也是非常重要的。无论犯罪嫌疑人是什么情况，他的犯罪总是与一定的环境因素分不开的。其在实施犯罪之前生活在家庭和社会的环境里，形成了基本的人格特征，参与了社会活动并且在社会环境的影响下实施了犯罪，由于实施了犯罪被抓获归案后，被限制了人身自由进了看守所。这是审讯人员面对被审对象的基本经历，可是虽然作为被审讯对象的犯罪嫌疑人，其经历虽然基本相同，但是他们的抗审特点却是大不相同的。除了受上述因素的影响外，更重要的还受到环境因素的影响，犯罪嫌疑人在实施了犯罪被抓获以后，对其抗审心理产生直接影响的环境因素首先就来自看守所。因为看守所的号房里关押着不同类型的犯罪人，这些人整天在号房里研究和讨论的话题不是如何交代自己的罪行，而是如何对抗审讯隐瞒自己的犯罪事实。记得有一次笔者提审完了一位犯罪嫌疑人，刚刚放回号房，同监的"狱友"便围了过来问："这一堂抗过去没有？""政府都问你哪些问题了？"可见狱内案犯的教唆对犯罪嫌疑人的抗审产生了一定的影响。另外由于有些看守所的管理不严，有关案件的情况和外面的信息通过看守所传给了犯罪嫌疑人，这样就进一步强化了犯罪嫌疑人抗审的决心。还有看守所的特殊环境的影响，使犯罪嫌疑人产生了悲观失望的情绪：反正自己也进看守所了，一辈子的前途也没有了，不如抗一步是一步，实在抗不过去了自己认倒霉，这类人常常把自己朝最坏的结果想，也就是说做好了最坏的心理准备，这种心理状态本身就对抗审心理起到强化的作用。再者是犯罪嫌疑人生活的社会环境，每个人生活的社会环境不同，其心理状态也是不相同的，他们的社会关系造就了不同的心理状态和不同的认识，有的凭借社会关系造就了自己强烈的优势心理，认为总会有人来帮助自己的，对待司法机关的审讯根本就不当一回事。有的生活的社会环境比较低下，认为无人会来帮助自己，反正自己犯罪了由它去吧，由此产生了破罐子破摔的心理状态。另外，犯罪嫌疑人生活的家庭环境和社会环境的影响和遗传基因的相互作用，使犯罪嫌疑人形成了相对稳定的"人格"特征，因为人格特征的不同，在抗审中的心理表现也是不同的。例如，无赖"人格"品质的犯罪嫌疑人与高尚、优秀"人格"品质的犯罪嫌疑人相比，会出现两种截然不同的心理表现和抗审的原则。前者面对客观事实会进行无理狡辩，以无赖的方法对抗审讯；而后者在客观事实的面前绝不抵赖，错了就是错了，不会以无赖的方法胡搅蛮缠来对抗审讯，这是两种不同的"人格"特征在抗审中的表现。

那么，在审讯活动中如何置换犯罪嫌疑人的抗审的心理支点？在很多的时候，审讯人员与犯罪嫌疑人在审讯活动中的目的是对立的，犯罪嫌疑人首次接受审讯的时候其心理状态是：已知某一事件与自己的牵连关系，如何保护自己？是进行部分的否定，进行全面的否定，还是进行具体的否定，主要以抗审的心理支点来决定，其目的就是以此阻止来自审讯人员的信息置换。与此同时犯罪嫌疑人所采取的抗审强度，是应审讯人员的信息刺激的强度做出反应的，这就是初审过程中的调查摸底阶段，审抗双方都处在展开对抗前的磨合期，都想尽早知道对方的未知情况，以及对方会用什么事实、什么态度、什么方法来对待自己。尤其是犯罪嫌疑人更想知道审讯人员到底掌握了自己多少犯罪事实，自己选择的抗审环节能否起作用。如果犯罪嫌疑人在与审讯人员进行交锋之后，感觉到自己选择的抗审环节暂时还能起作用，他就会以此作为抗审的心理支点继续与审讯人员对抗下去。如果犯罪嫌疑人感觉到自己选择的抗审环节已经不能起作用了，那么犯罪嫌疑人就会放弃这一抗审环节，重新选择抗审支点，这种方法我们称之为自我置换心理支点。例如，犯罪嫌疑人是强奸案件的案犯，他采用的抗审方法可以是全部的否定："我没有强奸"，也可以是部分的否定，选择某一有利的环节来进行否定："我与对方是谈恋爱，发生性行为是对方同意的。"从这一案例来看，犯罪嫌疑人选择全部否定的方法否认自己强奸时，这时如果审讯人员直接告知犯罪嫌疑人："那在被害人的身上为什么会有你的精液？"这里犯罪嫌疑人采取全部否定的方法显然已经不能作为抗审的支点了，如果犯罪嫌疑人还仍然用这种方法，显然是徒劳无益的，这就是我们现在所研究的审讯活动中置换犯罪嫌疑人抗审的心理支点的方法和目的。当犯罪嫌疑人发现自己抗审的心理支点已经失去作用时，就会迅速地重新更换心理支点，来继续进行抗审。拿前面的例子来看，犯罪嫌疑人发现全部否定自己强奸已经不行了，因为证据已经证明了性行为的存在，继续否定已经毫无意义，因此只有更换新的支点，才能达到继续抗审的目的。这样犯罪嫌疑人就有可能选择"我与对方是谈恋爱，发生性行为是对方同意的"，以此来作为新的抗审支点。这时如果审讯人员不能用有效的方法使犯罪嫌疑人放弃这一心理支点，重新更换新的心理支点，那么犯罪嫌疑人就会用这种方法坚持抗到底。如果犯罪嫌疑人重新更换的心理支点又一次失去作用时，他会继续寻找新的心理支点。直到最后犯罪嫌疑人发现自己已无支点可寻，就会走供述认罪的路。可见这种置换的方法只有在审讯人员首先置换犯罪嫌疑人抗审的心理支点之后，才能引发犯罪嫌疑人自我更换新的抗审心理支点，直到无法更换为止。这种置换方法的意义就在于，不停地使犯罪嫌疑人放弃，进行自我更新，最后无新可更，就会被审讯人员彻底置换过来，达到使犯罪嫌疑人认罪服法的目的。

这里审讯人员在置换犯罪嫌疑人心理支点的过程中起着重要的作用，审讯人员拿出来的"交换物"如果不能使犯罪嫌疑人放弃原来的"持有物"，就不可能达到置换的目的，更不会让犯罪嫌疑人进行自我置换。因此审讯人员手里的"交换物"是置换成功的关键。只有在审讯人员拿出来的"交换物"能够使犯罪嫌疑人放弃原来的"持有物"，审讯人员才能把犯罪嫌疑人抗审的心理支点置换掉。也就是说，审讯人员提供的信息刺激，如果能够使犯罪嫌疑人感觉到以此作为抗审的方法已经失去了意义，必须放弃的时候，那么犯罪嫌疑人以此作为抗审的支点才会被置换掉。但是置换了犯罪嫌疑人的一两次的心理支点并不等于取得了审讯的成功，使犯罪嫌疑人交代了罪行。因为犯罪嫌疑人还会继续进行心理支点的更换，直到犯罪嫌疑人顺从了审讯人员的意志，把审讯人员所要达到的目的作为自己的心理支点进行置换的时候，审讯的任务也就完成了。

犯罪嫌疑人首次被带进审讯室的心理支点是：因犯罪事实引起的畏罪心理，表现为恐惧、紧张；因犯罪行为、财物、关系人引起的侥幸心理，有心理优势、有否定自己犯罪的环节和条件，"我就是不承认自己实施了犯罪"。因当前处境善恶未卜引起的对未知信息的特别需求和关注，而形成的初审的心理支点。这里最直接的心理基础就是尽快捕捉未知信息，把握善恶处境，确定对抗方法和对抗程度，关于未知信息主要有：未知对手的态度、方法、素质和能力，未知事件与自己的利弊关系，对方掌握自己的犯罪事实的程度，自己最为担心的事件是否暴露，自己抗审的定势心理的可行性，审讯人员到底知道些什么、讯问什么等。因为人的防卫本能，对自己将要受到的制裁和伤害，表现出本能的对抗心理，以及自我保护所表现出来的否定行为。这些心理状态综合起来就是初审阶段犯罪嫌疑人主要的心理状态和表现。

审讯人员接受了讯问犯罪嫌疑人的任务，其最终目的就是让犯罪嫌疑人说实话，供述自己的犯罪事实。但是由于犯罪嫌疑人的畏罪心理、侥幸心理和防卫本能所形成的对抗心理证明，犯罪嫌疑人是不会主动交代自己的犯罪事实的，他总会借助这三大心理支点和一切可以借助的力量来对抗审讯。因此审讯人员只有置换犯罪嫌疑人赖以抗审的心理支点，才能使犯罪嫌疑人交罪、认罪，完成我们的审讯任务。

第二节　亲情置换法

亲情置换法是用犯罪嫌疑人的亲情关系来置换犯罪的事实。置换的方法是通过犯罪嫌疑人的犯罪情景给至爱亲朋带来的伤害，唤起犯罪嫌疑人的悔过意识，再利用亲情关系进行交换。例如，贪污、贿赂犯罪的钱物，经常是与亲友有着某种联系，有的用亲友的名字将赃款存入银行，犯罪嫌疑人如果不交代事实，其亲友就会受到牵连，权衡利弊还是自己交代犯罪事实为好。再有，贪污、贿赂犯罪在很多的时候与其家庭成员都有牵连关系。如在市长的家里发现巨额财产，市长拒不交代家里巨额财产的来源，那么就通过转移假设的财产所有人，直接指向市长的直系亲属，不是市长的财产就是直系亲属的，如果是市长敛财得来的,他就不可能把责任推给自己直系亲属,只能选择如实交代。

一、"亲情法"的具体含义

"亲情法"是利用心理暗示的方法,让犯罪嫌疑人把审讯人员当成"自己人",来达到说服对方的目的。在我们的办案实践中,大部分的犯罪嫌疑人在案发后总要托关系找人"说情"、"走后门"来开脱自己的罪责,审讯人员应当对这种不正常的现象加以充分利用,让犯罪嫌疑人误解审讯人员被"买通",成了"自己人",对犯罪嫌疑人"心中有数"。这种策略的具体方法是:变换自己角色的位置,以对方的"自己人"角色出现,让犯罪嫌疑人相信审讯人员,愿意接受审讯人员的信息,达到说服对方的目的。如某电器公司的某业务人员将该单位的一批冰箱低价出售给个体户,携巨款潜逃。数月后,办案人员在外省市将其抓获归案。犯罪嫌疑人王某某知道自己犯的不是小罪,肯定是要"杀头"的。审讯时,他一句话也不愿说,抱着反正活不成的态度,跟审讯人员对抗。针对这种情况,审讯人员就采用了前述策略:你姐夫对你很关心,现在你的问题已经这样了,只有设法走从宽处理的路了,至于能不能从宽还要你自己配合。对方在听到这种话以后,马上感觉到话里"有音",那种"求救"的信息立即从对方的情绪中表现了出来:"那我该怎么办呢?"审讯人员答:"你应该实事求是把事情的经过说清楚争取从宽。从宽的条件应该由你自己来创造。"结果犯罪嫌疑人如实交代了犯罪事实和赃款的去向,使得该案件在侦查的过程中,节省了大量的人力和物力,成功地将此案交付了审判,同时也使犯罪嫌疑人得到了从宽处理。

二、"亲情法"的运用

在使用"亲情法"的时候,要设法使犯罪嫌疑人产生审讯人员是"自己人"的错觉,不仅要对全案有基本的了解,而且对犯罪嫌疑人的家庭情况更要了解清楚,否则,这种"自己人"错觉无从谈起,也不可能取得犯罪嫌疑人的相信。犯罪嫌疑人被采取了强制措施以后,与外界隔离的状态,导致了犯罪嫌疑人对亲人的思念,也迫切需要知道家庭情况,如果审讯人员能把犯罪嫌疑人的家庭情况、亲人的情况告诉给犯罪嫌疑人,他会把其当做与家庭与亲人联系的"使者"。"亲情法"就是要我们的审讯人员设法当好这个"使者"。审讯人员在进行审讯之前,就要设法了解犯罪嫌疑人的亲人和家庭情况,以便加以利用。使用的方法通常是直接告知犯罪嫌疑人"我是刚刚从你的家里来",并把其亲人的基本情况传递给犯罪嫌疑人,取得犯罪嫌疑人的信任。在这里,审讯人员应当把握住,千万不可用假话来欺骗犯罪嫌疑人,如果犯罪嫌疑人知道审讯人员是在用假话欺骗他，那就很难取得审讯的成功。审讯人员告知犯罪嫌疑人的家庭情况，是因为我们确实是从犯罪嫌疑人的家里来，确实与犯罪嫌疑人的亲人接触过，审讯人员并没有说假话。

第三节 求生置换法

把犯罪嫌疑人推向绝境，然后让出一条生路，置之死地而后生。这种方法适用于那些犯罪涉案数额比较大的犯罪嫌疑人，审讯人员通过分析犯罪行为所要承担的法律后果，然后帮助犯罪嫌疑人指出一条从轻从宽的路，让犯罪嫌疑人权衡。在一般的情况下犯罪嫌疑人都会放弃对抗，选择从轻从宽的结果。

"求生法"即置之死地而后生，审讯人员首先把犯罪嫌疑人推向绝路，然后再唤起犯罪嫌疑人的求生欲望，逼其交代罪行走从宽的路。作为一种审讯谋略，即直接对犯罪嫌疑人的行为结果进行评价，唤起犯罪嫌疑人对自己行为后果的恐惧感，迫使其走审讯人员为其指明的路。如"你的行为你考虑过吗？按照刑法的规定，要判处10年以上有期徒刑或者死刑，不仅你的终身前途就此了结了，你的家庭还要受其影响，你为什么不能挽回这种局面呢？"把他的犯罪行为所造成的影响进行扩大，让他看看严重的后果，然后摆事实阐述道理，义正词严地为其指明选择的出路。笔者在前不久接受的一起特大诈骗案件的审讯中，犯罪嫌疑人知道自己的罪行非常严重，几个月来坚持抗审拒不交代。对此笔者就采用了"求生法"，首先直接告知犯罪嫌疑人已经没有任何退路了，其犯罪事实已经要判重刑了，然后再告知其还有求生的希望。果然犯罪嫌疑人放弃了抗拒，交代了全部的犯罪事实。

第四节 利弊置换法

心理学对人们的行为动力进行了证明，"社会交换理论"阐明了人们的行为规则是在交换的活动中，以趋利避害为行为特点的交换关系。在审讯活动中犯罪嫌疑人选择对抗的行为，这说明他对利害关系的认识是明确的：对抗可以逃避惩罚，利益关系是明确的。利弊置换法就是把犯罪嫌疑人已经确立的利益关系置换出来，把有利于供述的新的利益关系输入犯罪嫌疑人的意识系统。置换的方法是让其进行"趋利避害"的选择，用比犯罪嫌疑人已经确立的更大的利益关系，与犯罪嫌疑人已经确立的利益关系进行交换。这种置换的方法是首先设置一个新的利害关系，同时摆出两种相反的利益结果，让犯罪嫌疑人选择，进行权衡利弊的比较，最终的目的是让其选择有利的结果——说实话对自己有利，放弃对抗，选择供述。

犯罪嫌疑人在审讯活动中的重要心理特点：是对自己利益的趋利避害的选择，是对将要承担法律后果的认识选择。交代还是不交代，是进还是退，他要权衡利弊。如果讯问人员将其退路给堵死封住，犯罪嫌疑人才能做出向前进的选择。而审讯中常用的封其退路的方法是："你的问题已经明了，你对问题交代是迟早的事，但迟不如早，应争取主动，争取立功，争取从宽处理，除此之外你是没有任何退路的。"又如：司法机关办案是以事实为依据以法律为准绳的，不轻信口供，你的口供只证明你自己对问题的态度，主动交代能从宽处理，不交代从严处理，你的问题已经清楚，两条路由你选择。这时的犯罪嫌疑人实质上只有一条路的选择，把犯罪嫌疑人推到交代的主线上来，此时犯罪嫌疑人便向供述方向做出选择。

趋利避害的心理人皆有之，哲学家爱尔维修说："快乐和痛苦永远是支配人的行为的唯一的原则。"去"苦"求"乐"是人的本能，在犯罪嫌疑人的身上，这种趋利避害的本能，更是时刻在指挥他的行为方向。趋利避害的心理状态常有几种表现：其一，抗拒心理状态。认为交罪供述，交代了要受惩罚，不交代说不定还能混过去，利害权衡选择了"避"。其二，反复动摇状态。这是一种左右为难的心理状态，如果交代了犯罪事实，就要受到法律的惩罚，如果不交代又过不了审讯关，处在两难境地。其三，供述交罪心理状态。认为自己的犯罪事实已败露，定要受到法律的处罚，没有退路了，如果主动坦白交代，说不定还有从宽处理的希望，选择了坦白交代的路。可见如果"利"大于"害"，则趋之；而"害"大于"利"，则避之。如何进行趋利避害的心理置换呢？通常审讯人员以固定"害"的程度，加大"利"的诱惑性来满足犯罪嫌疑人趋利避害的心理。例如：某一国家工作人员的贪污犯罪案，案发后犯罪嫌疑人已认识到自己贪污的数额巨大，会被严惩，畏罪心理非常强，不但犯罪事实不愿交代，而且对赃款的去向也咬死不讲。从该犯罪嫌疑人心理状态分析可以看出，反正自己的罪行已败露，是要被判刑的，把赃款隐瞒下来，待日后还可以使用。在接手这件案件的审讯时，讯问人员以其趋利避害的心理为置换的依据展开了审讯：

问：你知道你的罪行会带来什么样的结果吗？

答：我知道，少说要判我 15 年。

问：有从轻的办法吗？

答：有什么办法？

问：你为什么不想办法呢？想办法走从宽的路？法律不是规定得很清楚吗？

答：这我知道，揭发检举有立功表现的，投案自首的，能减轻处理，主动交代罪行的能从轻。

问：既然知道你为什么不走这条路呢？你的犯罪事实已经很清楚了，是无路可退的，你幻想着日后还能使用那笔钱？你想错了，这笔钱司法机关是一定要追回的，因为这是赃款，再者你虽然存在境外但你能保证境外的银行不破产吗？那时你的家庭会是什么样的你能知道吗？况且你若赃款不交还要从重处罚，这种结果你想过吗？

答：（沉默不语）……那我坦白交代了，能得到从宽处理吗？

问：这是法律的规定，你为什么不相信法律呢？

答：那我愿意交代，我愿意将境外的存款交给你们，我可以写'授权书'给你们，争取宽大处理。

这是一件以趋利避害心理为置换方法而取得审讯成功的案例。

第五节　教育置换法

向犯罪嫌疑人推销一种概念，把犯罪嫌疑人"立起来"，树立起"超我"的形象，让犯罪嫌疑人对自己的行为起否定态度，通过对自己行为的悔恨，达到供述的目的。

教育置换法实际上是树立"超我"形象的过程，这是以规范社会道德、法律行为去置换犯罪嫌疑人的抗审的"自我"防卫心理的意识，"自我"防卫心理的意识是"自我"利益的体现，因为存在"自我"的利益才有犯罪行为的出现，因为存在"自我"的利益才有抗审行为的表现。因此只有"超我"意识出现，才会替代"自我"意识，才会有否定"自我"的行为出现。所以，树立形象目的是将犯罪嫌疑人的"超我"形象树立起来，让其维护被拔高了的"自我"的心理形象，顺应审讯的要求。这种方法是采取对被讯问的个人形象和品行进行公开评价，来置换犯罪嫌疑人"自我"个体利益的意识，引起被讯问对象做出有利于认罪的悔恨反应。一方面让其努力地去寻找这种被树立的形象的心理感觉，另一方面是积极去维护被树立的"超我"的自我形象。这种通过教育帮助犯罪嫌疑人树立形象的"置换"方法也有两种：一种是利用反面形象，采用剖析、暴露丑陋的行为的方法，使被讯问对象做出有利的态度表示或行为反应。因为犯罪嫌疑人感到这样丑陋的行为放在自己的身上，对他不公正、不客观，会本能地显示自己并非如此，以争回良好的形象。他的这种意识反应，正好是我们讯问要达到的目的。例如，你敢作敢为，事情出来了为什么却不敢承认？另一种就是正面形象的树立，选择有利于审讯的形象，嫁接在他们身上，他们有了被嫁接的形象会得到心理上的满足，就会按照这种为其设立的形象去体会、去发展、去行动,来维护被抬起来的形象。例如:在讯问厅局级领导干部时,可以采用这种树立形象的讯问方法。首先对这位厅级干部的工作、人品进行置换评价:"你在工作上靠自己的实干,为社会做出了很大的贡献,改变了一个城市的面貌。你胸怀宽阔,在其他同志因工作不慎,出现了事故的时候,敢于承担责任,保护自己的部下,表现出了大度品质,令人敬佩。"在把对方的形象树立起来以后,处在短时间的"自我"维护期间,将他侵吞国家财产的犯罪痕迹送上去,让他在自我形象维护的心理状态的驱使下,交代了自己的犯罪事实。

第六节 观念置换法

犯罪嫌疑人在抗审的活动中,都有相对稳定的心理认识,我们称之为"对抗观念",它是犯罪嫌疑人在抗审活动中的心理结构背景,是心理状态因素的组成部分。不同的人、不同的案件,所产生的对抗观念存在不同。改变对抗观念是审讯活动的重要任务。例如,有的人认为自己目前的处境,是某些人想利用检察院来整他,或者是因为某件事情的打击报复,这种概念就形成了对抗观念。犯罪嫌疑人的对抗观念会通过不同的方法表现出来,审讯人员只有掌握了对抗观念才能转变对抗观念。转变的方法是,用相反的行为事件向犯罪嫌疑人施加信息影响,把犯罪嫌疑人的对抗观念置换出来,通常是运用双重否定的方法,进行逻辑关系的比较。我们在对犯罪嫌疑人引起对抗观念的对象进行否定时,对产生这种对抗观念同时否定,根据否定之否定,来证明新的逻辑关系。例如,他认为是某些人想利用检察院来整他,我们就应该首先确定整人的行为是错误的,是应予否定的,同时认为别人整人也是错误的,是再次的否定。因为犯罪的行为是否定的行为,是法律要惩罚犯罪,不是某个别人想要整谁就整谁,如果不犯罪即使别人想要整你也是无用的。另外还要让他知道检察院的基本性质,同时检察机关也在耗费大量的人力物力寻找对其有利的证据。再者"某些人"也向检察机关客观地反映了你在工作上做出了非常大的贡献,是位非常有能力的人等,以达到转变对抗观念的目的。

第七节 疏通置换法

根据犯罪嫌疑人在审讯活动中的表现来看,有的犯罪嫌疑人因为自己所处的环境不同,犯罪产生的原因不同,实施犯罪的行为不同,在审讯活动中的对抗的表现也不同,激情状态的对抗表现是犯罪嫌疑人特有的表现特征。所谓的激情状态是一种强烈的、爆发式的对抗状态，其心理特点表现为很强的主观性、封闭性、无畏性和极端性，原因是情绪波动时所产生的内推动力的自制力减弱了，表现为语言偏执、无理、情绪化、蓄意挑衅、攻击对抗的方向选择单一。疏通置换法就是根据犯罪嫌疑人的这一特点，采取透视心理弱点，疏通封闭障碍，缓和气氛，沟通情感，情理兼容，使嫌疑人俯首就范。在犯罪嫌疑人正面对抗的激情状态下，不能正面强攻，应顺应犯罪嫌疑人的心理脉搏，把自己并过去，与犯罪嫌疑人的心理节奏保持平衡，控制犯罪嫌疑人的激情状态的发展，放慢自己的语言节奏，从符合犯罪嫌疑人的心理需要、愿望和兴趣的语言信息内容入手，通常对犯罪嫌疑人的激情状态表现为同情理解，待犯罪嫌疑人的封闭状态缓松的时候，进一步保持心理接触，以客观存在与犯罪嫌疑人的主观认识的差异进行比较，松懈和分散犯罪嫌疑人的较强主观性，情理兼容，取得犯罪嫌疑人的信任，加强对其心理接触消除对立。

案例：某国家机关公务员，在主管某项目工程的活动中，账目混乱、涉嫌贪污犯罪，他在被请进检察机关后，表现为激情对抗：你们找我谈什么！我没有工夫陪你们扯淡！想搞我你们走着瞧！

问：你有话为什么不能好好说？

答：我没有什么好说的！脑袋掉了也不过碗大的疤。

问：你怎么会有这么大的火？

答：别人要是想着法子整你，你会不来火？

问：在国家的这项工程上，你起早贪黑，整个人都扑在工地上，为了节约用钱，你跑市场压价格为国家节约了大量的资金，这是你的贡献，也是我们今天找你谈的一个方面，你火什么？（顺应犯罪嫌疑人的心理脉搏，迎合犯罪嫌疑人的情感需要）在我们的办案人中间有没有因为个人关系跟你过不去的？还是有谁得罪过你？你莫名其妙地发火到底是怎么回事？

答：有人想利用我管理的工程整我，借你们的手把我送进大牢，要置我于死地（主观性开始松懈）。

问：你有功劳有成绩，别人为什么非要整你呢？

答：（不语）……

问：如果你没有其他的"错"，别人也整不了你，正因为你有其他的"错"，别人才跟你过不去，才举报你。如果你能够正确对待这件事情，认识问题改正错误，争取从宽处理，那么别人不是也整不倒你吗？相反，你采取积极的对抗，不愿意承认"错误"，那么司法机关就会从重处理，这就正好迎合了那些想整你的人的心愿，你不是在干蠢事吗？（道理疏通）

答：（点头不语）……

问：你是聪明人，工作能力强，有事业心，引起别人的嫉妒是难免的，但是你没有把事情办得完美，你的工程账目混乱，你自己也"用了不少钱"（不说贪污），这样就给别人提供了说话的理由。我想这也不是什么大不了的事情，关键在你如何处理如何认识，你能够认识错，以后吸取教训，就不会再犯类似错误。你说对不对？（清理疏通）

答：（点头不语）……

问：我们没有一个人有想整你的意思，能够拉你一把，不会推你一把的。只希望你能够认识问题，改正错误，你刚才不是说脑袋掉了也不过碗大的疤吗？死都不怕还怕承认错误吗（激将）？况且你的那些事都是明摆着的，你说不说它都存在，我想关于账目问题还是由你自己来说为好！（倾向疏通）

答：好，我自己用的钱我退出来……

第八节 "十二轮置换讯问法"的运用

"十二轮置换讯问法"是根据犯罪嫌疑人赖以抗审的心理条件，在审讯人员的帮助下进行的信息干扰，把犯罪嫌疑人的对抗因素置换出来，达到使犯罪嫌疑人交罪认罪的目的。

一、第一轮置换法

审讯人员置换犯罪嫌疑人本能的对抗因素，这是审讯人员与犯罪嫌疑人还没有接触之前就形成的对抗因素，即犯罪嫌疑人的"定势心理"。审讯人员首先就要把这种心理因素置换掉，取得犯罪嫌疑人的信任，建立能够继续进行置换的平台。

审讯人员先不急于切入审讯主题，应先对犯罪嫌疑人进行心理接触，通过法律规定的程序对犯罪嫌疑人的基本情况进行了解的过程中，标定自己的形象（严肃认真、品行端正、公事公办、情理兼容），涉入需要的情感（对其犯罪表现出同情、关心和理解，如，"我们每个人都有犯罪的可能性"），来置换犯罪嫌疑人带进审讯室的自我防卫的对抗因素。在逐渐使犯罪嫌疑人戒备心理放松、能正常答话后，再渐进问清其简历等基本情况。这种置换的可能性在于初次接受审讯时犯罪嫌疑人的两大"需要"：一是心理需要（人格的尊重、情感上的沟通、心理上的关心和理解、较好的评价）；二是信息需要（来自审讯人员本身的信息：什么事、判断可能是哪件事、暴露的程度、自己最担心的事件是否暴露、最担心的人是否开口；家庭情况的信息：被限制人身自由以后对家庭亲人的眷念、家里人是否在替自己想办法、自己最担心的那件事家里人办了没有、订立的攻守同盟是否被瓦解了）。

二、第二轮置换法

审讯人员在逐步拉近与犯罪嫌疑人的心理距离的基础上，置换犯罪嫌疑人的（某一部分）侥幸心理。因为犯罪嫌疑人的侥幸心理是由不同的"支点"来支持的，它分为事件（案件的性质）、关系（案件与自己的牵连关系）、程度（自己犯罪行为的暴露程度）。因此犯罪嫌疑人的侥幸心理又是以不同的层次来予以支持的，通常所说的犯罪嫌疑人的防线靠前或者靠后，就是这个道理，犯罪嫌疑人为了抗审设置多道防线，只有当犯罪嫌疑人所设置的防线，被逐步地置换掉，犯罪嫌疑人的侥幸心理才会被彻底的置换。

犯罪嫌疑人最初带进审讯室的侥幸心理，也是相对稳定的对抗心理，被称之为"定势心理"，虽然这种心理状态是以侥幸心理为主，但是他还包含着对未知事态的担心和关注，这也是犯罪嫌疑人摸底的动机，如果犯罪嫌疑人在摸底阶段，发现自己担心和关注未知事态满足自己抗审的心理需要时，犯罪嫌疑人的侥幸心理就会被强化，就不能被置换。如果犯罪嫌疑人发现自己担心和关注未知事态不能满足自己抗审的心理需要时，其侥幸心理就会减弱直到放弃。根据犯罪嫌疑人的这一心理特点，可以在审讯的实践中采用给犯罪嫌疑人"定位"的方法，来置换犯罪嫌疑人带进审讯室的"侥幸心理"。"定位"的方法是：（1）直接告知犯罪嫌疑人已经涉嫌犯罪，态度坚定，语气和缓，隐蔽实情，促成错觉；（2）间接告知，采取跨越前提的方法和假使犯罪证据存在的方法，使犯罪嫌疑人感觉到犯罪已经暴露；（3）自我告知，其方法是选准一个点，让犯罪嫌疑人自己去发展，通过联想的途径使他与自己最担心的犯罪事实联系起来形成认知概念。

三、第三轮置换法

审讯人员在给犯罪嫌疑人"定位"以后，置换犯罪嫌疑人的"定势心理"。"定势心理"是犯罪嫌疑人为了对抗审讯，带进审讯室的相对稳定的心理状态。在给犯罪嫌疑人"定位"以后，他总是要千方百计地来维护自己经过深思熟虑而形成的"定势心理"。犯罪嫌疑人维护的方法就是"沉默"、"辩解"和"否定"，有时还表现得强词夺理："我认为我没有犯什么罪。"置换的方法就是阻止其"辩解"，不要让犯罪嫌疑人把辩解的话说完（待全部的审讯结束以后应该充分地让其辩解），并且告知犯罪嫌疑人："我刚才所说的话是经过认真考虑，我对我说的话负完全的责任，同时我还告诉你，我们今天提审你，并不是想让你说什么，我们只想知道你对这个问题的态度。"置换的目的是强化"定位",使对方完全放弃最初带进审讯室的侥幸的"定势心理",犯罪嫌疑人在这里被迫放弃侥幸心理,实际上就是犯罪嫌疑人放弃了第一层次的防卫支点。犯罪嫌疑人失去了第一层次防卫支点以后,他会迅速组织第二层次的防卫支点,继续进行抗审,由此又进入了下一轮的置换。

四、第四轮置换法

继续置换经过犯罪嫌疑人选择后,重新建立起来的侥幸心理,即"新建侥幸"。因为在这一阶段侥幸心理始终是支持犯罪嫌疑人抗审的重要的心理支点,只要将犯罪嫌疑人的侥幸的心理支点全部置换,才能转变犯罪嫌疑人的抗拒心理。犯罪嫌疑人组织第二层次的防卫支点的信息来源,是与案件有着某种客观联系的"人""财物""行为"这三大因素。

这里讲的"人"指的是除了犯罪嫌疑人之外的案件知情人,知情人是否会向检察机关透露案件情况,这是人的因素对犯罪嫌疑人侥幸心理的影响,知情人的重要因素还在于他人与自己的犯罪的关系,这种关系越是密切,其侥幸心理就越强,反之就越小。另外,他人在犯罪活动中的作用,也是影响犯罪嫌疑人侥幸心理的重要因素,如果他人在犯罪的活动中起重要作用,那么犯罪嫌疑人认为他人是不会交代的,这就自然的对自己的侥幸心理起到了强化作用。由此,犯罪嫌疑人的侥幸心理的支点就是:只要他人不交代,自己的犯罪事实就不会暴露,况且他人是不会交代的。

以"人"来作为侥幸心理支点的置换方法是:审讯人员要设法让犯罪嫌疑人形成错觉,目前犯罪嫌疑人所处的被动局面,就是他人造成的,现在审讯人员所掌握的材料也是他人提供的。"有一件事情我想你应该清楚,关于我们手上掌握的材料,你应该知道是从哪里来的。"除此之外还可以用"离间"的方法,来置换犯罪嫌疑人以"人"作为侥幸心理的支点。

以"财物"作为侥幸心理支点的置换方法是:有很多的犯罪是以"财物"为犯罪对象的,如贪污、受贿、抢劫、盗窃、走私,等等。这些赃款、赃物的暴露程度是影响犯罪嫌疑人侥幸心理的重要的因素。赃款、赃物不暴露就不能证明自己犯罪,况且自己对犯罪赃物已经作了处理,司法机关是发现不了的。这是犯罪嫌疑人把"财物"定了位,而使其成为侥幸心理的支点。我们的置换方法是使被犯罪嫌疑人定了位的"财物"活动起来,这种活动的方法就是把不能自己变动的"财物"与人联系起来,财物就会从静态变成了动态。如贪污和贿赂犯罪的赃款多数是存在银行里,为了使之成为动态的"财物",可以直接告知犯罪嫌疑人我们查询银行的个人存款是最简单的事情,赃款和赃物是隐瞒不住的,从而使犯罪嫌疑人放弃财物的侥幸的心理支点,用动态的

"财物"（可能、已经、能够暴露或者以事件发展的相互关系，来证明犯罪的财物）来进行置换。

以"行为"作为侥幸心理支点的置换方法是：犯罪嫌疑人在实施犯罪的时候，大多是在非常隐蔽的情况下进行的，很少有现场的"目击者"，因此它的隐蔽性也就成了犯罪嫌疑人抗审的侥幸心理支点。犯罪嫌疑人的犯罪行为和整个的行为过程的证明，因为在当时不可能有录像机将其全部过程录制下来，证明其犯罪行为只有通过某一过程中的某些点的物品，形成证明的锁链来证明其犯罪的行为。以"行为"作为侥幸心理的支点的强弱程度，受三大因素的影响：痕迹的影响（犯罪痕迹暴露的程度）、结果的影响（犯罪的结果所造成的社会危害）、因果关系的影响（犯罪嫌疑人与犯罪因果关系的牵连）。审讯人员应当注意把握，随时准备调整"置换物"，做到"有的放矢"。

五、第五轮置换法

用审讯人员的"控制否定"来置换犯罪嫌疑人的"对抗否定"。犯罪嫌疑人侥幸心理被置换以后，会自发的更换新的心理支点，这时的犯罪嫌疑人通常会对审讯人员产生否定情绪。其原因在于，犯罪嫌疑人赖以支持的心理支点被否定，会自发地更换新的心理支点，当瞬间无法找到新的支点时，就产生需求的动机，这种需求在审讯人员的干预下不能得到满足时，就会对审讯人员产生对抗的否定心理。这种否定心理的对象，主要来源于审讯人员个体因素，即对审讯人员能力的否定，对审讯人员态度的否定，对审讯人员行为的否定。置换的对象就是对审讯人员的否定。置换的方法是：对犯罪嫌疑人是否供述，要表现得比较冷淡，而对犯罪嫌疑人利益和处境表现为热情的关注："我并没有准备你能交代些什么，你是否交代我并不感兴趣，我只能提醒你要注意自己的利益。"目的是置换犯罪嫌疑人产生的对抗否定情绪。

六、第六轮置换法

用心理证据置换心理事实，心理证据的获得，是通过对心理事实与客观事实的确认而实现的，实际上这是犯罪事实的再现过程。它是审讯人员根据犯罪行为、犯罪情节、事件和情形，所反映出来的"点"与"面"的逻辑关系，帮助犯罪嫌疑人再现犯罪的心理事实，实现心理证据的确认，能够让犯罪嫌疑人通过积极的联想，自我寻找实施犯罪的记忆，连接审讯人员提供的信息转化为心理事实，达到帮助犯罪嫌疑人再现犯罪事实的目的。这时的犯罪嫌疑人记忆大部分是犯罪的事实和情景，而审讯人员这时就要予以附和，并且加以控制，不要把犯罪嫌疑人的注意移开，要以最大的努力利用犯罪嫌疑人的心理事实，使之向趋利避害的心理转化——犯罪的事实已经暴露，对抗已经失去意义，这时供述比对抗对自己有利。例如，犯罪嫌疑人在银行有巨额存款，犯罪嫌疑人拒不交代钱的来源。审讯人员就要根据这个"点"，连接成完整的犯罪情景，帮助犯罪嫌疑人实现心理证据，"你的这些钱，就是你利用职务之便，一次次从别人那里收来的，最后积累成巨额存款，这是客观事实你是不能否定的，同时你已经构成了犯罪，你的退路已经没有了。"

七、第七轮置换法

让犯罪嫌疑人形成无路可退的概念，以此来置换犯罪嫌疑人的趋利避害的心理。这时的犯罪嫌疑人对犯罪的后果想的比较多，畏罪是犯罪嫌疑人的重要的心理特点，他渴求宽大，希望得到审讯人员的同情，同时由于畏罪心理的驱使，犯罪嫌疑人会选择避重就轻的方法与审讯人员周旋。而审讯人员应当让犯罪嫌疑人知道：犯罪的事实已经清楚，必须全部交代犯罪事实，供述对自己有利，顽抗只能导致恶果。这里审讯人员应当注意犯罪嫌疑人的人格特点，要不断地维护拔高，建立适合审讯的交流平台，才有利于犯罪嫌疑人的供述。例如前面的案例："你目前唯一要选择的就是设法得到从轻处罚，你现在还有条件，利弊由你自己选择。"

八、第八轮置换法

置换犯罪嫌疑人残留的侥幸心理。犯罪嫌疑人已经清楚地知道自己的犯罪事实已经暴露，但是他还仍然感觉到还没有到无路可退的境地，焦虑恐惧掺杂残留的侥幸心理坚持抗审。置换的方法是置之死地而后生，把犯罪嫌疑人推向无路可退的境地，并且告知其犯罪行为的严重性，然后松开一个口子，帮助选择有利于供述的退路。例如："你的犯罪已经毋庸置疑，而且罪行严重，根据法律是要判重刑的，当然你还有从轻处罚的条件，我们也不希望你被判重刑，我们还想帮助你。"

九、第九轮置换法

置换犯罪嫌疑人的畏罪心理。这时的犯罪嫌疑人已经意识到将要受到法律的惩罚，处于自我求救的心理状态，时而沉默、联想到接受惩罚的后果，等待着审讯事态的发展，时而还会出现注意的空白，整个的思维是处在恐惧紧张的激烈斗争状态。置换的方法是让犯罪嫌疑人自己认识到犯罪的事实已经清楚，必须供述才能减轻目前的心理压力，同时还要引导对方多注意自己的利益（抗拒对自己不利），维护自己的形象——敢作敢为，千万不可让犯罪嫌疑人失去人格形象变成无赖。另外还应该让犯罪嫌疑人感觉到审讯人员正在努力地帮助自己。

十、第十轮置换法

以供述的内推动力因素，置换犯罪嫌疑人的抗拒内推动力因素。根据犯罪嫌疑人认知活动规律，内推的供述动力和内推的抗拒动力，谁先觉醒谁就占主动。置换的方法是创造供述的条件，帮助解脱心理压力，让出自我说服的空间，给台阶下，引入"降价心理"，即你的那么多的事情我现在只要你说出这一件，对你来说是应该知足了，等等。这里审讯人员不仅要积极地推拉供述动力，还要时刻注意维护供述动力，使犯罪嫌疑人形成"我应该供述"的概念。有很多犯罪嫌疑人在这个时候会在潜意识里出现趋向动力——"我还是说吧"。同时犯罪嫌疑人经过上述的几轮交流对抗，已经进入疲劳的精神状态，为了缓解这种疲劳状态而产生的"需要"，就会形成放弃对抗的内推动力，这就是前面说的"趋向动力"。

十一、第十一轮置换法

以犯罪嫌疑人放弃抗拒的"理由"来置换对后果的"顾虑"，强化犯罪嫌疑人对外来利益的肯定。犯罪嫌疑人放弃对抗，必须有充分的理由，必须在犯罪嫌疑人充分肯定审讯人员提供的"利益"的前提下实现的。如果犯罪嫌疑人没有获得放弃抗拒的"理由"，得不到利益的肯定，他就不可能放弃对抗（这里的"利益"经常是犯罪嫌疑人以减轻心理的压力或者是心理的疲劳而获得的）。犯罪嫌疑人只有确信自己放弃对抗的原因是充分的才会放弃抗审。这时的审讯人员必须准备好"理由"，交给犯罪嫌疑人。通常审讯人员根据人的趋利避害的行为特征，来设置"理由"，在犯罪嫌疑人权衡利弊的情况下供述认罪（这里大多是犯罪嫌疑人眼前的利益）。犯罪嫌疑人供述认罪后，审讯人员应当及时确定口供，固定证据，印证犯罪嫌疑人口供，确定犯罪嫌疑人口供的真实性，防止犯罪嫌疑人的虚供、假供和翻供。同时有的犯罪嫌疑人避重就轻，还必须继续深挖犯罪。即便是审讯结束了也要让犯罪嫌疑人感觉到审讯还在继续，其目的是为了下一次审讯留出接口。如果在这一轮置换之后犯罪嫌疑人仍然没有交代全部犯罪事实，审讯就会自然进入下一轮置换。

十二、第十二轮置换法

找出新"条件"置换犯罪嫌疑人继续抗审的心理支点。经过前面的较量，犯罪嫌疑人可能仍选择继续抗审。这里置换的方法是尽一切可能去放松犯罪嫌疑人的警惕，重新寻找目标组织进攻。首先是要寻找犯罪嫌疑人没有供述的原因，在一般情况下犯罪嫌疑人没有选择供述，是因为审讯人员没有拿出充分的供述的条件和理由，没有找到准确的"攻击"目标或者是"攻击"的力度不够。除此之外审讯人员采取的方法和所涉及的事件，与犯罪嫌疑人无必然的联系，导致其退路宽广，自由空间极大。再者就是审讯人员暴露了侦查信息，被犯罪嫌疑人摸了底，对抗心理被强化。

从事侦查审讯的同志们都是很清楚的，跟犯罪分子打交道，不可能一次就能制服犯罪，有时要经过数次甚至数十次的反复较量。审讯活动出现这种情况的主要原因，是我们的审讯人员没有把握犯罪嫌疑人心理支点，不知道置换什么，用什么来置换，导致了犯罪嫌疑人的抗拒行为把审讯人员的信心给置换掉了。犯罪嫌疑人经过第一个回合的初审，有的犯罪嫌疑人能够交代全部的犯罪事实，而有的犯罪嫌疑人还隐瞒着大量的犯罪事实，需要继续进行审讯，因此续审的任务就是把犯罪嫌疑人还隐瞒的犯罪事实置换出来，以达到深挖犯罪的目的。

续审阶段犯罪嫌疑人心理支点是我们在初审阶段还没有掌握的、犯罪嫌疑人经过初审阶段隐瞒下来的犯罪事实，此时，犯罪嫌疑人对审讯有了一定的免疫能力，客观上强化了犯罪嫌疑人的侥幸心理。除此之外隐瞒下来的更深层次的犯罪，所依靠的心理基础还是侥幸心理，这是续审阶段深挖犯罪的重要目标。被隐瞒下来的更深层次的犯罪，由于时间的问题，犯罪的暴露程度以及犯罪事实与犯罪嫌疑人的牵连关系、犯罪的事件在大脑的记忆里的活动并不活跃，形成了比较稳定的侥幸的心理基础。这里需要说明的是：侥幸心理是支持畏罪心理的重要心理因素，一旦侥幸心理被置换走了以后，畏罪心理也就失去了依靠。

续审阶段置换犯罪嫌疑人的心理支点的方法是：要激活被犯罪嫌疑人埋藏在记忆深处的犯罪情景。其方法是直接告知犯罪嫌疑人："你还有'事情'没有交代！"这时犯罪嫌疑人就会寻找储藏在记忆仓库里的犯罪情景，这些情景就会活跃起来，为审讯人员的置换做准备。由于案件本身的特点不同，所以在置换的方法上要有一定的灵活性。通常以亲情关系置换犯罪嫌疑人的信任感，以犯罪的客观存在置换犯罪嫌疑人的心理事实，以假设的犯罪存在置换犯罪嫌疑人的记忆事实，以逻辑矛盾置换犯罪嫌疑人的心理证据，以倒谎揭谎（谎言）来置换犯罪嫌疑人隐瞒的真实情况，以粘贴牵连来置换犯罪嫌疑人的藏匿物（寻找同类物牵连出犯罪嫌疑人的藏匿物），以点滴的行为痕迹置换犯罪嫌疑人全部的犯罪事实。

最后的"复审"是设置逻辑关系，置换被犯罪嫌疑人最后截留的犯罪事实。审讯人员发现有的问题犯罪嫌疑人还没有交代清楚，或者是还有遗漏的问题没有交代的，需要对犯罪嫌疑人进行再次的审讯。重要的是通过反复的审讯来发现新问题，解决老问题。这时犯罪嫌疑人的心理支点也就成了最后的一道防线。此阶段犯罪嫌疑人的心理支点是：审讯人员不知道的或者是审讯人员没有涉及的，我也不必主动说出来，不问不说问了再说。置换的方法是：设立一连串的带有逻辑关系的问号，把犯罪嫌疑人最后截留的东西置换出来。

第十三章　意识经验的"攻击"规律和审讯方法

人的意识经验形成的认识习惯最重要的特点在于语言的表现习惯和行为的表现习惯。人们的语言和行为大多是在意识的作用下出现的，根据人的意识存在的客观反映，当人的意识活动处在滞后状态的情况下，潜意识就会积极活动起来，占领意识的空间，指挥人的言行，例如，自言自语、人的下意识行为。这些都是在潜意识的作用下出现的，也是我们每一个人不可避免的意识活动规律。除此之外，当人的意识处于被控制的状态时，潜意识就会积极地帮助意识解脱困境，一方面表现为意识提供解脱的信息和方法，另一方面表现为潜意识的自主活动，越过意识进行自主的言行活动。人的这种意识规律为我们审讯犯罪嫌疑人提供了可靠的利用条件，是审讯人员借助犯罪嫌疑人心理活动规律的重要根据。我们在审讯活动中，要对犯罪嫌疑人的生理条件、记忆经验、行为习惯、思维的规律性，进行有效的利用，以使其成为有利的审讯条件。

第一节　经验规律

人们的知识经验来源于行为实践的记忆，有了行为的记忆才有认识经验，没有行为实践就不可能有人的记忆经验和认识经验。当犯罪嫌疑人实施犯罪行为后，就有了认识经验，有了对犯罪情景的记忆，也就是说有了心理"现场"的记忆经验。人的大脑的能力，可以分成意识和潜意识两个部分，当人们知道自己在"看、听、说、想"的时候，这便是有了意识。同时人们为了维持生存的种种功能、经验记忆、知识水平、身体能力，根据人的生理特征，是由我们的潜意识来控制的。意识的能力与潜意识相比较，当人们不需要跟外界联系的时候，意识可以休息，在睡眠的时候，意识就全部休息了。可是潜意识则无所不在，无时不有，只有当人死亡的时候，潜意识才会停止。人的潜意识承担着重要的记忆经验，在受到特定的记忆经验信息刺激的时候，记忆经验的信息内容，会通过潜意识的反应，超前准确地予以反映。在审讯活动中，当外来的信息涉及该犯罪情景的时候，犯罪嫌疑人根本不需要再次对自己犯罪的现场进行核实，便会清楚地记得该犯罪现场的情景，这种犯罪的情景便会通过潜意识的活动，表现出对该"现场"的记忆经验和认识经验。这种现象心理学家称之为"超前反馈"现象。心理有了认识经验，无须再次进行核实，潜意识便会直接跨过意识来反馈这一意识经验。例如，检察机关在侦查某一贪污案件时，发现犯罪嫌疑人利用涂改发票、以小充大的方法贪污公款。检察机关在侦查的过程中，隐蔽了这一犯罪情节，针对几个嫌疑人进行了调查，当检察机关的办案人员讯问犯罪嫌疑人王某时，审讯人员拿出了被涂改的发票，放在桌子上（距离犯罪嫌疑人有一定的空间，足以使犯罪嫌疑人看不清楚发票的内容），问：这张发票是怎么回事？答：那不是我涂改的。问：你根本就看不清楚发票的内容，你是怎么知道这张发票是被涂改的！答：……我不知道。问：发票被涂改的事情，只有我们办案人员知道，不是你干的那你是怎么知道发票是被涂改的呢？答：不语……问：现在我们可以告诉你，这张发票就是你改的。此后犯罪嫌疑人不得不交代自己涂改发票侵吞公款的犯罪事实。

利用犯罪嫌疑人的记忆经验进行审讯，在充分地做好准备工作以外，建立"超前反馈"现象的平台，把每一个只有犯罪嫌疑人才知道的犯罪情景的细节分解开来，展示给犯罪嫌疑人，促使犯罪嫌疑人进行"超前反馈"，然后展开"攻击"。在利用"超前反馈"现象进行审讯时，必须要让犯罪嫌疑人有充分的联想空间，促使其潜意识能够积极地活动起来，帮助犯罪嫌疑人完成"超前反馈"的认识经验过程，暴露犯罪嫌疑人的行为痕迹，达到使犯罪嫌疑人供述认罪的目的。

"超前反馈"现象，通常会在犯罪嫌疑人的下意识的言行中表现出来，在我们的侦查活动中应当注意收集这方面的信息，捕捉"超前反馈"的言行表现，发现疑点顺势展开"攻击"，迫使犯罪嫌疑人不能自圆其说，陷入困境。例如，在一起强奸杀人的案件中，凶手将隔壁邻居寡妇王某骗至家中，将其强奸后杀害了。此后，凶手为了避嫌，跑至被害人的家门前，一边敲门一边喊王某的女儿："小兰，你妈怎么不去上班，在家吗？"在审讯活动中，审讯人员获取这一信息以后，立即对其进行核实，犯罪嫌疑人承认自己去过被害人的家，询问被害人为什么不去上班，但就是不承认自己与这起案件有关。审讯人员严厉地告诉犯罪嫌疑人："你找被害人上班，在你敲门的时候应该直接叫被害人的名字，为什么叫被害人的女儿名字呢？你分明知道被害人不在家，所以开口喊'小兰'，如果不是你杀了被害人，岂有没进门就知道被害人不在家的道理！"最后犯罪嫌疑人只得交代强奸杀人的犯罪事实。

第二节 惯性规律

惯性规律是通过人的生理特点，潜意识的自主活动，表现出来的人的思维习惯的连续惯性，来达到让犯罪嫌疑人供述的目的。由于人的生理特点和思维习惯的连续惯性，有的时候人的语言是在意识状态下形成的，而有的时候人的语言是在潜意识的状态下形成的，有的时候是先说话后意识，有的时候是先意识后说话。当人对待某些严肃的问题的时候，表现为先意识后说话，相反当人们认为是无关紧要的事情时，就有先说话后意识的特点。同时当人们处于潜意识的兴奋状态的时候，潜意识支配了语言，就有先说话后意识的特点，在审讯活动中这一特点的重要表现是"口误"。"口误"是人们在正常的情况下不愿意说出来的话而说出来了，这是因为潜意识的作用，表现出语言的连续惯性，带出来的失误的语言。在审讯的活动中这种失误的语言就是我们"攻击"的目标。通常为了使犯罪嫌疑人多发"口误"，对于犯罪嫌疑人的夸夸其谈进行放任，帮助犯罪嫌疑人的潜意识活跃起来，引发"口误"，便于审讯人员展开"攻击"。审讯人员如果注意暗示与设定连续惯性的条件，那么犯罪嫌疑人的"口误"就像喷发的泉水洒泼出来。这种连续惯性的条件就是引发事件语言的内在联系。

在审讯活动中，审讯人员总是要通过不同的角度来证明犯罪嫌疑人的犯罪事实，而犯罪嫌疑人总是把已编造好的谎言用来掩盖自己的犯罪事实。但是，很多犯罪嫌疑人在说谎的时候都是由于语言方面的失误而露馅的，成为审讯人员的"攻击"目标和突破口。犯罪嫌疑人的这种失误并不是因为他没能仔细地编造好想说的话，而是说谎者在回答讯问时，常会受到理念的干扰。著名的精神分析心理学家弗洛伊德指出："即使是十分谨慎的说谎者，也会有失口露馅的时候。"这就是我们常说的"失言"。这种失言并非偶然性，它体现了说谎者内在的心理冲突。之所以说错话，乃是因为他的内心正在和某些亵渎的含义挣扎对抗。一旦审讯人员投入"关键语"，这种"失言"就会趁着犯罪嫌疑人不注意的时候突然出现。"失言"从其含义来说，都是说话人不想说或不愿说的事，所以一旦发生这种情形，它就成了暴露自我的一种印迹。

当然，也应注意判断被讯问人是否在说谎，不能简单地把任何"失言"当做说谎的证据，需要上下联系来加以鉴别。也不能简单地认为没有"失言"的回答就是完全正确的，在有的情况下说谎者并不一定会出现失言，因为说谎者最为留意的也正是说话时言辞或字眼的选择，掩饰、伪装别人最注意的地方。

注意谎言的特征：心理学实验研究表明，从一个人说话的音调中能够相当准确地判断出他的情绪状态或内在感受。比如，激动时声音高且尖，语速快，音域高低起伏较大，带有颤音；悲哀时声音低沉，语速慢，音域高低起伏较小，有间断。通过音调的变化还能辨别出欣喜、愉快、感叹、烦闷、惊讶、恐惧、愤怒、厌恶等，同志们在听广播剧时也许感受最为明显。正常人的情绪变化在音调上的反应是极难加以掩饰的。但是说谎者则不然，他为掩盖自己内心的恐惧，常常表现出来的是相反的音调。再者，谎言表现在说话的语言速度上与正常说话是相反的速度，平常说话慢，而在说谎时会加快说话的速度，而平常说话快，在说谎时就会放慢说话的速度，同志们在审讯时应加以注意。

在审讯时，被审讯者在回答问题时，常出现频繁的停顿或长久的停顿。其原因在于，犯罪嫌疑人在接受审讯时，大都带有"定势心理"，预先准备好了"台词"，但对自己预先准备好的"台词"能否让审讯人员相信，这是没有把握的，因而在临场时产生犹豫，出现了语言的停顿。另外，被审对象虽然把"台词"准备得很充分，但又怕露馅，怯场忘了"台词"，而重新组织"台词"要能自圆其说，必然出现语言停顿；有时他们在回答问题中重复的句子较多，爱改变话题，用"啊""呃""嗯"的字较频繁。

第三节　粘连规律

什么是"粘连规律"？顾名思义就是以粘贴相连的方法，使一个物品与另外的一个物品连接起来，粘贴在一起。记得在孩提时代吃芝麻饼，芝麻散落在桌子上总会用手粘着唾液，把芝麻粘起来吃掉。我们把这种粘贴的方法用在审讯犯罪嫌疑人活动中，更是能够出奇制胜。从人的习惯上来看人们总是喜欢把同类的物品放置在一起，借助于人们的这一习惯方法，我们为了找到犯罪嫌疑人隐藏起来的贵重物品，只需找出犯罪嫌疑人另外的贵重物品，则需要找的贵重物品也就会被粘连出来了。例如，有一起盗窃案，犯罪嫌疑人将自己所盗窃的赃款和赃物全部转移到了外地的亲戚家里，在搜查犯罪嫌疑人的住宅时，侦查人员一无所获，就连犯罪嫌疑人平时的生活用钱都没有留下。审讯人员为了找到犯罪嫌疑人转移的赃款和赃物，问犯罪嫌疑人平时的生活来源是什么？犯罪嫌疑人答：做点小生意。问：做了多长时间的生意了？答：有好几年了。问：那可能挣了不少钱吧？答：也没有挣多少钱，反正仅仅够吃饭的。问：那你家的平时吃饭钱呢？答：都临时存起来了。问：那存折呢？犯罪嫌疑人在这个时候才感觉到中计了，但是已经晚了。在审讯人员追逼下，犯罪嫌疑人交代了存折放在自己的内弟家里。审讯人员在其内弟家里提取存折时，连同犯罪嫌疑人存放的赃款和赃物，全部提取了回来，并且顺利地突破了这起盗窃案件。审讯中粘连法不仅适用于对物品的粘连，而且也适用于对事件的粘连。例如盗窃惯犯一贯以盗窃为业，在他们被抓获归案以后，对这些人的审讯就可以采用粘连的方法，用正常的事件把犯罪嫌疑人的犯罪事实粘连出来。针对这起盗窃案件可以用生活的来源去粘连犯罪嫌疑人盗窃的犯罪事实。当审讯人员问及犯罪嫌疑人的生活来源时，犯罪嫌疑人必然会编造谎言来应付审讯，越编谎言越多漏洞就越大，不能自圆其说，最后必然"粘连"出盗窃财物才是生活来源的犯罪事实。

粘连法在审讯活动中的运用是非常广泛的，其方法简单但效果显著，抓住与犯罪嫌疑人的犯罪有密切的关系进行粘连，使得犯罪嫌疑人在莫名其妙的过程中，走进了我们的圈套。粘连法应当予以灵活运用，切不可生搬硬套，在使用的过程中审讯人员应当注意隐蔽自己的意图，才能产生效果。在使用粘连法时，选择的粘连关系应当与犯罪嫌疑人的犯罪有着密切的联系，如果是风马牛不相及，根本就不可能产生粘连作用和效果。

1. 语言粘连法。即利用语言的连续性进行粘连，按照某一个议题来进行发展，使其自动地转向审讯的供述的主题。这里主要是要注意发挥潜意识的作用，控制意识与潜意识的沟通。通常犯罪嫌疑人的供述和辩解，会涉及问题的不同方面和不同角度，审讯人员应当注意捕捉有利于进行"攻击"的语言主题，利用语言的连续性，把审讯人员需要的主题粘连出来，控制起来，达到让犯罪嫌疑人供述的目的。

2. 行为习惯粘连法。人的行为习惯通常会把同类物放置在一起，如存款、存折、金银、珠宝、首饰等，只要找到其中的某一种物品，其他的物品也就找到了。例如犯罪嫌疑人转移了财产，就连平时自己戴的一个大戒指也不见了，运用行为习惯粘连法，让犯罪嫌疑人交代戒指的下落，那么其他转移的财产也就被粘连出来了。

3. 点面粘连法。以点追面，利用点滴的证据"滚雪球"，粘连出全部的犯罪事实。例如，犯罪嫌疑人采取收款不入账的方法侵吞公款，侦查过程中发现了一张没有入账的收据，逼其交出其他的收据，把其他的收据全部追出来，达到以点追面的目的。再有贿赂案件的犯罪行为不是一次受贿就停止的，通过某一次的受贿把其他几次的受贿粘连出来。

第四节　分解经验

"分解经验"顾名思义是将一件大的物体或者完整的东西分解开来，分解为若干的部分，然后一部分一部分地解决，进行各个击破，分而治之。将这种方法运用在我们的审讯活动中，便成为重要的审讯技巧，并且有着很强的实用性。审讯人员在对犯罪嫌疑人的审讯中，有些案件特别是重大和特大案件，因为社会的影响大，对犯罪嫌疑人造成的心理压力也大，如果让犯罪嫌疑人直接承认犯罪事实，其困难也是非常大的，有时根本就不可能。犯罪嫌疑人在作案以后，他知道自己所犯罪行的性质以及自己所要承担的法律后果，在被抓获归案以后，其心理压力是非常大的，尤其是在接受审讯的过程中畏罪的心理压力会随之增加。审讯的实践告诉我们，犯罪嫌疑人畏罪心理压力越大，犯罪嫌疑人就越不会轻易地交代自己的犯罪事实。同时案件越大、情节越严重，犯罪嫌疑人产生的心理压力也就越大，也就越不容易开口。因此在审讯的活动中，为了减轻犯罪嫌疑人的供述压力，做到既要让犯罪嫌疑人交代罪行，又要减轻犯罪嫌疑人供述的心理压力，最为有效的方法就是"分解法"。例如，强迫妇女卖淫罪，其罪行的核心要件是"强迫"。犯罪嫌疑人对这一点都是非常明白的，所以他们对"强迫"是很敏感的，为了避开"强迫"这个字眼，又能够达到提取"强迫"卖淫的证据，审讯的对策就是把"强迫"这个具有刺激性的字眼分解开来，使之成为"骗、控、奸、吓、打"五个情节，使每个情节看起来都不属于情节严重的罪行，然后把每一个情节作为重点讯问的主题，一一落实固定。待上述每一个情节都落实了之后，再把五个情节合并起来，就能完整证明犯罪嫌疑人强迫妇女卖淫的犯罪事实。

"分解法"是将某一完整的案件或者某一重、特大案件分解开来，形成有着内在联系的案件的片断或者情节，逐步地一个片断一个情节的突破，待这些片断和情节都解决以后，整个案件的事实也就全部解决了。这种方法虽然耗时耗力，但是这种方法有利于对案件的突破，对犯罪嫌疑人的突破，使之在不太大的心理压力下供述交代犯罪事实。

"分解法"的方法是根据案件的具体情况来定的，没有统一的模式。它是通过分解的方法，更有效地证明犯罪为目的的。有的案件的分解方法是：犯罪嫌疑人有作案时间、去过发案现场、有作案的动机、有作案的工具、犯罪嫌疑人与该案的发生有因果关系、犯罪嫌疑人就是犯罪行为人。即时间、地点、行为、结果。在这些范围内还可以分解，关键是以有利于案件的突破为前提。例如，某市发生的凶杀案件，被害人王某某，男，48岁，市某电器公司的总经理。6月16日19时在其父亲的一所房子里，被人用锐器刺入心脏，引起失血性休克死亡。经过排查发现该公司医务室的女医生欧阳有重大犯罪嫌疑。犯罪嫌疑人欧阳有杀人动机，案发时犯罪嫌疑人欧阳去过现场有目击证人，并且多次编造谎言去过案发现场，在这起案件中审讯人员并没有要犯罪嫌疑人直接交代杀人的经过,而是分解杀人的细节各个击破,最后达到证明犯罪的目的。审讯人员首先从杀人的动机开始分解,第一步解决的问题是确定犯罪嫌疑人与被害人的特殊关系,犯罪嫌疑人有报复杀人的动机。第二步需要解决的问题是确定犯罪嫌疑人有作案的时间,并且在被害人死亡的时间里犯罪嫌疑人去过杀人现场。在调查的过程中犯罪嫌疑人说了大量的假话,办案人员一一地予以揭露,并且用这些细节把她与杀人的事实联系起来,然后把这些已经分解完成后的情节和片断再组合集中起来,形成一个有力的证据拳头,再次打向犯罪嫌疑人,使之交代全部的犯罪事实,最后取得这起疑难杀人案件的审讯成功。

这里应当注意的是,分解讯问法的目的,是降低犯罪嫌疑人对特殊字眼的警惕性,当审讯人员完成了对某一细节和情节的任务时,应当"见好就收",不要再赤裸裸地追问,以免引起犯罪嫌疑人警觉,出现当场"翻供"的情况,犯罪嫌疑人的当场"翻供",再扭转回来就困难了。同时赤裸裸地追问容易暴露审讯的意图,在审讯活动中暴露审讯意图就等于在犯罪嫌疑人与审讯人员中间砌了一堵墙。

第五节 记忆经验

人的意识是因为有了记忆的储存所形成记忆经验为基础的,从记忆规律的特点来说,对自我个体影响重大的事件的感知记忆比较清楚和牢固,反之就会淡薄容易遗忘。例如,犯罪行为是社会的否定行为,自我个体实施了这种社会否定行为,客观事件与主观认识产生了比较强烈的记忆经验,一旦与此相关的信息出现的时候,这种特定的记忆经验就会积极迅速再现这种特定的情景。在审讯的活动中,审讯人员只要发出了与犯罪嫌疑人实施犯罪的相关信息,犯罪嫌疑人的记忆经验就会让犯罪嫌疑人再现当时的犯罪情形,这是记忆经验对人的意识本能的反应。

在审讯的活动中,把记忆经验规律作为审讯的方法,主要是利用犯罪嫌疑人实施犯罪的情景中的某些细节的记忆经验,在犯罪嫌疑人没有警觉的情况下,让其犯罪的记忆经验在审讯人员信息的刺激下,通过潜意识的渠道自然地流露出来,真正吐出有悖于谎言的真实的犯罪情景。例如,在古时候有两个人来县衙告状,一个说另外一个欠自己十两银子,而另外一个人不承认自己欠对方的银子,并且告知县衙自己根本就不认识对方,是第一次见到他。于是县官问原告,你是在什么地方借给他银子的?答:我是在城边不远的一棵大树下借给他银子的。县官说你再去那里一趟,把那棵树上的叶子带两片回来,我把它们当证人问一问,它们会告诉我真实情况的。原告去取树叶走了以后,不承认借银子的人留在了县衙，县官一边让被告原地等着，一边处理自己的公文，过了一段时间县官问被告："他现在走到那棵树下没有？"被告回答："依我看还没有走到。"县官话锋一转："你既然没有去过那里，你怎么会知道？"被告无言以答，只得承认自己赖账的事实。从这里可以看出，记忆经验会如实地反映客观情景，这种记忆经验在很多时候是通过潜意识的渠道表现出来的。

第六节 空间经验

心理研究表明，人对空间的感知是非常敏感的。例如一名学生独自在某个空间里看书，别人无意坐在了他的近处，他就会感觉到不舒服，感觉到空间被别人侵犯了，只想让别人离开，在别人不能离开的时候，自己就会设法更换不被侵犯的空间。根据犯罪嫌疑人在事实犯罪以后的记忆经验，犯罪嫌疑人对犯罪情景也有很强的空间感。犯罪情景所涉及的空间条件与犯罪嫌疑人感知，有着密切的关系，当犯罪情景所涉及的空间，没有被审讯人员涉入，那么犯罪嫌疑人的感知是安全的、平静的。相反，如果审讯人员不同程度地涉入了犯罪情景的空间，那么他的安全感就会被削弱，恐惧感增强。犯罪情景的空间在犯罪嫌疑人的感知记忆中，被分成若干个相互联系的小空间，当每一个小空间没有被侵犯的时候，其整体空间是安全的，但是，当某一个小空间被侵犯、被涉入的时候，其整体空间的安全感就会被削弱。当犯罪嫌疑人处于某个小空间被侵犯时，就会积极地设法挽救，进行修补。在审讯的过程中，审讯人员抓住犯罪嫌疑人的某个犯罪细节，进行"攻击"的时候，犯罪嫌疑人的辩解就是这种修补的行为表现。在很多的时候审讯人员为了阻止犯罪嫌疑人对小空间的修复，采取"关门落锁、堵其退路"的方法。空间有现在的和过去的，有心理的和客观存在的。审讯室里的空间就是客观存在的，审讯人员不断地改变空间的位置，能够有效地促进犯罪嫌疑人情绪的变化。当审讯人员走向犯罪嫌疑人的背后，就会引起犯罪嫌疑人的恐惧感。当审讯人员走向犯罪嫌疑人的侧面的时候，就会引起犯罪嫌疑人的亲近感。当审讯人员走下审讯台，走向犯罪嫌疑人正面的时候，会引起犯罪嫌疑人理智的反应。

第七节 联想经验

联想是概念间相互牵连、相互激发的一种心理现象，是感知或回忆某一事物连带想起其他有关事物的心理过程，是由于概念在时空中的接近而形成的，是一切心理过程的基本机制。由于任何犯罪过程都是有关人、事、物、时间相互联系相互制约的过程，这种过程是客观的，它通过联想反映在人们的头脑中形成带有规律性的心理活动。根据所反映的有关人、事、物、时间相互联系、事物的关系不同，联想表现为：对事物发展规律的联想，即根据事物的发展规律和发展方向的联系所形成的。接近联想，即在空间或时间上接近的事物，在表象中容易形成联系，因而容易由一件事情想到另一件事情。类似联想，即根据事物的外部的、表面的特征所引起的联想。对比联想，即根据对比产生的联想，如提到善想到恶，提到天想到地。联想是一种内心的心理活动和心理过程，这种内部的心理活动可以通过人的外部行为和语言反映出来。这就为我们揭示犯罪嫌疑人的内部心理状态和这种心理状态所体现的事物之间的客观联系，提供了方法。

联想规律不仅仅是为了发现犯罪嫌疑人的心理活动规律，更重要的是利用这一心理规律，达到制伏犯罪的目的。在很多时候，审讯人员为了使犯罪嫌疑人形成一种概念，必须依靠犯罪嫌疑人的联想把他再次带入犯罪现场，犯罪现场的面貌、情景，就是依靠联想的帮助来实现的。例如，对于贪污贿赂犯罪，当审讯人员发出了钱的信息后，犯罪嫌疑人立刻就会联想到当时自己拿钱的情景。当审讯人员传递的信息是钱的数量和去向的时候，犯罪嫌疑人就会联想到存款单上的阿拉伯数字和自己在银行的存折。案例：某涉嫌受贿的犯罪嫌疑人，在接受审讯时拒不承认自己的犯罪事实，审讯人员为了让大量的犯罪事实占据犯罪嫌疑人的认知空间，充分地发动其联想。

问：现在银行都实行实名存款了，你现在有多少存款？

答：……那些钱是我儿子的。（联想到在银行的存款被发现了）

问：你儿子怎么会有那么多钱？

答：他在北京工作工资比较高，有时还能弄到外快。（把退路选择在儿子身上）

问：你儿子刚刚参加工作不久，能有那么多钱吗？能有那么多合法的外快吗？这么说是你儿子受贿了？

答：不是……

问：钱是怎么到你手里的？（让其联想钱是别人一次次的送来的）

答：钱是我儿子从北京带回来的。

问：你儿子一共带回来多少钱？

答：有几十万吧。

问：你银行里的存款可不是这个数字。

答：那是我家里原来的存款积蓄。

问：你的银行存款是多少你清楚，我们也清楚，具体的数额你就不用说了

（强化联想）。我只问你一个问题，你的存款为什么不集中在一家银行存储，其他的银行也有你的存款？（加强对犯罪嫌疑人银行存款已经暴露的联想，并且试探银行存款的方向，有多少存款的银行）

答：主要是为了方便，有的时候走到哪里就在哪里存了。

问：你要那么多的钱干什么用？（我们已经知道了你的存款数额，进一步的暗示，促其联想）

答：将来还不是给儿子用吗。

问：你不是说钱是你儿子的吗？根本就不存在是你给的问题，我们不想看到你把责任推到儿子身上，你儿子可没有义务替你承担责任，更不希望你去影响儿子的前途。（让他联想到把事情推给儿子所产生的后果，堵住犯罪嫌疑人的退路）

答：那些存款是我的，不是儿子的。

问：那你为什么说是你儿子的？

答：（不语）……

问：我们知道你是害怕，怕我们问你那么多存款的来源，实际上你不说我们也知道来源，今天找你来的原因，你应该很清楚，我们不是随便找人谈话的，在你的问题上我们已经作了大量的调查，询问了许多人，可能你也听说了。（实际上他不可能听到或者知道我们的调查情况，目的是让其联想那些行贿的人是否有暴露的可能）我们直到今天才找你，不是让你说些什么，而是听听你对自己问题的态度，我们也好拿出处理意见。

答：你们让我考虑一下行吗？

问：我们现在可以这样跟你说，在你的问题上你是一点退路都没有了（不让他去寻找解脱的方法），你应该能够看得出来，这次对调查你的问题下了很大的决心，不查个水落石出是绝对不会停止的（进一步去堵其退路）。我们都不希望看到你被从重处罚，你能够认识到自己的问题，以后能够改正不是很好吗？你又不缺吃少穿的，以后千万不要再干这种愚蠢的事情了。

答：那我还是主动说……以后我再也不会干这种事了。

第八节　阻止经验

当人们为了达到某种或者完成某种目的的时候，就会积极地运用语言或者行为来实现这一目标，当这一语言或者行为受到外来的信息阻碍的时候，尤其是受到强有力的阻碍时，会处于暂停状态，当这种暂停状态继续了一段时间之后，再次受到外来的信息阻碍的时候，或者其他的信息出现的时候，他们会放弃对这一目标的实现。在审讯活动中犯罪嫌疑人为了对抗审讯，选择了一些对自己有利的环节来对付审讯人员的讯问，当犯罪嫌疑人选择的环节和理由审讯人员无法否定的时候，这就强化了犯罪嫌疑人的对抗心理，犯罪嫌疑人的对抗心理越强就越不会供述犯罪事实。与此相反，当犯罪嫌疑人选择的环节和理由被审讯人员否定了的时候，就会削弱犯罪嫌疑人的对抗心理，当起主导作用的对抗心理被削弱以后，供述的动机也就产生了。这种对犯罪嫌疑人的"环节选择"的否定方法，就是阻止经验。当犯罪嫌疑人利用某个环节为自己开脱的时候，审讯人员应当立即阻止，不能让犯罪嫌疑人把一句完整的话说完，为阻止其达到"环节选择"的目的，必须让其处于暂停状态，当这种暂停状态继续了一段时间之后，犯罪嫌疑人可能并不甘心就此放弃，会组织第二次的语言表述，再次把"环节选择"表现出来，审讯人员应当控制不要使它再次出现，当他们无法再进行表述的时候，就会放弃对这一"环节选择"的目标的实现。犯罪嫌疑人对某项概念的辩解，也就会自动放弃了。

第十四章 人格倾向的"攻击"规律和审讯方法

人格是人的相对稳定的性格特征，它是遗传 DNA 和生活环境的影响形成的。人格是一个整体，它由三个部分组成，即本我、自我、超我，在审讯的活动中，表现为不同的特点。犯罪嫌疑人的自我需要意识，反向控制了超我的社会、文化道德的意识，构成了他的人格中心特质，形成了在审讯过程中的人格差异的具体表现。在审讯的实践中，通过审讯人员的正确引导，犯罪嫌疑人的人格道德系数越大，供述动机的形成也越快。这就决定了在审讯活动中，对不同人格特质差异的犯罪嫌疑人，应该有不同的审讯方法。

人格受到环境的影响，会出现非人格化或道德评价降低的现象：在犯罪实施过程中，大多犯罪嫌疑人在"攻击"被侵害的对象时，其内心有一个将被害人非人格化或道德评价降低的现象，以求得自己内心的平静或平衡。例如，抢劫案件的犯罪人想到的是被害人的财产可能也不是正道来的；强奸案件犯罪人想到的是被害人也有"作风"问题；贿赂案件犯罪人想到的是行贿人的钱也不是自己的劳动所得，不拿白不拿；抢劫银行的犯罪人想到的是社会的分配不公，你不给，我就抢。犯罪社会的危害性也正是这种非人格化或道德评价降低的现象所引起的。因而，有些犯罪学家就此提出了一种被害预防的对策，即被害人在面临被侵害而无力反抗的情况下，要放弃无谓的反抗而不要放弃对犯罪人的劝说——让犯罪人将自己看作是一个和他一样有人格的人、像他家人亲友一样的人，从而激起犯罪人的道德感而自动放弃犯罪。

在侦查讯问中，犯罪嫌疑人也摆脱不了正常社会价值观念与行为规则对其的影响，这主要表现为由于犯罪而在犯罪嫌疑人心中形成的罪责感与内疚感，也即通常所说的良心受到折磨。犯罪嫌疑人无法逃避社会价值观与社会规则对其思维模式与行为模式的影响，这主要表现在犯罪嫌疑人的罪责感与内疚感上。有些犯罪人在犯罪后，特别是在被羁押期间会做噩梦。美国的约翰·道格拉斯也认为有些系列暴力犯罪人会在被其杀死的被害人周年纪念日在被害人墓地出现，这也正是其罪责感与内疚感的体现。许多侦查讯问研究学者提倡对犯罪嫌疑人进行法律政策教育、人生观教育，也正是基于犯罪嫌疑人身上有社会化的烙印、已内化了正常的社会价值观与社会规则这一基础的。信仰犯之所以难以对其进行侦查讯问，也正是由于信仰犯自发地排斥社会正常的价值观念与行为准则，从而因犯罪事实对其产生的罪责感与内疚感较少或完全没有。因此审讯人员只有把犯罪嫌疑人的非人格化或道德评价降低的现象进行纠正，使之人格化，提高自我的道德评价，才能产生认罪的动力，放弃对抗。

通常审讯人员说出自己对犯罪原因的推测，来拔高犯罪嫌疑人人格道德评价的同时，可以给嫌疑人一个在道德上开脱自己的机会。典型语句如：我能够想象出这件事情是怎么发生的，在一定程度上我能够理解这种行为；如果换了我在那种情况下，也有可能忍不住会出现这种情况；我想很多人都会是这样的；根据情况来看，案情本身其实并不像看起来的那么严重，作为你自己应当有一个好的认识才行。这样给犯罪嫌疑人一个可在道德上开脱自己的机会，使之人格化，产生心理的顺应性。通过这种人格特点的个体差异，来纠正犯罪嫌疑人人格道德的自我评价，根据不同的情况、不同的特征，采取有针对性的措施来予以完成。

第一节　人格倾向讯问法

心理学研究发现了人的个体差异的五大特质因素，这种个体差异不仅表现在人的个体交往中，更表现在特殊的审讯活动中。审讯活动中确定嫌疑人的心理状态与个性特点，以选择针对性的策略与手段。例如有些人的个性谨小慎微，就比较适用"慑"的办法。有些人脾气直，适合用"激"的方法，有的人狡猾多疑，就适合故布疑阵。在方法上就是根据犯罪嫌疑人的对抗动力的心理结构的人格倾向，通过摸清其心理支撑点、扫清外围，逐个逐条地击破其内心防线，最后再一举击破。根据人的个体差异的五大特质因素，主要可以采取以下不同的方法：

（1）神经质：表现为焦虑、愤怒敌意、抑郁、自我意识、冲动、脆弱。在审讯活动中的表现为腼腆少语，优柔寡断，顺应性差，供述刻板，言行中表现出来的很多"潜台词"需要审讯人员自己去补充、捉摸，但这类人说话时不善兜圈子、设迷障，说话时语气平缓，语调变化不大，善独自地猜疑和臆想，心理状态较为冷漠。讯问时首先要改变其缄默寡语的状态，调动其说话的兴趣，讯问的速度要慢、平稳，多注意对方的反应，利用情感脆弱，促其产生内疚心理，在有证据的情况下适时地使用证据，逼其交罪。

（2）外倾性：表现为热情、果断、活跃、寻求兴奋、正向情绪。这种人在接受审讯时表现得较为灵活，善辞令、富机智，能照顾到说话的不同环境与对象，讲究说话时的技巧，能言善辩，一般不顽抗，善于根据审讯人员的讯问态度，投其所好。有时会用多变的情感来掩盖自己，有时编造谎言为自己开脱，有时痛哭流涕，捶胸顿足，有时转悲为喜，破涕为笑。这点对审讯人员来说，要特别注意，不被供词所迷惑，不被其感情所感染，要保持冷静与独立的思考，在审讯的实践中，针对这种性格的人，在讯问的方法上采取顺、逆结合，因势利导，声东击西，转移其注意力，放慢问话的速度，用平缓的声调来消除戒备，努力抓准空缺，找出矛盾点，进行"心理限制"，当犯罪嫌疑人觉察到败局已定的时候，会一举交代自己的犯罪事实。

（3）经验开放性：表现为幻想、审美、情感性、行动性、观点性、价值观较强。在接管审讯时表现为言语直率，不善掩饰，敢于公开顶撞，不瞻前顾后，语言的防御体系不谨慎、漏洞多、粗糙、草率、情感容易冲动，在审讯人员的信息刺激下，容易失去抑制力。这类人自尊心和自信心很强，抗拒心理一旦形成，不容易改变，但只要摸准心理特点，对症下药，也会使其就范的。

（4）宜人性：信任、坦率、利他、顺从、谦虚、温柔，这类人在审讯活动中经常表现为语气委婉，近似于商榷的口吻比较多，容易接受外来的信息和问题，在审讯活动中经常会出现"是的""可以"。审讯时应当有充分的计划，按照计划追查有关问题，在确定一个"攻击"目标以后，应当先打基础，先进行暗示，然后再展开实质性问题。

（5）认真性：能力、条理性、责任心、事业心、上进心、自律、沉着。这类人有着沉静、果断、稳重的特点，对外部信息适应较慢，不灵活，有惰性，言行稳重，慢条斯理，不带感情色彩。在被讯问时，循规蹈矩，不轻易插话，不爱多说话，更不爱空谈，对"听"比较用心，并且有言不由衷、心口不一的特点，在讯问时应注意判断。

第二节　结构倾向讯问法

犯罪嫌疑人在侦查审讯活动中的对抗心理的形成，不是单一的某一因素引起的，作为发动对抗行为内在原因的对抗心理，是由相对稳定的多种对抗因素的复合体所驱动，这个复合体呈相对稳定的结构状态，即抗审的心理结构。心理结构的组成因素有动力因素、调节因素、特征因素和心理状态的意识水平。犯罪嫌疑人的对抗动力来源于抗审的心理结构倾向，心理结构倾向是抗审动机产生的直接原因。只有改变犯罪嫌疑人的心理结构倾向，才能转换出交代犯罪事实的动机。犯罪嫌疑人的心理结构的每一个因素都有独立的动力作用，同时又产生相互的影响形成动力的统一体,即行为动机。在审讯的活动中审讯人员只有摧毁犯罪嫌疑人的抗审的心理结构的组成因素,才能转变犯罪嫌疑人的对抗动机。犯罪嫌疑人在抗审活动中心理机构的组成因素有以下几个方面:

1. 动力因素。是由因外来的危害因素引起的个人的需要、动机、安全感、条件、记忆等心理因素组成的,是犯罪嫌疑人极力摆脱侦查人员控制,满足自己在对抗活动中的趋利避害的需要。目的是逃离法律的惩罚,寻找较大的安全系数和有利因素,排斥不利因素、危害因素。动力因素产生的条件是犯罪行为的客观存在与犯罪的心理事实。犯罪行为的记忆是心理事实存在的条件,犯罪的心理事实引发的趋利避害的心理需要是产生抗审的直接动力。因为犯罪嫌疑人自己的行为是犯罪的行为,是要受到法律惩罚的行为,等待自己的将是已知的灾难,这是犯罪行为的动力因素的基本条件。这个基本条件就是产生动力因素的根据,也是抗审的直接动力。如果犯罪嫌疑人没有实施犯罪行为,那么他的动力因素的特点、方向就不同。如果实施了犯罪行为,那么外来的危害因素所引起的个人需要,是安全感;危害因素引起的个人记忆是犯罪的心理事实;危害因素引起的个人的动机是趋利避害;危害因素引起的行为条件是拒不交代,这就是犯罪嫌疑人在审讯活动中拒不认罪的动力因素。只有改变和降低他的动力因素,才能产生对供述动机的影响。对动力因素的"攻击"方法,是让犯罪嫌疑人形成基本认识,明白自己选择有利的环节已经不存在,犯罪事实已经暴露,已经没有对抗的必要了,将犯罪嫌疑人引入权衡利弊的平台,确立"说实话对自己有利,只有说实话才是最大限度的自我保护"的意识。

在审讯活动中影响动力因素变化的重要条件有:犯罪后的自我认识的暴露程度与动力因素对抗成正比。犯罪嫌疑人在实施了犯罪行为以后,犯罪后的恐惧感与可能暴露的程度成正比。也就是说当其实施了犯罪行为之后,犯罪的恐惧感便产生了,他们惴惴不安,因为这是社会的否定行为,是法律所禁止的,这种恐惧感的诱因是怕受到法律的惩罚。他们的心理状态是在反复衡量自己行为暴露的可能性,例如贿赂案件,行贿人会不会说,是否有其他人发现,钱和物存放的地方是否安全等。犯罪行为的交换条件,形成了心理平衡的依据,当他感觉到行贿人有可能会把送钱的事情说出去,这时他的恐惧感会迅速增加,他的动力因素就会减弱;相反如果当他感觉到行贿人不可能会把送钱的事情说出去的时候,犯罪后的恐惧感就会减弱,对抗的动力因素就会被强化。如果犯罪嫌疑人认为自己的犯罪事实已经被发现,那么他的动力因素就会进行转化,进行趋利避害的选择。

犯罪后的"环节的选择"使对抗的动力因素被强化。"环节的选择"是犯罪的行为人在实施犯罪以后,为了逃避法律的惩罚,选择了有利于或者能够否定自己犯罪的环节，来逃避法律的惩罚，"环节的选择"实际上是犯罪嫌疑人为自己准备的"后路"。一旦犯罪嫌疑人为自己做好"环节的选择"，就有了相对稳定的"定势心理"，形成了"心理支点"，使其暂时获得了心理平衡，对抗的动力因素也就被强化了。如果"环节的选择"被他人或者自我否定之后，"定势心理"便会自然消失，"心理支点"也就不存在了，于是新的恐惧感由此而生，迫使他们再次寻找新的"环节的选择"，对抗的动力因素也就随之变化。

时间与行为量带来的实践性，满足了心理稳定的条件。随着时间的推移和犯罪行为次数的不断增加，犯罪行为一直没有暴露，均处于安全的状态，犯罪的心理痕迹被淡化，强化了对抗的动力因素。由此时间与行为量带来的实践性，在犯罪嫌疑人心理形成了记忆经验，犯罪行为被习惯化，从而满足了心理稳定的条件。另外在数个犯罪行为中，不知道自己哪一次行为被暴露，无法选择对抗的环节，等待临场随机应变，使动力因素处于待发状态。

审讯人员的审讯方法是犯罪嫌疑人动力因素变化的重要条件。审讯人员的方法不对路，暴露了审讯的意图，证据的占有量过少，就会强化犯罪嫌疑人对抗的动力因素；反之就会减弱犯罪嫌疑人对抗的动力因素。

2. 调节因素。是以自我意识为核心的个体心理与行为的调节控制系统。系统包括自我意识、道德意识、法律意识等。自我意识的功能是对人的动力因素起调节、控制、协调、监督的作用，即对抗审行为起加强或者削弱，发动或者阻止的调控作用。它是通过从审讯人员那里得到信息与动力结构进行组合反映，再由调节控制系统决定抗审的削弱或者加强。同时，调节因素对外来信息的识别和监督作用，帮助意识系统判断外来信息的性质，实现最佳的调节效果。在抗审的活动中犯罪嫌疑人获取的信息，通过调节功能分发给其他的心理结构因素，再从心理结构因素那里获取加工后的反映，经过调节、控制、协调、监督、整理后，形成信息反映的动力因素，实现信息反映行为的动力，表现出对自己犯罪行为的认识和对抗的持久程度。调节因素是处于意识状态下的控制、调节系统，在很多的时候表现为思维习惯和意识经验，人格特征是他的经验基础，是犯罪嫌疑人在抗审活动中的行为表现的内在反映。例如，当犯罪嫌疑人在抗审中找不到有利的因素进行对抗的时候，调节因素所反映的行为就是沉默。相反，如果犯罪嫌疑人在抗审中找到有利的因素进行对抗的时候，那么调节因素所反映的行为就是积极的语言辩驳。犯罪嫌疑人的调节因素的外在表现，有助于审讯人员掌握犯罪嫌疑人的心理活动情况。

3. 特征因素。特征因素是由能力、气质和性格所构成，体现了人格的心理特征。性格特征构筑的防御体系，表现出对抗审讯采取的方法。

(1) 人格表现：不同的人格特征表现出抗审的方法不同。根据人格特征的行为表现，外倾型的人格特征表现为积极性对抗，而内向型的人格特征表现为沉默消极的对抗；根据人格特征的认识选择，表现为直接对抗和间接对抗；根据人格特征的意识水平的差异，表现为自主对抗和嫁祸他人；根据人格特征的品质，表现为对谎言控制与谎言放纵。

(2) 对抗规律：一是嫁祸他人，把自己干的事情嫁祸给别人；二是直接抗审，直接对抗审讯，否定自己有犯罪的行为。

(3) 对抗特点：谎言是他们对抗审讯的基本特征。

(4) 对抗程度：人格特征品质的好坏表现在对客观事实的接受程度。人格特征品质好的，在客观事实面前认可的程度比较大；人格特征品质差的，在客观事实面前认可的程度比较小。有很多人格特征品质差的犯罪嫌疑人，在客观事实面前就是不"认账"。个体的人格品质越低，越会在客观事实面前耍无赖，同时个体的人格品质越高，对谎言的控制系数越大。

4. 心理状态。即心理活动在展开时与活动过程中所具有的独特状况和相对稳定的状态，是抗审活动的重要的心理因素。心理状态的重要因素是意识水平的影响：即意识、前意识和潜意识的作用与状态。意识分为三个层次，即意识（是可以直接感知到有关的心理部分）、前意识（在意识和潜意识的两可之间）、潜意识（无意识）。潜意识有两个含义：一是自己行为的动机不能意识到，二是在清醒的意识下面还有潜在的心理活动在进行。它的内容表现在一些被压抑的无法满足的情感经验、本能欲望与冲动，在潜意识中积极地活跃寻找出路追求满足。另外前意识可以将潜意识的内容收取到意识部分中去，变成意识。在犯罪的心理结构中，除了调节结构是处于意识状态，其余的特征结构、动力结构及心理状态，都有一部分处于无意识状态。这就能够对犯罪动机、不合逻辑与不合情理的行为进行解释。

犯罪嫌疑人的意识水平，会受到侦查审讯活动的信息的影响和刺激发生变化，寻找意识的依附和寄托，表现为趋向对抗或者趋向供述的心态特征。当犯罪嫌疑人的意识的依附和寄托成功，就会产生对审讯人员的信任感和服从感，就可出现趋向供述的心态特征。审讯人员和审讯环境及审讯信息对犯罪嫌疑人的意识产生重要的影响。犯罪行为人在实施犯罪以后，客观原因引起了主观上的心理变化，从变化的基本规律来看，多数犯罪嫌疑人处于矛盾的心理状态，既不甘心如实交代，也不敢一味对抗。随着侦查讯问的不断发展变化，其心理状态也在不断地变化。有的可能从消极的状态向积极交罪的心理状态转化；也有的可能从积极的交罪心理状态向消极抗拒交代的心理转化。由于犯罪嫌疑人的主客观的条件不同，在接受审讯时的心理特点也不相同，有其各自起主导作用的心理特征。消极的心理特征是我们审讯对象的心理障碍，是犯罪嫌疑人在抗审活动中的心理背景和重要的心理因素，即"畏罪心理"（将要受到惩罚的恐惧心理）、"侥幸心理"（自以为能逃脱法律惩罚的主观存在的自信心理）、"优势心理"（自己已经订立了攻守同盟，形成了心理优势）、"戒备心理"（回答讯问表现为谨慎小心，是自我防卫的心理状态）及"对抗心理"（是对抗的心理因素和动机）。

　　分析和研究犯罪嫌疑人对抗动力来源的心理结构，是取得审讯成功的基本保证。心理结构是抗审动机产生的直接原因，坚实的抗审心理结构是犯罪嫌疑人拒不交代犯罪事实的重要因素。只有掌握了犯罪嫌疑人的心理结构，改变犯罪嫌疑人的心理结构，才能转换出交代犯罪事实的动机。在审讯的活动中，犯罪嫌疑人对自己处境的客观认识是基本准确的，审讯人员的任务就是设法打乱犯罪嫌疑人的正确判断，把犯罪嫌疑人推进相反的供述方向。例如，起初的时候犯罪嫌疑人明知审讯人员没有掌握他的足够证据，告诫自己千万不能交代。那么经过对他的审讯他又交代了犯罪事实，这是什么原因呢？这就是因为犯罪嫌疑人的心理结构问题，在审讯人员施加的信息的影响下发生了质的变化，转变了对抗心理，走向供述认罪道路。

第三节　性别特征讯问法

　　犯罪不仅要看社会环境因素，还要看因性别不同而产生生理上的差异。科学研究表明一切生物都是由细胞构成的，在细胞核里有核仁和染色质，染色质在细胞增殖时凝缩形成透明的形体被称为染色体，其数量是固定的。人类通常是46个染色体。44个常染色体和两个性染色体，构成的性染色体X、Y，男性是44+XY，女性是44+XX，这种性染色体是男女性生理差异的基础。X染色体比较活泼，Y染色体比较稳定，这就决定了女性活泼重感情而男性稳重、理智。心理研究表明男女的心理上的差异是以生理因素为基础的。美国的心理学家秀丽淦指出：男性重是非、讲法制，多数从"理"的观点看问题；女性重善恶、讲人道，多数从"情"的观点看问题。另外由于生理影响，女性在"三期"内（经期、孕期、更年期），受内分泌激素的影响发生周期性的变化，表现为抑郁、焦虑、烦躁、头痛、敏感多疑、情绪不稳定、注意力不集中等。在情绪激动时会发生疾病、抽搐、气紧、昏睡等症状。由于男女生理和心理上的特点不同，在审讯的方法上应有所区别，用审讯男性的"逻辑"方法来审讯女性显然是不对路的。在审讯女性犯罪嫌疑人时，根据女性情感细腻的特点寻找动之以情的方法来对症下药，通过对其犯罪的客观分析而产生的后果，对家庭、对孩子的影响进行情感方面的刺激使其对自己犯罪行为的悔恨，引导她向坦白的方向发展。

犯罪嫌疑人因为性别不同，在审讯活动中的表现特征也不相同，其审讯的方法应当有所区别。女性犯罪嫌疑人由于生理上的特点，重"情"轻"理"，联想丰富，容易接受暗示。审讯活动的前半部分思维活跃，意志坚定，防守严密，经过一段时间以后转入"疲劳"状态，其意志和情感的脆弱等特点就会在这一阶段表现出来，这时的犯罪嫌疑人的供述有一定的顺应性，容易接受暗示，趋利避害的选择比较积极，"儿女情长"是她心中的"天平"，审讯时应注意利用这一突破口。女性容易产生激情状态，当她们处于激情状态的时候，不能正面迎战直接涉及审讯的主题，应待对方激情状态过后，再迁回到主题上来。

女性犯罪嫌疑人与男性犯罪嫌疑人不仅是性别上的差异，而且表现在被审讯时的心理反应也是不同的。如果在审讯时用对男性犯罪嫌疑人的方法来对付女性犯罪嫌疑人，便成了眉毛胡子一把抓，势必要打败仗，因而，在审讯女性犯罪嫌疑人时，应注意女性犯罪嫌疑人在接受审讯时的特点，对症下药。

从女性犯罪的原因来看，有很多是属于先被诱惑、被压迫甚至被侮辱，而后自暴自弃走上违法犯罪道路的。对她们的审讯，我们应耐心细致，并抱有一定同情心，把感化的力量渗透到她们的内心。审讯中应注意在言语上不能打击其自尊心，以免她"死猪不怕开水烫"，要充分激发其家庭观念及母性心理。如果她能被你的语言感动的潸然泪下，那就成功了一半。针对女性被审讯人供述经常有很大"随意性"的特点，我们应当时时强调，供述必须真实，否则要负法律责任的。

女性犯罪嫌疑人在审讯时的表现首先是思维方法的不同，男性犯罪嫌疑人在受到心理限制时或在客观事实面前较为理性，不容易抵赖，而女性犯罪嫌疑人在客观的事实面前无路可退的时候，总是要千方百计寻找理由进行抵赖，"敢做不敢为"，有时自己也明知自己无理，还仍然坚持辩解"我不知道，不是我干的，我没有拿人家的钱"等。在客观的犯罪事实面前女性思维活跃富有联想性，联想的思维很容易帮助女性犯罪嫌疑人解脱困境。女性犯罪嫌疑人在接受审讯时表现为易说谎，在谎言被揭露以后，审讯人员对其进行心理限制不像男性犯罪嫌疑人那样容易产生供述动机，而是在极强的联想思维的帮助下逃离审讯人员的心理限制或者是保持"不进不退"的沉默状态。这就是说男性犯罪嫌疑人较容易暴露思想，属直线性思维方法，在心理压力的作用下，会通过被客观限制的心理压力产生供述交罪的动机，较痛快地承担罪责；而女性犯罪嫌疑人在心理压力的作用下，会依靠思维的联想来进行自我调整，不是死不认账就是忽供忽翻，真真假假，承认快，翻供也快，态度摇摆不定，口供反复无常。

女性犯罪嫌疑人的富于联想的特点表现：在审讯时问东回答西，经常不间断地改变讯问人员主题，善于独立臆想，并且这种臆想领域也是非常广泛的。有时对讯问人员的教育和劝导更是听不进去，常常也是思考自己处境，对自己的结果想得比较悲观，对家庭特别是对孩子的依恋是最难以割舍的。有时想到自己被判刑后家庭会出现什么变化，社会的舆论将会怎样评价，自己给家庭、孩子造成的影响而感到悔恨、耻辱、烦恼和苦闷，对监所的环境难以忍受，常要求办案人员能为其改变环境。

女性犯罪嫌疑人除了上述特点外，还容易认死理，遇事缺乏理智，我行我素，情感变化得快，易激动，心胸狭隘，报复心强，爱钻审讯人员的空子，在审讯时表现出时而痛哭流涕，时而振振有词，对审讯人员提出的问题非常敏感，等等。在情绪激动时，时哭时笑，双眼发直、发呆、抽搐、气累、双手握紧、浑身发抖。

在审讯女性犯罪嫌疑人时，最重要的是取得对方的信任，降低其对抗心理，对其讯问的态度应平和、认真。女性犯罪嫌疑人习惯通过观察审讯人员的态度来判断审讯人员对自己的看法和评价，对自己的犯罪行为所持的观点。审讯人员的言行应该让对方感觉到审讯人员是在帮助她认识到自己的行为是错的，错在什么地方，怎样去修正它。切不可用欺骗的方法去骗取口供，一旦让对方意识到你在骗她，再想获得真实的口供就困难了。应当用真实的情感换回对方对审讯人员的信任，设身处地地帮助她甩掉思想包袱，利用女性的儿女情长，对家庭的依恋，对过去美好生活的向往，对被限制人身自由急于想出去的心理特点，引导她走坦白从宽的路。

由于女性犯罪嫌疑人的情感波动大、不稳定、疑心重、供述反复无常的特点，审讯时不可急于求成，讯问应节奏平缓，用语少带刺激性，对讯问的主题应循序渐进，步步深入。同时应注意捕捉对方丰富联想而出现的"口误"。根据女性犯罪嫌疑人情感复杂，容易冲动的情况，在对方处在激动的状态时，不可正面迎战，待对方激动的情绪过后，再迂回到主题上来进行讯问。

女性犯罪嫌疑人还有容易接受暗示的特点，讯问时应注意语言的导向性，切忌不可使对方产生误解，进行错误的供述。在实施暗示的方法时，应注意把握犯罪的事实，围绕着犯罪的事实来进行暗示。审讯中常用"跨越前退"的方法来进行暗示。如"你爱人的觉悟比你高得多"，暗示她的爱人已将其问题说了。比如，"现在的人有谁不在为自己考虑，谁愿有个包庇犯罪的结果……"暗示对方转移赃款、赃物订立攻守同盟的事情已暴露。再如，"你的丈夫该不会诬陷你吧……"暗示其丈夫已替她将问题交代了。女性犯罪嫌疑人很容易顺应审讯人员的暗示，将其犯罪情节发展下去，走向交罪坦白的路。

在初次接触女性犯罪嫌疑人时，不要急于涉及讯问的主题，因为女性犯罪嫌疑人在改变了环境之后，或被逮捕拘留进了看守所，精神刺激情绪的变化较大，失望、耻辱、苦闷、烦恼、悔恨甚至想到死。在这种精神状态下，讯问直插主题是不会有好的结果。审讯人员首先应该做的工作是设法修正对方情绪，将对方重新"立"起来，转入正常的思维状态后，再进行讯问。

例如，在2000年年初发生的一起某局副局长涉嫌贪污、受贿犯罪一案。犯罪嫌疑人在转移巨额存款时被发现，而案犯在初查阶段对自己的巨额财产的来源拒不供认。在检察机关以贪污罪将其转入逮捕之后，看守所的环境以及同监房女犯那些低级下流的粗暴行为，令她产生了强烈的精神刺激，过去能呼风唤雨的党的国家干部、官太太，而今不仅进了班房，还与这些下三流的人为伍。她的心理不能平衡，这种反差使她悔恨交加，她的行为不仅害了自己的丈夫，也害了孩子，孩子怎么出门？怎么交女朋友？怎么向别人介绍自己的母亲？耻辱感、失望感一下涌上心头，看守所的此情此景使她产生轻生的念头，她想以死来解脱自己，以死来赎回对家庭造成的罪过。在审讯人员提审她的时候，她表现出歇斯底里，撞墙撕头发，哭喊着顺地打滚，抽搐、气紧、昏睡或瞬间休克。审讯人员并没有急于上前拉她、扶她，而是对其大喊一声"某某局长"，让她意识到她曾经是一名国家的处级干部、副局长，不是家庭妇女，让自己去修正自己的行为。谁知在她听到审讯人员还在称呼她"某某局长"时，瞬时从地上爬起来了，自己整理了头发，坐回到原位上。

在审讯的方法上审讯人员重点在"情"字上做文章，帮助她分析造成今天犯罪的原因。

问："作为一名国家的处级干部，没有严格地要求自己，把握住自己；作为领导干部的妻子没有尽到自己的责任，把好'关'；作为一个家庭主妇，没能管好这个家。你的行为不仅害了你丈夫，同时还影响了你的孩子。"答："（不语）……"问："我想你并不是缺钱花，每月的工资已是够你用的，你要那么多的钱干什么？是为了自己日后享用？我想不是！你不也是为了这个家吗？为了孩子能过上好日子。据我所知，你生活俭朴，经常步行舍不得坐'的士'。你的这些行为不也是为了这个家吗？现在事情已经出来了，应当设法靠你去操持，你的小孙子天天在找你这位奶奶，你要勇敢地站起来、活下去，多为你的那个家庭想想，你的小儿子现在没有女朋友，你不着急？虽然犯了罪，但要知道错在什么地方，怎样去改正。"

答："我现在已经明白了，我后悔啊！我愿意把所有的存款都交给你们，我只要能回家就行了。"以下讯问语言可以看出,这一席话实实在在地说进了她的心里,在此后的多次提审中,她都保持良好的配合状态,为顺利地侦破此案打下了坚实的基础。

女性的犯罪嫌疑人由于生理上的特点,在整个的审讯过程中表现出明显的阶段性。在审讯的前半部思维较为活跃,处在很强的"进出"状态,表现的较有主见,意志坚定,不轻易相信审讯人员的劝告和帮助,定势心理比较稳定,防守的较为严密。谎言是其抗审的重要手段,为了达到抗审的目的,可以满口谎言,不计后果,一旦谎言被揭露并不感觉到羞愧,能自我调节谎言被戳穿时的尴尬心理,在很多的时候反复向审讯人员索取有关案件情况。上述的这些"进出"状态,在一定的时间范围内较为活跃,这种活跃的状态经过一段时间以后将转入"疲劳"状态。女性的意志和情感的脆弱等特点就会在这一阶段表现出来,精神面貌也从开始的主动"进攻型"变为被动"防守型",这时的犯罪嫌疑人的供述有一定的顺应性,较容易接受暗示,处在"回收"的状态。因此,在整个审讯过程中"下半场"才是出成果见效益的阶段,审讯时应当注意把握。

第四节 身份特征讯问法

从犯罪嫌疑人的身份特征来看,有一定社会地位的犯罪嫌疑人因为自己所处的环境不同,接受的教育不同,生活的习惯不同,犯罪以后对自己造成的结果的危害也不同,因此,他所表现出来的心理对抗的状态也有很大的差异。有一定社会地位的被审讯人受审后,一下子从原来的领导干部、教师、公务人员、社会名流沦落为"阶下囚",一定会产生强烈的失落感。这类人在交代问题时往往存在怨恨、虚荣及防御心理。他们会怨恨某某人(可能是其原来的朋友或手下)如此无情、过河拆桥;会认为是有人要陷害他,组织上对其"不公";会认为自己对人民有功,时时想摆摆老资格;他们会把贪污、受贿说成经济不清,把嫖娼说成男女作风不正;在内心上十分害怕政治上会被剥夺地位,原先辛辛苦苦几十年积累的工龄、党龄、社会名誉地位会付之东流,一切原有的优厚待遇将不复存在;等等。

他们由于个人的理论水平较高,办事能力较强,口头表达能力较好,在交锋中往往显得能言善辩,善于步步为营、谨慎小心。因为害怕打击,他们患得患失、疑神疑鬼。为了赢得最后一搏,他们的"表演",看上去非常"义正严词",具有相当大的欺骗性和迷惑性。

对于这种人的审讯,我们应注意尽量减少其"心理落差感"。应用婉转的语言满足其心理承受能力,尽力唤起其荣誉感。将其自尊、自负转化为交代的动力。审讯人员必须充分地掌握证据，并适时使用，严防其"反咬一口"。审讯员与其交锋时应在心理素质上、知识面上、见识上，都不能够输于对方。用扎实的法律功底，进行深入的教育、感化。使其收敛嚣张气焰，让其觉得自己当官多年，在很多方面确已疏忽，属于咎由自取，方可将其手到擒来。

国家高级干部犯罪在全国已惩办了不少。从高级干部犯罪的特点来看，大多数都是利用手中的权力为他人谋利益，收受贿赂。从开始的几瓶酒几条烟，渐渐地发展到直接收取高档物品、现金等。其数量也是从小到大，一发而不可收拾，走上了犯罪的道路。这些人的本质并不坏，大多都是从被动受贿开始，久而久之习以为常，才渐渐走上犯罪的道路。

从身为高级干部的犯罪嫌疑人在抗审中的表现来看，一方面，这些人自恃社会经验丰富，案发后已订立了攻守同盟，自己的受贿都是"一对一"，不容易被发现，因而带有极强的侥幸心理。他们在接受审讯时表面上表现得很平和顺从，对客观事实和证据从不抵赖，表现出敢作敢为的特点。在回答问题时表现得较为理智，在审讯中还表现出少说多听的特点，从不主动开口说话，怕言多有失。这类犯罪嫌疑人在审讯时怕听刺激语，忌讳贪污、受贿、犯罪等语言，怕听审讯人员直呼其名，非常注意审讯人员的态度和言行，审讯人员如果不注意就很容易发生顶撞，出现僵局。在很多时候，他们还善于利用人们爱听赞扬话的特点，直接吹捧审讯人员，什么高水平、高人品、年轻有为等，取得审讯人员对他的好感。

从另一方面来看，这些人因工作的关系，建立了不少关系网，曾经为自己的上级出过力，为周围的人办过事，有一定的感情基础，他料想这些人会出面为自己说情开脱，因而他并不害怕最终的结果，对自己的问题表现很平静，心理状况也较为稳定，对外来的"力量"抱有很大的希望。他们在被逮捕后感到心理的落差比较大，因而抗拒心理是很强的。他们认为自己多年来为党的事业，勤勤恳恳，兢兢业业，认认真真，没命地工作，为了某一城市、某一地区的经济建设出过汗、流过血，到后来自己仅仅因一时的糊涂拿了点钱而小题大做，感到心理上的不平衡，认为组织上对他不公平，在心头的怒火，一旦有机会就爆发出来，同时这种心理状况在不同的程度上也强化了他的抗拒心理。

但在这些人的身上还保留着不少闪光的东西，我们在对他进行审讯时还要充分地加以利用。我们的党用了半个多世纪的时间，对党员进行教育，要求广大的党员干部坚持马列主义的实事求是的工作作风，这条原则不仅在普通干部身上有影响，在犯罪嫌疑人身上同样存在，因此，说谎对他们来说是耻辱，这正是我们在审讯中应该利用的闪光点。

我们在审讯的方法上大多采用"戴高帽子""树形象"，把对方先"立"

起来，让他自己维护自己的形象。审讯人员在这时不要吝啬好的词语了，将准备好的"高帽子"给他戴上，使他的形象标定出来，犯罪嫌疑人就会按照审讯人员为其标定的形象，自觉地进行维护，如"你办事认真，光明磊落，敢作敢为，敢于承担责任，喜欢帮助别人，也能关心别人，老百姓也拥护你"；"你工作踏实，实事求是，改变了一个城市的落后面貌，你使得一个县（市）脱了贫，致了富，甩掉了贫困的帽子，那里的老百姓会记住你的"。用肯定对方为社会做出贡献来把对方的形象树立起来，这样对方就会顺着审讯人员为其标定的形象来进行心理调整，在心理上感受到这种形象的存在。同时审讯人员在称呼上最好不要直呼其名，可以改称老张、老李，在适当的时候可以偶尔称呼其原来的职务，这样他就会感觉到自己又官复原职了，这时让其交代自己犯罪的经过也就顺理成章了。

例如某市长涉嫌受贿犯罪，在犯罪的"双规"期间拒不交代自己的巨额财产来源，一问三不知。在检察机关接手该案以后，更是加重了抗拒心理，他认为有个别领导在故意整他，人为地把他的事情进行"升级"。在审讯室内双手抱在胸前，斜着靠在椅背上，双眼看着天花板一言不发，为了改变这种直接对抗的状况，审讯人员为其准备了一顶高帽子：

问：你是某市长？

答：……（双眼渐渐为平视）

问：我很早就听说过你的名字，你是一位非常有能力的领导，为地方的建设干了不少实事。

答：谢谢！

问：当地的老百姓都非常的拥护你，你为老百姓干了不少好事，组织上是不会忘记的。

答：（有些激动）谢谢你！谢谢你！

问：多少年来你一心扑在工作上，很少顾及家庭，没日没夜地工作，有人说你是工作狂，我想这并不过分，你确实是事业心很强的人。

答：（叹气）……可我现在是个罪人。

问：你相信组织上会公正地对待你的"事情"吗？

答：我相信。

问：我想在很多事情上，你是被动的，你并不是贪财的人，你主要是重情面，为人讲义气。人家敬你一尺，你要敬人一丈，是"情"字害了你。

答：点头（默认）。

问：你有什么想法可以直接告诉我们。

答：我相信组织，相信检察机关。

审讯人员的第一顶高帽子基本扭转了对方的对抗情绪，建立了一定的对话基础。

当然让此类犯罪嫌疑人彻底地交代自己的犯罪事实，仅靠树立形象是不能解决实质的问题，还需要运用审讯的技巧。通常将犯罪嫌疑人立起来之后，采用迂回的方法，寻找逻辑矛盾，通过揭露矛盾，造成心理压力，而派生出客观证据，就能逼其就范，交代犯罪事实。这些人在自己供述矛盾被揭露以后，不回避、不抵赖，只要审讯人员找到了矛盾，通过逻辑的方法进行揭露一般都能使其交代问题。在此还应该留意，犯罪嫌疑人在供述之后，不要轻易予以评价或作结论，听犯罪嫌疑人的辩解，更要注意自己的态度反应，不要轻易评价对方"说谎""不老实"，这样容易激化对抗心理，产生僵局，对审讯不利。

从根本上来说，犯罪也不是某一件事情的暴露才构成犯罪的，既然达到构成犯罪的数额，就不一定是孤立的某一次的行为，应当顺藤摸瓜，追出全部的犯罪事实来。在涉及重要内容的时候要分析对方有无辩解的退路，如果有退路应先堵其退路然后再直插主题。

第五节　信念纠治讯问法

信念是我们认知世界的主观法则，对很多的人来说，信念也就等于真理，信念是绝对的。从其认知的主观法则来看：事情本来就应该是这样的，信念是"事情应该是怎样的"。由于我们每一个人拥有的信念千姿百态数以万计，因此无法完全掌握。但是信念每天都会在我们的潜意识里默默地帮助我们，指导着我们的言行。信念的来源有：亲身的经验、他人的经验、接受灌输和自我总结。信念能够帮助我们处理生活中出现的情况，但是没有任何信念在所有的情况下都是有效的，这就是信念的局限性。因此，在某些情况出现时，发现自己的信念与客观存在产生冲突的时候，他们就有可能改变自己的信念。因为信念与价值是联系在一起的，信念必须依靠价值的支持，信念的改变来自于价值的改变。例如，有的犯罪嫌疑人在接受审讯的时候，怕承担法律的后果，坚持"只要自己不开口，神仙难下手"的信念，支持这种信念的价值基础是承担法律惩罚的后果，如果审讯人员帮助犯罪嫌疑人改变这种价值基础，使其明白"供述"比"对抗"所承担的价值要小，那么犯罪嫌疑人会通过"权衡利弊"的价值衡量，来改变自己的信念。在审讯活动中只有改变了犯罪嫌疑人对价值的认知，才有可能改变犯罪嫌疑人的抗审信念。

但是，因为犯罪嫌疑人的信念差异而导致的对抗差异，有时会出现特殊的人格对抗反应。例如，法轮功邪教的信念、义气的信念、承担后果的信念、对个人崇拜的信念，在审讯活动中表现出来的对抗差异比较大。信仰犯之所以难以对其进行侦查讯问，也正是由于信仰犯自发地排斥社会正常的价值观念与行为准则，从而因犯罪事实对其产生的罪责感与内疚感较少或完全没有。信念纠治讯问法是根据犯罪嫌疑人的个体信念提炼出"以毒攻毒"的价值否定依据，帮助犯罪嫌疑人调整价值，进行信念"升华"，以达到对犯罪嫌疑人进行信念纠治的目的。

例如，有些犯罪嫌疑人，在被审讯的时候，处于义气的信念，拒绝供出同案犯。这种义气信念是在获得利益的基础上形成的，因为从义气对象那里获得了价值和利益，便有了义气信念的"规条"。实际上这种义气信念的"规条"，完全是为了取得一定的价值。当犯罪嫌疑人处于义气的信念，拒绝供出同案犯的时候，是因为犯罪嫌疑人已经从同案犯那里得到了"价值"形成了信念，如果自己供出了同案犯，那么自己将会失去"价值"，所以这种"价值"支持了犯罪嫌疑人的义气信念，出现了对抗的行为——"规条"。因此，在审讯活动中审讯人员应设法改变犯罪嫌疑人的"规条"，纠治毫无意义的信念与价值，帮助犯罪嫌疑人弄清获得价值、形成信念的逻辑关系，在犯罪嫌疑人从同案犯那里获得价值的同时，在同案犯从他那里也获得了价值，那么对犯罪嫌疑人来看实际上是失去了价值。在同案犯那里付出的价值，是为了获得更多的价值，那么这个更多的价值实际上是犯罪嫌疑人付出的。在审讯的实践中，通常审讯人员是以加大"价值"的付出，减少"价值"的获得，来实现消除义气信念的方法。有时候，审讯人员暗示同案犯已经作了供述，犯罪嫌疑人拒绝供出同案犯的行为已经失去了意义。改变犯罪嫌疑人义气信念的"规条"，供出同案犯。

某些犯罪嫌疑人也存在对个人崇拜的信念。在一起贿赂案件中，某一国家高级干部为其情妇索取了一套高级住宅，案发后为了获取其情妇的证言，对其情妇进行了讯问，由于这位情妇对这位高级干部存在个人崇拜的信念，坚信这位高级干部永远不会"倒台"，因此，拒不供述自己高级住宅的来历，更不承认自己是这位高级干部的情妇。审讯极其艰难，办案部门请了许多审讯专家来对其审讯，但是效果不佳。这位情妇仍然坚持对这位高级干部的个人崇拜的信念，保护了这位高级干部，同时也保护了自己，即便是保护不了自己，也要舍弃一切来保护这位高级干部。由于审讯人员在审讯活动中，没有掌握她的心理特点，没有把审讯"攻击"的目标找准，更没有发现她的心理支点是对个人崇拜的信念，审讯持续了6个月都没有拿下来，（她当时还有其他的犯罪问题）直到两年以后当我们的办案人员告诉她：那位国家高级干部已经被判了死刑，并且已经处决了。她根本不相信：他不会死的，他不会被判刑的，你们在骗我。实际上她当时是在坚持无意义的做法，通常的理由是他们的做法是"对的"，在他们的意识里，分析、判断、选择、风险、问题均处于停滞状态。他们坚持自己的信念价值，从上面"情妇"的心理特点来看，完成了对这位高级干部的保护，自己就能获得更大的价值，或者能够维护已经存在的价值。如果我们当时的审讯能够破坏她的这种信念的价值的时候，使其价值的等级定位改变，或者帮助她创立新的价值的时候，那么她的对抗的态度就会改变。这里有成功的案例来自同一个案件，许某是这位高级干部的第二个情妇，这位高级干部也同样给了她一套高级住宅，当时我们在审讯许某时，就发现了她有一个坚定的信念：一定要设法保护那位高级干部，只有保护好他，自己才有价值、才能保护已经获得的价值。因此，在审讯的时候许某拒绝承认与那位高级干部有情妇关系。由于审讯人员摸准了对方的信念特征，从破坏许某的信念价值入手展开了"攻击"："你的那套高级住宅，经过我们调查、取证和法律的规定，要予以没收！"许某一下子慌了阵脚，急于维护自己已经获得的价值："这不行！那是俺用青春换来的，你们不能拿走！"审讯人员问："你是怎么拿青春换的？"许某答："是他占有了俺，给俺的补偿。"此后，许某不仅交代了与那位高级干部的情妇关系，还交代了与其共同受贿的犯罪事实。

第十五章 "需要"理论的"攻击"规律和审讯方法

第一节 协调理论讯问法

人的正常的行为、平静的心理，是以心理协调为基础的，人们为了心理协调的需要，会以不同的方式来实现这种需要。例如，有人在干了坏事后到教堂找神父忏悔，还有不少犯罪人在犯罪后向警察或司法机关自首。一个人在他犯罪后认识到自己的行为是犯罪时，会在心理、情绪上陷入一种"不协调性"的状态，这种状态使犯罪人感受到痛苦和不安，他就会设法用某些别的行为或者方法来调整这种状态，这种理论被称为不协调理论。协调理论讯问法，就是运用这种理论，根据犯罪嫌疑人犯罪后的心理"不协调"的状态，引导犯罪嫌疑人加速这种不协调状态的发展，当这种不协调状态发展到一定程度的时候，犯罪嫌疑人就会设法解脱这种状态，会想法用某些别的行为把他所干的错事给抵消掉，在审讯活动中，犯罪嫌疑人通常选择的行为就是向审讯人员供述犯罪事实。例如贿赂犯罪，受贿者在收取别人钱财以后，就会产生心理上的不协调状态：自己不应该拿别人的钱。在他们面对审讯的时候，审讯人员告诉他：国家已经给了工资和很好的待遇，已经完全满足你的生活需要，你要那么多的钱又干什么用呢？何况你又不是贪财的人，你廉洁奉公，群众对你给予了高度的评价，你怎么还能够拿那些不该拿的钱呢？你自己破坏了你在老百姓心目中的形象！为了那点钱你不觉得太不值得吗？这时犯罪嫌疑人就会感受到痛苦和悔恨，为了摆脱这种"不协调"的状态，他就会选择供述来忏悔自己所犯的罪行。

犯罪嫌疑人在实施犯罪的时候，总是要设法降低自己的人格标准，来完成实施犯罪的心理平衡，在犯罪嫌疑人实施了犯罪以后，在接受司法机关的讯问中，由于侦查活动的强制力进一步强化犯罪嫌疑人积极对抗的心理平衡，审讯人员只有打破犯罪嫌疑人心理平衡，才能出现不协调的心理状态，产生供述动机。打破犯罪嫌疑人心理平衡的方法，首先是拔高犯罪嫌疑人的人格品质，激活犯罪嫌疑人内心自我修养的闪光点，打破嫌疑人心理平衡；其次是帮助犯罪嫌疑人对其犯罪对象的内在关系进行分析，降低犯罪嫌疑人实施犯罪的意义，打破嫌疑人心理平衡；最后是以犯罪的结果与犯罪后犯罪嫌疑人投入的代价进行比较，打破嫌疑人心理平衡。

第二节　反向挤兑讯问法

由于人的心理活动的需要，在处于极端的对立和激情状态的时候，遇到积极的对抗和行为阻碍时，会强化这种激情状态，尤其是在审讯的活动中，犯罪嫌疑人处于极端的对立和激情状态的时候，审讯人员正面迎战，就会使审讯陷入僵局。俗话说：牛不喝水不能"按头"。那么在审讯活动中如何才能不按头使牛喝水？这就是应当给牛加大运动量，在牛的体外加火、升温，牛渴了自然要喝水。在审讯中不能强攻的时候，就要采取反向挤兑的方法，达到使"牛"喝水的目的。通常采用"激将"的方法来反向挤兑犯罪嫌疑人，如，你敢作不敢为，你不敢说实话……"离间"的方法，你不说，有人会说……"正话反说"，我们到希望你最好是什么都别说，这样我们就更省事了……

反向挤兑讯问法的本质在于，本来是要通过正面的讯问达到的目的，却采取用反向挤兑的方法来达到正面"攻击"所达不到的效果。比如：农村有个小售货店，常年赊欠已经到了无法经营的地步，店主想了一个办法，把所有赊欠人的名单都分期地公布出去，限期还款。在第一期的名单公布了以后，赊欠的人都来看公布的名单，当他们看完了以后，都把自己的赊欠款交了。其实在第一期的名单公布的都是假名字，赊欠人看了公布的名单之后，认为是店主给自己留面子，便积极地交了自己的欠款。如果店主采取积极的追讨行为，不仅伤了和气，甚至可能会激化其他的矛盾。讯问犯罪嫌疑人的目的是让其供述交罪，而讯问人员在语言的表达上却反过来说：我们对你讯问的目的，不是来让你认罪的，是履行一下法律的程序。这样一来便消除了对方的戒备心理，你越是说不是为了对方供述交罪，对方就会越往这上面考虑，是不是供述会对自己有利，否则，讯问人员为什么说不是为了这件事而来的呢？他会在反常的情况下做出正常的联想：肯定与此有联系。这样犯罪嫌疑人便会在供述交罪这个问题上进行反复思考，权衡是否应该交罪。就像法院向欠款人进行执行的时候，常说：我们不是来找你要钱的，我们是来履行一下法律手续，实质上履行法律手续的目的还是要还钱，但这句话说出来的效果不一样，欠钱人就会想到自己如果不还钱，会带来的法律后果，最终还是要还钱，不如趁早把钱还了完事。反向挤兑的方法有时比正面"攻击"的效果要好，尤其是对那些存在对抗戒备心理的犯罪嫌疑人其效果尤为显著。

第三节 审托比对讯问法

人除了生理的需要外，还有心理的需要，心理的需要包括荣誉感、同情感、平衡感和获得别人尊重的需要等。尤其是审讯活动中，犯罪嫌疑人对尊重感的需要更为迫切，如果这种需要不能得到满足，或者这种需要受到阻碍的时候，就会激发起内心的对抗反应，降低内心感性的评价。相反，如果这种需要得到了满足，就会激发起内心的顺应性。通常俗称的扮演"红"、"白"脸，利用"红脸"与"白脸"的配合，来激发其内心感性的顺应性。审托比对讯问法就是根据这种方法，让一名审讯人员扮"白脸"，对犯罪嫌疑人训斥和否定，失去被尊重感，降低其内心感性的评价；然后再让另外一名审讯人员扮"红脸"，积极去满足犯罪嫌疑人对尊重感的需要，与犯罪嫌疑人站在同一边的关怀态度，来激发其内心感性的一面，获得犯罪嫌疑人内心的顺应性。一审一托形成情感交流的落差，来顺应供述动机的需要。

通常担任主审的人员以"红脸"为主，以顺应、理解、引导、拔高为主，目的是取得犯罪嫌疑人的信任、心理依靠，是接受犯罪嫌疑人供述认罪的主体。"审托"是以"白脸"为主，以对犯罪行为进行攻击、训斥、揭露，对犯罪行为进行贬低抨击，努力把犯罪嫌疑人的心理依托，推向主审的人员，辅助主审的人员完成接受犯罪嫌疑人供述认罪的任务。

第四节 调整品质讯问法

心理学研究表明，当人受到赞美或者被高度评价的时候，就会产生积极模仿的心理需要，并且努力地维护这种赞美和评价，这是一种假想的"超我"形象，心理学家把这种现象称之为"罗森塔尔效应"。"罗森塔尔效应"来源于一个"谎言"故事。美国的心理学家罗森塔尔到一所偏僻的学校去，在教师送来的学生的名单中，随意地勾画了一些学生的名字，并且宣布这些被勾画的学生，将来必将大有出息，这些学生的智商非常高。事隔一年之后，罗森塔尔再次来到这所学校，发现他的预言已经成为事实，那些被勾画的学生取得了非常好的成绩。这种虚拟的心理暗示，能够达到拔高人的思想境界，推动和维护"超我"的品质。"罗森塔尔效应"的基本原理，是根据人的心理需要，即自尊心理需要、虚荣心理需要、好奇心理需要、猜疑心理需要、逆反心理需要、恐惧心理需要、平衡心理需要等，表现出来的人们存在的定势心理。在审讯活动中为了使犯罪嫌疑人的品质符合审讯的需要，让犯罪嫌疑人多说实话，就可以采取调整品质讯问法，根据罗森塔尔的心理效应，通过直接对犯罪嫌疑人的赞美，标定出优秀的品质，让犯罪嫌疑人效仿，达到让犯罪嫌疑人供述认罪的目的。

第五节　心理脱敏讯问法

人当安全的需要受到威胁的时候，就会产生恐惧感。一个犯罪的人，时刻折磨、煎熬他的心灵的是憋在他心里的犯罪秘密。根据经典条件反射理论，人们通过以往的中性无关刺激所形成的习得性反射方式，当这种习得性反射回归到自我，使安全的需要受到威胁的时候，就会产生恐惧感。例如，当犯罪嫌疑人被通知接受讯问的时候，就激起了紧张、恐惧的条件反射，这种紧张、恐惧感越强，对安全感的需要就越强，自我防卫的意识也越来越强，审讯中对抗反应的条件反射也就越强，对审讯人员的信息反应非常敏感，排斥力比较强。在这种情况下的心理反应，不适合犯罪嫌疑人供述认罪。尤其是在审讯活动的供述认罪阶段，在犯罪嫌疑人的恐惧感和畏罪感极强的时候，犯罪嫌疑人根本就不会选择供述认罪。只有在这种恐惧感和畏罪感，降低到适合供述认罪的心理条件时，才可能出现交罪行为。心理脱敏讯问法就是在审讯的供述认罪阶段，消除紧张、恐惧和畏罪心理，创造供述认罪的条件。心理脱敏讯问的方法，是审讯人员根据犯罪嫌疑人的紧张和恐惧的原因，怕什么就用什么来对其反复地进行刺激，使犯罪嫌疑人的告知趋向平淡化、习惯化，不断地降低恐惧原因对犯罪嫌疑人带来的刺激。在很多的时候犯罪行为的后果对犯罪嫌疑人的心理刺激影响很大，让犯罪嫌疑人放弃因为犯罪后果要受到惩罚而带给犯罪嫌疑人的恐惧感，帮助犯罪嫌疑人消除因犯罪后要受到惩罚的安全感的刺激引起的对抗反应，引导犯罪嫌疑人进行一些想象，让犯罪嫌疑人通过犯罪后果的想象，或者能够得到从轻处罪，或者能够不处罚，即便是受到了处罚，不长的时间出来还能够有所作为。以此幻想和自我心理平衡，来达到消除恐惧的目的。例如：审讯人员告诉犯罪嫌疑人，一个人因为做错了事，受到一定的惩罚，并非是一件坏事情，他能够使人从中吸取教训，就是一件好事，这样就能够保证以后不再做错事了。如果在一个人做了错事，没有受到惩罚，那么他还会去做的，越做就越多，待到后来算总账的时候，那一定会受到严惩，到那时就连悔改的机会都没有了。况且你已经认识到了做错事，能够从中吸取了教训，那么是否要惩罚、怎么惩罚，其结果还是在你自己的身上。

第六节　心理弱点讯问法

　　人因为安全的需要，表现出心理活动平衡的强与弱的关系，当人的安全感受到威胁的时候，心理的恐惧就会由此而起，这种恐惧感导致了心理活动积极地寻找解脱的方法，一旦有了解脱的方法，这种安全感又回到了平稳的状态，保持了心理的稳定性。相反在没有找到解脱的方法的时候，这种安全感就会出现变化，心理的平衡状态被减弱，恐惧感增加，就会时刻的担心危害自己安全的因素出现。在审讯活动中犯罪嫌疑人最担心的是犯罪行为的暴露，担心这种犯罪行为暴露的不是整个的犯罪行为，而是犯罪行为的某一个细节，当某一细节被暴露的时候，全部的犯罪行为也就无法隐瞒了，犯罪行为的某些细节是犯罪嫌疑人安全感受到威胁的关键，这是审讯活动中犯罪嫌疑人的心理弱点，也是犯罪嫌疑人最担心、最害怕的地方，同时也是犯罪嫌疑人最薄弱的地方。审讯人员根据犯罪嫌疑人的犯罪特点，经过分析研究找到犯罪嫌疑人的心理弱点，就找到了打开犯罪嫌疑人心理薄弱环节的突破口。

第七节　情感需要讯问法

　　心理科学证明，情感的实质是人对客观对象是否符合自己的需要做出的一种心理反应。这种反应，是对象与主体之间的某种关系的反映，表现为对待客观对象的一定态度。而这种态度又是与人的活动、需求、利害关系有着密切的联系。在某种程度上讲，是由动机所促动的行为，其目的在于寻求动机的满足。由此可知，行为动机是能否使个体的动机获得满足的结果，自然就会伴随产生不同情绪，满足了则快乐，不满足则痛苦、沮丧等复杂情绪。对象与主体的需求不同产生不同的情感，不同的情感又驱使主体采取不同的活动，以符合主体的要求和需要。从而导致了两种效应——"顺应"和"逆反"，"顺应"常常表现为信任和接受，"逆反"则常常表现为对抗和不满。可见情感对行为有促进作用，也有干扰和阻碍作用。

　　在审讯活动中，讯问人员所设置的情感符合了犯罪嫌疑人的对立情绪需求和某种满足，审讯人员便会获得信任，犯罪嫌疑人的对立情绪就会被克服，使之更换出一种新的情绪和新的观点，把审讯人员看作是可亲近、可依赖的人，并相信其讲话的真实性，就容易把审讯人员的要求转化为自己内心的动力和必然的趋向，达到供述交罪的目的。相反，审讯人员的情绪和情感对犯罪嫌疑人的需求发生了干扰作用时，逆反心理便会出现，消极的情绪便会对供述动机起到妨碍作用。因此，在讯问中，审讯人员应时刻注意把握住犯罪嫌疑人的情感方向，防止犯罪嫌疑人逆反心理的产生，消除已经出现的逆反心理。在审讯的方法上，应该体现或运用以情感人，以理服人，控制犯罪嫌疑人的情感，使其顺着审讯人员的意图发展下去。

一、情感的来源

情感不是自发的，而是由刺激引起的心理反应，是人对客观对象是否符合自己的需要而做出的心理反应。这种引起情感变化的刺激，有外在的，也有内在的；有时是具体可见的，有时是隐而不显的。就引起情感的外在刺激而言，生活中的任何人、事、物的变化都会影响人的情感。如一部好的电影能催人泪下，演员在屏幕上流泪，观众在台下陪着流泪，看到悲伤处，有的观众还可能痛哭流涕，这就是外部情感刺激的作用。审讯中，讯问人员的言、行，都会影响犯罪嫌疑人的情感和情绪，讯问人员不同的言行，会给犯罪嫌疑人带来不同的情感和情绪。如讯问人员在审讯时，以犯罪嫌疑人所犯的罪行表示理解并帮助其认识自己的罪行，修正自己的罪行。语言平和，态度真诚，犯罪嫌疑人所表现出来的情感和情绪反应，应该是包含感激和信任的情感和情绪。而相反，讯问人员对犯罪嫌疑人的语言生硬，态度严厉，犯罪嫌疑人会出现消极的情感，逆反的情绪。这种情感和情绪的出现，是外在刺激直接引起的。至于情感和情绪的内在刺激是心理的，诸如记忆、联想、想象等心理活动，也会产生不同的情感。如犯罪嫌疑人在看守所里，听到大墙外学生的朗朗读书声，便会自然想到自己的孩子和家庭，泪流满面，愧恨不已。

由上述可以证明，情感的产生是以客观对象为影响源，符合情感主体的需要而产生的。例如，贪污、贿赂犯罪嫌疑人在审讯时，最不愿听的语言就是"贪污、受贿"，如果讯问人员避开犯罪嫌疑人不愿听到的词语，改用拿了钱或收了钱，并对其一时糊涂干的蠢事表示同情，这样从客观上满足了犯罪嫌疑人畏罪心理的需要，使得犯罪嫌疑人的情感方向顺应了自己的意图。

在审讯活动中犯罪嫌疑人情感的产生也是由两方面来决定的，一方面是讯问人员的情感输入；另一方面是犯罪嫌疑人心理的需求。为了使犯罪嫌疑人的情感方向与审讯人员的意图保持一致，必须要研究犯罪嫌疑人的心理需求。贪污、贿赂犯罪嫌疑人由于自己的特殊社会地位，反映出与其他刑事犯罪人的心理状态上的区别，从而产生了不同的心理需求。这类人对"名声""面子""前途"看得比较重，在犯罪以后，还要寻求心理上的解脱与安慰。如果审讯人员能够尽量满足对方的心理需求，便会产生顺应性的情感。从审讯的常规来看，对被审讯对象大多是直呼其名的，如果改变这种直呼其名的称呼，称

"老张""老李"或"李老""张老",使得犯罪嫌疑人感觉讯问人员没有把他当犯罪分子对待,在"面子"上得到了满足;有时审讯人员忽然称呼其原来的职务——"张局长",这时对方会想象自己又官复原职了。在对受贿犯罪嫌疑人进行审讯时,多指责行贿人,犯罪的恶果是由行贿人造成……这样犯罪嫌疑人就会感觉到你在为他讲话。在贪污、贿赂犯罪嫌疑人中,有的是领导干部,还有的是特殊领域的专业人才,这个时候他们最希望对他的过去贡献进行评价,对他们为社会创造的财富和功绩进行肯定。如果审讯人员不吝啬赞美之言,是会使其感激不尽,激动不已。这种对象与主体间的需求关系产生了不同的情感,这便是情感的来源。

二、情感的作用

多年来在公安机关与检察机关的审讯活动中,经常有人对审讯活动的方法和技巧,用"动之以情,晓之以理"来予以概括。美国人对审讯方法的结论是:情感的方法和逻辑的方法。由此可见"情"与"理"是审讯活动中的两大法宝。在审讯活动中,这种情感的作用是通过消除犯罪嫌疑人在侦查讯问中的消极的因素,激发积极的因素,强化供述的动机来实现其审讯的目的的。

首先,情感的作用在于消除对立,化解僵局。犯罪嫌疑人带进审讯室的对立情绪有两方面的原因:一方面是犯罪嫌疑人固有的对立情绪;另一方面是审讯人员的方法不对引发的对立情绪。犯罪嫌疑人自身对立情绪的产生,是有原因的。因为他面临的是法律的制裁,由此而产生对立情绪;另外从案件的来源上看,有很多是因为犯罪嫌疑人与他人的关系不和,产生了矛盾冲突,发展到了被举报、被揭发的结果,有的还误认为检察机关被自己的对立面利用,而有意跟自己过不去,利用法律来整他,因此种种而产生的对立情绪,在初次审讯的时候,就必然会落在审讯人员的身上。为了取得审讯的成功,必须首先消除这一对立情绪,才能建立良好的讯问基础。如果这种对立的情绪不但没有能够得到转变反而被强化了,讯问就会陷入僵局。此时讯问人如能及时地对犯罪嫌疑人实施理智的、友善的情感影响,就能逐步纠正其错误的认识,消除其对立的情感,化解僵局。

其次,情感的作用在于转化消极,排除障碍。犯罪嫌疑人消极的心理状态普遍表现为"畏罪心理",由于自己伸出了犯罪之手,必然会受到法律的制裁。要坐牢、判刑,自己个人的前途没有了,家庭受到了影响和牵连,感觉无颜再面对社会和家庭,精神痛苦、悔恨内疚。消极心理状态在审讯中还表现出侥幸的心理状态:你检察机关知道多少我讲多少,能混过去就混过去,没有证据我坚决不承认;还有的犯罪嫌疑人带有很强的戒备心理,把审讯人员远远地推到了对立的一面,对审讯人员极不信任。诸如此类的消极因素,造成了犯罪嫌疑人的供述障碍。此时审讯人员若能把握住犯罪嫌疑人的情感方向,有针对性地满足犯罪嫌疑人的心理需求,便能激发其顺应性的情感。如犯罪嫌疑人对所犯罪行表现为后悔,不该贪图钱财而失去了自己的前途和自由。审讯人员应抓住这一心理状态,表示出理解、同情,"你当时不是想贪图那些钱财,由于他人的作用,你才一时冲动做了糊涂事,你一定会对那些行为感到痛心、内疚、后悔,假如我处在那种情况,我或许也会干的……"顺应犯罪嫌疑人的心理需求,减弱了罪责感和认罪后果的忧虑,排除供述障碍,促其通过认罪来解脱自己。

最后,情感的作用在于双向沟通,同感共识。在心理学的研究上,对情感的特征提出了"双向性"的论述:认为情感不是单向的表达,情感表达时多半是沟通对象的。情绪和情感的表达方式,具有同感、共识,而后才能达到表情达意的目的。在讯问活动中,审讯人员情感表达,实质上就是与犯罪嫌疑人进行情感的沟通。在讯问活动中,审讯人员通过真实友善的情感影响,逐步纠正其对讯问情境的错误认识,消除犯罪嫌疑人在不良情感支配下产生的对立、紧张、恐惧的情绪表现。这种影响的过程,实质上就是沟通的过程,如果不能达到沟通,产生同感共识,就不能真正的转变、纠正其不良的消极因素。例如贪污、贿赂犯罪嫌疑人多是国家公务员,对自己犯罪后的道德品质评价非常慎重,总希望别人降低对罪行的道德严重程度的评价,或者完全否定道德品质与所犯罪行的关联性。如你犯的那点事,也是偶然的,不是必然的,你不是见钱眼开贪财的人,你的人品大家是了解的……这样会在犯罪嫌疑人的心理上得到某种满足,产生了同感共识,达到了情感的沟通。如果将上述一段话按相反的方法说出来,"你的犯罪不是偶然的,你以权谋私,见钱眼开,你的品行谁不了解……"这段话在犯罪嫌疑人的心理一定会受到排斥,产生对抗情绪,因为这段话不能满足嫌疑人的心理需要,产生了逆向情感,双方无法进行沟通。我们这里所说的沟通影响,是以改变对方的行为为目的的,审讯人员对犯罪嫌疑人的心理作用,是消除犯罪嫌疑人在讯问中的消极的、负面性的情感情绪因素的不良影响,引导激发积极的、正面性的情感情绪并对此加以支持,达到强化供述的目的。

三、情感涉入的时机

情感不是任何时候都起作用,它是在到达一定时机才起作用的,就像人在口渴的时候需要喝水,这时水对他来说就是迫切需要,如果这时你送上水给他喝,他会感激你。但是,如果对方在不渴的时候,不需要水的时候,你给他送水，他不但不把这当回事，反而还认为你是多此一举，适得其反。在审讯活动中更是如此，审讯人员不分青红皂白，不根据当时的实际情况，不注意犯罪嫌疑人的心理状态，盲目地涉入情感性的语言，不仅达不到效果，反而会让犯罪嫌疑人误认为你是在求他供述，结果事与愿违。

什么时机是涉入情感的最佳时机？从审讯过程的几个阶段来看，审讯的初始阶段是审讯人员和犯罪嫌疑人的相互试探摸底阶段，这时间的犯罪嫌疑人有很强的戒备心理，又处在索取状态，这种索取的目标是，审讯人员到底掌握了多少自己的犯罪证据，犯罪嫌疑人迫切需要的是更多地了解审讯人员的情况。这时审讯人员将情感涉入，不仅不会产生作用，相反还会使犯罪嫌疑人造成误解。再者，处在调查摸底的阶段，审讯人员对犯罪嫌疑人的情况并不太清楚，盲目对犯罪嫌疑人涉入情感性的语言，它不是无的放矢吗？

在对抗相峙阶段，犯罪嫌疑人会理智地分析自己的行为，会千方百计地维护自己相对稳定的"心理定势"，这时犯罪嫌疑人所关心的是自己能否抗审过关，审讯人员的平和语言，真情实意的情感，只能避免出现僵局，缓解对立情绪，建立起审讯的对话基础，并不能起到强化供述动机的作用。

反复动摇阶段是涉入情感的最佳良机。这一阶段犯罪嫌疑人的心理状态是摇摆不定的，供还是不供，权衡利弊，左右为难，不供过不了审讯关，供了其后果将会不堪设想。处在"进""退"两难的人，最需要外力的作用，而这时外力产生的效果也最大，平时十倍的力量，这时只需要一倍力量即可。因为审讯人员对犯罪嫌疑人的情感涉入，并不是直接涉入的情感，而是能引发、激发情感的信息，这种信息只有符合犯罪嫌疑人的心理需要，才能产生情感，取得沟通，引起共鸣。因而，多强调犯罪事实和行为的客观原因就会把审讯人员的要求转化为内心的必然，从而达到讯问的目标。由此可见，犯罪嫌疑人最需要的时候，就是我们涉入的最佳良机。

再者是犯罪嫌疑人的供述矛盾被发现，谎言被识破，形成了心理证据被心理限制的时候，作为给犯罪嫌疑人下台阶，此时涉入情感，效果更好，成功系数较高。

情感影响的目的是与犯罪嫌疑人建立起一种良好的讯问基础。如何能达到这一目的是由情感的双向特征来决定的，实施情感影响的主体只有正确适时地表达情感，才能使情感影响的对象产生共鸣，才能达到情感影响的目的。有什么样的情感影响的方法，就会有什么样的结果。如果影响主体的表达方式并没有与对象产生同感共识或者没能满足其某种心理需要，便会产生逆向型情感。如影响的主体采取激烈、讽刺、挖苦的表达方式影响对方，对方立即便会反映出对抗不满的情绪，不可能建立起良好的情感关系，虽然情感的产物有其内在的心理原因，更重要的是外界的影响方法。

在审讯活动中情感影响的主体就是审讯人员，审讯人员的行为对犯罪嫌疑人产生什么样的情感影响起着很重要的作用。审讯活动的主体与对象是相互影响的关系，审讯人员的一言一行都会在犯罪嫌疑人的心理引起反应。所以审讯人员应注意以下几点：应该注意自我形象的影响。首先包括审讯人员外部形体的影响。常规的审讯是坐姿，审讯人员应坐在椅子的前半部，身体前倾，眼睛平视，两手平放在桌子上面，这种审讯的姿势表示愿意接收对方的信息。相反，审讯人员身体后倾，双手叉放在前胸，眼睛斜视，这种形象表现对犯罪嫌疑人来说，只能产生逆反的心理反应，强化犯罪嫌疑人的对抗心理。其次，改变空间的方法也可对犯罪嫌疑人进行情感影响，在适当的时候，审讯人员可以走向犯罪嫌疑人的身体侧面进行交流，根据对方的年龄的不同，还可把手放在对方的肩上，以示亲近。相反审讯人员忽然走向犯罪嫌疑人的背后与其进行交流，必然会使犯罪嫌疑人产生某种恐惧感。

光明磊落、实事求是，是审讯人员应当留给犯罪嫌疑人的形象，这种形象的树立，是靠对犯罪嫌疑人的供述评价树立的，在犯罪嫌疑人的大量的谎言中哪怕有一点点细节上的真实供述，都应该加以肯定和鼓励，做出实事求是的评价。表现出待人办事的公正性，赢得犯罪嫌疑人的信赖。

1. 对犯罪嫌疑人生活上、身体上的关心，是最直接的情感影响的方法。由于犯罪嫌疑人被限制了人身自由，当犯罪嫌疑人的特殊需要不能得到满足的时候，如果审讯人员能适当予以满足，哪怕是微乎其微的点滴关怀，犯罪嫌疑人都会产生感激之情。如犯罪嫌疑人的衣服少、天气冷了，家里又没有送来衣服，审讯人员把自己穿的衣服脱下来给对方穿，夜间审讯，审讯人员留着自己吃的夜宵，而给犯罪嫌疑人吃；审讯人员自己泡的茶一口没喝而给犯罪嫌疑人喝，自己的烟给犯罪嫌疑人抽；自己吃的药给犯罪嫌疑人吃；等等。还可以根据案情的需要，专门特意设置这些情节，来加强情感的影响。

2. 审讯中利用语言进行情感影响的方法，也是非常重要的。语言文明、态度平和，是审讯人员语言交流的条件，尊重犯罪嫌疑人的人格，不歧视、侮辱、讽刺挖苦，是情感沟通的基础。语言声调的高低应该保持适度，不可过高，过高的声调容易引起对方的紧张；但也不可过低，过低了显得审讯人员有气无力。语言的速度，提问的频率，也是对犯罪嫌疑人紧张程度的影响，因此应保持协调的讯问速度。语气表现为态度婉转、平和是情绪影响的重要因素。语言本身产生的情感影响是一个方面，另一方面是"忌讳语"的影响，犯罪嫌疑人最不愿意听到的词语就是犯罪嫌疑人的忌讳语。通常为了避免这些刺激语的出现，采取更换"忌讳语"的方法：如"犯罪"更换为"错误"，"谎言"更换为"说错了","矛盾"更换为"与事实不符","挪用公款"更换为"拿用了","行贿"更换为"给了","受贿"更换为"收了","贪污"更换为"取了""拿了","态度蛮横"更换为"情绪激动"。这种更换"忌讳语"的方法不仅能转变对立情绪，消除犯罪嫌疑人畏罪时紧张的心理，而且还能使犯罪嫌疑人感到审讯人员对他的理解、同情，给了他"面子"，不拿话刺激他。

3. 帮助犯罪嫌疑人心理压力的解脱也是对犯罪嫌疑人情感影响的又一种行之有效的方法。犯罪嫌疑人在案发后心理负担很重，他会从不同的方面来衡量自己。如道德标准、品行标准、社会的影响、外界会对自己有怎样的评价、亲朋好友会怎样理解，等等。审讯人员应根据犯罪嫌疑人的心理来制定情感影响的方法。通常采用的方法是强调客观原因的方法。记得在一起审讯中，我们采用上述方法，被讯问人泪流满面，不仅交代了自己受贿的数额，还把自己怎样会走上犯罪道路的原因也总结出来："我今天走到这一步是三个'字'害了我，一个是'情'字，一个是'松'字，一个是'利'字。我的情面太软了，原则性的事情没有把住关，没有坚持原则；其次是'放松'了自己，在今天的市场经济中，金钱有一定的诱惑力；最后是我的弱点被别人利用了，才导致了我今天的恶果，你们的一席话说到我的心里去了，我将来还要把这些东西写出来以示后人。"

4. 转换位置法。将心比心，设身处地为其考虑。如"这件事如果换了我或者任何其他人都有可能做出类似的事情。现在事情已经过去了，也不必再用过多的精力去考虑它，应该考虑的是怎样认识错误改正错误，总结原因，吸取教训走从轻从宽的路，以后不要再犯了。"这段话既表现对其犯罪的理解和同情，又指明了走交代从宽的路。最后是消除顾虑。犯罪嫌疑人在接受审讯的时候，经常是忧心重重，瞻前顾后，担心自己交代后会受到处罚，自己的一切都将付之东流。这时，就该语重心长地告诉他，"任何人都有走弯路的时候，跌倒的时候，要有勇气面对现实，重新起步，以后的路还长着呢！未来的生活还会更美好。多想着未来的美好生活，就会减轻自己的心理负担"等。

5. 直接赞美法。人大多都有一个共同的特点，爱听赞美、赞扬、好听的话，实际上这是人们的心理需求，外来的赞美顺应了这种心理需求，出现了积极的情绪。为了对犯罪嫌疑人进行情感的影响，应该充分利用这一心理特点，便能取得很好的效果。首先，是对犯罪嫌疑人的"闪光点"进行肯定。把从其参加工作直到案发，为国家和社会做过的一些有益的事提取出来加以肯定、赞扬，使得犯罪嫌疑人感觉到社会还没有忘记我曾经做过的贡献，由此而产生情感上的共鸣。如有一位市长涉嫌犯罪，在审讯他的时候，对抗心理极强。仰坐在椅子上，面向天花板双眼闭目养神。这时的他很难听进别人的劝导，审讯人员先不谈案件的实质，而是对他过去的工作做充分的肯定："你为社会做出了很大的贡献，你曾经用自己的智慧和汗水，在城市的建设上迈出了一大步，这个城市的老百姓是不会忘记你的，还希望你能回去参加这座城市的经济建设。"此时的这位市长不仅改变了自己的坐姿，而且满脸带着感激之情："谢谢你。"这短短的几句话取得了双方情感上的沟通。其次，是对犯罪嫌疑人的人品评价。有的人虽然犯罪了，但是他有忠厚老实、工作勤勤恳恳、为人办事热情的一面，审讯时应该抓住其优点进行评价："你为人办事热情，喜欢帮助别人，无论谁有困难找你帮忙，你总是尽力帮助解决，大家都说你人品好，忠厚老实……"但应当注意的是，在对犯罪嫌疑人进行情感影响的时候，应该注意其目的性，因为它是以促进供述交代为前提的，所以应该有导向性。另外在对其进行"人品"评价时，应注意收集典型事迹进行评价，效果最好。再次，是帮助犯罪嫌疑人树立形象。这种方法是为了促使犯罪嫌疑人的交代供述做准备，打基础。它是利用人所共有的荣誉感和自尊心为前提的，犯罪嫌疑人处在被审讯的特殊环境中，对自己的尊严、荣誉已经无法顾及了，有的犯罪嫌疑人认为我反正犯罪了，社会影响也无法挽回了，听天由命，表现出"死猪不怕开水烫"，这种心理状态是不利于审讯的。审讯人员应该把他"立"起来，把他平时应该有的荣誉感、尊严感再"还给他"，帮助他把自己原有的形象重新树立起来。如"你性格直爽，敢作敢为，为人讲义气，重感情，办事情实事求是，不搞虚假的一套，在工作中出现的问题，敢于承担责任，为人处世光明磊落，办事公正，客观全面，当领导的就该像你这样，到任何时候都是一条好汉。"这一形象被树立起来以后，对方就会千方百计地维护自己的形象，并按照这种标定的形象去做出行为。最后，是对犯罪嫌疑人的行为进行修正。这种方法是以帮助犯罪嫌疑人如实地交代自己的犯罪事实，但是更重要的是让犯罪嫌疑人知道自己犯罪了，为什么犯罪，怎样去修正自己的犯罪行为。从客观上来看，贪污、贿赂犯罪在很大程度上不是一次就构成犯罪了，是逐步形成的。开始被动地收钱收物，后来发展成主动地索要，发生了质的变化，构成了犯罪。只要有社会的存在，犯罪现象是不可避免的，犯罪并不可怕，关键是如何对待犯罪，有无悔罪的表现。我国刑事诉讼法规定的从重、加重、从轻、减轻、免除处罚等规定，一方面就是针对犯罪后有无悔罪表现而规定的，以此来引导犯罪嫌疑人走从宽的路。

6. 注入同情与理解。这个方法需要对犯罪嫌疑人走上犯罪道路的某些原因进行客观分析，并对其某些遭遇注入一定的同情。这样，既能暗示我们对其的情况已十分掌握，又能让被审讯对象感到我们审讯人员是讲道理、通情达理和善解人意的。从而对审讯人员产生强烈的认同感和归依感，我们则趁热打铁，将情感控制的力量渗透到他的内心深处，促使其在内疚、悔恨的复杂心理中产生交代的动力。

使用以上几个方法的关键是事先要对嫌犯的情况有一定的了解（或者边审边了解），而且在审讯中绝不能反复使用次数过多，更不能让对象觉得我们是假情假意，或者在表面同情他，在内心却是鄙夷他的，这样只会激起他更大的敌意。

7. 家庭信息的传递。审讯人员应当大量地了解犯罪嫌疑人的家庭情况，利用犯罪嫌疑人对家庭的眷念和迫切想知道自己家庭情况的心理，适时地向犯罪嫌疑人传递一些家庭情况，引发犯罪嫌疑人的情感转嫁，这时犯罪嫌疑人对家庭的情感会有一部分转移到审讯人员的身上，产生情感依托的错觉。

第八节 激发需要讯问法

人们除了对生理的需要、心理的需要，还有荣誉感的需要。"唤起荣誉感"就是利用犯罪嫌疑人曾经有过的荣誉（必须事先对审讯对象的情况有较好的了解），有意地肯定和鼓励，以此表示我们政府并未因他违法犯罪而对他以前的成绩加以全盘否定。这样，他就会从审讯人员实事求是的态度中受到感动，从而不仅能够使他对审讯人员产生信服感，又能使原本悔恨心理不是很强的嫌犯，强化他的悔恨情绪，使他无地自容、悔不当初，进而将悔恨转化为交代的动力。激发其个人荣誉感，唤起其后悔心理，反思到自己的行为的确给家庭、给自身造成了巨大的痛苦和遗憾。对被审讯人注入荣誉感，可以使审讯方与被审讯方达到一定的"沟通"，从而使他认为审讯人员是一个"通情达理"的人，从而对你产生认同和信任感。

要使被审讯人产生供述心理，我们必须在"闲聊"阶段用艺术的和巧妙的语言使其完成以下四个转变：

1. 认识的转变：要让其意识到罪行（违法行为）已经造成危害结果，使其先产生悔恨心理，然后逐渐过渡到渴望从宽。

2. 意志的转变：随着对立、侥幸、畏罪等心理的退却，随之上升的是想摆脱受审环境所带来的心理压力的愿望，从而逐步产生供述心理。

3. 心理的转变：被审讯人原先有过分恐惧心理的，应消除其不必要的恐惧和戒备，产生供述心理。

4. 态度的转变：原先抱无所谓态度的，则应反过来使其产生恐惧心理，促发其紧张，以便让他认真面对现实，积极配合审讯人员的工作。

"荣誉感"和"自尊心"是密切联系在一起的,是心理需要的组成部分,它是维护心理平衡的重要因素,因此审讯言辞不能伤及对方的自尊心。我们在审讯中当然可以对被审讯人的可恶行为大力抨击,但绝不能拿对方的相貌、人格、自尊进行讥讽,否则不但对审讯双方的沟通会造成障碍,而且先前做的思想工作将前功尽弃,重新陷入缺乏信任、互相敌对不利于供述的状态。

自尊心的受伤,个人心理的社会地位被降低,产生的心理意识轨迹,会把人的意识引向反社会性,导致犯罪因素的出现,同时也是抗拒的直接心理原因。人的"荣誉感"和"自尊心"不仅包括外来的评价,也包括个体的自我尊敬,即因为人的自我利益的存在,而出现的自我尊重。人的自我尊重满足的是自我的心理需要,实际上是满足自我尊敬的需要。审讯活动中犯罪嫌疑人的自我利益,是犯罪后果的被惩罚性,通常犯罪嫌疑人选择供述还是对抗,都是以自我利益来作为衡量标准的。因此,改变犯罪嫌疑人因供述而产生的后果的可能性;或直接减少犯罪嫌疑人作为信息处理系统的有效性等,帮助犯罪嫌疑人确定、维护"自我利益",以便其供述犯罪。

第九节 条件需要讯问法

犯罪嫌疑人一般不会轻易供述出自己的犯罪事实。司法实践中,犯罪嫌疑人(尤其是那些有罪的犯罪人)很少主动地向侦查机关供述其犯罪事实。美国刑事司法学界和警察科学界最著名的学者之一弗雷德英博说:"人类一般不会主动、自发地供认自己的罪行……期望作案人未经审讯的触动便因良心的折磨而供认罪行的想法是不切实际的。"侦查学鼻祖汉斯格罗斯也说,"希望每个人都能坦白自己的罪行,是残忍的至少是不人道的。"可与此同时,也有无数的侦查讯问案例表明,审讯者的确成功地获取犯罪人的真实供述。那么,为什么有的犯罪嫌疑人会如实供认自己的犯罪事实,而另外一些犯罪嫌疑人却只有在讯问人员帮助下才会供述自己的犯罪事实?讯问人员如何才能帮助犯罪嫌疑人,以实现侦查讯问的目的?

我们在审讯实践中发现,大多数嫌犯在交代案情后,问他是什么原因促使他由起初的死也不肯交代,最后转变到愿意"开口"的。他们说:我感觉到"开口"比不"开口"对自己有利,有的人说,当时我感觉有一种动力叫我"开口"。

由于我们所办的各个案件性质不同、不同嫌犯的个性不同、我们审讯人员在审讯时采取的手段不同,嫌犯们回答的"理由"也是各不相同。乍一看,对于促使他们交代犯罪事实的真正原因到底是什么,好像没有什么规律可循。

但是，经过我们静下心来仔细分析归纳后，仍旧可以看出，他们为什么肯"开口"交代的原因，实际上必须有某些特定心理条件的产生作为前提。他们会认为：如果还没有一个真正能够说服他们自己的"借口"，就马上主动向政府交代，似乎有点太对不起自己了。只有当他们认为可以说得过去了，等到不至于心理过于失衡的"条件"出现了之后，才愿意交代，这样就不会觉得自己太亏。所以，我们审讯人员在审讯时的重要任务就是努力营造好能够促使嫌犯交代的那些特定心理条件，做好了这个工作就能起到"打蛇打七寸"的效果，从而促进我们的工作。这些特定的心理条件概括起来，有这样六类：

1. 嫌犯在内心真正后悔、醒悟的时候（人格道德系数的满足条件）。
2. 嫌犯认为交代了对他自己有好处的时候（趋利避害的交换条件）。
3. 嫌犯感到已没有退路，无法继续隐瞒的时候（心理误区的暴露条件）。
4. 嫌犯为了解脱自己心理压力的时候（心理选择的解脱条件）。
5. 嫌犯为了解脱自己形成的意识经验（意识经验的反映条件）。
6. 嫌犯趋利避害的需要的基本属性（满足需要的基本条件）。

犯罪嫌疑人的心理条件虽然是个体内在的，但是它的来源是审讯人员的外部刺激而产生的。上述六类特定的心理条件可以同时刺激产生，也可以单独刺激产生。首先，在审讯人员帮助犯罪嫌疑人以后悔、醒悟为刺激对象的时候，要根据犯罪嫌疑人的个体特征，准备好刺激帮助的方法；犯罪行为实施后给自己带来的利益与犯罪行为造成的后果的比较，犯罪的成本大于犯罪的利益，产生了"心理亏损"。这种"心理亏损"的"利益差"越大，后悔、醒悟意识就越强烈。这种强烈的"后悔"和"醒悟"意识发展到一定程度的时候，就会产生供述动机。其次，在审讯人员帮助犯罪嫌疑人以"交代对他自己有好处"为刺激对象的时候，审讯人员常常是以"利弊关系"为重要方法，审讯人员首先帮助犯罪嫌疑人选择"利"与"弊"的条件，让犯罪嫌疑人权衡，形成"交代了对他自己有好处"的"心理条件"。最后，在审讯人员帮助犯罪嫌疑人以"犯罪事实已经暴露、退路已经丧失"为刺激对象的时候，审讯人员充分利用犯罪嫌疑人"错觉"，设置"错觉"条件，把犯罪嫌疑人进入"犯罪事实已经暴露"的认识误区，使之产生供述的"心理条件"。

第十节　利益需要讯问法

这里的利益是犯罪嫌疑人的思维活动中的"心理利益"，人的行为动力在很多的时候是在"心理利益"的驱使下产生的。"心理利益"是通过趋利避害的思维过程而产生的；当人们在决定做出某种行为前，他都会在其内心考虑并权衡该行为是否能给其增添快乐或减少痛苦，若自己的判断为"是"则会选择去实施该行为；反之则会选不去实施该行为。"心在言先，言为心声"，在侦查讯问中，犯罪嫌疑人针对审讯者的提问有三种选择：一是拒供而保持沉默；二是假供即以欺骗撒谎来应付审讯者的提问；三是如实供述。犯罪嫌疑人在侦查讯问中的任何决定，都是他的一种理性的选择行为；选择做出真实的供述，也是嫌疑人在其内心做出了如实供述对自己有利的判断后而实施的行为。犯罪嫌疑人在侦查讯问中，有一个理性选择，来决定自己行为的过程，在侦查讯问起始阶段，有罪的犯罪嫌疑人，都会将自己如实供述犯罪事实后，随之而来的各种后果看得较重。如将因受到刑罚处罚而失去人身自由或生命权利；因担负赔偿义务或承担罚金或没收财产而失去自己原有的财产；失去现有的优越的工作机会；失去现有的社会地位和良好的声誉名誉；失去自己的亲情友情；等等。因此，犯罪嫌疑人不会轻易在侦查讯问开始时就供认自己的犯罪事实。在侦查讯问活动中，审讯者能够影响和控制嫌疑人的心理活动，包括嫌疑人内心对于供述与否的判断。嫌疑人供述与否，主要取决于他对犯罪后果的担心、由犯罪所引起罪责感两者的理性选择（即判断）——前者源于法律对其的影响，后者则源于其成长过程中的社会化影响。如果犯罪嫌疑人对各种损失后果的担心甚于罪责感，则他会选择拒供或假供；如果嫌疑人的罪责感甚于其对后果的担心，则他会选择如实供述。同时，对于无法逃避损失后果的情况下（如犯罪事实已被侦查或被司法机关查清），自己即使不如实供述也不影响司法机关对自己的处罚，嫌疑人还会尽力去追求一个较轻的损失后果，即争取坦白获得从宽处理。

帮助犯罪嫌疑人摄取"心理利益"的方法：这种"心理利益"分为"以后的利益"和"当前的利益"。即为了以后的获利形成的心理状态和为了当前的利益而形成的心理状态。

首先，是帮助犯罪嫌疑人获得"以后利益"。结合本案件的实际情况，从嫌犯的作案动机、目的、手段、情节、侵害对象以及造成的后果等方面，依据相关法律，为其找出可以从轻处罚的条件，使其获得"以后的利益"。审讯人员要用真诚的态度帮助他权衡交代与不交代的利害得失，使之确信只要交代了，有好的认罪态度，就能从轻、减轻甚至免除处罚。

其次，是帮助犯罪嫌疑人获得"当前利益"。从审讯活动中犯罪嫌疑人的心理状态来看，审讯的全过程，是犯罪嫌疑人心理焦虑的过程。根据美国侦查学者布赖恩·杰恩提出来的"内心焦虑理论"认为，嫌疑人在侦查讯问过程中无论是拒供或假供（即说谎），由说谎引起的内心冲突，其结果是挫折和焦虑。焦虑是一种不明确的忧虑的不安状态，通常不与特定的起因相联系。在个人理想与客观实际之间出现冲突或认识不一致的时候，焦虑就会出现。理想的目标与客观实际差距越大，认识就越不一致，焦虑也随之增加。焦虑的增加，是嫌疑人之所以在审讯中供认的部分原因。虽然嫌疑人希望逃避真实供述的后果，但他并不希望以增加与欺骗相连的内心焦虑为代价换取这样的结果。焦虑的力量是供认的动机，这一点是从公布犯罪案件后自动投案的假供数量来看，是很明显的。犯罪嫌疑人是一个经历社会化过程、接受并内化了正常社会价值观念的人，经过长期社会化过程，犯罪嫌疑人思想观念中已形成了包括法律观念、道德观等在内的价值观念，使犯罪嫌疑人在犯罪后产生罪责感，在撒谎时产生内心焦虑。这种罪责感与内心焦虑是驱使犯罪嫌疑人如实供述的内驱力。根据"内心焦虑理论"，审讯人员设法让犯罪嫌疑人多说谎，增加犯罪嫌疑人内心的焦虑强度，同时再通过揭露谎言来增加犯罪嫌疑人的心理限制的压力，犯罪嫌疑人为了解决当前的焦虑和心理压力，必然要寻找当前的利益来进行缓解，那么缓解的唯一方法就是如实供述或者部分供述，以此来换取"当前利益"。

第十一节 沟通讯问法

审讯活动是一项复杂的系统工程，是审讯者与犯罪嫌疑人的心理的沟通过程，审讯的全部活动是在沟通的过程中完成的。侦查讯问机制主要是在由审讯者与嫌疑人、讯问环境组成的侦查讯问结构中，嫌疑人在什么样的情况下会如实招供，侦查机关的审讯者如何利用所拥有的一切资源来影响犯罪嫌疑人、促使其如实供述其犯罪事实。换句话说，即侦查机关（审讯者）如何才能提高侦查讯问工作的效率以尽快地获取嫌疑人的口供，在很大程度上取决于与犯罪嫌疑人的"沟通"程度，犯罪嫌疑人对抗的关键是不能够沟通、不需要沟通、不愿意沟通。审讯活动是在交流的过程中完成的，因此只有沟通了才能吸收信息，信息才能产生作用，很多的时候犯罪嫌疑人对信息的影响和刺激是封闭的，在这种情况下就产生不了沟通，实施供述的目的就不能实现。有效的沟通是讯问的主要目的，因此，将讯问理解为一种沟通，具有很重要的意义，这其中涉及信息发送者、信息接收者、信息刺激和信息渠道。信息的发送与接收一样重要，有许多渠道可以发送信息（包括口头与非口头），但是仅仅有信息的发送和接收并不够，讯问应是一个开放的系统，其中存在各方面的影响。沙伏特指出，在侦查讯问中审讯者应当通过一定的控制影响手段，即运用一定的姿势或表情来调动被讯问者的态度，因为一定的姿势或手势可以代表对犯罪嫌疑人的奖励或惩罚。侦查讯问是一个审讯者影响、控制嫌疑人以实现侦查讯问目的的过程。

沟通的方法首先是通过用"拉家常"的方式询问其个人简历、学习经历、社会经历、生活状况、夫妻关系、交往情况、个人爱好等，建立沟通的平台。其次，尽量要让被审讯人侃侃而谈，必要的时候加以鼓励和附和，但是我们则要做到时刻头脑清醒，逐步进入"沟通"的通道。审讯人不能刻意围绕审讯目标，以免暴露审讯意图，同时还会引起犯罪嫌疑人的警觉，封闭"沟通"的通道。再次，通过"闲聊"，即"自由式交谈"与被审讯人"套近乎"，在"自由交谈"中打开犯罪嫌疑人"沟通"的心理通道。最后，是通过评价来解决对犯罪嫌疑人心理"沟通"的问题。对犯罪嫌疑人进行评价，主要是对犯罪嫌疑人个体的评价（包括人的发展过程、历史的闪光点、行为的客观原因以及与他人的相互关系），对事件的评价（事件发生的原因、客观的影响、现实的目的性）以及对行为的社会关系的评价，不断地降低犯罪嫌疑人心理的危害性，提高社会环境影响的作用性，进入犯罪嫌疑人的心理世界。

关于"沟通"的需要，可以逐步控制被审讯人的情绪和情感，消除对立抵触情绪，让他体会到政府对其挽救的诚心；可以激发其个人荣誉感，或利用其感情脆弱，唤起其后悔心，感到自己的行为的确给家庭、给自身造成了巨大的痛苦和遗憾。

第十六章　证人的心理特征及询问方法

第一节　证人证言的特征

司法机关在侦查案件的过程中，通过向有关证人调查取证，达到证实犯罪、打击犯罪、维护社会稳定的目的。证人是指就其自己所了解的案件真实情况向公安、检察、法院以及国家安全机关所作陈述的国家公民，是了解案件真实情况的第三者，是当事人以外的诉讼参与人。证人就自己所了解案件情况向司法机关所作的陈述，被称为证言，证言的构成是证人经过对客观事物的观察、感受、思维，即感受器官和大脑的机能把客观事物转变为主观印象。因此我们研究证人证言的特征和证人的心理活动规律，对于我们调查取证有着非常重要的意义。证人证言的特征表现在：证人的知情性。证人是以知道案件的真实情况为基础的，他所掌握的案件信息，不仅仅是关于犯罪事件的信息，而且还掌握关于犯罪前和犯罪同时以及与司法机关所审理的事实有因果关系的那些信息。证人的知情性主要表现在，其知情的客观对象与司法机关侦查的案件有密切的关系。这种密切的关系表现在，能够证明案件的产生、发展和结果全部过程，或者是案件的某一部分、某一点的情况，而这些情况又是必须查明的情况，因为有的情况虽然与案件有密切的关系，但是对查明案件、证实犯罪属于可有可无的情况，失去了提取的必要。

证人证言是通过询问的方法获取的，如果证人所了解的事件不能用询问的方法提取，即使是对案件的全部情况都知情，也失去了知情的意义了。比如，不能辨别是非、失去正确表达能力的人，就不能使证人的知情转换为证据。证人的知情性是由他所知道的事实材料组成的，并且决定于具体案件的情况，他所证明的范围不仅仅是犯罪嫌疑人、被告人的情况，而且还包括被害人和其他证人以及他们之间相互关系的情况。

在证人证言的内容里，难免带有证人本人的论证、判断、推理，如果把论证、判断、推理从证人证言的内容里排除出去，是不客观的。所以在证人证言的内容里应该容许证人本人的论证、判断、推理的存在。证人在接受询问时，就被调查的事实、情景以及行为性质，不仅仅是就事件的表面现象作陈述，为了说明事实、情景的性质和客观属性，他总要用论证、判断、推理来进一步加以说明。例如，某一杀人案件的目击证人对该杀人案件经过的表述：那个男人在追那个女人，当时那个男人手里没有拿任何东西，当男的追上那个女人的时候，用一块大石头向那个女人的头上砸去，那女的当时就倒了下去。那男的用来砸那个女的石头可能是在地上捡的。这里石头的来源就是证人的推理、判断。显然它有可能产生证据意义，因为它是产生在事实的基础上的。再比如，有时证人对犯罪嫌疑人或者被害人的描述是这样的：这个人不爱说话，非常内向，也不爱交际……他并不是简单地介绍这个人的特点，而是从主观上的评价来反映他自己对被证明人的看法，其目的是为了详细地阐述行为人的真相，为寻找证据提供指南。所以证人证言里肯定包含证人的论证、判断、推理。但是必须要对证人的论证、判断、推理进行查证，使其证言完全符合客观事实。

第二节　证人证言的形成

证人证言是就法律所涉及的客观事实，以自己的主观意识和对客观事实的记忆所作的陈述。实际上证人证言的形成过程，是作为证人的人，对法律所涉及的客观事实的感觉、知觉、记忆和陈述的过程。从心理学的角度来认识证人证言的形成，它应该由感觉、知觉、记忆和陈述这四个要件构成。

一、证人的感觉

感觉是证人证言形成的最初条件，无论什么样的证人证言的形成都是通过感觉引起的。感觉是由某种刺激影响感受器官而引起的，是一切高级、复杂的心理活动的基础，人复杂的认识活动都必须借助感觉提供的材料才能得以顺利地进行。感觉是人脑对直接作用于感觉器官的刺激物的个别属性的反应，人的感受器官有：视觉、听觉、嗅觉、味觉、肤觉，人称五官。感觉是由刺激引起的，这种刺激的强度必须达到一定的程度，才能引起感受器官的感应，激起神经冲动。如在一定的距离之内观察某一个人，受一定光线的影响，光线强的时候可以看清楚被观察人的外貌特征，而在光线稍暗的时候，只能分清被观察人的性别是男还是女，光线再暗的时候只能看见人影，分不清男女老少，当光线暗到一定的程度时，就连人影都看不见了。这里的刺激强度，我们称为"阈限"。"阈限"也是指界限的意思，在一定的界限之上，即产生感觉，低于一定的界限，感觉就无从发生。由此可知，证人的证言从感觉的特征上可以看出，它同样受到"阈限"的制约。对"阈限"的研究和发现，可以帮助我们认识证人证言的真伪。在刺激比较多的情况下，以单一的刺激为根据，被称为"绝对阈限"。

"绝对阈限"是指某一刺激引起感觉经验时所需要的最低强度，但是，在客观的事物中经常会出现不同强度的两种刺激，先后或者同时需要我们去比较其差异时，这就需要两种刺激之间的差异必须达到一定的程度，才能辨别它们之间的差异。在这里心理学家们为了辨别两种刺激的差异，把两种刺激强度的最低量，称为"差异阈限"。例如，当证人需要辨别在两个犯罪嫌疑人中间，辨别谁高谁矮的时候，如果这两名犯罪嫌疑人的身高的差异不大，这就很难辨别清楚。如果犯罪嫌疑人的身高相互的差异很大，这就比较容易辨别。因而，刺激强度在什么标准的情况下，能够使人辨别出它们的差异，也就是最小可觉差异。

影响感觉的另外一个因素是人的感觉器官，人是借助自己的感觉器官来对客观事物产生感觉的，人主要的感觉器官就是眼睛、耳朵、鼻子、舌头、身体。这五种器官是否正常，直接影响人对客观事物的感觉效果。比如，人的眼睛有问题，或者有残疾，就不可能获取对客观事物的正确的观察感觉。上述情况表明，证人对案件客观事实的感觉，是受两种因素的影响，即案件的相关信息对感觉器官的刺激强度，以及感觉器官是否正常。这两种因素是证人证言形成的基本条件。

二、证人的知觉

知觉是证人证言形成的感性阶段，是建立在感觉之上，对事物的整体的反映。感觉与知觉的区别在于：感觉的层次较低，各种感觉的出现，都是依赖于生理为基础的感觉器官接受外界的信息，具有较大的普遍性，其个别差异较小。知觉虽然是以感觉为基础的，但是它并不是仅仅局限在现实环境中的刺激，知觉的获得不仅仅是多种感觉的总和，而且还包括当时的心情和过去的知识、经验。因此知觉是纯心理性的。根据知觉的心理特征来看，知觉对证人证言的形成起着直接的影响。这是因为知觉是根据感觉所获得的资料而做出的心理反应，这种反应是以个体经验为基础的，对客观事物所作的主观解释。因为客观事实存在着主观解释的因素，所以人们常把知觉称之为知觉经验。可见，知觉经验不是绝对的，而是相对的。比如，让一位个子高的人与一群个子矮的人站在一起，知觉就会反映出个子高的人显得特别的高，如果将这一位个子高的人与一群高个子的人站在一起，知觉就会反映出个子高的人就显得没有那么高了。这是对比出现的结果。另外，背景的不同也会对知觉产生影响。例如，当你看到树木丛林中有一栋建筑物时,你会在知觉上发现它与在喧闹的城市里的那些建筑物不一样。这种心理现象说明知觉经验是相对的。因此知觉经验要求我们在提取证人证言时,要考虑到知觉经验的相对性这一特点,不能孤立地单凭知觉经验来对客观事物做出结论。

知觉的另外一个特征是知觉的选择性。人们的感觉器官在接收信息时,并不是把环境中所接触到的一切刺激特征全部接受,而是有选择地接受刺激信息。人的感觉器官是以生理为基础的,眼睛的功能不同于照相机,耳朵的功能不同于录音机,所以在视觉和听觉的知觉经验中,带着很大的选择性。客观事物是多种多样的,也是丰富多彩的,而人只能注意少数事物或者把事物的某些特征作为知觉的对象。人们通常取感兴趣的外界刺激予以知觉,对不感兴趣的刺激进行舍弃,以此来减轻感觉器官的负担。例如,一个人读完了一本书,对书的内容只能是部分的了解,不可能对书的全部内容都清楚,这就是知觉的选择性的结果。这里同样可以看出,证人在就某一案件所作的证明时,应当考虑到证人在对案件的知觉中带有不可避免的选择性。从知觉的选择性在心理反应上的两种表现方式来看:即使是对同一知觉刺激,如果采取的向度不同,也可产生截然不同的知觉经验;即使是对同一知觉刺激,如果所采取的焦点不同,也可产生截然不同的知觉经验。可见,同样的刺激环境,由于向度不同,焦点不同,就会产生不同的知觉经验。同时环境因素即证人在感知案件事实的过程中所处的时间、空间、气候、光线、气温、地形、距离和声音的强弱等外部条件,它对事物感知的影响是非常大的。因此我们在提取证人的证言时,应当充分地考虑到证人在对案件的知觉经验中带有不可避免的选择性,结合案件的基本情况,力求最大限度地使证人的知觉经验接近案件的客观事实。

知觉的心理特征还表现在知觉的整体性。所谓知觉的整体性,是指超越部分刺激相加之和所产生的一种整体知觉经验。人的知觉是一个主动加工处理感觉信息的过程,当直接作用于感官的刺激不完备的情况下,人根据自己的知识经验,对刺激进行加工处理,使知觉保持完备性,这种特殊性称为知觉的整体性。人的知觉之所以能把当前客观刺激物中缺少的东西在主观上进行补充,是因为客观事物的各个部分和它的各种属性是作为一个整体对人发生作用的。例如,我们在观看一场球赛,球员是一部分刺激,球的运动也是一部分刺激,而我们的知觉是整个球赛场。这里应当注意,整体知觉经验,并不等于各种刺激单独引起知觉之总和,并不是科学上的相加原理。知觉的整体性,纯粹是一种心理现象。我们在欣赏一片公园的时候,虽然公园是由一棵树和一根草组成,而我们的知觉经验是公园的整体面貌。当证人对某一犯罪嫌疑人进行评价时,并不是对其鼻子、眼睛的某一器官进行评价,而是对犯罪嫌疑人的整体所进行的知觉经验。其原因就是：人的知觉是一个主动加工处理感觉信息的过程。当客观事物作用于人的感官时，大脑会对来自感觉的信息进行加工处理，客观刺激中缺少的东西，能用头脑中曾经有过这些刺激所留下的痕迹进行弥补，使人对客观事物产生完整的知觉。例如，一起因多人打架斗殴致人死亡的案件，目击证人的知觉首先就是一起因打架斗殴的场面，至于每个人的行动位置、路线以及是谁导致死者死亡的直接原因，现场每个人的行动特点，目击证人的知觉并不是太清晰的。而我们需要证人证言提供的是证明每一位在现场参加打架斗殴的人的行为，以及是谁导致死者死亡的直接原因责任人，但是，由于知觉的整体性心理特征，证人不可能对瞬间而过的个体特征有过细的知觉。这就对证人证言的可靠性产生了直接的影响，因此我们在提取证人证言时应当做全面细致的工作，达到证人证言的准确性。

知觉的另外一个特点是知觉的恒长性。人的知觉与客观刺激的关系并不是完全服从于物理学的规律。人在不同的角度，不同的距离，不同的光线的情况下，观察某一熟悉的物体时，虽然该物体的物理特征因受环境的影响有所改变，但我们对物体特征所获得的知觉经验，却倾向于保持其原样的心理作用。由于外部刺激或者环境的影响，使其特征改变，而在知觉经验上却维持不变的心理倾向，称为知觉的恒长性。例如，我们在夜间观看迎风飘扬的红旗，尽管它的颜色发生了变化，但是人仍然知觉它是红色的。可以看出这种情况是由于经验参与的作用。由于这种经验的参与，使知觉在一定的条件下带有一定的稳定性，尽管情况不同但能始终按照事物的真实面貌来反映事物。相反，由于这种经验的参与，容易使人认识产生错觉。而证人的错觉容易把案件的事实引向歧途，所以应当注意知觉经验的参与的可靠性。

三、证人的记忆

记忆对证人就案件事实的表述有着重要的影响。记忆是过去经验在人脑中的反映。记忆的能力是指对经验感知过的事物在一定的条件下重现、再认的能力。记忆的重要性表现在：人对客观事物的认识，虽然是从感知开始的，但是如果没有记忆的参与，就不可能把感知的一切保留下来，不能积累知识和经验，不能形成概念和判断，也就不能准确地反映客观事物，更确切地说，没有记忆就不可能有证人证言的产生。证人证言的产生是以证人对犯罪事实的客观体验为前提的，以证人的忠实记忆为基础的再现案件事实的过程。一切的犯罪行为都是客观存在的，这对司法机关的办案人员来说，极少是自己耳闻目睹的，为了证明其犯罪，都是依靠证人对犯罪事实的耳闻目睹或者是自己亲身感受过的事物所作的如实的陈述。在办案实践中，证人对犯罪事实的客观陈述，受到主客观方面多种因素的影响，其中最为突出的是记忆能力的影响，证人的记忆能力直接影响着对案件事实的陈述。

从证人对感知过的事物在一定条件下的重现和再认的能力来看，包括识记、保持、回忆和再现。识记是把经历过的事物的印象记住，存留在脑子里，这是记忆的第一阶段，它是以两种形式存储在头脑中的：一种是记忆表象。它是指人感知过的或者想像过的、体验过的、应用过的事物在头脑中留下的印象。可以分为视觉、听觉、触觉、味觉、动觉等。另一种是语词。这是人们经过许多世纪的社会实践而固定下来的，成为社会成员共同理解的信号。语词可以使经过的事件、思考的概念、想法用语词的形式存储下来，并且与头脑中的表象结合在一起储存。保持是对过去经历的事物印象在头脑中得到巩固的过程。从其特点来看，保持就是对所获信息的储存过程，而对经验的保持并不是简单地储存，它还包含了对识记材料的进一步加工。储存在头脑中的信息随着时间的变化而变化，它表现在，人对其所经历的事物总是随着时间的变化而会遗忘一些。对于识记过的东西，不能再认和重现，或者错误地再认或者重现，叫作遗忘。全部的遗忘就不可能有真实可靠的证人证言，识记过的东西保持的时间越长，就越能反映出证人证言的真实可靠性。回忆是对已经经历过的事物信息的提取，是由再认与重现这两种不同水平的环节构成的。再认，是过去经历过的事物重新出现时能够识别出来。而重现是经验过的事物并没有出现，却能够把它回忆出来。真实可靠的证人证言来源，就是证人对已经经历过的事物的真实回忆。没有回忆就不可能再现已经经历过的案件事实。

从记忆形成或者保持时间的长短，可分为瞬间记忆、短时记忆、长时记忆。瞬间记忆也叫感觉记忆。被输入到记忆系统的信息，首先通过感觉器官的录入，当引起感觉知觉的刺激物不再继续呈现时，其信息仍然能在感受器中继续保持一个极短暂的时间。这种短暂信息保持就是瞬间记忆。它的特点是：信息保存具有鲜明的形象性，信息保持的时间短，保持量大，但容易衰退，只有当被登记了的信息受到特别注意，该信息才能被转入短时记忆，否则就很快消失。短时记忆是处于瞬间记忆和长时记忆之间的一个记忆阶段。短时记忆是指保持信息在一分钟以内的记忆。属于非感觉记忆，属于可操作性的。就像抄书写字，抄完了也就忘了。长时记忆是指导永久性的信息存储，一般可以保持很多年甚至是一辈子。长时记忆信息主要来源于短时记忆阶段加以复述的内容，有的是因为印象深刻一次形成的。

根据记忆的内容，可以分为运动记忆、情绪记忆、语词概念的记忆和表象记忆。（1）运动记忆是对活动的动作及其顺序的记忆，运动记忆与操作活动有着非常密切的联系，它本身就是对操作活动结果的记忆。在生活中我们所掌握的技能操作的每项动作和顺序，就是运动记忆。（2）情绪记忆是指已经体验过的某种情绪或者情感为内容的记忆。我们每一个人在生活中都会遇见能够唤起自己强烈情感的事物，人说触景生情，这也是人们对于曾经对某种情感体验的记忆。持久性是情绪记忆的一大特点。（3）语词概念的记忆是对事物的本质、关系以及事物本身的意义为内容的记忆。也可以说它是对思维结果的记忆。语词概念的记忆与思维记忆有密切的关系，它是在实践活动中，随着抽象思维能力的不断发展而发展。（4）表象记忆是以曾经感知过的事物的表象为内容的记忆。人们在回忆某种事物时，记忆中会显示出该事物的鲜明形象，对这种形象的记忆就叫作表象记忆。

记忆是一个相当复杂的心理过程，影响记忆的因素有主观和客观两个方面，主观的因素是由于个体生理素质的差异、社会经验、知识水平的不同，它对人曾经体验的事物通过记忆的再现的准确性，有着重要的影响。这种影响主要表现在：对感知过的事物遗忘得比较快比较多，当事物在脑中重现印象的时候，经常会出现对事物的本来面貌，产生歪曲、变形、短缺或者增补的情况。

从影响记忆的个体主观因素来看：（1）个体年龄对记忆有着重要的影响。从年龄的客观规律来看，年龄小的要比年龄大的记忆要强得多，记忆的特点也会根据年龄的变化而变化。如儿童着重机械记忆，中青年着重理解性记忆，而老年人的记忆不仅带有意义记忆而且还带有回忆记忆的特点。（2）知识、经验对记忆有着重要的影响。知识量决定着接受过程的效率和记忆质量。例如从事外语工作的人对外语字母的记忆，要比不懂外语的人的记忆的质量高得多。出租车司机对道路和地名记忆，要比从事其他工作的人对道路和地名记忆能力的感知高。（3）身体健康状况对记忆的影响。人的身体健康情况直接影响到人的情绪，当人身患疾病的时候，心情不佳，对外界事物的反应枯燥无味、心不在焉的经历最容易忘记。（4）情绪、情感对记忆的影响。人的情绪情感直接影响人的心理活动，影响人的记忆效率。精力充沛情绪强烈，精神状态积极，就容易记忆。同时，人的记忆与人的兴趣爱好有直接的联系，如对某一事物非常爱好、感兴趣，那么他对该事物就易于记忆。

从影响记忆的个体客观因素来看：（1）客观事物刺激的强度对人的记忆有很大的影响。如犯罪嫌疑人在实施犯罪的时候，犯罪的情景对犯罪嫌疑人的刺激很大，对犯罪事实的记忆就比较深刻。同时，证人在无意中目击了他人正在实施犯罪行为时，由于是法律禁止的行为，其刺激的强度较大，产生的吸引力也比较强，因而对犯罪事实的记忆也是非常深刻的。（2）感知的频率次数对记忆的影响。大家都能体会到，我们在读书的时候，读一遍记不住，就多读几遍。当某一事物出现在自己的面前时，当时不一定能记住，但是当该事物多次出现在你面前时，你的记忆就会留下深刻的印象。（3）感知的时间对记忆的影响。根据人的记忆经验可知，记忆效率与时间有关，在一天的时间里上午的记忆效率较高，学生在背诵课文的时候都选择上午的时间背诵，因为这个时间的记忆的效率比较高。（4）感知的顺序对记忆的影响。事情的发生有先后的顺序，根据记忆的经验，新近发生的事情容易记忆，随着时间的推移就会遗忘。记住新的遗忘旧的，人的记忆不可能将所有经历过的事情都记住。总会在新旧的交替过程中，被逐渐遗忘。所以我们在提取证人证言的时候，应当抓紧时间尽快提取证据，防止时间长了被遗忘。

四、证人的陈述

证人对感知案件事实的陈述，是通过语言来实现的，我们在向证人提取证据的时候，经常会遇见证人的动作表示，如点头、摇头、耸肩、摆手的动作表示。这些动作虽然能表示一定的意思，但是他终究不是语言的陈述，他仅仅是语言的辅助手段。我们在询问证人的过程中对证人的动作表示，应当让其转换成直接的语言表示。在询问的实践中对证人的动作表示，办案人员应当帮助其转换成直接的语言表示。如你点头是什么意思？你摇头、耸肩是什么意思？这样就会把证人的动作表示转换成直接的语言表示。这里因为证人的动作表示有很大伸缩性，作为证人的证言不太可靠。所以当证人用动作表示的时候，应当及时地将其转换成直接的语言表示，尽量获得完整可靠的证言。

什么样的证言才是真实可靠的证言？证人在案件中由于主客观因素的影响，证言的完整性和可靠性也会发生变化。证人的主观因素的影响表现在：（1）证人的语言能力和表达能力是证言的基础，有语言能力的人不一定有表达能力。例如反应迟钝、不善言辞、语无伦次的人，或者是疲劳、醉酒、精神失常，都不能将应该表达的思想予以完全的表达。（2）证人对被证明的对象所持的态度。基于法律规定的义务和社会的责任感、正义感以及对罪犯的痛恨和对受害者的同情，持这种态度所作的证言，是比较客观公正的。基于某些个人私利所作的证言，就可能歪曲本来的客观事实。如证人与犯罪嫌疑人的关系不和，出于私愤，就可能主观地任意扩大、添加、歪曲客观事实。与此相反，证人与犯罪嫌疑人有亲情关系，就可能缩小或者隐瞒某些犯罪事实。另外，证人也可能因其他的个人因素影响证言的客观性。如证人曾经牵涉过类似的事件或者曾经有犯罪的历史，或者曾经是受害者，就有可能带着偏见和自己的主观态度提供证言。还有，消极怕事的证人认为多一事不如少一事，多一事就会得罪别人，引来报复。因而他对客观事实的证明，就会出现打折扣的情况，知道的说不知道，知道关键的只说皮毛的。（3）心理障碍引起的虚假陈述。在证人对司法机关持敌视态度时，就会故意不作证或者作虚假的证明。由于某些原因或者某一信息的干扰，产生的瞬间的心理障碍，此时证人所陈述的事实就会出现偏差。

　　影响证人陈述的客观因素表现在：（1）询问人员的态度对证人的陈述有着直接的影响。询问人员的态度简单粗暴、方法不当，容易引起证人的反感，导致证人的抵触情绪，这时证人满脑子都是如何抗击询问人员的粗暴行为，根本就无心作证，更不可能对客观事实作任何公正的陈述。（2）证人受到某种信息的暗示对证人陈述的影响。受到威胁，证人就不敢作证。收受贿赂，证人就有可能作伪证、假证。受到询问人员的诱导，证人就有可能出现错证。（3）提取证言的时间对证人的情绪有很大的影响。有时因为案件非常紧急，需要连夜取证，深更半夜的把证人叫起来，再好的心情也会出现不满的情绪，因而能够避免夜间取证的就应该尽量选择白天，不能避免的应当向证人说明情况，取得谅解。再者，证人有的时候正在处理比较重要的事情，这时你找他询问作证，就很容易出现不配合的情况，即便是与你配合，他也会敷衍了事。因而对时间的选择非常重要。（4）提取证言的地点对证人的影响。选择提取证言的地点对证人的陈述有着重要的影响，有些地点是证人不太乐意去的，比如，忽然把证人带进司法机关的办公室，严肃紧张的气氛，就有可能影响证人的陈述。还有些场所因为来往的人很多，有的证人因害怕别人看见而不愿在这种场合接受询问。所以在向证人提取证言的时候，应当尽量满足证人对地点的选择。这当然不是无原则的，应当选择没有干扰的地点进行。（5）提取证言的环境对证人的影响。有时我们为了迁就证人或者为了满足证人的方便，就地提取证言，这样看起来双方都方便，但是由于该环境人员嘈杂，有时还会出现他人插话的情况，这对证人陈述的可靠性影响较大。所以在对环境的选择时，应该避开人多的环境。这里最重要的是询问证人应当杜绝他人在场，避免干扰。

第三节　证人拒绝作证的心态表现

　　从证人的作用来看，在刑事案件的侦查中，几乎每件案件都离不开对证人的询问、证人证言的提取。有些案件就是依靠证人证言来定案的。证人证言是诉讼证据的一种表现形式，在司法实践中占有非常重要的位置。可靠的证人证言是一种最基本的证据，使用得最普遍，应用得最广泛。从证人对案件的相互关系上来看，证人可分为两类：一类是无关证人，即证人除知道案情及相关的事情之外，其他与案件毫无相干；另一类是相关证人，即与案件有某种联系的证人,这类证人除了证明其他人是否犯罪外,自己在某种程度上也涉及犯罪,或者自己在案件中也存在着某些错误和污点,也就是通常所说的"污点证人"。这些人由于自身的主客观原因,在司法机关需要其证明某人、某事的真实情况时,往往采取回避态度——拒绝作证,这给我们的侦查活动增添了一定的难度。为了有效地解决这一难题,使每一位证人都能如实作证,必须对证人不愿作证的原因及心理状态认真研究,找出有效的方法和策略,保证每一起案件的"水落石出"。

从证人拒绝作证的原因来看是多方面的,有的认为与自己无关,多一事不如少一事;有的认为犯罪嫌疑人与自己有着特殊关系,出于袒护、包庇的目的,拒绝作证;有的是畏惧打击报复的心理而拒绝作证;有的是出于对办案人员的反感而拒绝作证;有的是证人与犯罪嫌疑人有某些隐私出于保护自己的需要而拒绝作证;等等。

从上述的原因来看,多一事不如少一事的证人,这类证人怕作证会招来麻烦,总认为"事不关己,少说为佳",缺乏正义感。这是当前最常见、最带普遍性的现象。这类证人大多与案件无直接利害关系,出于与世无争,怕受连累的动机不愿作证,有的甚至以利己主义的态度来看待作证的义务,对自己有利的就说,不利的就不说。

袒护、包庇性的证人,一般都与犯罪嫌疑人有共同的利害关系:有的证人直接参与某种犯罪活动,与本案有着直接的关系,甚至也涉及犯罪,保护犯罪嫌疑人与保护自己是一致的;还有的证人虽与案件无关,但犯罪嫌疑人是自己的亲属,出于保护家庭的利益,采取种种借口拒绝作证,隐瞒事实真相;还有的证人与犯罪嫌疑人并非是亲属关系而是朋友关系,出于对哥们儿、朋友讲义气或有某种默契,因而拒绝提供证言,在客观上起到包庇、偏袒的效果。

畏惧报复心理的证人,拒绝作证的动机是害怕作证后,遭到犯罪嫌疑人及其同伙、亲属的报复。有时也是因为我们的侦查机关不注意保密,将证人证言泄露出去;也有的办案人员在讯问犯罪嫌疑人时,矢口将证人证言的情况泄露出去,给证人造成不必要的麻烦;另外在诉讼程序上,证人证言最终还是要出面亮相的,由于我们对证人的保护措施跟不上,证人作完证得不到合法的保护,这边作证,那边遭打击报复,有的证人甚至为此付出了巨大的代价,久而久之,证人拒绝作证的比例越来越大。

证人反感心理的出现首先是因为我们办案人员工作方法和态度不当而产生的。在询问这些证人的时候,有的办案人员不注意自己的询问方法,不注意自己的态度所涉及的对象,把询问当讯问,造成了证人的反感情绪;有的对我们的工作人员信不过,在我们找其作证时产生反感情绪,不愿提供证词;还有一种人由于过去受到司法机关的处罚,有抵触情绪,故而不配合作证。再者,证人在一次作证之后,司法机关在侦查、批捕、起诉、开庭审理等多个环节上还要找其谈话、核实,直到判决书下来,才算完事。这样给证人带来许多麻烦,造成证人的反感而不愿作证。

遗忘是证人拒绝作证普遍存在的特点。由于事过境迁,虽然了解当时的情况,但是由于时间长久,记忆不清,同时根据犯罪的特点来看,虽然证人在现场或者是目击了现场,但是,由于是瞬间发生的事情,不可能看得那么准确、记得那么清楚。有的案件并不是实施行为当时被发现,而是经过一段时间后才被发现,有的甚至在几年以后才被发现,这样对当时的知情证人来说,并不可能将当时的情景回忆得十分清楚,有的根本就无法准确回忆起某人、某时的行为和语言,怕出现证明上的差错,借口遗忘,不愿认真回忆,从而拒绝作证。

隐私是证人拒绝作证的主要原因。有的证人与被证明对象有着某种个人隐私,一旦作证,说了事实真相,很可能就会暴露自己的个人隐私,这种隐私有的涉及与犯罪嫌疑人的关系,有的涉及与被证明的某项事情的联系,出于保护自己的需要而拒绝作证。如某证人是犯罪嫌疑人的前妻,从表面上看已离婚了,断绝了夫妻关系,而实质上还"藕断丝连",暗地里还相互来往密切,但不愿让外人知道他们的这种关系,在办案人员向其了解情况,要其证明犯罪嫌疑人的某些事情和行为的时候,她就会以我们已经断绝关系为由来搪塞,拒绝作证。

此外,不同的案件中证人的特点也各不相同。如贪污、贿赂犯罪案件与其他刑事案件相比,有其自身的特点,这类犯罪嫌疑人为了避免暴露而缩小知情的范围,多数只有犯罪嫌疑人自己,因而能直接证明犯罪人犯罪的知情范围比较小,在很多的时候还需间接证人证明,实际上这是属于派生出来的证人、证言。除上述证人的特点外,间接证人也有自身的特点。这些证人的心态各异,当司法机关办案人员向其取证的时候,他们所持的态度,一般不采取直接拒绝作证的方法来与办案人员对抗,而是采取间接回避的方法,不是以"时间长了,记不清了,材料找不到了",就是以自己没有时间,没空回答问题,以消极的方法来搪塞,拒绝作证。

第四节　询问证人的方法

从证人拒证的现象来看,拒绝作证表现得最普遍的就是与犯罪嫌疑人有利益关系的证人。由于这些关系的存在,直接影响了污点证人作证的心态,关系越密切,拒绝作证的态度就越坚决。再者,由于案件的特殊性,有的案件知情的证人极少，如果不能迅速地打开局面，就会贻误战机，给整个案件带来困难，针对这种情况我们办案人员必须冷静、耐心，采取的询问方法要特别慎重，切不可采用简单粗暴的方法。询问前要先了解证人的一些基本情况，如家庭、性格与犯罪嫌疑人的关系，做到心中有数，要能理解证人拒绝作证的合理成分，深入细致合情合理地矫正拒证的心态。这是一项复杂的心理转变过程，在某种程度上不比审讯一名顽固不化的犯罪分子省力。因而在询问时要注意选择合适的场所不受外界干扰为宜，同时注意询问内容的保密，不该让第三者知道情况，尽量不要扩大范围，在询问对象时，先采取个别询问的方法，杜绝无关人员参加旁听。在询问证人前，应当先以交谈的方式接触证人，以便具体地掌握证人的性格和特点，随时调整询问方法，研究证人的心理活动，在没有摸清证人的特点之前，最好先不要涉及询问的主题，在摸底的过程中，要注意运用平和友善的语言，努力取得证人对自己的信任和尊重。取得证人的信任和尊重，是转变证人拒证心理状态的基础。

　　掌握证人拒证的心理状态，有针对性地对症下药，是消除证人心理障碍的有效途径。有的证人与案件有某种特殊的关系，建立了比较稳定的"攻守同盟"。在询问时根据自己掌握的情况特点，要不断改变方法。首先，用"证据"引出证言。由于有的证人与案件和犯罪嫌疑人的特殊关系，有很多是建立在经济交往关系上的，有"合同""协议书"、各类证明的审批档案、公款单据、记账凭证等都可成为证明犯罪的证据。他们错误地认为，只要自己不作证，你司法机关就定不了案，他们的这种心态，是出于对犯罪嫌疑人的包庇，同时也是为了保护自己而拒证。在这种情况下就要果断地使用证据打碎其幻想和侥幸心理，迫其就范。其次，是善于利用谋略进行分化瓦解，从他在该案件中所处的角色，找出他最关心的"痛点"进行"攻击"，晓以利害，促其分化，瓦解其拒供心理，促使其揭发、作证。再者，要利用法律的手段，对那些拒证的与案件有关联的"污点证人"，必要时采取拘留、监视居住等强制措施，使其感到事态升级，加大其心理压力，促成"心理限制"，迫使其如实地提供证言。为了防止犯罪嫌疑人在交付审判前证人发生其他意外的情况，也应对证人采取保护性的措施，以保证案件诉讼成功。

　　证人拒绝作证的情况不仅在国内存在，而且在境外也存在证人拒绝作证的情况。特别是港澳人员由于境外证人的生活习惯、法律制度不同，语言的表达和思维方法不同，给我们在境外取证造成了一定的难度，这些人的拒证方法大都是直接的"我没有作证的义务"，有的用律师挡驾："关于我可不可以作证，我的律师会跟你谈的。"还有的证人以时间长忘记了或者知道也说不知道，有的干脆说没有时间接受询问。即使是已经与你见面，但没谈两分钟，也会以种种借口离开，不接受询问。这些人有着很强的自我保护意识。询问这类证人应首先向其宣传我们的法律和政策，激发他们的爱国思想，讲清不作证的危害，树立良好的正义感。要掌握整个谈话的主动性，千万不可顺从就范处于被动。这些人也有其普遍的心理特点：怕与司法机关直接接触，引起不必要的社会影响，我们在询问时应注意利用这一心理特点。对那些态度十分坚定地拒绝作证的证人，应注意分析其原因，找其与案件有牵连的"污点"施加心理压力，改变其接受询问的态度，形成一种攻势，把动员他作证，改为逼他作证，这种方法在实践中会得到较好的效果。

此外，还有一种作伪证的人，这种人多数是与案件和犯罪嫌疑人有密切的关系，出于某种需要故意为罪犯开脱罪责。伪证在本质上虽然同拒绝作证一样，都是隐瞒事实。但是从某种意义上讲，它的危害比拒绝作证还要大。因为制造谎言除了起到庇护罪犯外，有的还出于陷害好人的目的，故意捏造事实，扰乱我们的视线，制造冤案、错案，把侦查目标引向歧途。我们办案人员应及时向其指出作伪证应负的刑事责任，迫使其讲真话，作真实的陈述。

第十七章　被害人的心理特征及询问方法

被害人是指在刑事犯罪案件中,直接遭受犯罪行为侵害的人。他的特点在于了解案件的情况,并且能以自己受害的亲身感受和所见所闻,向政法机关证明实施犯罪的行为人所作所为的性质和特点。因而,被害人在证明犯罪的活动中有着非常重要的、直接的证明作用,他是证明犯罪的一个重要的组成部分。从另外一个角度来看,他又是一个特殊的证人、一个以自己亲身遭受直接侵害作证的证人。所以他又有很强的证明力。这种证明力表现在能直接证明犯罪行为的轻重、犯罪的性质和种类。可见获取被害人的陈述是刑事诉讼活动的重要环节。但是,由于被害人在遭受不法侵害以后,其心理状态会发生很大的变化:人在受到侵害以后便会产生报复心理,这种报复心理就会转化成控告的动机和其他的复仇行动。由于每个人的人格特征的不同,产生的报复心理也是不同的。如控告、诬告、错告、不告。这种不同的动机对于能否正确地证明犯罪有着重要的影响。如实地控告,案件就能得到正确地处理,诬告和错告就会出现冤、假、错案。侦查人员询问被害人的任务就在于保证控告事实的准确性,杜绝诬告、错告的虚假性,维护法律的尊严。

第一节　被害人控告心理的形成

刑事案件中的被害人是指直接遭受犯罪行为侵害的人,它的特点在于无论犯罪行为人主观上是故意还是过失,但是他对被害人的侵害是直接的。由于被害人遭受了不法侵害,使其正常的心理、生理的活动和需要受到阻碍,便会产生一种心理压力,这种心理压力由于受到人的自我防卫意识的心理影响,就会产生一种内在动力,直接推动个体活动去达到一定的目的,这也是人们常说的动机,它是一种因内部原因刺激引起的人的活动的直接原因。被害人在遭受犯罪行为的不法侵害以后,就会产生强烈的内部刺激,形成不同的行为动机。这里应当说明的是,动机和行为的关系是非常复杂的,同样的动机可以产生不同的行为，同样的行为不一定就是因为同样的动机引起的。所以，同样的不法侵害不一定会产生同样的动机，同样的动机不一定就会产生同样的行为。当被害人受到不法侵害以后，其心理表现常常有以下几种情况：愤恨、报复、悲痛、害羞、恐惧、错觉，等等。继而，同样的愤恨动机就有可能产生控告、误告、不告或者诬告行为。为了使侦查人员能够提取真实可信的被害人的陈述，必须要了解被害人控告心理的形成原因和条件。在正常的心理状态下，被害人基于对犯罪行为的痛恨，出于同犯罪行为作斗争的使命和正义感，从而产生积极主动地、如实地陈述客观事实的行为，这是被害人控告心理形成的原因和条件。

由于被害人直接遭受犯罪行为的侵害，所以被害人对犯罪情况有比较清楚的了解，能够准确地提供犯罪的时间、地点、经过、造成的危害等详细情况。例如，抢劫案件，在犯罪分子对被害人使用暴力进行抢劫的时候，双方有过直接的正面接触，虽然是瞬间发生的事情，但是由于损害的是被害人的切身利益，所以他会引起高度的注意，对犯罪分子的特征就会有比较详细的了解。因而被害人的陈述对于证明犯罪有着重要的作用，它的依据在于被犯罪侵害的事实，如果没有亲身遭受犯罪分子非法侵害这一法律事实，就不可能有控告的事实依据。当然仅仅依靠非法侵害的事实不一定就能认定侵害人构成犯罪，它还必须与法律规定联系起来。因而在询问被害人的时候不仅要保证被害人能如实地陈述被侵害的事实，而且还要把握被侵害的程度与法律的构成。但是，在有些情况下，由于一些客观和主观因素的影响，直接妨碍被害人对被害事实的陈述，侦查人员应当全面细致地把握被害人陈述的可靠性，全面地把握案件的事实。

第二节　影响被害人对事实陈述的因素

一、影响被害人对事实陈述的客观因素

在被害人愿意如实陈述的情况下，影响被害人对事实陈述的客观因素有下列几种情况：时间因素、空间因素、光线因素、速度因素、数量因素、颜色因素、气味因素、距离因素、声音因素、静态和动态因素。影响被害人对事实陈述的主观因素有下列几种情况：语言表述的能力、知识经验的补充、情绪因素的影响、记忆的品质差异、人格特征的因素、自私自利的心态。这些因素对被害人的陈述有着重要的影响。

（一）时间因素的影响

刚刚发生的事情人们的记忆是比较清楚的，过了一段时间以后就会被渐渐

地淡忘，再过一段时间甚至就连当时记忆非常清楚的事情都回忆不起来了。这是因为大脑对于人们所记的内容不是原封不动地保持不变的，而是处在一个动态变化的过程中，记忆保持的内容或多或少地总要发生变化，时间间隔的越长变化越大。早期的心理学家认为这是由于大脑皮层中记忆痕迹随着时间而消退造成的。近几年来心理学家有了比较统一的认识，遗忘是由于记忆中新旧信息的相互干扰影响了提取过程而造成的。这里所谓的遗忘，便是记忆内容不能保持，表现为对识记过的材料不能再认或回忆，或表现为错误的再认和回忆。因而这对被害人如实地陈述犯罪行为的事实产生了重要的影响。首先，被害人对犯罪行为的识记是无意识记忆，无意识记忆是一种事前没有目的的记忆，由于它缺乏目的性，因此识记的内容往往带有偶然性和片面性，仅仅依靠无意识记忆是不可能获得对事件全面系统的认识和记忆的。其次，遗忘是每个人都会遇见的，对于遗忘大致可以分为两种情况：一种是暂时的遗忘，即一时不能再认和回忆，但是在有了适当的条件，记忆还能恢复。例如让被害人当场回忆犯罪行为人的特征面貌，由于是刚刚受到的恐吓忽然间怎么也想不起来，而过了一段时间以后就可能很容易地回想起来。这里询问人员应当帮助被害人回忆，为被害人提供回忆的条件。另一种是永久的遗忘，即对识记的事情永远不能再认和回忆。引起永久遗忘的重要原因之一是时间的因素，时间长了记忆犹新的事情都会忘记，所以我们在询问被害人的时候应该尽量抓紧时间询问，防止对方遗忘。

  犯罪行为人在作案时与被害人接触的时间长短，直接影响被害人对犯罪情景的记忆。有的犯罪行为人在作案时与被害人接触的时间只是一瞬间，即使被害人有再好的记忆，也不可能对犯罪行为人有详细的记忆。那么如果犯罪行为人在作案时与被害人接触的时间比较长，那么被害人就能比较清楚、详细地回忆起犯罪行为人的身体面貌和特征。例如一位被绑架的被害人与犯罪行为人吃住在一起，有过很长的接触时间，他就能比较清楚、详细地回忆起犯罪行为人的身体面貌和特征，当司法机关需要被害人在人群中指认犯罪行为人的时候，他会很准确地指认出犯罪行为人。

  时间的确定经常是一个非常重要的难题。在很多的时候往往需要被害人提供比较准确的发案时间，这对历时已久的案件，记忆准确的日期是比较困难的，有时只能提供一个大概的日期或者是哪个月份左右，没有确定的准确时间，前后有很大的伸缩性。为此我们应该启发被害人回忆发案时是否同时有节假日，是否有重大的事件同时发生，可以借此帮助其回忆，核对发案的准确时间。这是用时间推移的方法来帮助被害人回忆。在时间的问题上，有的案件需要确定发案的具体时间，甚至需要确定在几分几秒，相比较难度是非常大的。

经常戴手表的人对时间的概念相对比较清楚，在你忽然问其现在是什么时间的时候，他能不用看手表就可能告诉你大概的比较接近的时间。而不经常戴手表的人，时间概念比较差的人，就不可能忽然说出比较准确的时间。我们除了启发被害人对时间的回忆外，还可帮助被害人对生活经历的琐事进行时间排列，划分时间段来确定时间范围。

（二）空间因素的影响

我们每个人都生活在一定的空间里，人对空间的感知显然是一种不可缺少的能力，因为人生活在三维（立体的）空间里，人的一切活动都必须随时随地对远近、高低、方向做适当的判断，否则就无法活动，更不可能对发生的事件做出正确的判断和陈述。例如，当一名犯罪分子对被害人实施抢劫的时候，被害人就能根据犯罪分子相持的距离、运动的速度来确定犯罪分子的身高和年龄。这就是依靠空间知觉做出的判断。我们在侦查活动中，要求被害人或者其他证明人能够全面准确地陈述犯罪行为，不仅要依靠视空间知觉与听空间知觉，还要依靠肤觉（如触觉）或者其他感觉经验才能完成。就空间知觉而言，它是人脑对客观事物空间特性的反映。人脑对空间特性的反映又是依靠我们的感觉器官来完成的，如对形状、大小、深度、方位的知觉。

从形状知觉来看，人借助于视觉、触觉和动觉的协同活动，可以形成形状知觉。当某一情景出现在我们面前时，除该情景之外，还有其他的背景和物体也一同进入我们的视线，通过眼球的视轴沿着物体的边缘轮廓进行扫描，视网膜、眼肌及头部就会把信息传递给大脑，产生形状知觉。一般说来，这种形状知觉并非十分清晰，如果此时再能用手去触摸物体的表面，便能形成更清晰的形状知觉。但是，由于人的观察角度不同或者物体的位置改变，物体的形状在视网膜上的投影会发生很大的变化。而人的形状知觉之所以能保持相当的稳定性，一方面是由于有了多次从不同角度观察同一物体的经验，另一方面是由于经常得到触摸觉的验证。然而，犯罪行为的出现大多是突然发生的，被害人不可能有稳定的感知经验，因此，由于被害人所处的位置、角度与犯罪行为人的位置、角度的不同，就有可能对犯罪分子手持的凶器的形状产生形状知觉的误差。这是我们在提取被害人陈述时应当重视的环节。

从大小知觉来看，案件发生过以后，为了寻找犯罪行为人，经常需要被害人提供犯罪分子个体的大小特征情况。人的大小知觉在很大程度上依赖于知识经验，熟悉的环境或者物体对大小知觉可以起参照作用，如果排除了熟悉的环境作参照，人的大小知觉就会发生困难。人关于大小的知觉也是依靠视觉、触摸觉和动觉形成的，其中，视觉占有最重要的地位。在视觉中，视网膜上成像的大小是大小知觉的重要线索。影响视网膜上成像大小的因素主要有三个：

(1) 物体本身的实际大小；(2) 物体到眼睛的距离；(3) 眼球水晶体的调节。在一般的情况下，物体到眼睛的距离和眼球水晶体的调节因素不变，物体越大在视网膜上的成像就越大，知觉也就越大；物体越小，在视网膜上的成像就小，知觉也就越小。但是，视网膜上的成像的大小不完全取决于物体的大小，它还与物体的距离成反比。同样大小的物体，距离远时视网膜上成像小，距离近时视网膜上的成像大，因此，远处大的物体在视网膜上的成像可能比近处小的物体的成像还小。这时仅仅凭视网膜上成像的大小是无法知觉物体的大小的，必须借助其他信息的帮助。在我们询问被害人时，如果被害人不能准确陈述犯罪行为人的大小高矮，我们就应该通过距离的测定和其他物体的比照，使被害人能够比较准确地判断犯罪行为人的大小高矮。

从深度知觉来看，深度知觉是比形状知觉和大小知觉更为复杂的知觉，它包括立体知觉和距离知觉，它是以视觉为主，依赖于许多深度线索的多种分析器协同活动的结果。例如：运动视差，当人坐在飞驰的汽车上向外观看，离汽车近的物体向后运动得快，离汽车远的物体向后运动得慢，这种经验就是距离知觉的线索。再如，物体的重叠，当两种或者多种物体在同一平面上，如果其中一个物体部分被另外一个物体遮盖时，就形成了重叠现象，由重叠所构成的画面，就会使人产生深度知觉，部分被掩盖的物体，看起来距离较远，全部显露出来的物体，看起来距离较近。深度知觉的线索就是我们获得立体知觉和距离知觉的经验。除了前面提到的线索外，还有线条透视、空气透视、明暗与阴影、双眼视差、眼睛的调节等，都可以成为距离知觉的线索。

从方位知觉来看，方位知觉就是给方向定位，为了确定物体所处的方向，必须先确定一个参数，东南西北的方向，是以太阳的出没位置和地磁为参数的。日出为东，日落为西，地磁S极为北极，地磁N极为南极。上下方位通常以天为上，地为下。前后左右通常以腹为前，背为后，利手为右，相反为左。人在完全失去了参考系的情况下，是无法辨别东、南、西、北方向的。人对物体进行方向定位主要借助于视觉、听觉、动觉、触摸觉、平衡觉来完成。当我们询问被害人在遭受不法侵害时，需要弄清犯罪行为人发出的声音来自什么方向？首先被害人必须先给自己确定方位或者先确定方位参数，然后才能确定犯罪行为人发出的声音来自的确切方向。

(三) 光线因素的影响

白昼与黑夜的复始，使光线的明暗程度产生了很大的变化。白昼光线强视线清楚，对物体的分辨率较高，看物体和观察事物都比较清楚。而在黑夜光线暗视线差，对物体的分辨率较低，看物体和观察周围的环境都比较困难。光线的充足与否，直接影响视觉的效果。从另一方面来看，物体的明暗强度的规律,可以作为距离知觉的线索,帮助人们确定物体的远近距离。如光线明亮下的物体离得近些,光线灰暗下的物体离得远些。这些线索虽然为人的感知提供了许多经验,但是因为光线因素的影响,经常使被害人或者证人无法清楚地陈述犯罪事实的详细情况,这给我们的侦查工作带来了一定的困难。

(四)速度因素的影响

速度即快慢程度,运动的物体在单位时间内所经过的距离。物体的运动速度直接影响到人的感受性,面对一个瞬间消失的快速运动的物体,当你还没有来得及弄清是怎么回事的时候,运动的物体在一瞬间就消失了,这是因为物体的运动对视觉刺激没有达到感受的程度,刺激的强度必须达到某种程度,才能引起感受器的感应,从而激起神经冲动。缓慢运动的物体,人们就能很容易地感受到它的特征。这就是刺激的强度所引起的。物体的运动速度快,对人的感受性就差,物体的运动速度慢,对人的感受性就越强,速度因素对案件的影响非常大。例如,当犯罪分子对被害人进行不法侵害后,虽然犯罪分子与被害人是面对面地接触,但是,被害人却不能具体地陈述犯罪分子的面貌特征。原因在于犯罪分子在实施犯罪时的速度快,瞬间消失,使被害人无法感受到犯罪分子的面貌特征。

(五)数量因素的影响

刺激物的数量对注意的广度和范围,有着重要的影响。注意的范围和广度是指在一定的时间内能够把握的注意对象的数量。在通常的情况下刺激物的数量越少越容易把握,例如在一定的时间内同时出现三个人,就比较容易把握,而在同一的时间内,同时出现十个人,就不容易把握了。一般来说,刺激物数量越多,判断的错误越多,而且越趋向于对刺激物的数量低估,这种倾向对于视觉刺激物来说是非常明显的。例如械斗、打群架致伤或者致死他人,因为参加的人数较多,要确定凶手是谁就比较困难。相反如果参加的人数只有两三个人,那么确定谁是凶手就容易得多。

(六)颜色因素的影响

一起突发案件过后,为了迅速破案,尽快抓获犯罪行为人,总要询问被害人或者在场的目击者犯罪行为人是什么特征?逃跑时身上穿的是什么颜色的衣服?这就出现颜色因素的影响,光线的强弱也会影响物体颜色的变化。在光线不足的情况下,物体就会改变颜色,红色的物体因为黑暗的增加而改变颜色。在完全黑暗的夜里,对物体的颜色更是无法分辨。当然有视觉缺陷的人,对颜色的感知影响则更大。

(七)气味因素的影响

气味属于无形的气体,随着空气的流动而扩散,用语言往往难以准确地表达气味的特征。气味是靠人的嗅觉感受判断的。气味的特点在于它的适应性。人对气味嗅觉很容易迅速受到适应，人的这种嗅觉现象是比较突出的。比如久闻其臭就感觉不到臭。长期抽烟的人就闻不到自己身上的烟味。因此我们在提取对气味的证言时应当尤其慎重。除此之外，人对气味的判断还有容易受人暗示的特点，容易随大流，应当引起高度的重视。为了避免随大流，询问应当个别地进行。

（八）距离因素的影响

人对距离的判断一般都是依靠眼睛的目测的方法来判断距离的远近的。由于人的感受器官有一定的限度，距离过远或者超过一定的距离的时候，就不可能感知到或者不能完全感知到。关于对距离的目测，除了从事专业的人员对距离的目测准确度较高外，对一般人的目测，往往误差很大。距离越远误差就越大。再者，人对距离的感知与情绪状态有关。人在恐惧的状态下，会感觉到凶手距离自己非常近，在凶手的刀子离自己还一段距离的时候，他甚至感觉到刀子已经接触到了自己的身体。

（九）声音因素的影响

外界声音刺激的强弱高低，可以直接帮助我们判断声源远近。声音的强弱，随着传导距离的远近而有所改变，声音传导得愈远，其强度将愈低。根据这一线索，可以判断出强度较低的声音来自远方。另外，声波的外耳与中耳交界处的鼓膜所形成的压力差即波压差也能确定声源的远近。声源近，压力较大，声源远，压力较小。根据人的感受器对声音的感应特点来看，声音刺激的强度必须达到某种程度，才能引起感受器的感应，激起神经冲动，这种刺激强度被称为"阈限"，也是界限的意思。在此界限之上就能产生感觉，低于这个界限感觉就不能产生。在接收声音的刺激后，由于两只耳朵的相互协作，便构成了对声音方位的知觉。两只耳朵的相互协作形式有三种情况：声波刺激的时间差能确定声音的方向；声波刺激的强度差能确定声音的方向；声波刺激的波压差能确定声音的方向。由于这些声音因素的影响，特别是听力弱的人，对声音的正确判断不是一件容易的事。因此我们在提取被害人对声音的远近、高低、强弱、方位的陈述时，应当仔细地分析，防止因被害人的错觉引起误差，影响案件的质量。

（十）静态和动态因素的影响

静态和动态只是相对而言，世界上没有绝对静止的东西。静态和动态的区别在于物体在空间里是否位移，在空间里没有发生位移被称之为静态，在空间里发生了位移和移动速度被称之为动态。从它们的特点来看，在相对静止的背景下，运动的物体容易成为知觉的对象。例如公路上的汽车、面孔中的眼睛、空中的飞机等。人们为了产生动态知觉，必须首先确定静态的参考系，没有静态的参考系，人们就不可能有动态的知觉，或者产生错误的运动知觉。这是因为人没有专门感知物体运动的器官。人感知光波的器官有眼睛，感知声波的器官有耳朵，而对物体的知觉是通过多种感官的协同活动来实现的。例如我们在黑暗中观察一个灯光，过了一段时间以后，就会把这个静止的灯光看成是运动的。再如我们坐在一列待发的火车上，如果你不去观察其他静止的物体，那么在你相邻的火车开动时，你会感觉到是你乘坐的火车在开动。人对动态物体的知觉还依赖于物体运动的绝对速度和距离。在物体运动速度相同的情况下，距离运动的物体越近，感觉的速度越快，距离运动的物体越远，感觉的速度越慢。如果距离特别远，甚至看不到运动速度。在观察者与运动的物体距离相同的情况下，物体运动的速度绝对大，看起来就快，物体运动的速度绝对小，看起来就慢。因而，我们在向被害人提取对活动物体的表述时，应该注意静态和动态因素的影响。避免错觉陈述出现错误案件。

二、影响被害人对事实的陈述的主观因素

（一）语言表述的能力

语言表述的能力就是指口头和书面语言能力，一个人能否正确地表达自己的思想，取决于这个人的语言能力。影响语言表述的因素有：（1）生理方面的影响。如哑巴、口吃、语言恐惧症（面对陌生人或多人）、反应迟钝、语无伦次。（2）心理方面的影响。如私心杂念方面的心理障碍。（3）个体文化知识修养方面的影响。文化程度比较高的人要比文化程度比较低的人语言表述能力要相对强些。有些文化程度比较低的人不但不能正确表达客观事物，而且有时表达的意思与客观事物截然相反。例如，有一名犯罪分子利用他人的名义，从某单位骗取20万元的物品，逃之夭夭。而被害单位的报案人称：该犯罪分子替他人担保，从我单位取走20万元的物品，至今下落不明，请司法机关惩处。从报案人的情况来看，报案人称该案是替他人担保的，那么从该案件的性质来看，是属于民法调整的范围。而实际上经过调查发现，犯罪分子是利用他人的名义，从该单位骗取了二十万元的物品。这从性质上就出现了两种截然不同的结果。因而询问人员应当帮助被害人正确地表述客观事实。如你刚才说的"担保"是什么意思？担保的正确解释是什么？犯罪分子当时的原话是怎么说的？等等，让报案人进行自我更正。

（二）知识经验的补充

人对事物的感知，依靠过去的知识经验和知识经验的补充。对事物的观察感知缺乏知识经验，就不可能弄清楚事物的究竟。人的知识经验之所以重要，

在于它对知觉的补充作用，这种补充作用可以帮助人们认识事物的特征。例如，在手机没有问世的时候，人们没有对手机的认识和知识经验，对手机的情况无从了解，可是当手机在社会上普及的时候，有的人只要看见手机的外观，不仅知道是什么品牌的，而且还知道其使用特点以及生产厂家。这就是知识经验的补充结果。知识经验是人脑对经历过的事物的反映，也是大脑记忆的重要机能之一。但是知识经验的补充常常容易使人产生对事物变形和歪曲的认识。人的生理素质、知识经验对感知过的事物在头脑中重现的印象的准确性有着直接的影响。尤其是对瞬间而过的事物，人的注意和感知只能是事物的大概或者是某一部分，那么其余的部分就依靠知识经验的补充来完成，例如，我们在野外忽然看见一条蛇，大脑马上就会反映出蛇会咬人、有毒会致人死亡。可是当人们去仔细观察这条蛇的时候，却发现这是一条死蛇，因而知识经验反应出蛇会咬人、有毒会致人死亡的补充，就不存在了。再如，过去有一位心理学家做了一项实验，他让一个人在前面跑，让另外一个人在后面追，并且让后面的人手里拿着一本书，从被测人的视线范围内通过，然后让观察的人说出在后面追人的人，手里拿的是什么？有的人说他手里拿的是石头；有的人说他手里拿的是一把刀子；有的人说他手里拿的是一根木棍，就是没有人相信他手里拿的是一本书。因此可见知识经验的补充常常会出现歪曲事实的情况，出现感知的错觉。如果我们侦查人员不能引起足够的重视，做细致的调查、分析和研究，就有可能歪曲案件的事实。

（三）情绪因素的影响

情绪是人对客观事物是否符合自己的需要的主观体验。需要得到满足就会引起积极的情绪，需要得不到满足就会产生消极的情绪。从情绪的动力作用来看，愤怒的情绪会引起对愤怒对象的攻击，恐惧会引起对危险对象的逃避，仇恨会引起复仇的行为，喜欢会引起对喜欢对象的接近。情绪不仅影响人的行为方向，而且还直接影响感知能力的发挥。人在紧张、恐惧、厌烦的时候，对时间的感觉比较长，在愉快的时候对时间的感觉比较短。再者，情绪与记忆也有着密切的关系，人在紧张、恐惧、厌烦的时候，对周围的事情不感兴趣，产生排斥，因而对周围发生的事情的经过的记忆比较差。当人处在兴奋的状态时，此时人对周围所发生的事件都比较感兴趣，因而对周围所发生的事件的记忆力比较强。例如，有一位少女在遭受暴徒强奸以后，当问其暴徒的形象特征时，该少女竟连一点印象都没有。其原因在于对突如其来的强暴，恐惧使少女根本就不敢目睹暴行发生的经过。故此，在很多的时候犯罪分子就在眼前而被害人都认不出来。情绪因素不仅影响被害人的记忆，而且还影响被害人对案件事实的陈述。有的被害人因为当时的情绪好，忽然产生了恻隐之心，宽容了犯罪，把重的犯罪事实说成轻的，甚至说成没有犯罪。如有一小保姆偷走了主人家的五千元钱，主人报案后公安机关将小保姆抓获。在向这家主人询问发案经过的时候，这位主人却突然改口说是自己给了小保姆五千元，让其回家的，因为自己的事情把给钱的事忘记了，才出现这样的误会。面对这样的陈述，对公安机关的办案人来说，不能不算是迎头被泼了一盆凉水。情绪因素的影响常常能忽然改变被害人的行为方向，办案中应当注意。

（四）记忆的品质差异的影响

一个人的记性好坏实际上就是记忆的品质问题。比如，有的人记得快忘得慢，有的人记得慢忘得也慢，有的人记得慢忘得快，有的人记得快忘得也快。衡量记忆的品质可以从这四个方面来确定：记忆的速度；保持时间的长短；再认的准确率；及时熟记的程度。记忆的品质差异与人的神经类型、气质特征有着密切的关系。细心的人要比粗心草率的人记忆事物精确牢固。当然造成这种记忆差异的因素，最重要的还是社会生活实践。比如从事电话号码查询工作的人员，对数字的记忆要比普通人强。记忆是一个相当复杂的过程。它决定于记忆的速度、保持时间的长短、再认的准确率、及时熟记的程度的有机结合。人不仅仅有记忆上的差异，而且同一个人受到身心状况和客观条件的影响，也会产生记忆上的差异。因而，当被害人或者证人出现再认的障碍或者错误时，不应该感到奇怪，而且应当充分地估计到。询问人员必须懂得这些基本常识，否则就会出现主观臆断。

（五）人格特征的因素

心理学家们认为：人格是个体在对人对己以及一切环境中事物适应时所显示的异于别人的性格、个体的性格。它是在遗传与环境相互影响下，逐渐发展的心理特征所构成的。它的特点在于：这些心理特征表现于行为时，具有相当的统合性与持久性。不同的人由于遗传因素的影响和自己生活环境的相互作用，便产生了区别于他人的世界观和方法论，这一世界观和方法论，不仅包括人的品行、品格，又包括人的个体性格，因而笔者认为："人格"不能截然地把人的品行、品格和人的性格分开，而是既含有人品的概念又包括性格的特征。例如：当人们在谈论现今环境的时候，有的人表现得沉默寡言不感兴趣，而有的人则表现得积极亢进，这是指人的社会态度不同；在对金钱的处置态度上，有的人表现得十分吝啬，而有的人则表现得慷慨大方，这是指人对物质的价值观不同；当人们在谈论对人生和生命的看法时，有的人表现出积极乐观，而有的人则表现出消极悲观，这就是人们所说的人生观不同。这些反应实质上是"人格"的反应。如果将这些反应说成是人的"性格"反应或者将这种反应说成是"人品"反应，都是不全面的。所以，由于人格特征的因素影响，被害人或者证明人对犯罪行为所持的态度也是不相同的。有的人对犯罪持宽容的态度，就会把犯罪的行为说得比较轻。而有人对犯罪行为痛恨入骨，就会毫不留情陈述犯罪事实，有的甚至为了达到惩罚犯罪的目的，夸大犯罪事实。所以在询问被害人时应该特别注意其人格特征的因素引起的歪曲犯罪事实的情况。

（六）自私自利的心态

这类人的处世态度是一切以自己为中心，一切的利害得失以服从自己为出发点，有的人甚至向司法机关陈述一件事情，都要衡量自己是否有利可图。由此，他们基于自己利害得失的考虑，从自我出发，为了抬高自己，获取奖励或者获取更大的利益，夸大犯罪事实和情节，无中生有地编造事实。有的为了报复有宿怨旧仇的对象，虚构情节加害对方。有的为了某些私情，怕牵涉自己的隐私，而故意帮助犯罪行为人隐瞒一部分或者全部的犯罪事实。还有的被害人或者证人由于被收买获取了更大的利益，便会昧着良心歪曲案件事实，使得有些案件无法查清事实交付审判。

第三节 诬告、错告、不告的心理状态

一、诬告的心理状态

诬告是捏造事实诬告陷害他人，意图是使他人受到刑事追究，情节严重的行为。诬告的动机常常是为了报复、嫉妒、清除对立或排除异己为起因的。从诬告的心理特点来看，诬告的方法比较简单，不需要花费多大的力气，有时仅仅一封举报信就能解决问题。同时诬告又比较隐蔽，不容易被发现，不至于招来报复。诬告是明争暗斗的重要手段，为了整倒对方，又不能明刀明枪地对垒，诬告是最简便的方法。在诬告者实施了诬告行为以后，心里总是不能平静，他希望事态能够顺利地发展，侥幸的心理占有一定的位置，但同时又惧怕事情败露，恐惧心理又相继占据上风。他在想着如何促成诬告事件的成功，同时又在为自己的退路做准备。在查办这类案件时，应当注意证据的可靠性和证据量，推理要准确无误，询问案件的经过和情节要细，在细节中发现问题，细节是戳穿谎言最好的方法。

二、错告的心理原因

错告与诬告是两种截然不同的心理状态。诬告是明知他人无罪而故意捏造犯罪事实，诬告其犯有某种罪行。而错告是因为自己认识上的错误和对他人的

误解而实施的控告。诬告与错告的区别在于是否明知他人无罪而实施控告。错告本身是建立在有犯罪的事件发生，为了使加害人受到惩罚而控告，并且认为自己的控告是正义的。在对案件事实的认知上，认为绝对没有错，客观事实与自己的主观认识是一致的。再者，由于自己固执己见，即使是客观事实摆在面前，他还认为自己是正确的，怀疑是其他什么地方出了问题。导致这种心理的因素主要是知识结构的缺陷，因而出现了他们在思维的方法上、认知的水平上、修正错误的能力上存在着很大的局限性，从而导致错告的结果。

三、不告的心理原因

不告是受害人自己主动放弃控告他人的权利。受害人在受到犯罪行为的非法侵害以后，因为种种原因，放弃了对不法侵害的控告。首先，因为控告对自己不利而放弃了控告。有的被害人认为控告虽然能使侵害人受到法律的制裁，但是给自己却没有带来什么好处，甚至会对自己的名声带来不好的影响。例如，有一女工在下夜班回家的路上遭遇歹徒的强奸，回家后一直不敢报案，害怕自己的名声受到影响。结果在此之后这名女工又连续几次遭遇这名歹徒的强奸，在该案被破获以后，公安机关找这名女工提取证言的时候，这位女工还否认自己曾经遭遇过歹徒的强奸。公安机关在侦查过程中发现这名歹徒在本地区作案数十起，被害人就达二十余人，如果被害人都能及时地向司法机关报案，犯罪分子不可能再危害那么多人，犯罪行为也不可能持续这么长时间。其次，由于自己得到了超过损失数倍的补偿，控告弊大于利。有的犯罪分子为了逃避法律的惩罚，总是千方百计地收买被害人，而有的被害人为了图一点小利，就放弃了自己的控告权利。再者，惧怕打击报复而放弃了控告。这是因为被害人胆小怕事，不敢控告犯罪。还有，有的被害人法制观念淡漠，认为与其向司法机关控告，不如自己采取别的方法讨回公道，来得及时痛快。

第四节　询问被害人的方法

被害人在很多的时候也是重要的证人，其陈述是一项重要的证据来源。但是，由于被害人的心理状态复杂多样，各不相同，如果不摸清被害人的思想情况和心理特点，有针对性地采用询问的策略方法，就可能出现与客观事实相反的陈述证明。比如，被害人在受到他人的暗示以后，准备放弃控告而去帮助犯罪分子逃避法律的惩罚。这时被害人就会推翻过去真实的陈述，取而代之的是虚假的陈述。这是很危险的，弄不好犯罪分子就可能逍遥法外。因而我们必须重视对被害人的询问方法，使犯罪分子无空可钻。询问时应当注意的方法有：

一、及时

被害人在遭受到犯罪行为人的不法侵害以后,其心理状态是错综复杂的,也是不稳定的,一旦受到外部信息的干扰,他们就会从利害关系、利弊得失角度来衡量自己的控告行为,就有可能改变原来的态度。因此,在案件发生以后应当及时地询问被害人,时间越早越好,防止被害人变卦,造成不必要的障碍。另外由于被害人对当时的发案情景记忆得比较清楚,及时地询问可以防止被害人因为时间过长被遗忘,同时,及时地询问更能接近当时的客观事实。再者,如果被害人被伤害住进了医院或者生病住进了医院,都应当抓紧时间及时询问,防止被害人出现其他意外,造成无法挽回的后果。

二、全面

由于被害人与犯罪嫌疑人的关系不同,被害人对自己所遭受的侵害所持的态度不同,所以就有可能对犯罪事实的陈述夸大或者缩小,影响案件事实的真实性和客观性。因而在询问被害人时应当全面细致地问清案件的来龙去脉,能够涉及的细节尽量不要轻易放过,防止因自己的工作不到位,进行二次返工。有时因为被害人不是本地人,在外地生活,一次询问不到位,还要去外地寻找被害人,这样既耗费了人力和物力,又给自己增添了麻烦。同时,全面细致地问清楚涉案的每一个细节,不仅有利于我们掌握全面的案件情况,而且还有利于问题的暴露,使我们及时地发现问题,解决问题。再者,我们还要对被害人陈述的来源、内容和情节、被害人与犯罪嫌疑人的关系以及被害人的品行和人格特征,都要做全面细致的了解,做综合分析。

三、准确

由于被害人主客观因素的影响,不能正确或者不能完全正确地反映客观事物,经常会出现错误的认识或者出现对客观事物的错觉。这样就可能造成对客观事实的歪曲,因而我们必须把握被害人陈述的准确性。从逻辑的角度追根溯源,发现逻辑矛盾应当及时追根问底,不放过任何一个可疑的情节。

第十八章 讯问活动中的语用行为特点与技巧

第一节 讯问语言的三大基本特征

讯问语言的概念就是诉讼活动中的语言交流活动，即诉讼的语用行为，诉讼活动中的侦查阶段的讯问是为了提取犯罪证据；诉讼活动中的审查逮捕和审查起诉中的讯问，是为了核查犯罪证据；诉讼活动中的审判阶段中的讯问，是为了确认犯罪证据。因为诉讼活动中各阶段的任务不同，使用讯问语言的目的不同，就出现了各个诉讼阶段的讯问语用行为的特点不同，表现出了提取、核查和确认的语用行为特点。

首先是在侦查活动中的证据"提取"，为什么在侦查活动中被称之为提取行为，而不叫收集行为？因为侦查活动表现为很强的主动性和"攻击性"，没有主动性和"攻击性"侦查任务就很难完成，而收集行为表现为它的被动性，因为收是要依靠别人主动送来的，而在侦查活动中犯罪嫌疑人的犯罪证据是不可能主动送给侦查人员的，因此侦查活动的证据只能是提取而不是收集。从讯问的语言角度上来看，证据提取所需要运用的语言是侦查式的语言，而不是日常会话中的交流语言。侦查式的提取语言包含着侦查目的所需要的提取犯罪证据的语用行为，在侦查式的语言使用上，常常是讯问者在语言的背景含义里设立一个或者两个前提，以便获取被讯问人的真实供述。例如为了让嫌疑人供述是否拿了某某人的5万元，问："你拿了某某人的钱做什么用了？"这里隐含的语设和前提某某人的钱你拿了。这样根据会话的语轮原则，被讯问人只能在这一话轮中回答，而不能跳跃到别的话轮中回答某某人的5万元的问题。如果相反这里使用收集式的语言方法，问："某某人的5万元你拿了没有？那么被讯问人就能够在第一个话轮中做出回答——我没有拿。侦查式的讯问语用行为是讯问人员运用跨越话轮的方法，采取直接涉入侦查目的的主题，使被讯问人紧紧的围绕这个侦查主题来回答问题，这就是侦查式语言的基本特征。而收集式的语用行为是无法完成这种侦查目的的。

其次是诉讼活动中的审查逮捕和审查起诉过程中的讯问，是以核查犯罪证据为目的的，这里核查的主要对象是侦查阶段所提供的犯罪证据能否有效的证明犯罪？核查包含了"核"与"查"的全过程，所以在审查逮捕和审查起诉过程中的讯问，使用了"核查"犯罪证据，而不用"核对"犯罪证据。因为核对仅局限于活动的行为结果，是对结果的"核"与"对"，而不是核查的全部过程。例如，某公诉部门的办案人员去看守所提审一名受贿犯罪嫌疑人，办案人问："李某的那30万元是你拿的吗？"。这句话他使用了"核对"式的话语，对方听到了这句话以后立即产生了联想："对啊，我还有可能没有拿"。于是这名受贿犯罪嫌疑人做出了否定的回答，我没有拿！办案人员又问："那你过去在侦查部门不是已经承认你拿了李某的30万元吗？对方回答："那是我当时记错了，我根本就没有拿那30万元。"这里显然是办案人员的一句话，导致了犯罪嫌疑人的翻供，客观上帮助犯罪嫌疑人打开了退路，好在侦查部门已经把证据固定的非常扎实，否则这30万元的受贿犯罪就可能因为证据不足被翻供，导致案件的中途夭折。审查逮捕和审查起诉中的讯问是为了核查犯罪证据能否有效的证明犯罪的，因为在这个阶段犯罪嫌疑人总是要掩盖犯罪证据的，这就要求办案人员不仅要有"核"的方法，还要有"查"的技巧，把握讯问语言的核查属性。这里的核查的语用行为，就是要把握住核查犯罪证据的真实可靠的语用行为，即核查语言的"查"的职能，讯问语言的背景含义必须满足查明事实的需要，设立背景语言是以嫌疑人与已经提取的犯罪证据之间的关系为前提的，例如上述案例所示，犯罪嫌疑人受贿30万元的犯罪事实，侦查部门提取的犯罪证据是确实充分的，公诉人员在核查犯罪证据的时候，依据核查的背景前提，不是拿了没有，而是为什么拿！可以设立背景前提："李某为什么要给你30万元？"这样对方在第一话轮就不能轻易否定自己没有拿这30万元，他必须思考对方为什么会给他30万元，而不给别人？

最后是诉讼活动中的审判阶段中的讯问，是为了"确认"犯罪证据。法庭的讯问目的是为了确认被告人的行为与犯罪证据之间的关系，是否应当受到刑法处罚。法庭的讯问之所以使用"确认"这两个字，而不用"认定"，是因为"确认"是对被告人全部犯罪行为过程的判定，而不仅仅是结果的"认定"。例如贿赂犯罪案件，法官庭审调查，讯问被告人："你拿了李某送给你的钱了吗？"这句话显然是认定式的语言，被告人可以做出否定的回答。如果法官使用"确认"式的语言问："你为什么违反规定，不进行招投标，把大楼的工程直接发包给李某的工程公司？"该提问直指被告人利用职务之便，违章为他人谋取利益。再有，"在李某承接该工程以后，你的银行存款忽然多了30万元，这笔钱是哪里来的？"这样就能够有效地确认被告人的全部行为过程，以此判定被告人是否应当受到刑法处罚。而认定的讯问语用行为，是不能有效对被告人的全部行为进行判定的，因为认定式的语用行为注重的是行为结果，而不是全部的行为过程。

第二节　审讯语言的信息基础

一、审讯语言中的新信息与旧信息

审讯活动是为了提取犯罪证据而展开的，审讯活动中提取犯罪证据就是为了获取犯罪信息，那么在成千上万的自然人中间，向谁提取犯罪信息呢？向犯罪嫌疑人提取犯罪信息。在成千上万的自然人中间是怎样找到犯罪嫌疑人的呢？也是由犯罪信息提供的，这里的犯罪信息是已经存在的犯罪信息，因为有了犯罪信息才能确定犯罪嫌疑人，这里的犯罪信息是支离破碎不完整的信息，通常我们将已经获取的信息称之为"旧信息"，这种已经获取的支离破碎的旧信息不能够有效地、完整地证明犯罪嫌疑人实施的全部犯罪行为，需要有新的信息才能证明犯罪嫌疑人的犯罪行为。因此审讯活动的语言过程就是以存在的旧信息获取新信息的过程。新信息是通过审讯活动的语言过程才能够获得的信息，旧信息是在审讯活动开展以前就已经拥有的信息。

审讯活动的开始是以旧信息为基础的，审讯的语言过程也是围绕着旧信息而展开的，旧信息在确认了犯罪嫌疑人以后，审讯人员就要利用已经获取的旧信息在犯罪嫌疑人的身上发展出新的信息。例如，犯罪嫌疑人进了审讯室以后，审讯人员问："你知道我们为什么请你到这里来吗？"犯罪嫌疑人答："我不知道！"问："那我们来告诉你，你已经涉嫌犯罪了！否则司法机关不会单独找你来接受讯问的！"答："我知道你们说的是什么事，那也不是我一个人干的！"问："还有谁？"答："还有我们的工程科长，事情也是他介绍的、牵线的……"这一审讯活动就体现了从审讯活动旧信息获取新信息的过程。旧信息可以分为共同信息和单独信息，共同信息是在进行审讯活动之前，审讯人和被审讯人共同知道的旧信息，是能否顺利获取新信息的基础，这里的共同信息因为是共同知道的，所以在审讯语言过程中不仅可以在正常的句子之内体现出来，还可以在句子的结构之外进行体现。例如，"你为什么要干？"这个句子的结构是不完整的，但是犯罪嫌疑人能够听明白这句话的含义。因为这里干了什么是共同信息，是旧信息，是双方都知道的信息，无须句子的结构完整。这是审讯语言技巧的重要特征，对于确认犯罪嫌疑人的心理事实有着重要的作用。在审讯过程中审讯人员经常用"跨越前提"的方法，隐含一个存在的前提，让犯罪嫌疑人来确定这个前提，就是因为有很多共同信息。在审讯活动中共同信息越多，信息量就越大，犯罪证据暴露得就越充分。

单独信息是审讯活动中的某一方已经拥有的旧信息，这里审讯人与被审讯人各自都拥有单独信息，审讯人员掌握的单独信息，作为犯罪嫌疑人并不知道审讯人员掌握了哪些信息，当然，审讯人员掌握的信息有很多是犯罪嫌疑人实施犯罪行为的信息，作为犯罪嫌疑人来讲是已经掌握的单独信息，原本是共同的信息，只是犯罪嫌疑人不知道审讯人员具体掌握了哪些信息，所以这里的信息仍然是单独信息。因此，审讯人员再以上述的方法问："你为什么要干？"那么犯罪嫌疑人就会这样回答："我干什么了？"就是犯罪嫌疑人听懂了那么他也会假装听不懂。所以当审讯人员掌握单独信息的时候，为了获取新信息，在与犯罪嫌疑人进行交流的时候，根据需要可以透露给犯罪嫌疑人，以此来获得共同信息，其目的是让犯罪嫌疑人知道自己的犯罪事实已经暴露。可是当犯罪嫌疑人掌握的是单独信息的时候，审讯人员并没有掌握，实际上审讯活动的目的就是为了获取犯罪嫌疑人实施犯罪的单独信息，使犯罪嫌疑人的单独信息变为共同信息。从根本上来说审讯活动的意义就在于把犯罪嫌疑人的单独信息转换成为共同信息。

从审讯的语言过程来看，单独信息的语言结构应该是正常完整的语句结构形式，当这种单独信息转换成为共同信息的时候，语言结构可以是非正常不完整的语句结构形式，也就是说在共同信息的基础上，审讯人员需要获取犯罪嫌疑人的单独信息，可以打破句子的完整结构，减少废话，加深语义将深层意义传递给犯罪嫌疑人。

二、审讯语言的表义和含义

表义是审讯人员运用正常的语言符号直接表现出来的语言信息，是直接的意思表述，是正常的普通交流的书面意义，就是一句普通正常的语言表述的本意。例如，审讯人员问："你的姓名、职业，因为什么罪被逮捕的？"这是一个正常的疑问句，目的是获取犯罪嫌疑人的基本资料，不隐含其他言外之意。表义在语言过程中只是表层性质的，在很多的时候具有引导意义，需要通过进一步的推理，才能得出表义的内在含义。含义是在表义的基础上通过语言推理和逻辑推理得出的实质意义和目的。表义是否真实地反映说话人的意图，取决于是否与含义一致。审讯人员在语言过程中采用了表义与含义不一致的语用行为时，如果犯罪嫌疑人只是停留在表义的理解上，那么就没有达到目的。例如，审讯人员问："在你进来以后我们专门为你开了一次会。"从表义上看是办案部门专门的案件讨论会，犯罪嫌疑人也是从表义上这样理解的。但是审讯人员说这句话的真实含义可不是这样的，审讯人员在办案的过程中发现了犯罪嫌疑人的赃款赃物已经转移了，根据迹象表明这些赃款赃物就在犯罪嫌疑人所在的单位内部，于是就在该单位召开动员大会，让那些帮助隐匿赃款赃物的人主动检举揭发。犯罪嫌疑人没有真正地理解其中的含义，所以审讯人员的这句话就没有达到目的。通常在审讯活动中在含义的使用上发生了问题的时候，应当通过表义的重复来进行弥补。就上述的例子来看，犯罪嫌疑人可以这样回答："你们开会与我有什么关系？"犯罪嫌疑人用这句话来提醒审讯人员"我不懂你的意思"。这时的审讯人员就应该重复表义，使之明确："关于你转移的款物，我们在你的单位开了动员会，你难道不想知道结果吗？"这样重复并且加强了表义，就会对犯罪嫌疑人产生震慑，达到含义的传递目的。这里在审讯语言含义与审讯语言表义的语义表述距离来看，含义与表义在有的时候是很接近的，甚至含义与表义基本相同，但是在审讯的活动中很多的时候语言含义与语言表义相差甚远，也就是说一般的交流含义与审讯语言的逻辑含义距离表义甚远，表现为含义与表义的不重合。当含义与表义重合的时候，意义是最容易理解的，在审讯的实践中由于审讯人员要从犯罪嫌疑人那里获取更深层次的信息，经常使用含义与表义相差甚远的语用行为来达到目的。

三、审讯语言的前景信息和背景信息

前景信息是语言表达结构主要包含的信息，也是语言表达的主要信息。与背景信息的区别是：背景信息是附带出现的信息，背景信息与表达的结构本身的逻辑关系并不是很密切的，但是前景信息与表达的语言结构本身有着密切的逻辑关系，有着严格的制约性。

背景信息是预设的含义，是审讯语言表达结构附带包含的信息。例如，审讯人员问犯罪嫌疑人："你存那么多的钱干什么？"犯罪嫌疑人答："那是我儿子的钱存在银行的。"这句话无论犯罪嫌疑人出于什么样的目的，但是审讯人员应该能够知道他的背景含义："他有儿子"，"银行里有存款"。这种背景信息正是审讯人员需要知道的，如果审讯人员事先不知道这样的附加的背景信息，就是获得了新的信息。实际上审讯活动过程就是不断地获取新信息的过程。审讯人员获取了新的信息后，就要紧追不舍："钱存在哪家银行？存了多少钱？"一旦犯罪嫌疑人把银行存款的信息告诉了审讯人员，就等于交出了犯罪证据。通常在审讯活动中审讯人员要设法隐蔽自己，不应该让犯罪嫌疑人知道的信息，就要特别小心地不在审讯的语言过程中显露背景信息。同时要注意犯罪嫌疑人在回答问题的过程中的语言背景信息，审讯人员发现的背景信息越多，掌握犯罪嫌疑人的信息量就越大。

在审讯的实战过程中，对讯问语言的规范性的把握是非常重要的，修改后的刑事诉讼法明确规定，"不得强迫任何人证明自己有罪"，这就对侦查讯问的语用行为提出了更高的要求，实行侦查讯问的全程同步录音录像，已经成为侦查讯问活动的规范制度要求。从侦查讯问的语言信息特征来看，讯问语言的前景含义是直接意思表述，因此对它的要求就是要规范合法，满足不强迫嫌疑人自证其罪的需要。侦查讯问的目的和任务是为了让犯罪嫌疑人自愿供述犯罪事实，这里仅仅有了规范合法的讯问语言的前景含义，是不能够完成讯问的目的和任务的，还必须要有科学有效的语用行为方法，才能满足嫌疑人自愿供述的需要，这种科学有效的语用行为方法，就是丰富的语用行为的背景含义。能够使嫌疑人自愿供述的讯问语用行为的技巧，就是通过讯问语用行为的背景含义表现出来的。例如讯问人员在审讯一名受贿犯罪嫌疑人，审讯人员问："你不说我们就不知道了吗？"这一句反问是前景含义，但是这一句话的背景含义可以使犯罪嫌疑人立即感觉到"别人已经说了"，即你不说别人不说吗！再如，香港回归以后，大陆的办案人员去香港廉政公署办案，讯问一位涉嫌行贿大陆官员的港商，办案人员在香港廉政公署接触到了这位涉嫌行贿的港商，可是这位港商就是百般阻挠不配合，第一次见面这位港商就以种种借口推辞不愿意接受询问。无奈之下办案人员再次通过香港廉政公署把这位港商传来，直接告诉他："我们今天请你来，就是要告诉你，如果你不愿意在香港廉政公署谈，我们可以把你引渡到大陆去，我们是检察官！"这位港商听到了这句话之后，看了一下随同而来的律师，律师向他点点头，意思是说他们可以把你引渡到大陆去，无奈这位港商只得同意在香港廉政公署把问题说清楚。从办案人员的这句话我们可以分析出：其前景含义是告知港商：我们是办案人员，作为中国大陆的检察官，如果你不愿意在香港廉政公署谈，我们可以把你引渡到大陆去！这句话规范合法没有强迫的直接意思表述，但是这句话的背景含义会使他充分地联想到，如果被引渡到大陆会对他有什么不利的情况，那是他自己联想的，不是办案人员说的，这里他的联想越丰富越好，这里他还有可能联想到在此之前，香港的黑社会人物引渡到中国大陆之后被判处死刑的情景。可见，侦查讯问的语用行为必须满足"前景含义规范合法，背景含义科学有效"。

第三节　认知条件下的语用行为技巧

讯问犯罪嫌疑人虽然是以语言为载体的诉讼活动，是以获取犯罪嫌疑人的供述认罪为前提的，是以获取犯罪证据为目的的。虽然讯问的载体是语用行为，如果这种语用行为不能针对犯罪嫌疑人的供述规律提取犯罪证据，那么再漂亮的语用行为也是无意义的。讯问的语言必须具有针对性和技巧性，才能够满足讯问活动中提取证据的需要。在长期的审讯实践中，审讯专家根据犯罪嫌疑人在审讯活动中的对抗特点，总结出了犯罪嫌疑人供述认罪的特点和基本规律。这是审讯活动中运用讯问语言技巧的基础，是实施语用行为的对象，离开了这个对象，偏离了这一属性，讯问活动就会失败。根据在审讯活动中犯罪嫌疑人的个体和客观方面的特点，表现出供述认罪的基本规律：认知条件的"条件"丧失；解脱自我心理限制的困境；趋利避害的交换条件；意识经验的习惯反应；"人格"道德系数的整合和"需要"的基本属性。这些规律概括了犯罪嫌疑人供述与对抗的基本特征，是审讯活动的语用行为的重要任务。

一、供述的认知条件

认知条件是犯罪嫌疑人对抗审讯的心理认识基础，条件也是因素，是犯罪嫌疑人意识活动过程中选择自我在被讯问情景下，如何面对讯问的心理因素和认知基础，也是对自己是否需要对抗审讯能力的认知。犯罪嫌疑人在自我的认知过程中认为自己有条件有能力选择对抗，那么他就会选择积极的对抗行为来否定自己的犯罪事实。如果犯罪嫌疑人在认知过程中认为自己的犯罪事实已经暴露，失去了对抗的条件，对抗失去了意义，那么他就会放弃对抗选择供述。通常犯罪事实暴露的认知条件是犯罪嫌疑人供述认罪的内在动力，犯罪嫌疑人在审讯活动中的对抗特点是：只要有条件对抗的，就不能放弃，因为放弃了对抗就意味着有危害的结果，要承担法律责任。所以不到无路可退的境地，就不会自动放弃对抗的。放弃了对抗，交代供述自己的犯罪就等于把自己的一切交给了司法机关，就意味着等待自己的是惩罚。因此只要有条件对抗的犯罪嫌疑人就会坚持对抗。犯罪嫌疑人坚持对抗的"条件"，就是建立在犯罪行为是否暴露的基础上的，也就是说自己犯罪的证据是否被侦查机关掌握。这里对抗的"条件"在于犯罪嫌疑人自己的犯罪行为还没有暴露或者还没有全部暴露，还有对抗的余地。如果犯罪嫌疑人通过自己认识的感知，意识到自己的犯罪行为已经暴露，已经被司法机关掌握，就会自发地进行自我行为意义的评定。坚持对抗已经失去了意义，对抗的结果与放弃对抗的结果是同样的，每当犯罪嫌疑人处于这种情景状态的时候，他们的注意力从原来的如何进行对抗，不断地分析讯问人员的语用行为，判断"事态"发展对自己的危害程度，迅速转移到这种行为可能给自己带来的惩罚结果，对可能给自己带来的结果考虑的比较多，他们会从不同的角度来分析自己将要承担的法律后果，以此来判定自己所面临的处境。这时他们会从如何可以降低自己的损失角度来考虑自己当前的行动趋向。根据当前的情况看：对抗的条件已经失去，显然已经不能降低损失，全盘托出也不是最好的办法，这虽然符合审讯人员的意图，但是如果审讯人员不能给自己从轻或者减少损失的机会，那么自己是一点退路都没有了，如果交代一点再留一点，自己不但保留了退路，也能根据情况随机应变，根据审讯人员的语用行为的反馈来做决定。这里犯罪嫌疑人如果希望从审讯人员那里得到"好处"的话，这种希望和需要越强烈，其动机也就越强烈，供述交代的行为实现得就越快。反之，如果犯罪嫌疑人希望不是从审讯人员那里得到"好处"，而是从自己的身上挖掘得到"好处"的方法，那么这种供述的动机是不会强烈的，甚至是没有供述动机的。这种情况在很多时候犯罪嫌疑人是不可能交代犯罪事实的。

这里当犯罪嫌疑人认识到自己的犯罪事实已经暴露，自己的退路已经被堵死了，自己已经没有回天之力了，在这种情况下犯罪嫌疑人就希望从审讯人员那里得到"好处"，这种希望和需要越强烈，其供述动机也就越强烈，供述交代的行为实现的就越快。犯罪嫌疑人对犯罪事实是否暴露的认识，来源于自己的判断。这种判断依据对外部情况反映的认识和自我心理的客观记忆的认识两个方面：(1) 正确的认识，即犯罪事实确实已经暴露，审讯人员已经掌握了确定的犯罪证据。(2) 错误的认识，即犯罪事实暴露的心理误区，也就是误认为犯罪事实确实已经暴露，审讯人员已经掌握了确定的犯罪证据。在大量的侦查实践中，审讯人员是在没有掌握犯罪证据的情况下，对犯罪嫌疑人进行的讯问，目的就是从犯罪嫌疑人那里获取犯罪证据。因为侦查活动的特殊性和审讯人员的隐蔽性、技巧性，使犯罪嫌疑人自我封闭了对抗因素和对抗条件的出现，给供述动机让出了通道。如果审讯人员提供给犯罪嫌疑人的语用行为是：审讯人员还没有掌握犯罪嫌疑人的犯罪证据，审讯的目的就是要犯罪嫌疑人自己提供自己犯罪的证据，那么犯罪嫌疑人就不可能有供述犯罪事实的动机产生。在很多的时候犯罪嫌疑人对自己的处境的认识是正确的，表现在审讯活动中的积极对抗。但是随着审讯活动的不断深入，在审讯人员语用行为的不断影响下，犯罪嫌疑人的认识发生了变化，出现了根本的转变即认知条件的丧失。这就是犯罪嫌疑人在审讯活动的开始进行对抗，经过审讯后才交代犯罪事实的根本原因。

犯罪嫌疑人的认知条件不是客观条件，认知条件是心理的自我意识功能所反映的因素，不一定是客观条件，也就是说认知条件不一定是正确的认识，只有当认知条件与客观条件相符合的时候，认知条件才是正确的认识。如果认知条件与客观存在的条件不相符，那就是错误的认知。这里犯罪嫌疑人的认知条件的丧失，就是讯问人员的语用行为结果，是犯罪嫌疑人产生供述动机的基础。

犯罪嫌疑人的认知条件丧失的认识产生的根源。首先，来源于审讯人员的态势，审讯人员强大的"攻击"态势是犯罪嫌疑人产生认知条件丧失的直接根源。在犯罪嫌疑人的认知过程中，审讯人员积极的"攻击"态势，说明了审讯人员掌握犯罪证据的程度，有心理基础。相反，如果审讯人员消极的审讯或者是没有积极的语用行为状态，说明审讯人员掌握犯罪证据的程度比较低，没有心理行为基础。因为对审讯人员来说，对没有犯罪行为的人（因为没有证据）就没有积极推行语用行为的必要，这同时也给犯罪嫌疑人提供了认识根据。这是犯罪嫌疑人认知条件丧失的自我意识产生的根源。其次，审讯人员语用行为的隐蔽性，是犯罪嫌疑人认知条件丧失的自我意识产生的基础。犯罪嫌疑人的认知条件丧失的认识的产生，来源于自我意识与客观信息的有机结合，在犯罪嫌疑人这里，审讯人员语用行为的表现就是客观信息（包含旧信息是共同的，新信息是单一的），客观信息的重要特点就是司法机关拥有的犯罪事实的"量"，对犯罪嫌疑人来说就是对抗条件。审讯人员语用行为的隐蔽性，就是控制着拥有的犯罪事实的"量"。犯罪嫌疑人在实施犯罪行为以后，犯罪行为就变成了客观存在，犯罪嫌疑人对犯罪的记忆就成为其"心理存在"，只要审讯人员发出的某一点的语用行为信息，与犯罪嫌疑人的心理存在相确认，犯罪嫌疑人就会认识到客观的犯罪事实已经暴露。最后，犯罪嫌疑人自我意识的知觉经验：一方被否定了，那么另一方就被肯定了，这种肯定的情形就是犯罪事实，例如，在很多的时候犯罪嫌疑人向审讯人员讨要证据，审讯人员立即对此进行阻止："这句话从现在你永远都不要再说了，你自己做的事情自己不知道吗？"这里就肯定了犯罪证据已经暴露的情形，这是犯罪嫌疑人认知条件产生的内在根源。犯罪嫌疑人记忆中的犯罪情景与外来的情景信息相确认，是产生认知条件的基础。人们的行为特点是不做无用的"功"，这是犯罪嫌疑人放弃对抗的本质原因。对利益的追求是犯罪嫌疑人供述认罪的基本特点。

二、对抗条件丧失的自我意识的来源

讯问的语用行为是为了满足犯罪嫌疑人的供述规律而展开的，认知条件的丧失是犯罪嫌疑人的基本供述特征，审讯活动的语用行为规律是与日常语用行为存在本质区别的，它需要很强的技巧性和对语用行为结果的期待性。例如，一位将军听下属的战况报告，士兵按照日常的语用行为报告说："某团屡战屡败"。将军听了暴跳如雷。第二次士兵改变了原来的语用行为方式又来报告说："某团屡败屡战。"将军听后感觉很满意。实际上士兵报告的结果是一样的，仅仅一句话的词语颠倒位置，可是得到的效果却截然不同。这是什么原因呢？这就是语言技巧。根据犯罪嫌疑人的认知条件丧失的供述规律，运用讯问的语言技巧，就是为了促进或者加速实现"认知条件丧失"的意识形成。犯罪嫌疑人的认知条件丧失的意识，不是在审讯一开始就形成的，是通过讯问人员的语用行为技巧的实施逐步形成的。虽然是逐步形成的，但是如果讯问人员运用的语用行为不对路，这种认知条件就会向相反的方面发展，就会成为认知条件的获取，这样就强化了犯罪嫌疑人的对抗意识。

在审讯活动中，审讯人员的语用行为是犯罪嫌疑人产生认知条件丧失的重要原因，在这里犯罪嫌疑人对抗审讯的心理依据，在很多的时候是侥幸心理。通常是让犯罪嫌疑人意识到自己的犯罪行为已经暴露，对抗下去已经失去了意义，例如："你拿了别人的钱，你不想一想有谁愿意把自己的钱给别人？"（语言的背景意义是对方已经交代了），目的是"攻击"犯罪嫌疑人的"侥幸心理"，转变其心理状态，推进其认知条件丧失的意识目的。

犯罪嫌疑人的抗审条件丧失的认知行为，在审讯中有着非常重要的作用，这是根据审讯的客观条件决定的，犯罪嫌疑人实施了犯罪以后，很少将自己的犯罪证据留下来，因而在审讯时除了利用犯嫌疑人留下的少量客观证据，还要利用犯罪嫌疑人自我意识产生出来的心理证据，例如，贪污犯罪嫌疑人在被检察机关传讯的时候，很快会联想到可能是自己某一笔账单被发现了，否则为什么要传讯自己呢？由此唤醒了犯罪的心理事实，产生了讯问人员掌握了某一账单依据的自我意识。从认知行为的认识差异来看：

（1）审讯目标的自我意识的认识差异。自我意识的认识差异是犯罪嫌疑人对客观存在的认识差异，犯罪嫌疑人所犯罪行，有时司法机关并非十分清楚，很多的时候只了解某些现象，因而在审讯时就没有固定的目标，审讯的目的也是捕捉、寻找目标。这些情况犯罪嫌疑人并不完全清楚，总以为自己的某一犯罪行为被发现了，处在寻求怎样的方法应付审讯的状态中，这是初审阶段犯罪嫌疑人对审讯目标的自我意识的普遍性。在这一阶段审讯的方法应该具有隐蔽性，不能暴露审讯的目标，一旦审讯目标暴露，犯罪嫌疑人的自我意识就会发生根本性的变化，更重要的是引发了认知条件的变化。初审阶段犯罪嫌疑人对审讯目标的自我意识是自发的，并不是外来信息刺激造成的。如果犯罪嫌疑人对审讯的目标了解得一清二楚，那么审讯人员在审讯中所采用的方法和审讯技巧只能是一句空话。因为在审讯中所采取的方法和技巧，是建立在对方的自我意识产生错觉的基础上的，是自我意识的差异而形成的，研究使用审讯技巧的目的就是要让犯罪嫌疑人产生认识上的差异，不断地麻痹对方，声东击西隐蔽审讯的主攻方向和目标，削弱对方的防御强度，避其强攻其弱，使得犯罪嫌疑人首尾难顾，以失败而告终。审讯实质上也是发现证据，收集证据、提取证据的过程，其目的是利用收集证据来证实犯罪，用手中已获得的少量证据获取大量的证据，以零散的证据获得完整的证据，以枝节性的证据获得关键的证据。这种取证方法的成功，是建立在犯罪嫌疑人不了解审讯人员掌握证据的程度的基础上的，如果犯罪嫌疑人知道审讯人员手中的证据松散无力，不足以证明其犯罪，还需通过他自己的交代才能定罪，那么犯罪嫌疑人大多不会交代自己的犯罪事实，他会用不同的方法来对付审讯。犯罪嫌疑人不了解审讯人员是否掌握证据，掌握证据的多少，是其自我意识的认识差异和错觉意识产生的基础。审讯犯罪嫌疑人说明犯罪嫌疑人与犯罪事实有关，司法机关不会凭空无故乱找人的，这是犯罪嫌疑人错觉意识产生的根据。因而在审讯时讯问人应当在证据的使用上注意技巧性和隐蔽性，尽量少出示证据，杜绝出示模棱两可的证据！出示证据时应注意证据的效应，每出示一次证据，应该起到令犯罪嫌疑人对审讯人员掌握证据程度错觉的扩大和强化的作用，加速对犯罪嫌疑人对"对抗条件丧失"的心理认识。审讯犯罪嫌疑人成功与否，在很大程度上取决于犯罪嫌疑人对审讯人员掌握证据程度的意识，产生暴露证据程度的意识越大，对犯罪嫌疑人产生的心理压力就越大，趋向供述交罪的距离就越近，注意，对犯罪嫌疑人"对抗条件丧失"意识的利用是审讯成功的最有效的方法。因为证据已被掌握，抗拒已失去意义，在趋利避害心理的驱使下，而选择供述交罪的路。

（2）犯罪嫌疑人对"利害关系"人产生的自我意识的认识差异。利害关系人顾名思义是与本案件有一定关联的人，这些人掌握了犯罪嫌疑人的一定的犯罪事实，与犯罪嫌疑人有一定的利害关系，有时能对案件的成败起到重要的证明作用，因而也是犯罪嫌疑人在接受审讯时较为"关心"的问题。受贿犯罪案件中，犯罪嫌疑人最担心的是行贿人的处境情况，是否也被抓获了？是否交代了全部的犯罪事实？订立的攻守同盟是否被瓦解？在挪用公款给他人使用的案件中，使用赃款的人，是否将该款的来龙去脉全供了？巨额财产来源不明的案件，为了款项来源而订立的攻守同盟是否被揭穿，假设的对象是否讲了实话？等等，这些都是犯罪嫌疑人急于想知道的问题，直接关系到犯罪嫌疑人供述认罪的程度，因而这些人总是千方百计从审讯人员的口中、神态中，行为动作中了解判断这些利害关系人的情况。如果审讯人员在审讯中注意隐蔽自己的语言、神态行为，那犯罪嫌疑人会根据自己的主观臆测和判断产生各种不同的"认识差异"，就会被讯问所利用。如果审讯人员在审问中抛出同伙人的点滴信息，便会造成犯罪嫌疑人更多的联想，产生认识差异即错觉意识，如"你不说有人说"，它的语言背景是"利害关系人"是要说的。这时犯罪嫌疑人便会产生他人已供述的认识，联想出对自己的不利因素，加速了心理证据的形成。因而在审问中应注意对案件的保密，否则对犯罪嫌疑人的"认识差异"便无从谈起。

（3）犯罪嫌疑人对客观事实存在产生的自我意识的认识差异。审讯中为了使犯罪嫌疑人对客观事实存在产生自我意识的认识差异，将这种客观存在分为实际存在和假设存在两大类。将客观存在分为两大类的原因是：客观存在是指犯罪嫌疑人实施犯罪时留下的行为痕迹和与此相联系的各种情景。而假设的客观存在，是审讯人员为了使犯罪嫌疑人产生某种错觉而假设的犯罪痕迹和相联系的各种情景。因为犯罪嫌疑人在犯罪以后，尤其是贿赂犯罪，留下来的客观存在的痕迹极少，而这些痕迹和情景又是犯罪嫌疑人在被审问时赖以顽抗的基础。从这类犯罪特点来看，时间长，隐蔽性强，有时几年以后才能发现其犯罪，大量的痕迹和相关的情况都消失了，这对于审讯是极为不利的。为弥补这一缺陷，采取假设的痕迹，使犯罪嫌疑人产生认知错觉，是较为有效的方法。例如某一单位私设"小金库"私分公款，案发后将"小金库"账簿全部销毁，让司法机关无据可查。审讯时犯罪嫌疑人表现出了极强的侥幸心理，认为账已销毁无证可取你们就定不了我的罪，审讯时不是一问三不知，就是全部记不清楚了。结果审问人员采用了"假设的客观情景"："你认为账销毁了就无据可查了吗？但是你忽略了一件事，你们的财务会计怕日后对公款的去向说不清楚，在笔记上又作了记录，这一点你可能没有想到吧！"这一信息的出现使犯罪人乱了阵脚，他不但没有怀疑这一情景的真实性，而且把"小金库"以外的款项也联系起来，最后交代了各个款项的来龙去脉及数额，取得了审讯的成功。

（4）自我意识的认识差异设置的语用行为。让犯罪嫌疑人产生自我意识的认识差异，是建立在犯罪嫌疑人对某些信息确信的基础上，合情合理的客观的逻辑联系，才能取信于犯罪嫌疑人，如果胡乱地给犯罪嫌疑人输入一些语用行为信息，不但不会使犯罪嫌疑人产生自我意识的认识差异，还会使犯罪嫌疑人看出审讯人员在骗他，反而强化了对抗的心理。所以在设置自我意识的认识差异的语用行为时，审讯人员应顺着案情的发展，合乎情理地将假设的信息推销给犯罪嫌疑人。但不能滥用、乱用，否则适得其反。因此在设置自我意识的认识差异时：①应对案情有充分地深入调查了解，掌握了一定的实际情况，摸准了犯罪嫌疑人的心理脉搏，做到不用则已、用则奏效。②自我意识的认识差异信息的语言的运用。自我意识的认识差异信息的语言特点，从表面上看似乎具有模糊性，而实质上具有很强的针对性，这是常用自我意识的认识差异信息的语言特征之一。另外，"自言自语"也是自我意识的认识差异信息的又一语用行为的重要特征。在审讯中有些话不便直说但又必须要说，通常采用"自言自语"的方法将信息输出。这是设置自我意识的认识差异的又一语言特点。再者合情合理的语言是自我意识的认识差异产生的基础，因为犯罪嫌疑人最爱听的就是合情合理的语言，这些语言最容易取得嫌疑人的相信和认可，如果犯罪嫌疑人不相信审讯人员的话，自我意识的认识差异便无从谈起，从设置的方法来看，就是人们常说的："无事生非，无中生有。"

第四节 心理限制的语用行为

审讯人员都很清楚，犯罪嫌疑人在事实和证据面前都能自愿交代自己的犯罪事实，而且占有很大的必然性，这种必然性就是供述规律。有人说"这是他无路可走，无法抵赖，不得不交代"。实质上证据面前不得不供述是有一定的心理基础的，"如实供述能够获得从宽、从轻处罚"，这种心理基础是以无路可退的心理状态为条件的，在自我无法解脱的情景下产生被限制的状态。被称为"心理限制"，他是指思维对象受到强制性的限制和制约，失去了任意思维的对象。如犯罪嫌疑人在客观的事实和证据面前无法抵赖，无路可退，对自己的犯罪行为无法否定，失去了对其否定的选择性和对其心理思维应如何辩解的限制性。它与人身强制有着一定的区别。人身强制是慑于法律的强制力，对人身自由进行限制，强制性地指定人身的活动范围，并进行强制性的对话，这是一种外在的限制，对人的外部身体产生作用，而不能对人心理的思维活动进行限制。内在的心理限制是对心理行为的限制，也称为心理限制。从正常人的思维特点来看，有着思维的广泛性和前思后虑的任意性。在正常信息刺激的情况下，思维较为活跃，思维的路子较为宽广，思维的方向带有任意性。而被心理限制后的思维状态就不同了，这时思维只能按照讯问人员指定的方向进行思维，没有任意性，这种心理被强制的状态，有利于犯罪嫌疑人按照讯问人员的指令，如实地交代自己的犯罪事实。

中外的司法机关的侦查机构，为了使犯罪嫌疑人交代犯罪事实，对犯罪嫌疑人采用"心理测试仪"进行测谎，而被测后的犯罪嫌疑人均能如实地交代自己的罪行，效果良好，这是什么原因？这是因为犯罪嫌疑人的客观事实被心理测试仪证实，对心理事实产生了作用力，形成了心理证据，实现了心理限制的内在根据。客观的行为被证实，无路可退，思维进入这段领域后被堵塞，无法循环下去，停留在被限制的状态，达到了心理限制的效果。在这个阶段，如果讯问人员能坚持将犯罪嫌疑人的思维控制在这个范围，那么随着时间的推移，犯罪嫌疑人的心理压力将越来越大，产生某种需要和对某一目标的追求，这便出现了供述的动机。

对犯罪嫌疑人的心理限制是促其交代犯罪事实较为有效的途径,是供述动机产生的基础。在审讯实践中,为了实现对被审讯对象的心理限制,不能仅仅局限在"心理测试仪"的使用。更重要的是通过客观证据的出示,点滴证据的暗示,供述矛盾的揭示,来实现对犯罪嫌疑人的心理限制。还可根据案情的特点采用审讯谋略与技巧,实现对犯罪嫌疑人的心理限制。如采用"假设"的客观事实信息,提供给犯罪嫌疑人,也能起到以假乱真的效果。犯罪嫌疑人对假设信息的误解,通过扩展的联想与心理事实的共振,形成心理证据,取得了心理限制的基础。

另外,在讯问过程中犯罪嫌疑人透露出来的客观事实信息是不可忽视的环节,也是我们在讯问过程中"无证取证",以现象引出犯罪事实的有效途径。由于犯罪总是在一定的时间、空间内进行,与一定的人发生关系,并且在接受讯问时,总要或多或少地将自己的犯罪事实的信息洒落出来。例如受贿案件,犯罪嫌疑人在某项业务中,从业务关系的对方收取贿赂,给国家带来巨大损失,在接受讯问时,犯罪嫌疑人总会将该项业务的经过情节一五一十地道来,为了更进一步说明问题,总会强调自己没有得到好处。而讯问人员并没有问其是否拿了"好处",这是自己主动说出来的,这就是审讯人员要收取的客观事实信息。当然,讯问人员不能完全消极地坐等犯罪嫌疑人在供述中自动抛出客观事实信息,而是要积极主动地去寻找、开发,甚至要创造机会让犯罪嫌疑人通过自己对抗的语用行为暴露出来。常用的做法是:首先,是有间歇地多次深追语用行为的细节,因为细节容易被忽视,犯罪嫌疑人常常没有留意供述的细节。于是供词的语言特征在细节上一次一个说法,有时文不对题,有时此地无银三百两,矛盾百出。讯问人员利用这些语用行为细节上暴露出来的客观事实信息,去转换事实,实现心理证据。其次,是对同一事实情节从不同的角度发问,或是以不同的顺序进行提问,使犯罪嫌疑人在完全没有心理准备的情况下供述,将提取的语言信息进行比较,找出洒落的客观事实信息。最后,是把某一事实情节混杂在其他问题中提问,在犯罪嫌疑人对拆散的事实情节不知不觉中作了零碎的供述,然后综合比较,便能发现客观事实信息。从无到有,从小到大,从弱到强来发展这种客观事实信息,然后转换成客观证据,达到用心理证据来实现心理限制的目的。

实现心理证据并不意味着犯罪嫌疑人就一定能进入心理限制阶段,原因在于强化的心理证据才能产生心理限制,而淡化的分散的心理证据就不一定能产生心理限制。

如何强化心理证据产生心理限制,常用的方法是以语用行为限制对方的定向思维,控制犯罪嫌疑人在心理证据的范围内进行思维,做出决断。注意不要任意改变这种范围。在对方努力地岔开，试图寻找新的范围时，讯问人员应设法把岔出来的话题收回去，让对方向主话题方向发展，促使对方向供述状态运行。用语用行为实现心理限制有三个特点：第一，语言平抑，内含强制力。其目的是用平抑的语言，避免出现僵局，犯罪嫌疑人出现心理证据以后，其心理行为被客观的证据限制，无路可退，处在进退两难的境地，形成心理压力，寻找"出气口"。如果审讯人员使用过激、过硬的语用行为，必会充当"出气口"引起僵局。如常见的语用行为，"我犯罪你们枪毙我好了，我没有什么可说的"。这就是僵局性的语言特征，原因在于审讯人员使用的语用行为不当。第二，语意单调。通常运用的是前景含义，其目的是限制犯罪嫌疑人的定向思维，在有了心理证据的情况下被审讯人会尽全力来摆脱目前的窘境，扩展自己的思维范围，寻找"出路"，讯问人员如果使用背景含义，其语意复杂、含义深，就等于是帮助犯罪嫌疑人产生联想扩大思路，这样很难再收回到原来的被限制的思维范围中去。第三，语言重复，使用重复单一的语句，其根本目的是增加被审讯人的心理限制，咬定咬准关键性的一句话，而这句话必须是有利于犯罪嫌疑人供述的关键语，如："钱怎么处置了？"或"钱哪里去了？""钱干什么用了？"等等，咬准一句话紧追，直到供述交代为止。

第五节　意识经验的语用行为

一、意识经验泄漏与供述认罪的关系

犯罪嫌疑人在实施了犯罪行为以后，经过了若干年仍然能够记得清楚当时的情景，这是什么原因？道理很清楚，是记忆的结果。关于记忆的问题，心理学家们将其分为三种形式，即瞬间记忆、短时记忆和长时记忆。瞬间记忆在大脑储存的时间一般为几秒钟，短时记忆在大脑里的储存时间一般不超过一分钟，长时记忆在大脑里的储存时间比较长，其储存的形式比较复杂，日常生活中的记忆大部分都是长时记忆的形式，犯罪嫌疑人对犯罪行为的记忆就是长时记忆的形式。这种记忆能够被再认和回忆便是经验，记忆的再认和回忆的过程便是记忆经验过程，犯罪嫌疑人能够记得清楚若干年前的犯罪情景，并且能够清楚地供出当时的情景，就是记忆经验的原因。若干年前的犯罪情景能够在若干年后清楚地再现，是记忆经验能够恢复的原因，这种恢复的过程就是对记忆经验的再认和回忆的过程。再认，是与经历过的事物再度接触时，感到熟悉并且确认是曾经经历过的形式，即再认形式。回忆是把以前产生的对事物的反应重现出来的形式。回忆在一般的情况下是通过联想来实现的，而联想是由一种

事物想起有关的另外一种事物的现象。过去的犯罪行为虽然已经时隔数年，但是遇到某一事物、情景出现的时候，便能够回忆起当时的犯罪行为的情景，这是犯罪嫌疑人对长时记忆中的犯罪行为的直接回想的形式。例如，犯罪嫌疑人在3年前受贿10万元，当有人提及受贿的问题时，马上就想到自己受贿10万元的情景就是记忆经验的直接回忆。可见，直接回忆是由直接的联想来完成的，而间接回忆是在一定的事物的作用下由联想唤起旧经验的回忆形式，间接回忆是借助于多重联想来实现的，这是间接回忆与直接回忆的区别。犯罪嫌疑人能够供述过去的犯罪行为大多是由直接回忆的直接联想而形成的。

记忆能够被意识感知，才有联想的形式，人们有了记忆便有了记忆经验，知识经验来源于行为实践的记忆，有了行为的记忆才有认识经验，没有行为实践就不可能有人的认识经验。人们的记忆经验大量地储存在人的潜意识里，一旦外来的信息刺激到该领域，意识经验就会做出积极的反应。例如，犯罪嫌疑人在接受审讯的时候总是不会轻易地交代自己的罪行，尽管是第一次接受审讯，这就是记忆经验的原因所致。因为犯罪行为是社会否定的行为，是要受到惩罚的行为，自我个体实施了这种社会否定行为，客观事件与主观认识产生了比较强烈的记忆经验，这种记忆经验来源于他人的影响和社会环境的信息传播。一旦与此相关的信息出现的时候，这种特定的记忆经验就会积极迅速地再现这种特定的情景，引发出恐惧和本能的自卫反应，即对抗的行为反应。

人的潜意识承担着重要的记忆经验，在受到特定的记忆经验信息刺激的时候，记忆经验的信息内容，会通过潜意识超前准确地予以反应。在审讯活动中，当外来的信息涉及该犯罪情景的时候，犯罪嫌疑人根本不需要再次对自己犯罪的现场进行核实，便会清楚地记得该犯罪现场的情景，这种犯罪的情景便会通过潜意识的活动，表现出对该"现场"的记忆经验和认识经验。这种现象心理学家称为"超前反馈"现象，心理有了认识经验，无须再次进行核实，潜意识便会直接跨过意识来反馈这一意识经验。在审讯活动中利用犯罪嫌疑人意识经验的"超前反馈"现象，来实现暴露犯罪的目的，因为这种"超前反馈"是潜意识直接跨越主观意识"泄露"出来的，并不是主观意识的目的。因此，这种"超前反馈"的现象是违背主观意识的"泄露"，是潜意识经验自我表现的结果。在审讯活动中这种"泄露"的表现有语言的"口误"，不希望说出来的话，通过潜意识的意识经验"泄露"了出来。如说谎的意识行为的经验反应，说谎话的信息刺激反应比较慢，这种较慢的反应心态被"泄露"了出来。人的这种意识规律为我们审讯犯罪嫌疑人提供了可靠的利用条件，是审讯人员借助犯罪嫌疑人心理活动规律的重要根据。审讯活动中根据犯罪嫌疑人的生理条件、记忆经验、行为习惯、思维的规律性，进行有效的利用，成为有利的审讯条件。因为犯罪嫌疑人的记忆经验是犯罪的"情景""情节""现场""涉案人"等。这种记忆经验在审讯活动中随时都会传递给审讯人员，在审讯活动中应当注意"接收"、"培养"，加强利用。

犯罪嫌疑人抗审有抗审的条件，供述是因为失去了抗审的条件，很多的时候这种对抗条件是掌握在犯罪嫌疑人自己手里的，一旦犯罪嫌疑人将抗审的条件送给了审讯人员，那么失去了对抗条件的犯罪嫌疑人就会选择供述认罪来减少自己的"损失"。当然犯罪嫌疑人是不会轻易地将对抗条件拱手送给审讯人员的，审讯人员获取"条件"的重要来源就是那些不听话的记忆经验"泄露"出来的。"泄露"本身也是有条件的，不是任何什么时候都能够"泄露"的，它在一定的环境，一定的空间，一定的语境范围内，在其潜意识充分活跃的情况下，保证潜意识能够直接跨越意识的前提下，才能有"泄露"条件的出现。例如，犯罪嫌疑人受贿了一套150平方米的商品房，行贿人将房间的钥匙交给了犯罪嫌疑人，并且告诉犯罪嫌疑人代其办理房产证，就在行贿人代办房产证期间（实际上行贿人因为事情繁忙，没有及时去房管部门办理房产证），受贿人发现有一处环境比较好的商品房，要求行贿人更换，因为行贿人已经办理了一部分手续，包括购房合同、发票的户主名称，因此调换房子还需要到房管部门办理相关的调换手续，还需要向房产管理部门缴纳一定的契税，这些过程都是行贿人出钱办理的，但是在办理的过程中，房管部门要求对方的所有权人必须到场，还要拍照存档，所以犯罪嫌疑人去了房管部门拍了照片便离开了，完事以后受贿人自己直接从房管部门领取了房产证。该案的举报人称其有重大的犯罪嫌疑，并没有说具体的某一事件，在该犯罪嫌疑人因其他犯罪被立案侦查以后，进入了深挖犯罪的阶段。审讯人员若无其事地说："现在办理证件的手续都简便了，服务意识也提高了，现在购买小轿车商家能够把行车证代办好了交给你，方便了客户吸引了客源。"犯罪嫌疑人答："现在的商业理念转变了，服务的质量也提高了，现在购买商品房开发商连房产证都能代办，但是房管部门的'衙门观念'还没有转变，就连调换房子都要双方的所有权人当场亲自在房管部门办理手续。"在这句话的语言背景中，犯罪嫌疑人"泄露"了两个重要"条件"：一是购买商品房开发商是不可能连房产证都代办的，办理房产证必须要房产所有人亲自去房管部门办理相关的手续，并且还要当场给所有权人拍照留存，这些程序房产开发商是不能代理的。这个背景"条件"含义说明犯罪嫌疑人自己购买的商品房，根本就没有去过房管部门办理过房产证，而是让行贿人代办的，这里不能代办的事情为什么还要勉强呢？至于房产证是否办好犯罪嫌疑人并不清楚。二是犯罪嫌疑人怎么知道调换房子都要双方的所有权人当场在房管部门办理呢？这里说明犯罪嫌疑人调换过房子！接下来审讯人员针对"泄露"的条件展开讯问：

问："你是怎么知道调换房子都要双方的所有权人当场在房管部门办理呢？"

答："是听别人说的。"

问："听谁说的？"

答："记不起来了。"

问："你为什么调换房子？"

答：我没有……（被审讯人员阻止）

问："任何一间房屋只要有房产证，那么在房管部门都是有记录的，你调换的房子也是一样的，是有记录的。"

答：（不语）……

问："你为什么调换房子？"

答："因为第一次购买的房子环境不好，后来发现现在调换的房子的环境比较好，所以就通过开发商帮助调换。"

问："这两处房子都是一个开发商开发的吗？"

答："不是的。"

问："那是怎么调换的？"

答："是开发商帮助协调的。"

问："怎么协调的？"

答："就等于把原来我购买的房子退掉，然后再重新购买现在的这套房子。"

问："那怎么又变成了调换房子呢？这两套房子是同等面积、同样价格吗？"

答："我不知道……"

问："那你知道什么？"

答：（不语）……

问："房子的价格是多少？"

答："大概是五十万元。"（再次"泄露"！在"大概"的语言背景含义里，"泄露"了不具体的条件）

问："到底是多少钱？"

答："记不清了。"

问："既然是自己购买的房子，而且又不是小的数额，怎么会记不清了呢？"

答："时间长了确实记不清了。"

问："时间有多长？"

答："有一年多的时间了。"

问："仅仅是一年多的时间，几十万元的付款就记不清了，原因很简单，你没有付钱！"

答："我付了钱。"

问："怎么付的？"

答："是现金付的。"

问："现金从哪里来的？"

答："是我家里平时积攒下来的。"

问："怎么积攒的？"

答："一点一点地存起来的。"

问："存在哪里的？"

答："存在银行里的。"

问："哪家银行？"

答："几家银行都有。"

问："哪几家银行？存折呢？"

答：（不语）……

问："既然钱是存在银行里的，那么你取现金就应该有记录不是吗？"

答："房子的钱我还没有来得及付是欠着的。"

问："那你刚才为什么说是付的现金呢？"

答："我害怕！"

问："你怕什么？"

答："怕你们说我受贿。"

问："现在就不怕了吗？"

答："反正房子的钱我是要还给他的。"

问："你欠的房款有欠条吗？"

答："没有。"

问："为什么没有？"

答："他们没有跟我要。"

问："有购房协议吗？"

答："有！因为办房产证需要。"

问："购房协议有欠款的事项吗？"

答："没有。"

问："为什么没有？因为你没有付现金！"

答:"他们制订的购房合同没有欠款的事项。"

问:"别人购房都是能够欠款的吗?因为购房合同上就没有欠款的事情,别人都是要付现款的而你却特殊!这是什么原因啊?"

答:"因为我给他们办过事情,所以他们也是为了感谢我,才同意我暂欠房款的。"

问:"你给他们(指开发商)办过哪些事情?"

答:"当时他们开发的那块地是我批的,是我同意开发的,当时也是通过招标的,后来他们中标了就给他们开发了。"

问:"既然是招标的就是平等竞争,他为什么要感谢你呢?"

答:"我给他们打过招呼。"

问:"给谁打过招呼?"

答:"有关的审批部门,主要是建委的有关负责人。"

问:"你在银行的存款是多少?"

答:"有二十几万元吧。"

问:"那为什么不付房款?"

答:"二十几万元是不够付房款的。"

问:"现在不是有住房公积金吗?完全可以支付你的购房款,为什么直到交房的一年之后还不付房款呢?因为你不需要付房款!"

答:"(不语)……"

问:"这件事本来并不复杂,找一下那位开发商什么也就清楚了,但是这件事我们不希望通过开发商的嘴说出来,希望你能够有一个清醒的认识,你的那套房子是送的还是欠的,事实已经非常清楚了!我还想听你说一遍是送的还是欠的?"

答:"(沉思)……是送的!"

问:"那你前面说欠的是怎么回事?"

答:"送的就是受贿呀!"

问:"你打算怎么办?"

答:"房子我退出来!"

问:"你的存折上到底有多少钱?"

答:"大概有二十几万元!"

问:"不对!"

答:"那我想想……另外还有一个存折上也有十几万元。"

问:"你一共有几个存折?"

答:"有好几个,还有我爱人的。"

问:"现在存折在什么地方?"

答:"我小姨子那里有几个存折……"(语言背景含义是小姨子这里有,并没有封死其他的地方是否还有存折,这里是通过语气"泄露"了存折的存在条件)

问:"还有哪个地方有?"

答:"我外甥那里还有一点。"("泄露"了存折以外的存在条件)

问:"'一点'是什么意思?"

答:"是现金。"

问:"多少现金?"

答:"二十万元。"

问:"其他的存折一共有多少钱?"

答:"大概有一百多万元。"

问:"放在你外甥那里的二十万元是从哪里来的?"

答:"是锦绣开发公司的余老板送的。"

待这起案件审讯结束时,犯罪嫌疑人的受贿数额已经达到了三百余万元。通过上述语境的对抗活动可以看出意识经验"泄露"是犯罪嫌疑人对抗的天敌,意识经验"泄露"是犯罪嫌疑人能够供述认罪的重要条件之一。

二、意识经验反映的语用行为

利用意识经验的超前反馈规律的常见的语用行为技巧,表现在:捕捉对方超前反馈的语言背景含义,帮助分析进行延伸发展形成反证的逻辑关系,最后一语道破。这里的语用行为过程也是一个揭露的过程,揭露的重要依据就是心理的存在意识,在帮助分析、延伸、发展、形成反证的逻辑关系的语境过程中,尽量地在平和的语境中完成。因为最后一语道破的总结性的语用行为带有一定的强制性,容易形成僵局,因此在对超前反馈行为进行分析评价的过程中就要注意语用行为的声调,避免僵局语境的出现。

三、惯性经验反映的语用行为

惯性规律是通过人的心理思维特点,潜意识地自主活动,表现出来的人的思维习惯的连续性,这种连续性是在联想的作用下形成的思维惯性。它与惯性思维有着本质的区别,惯性思维又叫常规思维或顺势思维,决策学中把它称为基本假设思维,人们在处理一个问题,看待一件事情,评价一个人的时候,常常用以往的知识、经历、经验和直觉,不由自主地对问题的原因或结果直接做出判断,这样的判断有一定的虚假性,由此而形成的思维定式被称为惯性思维。"固执己见"就是惯性思维的一种表现。例如，有一个猎人第一次在一棵大树下面打了一只兔子，第二次去的时候又在那棵大树下打一只兔子，第三次猎人认为那棵树下一定还有兔子，结果又去了那棵大树下，但什么也没有发现。这就是惯性思维的结果，是经验意识的固执反映。而思维惯性反映了思维本身的活动特点，是通过联想思维的连续性，是人的思维特点和思维习惯的基本规律，这种规律表现在人们除了睡觉就停止了这种思维的连续性，只要有意识的存在就有思维的连续性，即思维惯性。

在审讯的语言交流活动中，讯问语言所表述的语言是有所意指的，这就是讯问语言的意向性。审讯语言虽然是双向交替进行的，但是它们表述的每一句话不仅仅代表一种意思，更重要的是满足语言表达意义上的规范性、完整性和准确性，也就是说一句话的语词只能按照一定的规则在一定的时间范围内的链条上按排列顺序出现，也就是语言流动的完成状态。审讯活动中，直接引发语言流动的是审讯人员和犯罪嫌疑人的对抗交流意识，审讯人员不断地对犯罪嫌疑人释放语言信息，而犯罪嫌疑人不断地做出反应，随着审讯活动的情况不断发生变化，这种语言的连续性表现为前呼后拥，不能忽然停止，如果忽然停止就是说了半句话，出现了语言的不协调状态，语言的这种属性就像运动的物体有惯性一样，对于语言流动过程中出现的这种难以控制的并且按照既定方向运动的状态，我们称为语言的惯性。语言惯性是一切流动的语言所具有的本性，语言是心理意识的反映，心理意识的不断变化是语言流动的基本属性，心理的行为活动与心理的潜意识活动使语言具有两面性：一是"口是心非"，二是"口是心是"。从主观意识能够控制语言的情况来看，它能够自觉组织语言向前流动，语言是能够被控制的、被意识的。但是，如果潜意识活跃起来，那么语言就会从意识中解脱出来，在语言惯性的驱动下，话会越说越多难以控制，"口是心非"的口误就会随着流动的语言破口而出，出现致命的语言失误，让审讯人员抓住了话柄。

审讯活动中犯罪嫌疑人的口误往往是一句完整的意思表述，是一句完整的语言表述行为，而不是某个词语的表述口误，通常犯罪嫌疑人的口误表述是：别人是什么样、怎么了，我是什么样等。在审讯活动中这一系列的话语就像流水一样被透露出来，当然在这些话语中有的话语与案件的情节没有关系，但是有的话语就与案件的情节有着密切的关系。案件与自己的犯罪行为有关的语用行为，通常情况下是在审讯人员的语用行为的刺激下产生的，当这种双向流动的语用行为发生了偏差的时候，也就是说审讯人员的语用行为带有标题性，犯罪嫌疑人围绕这种标题性语用行为回答问题的时候，随着语言的惯性向一个方向流动的时候，也就是犯罪嫌疑人为了更进一步地说明或者为了更进一步地证明自己语用行为内容的真实性,便会积极地组织语言进行维护,这就会出现惯性的语言流向,当这种语言流向出现偏差的时候,这便是口误。出现了语言流向的反差,也就是说文不对题。为什么会出现这样的一句话?审讯人员就需要让犯罪嫌疑人来做出回答!通常的情况下犯罪嫌疑人是回答不出来的,因为这句话本身就不是犯罪嫌疑人想要说的话,如果照实回答只能是把犯罪的有关情节暴露出来。举一段审讯中的问答予以说明:

问:"你把认识阳光公司的张经理的经过讲一讲。"

答:"原来是通过一个朋友认识的,后来他参加了市政府综合办公大楼的工程招标就熟悉了,在招标的过程中我们都是按照规定的程序进行的,有人说我在招标的过程中拿了人家的钱(口误出现了),那是不可能的!"

问:"我刚才是让你说是怎么认识张经理的,并没有问到你拿别人钱的事!你这句话是什么意思?"

答:"我是说我在招标的过程中没有拿别人的钱。"

问:"我问你是怎么认识张经理的!你为什么要解释钱的事?"

答:"我是怕你们说我拿了别人的钱。"

问:"你还没有直接回答我的问题!我是问你为什么要扯到钱的事!"

答:(不语)……

问:"讲!"

答:"我确实没有拿别人的钱。"

问:"我问你什么的?"

答:"你问我是怎么认识张经理的。"

问:"你是怎么回答的!"

答:(不语)……

问:"讲!"

答:"我错了。"

问:"你错在哪里?"

答:"我不该说没有拿别人的钱。"(又是口误)

问:"拿了就是拿了,我可以肯定地告诉你——拿了!检察机关为什么不找别人来谈话,却偏让你来呢?错了就是错了还要编理由。"

答:"我是准备还给他的,后来一直没有看见他的人影。"

问:"还给他就对了!你又不缺吃少穿的要他们的钱干吗!"

答:"我退给你们可以吗?"

问:"你把经过的时间、数额重新讲一遍。"

答:"好……"

以上的对话可以看出犯罪嫌疑人的口误，实际上是犯罪嫌疑人最关心的问题，是急于要开脱的问题。审讯人员在一个劲儿地兜圈子，犯罪嫌疑人自己就沉不住气了，就想尽快了结这种让人揪心的谈话，口误便一个接着一个地出来了。由此审讯人员的语用行为就是要围绕口误的语言背景，以起到诱发作用和控制作用。在犯罪嫌疑人语言惯性产生之初，审讯人员的语用行为的首要任务是激起犯罪嫌疑人内在的心理状态的变化，使语言惯性沿着既定的方向连续地发展下去，直到满足限制犯罪嫌疑人的心理条件为止。

四、粘连经验表现的语用行为

语用行为的粘连规律是语言惯性的重要表现，当一个人在说话的时候，前一个词语出来的时候，后一个词语会紧跟着出现，以此保持着语言的连续运动状态。语言的粘连性是语言持续发展的基础，是保持语言惯性的条件。语言的粘连性就像一种无意识中自发形成的潜在的语言的有序性，自发地调节着语言的"语无伦次"到稳定的有序过程。正是这种语言的粘连性为讯问语言的发展提供了可喜的条件。当讯问语言仍然在泥泞的小路上徘徊的时候，语言的粘连规律无疑是给讯问语言的发展指明了方向。

审讯语言是为了满足审讯活动的需要，带有明确的意图和倾向性，讯问语言在每一个句子的组合上有其非常明显的连贯性，无论是讯问语言还是日常交流的语言，都不是在零散的词和句子中发生的，而是在连贯的话语中产生的，也就是说话语不是杂乱无章从一个话题忽然跳到另外一个话题。语言的连续性表现在概念含义的统一上，由此，形成语言连续性的句子的粘连就应当是单一的意思、单一的概念。在审讯活动中犯罪嫌疑人处于被讯问的状态，在问答的信息交换过程中，完成语言的互动过程，完成了问答的同一性。例如，审讯人员问犯罪嫌疑人某个时间在做什么？那么犯罪嫌疑人的回答就应该围绕着时间和行为做出反应，如果犯罪嫌疑人的回答是："今天的天气不好！"这种语言反应表现为不同一，讯问的语言互动过程受到了阻碍。讯问语言的不同也是审讯失败的重要因素，犯罪的心理事实是通过语言表现出来的，这种供述自己犯罪事实的语言是通过审讯人员的语言粘连出来的，犯罪嫌疑人能否出现供述性语言，审讯人员的讯问语言的粘连强度是重要的因素，语言互动过程中的高度的同一性，是审讯人员发挥语言粘连作用的条件，不同一的语言是无法粘连的。因此，审讯人员必须打造语言互动的同一性，才能粘连出审讯人员所需要的语用行为。

审讯人员所表述的语言其句子的粘连是有一定的规律的，有其自身的特点，不是随意粘连在一起就能够达到与犯罪嫌疑人交流的目的的。句子的粘连形成有明确的意图和倾向性的语言，这是由审讯活动的语境和讯问语言所表达的目的决定的。审讯人员发送给犯罪嫌疑人的语言信息，要求犯罪嫌疑人立即做出相应的语用行为，这样的语用行为的表达目的只能是单一的，是能够让犯罪嫌疑人听明白的单一意思表述的语言。因此讯问语言不能是多元的，也就是说审讯人员在具体的时间、空间环境里，为了达到让犯罪嫌疑人供述认罪的目的，发出的语义完整、具有相对独立的语言单位，是单一语义粘连的表述过程，因为单一语义的句子一般只能表达单一的目的。如果两个以上的句子粘连在一起，出现了语义的多元性，就有可能在其含义上出现矛盾，让犯罪嫌疑人无从做出反应，就有可能出现不同一的语义表述，阻碍了心理事实的语言表露。

粘连法在审讯活动中的运用是非常广泛的，其方法简单但效果显著，抓住与犯罪嫌疑人的犯罪密切的关系进行粘连，使犯罪嫌疑人在莫名其妙的过程中，走进了我们的圈套。粘连法应当灵活运用，切不可生搬硬套，在使用的过程中审讯人员应当注意隐蔽自己的意图，才能产生效果，在使用粘连法的方法上，选择的粘连关系应当与犯罪嫌疑人的犯罪有着密切的联系，如果是风马牛不相及根本就不可能产生粘连作用和效果。

（一）讯问主题的语言粘连

审讯活动是围绕着提取犯罪事实而展开的，讯问语言也正是以这个主题为中心的。当然犯罪嫌疑人是不会主动告诉你犯罪事实的，尽管如此犯罪嫌疑人还是会在审讯人员的语言影响下交代自己的犯罪事实，在很多的时候主题语言粘连法能够发挥重要的作用。关于主题语言就是语言表述对象的核心或者主要问题，因为案件的特点不同，主题语言就不同。例如，贿赂犯罪的主题语言与盗窃犯罪的主题语言就有明显的区别。贿赂犯罪的主题语言是以职务行为为中心的，而盗窃犯罪的主题语言是以秘密获取他人财产行为为中心的。举例如下：2006年某检察院接群众举报市招标办主任章某，利用工程招标的一系列特权，向投标单位泄露标底，伙同没有工程资质或者不够资质标准的建筑单位，采取暗箱操作、违章操作、围标等方法，使许多不符合建筑工程要求条件的建筑单位中标，严重地扰乱了建筑市场的公平竞争秩序。与此同时章某利用招标办主任的职务之便，大肆收受贿赂，并且明码标价透露一个标底5万元，帮助围标成功10万元，透露有利于中标的信息2万元。近几年来章某收取的贿赂达数百万元以上，在社会上造成了极其恶劣的影响，严重损害了国家公务人员的形象，请检察机关引起重视严肃处理。

这样的案件其犯罪行为特征是：利用主管工程招标的职务之便，采取弄虚作假为他人谋取不法利益收受贿赂。这一犯罪的行为过程就是讯问的主题行为，讯问的语言必须围绕这样的主题展开，才能涉及中心的犯罪事实。弄虚作假获取利益，是这个案件的因果关系的主题。讯问的主题是：这起工程的招标条件是三级资质的建筑工程单位，而中标的却是没有任何资质的乡镇工程队，这是为什么？讯问的主题语言为：某工程的招标为什么要弄虚作假？这里因为语言的粘连特征，回答的问题应该按照问话的原意回答，这是语言合作的基础。如果答非所问，就是语言的不合作。按照客观原意就是拿了别人的贿赂，这是全部犯罪行为的结果。这个结果是唯一的。如果其行为结果不是唯一的而是多项的，那么犯罪嫌疑人的回答就会有很大的退路，他会选择有利于自己的一项来进行回答。选择语言粘连的方法应当注意到前言和后语的唯一性，逼着犯罪嫌疑人只能选择单一的结果来进行回答。

问："你在哪个单位工作？什么职务？"

答："市招标办办公室主任。"

问："主要的工作范围？"

答："负责全市的建筑工程招标。"

问："工程招标有哪些条件？"

答："根据国家关于《房屋建筑和市政基础设施工程招标投标管理办法》规定，工程施工招标应当具备下列条件：（一）按照国家有关规定需要履行项目审批手续的，已经履行审批手续；（二）工程资金或者资金来源已经落实；（三）有满足施工招标需要的设计文件及其他技术资料；（四）法律、法规、规章规定的其他条件。工程施工招标分为公开招标和邀请招标。依法必须进行施工招标的工程，全部使用国有资金投资或者国有资金投资占控股或者主导地位的，应当公开招标，但经国家计委或者省、自治区、直辖市人民政府依法批准可以进行邀请招标的重点建设项目除外；其他工程可以实行邀请招标。"

问："你对业务还是非常精通的！"

答："不能说精通，也只是应付工作的需要吧。"

问："市税务局的办公大楼是你们负责招标的吗？"

答："是的。"

问："承建单位符合当时的招标条件吗？"

答："不清楚……"

问："你是招标的负责人，那么大的一项国家工程你不知道！"

答："是不太符合条件。"

问："为什么不符合条件的招标了？"

答：（不语）……

问："我在问你话呢！"（逼着犯罪嫌疑人进行单一的回答，把犯罪事实粘

连出来）

答："我有责任，我检讨……"
问："我在问你原因，不是追究责任！"（始终围绕主题语言进行）
答："（不语）……"
问："什么原因我们清楚！但是你更清楚！就那么一点钱就把你买走了？"
答："我错了，我不该……"
问："你错在哪里？"
答："我不该收他们的钱！"
问："一共给过你几次？"
答："两次3万元一次5万元。"
问："什么时间？什么地点？"
……

利用主题语言的连续性进行粘连，重要的是选择好主题，主题语言能够起到承上启下的作用，才能够使主题语言不断发展，主题语言才能进行顺利的粘连，最后通向供述的主题。通常犯罪嫌疑人的供述和辩解，会涉及问题的不同方面和不同的角度，审讯人员应当注意捕捉有利于进行"攻击"的语言主题，利用语言的连续性，把审讯人员需要的主题粘连出来，控制起来，达到让犯罪嫌疑人供述的目的。

（二）逻辑情节的语言粘连

每一个人的犯罪都有行为的情节，情节是犯罪行为过程的重要表现，逻辑情节是以因果逻辑关系组织起来的一系列犯罪事件的发展过程。逻辑情节是根据逻辑思维主要遵循的传统形式的逻辑规则的思维方式推理判断的主观情节。逻辑情节是主观对客观再现的基础，犯罪的全部过程只有实施犯罪的行为人清楚，除此以外的其他人只能根据某些情节的相互关系，进行推理判定找出犯罪行为过程。作为实施犯罪的行为人对自己全部的行为过程记忆清楚，有的犯罪嫌疑人不仅对那些重要的犯罪情节记忆犹新，而且对那些细节过程都能够清楚地记忆。当外来的信息触及犯罪行为的某些细节的时候，犯罪嫌疑人会通过联想把全部的犯罪行为过程在自己的大脑里再现出来，并且按照事件发展的因果顺序排列起来，形成心理语言空间，在满足语境的合作状态下，审讯人员从犯罪行为过程中抽取某一个情节让犯罪嫌疑人回答下一个相联系的情节的时候，并且这个相联系的情节只有一种正确答案，那么犯罪嫌疑人只能根据自己的记忆来回答这一情节过程，因此逻辑情节的语言粘连功能发挥了作用。例如在贿赂犯罪案件中，开发商李某为了承建商业大厦的建筑工程，为了接近掌握发包大权的张局长，托人从中搭桥引线，便找到了张局长的情妇许某，通过许某的介绍李某认识了张局长，并且通过许某的手送给张局长现金20万元，张局长接到20万元以后从中拿了10万元给了许某，于是开发商李某便轻而易举地中了商业大厦的建筑工程的标。办案人员首先传讯了开发商李某：

问："你是外地的开发公司怎么能够在这么短的时间内认识张局长？"（这里讯问的目的是要把介绍贿赂的中间人粘连出来）

答："是通过朋友介绍的。"

问："哪个朋友介绍的？"

答："是保险公司的一个朋友。"

问："保险公司的哪个朋友？"

答："保险公司的许某。"

问："许某是怎么介绍的？"

答："我让许某请张局长吃饭，在吃饭的时候介绍认识的张局长。"

问："你为什么要找许某介绍呢？"

答："我听人家说许某是张局长的情妇，办这类事情有分量。"

问："那许某为什么愿意给你做中间介绍人呢？"

答："开始是请许某吃了一顿饭，后来给她买了一件裘皮大衣。"

问："裘皮大衣多少钱？"

答："15000元。"

问："15000元仅仅是介绍，认识了张局长以后给了多少钱？"

答："没有给多少钱。"

问："没有给多少钱是多少钱？"

答："20万元。"

问："怎么给的？"

答："我是交给许某，让许某转交的。"

问："一共给了几次？"

答："三次。"

问："三次给了多少钱？怎么给的？"

答："三次一共给了80万元，第一次是20万元，是通过许某给的，第二次给了30万元是我直接给的，第三次也是30万元也是我直接给的。"

问："为什么后两次你要直接给呢？"

答："主要是怕知道的人多不好，同时让许某转给张局长我也不放心，也怕张局长不高兴。"

语言的承上启下的粘连特征为获取犯罪情节提供了重要条件。语言的承上启下的粘连特征，是以逻辑情节为发展方向的，反映了认识思维的方向。由于认识思维的方向问题，根据逻辑思维的多向性特点，心理思维又表现为语言的属性，同时也反映了语言空间的多向性，因此逻辑思维在反映逻辑情节的过程中也具有多向性。

1. 顺向性。前面的案例所表现出的语言特征为顺向性，也是心理思维的顺向性，这种思维是以问题的某一条件与某一答案的联系为基础进行的，其方向只集中于某一个方面，对问题只寻求一种正确答案。也就是思维时直接利用已有的条件，通过概括和推理得出正确结论的思维方法。前面的案件情况：开发商李某是外地人，到本地来开发，与建设单位的发包负责人张局长不认识，必然有从中牵线搭桥的人，这是逻辑推理得出的结论，也是逻辑情节的依据。办案人员根据逻辑推理得出的结论，获得了逻辑情节，运用逻辑情节的语用行为，把语言方向集中在牵线搭桥的中间介绍人的身上，以此粘连出贿赂犯罪的情节。

2. 逆向性。与顺向性思维方法相反，逆向性思维是从问题出发，寻求与问题相关联的条件，将只从一个方面起作用的单向联想，变为从两个方面起作用的双向联想的思维方法。逆向思维是一种重要的思维方式。逆向思维也叫求异思维，它是对司空见惯的似乎已成定论的事物或观点反过来思考的一种思维方式。敢于"反其道而思之"，让思维向对立面的方向发展。人们习惯于沿着事物发展的正方向去思考问题并寻求解决办法。其实，对于某些问题，尤其是一些特殊问题，从结论往回推，倒过来思考，从求解回到已知条件，反过去想或许会使问题简单化，这就是逆向思维和它的魅力。逻辑情节的发展关系通过逆向思维的方法，也能够使犯罪的逻辑情节粘连出来。例如，在查办贪污案件的实践中，有许多贪污犯罪的行为人为了隐瞒自己的犯罪事实，大多采取嫁祸他人的方法对抗审讯，自己贪污了公款谎称为了公务给了别人"好处费"。这样的案件就宜采取逆向思维方法找出逻辑情节。举例如下：

2006年市拆迁事务所负责旧城改造的拆迁过程，在对旧民宅的拆迁过程中，谎报拆迁户周某的拆迁面积，截留拆迁款4万元。

问："你在拆迁事务所是什么职务？"

答："负责拆迁业务的副所长。"

问："周某的住宅是你负责拆迁的吗？"

答："是的！"

问："周某拆迁的住宅面积是你丈量的吗？"

答："是的！"

问："周某的拆迁补偿款是谁领走的？"

答："因为当时周某出差，在他临走的时候让我帮助他代领的，当时他还给了我一份委托领款的委托书，周某的拆迁补偿款是我帮助代领的，周某回来后我就把代领的补偿款给了周某。"

问："周某有几处拆迁房子？"

答："有两处。"

问："这两处的拆迁款都是你帮助代领的吗？"

答："不是，第一次是周某自己领的，第二次是我代领的。"

问："拆迁款是什么时间给周某的？"

答："他回来后我就给他了。"

问："他是什么时间回来的？"

答："9月20日左右。"

问："你再想一想到底是什么时间。"

答："9月22日上午我在我的办公室门口交给他的。"

问："多少钱？是用什么包装的？"

答："4万多元，当时有零钱我记不清了，钱是用报纸包着的。"

问："是亲手交给周某本人的吗？"

答："是的！"

问："据我们了解周某下半年根本就没有回来过，你是怎么给的钱？"（这里是讯问人员假设的情节，也是逆向的逻辑情节，如果犯罪嫌疑人没有将钱给周某，那么他就不会知道在那个特定的时间段，周某是否在本地。如果犯罪嫌疑人真的把钱给了周某，那么他会立即进行否定。看看犯罪嫌疑人的反应表现便可知钱的去向）

答：（不语）……

问："说钱哪里去了！"

答："现在还放在我这里，我交给你们就是了。"

问："实际上周某只有一处拆迁房，你利用周某搬家去了外地，伪造拆迁的手续和领款委托书，截留4万元的公款！这笔钱你是不可能给周某的！"

答：（不语）……

上述讯问就是通过逆向思维的逻辑情节，粘连出犯罪的全部行为。

3. 横向性。从本质上说横向性的讯问语言的粘连，是横向思维的感知过程与思维过程的结合。按照传统的心理学理论，感知与思维是不同的心理过程，感知是思维的基础，思维是高级的心理活动，语言是重要的心理行为表现。创造性感知和创造性思维是不能截然分开的。横向思维使人们首先通过横向扩大注意力的范围，获得全新的信息，使得信息搜索的过程更富于创造性。讯问活动中创造性的思维通过语用行为来达到创造性的结果。横向思维是指接受和利用其他事物的功能、特征和性质的启发而产生创造性思想的思维方式。简单地说，纵向思维是利用逻辑推理直上直下地思考，而横向思维是当纵向思维思考受阻时大脑急转弯，在横向思维中去发现富有创新性的目标或答案。例如，在2007年某检察机关接群众举报称，市卫生局局长陈某在任用干部的问题上，认钱为亲买官卖官，市人民医院的刘某一贯的吹牛拍马，仅用了5万元就坐上了院长的宝座，群众呼声强烈，请检察机关依法查处。检察机关立即对上述事实进行调查，传唤了刘某，刘某承认在此之前送过5万元给陈局长，目的是为了加深感情。可是，在办案人员给其签字画押放回家之后不久，刘某又到了检察院跟办案人员说："我刚才的供述有误，那5万元我确实是送给了陈局长，可是在第二天晚上陈局长又把这5万元退回来了，因为当时我不在家，是我爱人收下的，所以我不知道，现在特地来更正的。"

这是一起明显的翻供案件，5万元也不是一个小数目。关键问题是刘某离开检察院之后，是不是与陈某进行了串供，受到了其他问题的干扰后悔了，用翻供的方法来维护自己和他人的利益。第二次的讯问是这样开始的：

问："你怎么又回来了？还有什么事情要补充吗？"

答："我刚才的供述有误，那5万元我确实是送给了陈局长，可是在第二天晚上陈局长又把这5万元退回来了，因为当时我不在家，是我爱人收下的，所以我不知道，现在特地来更正的。"

问："我就知道你要回来，你从这里出去以后给谁打电话了？"（试探刘某是否与陈某进行了串供）

答：（不语）……

问：（确定了串供的存在）"我们知道你与谁联系上了，我们就在这里等着你回来翻供呢。"

答："我说的都是实话。"（进一步维护自己的尴尬局面）

问："我们对你上一次的供述是比较满意的，因为你能够实事求是地把问题讲清楚，说明你已经认识到了自己的错误，我们可以对你进行批评教育使你以后不要再犯类似的错误。可是你从这里出去之后又干了什么呢！你是自己把自己往绝路上推。"（为后面的横向拓展铺路）

答：（不语）……

问："关于你的问题有四点我们要提醒你，第一是你刚才说，送给了陈局长5万元，可是在第二天的晚上陈局长又把这5万元退回来了，这说明陈局长是廉政的好干部。你的行为是拉领导干部'下水'，你的思想作风是坏的，你根本就不具备当院长的条件！第二是你送钱的方法如此轻车熟路、出手如此大方，你那5万元是从哪里来的就可想而知了！你不但涉嫌行贿还涉嫌受贿，这是你的行为告诉我们的，本来这件事就是你的不是，你还要把别人的问题往自己的身上拉，这不是愚蠢到家了吗？第三是既然这5万元的行贿款又回到了你的家里，那么这笔行贿的钱你必须交到检察院来！第四是陈局长的行为是犯罪行为，你为其掩盖犯罪事实，你的行为是什么？同时你还教唆你的爱人，让她来证明陈局长的5万元是交给她的……"（这是推理：刘与陈串供完了以后，必然要其爱人来证明钱已经收回了，不然不能自圆其说）

答："你们是怎么知道的？是我爱人说的？"（推理已经获得了证明）

问："你爱人跟你可是不一样！（避开对方的试探）你应该权衡利弊，你前面的翻供我们可以既往不咎，重新给你记录！但是你必须实事求是，后果你自己是明白的！"

答："好！那我还是实话实说，我第一次的供述都是真的，在你们这里说完了以后，我感觉有些对不住陈局长，就打电话跟他说了这里的结果，是他让我这样跟你们说的，并且我还对我爱人说陈局长的钱是退还给她的，检察院要问就让她这样说。现在我知道了问题的严重性，我还是保留第一次供述的事实，第二次是陈局长让我翻供的，那是假的，陈局长的5万元根本就没有退还回来。"

上述的这段讯问如果按照直接逻辑情节进行，那么只能根据刘某的供述与翻供的直接原因，进行逻辑情节的讯问。前后供述不一必然有其内在的直接联系，根据直线的逻辑推理，刘某必然是受到外来信息的影响才产生了变化的，那么是什么原因使刘某的供述产生了变化？供述的变化是真还是假？这是必须要弄清楚的，不然这样的一个案件是很难继续下去的，弄不好这个案件就可能中途夭折。

现在我们仍然选择上述的案例，以直线的逻辑情节进行讯问。

问："你怎么又回来了？还有什么事情要补充的吗？"

答："我刚才的供述有误，那5万元我确实是送给了陈局长，可是第二天晚上陈局长又把这5万元退回来了，因为当时我不在家，是我爱人收下的，所以我不知道，现在是特地来更正的。"

问："你从这里出去才一个多小时，变化就这么快？"

答："我回去后把情况跟我爱人说了，我爱人说陈局长的5万元已经退回来了，她忘记告诉我了，所以我赶过来把这件事跟你们说清楚，不然就冤枉了人家。"

问："5万元不是一个小数目，你爱人怎么能够忘记了告诉你，这话恐怕连鬼都不会相信，你们编造的也太不巧妙了！既然这件事牵涉到你的爱人，那么我们只要把你的爱人请来，问她5万元陈局长是什么时间还的，现在钱在哪里，就一清二楚了！"

答：（不语）……（不希望自己的爱人被牵涉进来）

问："我再问你一句，陈局长5万元是什么时间还的？"

答："我爱人说是我送去的第二天陈局长还回来的。"

问："你是什么时间送去的？"

答："2007年的元月份，快要过年了。"

问："陈局长退回来的钱放在哪里了？"

答："我不清楚，我们家里的钱都是我爱人保管的。"

问："那么根据正常的逻辑推理，这笔钱不是存在银行就是放在家里。放在银行有记录，放在家里有现金，如果这两样都没有，就是你们说了假话，包庇犯罪的责任可是要你们承担的，包庇犯罪可是要判刑的！"

答："是的，这话我懂！"

问："你还要坚持我们去找你爱人核对吗？找了你爱人她还能够自圆其说吗？我想到时候你们夫妻俩都被牵涉进来，这件事本来不关你们的事情，你们是非要往自己的身上拉，摆着好日子不过！"

答："我想我爱人也会实事求是的。"（这样的回答显然是讯问人员所设置的情节，并没有对刘某产生威胁）

问：（在上述的情况下讯问人员只得再次组织逻辑情节）"你从我们这里出去以后都跟谁取得了联系？"

答："我没有跟谁联系！"

问："你出去这段时间跟谁联系我们是能够查到的，电话是有记录的，等到了那个时候你就麻烦了！在这件事情上我们不想让你一错再错，希望你能够认真把握！"

答："你们怀疑我给谁打了电话？我不想把事情惹到自己身上来。"

……

可见上述的两种不同的情节粘连方法，产生的效果也是不同的，因此在不同的犯罪案件中，应当选择有针对性的情节语言粘连方法，才能取得好的效果。

4. 发散性。审讯活动的重要表现是语用行为技巧，这种语用行为技巧是以讯问人员的思维活动为基础的，讯问人员所运用的散向性思维，就是发散思维。在审讯活动中由于犯罪案件的性质、情节、犯罪嫌疑人的行为和性格特征不同，这就要求审讯人员采取的方法对策也不相同，发散思维是对要解决的目标，沿着不同方向和角度进行思考，从多方面找出对策和方案，通过联想、想象、灵感和直觉等思维形式，粘连出犯罪行为的某些情节，逐步推进犯罪嫌疑人供述动机的形成。通常最佳的思维形式包括多向思维、辐射思维、立体思维等。多向思维包括发散和转向两个思维阶段，发散是指在处理一个问题前尽量提出多种设想，扩大选择余地。转向是指思维在一个方向受阻时，立即转向其他方向，往往是多次转向，直到成功。辐射思维是根据最新科学原理或新发明，由点到面，想到与此相关的所有相关点，去开发它的新用途和对策。发散性思维一方面用外部言语来表达，另一方面也用内部言语进行思考。斯大林说："语言是直接与思考联系的，它把人的思维活动的结果、认识活动的情景，用词及由词组成的句子记载下来，巩固起来，这样就使人类社会中的思想交流成为可能。"审讯语言的灵活性正是建立在发散性思维的基础上的，也是通过思维的发散水平反映出来的。

运用发散思维的目的就是通过审讯语用行为的不同角度，去粘连犯罪嫌疑人把关不严的犯罪情节的语用行为信息。

首先是概念和语言发散。在涉案行为的同一个概念或情节上，运用不同的语言去描述，就会获取不同的粘连对象。例如，贿赂犯罪的行为结果是获取财产或者是银行的巨额存款，审讯人员需要问清犯罪嫌疑人在银行里是否有存款，如果直接讯问犯罪嫌疑人在银行里是否有存款，他会如实告诉你吗？显然不可能。同时直接讯问对方很容易直接否定。那么我们改变一种思维方式看看情况如何："你们家的存款是你爱人去存的还是你去存的？"这句话最起码对方不好直接否定，更为重要的是这句话能够扩展犯罪嫌疑人的联想，首先对方要想的是你问这句话的目的是什么？我去银行存款其结果会什么样？我爱人去银行存款又会怎样？这一语用行为目的多半是能够引发对方对自己回答问题的结果的思考。但是更多的时候能够粘连出犯罪情节信息。例如在一起市委组织部部长受贿的案件中，当时是因为其他案件牵涉到这位组织部部长，审讯人员开始并没有直接涉及其受贿问题，而是讯问其有关自己家里的存款情况：

问："你们家的存款是你爱人去存的还是你去存的？"

答："我家的存款都是我爱人存的。"

问："在哪些银行存的？"

答："这个我不清楚，是我爱人存的。"

问："那好！你写个条子让你爱人把存折送来！"

答："条子怎么写？"

问："你说你在检察院，让她把银行存款的存折送过来！"

答："（手里拿着笔却迟迟没有落笔）这个我不好写。"

问："为什么？"

答："我写了这样的条子我爱人会怎么想呢？"

问："你是怕了吗？"
答："我怕什么！"
问："那为什么不写呢？"
答："我是怕我爱人会误解？"
问："误解什么？"
答：（不语）……
问："你家的存款有问题吗？"
答："没有！"
问："那你怕什么呢？"（根据推理如果存折拿出来就会暴露自己的犯罪问题）
答："我不是怕！"
问："那是什么原因？"
答："我的事情不想牵涉我爱人。"
问："我们也不想牵涉到你的家人，因为前面你说是你爱人存的。"
答："实际上我家的存款都是我存的，与我爱人没有关系。"（推理：这是为了隐蔽在他爱人那里的大笔存款，抛出自己的小笔存款）
问："你在哪里存的？"
答："工商银行。"
问："什么时间存的？"
答："今年3月份。"
问："存了多少钱？"
答："5万元。"
问："钱是从哪里来的？"
答："平时放在家里准备用的，后来没有用就存起来了。"
问："我是问你这5万元是从哪里来的？"
答："平时的工资都是放在家里没有存，是集中起来存的。"
问："这里的公务员发的工资都在银行的卡上，怎么会有现金发给你？"
答：（不语）……
问："讲！是谁'发给'你的？"
答：（不语）……
问："讲！这些事你是早晚都要讲的！不然今天为什么找你呢？"
答："民政局的刘大庆给了3万元，社会保障局的白相如给了2万元。"
问："他们为什么给你钱？"
答："他们两人都是为了这次的人事调整，想当副局长。"

这是概念和语言发散的运用，顺利地粘连出犯罪的行为情节。

其次是条件和问题发散。根据犯罪行为的基本特征，设想出根据已知条件可以开展犯罪行为内在的各种问题，为讯问的主题拓展服务。在审讯活动中根据提取的某一情节特点，通过多角度、多方面的分析，找出问题变化的不同结果，在这些结果中进行分析总结，粘连出犯罪的情节信息。这种思维方式能够在审讯实践中，不断提高审讯人员分析问题、灵活运用已有的条件、全面观察问题的能力，最后达到治服犯罪的目的。

最后是思路和方法发散。侦查工作本身就要求侦查人员有开阔的思路，才会出现有效的方法。审讯活动是随时发展变化的，有的时候因为审讯人员能够有效地控制，这种发展变化能够朝着有利于审讯人员的方面发展。相反，就会朝着不利审讯人员的方面发展。思路和方法发散能够引导审讯人员从一个问题出发，根据所给条件，突破固有的思路和思维定式，去寻找不同的解决方法。

（三）行为习惯的语言粘连

人的行为习惯是由人的思维定式决定的，每一个人因为思维定式不同，其行为习惯也是不同的。但是人们的归类习惯是普遍存在的，这种习惯的特征是喜以同类物质放置在一起，是垃圾就与垃圾放置在一起，是贵重物品的就与贵重物品放置在一起。那么在自己的家里存放的贵重物品被归类在一起，便是许多人的行为习惯。如存款、存折、金银、珠宝、手饰等，只要找到其中的某一种物品，其他的物品也就找到了。多年来在打击犯罪的活动中，犯罪嫌疑人藏匿的赃款赃物，总是按照这样的行为特征进行隐匿，逃避侦查人员的搜查。例如犯罪嫌疑人为了转移隐蔽巨额财产，就连平时自己戴的一个大戒指也一并随着其他的财产转移了。办案人员为了获取犯罪嫌疑人转移的赃款赃物，并没有直接让犯罪嫌疑人交出赃款赃物，而是运用行为习惯粘连法，让犯罪嫌疑人交代戒指的下落，那么其他转移的财产也就被粘连出来了。

行为习惯的语言粘连方法是以犯罪嫌疑人的行为习惯为前提的，讯问语言的运用表现在"借找此物粘连他物"，因此讯问的目的是清楚的，这样就要求讯问语言的本身要有粘连性和连续性，要有语言的空间概念。因为"借找的此物"与"他物"的粘连，如果不存在必然性，那么犯罪嫌疑人很快就会告诉你此物的下落。审讯人员需再重新更换"粘连物"，继续追讨。但是如果存在着必然性，那么犯罪嫌疑人是不会轻易告诉你该物的下落，审讯活动只有持续追下去。这时讯问人员的语用行为就是围绕着选定的"粘连物"进行追讨。语用行为特征表现为关联的单一性，目的是让犯罪嫌疑人围绕着审讯人员设定的内容进行回答，在这双向的语言交流空间里，审讯人员不能留给犯罪嫌疑人思考的空间，当审讯人员向犯罪嫌疑人发出单向的语言信息之后，应仅仅留给犯罪嫌疑人获取信息的时间，尽量缩短犯罪嫌疑人思维的时间，隔离犯罪嫌疑人的联想帮助，因此审讯人员的这种语用行为必然是：连续的、语义单一的、紧追不舍的语言表述特征。这里讯问的语用行为必须保持语义的严谨性，只有如此才能控制语用行为的空间。否则犯罪嫌疑人会运用无赖的语用行为对策，导致僵局的失败结果。

讯问的语用行为与日常的社会交往的语用行为是不同的，虽然其他社会交往同样是以语言表达思维、互相沟通的社会行为，当你问起别人某一物品放置在哪里，可能别人会很乐意地告诉你。审讯活动是在特殊的语境中进行的交流，当你问起犯罪嫌疑人的某一物品放置在哪里的时候，他会联想出很多的问题，而不会轻易地告诉你，更有时甚至会以非常敌意的态度与你发生冲突。所以审讯活动中为了不发生敌意的冲突，导致讯问僵局，就要注意把握对方的心理承受程度，控制好语调，用词得当，声音自然，音量适中，让犯罪嫌疑人无法借题发挥。

（四）行为细节的语言粘连

犯罪行为是由一系列的行为细节组成的，能够暴露犯罪事实的往往是犯罪的行为细节，犯罪嫌疑人在实施了犯罪行为以后，最担心的不是全部犯罪的行为整体，而是犯罪行为的某些细节。因为犯罪行为的细节最容易暴露，这些细节通过上下的联系，就能够把全部的犯罪事实粘连起来。犯罪细节的粘连功能为讯问语言的运用提供了条件。讯问语言根据犯罪行为细节的粘连特征也表现为语言的粘连性。例如，在一起凶杀案件中，凶手在一幼儿园后门不远处的厕所里，用砖头将一名男子砸死后离开了现场。这一男子在路过幼儿园后门时，无意中撞倒了一名儿童，儿童的家长与其发生了冲突，要求将被撞的儿童带往医院检查治疗，可是这位男子不但不予以治疗，还给了儿童家长脸部一拳，逃离了现场，造成这位儿童家长鼻骨骨裂，派出所接到报案后，立即对这名男子进行了调查，经过走访和被害人的指认，派出所传讯了这名男子：

问："你叫什么名字？"

答："董于强。"

问："是哪里人？"

答："本市东门口的。"

问："干什么工作的？"

答："没有工作，自己做点生意。"

问："你为什么撞倒人家的孩子不给治疗还打人呢？"

答："他是想敲诈我，我才动手的。"

问："他是怎么敲诈你的？"

答:"他的孩子我只是碰了一下,根本没有伤,他非让我带去检查治疗,不是敲诈是什么?"

问:"孩子你碰到了没有?"

答:"碰是碰到了。"

问:"跌倒了没有?"

答:"跌倒了。"

问:"跌倒了就难免会有伤,你不但不承认错误还打人,并且造成被害人鼻骨骨折,你应当对自己的行为负刑事责任!"

答:"我愿意承担责任,支付医疗费。"(近日该派出所与市局刑警队配合,正在侦破发生在幼儿园后门厕所内的凶杀案件,凶手在逃。这两起案件的时间相吻合,是否属一个人所为想借此机会试探一下)

问:"你是什么时间碰倒那个小孩子的?"

答:"那个小孩是从幼儿园的后门出来的,他的爸爸在后面跟着,我没有注意才碰倒了他。"

问:"你到那里去干什么?"

答:"我是路过那里。"

问:"那个时间(17点30分至17点40分)在那个地段发生了一起刑事案件,当时那里没有任何行人,在现场的只有你一个人!"

答:"不是我。"

问:"不是你是谁?"

答:"我不知道。"

问:"你是在离开现场的时候,因为行走匆忙才撞倒了那个小孩子,当时你在心理紧张恐惧之下,又打了那个孩子的家长,这是客观事实,你是无法否认的。另外,在你作案的现场有你的遗留物,时间、地点、物品都是你的,还有比这样的证据再充足的吗?你无须辩解,现在能够救你的只有你的态度!"

答:"那我承认了能不能算投案自首?"(进入了临界状态)

问:"这仍然取决于你的态度!"

答:"那我说,厕所里的那个人是我打的。"

问:"用什么打的?"

答:"用砖头砸的。"

问:"砸了哪个地方?"

答:"头部。"

问:"砸了几下?"

答:"就砸了两下。"

问:"为什么下这样的毒手?"

答:"我欠了他的赌资,他天天逼我要,还说要搞我的儿子,我一气之下就给了他两砖头。"

这起案件就是通过相近的时间细节,以点追面,利用点滴的情节"滚雪球",粘连出全部的犯罪事实。例如,犯罪嫌疑人采取收款不入账的方法侵吞公款,侦查过程中发现了一张没有入账的收据,逼其交出其他的收据,把其他的收据全部追出来,达到以点追面的目的。再有贿赂案件的犯罪行为不是一次受贿就停止的,通过某一次的受贿把其他几次的受贿粘连出来。

运用行为细节的语言粘连方法,应当把握住语言的速度和语言空间的跨度。语用行为应当平稳地进行,对细节应当精雕细刻,一点一滴地剥离,粘连成完整的行为过程。运用语言空间的跨度不能太大,应当保持细节与细节之间属性连接,语言空间的跨度过大,就会形成细节与细节间的脱节,偏离讯问目标。

五、分解经验表现的语用行为

说话总得一句话一句话地说,吃饭也只能一口一口地吃,一口不能吃成胖子,一句话也只能表达一个层面,虽然有的人说一句话有几个含义,那也是在一个层面下所包含的背景含义,不是多层面的含义。在审讯的活动中让犯罪嫌疑人供述犯罪事实,犯罪嫌疑人不可能一句话就涵盖全部事件发展的全部过程。对多层面的问题,必须要通过分解的途径来解决,这就是人们在实践中处理问题总结出来的"分解经验"方法。语言思维也是通过分解后才表现出来的,如果我们的大脑在进行思考的过程中,同时就几个层面的问题进行讯问,那么它将是思维混乱的语用行为。只有在单一的一个层面上对问题进行思考,才会有明确的语用行为,把多个层面问题放在一个层面来思考,必然是杂乱无章的。即便是为了处理多个层面的问题,也应该将其分解开来,一个问题一个问题地解决,这样就会容易和明确得多。由此可见,我们在针对犯罪嫌疑人数个犯罪行为或者是针对重大的犯罪事实的时候,一步到位要犯罪嫌疑人交代全部的犯罪事实或者直接指向全部的犯罪行为,让犯罪嫌疑人一次性全部交代给你,是不可能的。仅就人的语言思维特征来看,他也无法把那些多层面的东西交代给你,更何况交代犯罪事实是对自己不利的行为,趋利避害的行为本能也会阻止他的配合。这种语言思维的分解规律为审讯活动提供了重要的方法,并成为重要的审讯技巧,有着很强的实用性。

讯问语用行为的"分解经验",首先是对犯罪嫌疑人所实施的犯罪行为特征的分解。分解的方法:由于案件的特点不同,有的案件案值大、影响大、涉及人员和触动的层面较多,在对其进行分解的分析研究中,必须在先吃透案情的情况下,再根据案件情节所指的方向、范围、方法、步骤等进行具体分析,做出周密计划,做好全案的整体布局的分解:一是在数个犯罪行为的案件中选择近期的进行分解,逐一进行分解突破。二是在犯罪行为隐蔽的比较深的案件上,采取先外后内的分解方法,因为案件的隐蔽程度本身就表现出鲜明的层次性,外围的隐蔽程度与内部核心的隐蔽程度相比,内部核心的隐蔽程度要深得多。因为内部的核心问题与审讯的对象有直接的利害关系,在很多时候内部的核心问题就是审讯对象的犯罪证据,所以内部的核心问题比外围的问题隐蔽得要深,提取的难度要大得多,审讯时不容易一下子接触到最核心、最根本的证据,这就要求审讯人员必须灵活运用分解审讯的谋略,要有耐心地像剥竹笋一样层层深入。三是根据犯罪行为的暴露程度,把已经暴露的和可能暴露的情况进行分解,把强弱分开,以弱项为"切入点",侦查破案就是选择犯罪嫌疑人暴露的弱点来提取犯罪证据的。如果不分青红皂白、强弱、先后不分,就有可能给案件的突破带来不必要的麻烦。四是根据犯罪行为的涉案关系,进行主次分解,把在案件中起次要作用的因素分解出来。在主要的犯罪行为中,分解出次要的行为作为重点目标。五是在同等的行为情节上,分解出犯罪嫌疑人容易开口的问题或者是能够尽快获取的情节。例如银行的存款记录、现金往来、汇款的时间地点、工程项目的审批等,这些证据都比较容易取得,犯罪嫌疑人就容易开口。六是根据犯罪行为的实施时间和对犯罪行为的记忆程度,进行远近分解,由于犯罪嫌疑人多次实施犯罪的特点,按照先近后远的原则进行分解。因为时间越近人的记忆就越强,时间越近证据的真实性就越强,近期发生的案件与远期发生的案件相比较,从证人、证言、物证、书证提取的简易程度来看,近期发生的案件要比远期发生的案件容易得多。

　　其次是讯问人员的自我分解,进行语言的分解准备。讯问人员的语言思维分解是根据从犯罪嫌疑人那里获取的分解条件,准备有针对性的语言对策,围绕着分解的目标来选择语用行为的角度。同时也要根据对方可能选择的对抗的语用行为,做好对抗反应的分解对策,根据逻辑思维的特点,进行多轮次的语言准备,达到能够各个击破的目的。讯问人员的自我分解方法,是把主攻一个方向的语言思维的着力点,分解为攻击数个方向的语言思维着力点,实际是那些被分解出来的"点",最终都是指向一个犯罪事实,分解击破最终的犯罪事实便会自然暴露。例如,在审讯贿赂犯罪嫌疑人时,审讯人员选择了外围分解的方法,不去涉及受贿人的直接犯罪行为,把受贿犯罪行为的外围因素提取出来分解:行贿人与受贿人的关系进行分解,找出超常规的行为;受贿人与自己的爱人及亲属的关系,是否知道受贿人的钱的来历,是否有保存赃款的行为;

家庭存款与受贿的关系，目标集中在家庭存款的数额与正常收入的对比关系，找出差额的来源；公务行为与客观的交往行为的差异等。例如，某市的城市建设局，在对城市的中心广场进行改造的工程建设中，该局的局长亲自负责这项工程，签订的合同注明先付工程款的50%，另外50%待工程完结后，通过检验合格后付40%，留10%的工程款作为对一年以后的工程质量不出问题的保证金。可是这位局长在全部工程还没有彻底完成时，就把全部的工程款付给了对方。该局长受贿的行为案发后，审讯人员把该局长提前支付工程款的行为，作为外围分解的"攻击点"，取得了全案的突破。

六、阻止经验表现的语用行为

审讯活动是凭借语言和非语言符号系统作为承载信息和连接讯问人员与犯罪嫌疑人彼此之间的语言活动，是通过对抗关系的语言信息交流过程来完成的，这种信息交流有三个要素：信息的传递、接收的主体、信息内容。交流过程的三个要素对语言的信息交流起着重要作用。审讯活动中的语言信息交流，从信息讯问者开始加工信息到被讯问者对信息处理完毕，要经过四个基本步骤才能完成全过程：首先是信息编码，即信息讯问者用通用的或考虑到被讯问者可以理解的符号（语言符号或非语言符号，以下简称"码"），根据符号编排的规则（语法或使用非语言符号的一般惯例），将选择出来的"码"进行编排、组合（以下简称"编"）。其次是信息解释，即信息发出的讯问者在编码中获得了由代码所表达的信息，并对此代码进行解释性处理，以预测被讯问者能否理解这一代码的信息意义，然后进行编码的调整，直到认为被讯问者能理解为止。再者是信息译码，即信息接收的被讯问者受到符号刺激，产生接收"码"的欲望，并在接受"码"的过程中，根据自己的认知、经验，把代码翻译成有含义的信息。最后是被讯问者对讯问人员信息的解释，即信息接收的被讯问者在译码中获得有意义的信息，然后，要通过这个信息的意义，理解信息发出者的真实意图、意愿和意思。审讯活动中的信息交流是以对抗的形式存在的，在全部的审讯活动中语言信息交流大多是双向交流过程，接收信息的讯问者在接收完信息后，发出自己的信息，交流的主客体由此转换，信息像滚雪球一样逐渐增多，此为双向交流过程。当然，审讯人员为了达到对犯罪嫌疑人的教育影响作用，有时候也会出现单向交流过程，即交流的主客体不发生转换。但是，无论是双向交流过程还是单向交流过程，讯问人员发出的信息和被讯问人员发出的信息，总是希望这些信息毫不遗漏地被接收信息的人全部接收到，但是在审讯活动中，由于对抗的语境下出现了对抗语用行为，使得这些信息在传递的过程中遇到各个方面的干扰，被消耗、减少，导致了语言信息的缺损，造成语言信息的交流障碍，引起语言信息交流的失败。

虽然审讯活动是语言信息的交流活动，犯罪嫌疑人也要在这一活动中取得对抗的成功，犯罪嫌疑人提供的对抗性的语言信息如果成功，那么相对而来的就是审讯人员的失败。因此，为了阻止犯罪嫌疑人的对抗行为，干扰其对抗语用行为信息的传递，破坏犯罪嫌疑人的语言对抗信息，以此强化审讯人员为其设定的信息。审讯活动中对抗性的语言信息交流大多是围绕谎言来进行的，审讯人员的目的是要揭露谎言，而犯罪嫌疑人是要维护谎言，因此犯罪嫌疑人大量的语用行为是以维护谎言为目的的。如果审讯人员不能立即证明谎言，就会强化犯罪嫌疑人的对抗心理，但是，在很多时候犯罪嫌疑人的谎言无法立即证明，为了解决这一问题，只有在其谎言没有形成完整的语用行为的时候迅速予以阻止，进行信息干扰、消耗其谎言的信息量，使谎言中途夭折，以此来破坏犯罪嫌疑人的对抗语用行为。

例如，在审讯初始阶段，审讯人员为了试探犯罪嫌疑人对犯罪行为记忆的心理痕迹的强弱，采取了直接告知的语用行为：

问："你已经涉嫌犯罪了！"

答："你们凭……（立即阻止）"

问："我很严肃地跟你讲你已经涉嫌犯罪了！"

答："那……（再次阻止）"

问："我知道你要说什么！但是已经不起作用了！"

答："（不语）……"（目的是使犯罪嫌疑人放弃对谎言的维护，强化犯罪事实已暴露的可信度）

上述情况可见，当其辩解的语用行为信息被干扰和阻碍后，犯罪嫌疑人准备发出的辩解对抗的信息量，就会发生损耗、减少，直到完全丧失，最后只得放弃。

七、联想经验反映的语用行为

联想是生理机制和心理机制结合的产物，它靠大脑中神经元模型的暂时联系去实现，这种联系能力越强，联想的范围也就越大。由此可见联想能力是一种天赋，但没有后天的发展又是不可能实现的，它必须依靠人们所学知识的合理结构和丰富的经验积累，使大脑中储存起众多的神经元模型，才能在联想的时候一闪即出。从联想的特征来看，它是使不同的概念相接近的一种智力活动，通过这种活动来克服两个概念在意义上的距离，把它们连接起来。联想是在两个概念之间进行的，概念要用语言符号去表现，那么联想能力也就突出地表现为词语的联想能力。善于联想既有助于言语表达，能使说出的话想象丰富、含义深刻，又有助于对言语的理解，使听者最大限度地理解对方生动形象的表达，所以联想是交际的双向活动，是言语交际不可缺少的能力和方法之一。

在审讯活动中联想能够帮助审讯人员运用讯问的语言技巧使犯罪嫌疑人供述认罪，但同时联想也能够帮助犯罪嫌疑人进行语用行为的对抗，帮助犯罪嫌疑人摆脱困境。无疑联想是语言信息对抗活动中的能力表现，联想能力突出表现为词语联想能力。善于联想有助于语言的表达和理解，积极地进行联想是一个人富于智慧的表现。无论是在审讯活动中还是在日常的语言交流过程中，大量的语用行为是用词语联想方法去组织的。词语联想是语言背景中的独特思维方式，通过词语联想方式构成了语言信息反映，是对抗性讯问语言活动的重要条件，没有联想就不可能有对抗性的语言交流活动，因为联想不仅能够帮助语言的词语进行内在的逻辑联系，还给了语言空间的认知条件。因此在以言语交流活动为主要表现的讯问行为，就具备语用行为的选择能力、控制能力、反馈能力、创造能力、记忆与联想能力等，这些能力体现了一个人驾驭和使用语言的水平。词语联想能力与人的思维、智力因素有关，职务犯罪嫌疑人的知识文化水平和智商都是比较高的，在审讯活动中最突出的表现是那些智力因素含量高的语言表达，而这种智力因素主要表现为词语联想，审讯虽然是对抗性的语用行为，但是谁能够充分地驾驭联想，谁就能够有效地运用语用行为技巧战胜对方。

第六节　趋利避害的语用行为

趋利避害心理是犯罪嫌疑人的基本心理规律，这种心理状态就像很大的磁场吸引着犯罪嫌疑人做出有利于自己，避开不利于自己的选择。犯罪嫌疑人面对审讯人员的讯问，总会进行权衡，是交代罪行还是拒不认罪。有时在受到消极因素影响的时候，认为交罪的后果将会对自己不利，因而这种趋利避害的心理就提醒他"不能交代"。而有时在讯问人员耐心的帮助教育、动员说服下产生了积极心理状态的时候，这种趋利避害的心理又在督促他还是交代吧！交代了自己也解脱了。这两种力量斗争的结果，实质是利与害在心理上的选择结果，也是趋利避害的结果，它贯穿于审讯的全过程，从审讯过程中的各个不同的阶段，又表现出不同的特点。这种现象的存在，使得审讯人员让犯罪嫌疑人交代自己的罪行，提供了依据。在司法实践中，为了顺应犯罪嫌疑人的这种趋利避害的心理特点，提出了"坦白从宽，抗拒从严"，为审讯人员设置利、弊关系，让犯罪嫌疑人选择，促使犯罪嫌疑人走交罪从宽的路，本身就是顺应了犯罪嫌疑人趋利避害的心理特点。

首先，从犯罪嫌疑人与讯问人进行交锋的初始阶段来看，这是相互试探摸底的阶段。犯罪嫌疑人要通过讯问人员了解其对自己罪行掌握程度如何，然后采取对策，确定趋利避害的选择，选择有利于自己的环节进行抗审。同时讯问人员在这阶段也是为完成试探摸底的任务，找准犯罪嫌疑人的抗审特点，对症下药，为促使犯罪嫌疑人交罪打下良好的基础。实质上一方是在寻找方法，另一方是在寻找趋利避害的根据。犯罪嫌疑人通过对讯问人员的试探摸底，掌握对方对自己罪行的了解程度，权衡利弊，及时地调整这一阶段的思维定势来抗审，其目的也是为了强化趋利避害的心理。这是初审阶段被审人普遍存在的定式心理的内在根据。

其次，是对抗相峙阶段。犯罪嫌疑人对自己的犯罪情景设立了趋利避害的环节，进行抗审，而审讯人员对犯罪嫌疑人的这种趋利避害的选择进行针锋相对的斗争，表现为揭露与回避，追讯与抵赖，也是双方意志、素质、水平、智力的相互较量，处在对抗僵持的状态。犯罪嫌疑人所坚持的趋利避害是抗审的选择，其利是与抗审是否成功画等号的。相反，讯问人为了达到审讯的成功，也是采取了趋利避害的方法，与犯罪嫌疑人展开较量，即语用行为的对抗，这种方法只有战胜了犯罪嫌疑人的趋利避害的心理，才有可能渗入犯罪嫌疑人的心理领域，取代了犯罪嫌疑人的趋利避害依据，在审讯人员为其设置的趋利避害关系中，进行选择，通常审讯人员所设置的利害关系的依据是"坦白从宽，抗拒有害"，让犯罪嫌疑人以此作为选择，使其向交罪的方向做出转化。

再次，对讯问人员所提供的利害关系的选择。经过前两个阶段的语用行为较量后，取得了一定的成功，表现为采用了针对性的语用行为对犯罪嫌疑人达到了心理限制。为了解脱这种心理的压力，而产生了某种动机，这时的利害关系被缩小了范围，形成了交罪能够摆脱心理被强制的压力，不交罪心理压力无法摆脱的利害关系，这种利害关系对犯罪嫌疑人来说是进退两难的，向前进交代罪行，要受到惩罚，向后退不交代，又过不了关，表现为审讯中的反复动摇的心理状态。这时的趋利避害的依据和特征，是讯问人员为犯罪嫌疑人设置的，与犯罪嫌疑人的趋利避害心理有着本质的区别。第一，目的不同，讯问人员将"利"设定为交罪，"害"设定为抗拒。第二，方法不同，设定犯罪行为人抗审的退路被堵死，罪行已定没有选择性，唯独的利只有交代，还有一线从轻处理的希望，以此来指定犯罪嫌疑人选择，实质上在反复动摇阶段，犯罪嫌疑人两难选择的原因是犯罪嫌疑人还抱有幻想，抗拒有可能成功也可能失败，坦白有利也有害，被处在"十字路口"出现反复动摇的供述表现。

最后，交代供述阶段。犯罪嫌疑人出现的心理状态证明犯罪嫌疑人的心理防御体系已完全崩溃，精神一蹶不振，无法重新唤起抗拒的意志力，从心理状态上趋向交罪，当然这时也更关系到交罪后的情景和后果会怎样，因为罪行已定，不交罪是不行了，交了罪对自己能有多大的利是他最为关心的事。这时他的趋利避害的心理表现最为突出，审讯人员应当努力运用语用行为去顺应犯罪嫌疑人的这种心理状态，帮助犯罪嫌疑人拓宽交罪的阳光大路，强化犯罪嫌疑人趋于交罪的心理，堵塞抗拒的退路，逼迫犯罪嫌疑人选择交罪的出路，彻底地走出罪行困扰的境地。

审讯人员如何去顺应犯罪嫌疑人趋利避害的心理？首先要消除和否定犯罪嫌疑人自己带进审讯室里的趋利避害的定式心理，帮助犯罪嫌疑人设立、更换新的、有利交罪的趋利避害心理，这就是审讯阶段对犯罪嫌疑人的心理顺应的转换。

下面的这个案例，充分地说明了犯罪嫌疑人在整个审讯的过程中的趋利避害的心理变化。安徽省某境外公司财务部经理利用职务之便，侵吞公款数十万元并且多次使用巨额公款在香港炒股，牟取暴利。案发后，其被检察机关多次传讯但拒不认罪，并畏罪潜逃被抓获，在被逮捕后的很长时间里，该犯罪嫌疑人选择了抗拒审讯，不是一问三不知就是嫁祸他人，推托罪责。在办案人员多次的教育帮助、思想开导下，其抗拒心理有了一定的转变，在提审时其语用行为暴露了抗审的心理状态，"如果我交代了犯罪事实，法院一定会重判我，因为我的数额巨大，罪行严重。如果不交代，有的证据你们拿不到，就无法定我的罪，说不定还有从轻处罚的可能性，而交代了那什么可能性都没有了，只有任其重判了"。这是犯罪嫌疑人在抗审的第一阶段的趋利避害的语用行为表现。在第二阶段，讯问人员问："你知道我们现有的证据、材料，能够判你多少年徒刑吗？""我知道，你们没有证据是不会逮捕我的，我也知道我的罪是比较严重的，这么长时间我在号房里看了刑法，少说也得判我10年以上的徒刑。"讯问人员又问："难道你不想得到从轻或减轻处理吗？""谁不想，我看过刑法的规定，要有立功表现、投案自首主动交代自己的罪行，才有可能得到从轻、减轻的处理。""那你为什么不走这条路呢？你的犯罪事实已基本清楚，国家的法律并不是以你的口供来定罪的，而是靠事实的证据来认定犯罪，你现在已经构成犯罪，这是无法选择的（堵退路），法院会根据证据与事实，对你做出公正的判决。此外你如果想得到从轻或减轻处罚，你就应该按照法定的条件做出选择，为自己找出路，另外你的爱人和孩子多么希望你能受到政府的宽大处理，你自己看着办吧！"（讯问人在为犯罪嫌疑人设立趋利避害的方向和范围）此后，犯罪嫌疑人泪流满面交代了自己的犯罪事实和境外的存款，并揭发了他人的犯罪事实。

审讯人员的语用行为，为犯罪嫌疑人设立了趋利避害的方向和范围，为什么能得到犯罪嫌疑人的认可？这是因为审讯人员设立的供述方向和范围，顺应了犯罪嫌疑人趋利避害的心理。这里应该注意的是，设立犯罪嫌疑人认可的趋利避害的条件，是建立在堵住犯罪嫌疑人退路的基础上的，在犯罪嫌疑人无路可退的情况下，审讯人员设立的出路才能被认可，才能得到犯罪嫌疑人的心理行为的顺应合作。

第七节　需要属性的语用行为

人的需要包括生理的和心理的，同时人的需要也是多层次的，这种需要在审讯活动中产生了需要的作用，本章将从协调理论、激情状态、"审托"、评价"超我"形象，促进畏罪恐惧心理转化等方面阐述需要理论的语用行为调整的方法。

语用行为是人的心理意识行为的反应，无论是协调的心理行为还是不协调的心理行为，总会有相对应的语用行为表现。人的语用行为表现，是心理行为协调性的反应，不仅能够使人通过语用行为的表现来发现心理行为的协调情况与否，反过来心理意识在外来语用行为的信息刺激下，能够使心理行为的协调性发生变化。这种语用行为能够刺激心理行为的协调功能，在审讯活动中能够起到重要的作用。

一、协调理论的语用行为对策

人的正常的行为、平静的心理，是以心理协调为基础的，人们为了心理协调的需要，会以不同的方式来实现这种需要，犯罪行为就是在这种协调力量的驱使下形成的。犯罪行为在心理行为不协调的状态下，对犯罪行为的动机是起阻碍作用的。例如盗窃犯罪，当犯罪行为人认为盗窃对象的财产有可能是不义之财，自己不拿白不拿，拿了也是为民除害，产生了心理行为的协调性，实施了盗窃行为。再有强奸犯罪，犯罪行为人认为被害人也有性要求，自己也是为了满足对方的要求，达到了心理协调状态，实施了强奸行为。相反当这些行为人产生不协调状态时，就会阻碍盗窃、强奸行为的实施。人的心理行为在协调状态下产生需要的内在动力，但是人的心理行为在不协调状态下也能够产生动力行为，有人在干了坏事后总感觉到恐惧和紧张，

不协调意识困扰着自己的意识行为，担心暴露后的危害结果，精神委靡不振，这就是心理行为不协调引起的意识反应。这种不协调的意识状态若没有得到及时地调整，其心理压力便会逐步增强，一旦受到相同信息的刺激，这种心

理压力达到极限的时候，会发生释放的动机转换，产生减轻心理压力需要的内在动力，有的严重的时候会选择自杀；有的去寺庙烧香拜佛，抽签算卦，寻求外来帮助；有的到教堂找神父忏悔，捐款捐物寻求心理平衡，以减轻自己的心理压力。如有一名副省长因为大量的受贿行为，产生了不协调的心理意识的困扰，就在中纪委找他"谈话"的前几天，还将10万元钱的捐款送给了寺庙，求菩萨保佑自己的平安，来获取心理的协调。

一个人在他犯罪后认识到自己的行为是犯罪时，会在心理上、情绪上陷入一种不协调状态，这种状态使犯罪人感受到痛苦和不安，为了缓解这种不协调状态，他会设法用某些别的行为或者方法，来调整这种状态，这种理论被称为心理协调理论。审讯活动中的协调理论的语用行为对策，就是根据这一理论，利用犯罪嫌疑人犯罪后的心理协调或者不协调的状态，引导犯罪嫌疑人加速这种状态的发展，实现供述认罪的目的。

无论犯罪嫌疑人的心理是协调状态还是不协调状态，都能够对犯罪嫌疑人的供述认罪产生动力，关键的问题是犯罪嫌疑人心理行为倾向的协调性。如果犯罪嫌疑人的心理倾向是供述认罪，那么心理行为的协调状态就是供述的动力；如果犯罪嫌疑人的心理倾向是对抗隐瞒犯罪，那么心理行为的协调状态就是对抗、隐瞒的动力；如果犯罪嫌疑人的心理倾向是盗窃，那么心理行为的协调状态就是盗窃的动力，而心理行为的不协调状态就是盗窃行为动机的阻力。

审讯活动中对协调理论的研究，是运用语用行为对策的基础。因为审讯活动面对的是犯罪行为，而通常犯罪行为是在协调状态下形成行为动机的。犯罪嫌疑人在实施犯罪的时候，总是要设法降低自己的人格标准，来完成实施犯罪的心理平衡。例如，职务犯罪嫌疑人总是以为自己为社会作出了巨大的贡献，得到的报酬与自己的付出不成正比，这种心理行为对物质利益的倾向性产生了不平衡、不协调的心理状态，当别人为了利用他手中的权力，获取权力资源送钱送物给他的时候，如果这个时候他感觉到了心理平衡，那么他就会伸出犯罪之手。与此相反，当他感觉到那是受贿犯罪行为的时候，这种意识会直接产生危险信号，使心理行为出现不协调状态，他就不敢伸出犯罪之手，实现不了受贿犯罪行为。掌握了协调理论，审讯的语用行为对策才能够有的放矢。审讯活动中对抗心理行为的倾向性，是以心理协调状态为条件的，如果犯罪嫌疑人心理行为倾向的动力，是选择对抗来达到心理的协调，那么在接受司法机关的讯问时就会进一步强化他积极对抗的心理，审讯人员只有打破犯罪嫌疑人心理行为倾向的协调性，才能出现不协调的心理行为状态，产生对抗行为的阻力。打破犯罪嫌疑人对抗心理的协调性：首先是拔高犯罪嫌疑人的人格品质，激活犯罪嫌疑人内心自我修养的闪光因素，产生自我行为的否定意识。其次是以犯罪的结果与犯罪后犯罪嫌疑人投入的代价进行比较，强化心理行为的不协调状态的压力，实现减轻这种压力的供述动力。最后是帮助犯罪嫌疑人，对其犯罪对象的内在关系进行分析，降低犯罪嫌疑人实施犯罪的意义，转换心理行为的协调状态，建立新的需要动机和心理倾向，形成"类似自己的人"的意识，促进"类似自己的人"的语用行为的发展。大多数人更喜欢与看似和自己类似的人交谈。一旦交谈开始，就很难止住。因为与类似的人交谈能够促进心理协调状态的发展，产生心理的顺应性，就如同大多数人更喜欢听赞美性的语言一样，能够顺应心理的协调要求。如果在审讯活动中能够把握犯罪嫌疑人心理协调状态的倾向，从讯问的一开始就使讯问的语用行为尽量满足犯罪嫌疑人心理行为的协调倾向，就能够使犯罪嫌疑人产生与自己人类似的感觉，产生信任感。例如，在一起伤害致人死亡的案件中，犯罪嫌疑人与自己的几个朋友在酒店喝酒，看见自己的女朋友的前男友从自己身边走过，听到对方嘴里说了一句话，但是没有听清楚，以为是在骂自己，就回了对方一句："你他妈的是什么玩意儿！"对方回过身来问是骂谁？犯罪嫌疑人倚仗人多，趁着酒力大声说："我就骂你又能怎么样！"这样"言无好言、语无好语"的情况下，出现的必然是武力相加，两人对打了起来，喝酒的旁观者当然也不能袖手旁观，有的人出来拉架劝阻，尽管如此结果也发生了，对方倒地后被送往医院抢救无效死亡。经过法医鉴定：被害人后脑被钝器所打击，引起蛛网膜下腔破裂出血死亡。

审讯的初始阶段讯问人员没有直接涉及两人打架引起对方死亡的主题，而是讯问一些无关紧要的家庭情况，以观察犯罪嫌疑人的反应：犯罪嫌疑人否认被害人死亡是自己的行为所致，被害人的死亡与自己无关！审讯人员进行讯问：

问："你认识被害人李某吗？"
答："认识！"
问："是怎么认识的？"
答："我们是初中同学。"
问："那你觉得他（指李某）的人品怎么样？"
答："不知道。"
问："你们同学之间有来往吗？"
答："过去有些来往，后来就不来往了。"
问："因为什么事情不来往的？"
答："我也说不上，大概是因为我的女朋友吧？"
问："你的女朋友怎么啦？"
答："过去他追求过我的女朋友，恨我呗！"

问:"他是怎么恨你的?"
答:"他骂我!"
问:"他是怎么骂你的?"
答:"当时人多我没有听清楚!"
问:"那你怎么知道人家是在骂你呢?"
答:"我通过他的表情能够看出来!"
问:"你是怎么看出来的?"
答:"他的那个表情就是在骂我!"
问:"那他为什么要骂你呢?"
答:"关系不好呗。"
问:"你骂他了吗?"
答:"他骂我,我能不骂他吗?"
问:"你是怎么骂他的?"
答:"我也记不清了。"
问:"你骂过他以后又出现了什么情况?"
答:"他回身打了我一拳,我不能老是让他来打我,于是我们就对打了起来,后来被我的朋友拉开了。"
问:"既然你们对打被别人拉开了,那么李某是怎么倒在了地上?他的脸部和头部的伤是你打的吗?"
答:"不是的,我当时还没有来得及打他的时候,就被朋友拉开了,怎么能说是我打的呢?"
问:"那他的伤是从哪里来的呢?除了他跟你打架没有其他人?"
答:"我不知道!他是个非常狡猾的人,也许当时是为了讹诈我,自己往地上倒的时候,不小心头撞到了水泥地上造成的伤,与我无关。"
问:"现代科学发展得非常快,李某头部的创伤经过医生、法医学家和病理学家的鉴定不是撞到了水泥地上造成的!"
答:"那我就不知道了。"
问:"你相信科学吗?"
答:"我当然相信科学,我相信医学专家说的话以及造成头部受伤的原因。"
问:"如果有人说这些伤痕是你造成的,你觉得他们为什么会这么说?"
答:"除了我还有别人在那里。我不知道他们为什么只看见我而没有看见别人。"
问:"你说的别人是谁?"

答:"在一起吃饭喝酒的人就有好几个,还有吃饭的其他人!"

问:"那么你怀疑还有谁打的?"

答:"我不知道。这正是我要说的,对李某的受伤我真是莫名其妙,无论怎么说我都不会对他下如此毒手的,毕竟我们过去还是同学,我后悔早知道会是这样的结果,当时他就是再骂我几句,我也不会去理他的。"

问:"你现在后悔还来得及!"

答:"怎么来得及?我确实后悔!"(产生了顺应的倾向,审讯人员抓住了犯罪嫌疑人的心理转换的倾向,编制了一个过失的主题)

问:"据我们了解你与李某的关系是非常不错的,你们曾经是形影不离的好朋友,有一天下大雨你们俩都回不了家,他的妈妈给他送饭来,可见你没有饭吃就给了你,骗你说他妈妈送了两份,自己却饿着肚子。他是曾经追求过你的女朋友,感觉到各个方面都不如你优秀,就放弃了,并且还发誓要向你好好学习。那天他从那个吃饭的饭桌走过,并没有人听到他说话,更没有人听到骂你的话,你无辜地骂了人家,人家并不在意地走开了,你却紧追不放跟上去又打了他一拳。"

答:"是他回过身先打了我一拳!"(上述的主题显然没从根本上改变对抗心理的协调状态,审讯人员又更换了主题,降低犯罪嫌疑人实施犯罪的意义)

问:"无论是你打他还是他打你,都不是你们的真实意愿,你们都是喝了酒在一刹那失去理智,行为失控,酒后失控的人多的是,也不是你一个是这样的,大家都是能够理解的。"

答:"……"(点头表示认可)

问:"实际上在你们的关系的问题上,并没有多深的矛盾和仇恨,你曾经也想能够恢复过去的友情,只是拉不下来面子,对方也没有主动和好的表示,当然这也不是主要问题,关键是酒后冲动的结果。外界的分析可能会出现两种情况:一种是你们两个人在争夺女朋友,争风吃醋、大打出手、不计后果造成的;另一种情况则认为是两个同学之间,因为酒后失控造成的,酒是害人的东西,是罪魁祸首。"(实际上审讯人员是把两个极端摆出来,让犯罪嫌疑人进行选择)

答:"要不是酒我也不会干那种事,当时就像鬼使神差似的,顺手抓起了一个啤酒瓶,就砸在了他的后脑勺上,后来发生了什么情况我也记不清了,当时脑子里一片空白,但是我知道当时我拿起酒瓶的时候没有人看见,因为我坐的位置的左前方是一个大的柱子,我拿着酒瓶转身过来的时候,正好被柱子挡住了。"

最后该案的审讯取得了成功，顺利地交付了审判。

协调理论能够帮助审讯人员深入地研究犯罪嫌疑人的心理状态，审讯活动是语用行为的交流过程，也是促进犯罪嫌疑人心理状态由不协调状态到对抗的协调状态，再由协调状态到不协调状态的过程，是协调因素的取舍过程，是填补和放弃的过程。这里的填补过程，是审讯人员的语用行为更换协调因素的结果，放弃过程是犯罪嫌疑人在吸收了新的协调因素之后，放弃了旧的协调因素的过程。协调因素是引起协调状态的原因或事件，例如，人们在心理协调的状态下，忽然开车撞伤了行人，这一事件的出现，使之产生了不协调的心理状态，当自己花钱支付了医药费，被撞伤的行人恢复了健康，这一事件又使其进入了心理协调状态。可是时隔不久被撞的人发现了后遗症，这一事件的出现，又使其产生了不协调的心理状态。如果相反，被撞伤的行人恢复了健康后，对肇事人能够把他及时地送往医院治疗表示感谢的时候，这同样也是出现了新的事件，可是却强化了他的心理协调状态。人们心理行为的协调特征还表现为：人在说假话的时候心理行为会出现不协调状态，尽管如此说假话的人还是会尽全力维护假话的存在，让说假话的人很快否定假话再说真话，是非常困难的。也就是说一旦开始说假话，就很难改变再说实话。相反，一旦开始说实话，就很难再说假话。这就是协调因素的取舍过程，而不是变化过程。从上述的伤害致人死亡的案件的审讯情况可以看出：如果审讯人员在讯问的一开始，就围绕犯罪嫌疑人否定自己行为的假话展开讯问，通过揭露批驳让其说真话，我想审讯的结果可能是非常糟糕的。因为在这里没有新的事件来替换假话，那么犯罪嫌疑人就没有放弃假话的理由和条件。上述案件审讯人员以"因为酒后失控造成的，酒是害人的东西，是罪魁祸首"的新事件，取得了犯罪嫌疑人的认可，假话被放弃了。因此协调理论的语用行为对策，是根据协调因素的"情景"为基本条件，以提取能够使犯罪嫌疑人放弃坚持的"情景"，帮助犯罪嫌疑人建立新的情景的方法。例如，在审讯的过程中由于长时间在一个固定的空间里讯问，犯罪嫌疑人心理的协调性增加了。审讯人员只有建立一个新的空间情景，犯罪嫌疑人才会放弃目前坚守的情景。通常审讯人员的语用行为是绕着房间走动，介入犯罪嫌疑人的私人空间，或者介入左侧或者介入右侧和背后，以此建立新的空间情景，就能够借此增加犯罪嫌疑人的不适感，形成不协调的心理压力。如果审讯人员仍然保持原有的空间情景，就不可能出现这种效果反应。

二、激情状态的语用行为调整

在审讯活动中，犯罪嫌疑人的情绪并非都是平缓、稳定、一成不变的，虽然被动地接受讯问是审讯语境普遍存在的基本特征，但是由于案件的基本情况和犯罪嫌疑人的心理特征，总会使这种讯问的语境发生变化，因此有的时候犯罪嫌疑人一进入审讯室，就表现出积极的"攻击"状态，破坏了被动的讯问语境；还有的犯罪嫌疑人在审讯人员的语用行为的刺激下，产生了激情状态，破坏了被动的讯问语境。在审讯的语境空间，犯罪嫌疑人被动的讯问语境被破坏，就会发生语境的变化和转移，使审讯人员在语境空间的表现，转换为被动状态，审讯人员如果不能及时调整，就可能导致审讯的失败。造成讯问语境被破坏的原因，主要是在调查摸底阶段，审讯人员没有把握住犯罪嫌疑人情绪发展变化的限度，使犯罪嫌疑人跨出了情绪控制圈，情绪释放的动力被展开了。激情状态是由于人的心理活动的需要，是心理活动的极端表现，在处于极端的对立和情绪激动的情况下，遇到积极的对抗和行为阻碍时，会强化这种激情状态，尤其是在审讯中，犯罪嫌疑人处于极端的对立和激情状态的时候，审讯人员正面迎战，就会使审讯陷入僵局，俗话说：牛不喝水不能"按头"。

激情状态实际上就是一种情感"冲动"，对于"冲动"这一概念，医学界还没有任何一种定义能够得到一致认同，但普遍认为，"冲动"是行为系统不理智的表现。也就是说，是人的情感特别强烈、理性控制很薄弱的一种心理现象。人们对冲动的理解通常是从负面展开的，实际上冲动也是人们正常行为举止的一部分。当冲动的行为带来了好的结果时，人们便不再对该行为进行负面评价，取而代之的是赞扬，此人"反应快、办事果断"。而实际上冲动是人类心理行为的特性，是人的本能，人类在生理和心理上的各种需求，大多是在本能和冲动的刺激下得到满足的。可是当冲动的行为带来了坏的结果时，冲动就会变成贬义的评价。例如，因为冲动产生的激情行为有的会导致自杀，有的会给别人带来伤害，有的会给财产和利益带来损失等，对冲动的激情状态就会变成贬义的评价。在审讯活动中这种冲动的激情状态，能够帮助犯罪嫌疑人改变被动状态，很多时候可能导致语用行为的僵局，阻碍了审讯活动的深入发展，这对犯罪嫌疑人来说是有好处的，帮助自己改变了被动局面。但是这种冲动的激情状态并非随时、随地，不论何人都会出现的，在同样的审讯语用行为的空间里，有的人很快就会出现冲动的激情状态，而有的人可能就不会出现冲动的激情状态。有的人说这是心理行为控制的结果，有的人说这是情商的差异。关于情商，又称情绪智力，是近年来心理学家们提出的与智力和智商相对应的概念。它主要是指人在情绪、情感、意志、耐受挫折等方面的品质。情商水平的高低对一个人的行为能够产生重要的影响，有时其作用甚至要超过智力水平。美国心理学家认为，情商包括以下几个方面的内容：一是认识自身的情绪。二是能妥善管理自己的情绪。即能调控自己。三是自我激励。四是认知他人的情绪。五是人际关系的领导和管理能力。由于人的情商的个体差异，即便是在同一语境空间，冲动的激情状态也会是不同的。在审讯的语境空间里，审讯人员对犯罪嫌疑人的情商水平判定得不准确，就可能因为某种需要或者要求得不到立刻满足，这种冲动就会转为病态，如不计后果、坚持邪理、出言不逊、耍赖皮、急于求成、行为挑衅等。在审讯活动中常见的语用行为表现为："你们认为我犯罪了枪毙我好了！""你们说我认死理，我就是认死理，你们看着办好了！""你们都是穿一条裤子的，那么多的人贪污受贿你们看不见，看见了也不敢查，我没有后台，你们揉不动西瓜来揉麻包，我没有什么说的！我什么也不想说，我们法庭见。"这种激情状态是很难使讯问发展下去的，实践中只有改变这种激情状态，才能使审讯顺利发展下去，如何改变这种激情状态？正如如何才能不"按头"使牛喝水一样，首先是应当给牛加大运动量，在牛的体外加火、升温，牛渴了自然要喝水。在审讯中不能强攻的时候，就要采取反向挤兑的方法，达到使"牛"喝水的目的。通常采用激将的方法来反向挤兑犯罪嫌疑人。如："你敢做不敢为"，"你不敢说实话"；也可以采取离间的方法："你不说，有人会说……"或者正话反说："我们倒希望你最好是什么都别说，这样我们就更省事了……"

关于反向挤兑讯问法，详细而言是指本来是要通过正面的讯问达到的目的，却采用反向挤兑的方法来达到正面攻击所达不到的效果。比如：农村有个小售货店，常年赊欠已经到了无法经营的地步，店主想了一个办法，把所有赊欠人的名单都分期公布出去，限期还款。在第一期的名单公布了以后，赊欠的人都来看公布的名单，当他们看完了以后，都把自己的赊欠款交了。而其实在第一期的名单上公布的都是假名字，赊欠人看了公布的名单之后，认为是店主给自己留面子，便积极地交了自己的欠款。如果店主采取积极的追讨行为，不仅伤了和气，甚至可能会激化其他的矛盾。讯问犯罪嫌疑人的目的是让其供述交罪，而讯问人员在语言的表达上却反过来说：我们对你讯问的目的，不是来让你认罪的，我是履行一下法律的程序。这样一来便消除了对方的戒备心理，你越是说不是为了对方供述交罪，对方就会越往这上面考虑，是不是供述的对自己有利，否则，讯问人员为什么说不是为了这件事而来的呢？他会在反常的情况下做出正常的联想：肯定与此有联系。这样对方便会在供述交罪这个问题上进行反复思考，权衡是否应该交罪。就像法院向欠款人进行执行的时候，常说："我们不是来找你要钱的，我们是来履行一下法律手续。"实质上履行法律的目的还是要钱，但这句话说出来的效果不一样，欠钱人就会想到自己如果不还钱，会带来的法律后果，最终还是要还钱，不如趁早把钱还了完事。反向挤兑的方法比正面"攻击"的效果要好，尤其是对那些对抗戒备心理较强的犯罪嫌疑人其效果尤为显著。审讯活动中常用的语言是："你最好不要交代钱是你拿的，否则我们还麻烦"；"对你的事，你说不说我们都不想听"；"关于那笔钱的下落，我们也不想知道，到后来被从重处罚你就后悔了"；"你的那些事，你最好现在不要说"；等等。

其次是顺应"牛脾气"，给"牛"放气。当犯罪嫌疑人处于激情状态的时候，不能迎面而上，而是应顺势而下。如"你发脾气我是能够理解的，换了我也会发这样的脾气的"。这样的顺应性满足了犯罪嫌疑人的心理需要，使心理阻塞被疏通了。因为激情状态是在心理行为的需要被阻碍的情况下产生的，阻碍被剔除，冲动的激情状态就失去了动力。例如，某公安局的办案人员因为自己的过失行为，导致了犯罪嫌疑人坠楼死亡的结果。在这起渎职案件的讯问过程中，这位公安局的办案人从审讯别人的人，转为被审人，心理上出现了反差，表现出了激情状态。这里记录了当时讯问的一段笔录：

问："你的姓名、职业及个人的自然情况？"

答："你们有什么话照直问就行了，没有必要转弯抹角的，我叫什么名字、干什么的，你们的逮捕证上写得清清楚楚，何必明知故问！"

问："难怪你出问题！你连最起码的程序都不懂，你怎么能够依法履行职责呢？"

答："你们爱怎么理解就怎么理解！"

问："是的！我们很难理解你这么多年的案子是怎么办的！"

答："我怎么办的？我问心无愧！"

问："这么说你办的案子都是成功的？把犯罪嫌疑人办得跳楼，你问心无愧！"

答："他想跳楼我拦也拦不住！谁不会跳楼！我也会跳楼，如果你们认为有必要，我马上跳给你看！"

问："你在这里是没有办法跳楼的！"

答："那我可以撞墙死给你看！"

问："你认为有这个必要吗？你值得吗？"

答："那你让我怎么办呢？死都不行那我还有什么办法呢？"

问："你办案就是这么办的吗？不是你死就是我活的？"

答："他的死与我有什么关系！我当时是在一边讯问一边记录，他突然站起身来拉开窗户，从窗户上就跳了出去，我拉都拉不住！我起早贪黑没日没夜地办案，家里的事情从来没有时间过问，那天是清明节，我原本要回老家上坟的，可是有了这个案件，为了能够尽快破案，我就没有休息过一个节假日。我女儿要高考我都没有回过家，我他妈的图的是什么？我们流血流汗，还要流泪，案子办到这种程度可算是办到家了,把自己办进了看守所!你让我说什么!我后悔就是没日没夜地干!不干什么事都没有!"

问:"我理解你!换了我也会有这种想法,我们都是国家的执法人员,都是办案的,办案的辛苦我们就不说了,那没日没夜地工作、头脑里只有一根弦,那就是案件,尽快地破案!谁家不是上有老下有小,家庭顾不上,常年与犯罪打交道,家里人担心,更为痛心的是不被别人理解。你刚才对我说的'我们的干警流血、流汗又流泪'。司法机关的干警流血、流汗,为的是老百姓能够安居乐业,这是国家赋予我们的光荣使命和责任,正是由于我们干警流血、流汗,才能使广大的人民群众不流血、不流汗。这是一个神圣的职业,我想你当年投身于公安队伍,并不是为了能够升官发财,正是因为这个神圣的职业,也是你个人的追求,才使你能够穿上了那身警服,才使你心甘情愿、没日没夜地工作,才使你感觉到作为一名人民警察付出的快乐。我们警察流泪这说明我们的工作没有做好,我们的为人民服务的思想意识不到位,为自己想得多了为别人想得就会少了。我去过你们的单位,你们单位对你的评价是非常高的,都说你是一名非常好的刑警,曾经多次受到表彰和立功。我还去过你们家,见过你的老父亲,他也是为有你这样的儿子感到骄傲和自豪。"

答:"我对不起他老人家,这么多年一直让他老人家担心。"

问:"我们努力地工作就是为了大家能够有一个安定和谐的生活环境,因为我们工作的失误,就有可能给老百姓带来意想不到的灾难。你在前面说的:'我一个人讯问又记录……'这说明你是一个人在讯问现场,这就是你违反的法律规定。如果这次的讯问是两个人在场,在一楼的安全环境中,就不可能会出现跳楼死亡的情况发生。谢某的死亡给他的家庭带来的伤害可以说是极其惨重的,女儿失去了父亲,妻子失去了丈夫,老人失去了儿子,白发人送黑发人,那个情景惨不忍睹啊!"

答:"我当时真的没有想到他(指谢某)会跳楼啊!本来下午就准备放他回家的,因为当时还有一个情节他没有说清楚,就留了下来让他把那个情节说清楚了再走,谁知道会出现这种情况呢?早知道他心理压力那么大,我们早就放他回去了,事情也就避免了……"

最后是不给激情爆发创造条件。犯罪嫌疑人冲动的激情状态是审讯空间的语境以及审讯人员语用行为刺激的结果,控制犯罪嫌疑人激情状态的出现,最重要的方法是不给激情爆发的条件,也就是说让对方"想发火可是又发不起来火",这是审讯人员的基本功,这种控制的条件也掌握在审讯人员的手里。首先是审讯人员的自律,这是控制对方激情状态的重要因素。自律,指的是自我控制和自我调整的能力。在犯罪嫌疑人出现激情状态时,往往也能够刺激审讯人员出现相互对应的激情状态，因为审讯人员的火上浇油，瞬间就能够使激情状态语境达到高潮，使审讯活动陷入激情状态的僵局。审讯人员的自律就是在外来不协调信息的干扰下，能够自我控制外来不协调的信息，防止自己的冲动被激发出来，因此审讯人员要在压力面前保持清醒的头脑。审讯人员的自律还表现在自我内在的情绪调整。在很多的时候讯问的语境长时间地处于不协调状态，犯罪嫌疑人久攻不下，诱发了审讯人员的急躁情绪，这种情绪容易引发激情状态，因此必须要提高自我调控能力，目的是控制讯问空间的语境，使犯罪嫌疑人失去激情爆发的条件，想发火发不起来。其次是建立同位心理。同位心理指的是人们常说的设身处地、将心比心的做法。也就是说，在发生冲突的激情状态时，审讯人员如果能让犯罪嫌疑人把自己放在对方的处境中想一想，也许就可以更容易地了解对方的初衷，消除误解。例如，上述的公安人员的渎职，造成犯罪嫌疑人跳楼死亡案件："谢某的死亡给他的家庭带来的伤害可以说是极其惨重的，女儿失去了父亲，妻子失去了丈夫，老人失去了儿子，白发人送黑发人，那个情景惨不忍睹啊！"在这样的情况下犯罪嫌疑人就会感觉到，因为自己的行为给别人带来了灾难，就会降低自己的委屈感，能够起到激情状态"釜底抽薪"的作用。再如，职务犯罪嫌疑人在检察机关立案侦查以后，感觉到心里极不平衡，自己曾经为社会做出了巨大的贡献，说抓就给抓起来了，卸磨杀驴，产生了对抗的激情状态："你们认为我有罪枪毙我好了！"如果审讯人员能够让犯罪嫌疑人设身处地地为老百姓想一想，他就会明白自己行为的危害性。如："你是一市之长，家里的个人存款就有上千万元，而拥护你的老百姓现在有的还吃不饱肚子，尽管如此老百姓还说你是好市长，只是一时糊涂，老百姓的胸怀多大呀！"这样犯罪嫌疑人还会感觉到自己因为受贿而受到惩罚是委屈的吗？最后是评价赞美。在激情状态出现以后，从其表现的语用行为中提取有代表性的情景进行评价赞美，使对方自动放弃以此为着力点的激情状态行为。例如有一位职务犯罪嫌疑人在激情状态下的语用行为："我为这个城市做出的贡献你们只字不提，我拿了一点小钱你们却'小题大做'，你们除了会整人还会什么？"审讯人员审讯时对犯罪嫌疑人的一席话给予了肯定："你的这番话我表示赞同，我们每一个都要为社会作贡献，因为我们每一个人都生活在这样的社会大环境中，如果每一个人都能够作一点贡献，而不是破坏，那么我们的社会就会更加和谐，经济建设就能够飞速发展，我想这个观点你和我都是一致的。"审讯人员这样的评价对方，对方就会自动放弃以此为着力点的激情状态行为。也就是说犯罪嫌疑人不大可能再以类似的话题，来组织激情状态的语用行为。

三、"审托"语用行为的运用

语用行为是因为人们的需要而产生的，根据人的需要与语用行为的关系来看，人的需要是通过语用行为来实现的，语用行为是以个人的需要为目的的。人除了生理的需要外，还有心理的需要，心理的需要包括：荣誉感、同情感、平衡感和获得别人尊重的需要等。尤其是在审讯活动中，犯罪嫌疑人对尊重感的需要更为迫切，如果这种需要不能得到满足，或者这种需要受到阻碍的时候，就会激起内心的对抗反应，降低内心感性的评价，出现相对应的语用行为反应。相反，如果这种需要得到了满足，就会激发起内心的顺应性，其语用行为就会表现出对这种需要的满足。

"审托"就是在审讯活动中的帮托，帮托的方法就是让一名审讯人员扮"白脸"，对犯罪嫌疑人训斥和否定，使其失去被尊重感，降低其内心感性的评价，然后再让另外一名审讯人员扮"红脸"，积极地去满足犯罪嫌疑人对尊重感的需要，对犯罪嫌疑人持关怀态度，来激发其内心感性的一面，获得犯罪嫌疑人内心的顺应性。一审一托形成情感交流的落差，来顺应供述动机的需要。

通常担任"托"的审讯人员以"白脸"为主，以对犯罪嫌疑人进行"攻击"、训斥、揭露，对犯罪行为进行贬低抨击，努力把犯罪嫌疑人的心理依托，推向主审的人员，辅助主审的人员完成接受犯罪嫌疑人供述认罪的任务。唱"白脸"的讯问人员的语用行为，始终神情坚定，态度严肃，保持声音洪亮，严厉追问，盘诘节奏短促，目光坚毅，直逼对方的面孔或眼睛，在特定的时候为了强化对犯罪嫌疑人产生强大的震慑力。有时针对犯罪嫌疑人的某一项被动的语用行为，采取大喝一声，予以训斥，火候一到就迅速离开，让"红脸"进入。"审托"的技巧是以"红脸"为主，是主审，是接受犯罪嫌疑人供述认罪的主体。讯问过程中，唱"红脸"的审讯人员，主要负责减轻压力，减缓速度。对于畏罪心理占主导地位的犯罪嫌疑人，减缓讯问速度，帮助其解脱心理压力；对于侥幸心理占主导地位的犯罪嫌疑人，暗示证据占有和存在。在时机不成熟的情况下不要涉及主题，采取迂回的方法，暂时避开实质性问题，从嫌疑人愿意谈的话题谈起，使其对讯问人员产生信任感，消除双方的心理隔阂。语用行为以顺应、理解、引导、拔高为主，目的是取得犯罪嫌疑人的信任、心理依靠。这种"审"与"托"的语用行为技巧，能够使嫌疑人对"审"即唱"红脸"的讯问人产生依赖心理，甚至嫌疑人只跟"红脸"交代问题，对审讯的"托"即"白脸"的讯问置之不理，满足其心理报复的想法。据说美国人在审讯萨达姆时采取了类似的方法，以几个人分别扮演"红脸"和"白脸"的角色，进行软硬兼施，这样的话时间一长，萨达姆势必会对其中一名审讯官产生心理上的依赖，从而更愿意与该人合作，最终交代所有的问题。

审讯活动中运用"审托"技巧，首先应当做好充分的语用行为准备，"审托"技巧除了要具备性格特征的基本条件外，更重要的是扮演"审"与"托"的"红脸"、"白脸"的语用行为的满足：即扮"红脸"者的语用行为，应态度温和、言语平缓、情理并融、沉稳可信，更重要的是能够设法让犯罪嫌疑人在你的身上产生获得好处的动机；而扮"白脸"的人的语用行为，应当表现为：言语有力、行为果断、训得有力、斥得到位、贬得得体、降低犯罪嫌疑人的人格判定意识。这里应当注意不是使用侮辱人格的语用行为，而是使用能够降低犯罪嫌疑人内心人格评价的语言。

其次是控制好局面把握住时机。"审托"实际上就是审讯人员的有机配合，成功的审讯就是有机配合的结果。通常唱"红脸"的角色是主审，是把握审讯活动的指挥者和组织者，是审讯活动的决策角色。唱"白脸"的角色一般的都是助手，是审讯的"托"。这两种角色一定要注意相互配合，把握时机注意火候，一般都是在审讯的对抗相持阶段，在讯问的语境不利于"良性"发展的时候，唱"白脸"进入发动强攻，这时"红脸"就不仅是旁观者，还是协调者，要充分注意场面上的语境变化和对方的反应，如果对方毫不示弱，以硬对硬，发展下去就有可能爆发出更为强烈的语用行为，那么在这个时候"红脸"就要出面调停制止，给"白脸"一个台阶下台，否则，发展下去不但"白脸"收不了场，而"红脸"再想收场也非常困难了。如果唱"白脸"的"托"通过对犯罪嫌疑人的狂轰滥炸的训斥起到了作用，应当迅速离开更换其他的办案人员进入审讯室，改变审讯空间的语用行为环境，把审讯的空间完全让给唱"红脸"的主审。如果唱"白脸"的"托"仍然留在审讯室内，这种被激化了的语境空间是不容易在短时间改变的，"白脸"的"托"的存在，对抗的语境空间得不到转换，犯罪嫌疑人看着"白脸"的"托"，就气不打一处来，失去了配合的空间，不利于审讯活动的良性发展。

最后是注意接受的语用行为方法。唱"红脸"的主审人员不仅仅是取得犯罪嫌疑人的信任、心理依靠，更重要的是如何接受犯罪嫌疑人的心理依靠和信任行为？关键是选择好接受的语用行为方法。犯罪嫌疑人心理依靠和信任行为的"托付"是以获得利益为前提的，如果犯罪嫌疑人感觉到在你的身上无利可图时，那么犯罪嫌疑人的心理依靠和信任行为是不会"托付"给你的，因为犯罪嫌疑人的心理意识告诉他，在"白脸"的"托"那里是不可能获得利益的，而在"红脸"的主审人员的身上同时也不能获得利益的话，犯罪嫌疑人的心理需要就会发生其他的转化，那么心理依靠和信任行为自然就会消失，获得利益的供述行为就不会实现。这里接受犯罪嫌疑人的心理依靠和信任行为的语用行为方法是：（1）建立亲情关系的语用行为空间，通常利用家庭的亲友带来的衣物，通过对亲友的评价，达到心理暗示，建立心理依靠和信任的平台。例如："你爱人知道你的胃不好，怕你着凉给你带了几件衣服"，或者，"你的父亲对你非常关心，也非常担心，把你的情况都跟我们说了"，再有"你儿子今年又获得了单位的先进个人"等。（2）帮助犯罪嫌疑人分析目前的处境，加速犯罪嫌疑人进行趋利避害的选择。（3）选择对方所接受的语用行为，建立获取利益的平台。这种利益是根据犯罪嫌疑人的需要而选择的，犯罪嫌疑人的需要又是多层次的，有荣誉的需要，有个人尊严的需要，有降低损失的需要等，这些需要都是犯罪嫌疑人希望通过审讯人员来实现的，因此，审讯人员就不应该让犯罪嫌疑人失望。例如，有荣誉需要的犯罪嫌疑人，其荣誉感非常强，特别注意自己的名声，自己犯了罪怎么出去见人啊！在这种情况下选择的语用行为就要降低其罪行意识，如"你的事情也都是为了家庭，也不是为了你自己""你那也是碍于情面被动地收了人家的钱""我们每一个人都有犯罪的可能，我要是你在那种场合下也可能会那么做的""你那也是一时的糊涂，每个人都有犯错的时候""你是热心肠的人，喜欢帮助别人，如果不是为了帮助别人，也不会有这样的结果"。再有，有个人尊严需要的犯罪嫌疑人，其报复心理意识比较强，当这些人被唱"白脸"的"托"训斥过了以后，会产生强烈的报复心理，有的时候当"白脸"的"托"再次出现在审讯室里的时候，犯罪嫌疑人会把记在心里的那句话，再搬出来与其辩驳："你刚才不是说我是痞子吗？你不也就是穿了这身'虎皮'（指制服）吗！没有这张'虎皮'你还不如我呢！"有的犯罪嫌疑人还直言不讳地说："他在这里我一个字都不会说的，我就是不相信他！"在这种情况下犯罪嫌疑人为了报复唱"白脸"的"托"，就会向唱"红脸"的审讯人员供述，来达到自己维护尊严的心理平衡的需要。这时，审讯人员的语用行为必须是认真严肃的，表现出愿意接受对方的"托付"。对于有降低损失需要的犯罪嫌疑人，因他们对个人利益看得非常重，审讯人员要积极地帮助犯罪嫌疑人分析判断目前的不利处境，留给犯罪嫌疑人一线希望。例如："根据你现在的情况看，对你很不利哦，我们能够帮助你的就是只能把这些情况分析给你听，下一步怎么走还取决于你自己，你的有利条件还是存在的……"

四、评价超我形象的语用行为

在审讯心理学中对犯罪嫌疑人的人格结构的研究，是近几年才被重视起来的，由于犯罪嫌疑人的人格特征对犯罪嫌疑人的供述认罪产生了重要的影响，在相同的案件和相同的审讯人员审讯的情况下，不同人格的犯罪嫌疑人所表现出来的供述行为有早有晚，有的积极顽抗，有的能够迅速供述认罪。这种人格差异对审讯活动的影响不得不引起业内同行们的关注。从人格的概念上来看，他是人的相对稳定的性格特征，是个体具有一定倾向性的各种心理特征的总和，它包括三个方面：第一，个性倾向性，如需要、动机、兴趣、理想、信念、世界观等；第二，个性心理特征，如能力、气质、性格；第三，自主意识，如自我调节、自我评价、自我体验、自我控制。弗洛伊德的人格模式之说，由本我、自我和超我三部分构成，人是本我、超我、自我的统一体，本我代表最基本的欲望，是指与生俱来的各种本能，是一种无约束的本能冲动，通常是遵循快乐原则，满足本能的要求；超我代表在一定社会文化的影响下对自己行为的期望，是指个人所处环境的社会和文化规范，即良心、道德、自我典范、社会和文化的价值标准；自我是代表本我和超我相互作用，并在实际环境的作用下的产物，自我的主要任务是协调或调节自我与超我之间的关系，调和本我与客观外部世界的关系。超我是社会性的，它会以良心等形式表现。这主要是社会道德等的加入个体内部的活动的结果，在自我的基础上发展出超我，是受社会意识的影响产生的，超我的社会意识越高，人格品质条件就越好，行为就越规范。社会意识告诉人们不能说谎，那么自我为了某种需要说了谎，就会出现心理的不协调状态，这就是超我的社会意识作用的结果。超我的社会意识是社会环境影响的结果，心理学研究表明，当人受到赞美或者被高度评价的时候，就会产生积极的模仿的心理需要，并且努力地维护这种赞美和评价，这是一种假想的超我形象，产生这种现象的原因，是超我的社会意识和社会文化的价值标准，与外来的评价相吻合的缘故。心理学家把这种现象称为"罗森塔尔效应"。"罗森塔尔效应"来源于一个谎言故事：美国的心理学家罗森塔尔到一所偏僻的学校去，在教师送来的学生的名单中，随意勾画了一些学生的名字，并且宣布这些被勾画的学生将来必将大有出息，这些学生的智商非常高。事隔一年之后，罗森塔尔再次来到这所学校，发现他的预言已经成为事实，那些被勾画的学生取得了非常好的成绩。这种虚拟的心理暗示，能够达到拔高人的思想境界，推动和维护超我的品质。"罗森塔尔效应"的基本原理，是根据人的心理需要，即自尊心理需要、虚荣心理需要、好奇心理需要、猜疑心理需要、逆反心理需要、恐惧心理需要、平衡心理需要等，表现出来的人们存在的定式心理。在审讯活动中为了使犯罪嫌疑人的品质符合审讯的需要，让犯罪嫌疑人多说实话，就可采取调整品质讯问法，根据罗森塔尔的心理效应，通过直接对犯罪嫌疑人的赞美，标定出优秀的品质，让犯罪嫌疑人效仿，达到让犯罪嫌疑人供述认罪的目的。

审讯活动最需要的就是犯罪嫌疑人实话实说，可是在大量的讯问的语境空间里，充满了说谎与揭露谎言的对抗情境。犯罪嫌疑人说谎的原因是本我的安全感和自我个体利益的需要，是超我的社会意识削弱的表现，是自我行为摆脱超我控制的结果。审讯活动需要犯罪嫌疑人说实话，犯罪嫌疑人不说实话是自我行为摆脱超我的协调控制，是超我无力的表现。超我的无力是缺乏这种社会意识的动力输入。其实，为了超我的动力输入，规范人们的行为，强化人们的社会意识，全世界都在为此进行动力输入，通过教育、通过规范社会行为，来强化超我，实际上这是人类的长期任务。而在审讯活动中面临的是需要立竿见影的效果，需要在短时间内让低品质人格的犯罪嫌疑人，迅速地拔高超我的人格心理品质，满足说实话的需要。通常采用的是评价的嫁接方法，把说实话的优秀品质嫁接在他的身上，以满足审讯活动的需要。例如，一农村小学读书的学生，在放学回家的路上，被飞驰而来的农用机动车撞倒后，在送往医院的途中死亡，肇事司机在撞倒人后驾车逃逸。因为天色已晚光线较暗，目击者在远处只能分辨出肇事的车辆是农用机动车，车牌和车漆的颜色都看不清楚。根据排查，在那个时间段只有两辆农用机动车通过，一辆车是接学生放学回家的农用车，学生都坐在车上，都证明没有看见撞倒人。另外的一辆车是接老师回家的农用车，驾驶员就是这位老师的儿子。调查结果显示该车有重大肇事逃逸的嫌疑，但是在检查该车辆时，没有发现肇事的痕迹，驾车人矢口否定自己撞人逃逸，并且告诉办案人员自己的父亲也在车上能够证明。办案人员随即传唤了肇事嫌疑人的父亲——小学老师李某。询问开始办案人员并没有立即涉入肇事的问题，而是从李某的教学情况、学生的学习情况、将来这些学生的发展情况，一直谈到作为一名老师能够对学生的心理产生一生的影响，大凡品学兼优的优秀人才，父母的影响是非常少的，但是老师的影响是起重要作用的。学生在老师那里不仅仅学习科学知识，更重要的是学习老师的优秀品质，学生崇拜老师是因为老师像蜡烛："燃尽了自己照亮了别人的品质。我看到了你教的学生都有朴实的情感和良好的品质，这是你作为老师身上的优秀品质传递给了他们。他们在您的身上获得了优秀的品质，将来就会回报社会，成为社会的有用人才，不仅作为学生的他们要感谢您，他们的父母和社会都会感谢您的。"李某听到这样的一席话心里很沉重，下意识地说出了："是啊！我有责任啊！有教育的责任！"办案人员又接着说："据我们了解您是一位优秀的教师，你放弃了大城市到农村来教书，这就是你的高贵的品格所在！没有你们这些高尚情操的教师，不知道有多少农村的孩子上不了学而辍学。"说到这里见李某在低头沉思。办案人员又接着说："尽管如此这些孩子每天还要走很远的路来这里上学，就在几天前一个学生在放学回家的路上被一辆机动车撞倒不治身亡，孩子的家长悲痛欲绝哭得死去活来，真是惨不忍睹啊？可是肇事司机在肇事后逃跑了，这样的行为要不得啊！你说是吗？"办案人员的这句反问让沉思中的李某又回到了现实："现在让他去投案自首还来得及吗？是我儿子那天来学校接我出的事，我当时也在车上。"办案人员答："法律规定投案自首能够得到从轻处罚的。"李某对当时肇事的经过一一作了陈述，该案告破。

采取评价的方法进行超我意识的动力输入，能够有效地促进犯罪嫌疑人对"闪光品质"的维护和效仿，达到排除谎言，顺应审讯活动的目的的需要。

五、促进畏罪恐惧心理转化的语用行为

畏罪心理是犯罪嫌疑人惧怕罪行败露受到处罚而产生的恐惧心理状态。畏罪心理不仅能直接阻碍犯罪嫌疑人供述动机的形成，而且还可以派生出侥幸、戒备等抗拒心理，以及紧张、绝望、恐慌、抵触等消极情绪，共同形成犯罪嫌疑人抗拒讯问的防御体系。在审讯实践中有畏罪心理的犯罪嫌疑人一听到"罪行很（较）重"的话就会不寒而栗，非常紧张，害怕受到法律严惩，而牵连家庭、丧失前途，总是千方百计抗拒交代，给审讯活动造成障碍。有的犯罪嫌疑人即使明知罪行已经暴露，丧失了赖罪的条件，尽管如此他们还会抱着只要硬着头皮对抗就能蒙混过关的幻想，即便面对确凿的证据，他们仍不顾一切地耍赖、狡辩。

犯罪嫌疑人产生心理恐惧的畏罪心理的原因，是犯罪嫌疑人的个体的需要受阻，而产生的恐惧感。犯罪嫌疑人恐惧心理产生的背景，首先是社会的否定。国家对触犯法律的犯罪嫌疑人给予刑罚处罚，不仅表现为法律地位的变化，更表现出整个社会对他们的谴责，这种谴责不仅表现在自己要承受巨大的道德压力，还有来自亲友、家庭的埋怨，其心理效应已经超过了客观的刑罚处罚的一般效应。其次是人身自由受到限制。每天过着绝对服从、重复着吃饭、劳动"机器人"生活，饱受着与家人与社会隔离的煎熬。最后是除了监狱里基本的生存条件之外，一切的需要都被剥夺了。除此以外一个犯罪的人，时刻折磨、煎熬他的心灵、憋在他心里的是犯罪秘密。根据经典条件反射理论，人们通过以往的中性无关刺激所形成的习得性反射方式，当这种习得性反射回归到自我，使安全的需要受到威胁的时候，就会产生恐惧感。例如，当犯罪嫌疑人被通知接受讯问的时候，就激起了紧张、恐惧的条件反射，这种紧张、恐惧感越强，对安全感的需要就越强，自我防卫的意识也就越强，审讯中对抗反应的条件反射也就越强，对审讯人员的信息反应非常敏感，产生的排斥力也比较强，在这种情况下的心理反应，不会产生适合犯罪嫌疑人供述认罪的条件。尤其是在审讯活动的供述认罪阶段，在犯罪嫌疑人的恐惧感和畏罪感极强的时

候，犯罪嫌疑人根本就不会选择供述认罪。只有在这种恐惧感和畏罪感降低到适合供述认罪的心理条件时，才可能出现供述认罪的行为。

促进畏罪恐惧心理转化的方法是转化动机。根据沃尔甫经典条件反射模型的发明及应用理论：个体对某一刺激产生焦虑或恐惧反应是一种条件反射的形成过程，如果个体学会一种抑制焦虑的反应，就能替代原来的焦虑反应，因为人的神经系统不能同时处理两种相互对抗的状态，换句话说，要减除不安或惧怕等不悦的情绪反应，要用相反的喜悦情绪反应来抑制它，以便能抵抗、抑制惧怕的情绪反应。或者说如何能够帮助犯罪嫌疑人降低这种焦虑的意识反应，进行趋利避害的动机转移，我们说，一个个体不可能在同一时间内有不同的情绪反应，在很高兴的同时又有很不高兴的情绪，一旦有相反性质的情绪反应，一定会相互作用产生抵制或抵消。这就是说当犯罪嫌疑人被畏罪的恐惧心理困扰的时候，审讯人员提出一个能够降低这种危害的条件，使其产生心理利益，就能够抵消畏罪心理的恐惧反应。

根据动机激励理论，激励是指促使个体产生朝向某一个目标行动的趋向，以使其达到选择的行为目标。从其本质上来说，就是激发人的动机，使自己能够最大限度地降低危害，获取更大的利益。从马斯洛的需要层次理论，我们可以找到答案，马斯洛认为人的需要按由低到高的顺序分为五个层次：生理的需要、安全的需要、归属与爱的需要、尊重的需要、自我实现的需要。其中，生理需要是需要结构中的最低层次，是其他需要的基础，一般来说，低层需要满足以后，才能产生满足高一层次的需要。在一定的时期人也可能会同时存在多种需要，但是只有一种需要是主导需要，是人的行为的主要推动力。因此在审讯活动中犯罪嫌疑人的畏罪恐惧心理在达到一定的程度的时候，便会产生缓解这种恐惧心理压力的动机，这是转换动机的主观条件，外来的激励因素是否满足动机转化的心理需要是客观条件，主观通过客观的作用完成动机的转化。这里审讯人员不仅要注意充分调动犯罪嫌疑人的主观能动性，而且还应当注意激励因素与犯罪嫌疑人心理需要的针对性。在通常的情况下犯罪嫌疑人的侥幸心理的存在，削弱了畏罪心理的恐惧程度，而畏罪心理的恐惧程度达到一定的恐惧压力才能产生降低恐惧的行为动机，如果恐惧压力的程度不够，就很难进行动机转化，转化动机缺乏主观因素的配合，缺乏内在动力的支持是很难实现的。因此犯罪嫌疑人的畏罪恐惧心理的压力程度需要审讯人员进行必要的调整，使之满足主观动机的转化条件。

审讯人员的激励因素是外来动力，其方法是帮助犯罪嫌疑人建立一个行为目标，促进犯罪嫌疑人的动机转化，审讯人员帮助犯罪嫌疑人设置的行为目标，应当与犯罪嫌疑人的动机倾向相吻合，例如，犯罪嫌疑人受贿了50万元，按照刑罚的处罚原则应当要判处10年以上有期徒刑，那么审讯人员告诉他有免除处罚的可能，也就是说审讯人员帮助犯罪嫌疑人设置了免除处罚的目标，犯罪嫌疑人就会认为审讯人员在欺骗他。因为这个目标是明显不能实现的。如果审讯人员帮助犯罪嫌疑人设置的是从轻处罚的目标，就有了一定的可信度，与犯罪嫌疑人的趋利避害的动机相吻合，就能够形成合力，实现心理行为的目标倾向。

促进畏罪恐惧心理转化的目的是帮助犯罪嫌疑人选择趋利避害的条件，激励犯罪嫌疑人产生朝向某一个目标行动的趋向，以使其达到选择的从轻处罚的行为目标。语用行为的特点是以能够得到从轻，或者能够不处罚，即便是受到了处罚，不长的时间出来还能够有所作为。以此幻想、自我心理平衡，来达到消除恐惧的转化供述动机的目的。

六、心理弱点的语用行为攻略

在侦查审讯实践中，审讯人员都非常清楚让一个人认罪并不是件容易的事，可是在审讯实践中，大多犯罪嫌疑人都是从开始的拒不认罪，经过审讯的过程达到认罪的目的的。有50%以上的犯罪嫌疑人都是在审讯时认罪的。有的人说审讯就是"哄、吓、蒙、骗"，告诉犯罪嫌疑人现场留有他的遗留物，犯罪嫌疑人就能够交代犯罪事实。这种说法带有一定的片面性，实际上审讯活动是一门心理行为对抗的科学，大凡审讯成功者都是以强胜弱的结果，摸准对方的心理弱点，击其要害就是审讯成功的条件。没有两次审讯过程是完全相同的，审讯的全部过程被看成是寻找对方的某些人性弱点和利用对方某些人性弱点。例如，在一起抢劫杀人案件中，犯罪嫌疑人持刀抢劫了被害人5万元，被害人已经死亡，犯罪嫌疑人拒不承认自己抢劫杀人，司法机关也没有直接的证据证明其抢劫杀人。在审讯活动中审讯人员根据犯罪现场的情况，凶手实施了抢劫杀人的行为以后，迅速逃离了现场，被害人是死是活凶手并不清楚，这时的犯罪嫌疑人最担心的就是被害人没有死亡，如果被害人还活着，就能够辨认出自己是凶手，自己的安全就会受到严重的威胁，犯罪嫌疑人出现了心理弱点。审讯人员在审讯时问："现在的医学很发达，他虽然被捅了两刀，但是医生还是能够把他救活的，也算你走运没有把人捅死，要不然你的麻烦就大了。"犯罪嫌疑人听到这句话如五雷轰顶，面如土色，冷汗直出。在审讯人员的强大攻势下，犯罪嫌疑人只得交代自己抢劫杀人的犯罪事实。

现代审讯技巧主要是对人性的研究和利用，根据人性的某些弱点展开心理攻略。例如，在对职务犯罪嫌疑人进行审讯的时候，当审讯人员告诉犯罪嫌疑人"你已经涉嫌犯罪，你有受贿犯罪的事实"。即便是犯罪嫌疑人已经订立了攻守同盟，受贿人与行贿人统一了否定的口径，犯罪嫌疑人还是要恐惧紧张的。心理学研究认为，个体对某一刺激产生焦虑或恐惧反应是一种条件反射的形成过程，这是因为人的安全的需要，当安全的需要受到威胁的时候，就会产生恐惧感。一个犯罪的人，时刻折磨、煎熬他的心灵是憋在他心里的犯罪秘密。根据经典条件反射理论，人们通过以往的中性无关刺激所形成的习得性反射方式，当这种习得性反射回归到自我，使安全的需要受到威胁的时候，就会产生恐惧感。例如，当犯罪嫌疑人被通知接受讯问的时候，就激起了紧张、恐惧的条件反射，这种紧张、恐惧感越强，对安全感的需要就越强，自我防卫的意识也越来越强，审讯中对抗反应的条件反射也就越强，对审讯人员的信息反应非常敏感，这就为审讯活动寻找心理弱点提供了条件。

心理弱点是犯罪嫌疑人的某些犯罪事实的记忆产生的条件反射，审讯的目的是挖掘出那些隐藏在犯罪嫌疑人心里的犯罪事实，审讯人员将某些犯罪情况输送给犯罪嫌疑人，通过观察其反应（包括语言反应和非语言反应）建立承受压力的"基准"反应作为参照点，通过寻找心理弱点，确立犯罪事实是否存在以及存在的范围。例如，当审讯人员直接告诉犯罪嫌疑人涉嫌犯罪了！如果犯罪嫌疑人没有犯罪行为，就会立即做出否定的反应，如果犯罪嫌疑人确实实施了犯罪行为，那么恐惧的条件反射就会占满思维活动的空间，即便是做出了否定反应也是非常迟缓的。因为人的神经系统不能同时处理两种相互对抗的状态，要想隐蔽不安或惧怕的情绪反应，要用相反的"喜悦"情绪反应来抑制它，以便能抵抗、抑制惧怕的情绪反应，而用相反性质的情绪反应，一定会相互作用产生抵制或抵消，出现反应迟滞的现象。因此如果犯罪嫌疑人实施了犯罪行为，外来的调查寻找的信息必然让犯罪嫌疑人出现恐惧的反应，而不是否定反应。这种恐惧反应能够给犯罪嫌疑人带来强大的心理压力，犯罪嫌疑人经受的压力越大，他能够进行审慎、独立思考的可能性就越小，也就更加容易受审讯人员建议的影响。

心理弱点的寻找方法及语用行为。首先是通过犯罪嫌疑人的侥幸心理挖掘其心理弱点。审讯活动中犯罪嫌疑人的侥幸心理是犯罪嫌疑人对抗审讯的心理支点，侥幸心理的正面是对抗的积极性，表现为犯罪嫌疑人认为自己的犯罪活动策划周密，检察机关根本无从查明，侥幸心理是犯罪嫌疑人拒不供认的精神支柱，是他们逃避打击的全部希望和心理寄托。侥幸心理的反面是犯罪事实暴露的可能性，犯罪嫌疑人的心理弱点就包含在犯罪事实暴露的可能性里。（1）心理弱点表现的最为强烈的是犯罪证据，犯罪嫌疑人暴露出来的犯罪证据有的是比较完整的，有的是比较零散的，有的甚至是点滴的细节，审讯人员设法让其发展扩大，暴露出完整的犯罪事实。证据是侥幸心理的天敌，在使用证据上应当做好心理准备和使用证据的目的性，选择好能打消其侥幸心理的证据材料，彻底摧毁其心理防线，促使其缴械投降。（2）从犯罪嫌疑人的供述矛盾中寻找其心理弱点。侦查人员要自觉运用矛盾的观点来分析问题，解决问题，把供述矛盾与犯罪嫌疑人的心理行为联系起来，并贯穿审讯工作的全过程。嫌疑人口供的矛盾是胡编滥造的结果，矛盾暴露的必然性就表现在编造出来的事实，就一定会有破绽，审讯人员只要善于发现这些矛盾，利用这些矛盾，就能找到犯罪嫌疑人的心理弱点。（3）犯罪嫌疑人最担心的事实或情节是犯罪结果的牵连性。犯罪嫌疑人最关心、最担心的事实和情节，是能够证明犯罪的地点、赃款的去向，攻守同盟订立的情节和同案人及知情人的证言，等等。（4）要善于利用嫌疑人之间"互相猜忌"和"自保"的心理，利用他们之间的矛盾，分化、瓦解他们之间订立的攻守同盟，使犯罪嫌疑人之间互相猜疑、指责、仇恨而发生激烈的冲突。犯罪嫌疑人最担心的是被别人出卖，同时也最怕落在别人的后面，使自己处于被动的地位。因此，发现、利用、制造、扩大和引发他们之间的利害关系，就能够引发出犯罪嫌疑人的心理弱点。

其次是以犯罪嫌疑人的畏罪心理为基础挖掘心理弱点。犯罪嫌疑人的这种畏罪心理隐含了一种"求生""求轻"或者"免除"的心理，这种"求生""求轻""免除"的心理又能成为犯罪嫌疑人由畏罪心理向交罪心理转化的一种催化剂。以畏罪心理为基础从犯罪嫌疑人的性格特征上寻找心理弱点。畏罪心理的强弱不仅与案件的情节有着密切的关系，而且与犯罪嫌疑人的性格有着密切的联系。审讯人员对犯罪嫌疑人的性格感受是直接的，审讯人员能够通过自己的理性分析，发现他们的性格特征带来的心理弱点，就能够把那些隐藏在犯罪嫌疑人心灵深处的心理弱点提取出来加以利用。性格特征在很多的时候或者是在特殊的语言环境下，表现出心理行为的弱点。例如，性格暴躁的人，其思维借助于联想的帮助的主动性比较差，心理行为压力来得比较快，当在外来的语用行为的刺激下，心理压力会在瞬间上升，出现情绪化状态，在审讯人员"激将法"的刺激下，很容易暴露心理弱点；再如外向型性格的人，防卫意识差，表现的积极性比较高，通常对外向型的人，审讯人员采取放任的态度，让其充分地通过语用行为的展现，暴露矛盾和疑点，引出心理弱点；还有内向型的人，不善于语用行为的展现，对外来的语用行为信息反应得比较慢，畏罪心理的压力比较大，对家庭、亲情关系反应得比较明显，审讯人员要在其亲友的关系上做文章，从拉家常的语用行为开始，引出心理弱点。

最后是根据案件情况和嫌疑人特征进行多角度选择，找出犯罪嫌疑人的心理弱点。寻找犯罪嫌疑人的心理弱点并非通过一两个情景就能够找到的，尤其是在审讯活动这样的特殊语境下，心理弱点被直接地掩盖了起来，同时犯罪嫌疑人的心理弱点的显示，并非通过某些情景就能够直接表现出来，心理弱点的暴露需要通过一个比较长的时间过程和多个角度的综合评价，才能展现出来。因此实现全方位和多角度的选择，是寻找心理弱点的重要途径。在通常的情况下由于审讯人员掌握的案件情况以及犯罪嫌疑人的情况甚少，受各方面条件的限制，尤其是在掌握案件整体情况不多时的紧急审讯，按照既定的方法不能奏效时，往往需要选择多个角度，来寻找犯罪嫌疑人的心理弱点。在这种情况下，就要注意在一个角度没有达到目的时，就要立即停止、更换角度不能拖延时间，因为侦查破案在时间上有严格要求，不容许打持久战。当然审讯活动是心理的对抗活动，有时虽然经过多次地更换角度，仍然不能成功，这势必强化了犯罪嫌疑人的对抗心理，审讯人员的信心也会受到挫伤，给讯问的语境带来不利的局面。因此在每次选择的角度都不成功的情况下，应当及时地作出策略性的调整和处理，尽量不留痕迹，避免让犯罪嫌疑人察觉到，并要尽力做好补救措施，为下一轮审讯留下衔接的茬口。

此外选择犯罪嫌疑人犯罪过程中的一些特殊细节挖掘心理弱点也不失为一种有效方法。犯罪细节虽然不能证明全面的犯罪，但是因为细节有很强的关联性，触一点就能够牵动全局。犯罪嫌疑人在犯罪活动的过程中，实施了一些与犯罪活动密切相关的特殊细节。如果掌握了这些特殊细节，就会使犯罪嫌疑人产生巨大的心理压力，其心理弱点便会自然地暴露出来。例如，检察机关在对一名副市长的受贿犯罪进行侦查时，在搜查的过程中发现了一个笔记本，上面记录了一组数字，根据分析很可能是受贿的数额记录。当审讯人员在审讯的过程中不经意地问起所搜查笔记本上的数字时，这位副市长脸色显得十分紧张，其心理弱点暴露了出来，显然笔记本上的一连串的数字对这位副市长来说无疑是一枚定时炸弹，他看着这本普通的笔记本，就如同遇见了死神，当审讯人员直接告知这些数字就是金额的时候，这位副市长再也无法继续隐瞒下去，只好如实交代出笔记本上记载的数字是他本人任职多年积累的受贿款的具体数额。

七、满足特定心理条件的语用行为

犯罪嫌疑人从对抗到供述是建立在一定的心理条件下的，审讯人员的语用行为满足了犯罪嫌疑人的特定的心理条件，犯罪嫌疑人就会供述认罪，相反不能满足这种特定的心理条件，犯罪嫌疑人就不会供述认罪，无论是什么样的犯罪嫌疑人或者是不同特点的案件，犯罪嫌疑人的供述认罪都是建立在一定条件的基础上的，也就是说没有让犯罪嫌疑人供述认罪的条件，犯罪嫌疑人是不可能交代自己的犯罪事实的。

犯罪嫌疑人一般不会轻易供述出自己的犯罪事实，是因为没有供述认罪的条件。在司法实践中，犯罪嫌疑人（尤其是那些有罪的犯罪人）很少主动地向侦查机关供述其犯罪事实。美国刑事司法学界和警察科学界最著名的学者之一弗雷德英博说："人类一般不会主动地、自发地供认自己的罪行……期望作案人未经审讯的触动便因良心的折磨而供认罪行的想法是不切实际的。"侦查学鼻祖汉斯格罗斯也说："希望每个人都能坦白自己的罪行，是残忍的至少是不人道的。"可与此同时，也有无数的侦查讯问案例表明，审讯者的确成功地获取了犯罪人的真实供述。那么，为什么有的犯罪嫌疑人会如实供认自己的犯罪事实？而另外一些犯罪嫌疑人却只有在讯问人员帮助下才会供述自己的犯罪事实？讯问人员如何才能帮助犯罪嫌疑人以实现侦查讯问的目的？

在大量的审讯实践中可以发现，大多数嫌犯在交代罪行后，问他是什么原因促使他由起初的死也不肯交代，最后转变到愿意"开口"的？他们说：我感觉到"开口"比"不开口"对自己有利。有的说，当时我感觉有一种动力叫我"开口"。由于案件的性质不同、不同嫌犯的个性不同、审讯员在审讯时采取的手段不同，嫌犯们回答的理由也是各不相同。乍一看，对于促使他们交代犯罪事实的真正原因到底是什么？好像没有什么规律可循。但是，经过我们静下心来仔细分析归纳后，仍旧可以看出，他们为什么肯"开口"交代的原因，实际上是必须有某些特定心理条件的产生作为前提的。他们会认为：如果还没有一个真正能够说服他们自己的"借口"，就马上主动向政府交代，似乎有点太对不起自己了。只有当他们认为可以说得过去了，等到不致过于心理失衡的"条件"出现了之后，才愿意交代，不会觉得自己太亏。所以，审讯员在审讯时的重要任务就是努力营造好能够促使嫌犯交代的那些特定心理条件，把握好自己的语用行为倾向和导向，做好了这个工作就能起到"打蛇打七寸"的效果。语用行为的把握，是以促进犯罪嫌疑人特定的心理条件产生为前提的，概括起来有这样六类：

1. 犯罪嫌疑人在内心真正后悔、醒悟的时候。（人格道德系数的满足条件）
2. 犯罪嫌疑人认为交代了对他自己有好处的时候。（趋利避害的交换条件）
3. 犯罪嫌疑人感到已没有退路，无法继续隐瞒的时候。（心理误区的暴露条件）
4. 犯罪嫌疑人为了解脱自己心理的压力的时候。（心理选择的解脱条件）
5. 犯罪嫌疑人为了解脱自己形成的意识经验。（意识经验的反映条件）
6. 犯罪嫌疑人趋利避害的需要的基本属性。（满足需要的基本条件）

犯罪嫌疑人的心理条件虽然是个体内在的，但是它是因审讯人员的外部刺激而产生的。上述六类特定的心理条件可以同时刺激产生，也可以单独刺激产生。首先，在审讯人员帮助犯罪嫌疑人以后悔、醒悟为刺激对象的时候，要根据犯罪嫌疑人的个体特征，准备好刺激帮助的方法和语用行为表述。犯罪行为实施后给自己带来的利益与犯罪行为造成的后果的比较，犯罪的成本大于犯罪的利益，心理产生了"亏损"。这种"亏损"越大，后悔、醒悟意识就越强烈。这种强烈的后悔和醒悟意识发展到一定程度的时候，就会产生供述动机。其次，在审讯人员帮助犯罪嫌疑人以"交代对他自己有好处"为刺激对象的时候，审讯人员常常是以"利弊关系"作为重要方法，审讯人员首先帮助犯罪嫌疑人选择"利"与"弊"的条件，展开来让犯罪嫌疑人权衡，形成"交代了对他自己有好处"的"心理条件"。最后，在审讯人员帮助犯罪嫌疑人以"犯罪事实已经暴露、退路已经丧失"为刺激对象的时候，审讯人员要充分利用犯罪嫌疑人的"错觉"，设置"错觉"条件，把犯罪嫌疑人领入"犯罪事实已经暴露"的认识误区，对抗已经失去了意义，同时也丧失了对抗的条件，配合尚能获取利益，使之产生供述的"心理条件"。

满足特定心理条件的语用行为就是语用行为的针对性，根据审讯活动的语用行为模式，结合上述六类特定的心理条件，以问答型与劝说型相结合的语言模式，完成讯问语用行为的倾向性和导向性：

1. 犯罪嫌疑人人格道德系数的满足条件，是在犯罪嫌疑人内心真正后悔、醒悟的时候产生的。常用的关键性语用行为：（1）标定形象的语用行为，目的是帮助犯罪嫌疑人树立特定的形象，将犯罪嫌疑人的形象树立起来，让其维护自己的形象，顺应犯罪嫌疑人的人格道德条件的满足。（2）"昵称"语用行为的协助，改变对犯罪嫌疑人直呼其名的做法：老李、老周、老王或偶然称原职务头衔，这样距离便一下拉近了许多。（3）以揭露式的语用行为，帮助犯罪嫌疑人消除对抗条件。如："你对某件事情的回答，前后矛盾漏洞百出，你认为谎言能蒙混过关吗？在这个问题上你是没有退路了。"（4）以宣讲式的语用行为，帮助犯罪嫌疑人建立对犯罪行为悔恨的否定认识，通过摆事实、讲道理，帮助分析原因、提高认识、树立勇气、平息犯罪动机，降低罪恶感，促进供述条件的成熟。

2. 犯罪嫌疑人趋利避害的交换条件的满足，是犯罪嫌疑人充分地意识到交代犯罪事实对他自己有好处的时候产生的。常用的关键性语用行为：（1）运用对比式的语用行为，帮助犯罪嫌疑人选择已经处理过的宽严典型，结合犯罪嫌疑人自己的情况，展开对比思考，权衡利弊，放弃抗拒。（2）运用开导式的语用行为，强化犯罪嫌疑人权衡利弊的心理条件，充分地利用犯罪嫌疑人身上尚存的一点好的因素来激发其良知，使他对自己所犯罪行有所悔悟，达到坦白交代的目的。注意开导的主题要有针对性，在选取开导主题时，应根据犯罪嫌疑人的犯罪行为所带来的后果作为开导的主题，效果便佳。开导的目的是对所犯罪行表示遗憾，并指明前途和出路。（3）权衡式的语用行为的运用，是将"利"与"弊"放在一起摆出来，让对方挑选，利弊的选择要客观、实在，利弊的选择要有反差，如果利弊同等对方就没有选择的必要了，同时也是给自己出了一道难题。（4）以变更角度式的语用行为，帮助犯罪嫌疑人铺垫供述通道，改变紧逼的角度，给一个台阶或者重新为其选择一个出口，把犯罪嫌疑人"扶"上供述认罪的通道。如"你有什么顾虑吗？是否需要他人回避一下？你在担心什么？"而实际上犯罪嫌疑人只要回答了上述问话，就是一种默认。

3. 犯罪嫌疑人心理误区的暴露条件，是犯罪嫌疑人感到自己已没有退路，无法继续隐瞒的时候产生的。常用的关键性语用行为：（1）以逻辑式的语用行为，帮助犯罪嫌疑人建立犯罪事实已经暴露的错觉，以隐含逻辑前提的方法，设定某一犯罪情节的存在："你为什么这样做，你与老李是什么关系？你为什么要拿他的钱？你银行存了那么多的钱用来干什么？"（2）以"正话反说"的语用行为，将犯罪嫌疑人带至认知误区，本来是要通过正面的讯问达到的目的，却采取用说反话的表达方式来达到正话所达不到的效果。如："我们今天并不想听你交代什么犯罪事实，只是想知道你是否有所认识、有所觉悟！""你为什么拿别人的钱我们并不想知道，我们只想知道你是不是非常需要钱？""你是怎么伤害了别人我们不想听，只想知道现在你有什么打算！"（3）以"说"半截话的语用行为，让犯罪嫌疑人自发地联想产生认知误区，通过说"半截话"，另半截没有说出来的话，让犯罪嫌疑人自己补充和理解，目的是让犯罪嫌疑人充分发挥下半截话的想象力。如："他说他不是主犯……""他说钱不是他主动给的……""有谁愿意替别人承担责任……""你不说没有关系……""他过去是挺讲义气的，可是……"（4）以直追式的语用行为，促进犯罪嫌疑人的心理压力的形成，使之进入犯罪事实暴露的认知误区。如："这笔钱从哪里来的？""为什么说谎？""怎么拿的？""钱到哪里去了？"等直接正面的突破。注意被直追的要害目标，要确实充分，不容置疑，态度要坚定，语言要精练，要使犯罪嫌疑人感觉到来势迅猛，不可回避，只有交代。（5）以"交换位置"的语用行为，帮助犯罪嫌疑人转换外来的心理动力，把别人的认识误认为是自己的认识。如："假如我是你，我会选择……""我如果遇到这类情况，我会……"

4. 犯罪嫌疑人心理选择的解脱条件，是犯罪嫌疑人为了解脱自己心理的压力的时候产生的。常用的关键性语用行为：（1）以"强制语"的语用行为达到对犯罪嫌疑人的心理限制。强制语的语用行为就是能使对方某些方面受到限制不能改变的语言，如："说！""讲！""怎么回事！"必须做出回答，而且是强制性的回答。在使用时应当注意方法、时间，不给对方想退路的时间和间隙。（2）以"最后通牒"式的语用行为，使犯罪嫌疑人产生心理压力，达到心理限制的目的。这种语用行为的特点是把对方推向最危险的境地逼其就范，对优柔寡断、左右动摇、等待观望的人，用最后通牒来转换他的"时机未到"的意识或"还有更好的机会"的意识。如："我再给你十分钟的时间考虑！""如果你现在还是这样，我们将……""我们只能给你这个条件！"（3）以"两难选择"式的语用行为，加速犯罪嫌疑人的心理限制。审讯人员摆出两个问题的情景，让犯罪嫌疑人自己选择。如："钱是存起来了还是平时用了？""你是愿意在这里说还是到看守所里说？""是你自己要的还是他主动给的？"等。注意，在使用"两难选择"式的语用行为时，应当注意犯罪嫌疑人的心理状态，在犯罪嫌疑人已经进入了心理限制的通道以后使用最佳。（4）以揭露式的语用行为把犯罪嫌疑人推进心理限制区域，利用犯罪嫌疑人的供述矛盾，在其不能自圆其说的情况下达到心理限制的目的。如："你对某件事情的回答，前后矛盾漏洞百出，你不是爱说谎的人啊！""你说钱是你借的，你家里有钱为什么还要借钱？""你说钱是你的，那么你为什么还要去贷款呢？"

5. 犯罪嫌疑人的意识经验的反应条件，是犯罪嫌疑人为了解脱自己，在记忆的意识经验的反应下，暴露的与犯罪有关的情景而产生的条件。常用的关键性语用行为：（1）以交谈式的语用行为采取非常规的讯问方式，有很大的随意性，容易使犯罪嫌疑人放松警惕，暴露意识经验的犯罪痕迹。交谈式的语用行为便于交流思想，缓解严肃气氛，能通过交流思想向广度和深度方面发展。不仅有助于了解犯罪嫌疑人的思想动向，情感交融，为消除对立提供有利条件，同时，宽松的语境有助于语用行为的表现，为意识经验的语言反应提供了良好的平台。如：犯罪嫌疑人的"口误"，"口误"是不愿意说的话而说出来了。这是记忆经验在潜意识作用下的语言表露，很多的时候这种表露就是犯罪的痕迹。（2）以摸底式的语用行为来激发犯罪嫌疑人的意识经验反应。如："你在银行存那么多的钱用来干什么？"如果犯罪嫌疑人真的在银行有存款，那么他就会做出经验反应，如果犯罪嫌疑人在银行里没有存款，那么他就会立即做出否定的反应。再如："你为什么要收别人的钱？"至于是否收了别人的钱，犯罪嫌疑人就会通过自己的意识经验反应给审讯人员。（3）以"设题式"的语用行为引发犯罪嫌疑人对某一事件的意识经验反应。如："你把汇往某银行的那笔款子的来龙去脉和详细过程说一说。"在对方叙述的过程中捕捉意识经验的反应情景。

6. 满足犯罪嫌疑人"需要"的基本条件，帮助犯罪嫌疑人创建"需要"的平台，使"需要"转化成供述动机。常用的关键性语用行为：（1）以标定形象的语用行为满足犯罪嫌疑人的荣誉感，帮助犯罪嫌疑人树立形象，其目的是将犯罪嫌疑人的形象树立起来，让其维护自己的形象，同时获得尊重的需要和自我实现的需要。如："你是光明磊落的为人实在的人，有很高的群众威望，那里的老百姓都非常拥护你！"（2）以权衡利弊的语用行为，帮助犯罪嫌疑人转换利弊倾向，认识到供述对自己有利，对抗对自己不利。如："你的事情是客观存在的，是不能回避的，如何能够把自己的损失降到最低的程度，也是我们所希望的，只有认识问题，改正错误，才能获得谅解，才有从轻处罚的可能性。"（3）以"激将"的语用行为满足犯罪嫌疑人激情状态下的心理需要。因为激情状态下人的逆反心理表现得较为明显，如："你敢做不敢为！""你是胆小鬼！""这点小事都不敢承认，大事就更不敢承认了！""别人都说你光明磊落，我看未必！"

八、实现"心理利益"的语用行为

利益是某种需要或者愿望的满足，既有物化的也有精神的，物化的表现为对物质利益的满足，精神利益就是满足对情感的需要，能够让人感觉到满足感就是利益，这种满足感是通过心理意识感受到的，因此又表现为心理利益。在审讯活动中犯罪嫌疑人的利益的需要表现为对安全感的需要，在其安全感产生威胁的时候，其利益的需要是消除威胁，在不能满足消除威胁的时候，便会降低利益的需要，当然能够降低利益需要的因素有自发的，但是更多的是来源于外来信息的影响，这种外来的信息影响，就是在审讯人员语用行为的刺激下，实现"心理利益"，使犯罪嫌疑人的利益需要得到满足。审讯活动中犯罪嫌疑人选择的利益，应当以"对抗"和"供述"的取舍为利益满足的条件，偏离了这个条件审讯就失去了意义。因为帮助犯罪嫌疑人实现"心理利益"的目的，是以犯罪嫌疑人放弃"对抗"，选择"供述"为利益条件的。

人的行为动力在很多的时候是在利益的驱使下产生的，"心理利益"是通过趋利避害的思维过程而产生的。当人们在决定做某种行为前，他都会在其内心考虑并权衡该行为是否能给其增添快乐或减少痛苦，若自己的判断为"是"则会选择去实施该行为，反之则会选择不实施该行为。"心在言先，言为心声"，在侦查讯问中，犯罪嫌疑人针对审讯者的提问有三种选择：一是拒供而保持沉默，二是假供即以欺骗撒谎来应付审讯者的提问，三是如实供述。犯罪嫌疑人在侦查讯问中的任何决定，都是他的一种理性的选择行为。选择做出真实的供述，也是嫌疑人在其内心做出了如实供述对其自己有利的判断后而实施的行为。在侦查讯问起始阶段，有罪的犯罪嫌疑人，都会将自己如实供述犯罪事实后，随之而来的各种后果这一利益看得较重。如将因受到刑罚处罚而失去人身自由或生命权利；因担负赔偿义务或承担罚金或没收财产而失去自己原有的财产；失去现有的优越的工作；失去现有的社会地位和良好的声誉、名誉；失去自己的亲情、友情；等等。因此犯罪嫌疑人不会轻易在侦查讯问开始时就供认自己的犯罪事实。在侦查讯问活动中，审讯者能够影响和控制嫌疑人的心理活动，包括嫌疑人内心对于供述与否的判断。嫌疑人供述与否，主要取决于他对犯罪后果的担心及由犯罪所引起的罪责感两者对其的影响——前者源于法律对其的影响，后者则源于其成长过程中的社会化影响。如果犯罪嫌疑人对各种损失后果的担心甚于罪责感，则会选择拒供或假供；如果嫌疑人的罪责感甚于其对后果的担心，则会选择如实供述。同时，在无法逃避损失后果的情况下，如犯罪事实已被侦查或司法机关查清，自己即使不如实供述也不影响司法机关对自己的处罚，嫌疑人还会尽力去追求一个较轻的损失后果，即争取坦白获得从宽处理。

帮助犯罪嫌疑人获取"心理利益"，主要基于"以后的利益"和"当前的利益"的心理博弈的结果，因此首先是帮助犯罪嫌疑人获得"以后利益"。结合本案件的实际情况，从嫌犯的作案动机、目的、手段、情节、侵害对象以及造成的后果等方面，依据相关法律，为其找出可以从轻处罚的条件，使其获得"以后的利益"。审讯员要用真诚的态度帮助他权衡交代与不交代的利害得失，使之确信只要交代了，有好的认罪态度，就能从轻、减轻甚至免除处罚。

其次是帮助犯罪嫌疑人获得"当前利益"。从审讯活动中犯罪嫌疑人的心理状态来看，对犯罪嫌疑人来说审讯的全过程，是犯罪嫌疑人心理焦虑的过程。根据美国侦查学者布赖恩·杰恩提出来的"内心焦虑理论"，杰恩对侦查实践中存在的犯罪嫌疑人如实供述犯罪事实的现象进行了研究。他认为，嫌疑人在侦查讯问过程中无论是拒供或假供（即说谎），由说谎引起的内心冲突，其结果是挫折和焦虑。焦虑是一种不明确的忧虑的不安状态，通常不与特定的起因相联系。在个人理想与客观实际之间出现冲突或认识不一致的时候，焦虑就会出现。理想的目标与客观实际差距越大，认识就越不一致，焦虑也随之增加。焦虑的增加，是嫌疑人之所以在审讯中供认的部分原因。虽然嫌疑人希望逃避真实供述的后果，但他并不希望以增加与欺骗相连的内心焦虑为代价换取这样的结果。焦虑的力量是供认的动机，这一点从公布犯罪案件后自动投案的假供数量来看，是很明显的。犯罪嫌疑人是一个经历社会化过程、接受并内化了正常社会价值观念的人；经过长期社会化过程，犯罪嫌疑人思想观念中已形成了包括法律观念、道德观念等在内的价值观念，使犯罪嫌疑人在犯罪后产生罪责感，在撒谎时产生内心焦虑。这种罪责感与内心焦虑是驱使犯罪嫌疑人如实供述的内驱力。根据"内心焦虑理论"，审讯人员设法让犯罪嫌疑人多说谎，增加犯罪嫌疑人内心的焦虑强度，同时再通过揭露谎言来增加犯罪嫌疑人的心理限制的压力，犯罪嫌疑人为了解决当前的焦虑和心理压力，必然要寻找当前的利益来进行缓解，那么缓解的唯一方法就是如实供述或者部分供述，以此来换取"当前利益"。

审讯活动的语境条件，是审讯人员与犯罪嫌疑人共同的语用行为创建起来的，根据话语交流的特点，同一个话语在不同的语境条件下可能隐含不同的信息，也就是说语用行为是受语境制约的，在特定的语境中，由于某种原因，语言要表达的意思不仅仅是字面意义，还有更深层次的背景含义。虽然这些表现是听话人语言推理的结果，但是很多的语言形式并非直接的语言信息编码，必须依赖语境条件。例如话语"你要那么多钱干什么？"在不同的语境条件下就可能隐含这样的推理结果：（1）你在银行里有存款。（2）你不该去拿别人的钱。（3）你太辛苦、太累了，应当注意身体。（4）留给子孙后代让他们享福。可以看出以上的话语含义产生不同的语境条件，因此审讯人员在帮助犯罪嫌疑人实现"心理利益"的任务时，其语用行为应当建立在能够满足某一利益信息的语境条件上，建立语境条件的平台，其语用行为便能够直接产生获取利益的信息刺激作用。因为犯罪嫌疑人的重要"心理利益"是安全的需要，只有当安全发生危险的时候，这种需要才是当前的利益，当这种危险被认为是不可避免的时候，那么在"心理利益"需要的驱使下，才能够选择其他的行为，来降低这种危险重新获得利益。针对犯罪嫌疑人的"心理利益"的需要，通常的语用行为表现为"你的犯罪事实已经客观存在，为了把你的损失降到最低的程度，希望你能够选择对你自己有利的态度，你供述与否与别人没有多大的关系，可是对你自己却是难得的机会，我们不想看着你错过机会……"从这段话的背景含义来看，其语用行为目的是供述认罪对自己有利，虽然在这段话里没有直接反映出来，但是在审讯的语境条件下，当犯罪嫌疑人意识到危害和危险存在的情况下，能够获得隐含这样的推理结果的信息。

为了使犯罪嫌疑人能够准确无误地理解审讯人员的语用行为，审讯人员必须根据语言的、非语言的或背景的语境，在交流合作原则的基础上，完成语用行为的传递，使犯罪嫌疑人能够顺利地推断出语用行为的背景含义。审讯活动中的语用行为在很多的情况下不能直接表达，这是因为讯问的语境的需要，因为犯罪嫌疑人明确地意识到自己安全的危险和危害是犯罪事实的暴露，如果审讯人员这时直接把供述认罪的话语搬出来，势必会加深犯罪嫌疑人的恐惧感，不利于犯罪嫌疑人对"心理利益"的选择。所以审讯人员大量的劝说供述认罪的话语，是通过语用行为的背景含义传递出来，让犯罪嫌疑人推断出来的。例如："我们希望能够对你有所帮助……""对自己不利的事情就要设法避开，在你的问题上显然采取隐瞒的方法对自己是不利的";"你的家里人更希望你能够获得从轻处罚,取得谅解,这也是我们的希望。"

帮助犯罪嫌疑人实现"心理利益",不能仅仅从某一个角度来运用语用行为,应当从多角度进行考虑。因为犯罪嫌疑人的"心理利益"不仅仅是趋利避害的某一个方面,有的时候也包含着物质利益和精神利益。有的人对物质财产看得比较重,获得了物质利益,就达到了心理利益的满足。一些贪官大量地索取钱财,其实自己根本就用不着,仅仅是达到了"心理利益"的满足,失去了物质财富就失去了"心理利益"。例如,检察机关在查办一名副省长的受贿犯罪案件时,为了从共同犯罪人其情妇的身上获取犯罪证据,对这位情妇进行了讯问,由于讯问的方法不对路,犯罪嫌疑人坚持对抗,并且否认自己与该副省长有情妇关系,审讯进行得非常艰难,第一轮审讯以失败而告结。在组织第二轮的审讯时,审讯人员调整了语用行为方向,根据女性大多重财产利益,对财产看得比较重的"心理利益"的需要,根据侦查活动掌握的线索,该副省长向一企业索取了一栋住宅别墅,送给了该犯罪嫌疑人,审讯人员的语用行为直接指向了她的别墅:

问:"你现在住的那栋别墅,我们要没收!"

答:"那不行!"

问:"为什么?"

答:"那是我拿青春换来的,你们不能没收!"(还没有来得及寻找退路,便下意识地暴露了别墅的来源)

问:"你是怎么拿青春换来的?"

答:(不语)……(自知说漏了嘴)

问:"讲!你是怎么拿青春换来的?"

答:"我跟他有那种关系,是他送给我的。"

问:"他是怎么送给你的?"

答:"我跟他有过那种关系之后,我说我住在父母那里,上班太远,同时我们见面也不方便,能在城里找一处房子就方便多了。后来没有两天,就有一个人来找我,带我去看的房子,我看了以后感觉到非常满意,就定下了。当时房子还没有装修,过了半个月还是那个人把房子的钥匙给了我,并且还把我的身份证拿去了,说是办房产证的,没有两天房产证也办好了,房产证上写的是我的名字。"

问:"这套房子是哪里来的?"

答:"我也不知道,我想可能是他(指副省长)找别人要的,我也没有问。"

……

精神利益也是如此，因为自我实现的需要，得到了社会的肯定，就获得了"心理利益"的满足，很多人对荣誉感看得比较重，如公务员被提拔了、当官了，满足了荣誉感的需要，就获得了"心理利益"的满足，一旦自己出了问题，就会感到无脸见人。因此，针对荣誉感比较强的犯罪嫌疑人，其语用行为的表述，首先是降低犯罪嫌疑人的罪责感，以社会评价的理解、宽容，分散犯罪嫌疑人对荣誉感的注意。其次是转换其他的利益目标，例如"实事求是的原则"，"敢作敢为、光明磊落"。犯罪嫌疑人如果能够维护这种社会意识形象，就获取了"心理利益"，满足了这种"心理利益"的需要，就只能是供述认罪。

九、"合作原则"下的"沟通"语用行为

美国的语言哲学家格赖斯提出的语言交际的"合作原则"，即人们在进行话语交际的过程中总是相互配合的，为了能够达到相互配合的目的，话语交际的双方都应当遵守某些基本原则，语言的交际活动才能得以进行。这种"合作原则"表现出了语言交际的真假质量、信息的数量、相关的议题、条理方式等。但是审讯活动是在对抗的语境中产生的语用行为，因此，在这样特殊语境条件下并非总是严格遵守交际的"合作原则"，在对抗的语境条件下其语用行为常常偏离常规，不符合"合作原则"。这种违反"合作原则"的语用行为通常包含着复杂的背景含义，审讯人员常常需要越过犯罪嫌疑人话语的表面意义去推断话语中所隐含的言外之意。例如，犯罪嫌疑人因大量的受贿犯罪被立案侦查，在审讯时用谎言对抗进行否定，"我是共产党员，我不可能收受贿赂，去拿别人的钱！"这句话就违反了"合作原则"讲真话的质量准则。犯罪嫌疑人在这里说了假话，故意违背"质量准则"。违背"合作原则"所产生的语言含义在很多的时候是根据语境推断而获得的。对抗性的语境出现违背"合作原则"的情形是由审讯活动的基本特征决定的，审讯成功的基本过程是从对抗发展到配合顺从的过程，也是协调语境下实现和满足语言"合作原则"的过程。完成这一过程的基本方法就是"沟通"，"沟通"就是为了设定的目标，把信息、思想、情感传递给犯罪嫌疑人，并达成协议的过程。完成这种传递任务的就是审讯人员的语用行为。

审讯活动是一项复杂的系统工程，是审讯者与嫌疑人的心理的沟通过程，审讯的全部活动是在沟通的过程中完成的。侦查讯问机制主要是由审讯者与嫌疑人、讯问环境构成的侦查讯问结构，嫌疑人在什么样的情况下会如实招供，遵守语用行为的"合作原则"，侦查机关的审讯者如何利用所拥有的一切资源来影响犯罪嫌疑人、促使其如实供述其犯罪事实。换句话说，即侦查机关

（审讯者）如何才能提高侦查讯问工作的效率以尽快地获取嫌疑人的口供，在很大的程度上取决于与犯罪嫌疑人的"沟通"的程度，犯罪嫌疑人对抗的关键是不能够沟通、不需要沟通、不愿意沟通。审讯活动是在交流的过程中完成的，因此只有沟通了才能吸收信息，信息才能产生作用。很多时候犯罪嫌疑人对信息的影响和刺激是封闭的，在这种情况下就产生不了沟通，出现了违背"合作原则"的情形，供述的目的就不能实现。有效地沟通是讯问的主要目的，因此，将讯问理解为一种沟通，具有很重要的意义，这其中涉及信息发送者、信息接收者、信息刺激和信息渠道。信息的发送与接收一样重要，有许多渠道可以发送信息（包括口头与非口头），但是仅仅有信息的发送和接收并不够。讯问应是一个开放的系统，其中存在各方面的影响。沙伏特指出，在侦查讯问中审讯者应当通过一定的控制影响手段，即运用一定的姿势或表情来调动被讯问者的态度，因为一定的姿势或手势可以代表对嫌疑人的奖励或惩罚。侦查讯问是在审讯者对犯罪嫌疑人的影响、控制下，实现侦查讯问目的的过程。

沟通的方法。首先是要进行充分的准备，要弄清楚犯罪嫌疑人对抗的心理特点，在通常的情况下犯罪嫌疑人大多是"畏罪心理"和"侥幸心理"并存，从什么角度切入能够尽快地达到目标，这里包括最高目标和最低目标。同时还有如果达不到目标如何进行目标的转移。这里以"沟通"为手段的语用行为不能直接涉及案件的主题，效果最佳的是通过用"拉家常"的方式询问其个人的学习经历、社会经历、生活状况、夫妻关系、交往情况、个人爱好等，建立沟通的平台。

其次是确认犯罪嫌疑人的需求，发现研究犯罪嫌疑人当前的需要，有的是畏罪心理对安全的需要尤为突出，那么审讯人员就应当从降低损害的角度切入；如果犯罪嫌疑人当前的需要是荣誉感，那么审讯人员就应当从降低罪责感的角度切入；如果犯罪嫌疑人的侥幸心理比较突出，那么犯罪嫌疑人当前的需要是摸底，即犯罪事实的暴露情况，这时审讯人员的"切入点"就是犯罪事实已经暴露的信息。确认需要的语用行为方法是：尽量要让犯罪嫌疑人侃侃而谈，必要的时候加以鼓励和附和，但是我们则要做到时刻头脑清醒，逐步进入"沟通"的通道，使犯罪嫌疑人充分地暴露心理需要的信息。这里应当注意的是，审讯人不能刻意围绕审讯目标，以免暴露审讯意图，同时还会引起犯罪嫌疑人的警觉，封闭"沟通"的通道。

再次是审讯人员要阐明自己的观点，审讯人员的出发点应该是从关心、帮助犯罪嫌疑人的角度，以能够使犯罪嫌疑人认识"错误"，改正"错误"获得从轻处罚为目的的。其语用行为方法是：通过"闲聊"，即"自由式交谈"，与被审讯人"套近乎"，说明自己的观点：希望每一个犯罪嫌疑人都能够获得从轻处罚,提出符合既定需要的建议,在对建议的问题上找出几个方案,让对方选择,使犯罪嫌疑人在"自由交谈"中打开"沟通"的心理通道。

又次是对犯罪嫌疑人提出的问题和要求,要给予及时地答复,不能答复的要说明原因。有的犯罪嫌疑人经常会直接询问,自己供述认罪以后能不能办"取保候审"?能不能判缓刑?等等。审讯人员应当根据情况给予客观的回答,针对那些罪行比较严重的,明显判不了缓刑的人,不要正面回答,以免强化其畏罪恐惧心理,在直接告知法定从宽、从轻的条件的同时,客观地告诉他判刑是审判机关决定的,不是侦查机关决定的,你的认识以及态度,都会记录在案,成为审判机关的参考意见。

最后是完成"合作原则"的语用行为目标,这种合作原则能够通过外部或者内部的积极反馈表现出来。其语用行为是通过评价来解决对犯罪嫌疑人心理沟通的问题。对犯罪嫌疑人进行评价,主要包括对犯罪嫌疑人个人的评价(包括人的发展过程、历史的闪光点、行为的客观原因以及与他人的相互关系),对事件的评价(事件发生的原因、客观的影响、现实的目的性),对行为的社会关系的评价,不断地降低犯罪嫌疑人的畏罪心理,提高社会环境影响的作用,从而进入犯罪嫌疑人的内心世界,逐步控制被审讯人的情绪和情感;消除对立抵触情绪,让他体会到政府对其挽救的诚心;激发其个人荣誉感,或利用其感情脆弱,唤起其后悔心,感到自己的行为的确给家庭、给自身造成了巨大的痛苦和遗憾,从而选择供述认罪。

第八节 人格特征的语用行为

一、人格倾向的认识基础

审讯的语用行为,是在讯问活动的语境条件下,根据犯罪嫌疑人的供述规律以及不同的人格特征,采取针对性的语用行为完成审讯目的的语言活动。由于犯罪嫌疑人的人格倾向,在审讯活动中表现出了明显的供述认罪的特征,犯罪嫌疑人的人格特征是研究审讯语言的重要条件。人格是各种心理特性的总和,也是各种心理特性的一个相对稳定的组织结构,在不同的时间和地点,它都影响着一个人的思想、情感和行为,使他具有区别于他人的、独特的心理品质。人格是人的相对稳定的性格特征,它的形成是遗传基因和生活环境的影响形成的,人格是一个整体,在审讯活动中,表现为不同的特点。从人格倾向性的特征来看,人格倾向是人格结构的重要组成部分。人格结构包含人格的倾向性和人格的心理特征两个方面,前者是指人格的动力,后者是指个体之间的差异。人格的动力来源于需要和动机,需要和动机是人格的动力,它表现了人格的倾向,是人格中最活跃的因素,是人格积极性的源泉。人格的倾向决定着人对现实的态度,决定着人对认识对象的趋向和选择。根据弗洛伊德的人格"三我"结构,将人格结构划分为三个层次:(1)本我:位于人格结构的最低层,是由先天的本能、欲望所组成的能量系统,包括各种生理需要。本我是无意识,非理性的,它遵循快乐原则。(2)自我:位于人格结构的中间层,从本我中分化出来的,其作用是调节本我和超我的矛盾,它遵循现实原则。(3)超我:位于人格结构的最高层,是道德化的自我。它的作用是抑制本我的冲动,对自我进行监控,追求完善的境界,它遵循道德原则。在这三个层次中表现为不同的需要、动机、兴趣、价值观和世界观等,产生了人们的行为动力和行为方向,表现出了人格动力系统的特点。人格动力系统是决定并制约人的心理活动的进行、方向、强度和稳定水平的结构。如超我的价值观决定了人们选择遵循道德原则的生活目标和人生发展方向。如果遵循道德原则价值观一旦形成,就具有相当的稳定性,并对人格起控制作用。

犯罪嫌疑人的自我需要意识,反向控制了超我的社会、文化道德的意识,构成了他的人格中心特质,形成了在审讯过程中的人格差异的具体表现。在审讯的实践中,通过审讯人员的正确引导,犯罪嫌疑人的人格道德系数越大,供述动机的形成也越快。这就决定了在审讯活动中,对不同人格特质差异的犯罪嫌疑人,应该有不同的审讯方法和语用行为。

人格受到环境的影响,会出现非人格化或道德评价降低的现象,在犯罪实施过程中,大多犯罪嫌疑人在攻击被侵害的对象时,其内心里有一个将被害人非人格化或道德评价降低的现象,以求得自己内心的平静或平衡。例如,抢劫案件的犯罪人想到的是被害人的财产可能也不是正道来的,强奸案件犯罪人想到的是被害人也有"作风"问题,贿赂案件犯罪人想到的是行贿人的钱也不是自己的劳动所得,不拿白不拿,抢劫案件的犯罪人想到的是社会的分配不公,你不给,我就抢。犯罪的社会危害性也正是这种非人格化或道德评价降低的现象所引起的。因而,有些犯罪学家就此提出了一种被害预防的对策,即被害人在面临被侵害而无力反抗的情况下,要放弃无谓的反抗而不要放弃对犯罪人的劝说——让犯罪人将自己看作是一个和他一样有人格的人、像他家人亲友一样的人,从而激起犯罪人的道德感而自动放弃犯罪。

在侦查讯问中,犯罪嫌疑人也摆脱不了正常社会价值观念与行为规则对其的影响。这主要表现为由于犯罪而在嫌疑人心中形成的罪责感与内疚感,也即通常所说的良心受到折磨。犯罪嫌疑人无法逃避社会价值与社会规则对其思维模式与行为模式的影响,这主要表现在犯罪嫌疑人的罪责感与内疚感上。有些犯罪人在犯罪后，特别是在被羁押期间会做噩梦。美国的约翰·道格拉斯也认为有些系列暴力犯罪人会在被其杀死被害人的周年纪念日那天在被害人墓地出现，这也正是其罪责感与内疚感在其身上的体现。许多侦查讯问研究学者提倡对犯罪嫌疑人进行法律政策教育、人生观教育，也正是基于犯罪嫌疑人身上有社会化的烙印、已内化了正常的社会价值观与社会规则这一基础的。信仰犯之所以难以对其进行侦查讯问，也正是由于信仰犯自发地排斥社会正常的价值观念与行为准则，从而其犯罪事实对其产生的罪责感与内疚感较少或完全没有。因此审讯人员只有把犯罪嫌疑人的非人格化或道德评价降低，进行纠正使之人格化，提高自我的道德评价，才能产生认罪的动力，放弃对抗。大量的审讯实践证明，犯罪嫌疑人总是从开始的对抗，经过审讯的交流过程的逐步变化，最后达到供述认罪。这样的发展变化过程是在审讯人员的信息影响下，犯罪嫌疑人的自我调控系统作用的结果。犯罪嫌疑人的自我调控系统，是以自我意识为核心的人格调控系统，包括自我认识、自我体验、自我控制三个子系统。自我调控系统是对人格的各个成分进行调控，保证人格的完整统一和谐。自我认识是对自己的洞察和理解，包括自我观察和自我评价，这里的自我评价是自我调节的重要条件。自我体验是自我意识在情感上的表现，它伴随着自我认识而产生的内心体验。如当犯罪嫌疑人对自己作正向的评价时，就会产生自尊感和兴奋感，当其与外来的正向评价重合，便会积极地维护这一正面形象；作负面评价时，就会产生自卑感情绪低落，当外来的信息满足这种负面形象时，自我控制系统就会做出这种负面行为选择。当外来的审讯人员的信息帮助犯罪嫌疑人进行正向的评价时，就会在自我调控系统的帮助下，使自尊感得到发展和维护，当这种自尊感的发展与社会意识吻合的时候，自我意识调节系统为了维护这种包含社会意识的自尊感，会力求使自己的行为符合其社会准则，从而激发起自我控制引起向上的动机，产生了对原先不良行为的否定和悔恨，并付诸供述认罪的行动。

二、促进"超我"内心体验的语用行为

犯罪嫌疑人自我认识产生的"超我"内心体验，是在审讯人员特殊的语用行为的帮助下产生的。因为在犯罪嫌疑人自我认识、自我体验中存在着"超我"内心体验的条件。没有相对应的语用行为，这种审讯活动对抗性的语境，是很难促成"超我"的内心体验的。因为犯罪嫌疑人是一个经历社会化过程、接受并内化了正常社会价值观念的人，其思想观念中已形成了包括法律观念、道德观念等在内的价值观念，使犯罪嫌疑人在犯罪后产生罪责感，在撒谎时产生内心焦虑，在对别人造成伤害时的悔恨和补偿意识。有了这些条件，

这种罪责感、内心焦虑与补偿意识就能在犯罪嫌疑人对自己作正向的评价时，形成驱使犯罪嫌疑人如实供述的内驱力。在通常的情况下，犯罪嫌疑人带进讯问室的内心体验是负面的，如果审讯人员的语用行为不能促进犯罪嫌疑人"超我"的内心体验时，那么犯罪嫌疑人的内心体验就会作负面评价，降低人格道德系数，寻找犯罪的心理平衡，自我控制系统就会做出负面行为选择——坚持对抗。如果审讯人员为犯罪行为的某方面提供两个截然不同的人格倾向，一种选择是社会可以接受的即犯罪的客观性或者是一时冲动导致的犯罪，另一种则是道德败坏的主观性或者是贪财、唯利是图。审讯人员增大两种选择之间的反差，直到犯罪嫌疑人表现出选择其中一种人格动机倾向的迹象，比如点了一下头或者增加了暗示放弃抵抗的信号。然后，审讯人员就可以加快审讯进展的速度了。犯罪嫌疑人"超我"的人格倾向在审讯的实践中，一种是让犯罪嫌疑人自己选择，另一种是审讯人员直接帮助选择。因此审讯人员的语用行为不能降低犯罪嫌疑人的人格倾向，其语用行为应当在讯问这种特殊的语境条件下，帮助犯罪嫌疑人促进"超我"的内心体验。通常审讯人员采取的语用行为是分两步走：首先是利用对犯罪原因的推测，来提高犯罪嫌疑人内心体验的人格道德评价，给嫌疑人一个可在道德上开脱自己的机会。典型的语用行为如："我能够想象出这件事情是怎么发生的，在一定程度上我能够理解这种行为，如果换了我在那种情况下，也有可能忍不住会出现这种情况。我想很多人都会是这样的。""根据情况来看，案情本身其实并不像看起来的那么严重，作为你自己应当有一个好的认识才行。"这样给犯罪嫌疑人一个可在道德上开脱自己的机会，使之人格化，产生心理的顺应性。这里因为人格特点的个体差异，纠正犯罪嫌疑人人格道德的自我评价，应当根据不同的情况、不同的特征，采取有针对性的措施来予以完成。其次是帮助犯罪嫌疑人树立一个"超我"的形象，促成"超我"的内心体验，使自尊感得到发展和维护。在语用行为的运用上通过曾经对社会作出的贡献、对家庭的付出、对朋友的帮助、对事业的追求等，促成"超我"的内心体验，完成人格倾向的嫁接过程。例如，2000年检察机关在对安徽省某市原市长赵某某巨额受贿犯罪进行审讯时，就采取了促进"超我"的内心体验的方法，取得了审讯的成功。

讯问内容简介：犯罪嫌疑人赵某某被看守带进了审讯室，他的眼睛在寻找着什么，当他的目光与审讯人员的目光相遇时，并没有立即闪开，而是在观察审讯人员对自己的反应。此刻审讯人员并没有出现敌视的目光，而是表现出了尊重友好的目光，并且示意问候请他坐下，他没有立即坐下，他看到了审讯人员放在审讯桌上的茶杯，转身跟看守说："请你拿一瓶水来。"从初次见面的犯罪嫌疑人的表现，审讯人员获得两个重要信息：一是犯罪嫌疑人的性格比较温和、关心别人；二是犯罪嫌疑人的身上仍然带着多年做官的烙印，在看守所里还发号施令"让看守拿一瓶水"，这种"超我"的社会意识是他维护自我形象的心理行为基础。审讯人员针对这样的审讯对象，采取了拔高"超我"的人格倾向，很快就进入了设想的语境中。这次的审讯实际上是在相互的问候中开始的：

问："我清楚地记得你当年被选举当市长时的情景，全市的人大代表全部举手通过，推选你当市长。你是全市老百姓心目中最优秀的市长，你光明磊落、办事实在，为老百姓做了不少的好事，为全市的经济建设你作出了巨大的贡献，老百姓爱戴你、拥护你、称赞你，因为你是他们心目中的好市长！"

答："……"（摇头叹气！）

问："你'出了事'以后，你们那里的老百姓仍然对你给予了高度的评价，'老赵这个人不是贪财的人，他人品好，为人办事热心，一些人请他办事、送钱给他，这也是被动的。实际上老赵给别人办事并不是为了钱才办的，别人送钱给他如果拒绝，就会伤了别人的情面，收了就违法，这本身就是矛盾的。实际上送钱的人也是表达自己的感情，也都是心甘情愿的，有一点是可以肯定的：老赵是不会主动找别人要钱的！他重感情能为老百姓办事，在我们的心目中老赵仍然是好官'。"

答：（情绪有些激动）"我对不起他们！我辜负了他们的期望！我今天走到这一步是三个字害了我：一个是'情'，就是太爱情面了，人家送来的钱再退回去，就会伤了人家的情面，怕人家说俺不给面子、不愿意办事；第二个是'法'，我的法制概念淡薄了；第三个字是'松'，重要的是放松了自己的世界观的改造，我现在只想回家种田，好好改造自己的世界观，自食其力，唉！现在后悔也没有用了。"

问："有很多事情是客观造成的，送钱送物已经是你们那里交流感情的风俗习惯了。无论是逢年过节还是平时有事情，都是用钱和物来表达自己的感情的。"（降低罪责感、给下台阶）

答："是啊！我算了一下在县处级的干部中只有两三个人没有送钱给我的，其他的县处级干部都送过，还有许多科局级干部。"

问：（不语）"……"（等着犯罪嫌疑人把话接下去，这时审讯人员的眼神、目光不能离开犯罪嫌疑人的身体空间，用目光的暗示来控制、牵引，让犯罪嫌疑人把情节继续表述下去）

答："从近地说某县的县长，过年的时候给了5万元，某医药管理局的局长给过3万元。"（说到这里忽然停止了，这是意识的控制系统在起作用，畏罪心理没有解除，这时他希望看到的是审讯人员的态度和评价，因此在这里审

讯人员的语用行为应当维护已经树立起来的"超我"的人格倾向）

问："我通过了解和自己的观察，你不是一个贪财的人，面对地方的风俗习惯和社会的不良风气你一个人的力量是有限的，所以认为这些情况（避开受贿的刺激）对您来说是被动的。如果我是你也有可能出现这种情况，我能够理解你，因为每个人都有这种可能（降低罪责感）。如果你能够充分认识到，放下包袱，就能够起到积极的作用（因为畏罪心理的存在）。对组织上能够把心里话都说出来、能够掏心窝，你还是党的好干部、老百姓心目中的好市长！"

答："我愿意用我的典型来教育大家，说起来惭愧啊，你说我要那么多的钱有什么用？'广厦千座也只需一席之地，良田千顷只需一日三餐'，这是我进看守所以来的体会。在收钱的问题上我放松了自己，记得第一次收了一个派出所所长的钱，当时我是坚决不要的，可是一直退不回去，放在我的办公室有一年的时间，才拿回家，后来就习以为常了。我还是从近期往远处说吧……"

直到审讯结束这位犯罪嫌疑人交代了自己受贿173万元，此案顺利地交付了审判。上述审讯可以看出是成功的，它的成功基于审讯人员对犯罪嫌疑人的人格特征的把握。在审讯还没有进入有声语言状态的视线交流的瞬间，审讯人员就与犯罪嫌疑人进行了心理接触，缓解了犯罪嫌疑人的对抗心理。在视线交流的空间里，犯罪嫌疑人表现出了明显的防守态势，对审讯人员怀有戒心和强烈的对立、排斥心理。在视线交流过程结束以后，对立、排斥心理受到了削弱，有了心理接触开始。

促进犯罪嫌疑人"超我"人格倾向的形成，否定犯罪行为，激发供述动机，是建立在"超我"语用行为的语境基础上的。首先是通过对犯罪嫌疑人施加积极的语用行为的影响，创造良好的心理接触气氛，才会出现积极的语境条件。审讯人员应当把握的语用行为，是能够引导其回忆自己历史上闪光的一面等感兴趣的话题，应以自己实事求是、公正执法、廉洁无私的高尚品质，关心犯罪嫌疑人，以拉家常等不拘形式的谈话方式，以关心其生活和个人前途，倾听和同情其生活中的不幸遭遇的态度，缩短与犯罪嫌疑人之间的心理距离，消除和缓和其恐惧、紧张、对立情绪及对审讯人员的戒备心理，感化、唤起其悔罪情绪、自尊心和荣誉感等。博得其尊重和信任从而创造施加积极心理影响，建立心理接触的良好气氛。这样就能够出现关心、理解、信任、悔恨、否定、顺应的语境。

其次是帮助犯罪嫌疑人改变错误认识、树立"超我"的人格倾向。犯罪嫌疑人对于自我和审讯人员的错误认识，是影响"超我"人格倾向树立的心理障碍之一。如犯罪嫌疑人的侥幸心理就是过高地估计自己犯罪手段的隐蔽性，相信自己订立的攻守同盟的可靠性，消除其侥幸心理是重要的任务。因此，在讯问语用行为上，不仅仅是要加大超我影响的力度，更重要的是积极地强化犯罪证据已经暴露的暗示，把犯罪嫌疑人领入证据存在的认知误区，让犯罪嫌疑人积极唤起记忆，通过联想完成心理证据的确认。

最后是审讯人员的语用行为要具有规范性、严肃性、逻辑性和文明性。审讯人员面对的对象及其身份的不同，讯问活动通过双方语用行为引发出来的语境，应当是有利于犯罪嫌疑人产生供述动机的，是十分严肃的场景。因此，审讯人员的每一句话都应符合法律规范，不能信口开河，审讯人员的用语要滴水不漏，审讯言辞不能伤及对方的自尊心。讯问的语境毕竟是对抗性的，是侦查审讯人员与犯罪嫌疑人进行激烈的心理交锋的过程，审讯人员的语用行为严肃才能具有威慑性。语用行为的逻辑性表现为有理有据，才能引起犯罪嫌疑人的信服，才能使犯罪嫌疑人无空子可钻，被迫就范。语用行为的文明性能够直接树立审讯人员的良好形象，是取得犯罪嫌疑人信任的基础。

三、个体特质差异的语用行为

讯问的语用行为在不同的语境中表现为不同的特点，具有明显的人格倾向，心理学研究发现了人的个体差异的五大特质因素，这种个体差异不仅表现在人的个体交往中，更表现在特殊的审讯活动中的语境。语言性格化是人的基本生存特性，是人的社会化生存的基本表征。凡人都有自己的语用行为特征，因为每个个体有区别于他人的人格倾向，人的行为，是这种区别于他人的人格倾向的个体的人的心理行为结果。在审讯活动中产生的不同的语境空间特点就是来源于人格特质差异的倾向性。由于人们遵循趋利避害的行为规则，人们被假象的外衣包裹着，在通常的情况下是很难见"真人"的，人的本身不仅隐瞒了自己，也隐瞒了别人。隐瞒了什么呢？根据社会交换理论，人们隐瞒的是一切不利的因素。在审讯活动中犯罪嫌疑人就是为了隐瞒犯罪事实，由于生存的客观环境和天生的本我的融合，形成了自我的行为特征的隐瞒方法，这就是犯罪嫌疑人区别于他人的人格倾向在审讯活动中的行为表现。20世纪80年代以来，人格研究者们在人格描述模式上达成了比较一致的共识，提出了人格五因素模式，被称为"五大人格"。（1）稳定性：表现为焦虑、愤怒敌意、抑郁、自我意识、冲动、脆弱。（2）外倾性：表现为热情、乐观、果断、活跃、寻求兴奋、正向情绪。（3）经验开放性：表现为幻想、审美、情感性、行动性、观点性、价值观较强。（4）宜人性：表现为信任、坦率、利他、顺从、谦虚、温柔。（5）认真性：表现为能力、条理性、责任心、事业心、上进心、自律、沉着。审讯活动中确定嫌疑人的心理状态与人格倾向特点，从其人格倾向的差异中，选择针对性的语用行为。例如，有些人的个性谨小慎微，就比较适合用"慢"的办法。有些人脾气直，适合用"激"的方法。有的人狡猾多疑，就适合故布疑阵。在方法上就是根据犯罪嫌疑人的对抗动力的心理结构的人格倾向，通过摸清其心理特点，扫清外围，逐个逐条地击破其内心防线，最后再一举击破！根据人的个体差异的五大特质因素来看：

（一）情绪稳定性的人格倾向表现及语用行为对策

在审讯活动中的心理行为表现。犯罪后对处罚恐惧和悔恨，几乎所有犯罪嫌疑人都担心受到处罚，这是他们在审讯情境中的注意中心。因此，他们此时的行为都是在围绕着避免处罚、消除恐惧表现出来的：腼腆少语，优柔寡断，顺应性差，供述刻板，言行稳重、沉着平和，不轻易答问，所作供述大多经过反复思索，心理防御体系较为稳固，并有较强的坚持性，能抑制感情外露，具有一定的韧性、耐力和稳定性。其对抗的语用行为常常通过背景含义表现出来，需要审讯人员自己去补充、捉摸。但这类人说话时不善兜圈子、设迷障，说话时语气平缓，语调变化不大，善独自猜疑和臆想，心理状态较为冷漠。上述犯罪嫌疑人的这种心理行为还包含着以自我防卫的方法为基础的定式心理。这种自我防卫的方法是犯罪嫌疑人制定的一系列掩盖犯罪行为的措施，几乎是每一个犯罪嫌疑人普遍存在的心理准备。通常具有这种人格倾向的犯罪嫌疑人采取直接否定的方法来对抗审讯。如编造情节，提供假证据，把自己的行为与犯罪行为剥离开来，强调犯罪与自己无关。有时干脆就直接否定，坚决不承认是自己干的。再有就是打死不说、保持沉默。这种自我防卫的方法是在接受审讯之前就准备好的。

这种定式心理出于犯罪嫌疑人的主观臆断和主观愿望，因此在评估可能面临的危险时存在着过高或者过低的情况。评估过高就是犯罪事实暴露的程度就越大，心理恐惧和心理压力就越大，其希望只是能否减少刑期。评估过低就是犯罪事实暴露的程度小，侥幸心理起着重要的作用，这是对抗行为的心理支点。由于犯罪嫌疑人的定势心理是在接受审讯之前的心理推测，还需要拿到审讯现场去判定，所以在审讯的初始阶段，犯罪嫌疑人表现为缄默寡语的状态，目的就是为了获取判定的信息。

语用行为对策。讯问时首先要改变其缄默寡语的状态，调动其说话的兴趣，保持良好的语境状态，因为这类对象存在着焦虑、愤怒敌意、抑郁、自我意识，接收外来的信息量少而慢，因此讯问的语用行为的节奏要慢、平稳，多注意对方的反应，利用情感脆弱，促其产生内疚心理，在有证据的情况下适时地使用证据，逼其交代。针对情绪稳定性的人格倾向的人，更要注重情感的涉入。当犯罪嫌疑人特别挂念家中的老人、孩子，处于十分焦虑不安的心理状态时，主动向其传递家中老人、孩子平安的信息，以缓解其焦虑不安的心理状态，容易成为其心理接触的切入点。内向型性格的犯罪嫌疑人，虽然认识、情感发生得慢且不外露，对外界的刺激反应速度慢，但是其反审讯的防御心理体系都是经过深思熟虑后形成的，较为稳固，不易攻破。审讯中常装聋作哑，一问三不知，以沉默为基本的对抗手段。对于这种人，要施加一定的心理压力，促使其神经紧张，采取循序渐进的方式，由远及近、由浅入深击破其步步为营的防御体系，促使其在供述中出现矛盾，及时予以揭露，迫使其供述。

（二）热情的外倾性人格倾向表现及语用行为对策

具有外倾性人格倾向的犯罪嫌疑人热情、乐群、果断、活跃、寻求兴奋、正向情绪。这是一种以行为和情绪具有明显冲动性为主要特点的人格倾向，常有不预测后果的行为倾向，他们多不能控制不适当的发怒或冲突，尤其是行为受阻或受批评、指责时，表现得尤为突出。这种人在接受审讯时表现得较为灵活，善辞令富机智，语言周密，能照顾到说话的不同环境与对象，讲究说话时的技巧，能言善辩，善于根据审讯人员的讯问态度，投其所好，采用感化作为心理接触的切入点容易奏效。由于讯问语境空间的刺激，有时表现为急躁、易怒、好冲动，不善于控制自己的情绪，抗拒审讯的自信心很强。审讯中可采用迂回式、跳跃式的发问方式，不给其编造谎言的机会，避开其防御体系。或出其不意地使用证据，戳穿其谎言，使其不能发挥能言善辩的特点。有时还可任其夸夸其谈，利用其"言多必失"，抓住把柄作为切入点，进行反击。有时表现为好顶牛，蛮不讲理，硬顶硬抗。对于这种硬顶硬抗的犯罪嫌疑人，应采取"以柔克刚"的感化策略或"激将法"，促使其感情冲动，干扰其思维。有时表现为对于审讯人员发出的信息反应敏感，一般不采取正面硬顶硬抗的方法，往往采取编造谎言和无理狡辩的方式对抗审讯。应采取针对供述中出现矛盾和漏洞进行说理批驳，或在关键之处使用证据，瓦解其抗拒审讯的信心，破坏其心理防御体系。由于犯罪嫌疑人属于热情的外倾性人格倾向，内心情感比较丰富，常常会用多变的情感来掩盖自己，有时编造谎言为自己开脱，有时痛哭流涕，捶胸顿足，有时转悲为喜，破涕为笑。这点对审讯人员来说，要特别注意，不被供词所迷惑，莫被其感情所感染，要保持冷静与独立的思考，在审讯的实践中，针对这种人格倾向的人，在讯问的方法上采取顺、逆结合，因势利导，声东击西，转移其注意力，放慢问话的速度，用平缓的声调来消除戒备，努力抓准空缺，找出矛盾点，进行心理限制，当犯罪嫌疑人觉察到败局已定的时候，会一举交代自己的犯罪事实。

（三）经验开放性的人格倾向表现及语用行为对策

具有经验开放性人格倾向的犯罪嫌疑人爱幻想，审美、情感性、行动性、观点性、价值观较强。言语直率，不善掩饰，敢于公开顶撞，不瞻前顾后，语言的防御体系不谨慎、漏洞多、粗糙、草率、情感容易冲动，情绪反应速度快，语言变化较剧烈，起伏大。这类人自信心强，不肯轻易认输，抗拒心理一经形成便不易改变，在审讯人员的信息刺激下，容易失去抑制力。可根据其不愿拐弯抹角的特点，将政策法律化为通俗道理正面进行教育，在正面强攻不能奏效时，可利用其缺乏持久性的弱点，针对侥幸心理和抵触心理的多种思想根源进行迂回包抄，步步紧逼逐个剖析批驳，最终摧垮其心理防御体系，唤起期望值，建立供述动机，达到激励目的。这类人自尊心和自信心很强，抗拒心理一旦形成，就不容易改变，但只要摸准其心理特点，对症下药，也会使其就范的。

（四）随和的宜人性人格倾向表现及语用行为对策

信任、坦率、利他、顺从、谦虚、温柔是这类人表现出的人格倾向。这类犯罪嫌疑人在审讯活动中经常表现为语气委婉，近似于商榷的口吻比较多，容易接受外来的信息和问题，在审讯活动中经常会出现"是的"、"可以"。审讯时应当有充分的计划，按照计划追查有关问题，在确定一个"攻击"目标以后，应当先打基础、进行暗示，然后再展开实质性问题。

（五）谨慎的认真性人格倾向表现及语用行为对策

具有谨慎的认真性人格倾向的犯罪嫌疑人具有条理性、责任心、事业心、上进心，自律，沉着。这类人有着沉静、果断、稳重的特点，对外部信息适应较慢，不灵活，有惰性，言行稳重，慢条斯理，不带感情色彩。在被讯问时，循规蹈矩，不轻易插话，不爱多说话，更不爱空谈，对"听"比较用心，并且有言不由衷、心口不一的特点，在讯问时应注意判断。再有就是这类犯罪嫌疑人，认识、情感发生得慢，沉默、忧郁、孤僻，顾虑重重，对环境十分敏感，对审讯空间的每一种事物和每一种变化都会认真判断，判定是否与自己有关。尤其是审讯人员的问话，都要字斟句酌，不肯轻易开口回答。因此适当给予其心理压力后还要多做感化、开导工作，指明出路，并用事实和政策打消其幻想，促使其下决心交代问题。

讯问语用行为的差异是以犯罪嫌疑人的人格倾向和犯罪行为的基本特征为基础的，不同的犯罪嫌疑人和不同的案件就应该有不同的讯问语用行为。面对什么样的犯罪嫌疑人，以什么样的形象进入审讯室，是每个审讯人员首先应该考虑的问题。实践中，一般有刚型、柔型、亲和型、多变型。在语用行为的表现特征上分别表现为：严厉、训斥、攻击的强制性语用行为；平等、交谈、交流的柔型语用行为；理解、引导、关心的亲和型语用行为；根据语境变化采取的刚柔相济的语用行为。根据犯罪嫌疑人不同的人格倾向，应采取不同的语用行为。如针对情绪稳定性的人格倾向的犯罪嫌疑人,采取理解、引导、关心的亲和型语用行为。针对犯罪嫌疑人热情的外倾性人格倾向,通常审讯人员以刚柔相济的语用行为,能够有效地激发犯罪嫌疑人热情、果断、正向的情绪,满足这种外倾性的人格特征。根据犯罪嫌疑人经验开放性的人格倾向,审讯人员要采取柔型语用行为,运用平等、交谈、交流的语用行为,在漏洞多、粗糙、草率、情感容易冲动上做文章。根据犯罪嫌疑人随和的宜人性人格倾向,审讯人员应当树立起刚强形象,在语用行为的表述特征上表现为:严厉、训斥、攻击的强制性语用行为,以达到充分利用其信任、坦率、顺从的人格倾向特征。根据犯罪嫌疑人谨慎的认真性的人格倾向,审讯人员宜采取平等、交谈、交流的柔型语用行为,在语用行为的技巧上要能够达到"面带笑容,让对方出一身冷汗"的效果。

四、性别特征的语用行为差异

心理学研究表明男女心理上的差异是以生理因素为基础的。如男性重是非、讲法制,多数从"理"观点看问题;女性重善恶、讲人道,多数从"情"的观点看问题,同时女性的财产意识比较重。由于男女生理和心理上的特点不同,在审讯的方法上应当注意讯问语言的差异,用审讯男性的"逻辑式语言"来审讯女性显然是不对路的。在审讯女性犯罪嫌疑人时,应根据女性情感细腻的特点寻找动之以情的语言表达方法,使用大量的情感性的语言,把语言的感化力量渗透到她的内心。通过对其犯罪的客观分析及犯罪产生的后果,对家庭、孩子的影响进行情感方面的刺激使其悔恨自己的犯罪行为,引导她向坦白的方向发展。

女性犯罪嫌疑人由于生理上的特点,重"情"轻"理",联想丰富,容易接受暗示。审讯活动的前半部分思维活跃,意志坚定,防守严密,经过一段时间以后转入疲劳状态,其意志和情感的脆弱等特点就会在这一阶段表现出来,这时的犯罪嫌疑人的供述有一定的顺应性,容易接受暗示,趋利避害的选择比较积极,儿女情长是她心中的天平,审讯时注意利用这一切入点,选择好趋利避害的语用行为,帮助犯罪嫌疑人尽快实现趋利避害的选择。女性容易产生激情状态,当她们处于激情状态的时候,不能正面迎战直接涉及审讯的主题,待对方激情状态过后,再迂回到主题上来。侦查人员可以通过"拉家常"的方式了解女性犯罪嫌疑人情感关注的方向,如她对什么人感情深,应当注意收集。在她内心深处,都有特定的情感交织对象或者是情感激发事件,在外来信息的刺激下那些情感的意识反应会活跃起来,情绪激烈的情况下能够瞬间爆发出来,爆发出激烈的语用行为。例如,在对一起贪污犯罪的女性犯罪嫌疑人审讯时，她对贪污公款的去向一直不愿意交代，在对其采取强制措施以后，她仍然坚持否定对抗的态度，审讯是这样展开的：

问："你是因为什么罪进来的？"

答："你们不是说我贪污公款吗？"

问："你贪污了公款吗？"

答："你们说我贪污了我就贪污了！"

问："那你贪污的钱做什么用了？"

答："我没有钱！"

问："你是财务人员，又是国家工作人员，你难道不知道做假账、以假发票报销是贪污吗？"

答："那是我做错了账，我也不是故意的！"

问："做错了账与拿假发票报销不是一个概念，同时十多起的假发票报销，难道都是做错了账？"

答：……（不语）

问：（出示假发票）"这些发票是你报销的吗？"

答："是我报销的！"

问："你报销的钱呢？"

答："我没有钱！"

问："我们通过认真核对你的账目，你报销的假发票的现金已经在你的账上支付了，报销是你自己报销的，支付也是你自己支付的，没有别人参与，钱不在你那里又在何处？"

答："我不知道！反正我没有钱！你们看着办！"（注：这种耍无赖的语用行为，是女性犯罪嫌疑人对抗的基本语言特征）

问："你的父母亲还好吧？"

答："父亲去世了，母亲在家里。"

问："母亲是怎么生活的？"

答："一个人过呗！"

问："有生活来源吗？"

答："有退休工资！"

问："你进来（指看守所）她知道吗？"

答："她知道不知道有什么用！"

问："她不关心你吗？"

答："她关心她自己的孩子。"

问："你不也是她的女儿吗？"

答:"我不是她亲生的,她是我的后母!"

问:"你的孩子是男孩还是女孩?"

答:"是儿子!"

问:"多大了?"

答:"11岁了。"

问:"上学成绩好吗?"

答:"成绩好!可听话了!我对不起他,他每天睡觉都要跟我睡……"(哭泣)

问:"你不要难过。"

答:"你能让我跟儿子说句话吗?借您手机用一下,我就是不放心他呀!他从小身体就不好,要不是我看得紧啊早就没有了,你就让我跟儿子说句话吧!"

问:"我们有办案纪律,这里是不能通电话的,如果你需要的话,我们可以到你家里去看一看你的儿子,回来把他的情况告诉你,你看怎么样?"

答:"好的!那就拜托你们了。我实在想我的儿子!"(哭泣)

问:"我们也知道你做的一切事情都是为了你儿子,这是天下父母心啊!你需要儿子,你的儿子也需要你啊!他也会时刻想你这个妈妈!如果我没有说错的话,你拿了那些钱就是为了你儿子,他体弱多病需要钱,以后上大学需要钱,可是你错就错在不该去拿公款啊!你的儿子现在已经懂事了,如果他知道你是为了他去拿公款的,那么他是不会同意的。"

答:"他现在是什么情况我也不知道。"

问:"你出事你儿可知道?"

答:"他不知道,那天我来的时候他正好去上学了,我不想让他知道。"

问:"他就是知道了也是会理解你的,你永远是他心目中的好妈妈!"

答:"他要是知道我在这里会伤心的,我怕他知道了会影响他是学习!唉!我把事情都交代了你们能让我早点出去吗?"

问:"本来就是你能够把问题都说清楚了,也不会让你到这里来的(指看守所)!是你自己造成的,无论是谁只要有逮捕的必要才会到这里来,如果都能够把犯罪事实交代清楚,能够积极地配合司法机关查清问题就没有逮捕的必要。"

答:"那我愿意配合……"

在这个案件上审讯人员找准了犯罪嫌疑人感情上的薄弱点后,调动了犯罪嫌疑人对亲人的思念和惦记,并且逐步地让犯罪嫌疑人对亲人的这种思念、惦记之情急剧发展,陷入到负疚和深深地自责境地。当此情景不能自拔之时,审讯人员一方面帮助其缓解，另一方面引导犯罪嫌疑人进入能够沟通的平台，让嫌疑人面对现实，勇于悔过，弥补自己的过错。当犯罪嫌疑人对审讯人员产生一定的信任感之后，这种摆脱痛苦、弥补自己过错的心理倾向，就会产生卸包袱的供述动机，达到审讯的目的。

五、激励的语用行为

（一）激励力量

审讯的过程是一个艰辛的心理对抗过程，这一过程体现了犯罪嫌疑人从对抗到供述的变化特点，也是对抗因素的削减、供述因素的增加，最后完成供述行为的过程。既然审讯活动是双方心理的对抗活动，这里对抗的消极条件的削减和供述积极力量的增加，相当一部分是在激励的作用下产生的。所谓激励，在组织行为学中主要是指激发人的动机，使人的一般内在的动力，向期望的目标前进的心理活动过程。因为人类的行为往往和激励相联系，有动机，才能有行为。犯罪嫌疑人在趋利避害心理的作用下，以侥幸心理为行为基础，以逃避法律的惩罚为目的，产生对抗的动力。

由此可见，对抗的行为动机来源于激发力量，激发力量是以期望值和需要的安全感为条件的。根据弗鲁姆的期望理论，效价和期望值的不同结合，便会产生不同的激励力量。效价（valence）：指目标对于满足个人需要的价值，期望值（expectancy）：指采取某种行动实现目标可能性的大小，激发力量（motivation）：指激励作用的大小。根据弗鲁姆的期望理论，激发力量等于目标对于满足个人需要的价值和期望值的乘积。因此无论是满足个人需要的价值还是期望值一旦其中之一数值为零的时候，那么他们的激发力量就是零。相反当需要的价值和期望值升高的时候，那么激发力量也会升高。因此，当犯罪嫌疑人带进审讯室时其对抗的行为动机的强弱，与逃避法律惩罚的期望值存在着密切的关系。当犯罪嫌疑人意识到自己的犯罪事实已经暴露，逃避法律惩罚的可能性非常小或者完全没有可能性，那么他的期望值就是零，对抗已经失去了意义，激发动机的行为力量就是零，犯罪嫌疑人就会放弃对抗，进行期望转移，获取从轻惩罚的期望就会油然而生。而从轻处罚的条件是建立在供述认罪的基础上的，那么从轻处罚的期望值越高，激发供述认罪的行为力量就越大。

在大量的审讯活动中，一些有经验的审讯人员经常采取降低犯罪嫌疑人逃避惩罚的期望值，来转化犯罪嫌疑人的对抗动机，激发其供述认罪的行为力量。审讯人员为了完成这一目标，必须投入大量的语用行为，不断地调整语用行为方向，积极地维护激发供述动机的行为力量，才能实现从对抗到供述的质变。例如，2003年市检察院在对某建设银行经理的经济犯罪问题进行立案侦查时，发现犯罪嫌疑人挪用银行的巨额公款进行炒股，起诉以后被法院判了15年有期徒刑，正值上诉期间，又发现该犯罪嫌疑人与他人合谋共同贪污的犯罪线索。当办案人员接触该犯罪嫌疑人时，其情绪低落，悲观失望，破罐子破摔，认为自己反正已经被判了重刑，对办案人员有强烈的抵触情绪，对抗心理极强。其心理状态是：自己已经被判了重刑，办案人员还不罢休，还要往死里整自己！下面是讯问记录。

问："你的姓名、职业等基本情况？"

答："已被判了15年的已决犯！刘某，53岁，建行分行经理！"

问："你是什么罪被判刑的？"

答："你是明知故问！你们办了我的案子，不知道我是什么罪？"

问："你的情绪不小嘛！我们现在明确地告诉你，你还有隐瞒的犯罪事实没有交代！"

答："你们就看着办吧！大不了判我死刑也不就是碗大的疤！没什么了不起的！"（这时犯罪嫌疑人的期望值降到了最低，满足个人需要的目标价值丧失，激发力量也降到了最低。未来生活的期望消失，未来生活的恐惧感被强化，心理压力被激发了出来，审讯人员只有重新唤醒犯罪嫌疑人的生活期望，才能产生出积极的配合动力）

问："你虽然被判了15年，但是并非你就要在监狱里待15年，有的人像你这样的也就待上七八年就出来了，况且如果这次你能够有立功表现还能够获得减刑。事在人为呀！我们国家的法律不是以惩罚为主的，目的是为了预防犯罪，使每个人都不犯罪，你们能够认识到犯罪的危害性就能够达到以后不犯罪的目的。"

答："判吧！判吧！我无所谓！"

问："你无所谓是你自己的事，可是你的爱人和孩子怎么办？你想过吗？她们可以说是天天以泪洗面，你的女儿今年面临着高考，你让她怎么考呀？你对她们的伤害太大了，你不仅毁了你的家庭，你的孩子也让你毁了。"

答："是我对不起他们……"（哭泣）

问："你只想着你自己什么'杀头也不就是碗大的疤！'他们虽然自己受到了伤害，但是他们仍然时时刻刻盼望着你能够获得从轻处罚。可是你自己却要放弃，仅仅这一点你就对不起他们，你辜负了他们对你的期望，当然你的犯罪其目的也是为了这个家庭能够生活得好些，他们是能够理解，你也是为了他们。到目前为止你仍然有许多机会——改判、减刑、假释、保外就医等，你为什么要莫名其妙地放弃呢？"

答："那你们说我该怎么办？"（这里犯罪嫌疑人开始对获得较小的处罚目

标产生了需要的动力，有了追求的期望值，即对自己的改判、减刑、假释、保外就医等的可能性产生了期望）

问："该怎么办应该是你自己说！不是我们说该怎么办？"

答："我的意思是说你们需要理解什么我会积极地配合你们的！"

问："你怎么那么糊涂啊！你自己主动地说与我们找你说的概念可是不一样啊！"

答："我明白了，我主动说！我要求投案自首！"

问："这就对了！"

答："实际上这件事我一直挂在心上，我知道早晚要出事的，今天你们来就是为了那张发票的事情，因为除了那张发票我再也没有其他的事情了，我的心里是很清楚的。"

问："你说的是什么发票？"

答："我们银行的办公大楼需要购买装饰材料，是我同李域名副经理负责采购的，当时的总价格是125万元，后来我们还价到了110万元，但是对方的发票仍然开的是125万元，我与李域名就分了这15万元。"

问："这15万元你们是怎么拿到的？是怎么分配的？"

答："当时我们直接汇款125万元去对方的材料公司，对方以退货款的名义把15万元现金退给了我们。因为当时的付款与购货的发票金额相同，就给财务报账了。我们就留下了15万元的现金，报账是李域名去的，现金也在李域名那里，他报账完了回来问我钱怎么办，我说那你看怎么办，他说这个钱也没处交了，先留下再说吧！我说行！他就给了我8万元，他留了7万元。"

问："他为什么给你8万元自己留7万元呢？"

答："是他自己提出来的，我也就同意了。"

问："这笔钱呢？"

答："当时是放在家里的，我爱人不知道，后来我母亲做手术需要钱交了75000元的治疗费，还剩5000元也给了我母亲。"

从上述的语境可以看出犯罪嫌疑人的对抗性语用行为，表现在获取从轻处罚的期望丧失，并且产生了极度的破罐破摔的情绪，其获取从轻处罚的期望值降低到了负数，在自由的需要目标价值不变的情况下，激励力量也为负数，表现出来的语用行为是对抗性的。此后审讯人员采用了降低危害，以未来可能出现的轻于面前结果的语用行为，提高了他对自由需要的希望值，使其期望值由负数转为了正数，满足这种期望值的条件必须是法定的行为，有法定从轻处罚的条件。这种借助于法定从轻条件的期望值越高，激励起供述认罪的力量就越大。犯罪嫌疑人从开始的破罐子破摔的对抗语用行为，转化为服从的、主动地供述认罪的语用行为过程，就是期望值以及期望值所对应的条件的变化产生的激励力量的变化。根据上述的语用行为的表现特点，我们把对抗审讯的激励力量表示为 A，供述认罪的激励力量表示为 B，其他需要的激励力量表示为 X，获得自由目标的需要价值表示为 C，逃避惩罚的期望值表示为 M，获取从轻处罚的期望值表示为 D，服从审讯人员的顺应性表示为 E。

在审讯活动中"获得自由目标的需要价值"是不变的，我们把它规定为不变的常量，在常量不变的情况下激励力量的公式表示为 A = C × M，B = C × D，E = C × B，X = C × D。当不同的参数发生变化时，相应的变量便会发生变化，并且根据不同的人格特征指向不同的方向。

在上述的公式中，对抗审讯的激励力量，在获得自由目标的需要价值不变的情况下，逃避惩罚的期望值越高，激励的对抗力量就越强；在逃避惩罚的期望值越小的时候，激励的力量就越小，审讯活动中的心理处于任其发展的放任状态；逃避惩罚的期望值为零时（犯罪事实已经暴露，逃避惩罚已经不可能），对抗审讯的激励力量因对抗失去了条件只得放弃对抗，在本能的趋利避害的自我防卫心理的驱使下，期望值降低为零或者转换为"获取从轻处罚的期望值"。

供述认罪的激励力量的变化，在获得自由目标的需要价值不变的情况下，获取从轻处罚的期望值越大，那么供述认罪的激励力量就越大，获取从轻处罚的期望值越小的时候，供述认罪的激励力量就越小；获取从轻处罚的期望值为零的时候，在获得自由目标的需要价值不变的情况下，供述认罪的激励力量就降为零。由于获得自由目标的需要价值没有变化，这种目标会产生新的希望值，获取新的激励力量。由于人格特征的差异，这种新的激励力量会根据审讯人员的语用行为，产生的对犯罪嫌疑人的心理影响，趋向于不同的方向。审讯人员的语用行为能够给犯罪嫌疑人产生积极的影响，犯罪嫌疑人就可能选择新的期望值，或者在审讯人员那里获得利益，或者悔恨赎罪的期望转移。相反，如果审讯人员的语用行为对犯罪嫌疑人产生负面的心理影响，犯罪嫌疑人在审讯人员的身上获取利益的期望值就会降低，在降到最低程度的时候，本能的防卫意识和不同的人格差异，不同形态的对抗语用行为就会由此而发。如果这时的审讯人员仍然不能提高犯罪嫌疑人在审讯人员身上获取利益的期望值，审讯只能以失败而告终。由此可见，无论是对抗的激励力量，还是供述认罪的激励力量，都与犯罪嫌疑人的期望值有着密切的关系，期望值的变化会引起激励力量的变化，期望值的方向就是激励力量的方向。

（二）激励力量的正确使用

使用激励力量的重要目的是调整犯罪嫌疑人的期望值。犯罪嫌疑人带进审讯室的定势心理的重要特点表现在逃避惩罚的期望值的大小上，犯罪嫌疑人认为自己的犯罪事实已经暴露，那么他逃避惩罚的期望值就小，激励的对抗力量就小，同时转化为获取从轻处罚的期望值开始增加。通常犯罪嫌疑人为了获得从轻处罚的利益，会分解为两个期望方向，一个是尽量隐瞒犯罪事实，另一个是期望的目标集中在审讯人员的身上，在审讯人员的身上获取利益。相反，如果犯罪嫌疑人认为自己的犯罪事实还没有暴露或者大部分没有暴露，那么他们逃避惩罚的期望值就大，对抗力量就大，对抗的语用行为表现就非常坚决。由此可见降低犯罪嫌疑人逃避惩罚的期望值，就能够降低对犯罪嫌疑人激励的对抗力量，犯罪事实是否暴露的认识是期望值产生的基础。

在讯问的语用行为的方法上，首先通过讯问过程不断地让犯罪嫌疑人认识到自己的犯罪事实已经暴露，这里包括正确的认识和错觉认识，以此来降低犯罪嫌疑人隐瞒犯罪事实的期望值，降低激励的对抗力量，引出供述动机。在大量的审讯实践中，这种降低犯罪嫌疑人隐瞒犯罪事实的期望值的方法很多：有直接评价的方法，以犯罪嫌疑人的主客观的处境进行评价，以此来降低其期望值。例如，直接告知对方已经涉嫌犯罪，并且强调对方已经没有退路了，以此来降低隐瞒犯罪事实的期望值。

其次是帮助确立一个行为目标，为犯罪嫌疑人建立新的期望值。例如，审讯人员直接告诉犯罪嫌疑人有从轻处罚的条件："在你的身上有许多闪光的品质，你的问题最后的结果完全依靠你自己来选择，你有被从轻处罚的条件，关键看你自己怎么去把握！同样的人犯同样的罪可是最后的处罚不一样，究其原因就在于如何认识自己的问题，把握好机会，相信办案人员是会帮助你的。"那么在审讯的特定的环境里，犯罪嫌疑人获得从轻的期望值就会增加，在审讯人员的身上获得利益的期望值也会增加。

再次是帮助犯罪嫌疑人降低已经存在的心理压力，针对那些"破罐子破摔"已经失去期望的犯罪嫌疑人，降低罪责感，帮助指明方向，唤起新的期望值。如对那些犯罪情节非常严重的犯罪嫌疑人："你的行为从本质上来说是非常严重的，这也是你一时的冲动所为，大家是能够理解你的，你跟那些恶贯满盈的犯罪嫌疑人是不一样的，你的家人期望你能够得到从轻处罚，他们也理解你的心情，我们跟你的家人对你的期望都是一样的，希望你能够认识'错误'、改正'错误'，给自己一个重新'生活'的机会！"这里避开了两个刺激性的语言，即"犯罪"改为"错误"，"做人"改为"生活"，降低犯罪嫌疑人的心理压力。

最后是帮助犯罪嫌疑人转换期望值，把犯罪嫌疑人逃避惩罚的期望值转化为获取从轻处罚的期望值。上述转化公式可以看出：逃避惩罚的期望值为大时，它所激励的对抗力量为大，当逃避惩罚的期望值为零时，它所激励的对抗力量为零，同时它又自发的转化为获取从轻处罚的期望值，这是在客观条件的信息刺激下的需要层次的降低。常用的方法是：采取不断地阻碍犯罪嫌疑人隐瞒犯罪事实的语用行为，在犯罪嫌疑人隐瞒犯罪事实的语用行为上，找出不利于犯罪嫌疑人隐瞒犯罪事实的因素，使得这些因素产生对犯罪嫌疑人自我心理限制的动力，最后不得不放弃隐瞒，使得当逃避惩罚的期望值为零。期望值为零的时候引发了需要层次的变化，从逃避的需要转化为获取从轻的需要。这是因为人的一切需要如果都未得到满足，那么满足最主要的需要就比满足其他需要更迫切，只有排在前面的那些属于低级的需要得到满足，才能产生更高一级的需要。在高一级的需要不能满足的时候，会降低层次满足次一级的需要。例如，一个孩子找父亲要钱，希望从父亲那里获得10元钱，父亲说我没有10元钱，现在我只有6元钱，是要买菜用的，如果你要的话就拿去，如果你不要我就拿去买菜了。孩子的需要是10元钱，在10元钱得不到满足的时候，只有降低需要拿了6元钱，如果孩子不愿意拿那6元钱，那么他就一分钱也拿不到。因此犯罪嫌疑人逃避惩罚的需要得不到满足，就会降低需要转变为获取从轻的需要。这种从轻需要引发的语用行为仍然会向两个方向发展，一个方向是犯罪嫌疑人对在审讯人员的身上获取利益的期望值不高，放弃不能隐瞒的想法而选择暂时可以隐瞒的行为方向；另一个方向是犯罪嫌疑人在审讯人员的身上获得了利益产生的期望值，为此审讯人员就必须不断地强化提高犯罪嫌疑人对在审讯人员的身上获取利益的期望值。这种强化的方法就是审讯人员取得犯罪嫌疑人信任、依赖的语用行为。在审讯活动中让犯罪嫌疑人反感的语用行为，是不可能强化、提高犯罪嫌疑人获取利益的期望值的。例如犯罪嫌疑人在审讯活动中最反感的语用行为：审讯人员像只老虎，凶神恶煞不近情理；还有的审讯人员讽刺挖苦、贬低人格；还有的审讯人员像耗子，东挖西找，绕来绕去，盘根问底，置对方于死地。相反，审讯人员像人，客观公正、情理相融、不愠不火、把握全局，既能进入对方内心，也能根据案件事实控制自己，在审讯中不是简单地让对手交代问题，而是明辨事实，这类审讯人员才有可能取得对方的信任给人以期望。

（三）激励力量的基本原则

首先设置目标原则。设置目标是一个关键环节，目标设置必须满足犯罪嫌疑人目标需要的要求。在审讯过程中各个阶段犯罪嫌疑人的需要目标是不同的，例如，在审讯的初始阶段犯罪嫌疑人的需要目标是逃避惩罚，如果审讯人员将其需要目标设置为从轻处罚，但由于犯罪嫌疑人的期望值不在从轻处罚上，而是在逃避惩罚上，如此就不可能产生供述认罪的激励力量。相反，如果犯罪嫌疑人的需要目标是在获取从轻处罚方面，而审讯人员为其设置的需要目标是逃避惩罚，犯罪嫌疑人的期望值与审讯人员设置的目标差异很大，供述动机受到阻碍，激励的供述认罪的力量就会降低，也就是说审讯人员的推动力出现了方向性的错误，有的时候犯罪嫌疑人还会对审讯人员的语用行为感到莫名其妙。

其次是语用行为的标定、引导原则。激励力量的来源是审讯人员的外部引导和外部的激励措施，外部激励措施只有转化为被激励者的自觉意愿，才能取得激励效果。因此，标定、引导原则是激励过程的内在要求。犯罪嫌疑人没有内部的目标期望，就不可能有激励力量。由于获得自由是犯罪嫌疑人最高的目标价值，如果外来的语用行为符合这一价值的需要，就能够引发内部的目标期望。目标期望虽然受外部条件的影响，但是它始终是内部的，所以只有通过引导、标定，才能使内部的目标期望发生变化，因为强制力量虽然有时能够起到一定的作用，但是它始终不能唤起自发的内部的目标期望。例如，犯罪嫌疑人的目标期望是通过审讯人员的同情、理解，获得从轻处罚，而审讯人员的语用行为带有很强的强制性，那么犯罪嫌疑人就不可能有被同情、理解的感觉，更不可能唤起自发的内部的目标期望。

再次是帮助犯罪嫌疑人建立合法、合理的期望目标，不乱许愿。激励供述力量的期望目标的范围要适度。要根据法律的规定以及犯罪行为与实现目标本身的可能性，帮助犯罪嫌疑人建立期望目标，违反法律规定的、不合情理地乱许愿，目标期望与实际的可能性不相符，就会导致不良的严重后果。例如，犯罪嫌疑人受贿3万元，根据法院的量刑标准，有可能被判缓刑，那么审讯人员就可以帮助犯罪嫌疑人建立判处缓刑的期望目标。如果审讯人员帮助犯罪嫌疑人建立不追究刑事责任的期望目标，那么这种语用行为就是欺骗行为。

最后是把握时机的原则。建立期望目标激励机制，必须把握激励的时机，"雪中送炭"和"雨后送伞"的效果是不一样的。激励期望目标越及时，越有利于激励顺应性的供述动机力量，及早实现供述认罪的语用行为。根据马斯洛的把人的需要由低到高分为五个层次的理论，认为人的需要有轻重层次之分，在特定时刻，人的一切需要如果都未得到满足，那么满足最主要的需要就比满足其他需要更迫切，只有排在前面的那些属于低级的需要得到满足，才能产生更高一级的需要。当一种需要得到满足后，另一种更高层次的需要就会占据主导地位。例如，人在饥饿时目标期望是获取食品，一旦食品的需要满足了以后，他的目标行为就会降低，另一个层次的需要就会占据主导地位。这个时候你再提供食品给他，就不是他当前的期望目标了，因为当前的需要发生了变化和转移。因此，在帮助犯罪嫌疑人建立期望目标的时候，一定要根据其当前的需要把握好时机，才能达到激励力量满足供述动机的目的。

附：我的审讯日志

因玩忽职守导致嫌疑人坠楼死亡案件的审讯实例

一、案发过程

2008年5月13日，某市市一中发生了一起伤害案，该校的副校长刘某在下班时被4名凶手砍伤在自家的楼道上，刘某右腿的脚筋被砍断。凶手作案后迅速逃离了现场。该市公安局刑警队组成"5·13"故意伤害案专案组，时任该市公安局建业分局副局长吴海涛为专案组负责人之一，刑警一大队队长张万山和副队长凌海同为专案组成员。

该市市一中为了配合专案组破案，提供该校育才宾馆的三楼会议室作为办公地点，并将8308、8310两间客房用于专案组成员休息。

专案组成立以后，便对"5·13"故意伤害案进行了排查分析，根据案发的行为分析，该案并非图财害命案。根据单位同事的反映，刘某作风正派，也非情感性的争风吃醋的报复伤害，因为工作问题导致的报复伤害的可能性比较大。

该校的副校长刘某刚刚分管该校的基建、后勤、采购等部门工作，是一个有实权的人物，许多经营学校业务的个体老板，都必须经过刘某的这一关才能有业务做。该校的副校长原来是冯有民，因为学校的人事调整，被调到另外的学校，刘某是刚上任没有几天就被砍伤，该案是否与这次的工作变动有关呢？

案发期间冯有民去了外地出差，不在本地。那么该案是否是雇凶伤害呢？该校的原副校长冯有民的外甥张有国，是当地经营学校业务的个体老板，曾因为舅舅的关系长期与市一中做些零散配套业务，因为刘某上任以后，该校的采购业务实行公开招标、阳光操作，这样自然张有国的业务就要受到影响。根据公司的保安反映，在刘某被砍伤的当天，张有国开着一辆车从一中的门口来回经过了好几趟，形迹十分可疑。

专案组调阅张有国的手机通话记录，在刘某被砍伤的前半个小时冯有民与张有国通过一次话，主叫人是冯有民，此后在刘某被砍伤的10分钟后，张有国与冯有民又通了一次话，这次主叫人是张有国。经过专案组的排查，张有国被列为排查对象之一。

5月15日，专案组成员通知张有国到专案组谈话。张有国来到专案组所在地接受询问。询问人是由吴海涛、张万山、凌海三人组成，张有国被留在8310房间进行询问。在询问的过程中张有国在通话的问题上说谎，称自己没有主动打电话给冯有民，两次电话都是冯有民打过来的。办案人张万山、凌海根据提取的电话记录，在两次的通话记录上反映，后一次是张有国主叫，追问张为什么说谎？同时，针对"案发的当天张有国在学校门口来回经过了好几趟是干什么的？开的汽车是谁的？"展开讯问张交代开的汽车是冯有民的情妇的车子，也是自己的舅舅冯有民为其购置的，并且说出了舅舅的情妇也是做学校的配套业务的，去年就赚了好几十万元。当办案人员询问其为什么雇凶伤害他人时，张有国矢口否认。因为讯问的效果不佳，于是吴海涛便想出了一个办法——"让张有国给他舅舅打电话，进行电话录音"。这时张有国明白打电话是个圈套，就不愿意打电话给自己的舅舅。（这时吴海涛、张万山都离开了8310房间，仅有凌海一个人在屋内询问张有国）突然张有国起身拉开窗户，飞身跳出窗外，从8310房间的三楼坠楼身亡。

此后凌海称："自己正在记录，是张有国'突然站起来，扒开窗户，跨上窗台跳楼身亡的。'"而张有国的家属在死者的脸部发现了"红斑点"，以及死者坠楼现场的体位特征，其亲属认为张有国是不会自己跳楼的，他没有自己跳楼的理由。张有国生前拥有一个美满的家庭，妻子是国家机关的公务员，儿子是上海某大学的学生。其家属认为张有国是被刑讯逼供遭到了电警棍的电击处于昏迷状态，办案人员误以为已经死亡，为了掩盖犯罪，便将其抛下楼，故意制造张自己跳楼的假象。

随后，该市建业区检察院以玩忽职守罪对吴海涛、张万山、凌海三人进行了立案侦查并采取了强制措施。

二、审讯全程实录

（一）审讯凌海的全程实录

1. 审讯凌海前的分析准备

审讯的基本原则：不带任何偏见，查清案件的事实，还其事件原来的真面目。

审讯的注意事项：审讯的对象是从事侦查审讯的业内人员，有着丰富的审讯实战经验，懂得回避的方法，语言少而且谨慎，回答问题大多以记不清进行搪塞，审讯时多注意调动语言的积极性，同时注意语言的惯性规律的利用。

审讯的任务：审讯的首要任务是确定张有国的死亡原因！其次才是吴海

涛、张万山、凌海三人的犯罪构成问题。

案情认识：张有国不是正常情况下死亡。

客观情况：张有国走进专案组是为了接受调查，目的不是跳楼，可是不到8个小时的时间却坠楼身亡，是在凌海和张万山的直接影响下造成的。

现场勘查情况：①专案组的8310房间张有国坠楼后的现场靠近门的床铺上有一份询问笔录（张有国坠楼后凌海补了当时的讯问笔录）。②8310房间清洁整齐没有发现打斗过的痕迹。③房间内除了宾馆配发的洗漱用品没有发现其他的物品。④8310房间的窗户第三扇是开着的，其他窗户是关闭的。⑤死者的脸部有一处"红斑点"。⑥死者腹部向下着地，脚上只穿一只鞋子另外一只光脚。⑦张有国坠楼的窗户台上有一处压痕。⑧张有国坠楼时有一个小孩在楼下玩耍，是唯一的目击证人。

疑点问题：

①在张有国坠楼之前的时间里凌海对张有国做了些什么？

②张有国坠楼后凌海在干什么？详细经过怎样？

③张有国坠楼时8310房间里到底有几个人？

④8310房间张有国坠楼后的现场靠近门的床铺上有一份询问笔录是什么笔录的？

⑤8310房间张有国坠楼的窗台上的压痕是怎么形成的？

⑥8310房间在张有国坠楼后是否被整理过？

⑦张有国坠楼凌海补笔录的时间是何时？需要多少时间？为什么要补？

⑧张有国到底是从哪扇窗户坠楼的？是第三扇还是第四扇？

⑨冯有民是否有情妇？他是否替其情妇购买过小汽车？专案组在讯问张有国的过程中是否涉及冯有民利用职务之便的经济犯罪问题？

2. 审讯材料的选择

（1）有关情节的利用准备

①（窗台的压痕的来源）坠楼时窗台的压痕凌海称是张有国坠楼时脚踩的痕迹。运用导谎：窗台的压痕系以前装修施工时形成的，该宾馆的负责人证明。（以此试探凌海是否在说假话）

②根据目击证人（设置一个假设的存在）："那个人掉下楼来，三楼有一片窗户是开着的，有两个人往下看。后来那个往下看的人也下来了，还找我要电话号码，我给他的是我爷爷家里的电话。"（凌海为什么要电话号码？）"在宾馆对面的三楼上有一户人家正在装修窗户，装修的工人是户主的外甥，住在徐州，他说：我正在安装窗户看见坠楼的那个人，这件事我一直都没敢说，我怕引来麻烦"。（逼凌海说实话）必要地引导："因为张有国来专案组不是来跳

楼的，所以他自己是不会跳的。"（进一步地引导凌海说实话）

③询问张有国的笔录是坠楼后凌海补记的，凌海说是后补的，当时没有记录，"那是因为你没有时间记录，或者因为你当时的行为不能记录。"让凌海说出当天的询问情况。

④根据你过去的办案情况以及劳改场的服刑人员证实：你凌海在过去的办案中对他使用过暴力，殴打过犯罪嫌疑人，而且不止一人。

⑤你与张万山逼着张有国给冯有民打电话，并且设定了通话内容，画圈子让冯有民上钩，张有国明白你们的意图，坚决不打这个电话，是你和张万山强逼之下坠楼身亡。

（2）该案是否订立攻守同盟的材料准备（因为是三人共同犯罪案件）

①"根据张万山最近的辩解"说：当时凌海为了推脱责任，跟我讲了两次让我帮他担一点责任，就说我张万山在张有国坠楼的时候也在房间里，一次是张有国坠楼后在三楼的走廊里，一次是在队里开会。其实在张有国坠楼的时候我根本就不在8310房间。张有国坠楼与我无关！

②"根据张万山最近的辩解"说：当时凌海在讯问张有国时，只顾要口供，连记录都没有记，在张有国坠楼以后，凌海自己害怕便在8308房间里补的讯问记录。因为当时凌海破案心切，急于逼张有国的口供，根本就没有时间记录。

③"根据张万山最近的辩解"说：让张有国给他舅舅打电话的主意也是凌海出的。（试探）

④"根据张万山最近的辩解"说：张万山说在5月15日下午的6时以前，我离开8310房间去向吴海涛汇报，张有国的精神状态是非常正常的，张有国的坠楼只有凌海清楚。张万山还说谁在现场就是谁干的，这是客观事实。

⑤"根据张万山最近的辩解"说：当时在讯问张有国时，张交代开的汽车是冯有民的情妇的车子，也是自己的舅舅冯有民为其购置的，并且说出了舅舅的情妇也是做一中配套业务的，去年就赚了好几十万元。这些情况也是凌海逼着张有国讲出来的。

⑥"根据张万山最近的辩解"说：张有国的坠楼我是没有任何责任的，因为当时主要是凌海在讯问。

⑦"根据张万山最近的辩解"说：凌海说，张有国在跳楼时喊了一句"我不想活了"，其实这句话我们根本就没有听见。

⑧关于脸部伤的问题，我是不清楚的，如果是电击伤，那么电击的东西也是凌海拿来的，因为凌海对电的知识比较丰富。

⑨吴海涛说：我当时只是让凌海与张万山把张有国说假话的事情搞清楚，

至于凌海采取什么手段对付张有国的，我不清楚，导致张有国的坠楼，我更不清楚，那是凌海造成的，谁干的谁负责，因为在张有国坠楼的时候张万山正在跟我汇报。他也不在8310的房间里。

⑩张万山说：事情出来以后（张有国坠楼）凌海急着往楼下跑，我说"凌海可做笔录了？"凌海好像讲没有记录，我说那赶紧补上，于是凌海就在8308的房间里补了张有国当时的谈话笔录。如果当时凌海是在正常地谈话，是会做笔录的，只有在非正常的情况下，凌海才没有时间做笔录。我该讲的都讲了，凌海对张有国采取的行为都与我无关。

吴海涛的第二次证言：凌海造成张有国的死亡，（1）不是我让他干的，（2）他没有跟我汇报，（3）谁干的谁负责。（注意再推一把"我凌海也是为了工作，也是为了尽快地破案"）

（3）亲情关系的有关材料准备：

①家庭情况：凌海的父亲——凌如德，某县乡政府退休职工，70岁，住某县乡政府后院。父亲的心脏不好，眼睛也不好，原来吸烟现在也不吸了。

凌海的母亲贤惠善良，特别宠爱凌海，2008年5月21日患病去世。（凌海可能不知道）奶奶91岁、外婆80岁，依靠凌海的父亲抚养。

凌海的妻子——刘银利，在某市工商局，30岁，乳名小利，凌海的岳父最近也生病住院了。

凌海的姐姐——刘金利，姐夫——李民海在郊区的乡政府工作。

②有关情况和信息：凌海是一个孝子，母亲在住院期间一直守在母亲的身边，母亲没有钱看病，凌海向别人借了2万元给母亲看病。

凌海的岳父对凌海也非常好。凌海的爱人说：凌海的人可靠，忠厚老实，我就是看他的人品好。并且让我们带话给凌海："我会一心一意地把孩子带好的。"凌海的父亲说："组织上关心我们，让我来看守所看凌海，我不敢来看，今年单位补发了2750元的工资，2000元给了小利做女儿的学费了。"

凌海曾经立过两次三等功，工作的责任心很强，2000年在女儿出世的时候，凌海都没有能够回家，仍然坚持办案，当时是侦破有名的碎尸案。

凌海的父亲泣不成声地叙述家庭的遭遇，盼望着儿子早日回家。

（4）案件的供述材料分析

①关于凌海补记的张有国的询问笔录，谈话记录实际上就是当时的情景记录，如果凌海补记的内容是当时的真实记录，那么这些内容能够导致张有国的坠楼吗？显然不可能。如果结论相反或者有相反的原因，那么记录的内容就是假的，因此凌海所说的坠楼过程就是假的。记录如果是真的，那么只有一个可能：张有国是不会故意跳下楼去的，因为没有跳楼的理由。如果记录是假的，

那么张有国坠楼死亡与凌海与张万山有着直接的原因。

②张有国到专案组里来不是来跳楼的，凌海也不可能把一个大活人抛到楼下，因为没有抛的理由，另外还有一个结论，张有国在正常的情况下自己是不会跳楼的。现在房间里只有张有国与凌海两个人，张有国从楼上坠到楼下，凌海还在楼上，同时，张有国坠楼死了，凌海还活着，张有国的坠楼事件能够推到别人的身上吗？

③法医证实：在技术人员赶到现场时，凌海迫不及待地伸出手来让技术人员拍照手上的伤，凌海手上有许多黑灰和刮伤的痕迹，当时凌海的情绪很紧张。（审讯时要注意凌海对手伤的供述）

④案件的客观事实：张有国如果是自己跳楼的，凌海你为什么要找张万山作为证人呢？无须证人证明。

3. 讯问语言的准备和讯问方法的设计

（1）第一轮审讯

一是对凌海进行调查摸底：凌海的自然情况，因为什么事进看守所？羁押的全部过程。

二是建立与凌海的交流平台：①利用亲属关系和朋友关系取得一定的信任度。②变换对立的角度，③注意扑捉凌海的对抗方法、防卫的严密程度、对外来信息的吸入量。（判断某一情节的知情程度）

三是提高人格和品格意识标准：利用凌海父亲的话"俺家这孩子非常老实"。设置"疑点问题"——在解决疑点问题的过程中逐步获取事实情况。

四是拨离凌海的攻守同盟：运用材料（2）"该案是否订立攻守同盟的材料准备"（①—）对凌海进行拨离！

五是直接告知凌海的处境非常不好，引导凌海进行趋利避害的选择，说出张有国坠楼的真实原因。方法的运用材料：凌海补笔录的背后……从凌海的出发点来看是为了能够积极地破案，相信你凌海不会把一个大活人抛下楼的，但是张有国确实坠楼死亡了，谁愿意跳楼？有可能是你的过失……让凌海知道放弃隐瞒真相的有利因素。帮助凌海进行趋利避害的选择——得与失的辩证关系：有失才有得，有得必有失，有得不失必失，有失不得必得。先分析张有国的死亡结果，来专案组的张有国是为了说明情况的，不是来跳楼的，张有国坠楼只有凌海一个人在现场，结论只有一个，是凌海造成了张有国的死亡。但是从实施的行为上来看还应该有两个结论，那么一个是过失，一个是故意。从这起案件的客观情况来看，张有国已经死亡是客观的，否定了张有国的死亡原因或者编造种种原因，更证明了主观故意。直接告知对方：你是从事法律工作的你应该清楚，莫犯糊涂干傻事，错过了这次机会你将悔恨终生。

(2) 第二轮审讯

利用张有国的死亡照片把凌海引入潜意识进行生与死的交换。凌海你见过这张照片吗？张有国一只眼睛闭着另外一只眼睛睁着，他死不瞑目啊！因为你凌海说了假话，他死得冤枉，他会向你讨还血债的，你凌海欠了他一条人命啊，他时刻会向你讨还的，因为对他的死你没有说真话，你说了真话他就会原谅你的。我知道你是一个孝顺的儿子，你的父亲、母亲不希望你说假话呀！他们希望你能够得到谅解，也许这不是故意的。

再一次向凌海出示张有国的死亡照片进行心理刺激：你想过吗？他的母亲看到这张照片、看到这样的惨状会是什么样的心情？你也有母亲啊！他的儿子看见父亲这样的惨状，会是什么样的心情？你连一句公道话、实话都不愿意说，你对得起他们吗？你的父母愿意你这样做吗？你的周围邻居都说你人品好，老实可靠，请问：你知道张有国的家人是怎么说的吗？我家的张有国走了，这是他的命，可是公安局的凌海他不说实话，如果他说了实话我会谅解他的，因为他凌海也有父母亲，妻子和儿女。

(3) 第三轮审讯

对凌海进行心理限制语言行为。从前面凌海的谎言中找 1~2 例进行追讯。你以为吴海涛、张万山他们不笑话你吗？干了蠢事还说谎话，不能自圆其说，自己给自己套上了枷锁。例如你后补的那份讯问记录，那份记录的内容能够导致张有国生不如死吗？能够导致张有国放弃幸福的家庭去轻生吗？逼凌海回答……（把握主攻语言行为）"张有国到专案组里来不是来跳楼的！"

(4) 第四轮审讯

帮助凌海再现心理事实，让凌海进行心理的确认。张有国坠楼的原因的关键是 5 月 15 日下午 15 点钟以后，凌海与张万山设立一个欺骗的圈套，让张有国来实施，逼张有国用录音手机给冯有民打电话，这时的张有国也怀疑"刘校长"的案件是冯有民一手造成了，所以张有国不愿意打这个电话，可是凌海硬逼着张有国打录音电话，张有国被逼急了产生了强大的心理压力，出现了轻生的动机直至坠楼。如果是这样那么你的罪行要轻得多了，张有国坠楼的原因更符合逻辑，用你过去的话来解释张有国坠楼的原因，你就等于给自己的脖子套上了绳锁。你本来想掩盖这些事实，可是你没有找到充分的理由，这一系列的问题都是你说假话造成的，现在的情况对你极为不利，如果你再继续说假话，你很可能要承担更大的刑事责任！

释放试探性的信息促进凌海进行辩解：根据目击者证明、根据最近提取的张有国尸体上的伤痕的鉴定，是被殴打后或者是在殴打的过程中致使张有国在退让的过程中坠楼的。进一步逼凌海说实话。

4. 审讯凌海的讯问记录

时间：2008年5月26日12时（开始）至17时（结束）

地点：检察院讯问室

讯问人：（略）记录人：（略）

被讯问人：凌海；年龄：35岁；性别：男；籍贯：河南信阳

工作单位及职务：市公安局建业分局刑警一大队原副队长

被讯问人长期居住地：某市建业区郎琊路23号花园小区6号楼乙单元401室

问："姓名等自然情况。"

答："……（略）"

问："根据中华人民共和国刑事诉讼法的规定对你进行讯问，我们是检察院的办案人员，这位是检察院高级检察官吴××，我是检察院的李××。根据刑事诉讼法的规定你有权利申请我们回避，现在你是否需要我们回避？"

答："不需要你们回避，我相信你们。"

问："我们代表检察机关对你进行讯问，并且进行全程录音录像，现在告知你。你对我们的讯问有什么要求？"

答："我要求你们能够客观公正地处理我的问题。"

问："你是因为什么事情、什么时间进看守所的？"

答："玩忽职守罪，2008年5月20日被检察机关批准逮捕的。"

问："根据刑事诉讼法的规定你有如实供述的义务，你能够做到吗？"

答："能够做到。"

问："我们在讯问过程中你有什么要求可以提出来。"

答："我没有什么要求，只希望你们能够公平公正。"

问："你对我们可能不甚了解，但是我对你凌海是比较了解的。你在公安部门工作已经有10年之久了，你工作积极、上进心很强，多次立功受奖，你的同事对你的评价也是非常好的。你在家里孝敬父母，大家都说你是一个孝子。在你的母亲生病住院期间你日夜守在身边，大夏天你自己都要中暑啊，差一点昏倒在交通车上，你的人品大家是信得过的。你的父亲也非常关心你的案子，现在又把烟抽上了，他的心理压力大呀。"

答："你们不要说我家里的事情，我受不了。"

问："有些情况我们要告诉你，这次你的父亲补发工资2700元，给了你爱人2000元，给你女儿做学费了，这是多好的老人啊！他也希望你能够早日把问题讲清楚。"

答："我妈怎么样了？"

问:"她的身体不太好,现在是保守治疗。"(母亲已经在凌海被逮捕后因病医治无效去世了,这一情况没有告诉凌海)

答:"我现在进来那么长的时间了,你们检察机关来提审过几次?"

问:"你这个话说的就有毛病了,有的时候需要来提审,有的时候不需要来提审,你是警察也是办案的你更清楚。"

答:"那为什么要关我那么长的时间呢?"

问:"关你这么长的时间也是你凌海自己造成的,你为什么不配合检察机关把问题讲清楚呢?"

答:"我还有什么没有讲清楚!"

问:"你说得很对!你讲清楚了为什么还要关你呢?"

答:"我不怕你们'搞'!"

问:"你认为是别人在'搞你'!是谁在'搞你'?为什么要'搞你'?我可以清楚地告诉你是你凌海自己搞自己!你是警察你在办案的时候都是为了去'搞人'的吗?"

答:"我凌海总有出去的时候!总有说理的地方!检察机关是不是站在公平公正的立场上?"

问:"为什么不是站在公平公正的立场上呢?"

答:"什么是法?没有法!对我的问题不能站在孤立的立场上!应当客观公正!法律不公平不公正!"

问:"这句话你说的是非常错误的,不是我批评你,你过去是刑警,是执法者,法律不公平你是怎么执法的?据我们了解你曾经是一名非常优秀的警察,你们单位的领导对你也有充分的评价,你至今对自己的问题还没有充分地认识,你认为法律对你不公平,那为什么法律对别人都是公平的就唯独对你不公平?正是因为你的认识上的差距,不仅害了自己还连累了家人,你的父亲整日地惦记着你以泪洗面啊!你的爱人带着孩子自己还要上班,真不容易!你的女儿想念你,有一天站在窗台前看见一只小鸟飞过去,就跟她妈妈说:我要是一只小鸟就好了,能够飞去看爸爸了。你给家庭带来了多大的灾难啊!有一句话我早就想跟你说:'你是聪明人干蠢事!'"

答:"唉!我有什么办法!"

问:"那么我现在问你一些情况你能不能说实话!"

答:"我肯定说实话!我没有必要说假话。"

问:"法律是重证据的,不轻信口供,根据检察机关的调查情况来看对你是很不利的!"

答:"你们不能站在孤立的角度,你们需要问我什么的,我会配合你们,我又不是领导怎么能够追究我的责任？凭什么？我认为我是被冤枉的，总有我说理的时候。法律是公平的？公平什么？"

问："那你相信法律吗？"

答："我当然相信法律！你是代表上级机关来的，我就想问你们对我这个案件能不能站在公正的立场上？"

问："今天我们到这里来提审你，就是为了公平、公正、实事求是地还其事件的本来面目，检察机关不希望任何一个冤假错案的发生，更不希望在你的案件上出现虚假的问题！"

答："事情出来了你们不能只听信单方面的，我是按照我的良心来干事情的，你们会看到我是什么样的人，看看我到底说了假话没有！现在谁在说假话会搞清楚，是我的事情我凌海要讲一个'不'字我不是人！你们如果想听，我就多讲一点，如果你们不想听，我就没有必要讲那么多。"

问："你想说什么你可以放开来说！"

答："事情当时的情况跟我一点关系都没有，专案组有局长负责，我当时只是专案组的成员，领导给我的任务是查一下该校的招投标的问题，当时怀疑刘校长被砍是因为招投标的事情引起的，我是头天晚上外调出差才回来，上午专案组开了一个碰头会，散会后吴局长跟我讲张有国来了，你和张万山跟他谈，把通话的主叫和被叫的问题搞清楚。在8310房间，当时张有国已经在房间里了，我跟张万山进了房间，我坐在窗户下面右边的沙发上，中间是茶几，左边是张有国坐的，张万山坐在对面的床上。开始询问张有国的时候，就是围绕手机通话的主叫和被叫的问题，当时张有国说在那段时间里的通话都是冯有民主叫，自己没有主叫过对方，但是在通话单上反映的是两次通话，有一次是张有国主叫，我就问他为什么说谎，后来他就不说话了，我们就一直坐在那里，没有多长时间吴局长就进来了，看到这种情况，就让张有国拿他的手机给冯有民打电话，核实主被叫的事情。电话后来没有打。"

问："是没有打？还是张有国不愿意打？"

答："张有国不愿意打这个电话，后来吴局长就出去了。我就接着问招投标的事情，外地中标的单位都是谁介绍来的，张有国说都是他舅舅介绍来的，后来我再追问他一些招投标的问题，他就不说话了。一下午就在问这两件事情，后来他不说话了，这个时候张万山就出去跟吴局长汇报情况，房间里就剩下我跟张有国在那里坐着，没有多长时间张有国就站了起来，这个人的个子高，房间的窗台比较低，他一抬手我感觉到坏事了，我本能地急忙跨过去只抓着他的裤子，没有抓住他的人就下去了，我当时的脑子一片空白，我开门出去一边喊跳楼啦！一边往楼下跑，我在跑的时候就给'120'打了电话，我跑下楼那人已经在地上躺着了,当时有一个人推着自行车过来,说有一个小孩看见了,我立刻过去问这个小孩的家庭住址、父母叫什么名字、电话号码等,我当时没有带笔就记在我的手机上了。"

问:"你找这个小孩的父母是什么时间?"

答:"我没有找过小孩的父母。"

问:"你是什么时间给那个小孩的父母打的电话?"

答:"我没有给他们打电话,我只是把小孩的父母的名字记在了手机上。"

问:"你问这个小孩的家庭住址、父母叫什么名字、电话号码等,并且记在了你的手机上了,是什么目的?"

答:"因为当时有人说小孩看见这个人跳楼的,为了以后便于核实情况,能够找到这个小孩。"

问:"当时除了小孩看见了,还有谁看见了?"

答:"我不知道。"

问:"当时在宾馆的对面有一个工人正在安装煤气管道……也看见了!"(测谎,看对方的反应)

答:"当时现场的人很多,我没有注意那么多。"(没有说谎反应)

问:"现在我问你几个问题,(出示陵海手上伤痕的照片)你看一下这张照片是怎么回事?"

答:(看照片)"这张照片是我手伤的照片,当时张有国跳楼以后我跑到楼下时才发现我的手被擦伤。我当时并不知道手被擦伤,当时也没有看见手伤,我想这就是当时拉张有国的时候被刮伤的,后来检察院的技术人员来的时候给我拍的这张照片。"

问:"事发后8310的房间是谁打扫的?"

答:"我从他跳楼以后就下楼了,后来就没有进过8310房间,我不知道房间里的情况。"

问:"那你的手伤的照片是在哪里拍的?"

答:"是在8310房间里检察院的人拍的。"

问:"你刚才不是说'我从他跳楼以后就下楼了,后来就没有进过8310房间吗?'"

答:"是检察院的技术人员来了以后我去的8310房间。"

问:"第一个到现场的是谁?"

答:"我是第一个到现场的。"

问:"当时张有国是死了还是活着?"

答:"我不知道。"

问:"那你为什么打'120'呢?"

答:"我打'120'是为了抢救啊。"

问:"那说明人还没有死啊。"

答:"死没死我不知道,我当时的第一反应就是打'120',我是在跑下楼的过程中打的'120',在打过'120'之后才到的现场。我当时看见他趴在地下不动,我就没敢往跟前看,围观的人很多,我在维持现场秩序。"

问:"张有国从楼上到了楼下,这个时候张万山在做什么?"

答:"他不在现场,也不在房间里。"

问:"人在关键的时候都是自己保自己,有些事情对你是非常不利的!"(摄入离间信息)

答:"他们往我身上推,我实事求是该是什么情况就是什么情况,我不会替谁担责任,我也不会把我的事情推给别人。"

问:"你的老父亲说:俺家的凌海是个非常老实的人,你们替我开导开导他。我说这些事情不是我们能够开导的。"

答:"我不需要开导,我会实话实说的。"

问:"我再问你一个问题,张有国是从哪一扇窗户下去的?"

答:"房间里一共是四扇窗户,他是从第三扇窗户下去的。"

问:(出示8310房间的现场照片)"你看张有国是从哪扇窗户出去的?"

答:(看窗户照片)"……是中间有横梁的右窗户。"

问:"到底是从哪个窗户下去的,你仔细地想一想再回答!"

答:"确实是从那扇窗户下去的。"

问:"第三扇窗户下面有障碍物,如果是他自己跳的,那么从这扇窗户下去的一定会挂到障碍物上,如果是在外力的作用下才有可能不挂到那个障碍物上。(抛出了趋利避害的比照)到底是从哪个窗户下去的,你仔细地想一想再回答!"(观察是否动摇)

答:"确实是从第三扇窗户下去的,这是客观事实我不会说假话的。"(态度坚定没有进行趋利避害的选择)

问:"张有国在从窗户出去之前在干什么?"

答:"就坐在我的对面没有干什么。"

问:"你在干什么?"

答:"我坐在他的对面,张万山出去以后,张有国什么话也没有说,我们俩人就在那里干坐着。"

问:"在此之前你们是怎么讯问的?"

答:"就谈了关于主叫和被叫的问题,他还是坚持自己没有主叫,后来没有办法让他打电话跟他舅舅核实，他不愿意打这个电话，再后来我们又问他关于招投标的事情，大概就这么多情况。"

问："有讯问记录吗？"

答："有！"

问："是这个笔录吗？"（出示提取的5月15日讯问张有国的笔录）

答："是的，就是这份记录！"

问："这份记录记的是当时讯问的全部过程吗？"

答："当时谈话的时候没有什么实质性的问题，当时就没有记，后来出事了，不知道是谁问了一句'记录记了没有'。这个时候我才想起笔录还没有做，就到8308的房间里去补记的。"

问："为什么要补记笔录？"

答："主要是怕没有记录说不清楚，所以临时补的。"

问："你补了记录就能够说清楚了吗？你们让张给他舅舅打电话的情节，在你的笔录里并没有记录，关于招投标的问题在你的笔录里还是没有记录，是什么原因？"

答："当时因为不是什么重要的问题，就没有记录。"

问："那什么是你们的重要问题？"

答："当时主要的目标是刘校长被砍的事情。所以对其他的事情认为并不重要，就没有当时记录。"

问："既然你认为不是什么重要的问题，那你们为什么要始终追问张有国呢？"

答："因为他在这个问题上说了假话，我们要弄清楚他说假话的原因。"

问："张有国是怎么从窗户出去的？"

答："是他自己跳出去的。"

问："他为什么要跳出去？"

答："我也不知道，他忽然站起身来，手扒窗户就往外跳，我抓都没有抓住。"

问："仅仅因为你的笔录上记的那些事情，他就会跳楼吗？"

答："当时的情况确实是这样！"

问："我现在很负责任地跟你讲，现在提取的证据情况对你非常不利。你是干刑警工作的，你知道证据的重要性。这个人到底是怎么下去的与你有密切的关系！"（试探反应）

答：（很平静）"与我有什么关系？说到底我也是受害者！"

问："我还是这样跟你说，现在的证据对你非常不利！一个大活人忽然从

窗户跳到三楼下面，他的精神没有毛病，在房间里就是你们两个人，不是你是谁？你能够有一个更合理的解释吗？"（逼其说明原因）

答："因为当时涉及他舅舅的问题，他担心他的舅舅要被追究责任，我想他就是因为这个事情。"

问："那在你的记录上并没有这一情节！"

答："当时谁又知道他能够跳楼呢？"

问："仅仅就你说的理由他能跳楼吗？根据你以前办过的案件，我们进行了跟踪调查，劳改场的服刑犯人证实'你办他们的案件的时候被你殴打过'。"

答："那是刑讯逼供，我干吗要对他们刑讯逼供？"

问："你现在所面对的是客观事实，是大量的证据，张有国的死亡原因只有你自己是很清楚的，没有别人来替你解释，别人对这件事情也有认识'张有国是怎么坠楼的只有凌海最清楚'。'具体情况他也没有跟我们汇报，至于什么原因导致张坠楼的，凌海是直接行为人，这件事扯不到别人的身上'。"（进行离间的刺激）

答："他们爱怎么讲就怎么讲，我问心无愧。"

问："经过对张有国生前的身体情况调查，他身体状况良好，没有精神疾病，美满的家庭更是他的精神支柱，他为什么要跳楼？原因就在你身上！可以肯定地说是你导致了张有国坠楼身亡！"（在这里使用"坠"楼是对死亡原因的另外解释）

答："我真说不清楚，我是冤枉的。"

问："你哪里冤枉？"

答："我怎么就能知道他会跳楼呢？"

问："你平白无故会不会跳楼？"

答："这个你让我给你分析，首先张有国来到专案组没有说实话，我们一直在追问他为什么说假话，有重大的犯罪嫌疑。其次是在讯问的过程中牵涉到了他的舅舅的一些问题，他感觉到精神的压力很大，讯问的后半场他就不说话了，我们也感觉到他有心理压力，但是根本就没有想到他会跳楼。当时根据我的观察，张有国也意识到可能是冯有民雇凶伤害刘校长的。所以精神压力很大，长期以来张有国都是依靠他的这个舅舅的帮助，生意上也是依靠他的舅舅，他供出了他舅舅的一些问题，感觉到对不起他的舅舅。"

问："但是，在你的笔录上没有你所说的内容，这是什么原因？"

答："因为当时说得比较散，没有涉及伤害案件的主题，所以当时没有记录，等到最后集中起来记录，谁又知道他能去跳楼呢。"

问："根据法律规定讯问嫌疑人必须两个人，你为什么一个人讯问嫌疑人呢?"

答:"原来是我跟张万山一起讯问张有国的,谁知道他(指张万山)中途要离开呢!如果他(张万山)不离开也不会有这样的事情发生。"

问:"为什么呢?"

答:"因为两个人在场,即便是他要跳楼也能够抓住啊!同时两个人也能够证明他到底是怎么跳楼的!我一个人在场就是浑身是嘴也说不清楚。"

问:"你把窗台的压痕的来源说一说?"

答:"是张有国跳楼时脚踩的痕迹。"

问:"你是怎么知道的?"

答:"当时他跳下去的时候,我就看见了窗台上的压痕。"

问:"是张有国的脚踩的吗?"

答:"我想可能是!"

问:(运用导谎)"窗台的压痕系以前装修施工时形成的,该宾馆的负责人证明。"(以此试探凌海是否在说假话)

答:"那我就不知道了,我看见的压痕是他跳下去之后才看见的。"

问:(出示张有国的死亡照片)"凌海你见过这张照片吗?张有国一只眼睛闭着另外一只眼睛睁着,他死不瞑目啊!因为你凌海说了假话,他死得冤枉,他会向你讨还血债的,你凌海欠了他一条人命啊,他时刻会向你讨还的,因为对他的死你没有说真话,你说了真话他就会原谅你的。"

答:(看张有国死亡的尸体照片)"(不语)……"

问:"你是一个孝顺的儿子,在你的母亲生病住院时,你日夜守在身边,你疲劳过度差一点昏倒在交通车上,你乐于奉献,在你的身上,你的父亲、母亲不希望你说假话呀!他们希望你能够得到谅解,因为不是故意的。凌海本身不是坏人,凌海有很好的人品,这次说假话也是出于无奈……你想过吗?张有国的母亲看到这张照片、看到这样的惨状会是什么样的心情?你也有母亲啊!他的儿子看见父亲这样的惨状,他还能活吗?你连一句公道话、实话都不愿意说,你对得起他们吗?你的父母愿意你这样做吗?你的周围邻居都说你人品好,老实可靠,你知道张有国的家人是怎么说的吗?我家的张有国走了,这是他的命,可是公安局的凌海他不说实话,如果他说了实话我会谅解他的,因为他凌海也有父母亲、妻子和儿女。"

答:"说句良心话,张有国死了是受害者,我更是受害者,当时吴局长安排张万山跟张有国谈话,我只是记录人,你们也看见当时的谈话记录了,那天中午饭后2点多钟了,吴局召集我们几个人开会说:张有国没有说实话,下午要加大力度。后来吴局也到8310房间,看见张有国靠在床上,就跟张万山说:

你们这样讯问怎么能行,应该有点力度,说完就出去了,一个下午都是张万山在问,我在记录,整个讯问的主题是手机的通话问题和冯有民的经济问题,最后是让张有国与冯有民进行通话,为的是获取砍伤刘校长的犯罪信息,可是张有国就是不同意打这个电话,一直在僵持着。这个时候我去跟吴局长汇报讯问的进展情况,大约有20分钟,我又回到了8310房间,我进屋时就感觉的屋里的气氛不对。张万山站在张有国的身旁,用手指头点着张有国的头部,张有国仍然是坐在那里没有动,但是脸色不好,根据房间的气氛看,在此之前张万山已经对张有国动手了,否则房间里不应该有那样的气氛。平白无故张有国是不会自己跳楼的,我进屋以后张有国站起身来拉开了窗户向窗外吐了口痰,又坐下了。我进屋以后张万山就出去了,我继续坐在张有国的对面,大约有十分钟张有国又站起身来,我以为还是吐痰的,就没有在意,当他的一只脚上了窗台我才发现不妙,急忙过去拉他,只拉住一只裤腿没有拉住,他就坠下楼去。我说的都是实话,有一句假话天打五雷轰。"

问:"好!那我们今天就谈到这里,你以上所说的话是否属实?"
答:"是事实!"
问:"我们的记录你看一下是否有记错的地方?"
答:"好!(看记录)对!没有错。"

(二) 审讯张万山的全程实录

1. 审讯张万山前的分析准备

讯问的目的:张有国死亡的真实原因

疑点问题:

①张有国在坠楼之前的时间里凌海是否离开过8310房间?
②张万山是否单独与张有国在8310房间,张万山对张有国是否动手了?
③张万山是否对张有国进行了刑讯逼供?
④张有国坠楼后张万山在干什么?详细经过。
⑤张有国坠楼时8310房间里到底有几个人?
⑥8310房间张有国坠楼的窗台上的压痕是怎么形成的?
⑦张有国坠楼凌海补笔录张万山是否知道?是谁让补的笔录?
⑧张有国到底是从哪扇窗户坠楼的?是第三扇还是第四扇?
⑨张万山讯问张有国的全部过程和实施的行为。

2. 审讯张万山的讯问记录

时间:2008年5月27日8时(开始)至11时(结束)
地点:检察院讯问室
讯问人:(略) 记录人:(略)

被讯问人：张万山；年龄：43岁；性别：男；籍贯：山东潍坊

工作单位及职务：市公安局建业分局刑警一大队原队长

被讯问人长期居住地：某市建业区郎琊西路12号银泰小区3号楼丙单元201室

问："姓名等自然情况。"

答：（略）。

问："根据中华人民共和国刑事诉讼法的规定对你进行讯问，我们是检察院的办案人员，这位是省检察院高级检察官吴××，我是省检察院的李××。根据刑事诉讼法的规定你有权利申请我们回避，现在你是否需要我们回避？"

答："不需要你们回避，我相信你们。"

问："我们代表检察机关对你进行讯问，并且进行全程录音录像，现在告知你。你对我们的讯问有什么要求？"

答："我要求你们能够尽快地处理我的问题。"

问："你是因为什么事情、什么时间进看守所的？"

答："玩忽职守罪，2008年5月20日被检察机关批准逮捕的。"

问："根据刑事诉讼法的规定你有如实供述的义务，你能够做到吗？"

答："能够做到。"

问："我们在讯问过程中你有什么要求可以提出来。"

答："我没有什么要求，只希望你们能够尽快结案。"

问："你进来（指看守所）那么长的时间了，有什么想法？"

答："我没有玩忽职守，张有国的死与我没有任何关系！"

问："那与谁有关系？"

答："那我怎么会知道！"

问："你办的案子在你们讯问期间被讯问人死亡了，你不知道谁知道？"

答："我这是飞来的横祸！"

问："你有什么想法继续讲。"

答："我没有对工作不负责任，张有国跳楼的时候我正在跟吴局长汇报工作。"

问：（进行测谎观察张有国是否在发案现场）"楼下玩耍小孩是目击证人！张有国坠楼时的那扇窗户有两个人往下看。"

答："我当时确实在向吴局长汇报，我根本就不在现场，如果你们查出来我当时在现场，我愿意承担一切责任。说我在现场是胡说八道！事实就是这样的！"

问："现在的客观证据对你是非常不利的。"

答:"什么证据对我不利?"

问:"这样吧!我这里有一张报纸你看一看……"(刑讯逼供的零口供案件,法院作了有罪判决的新闻报道)

答:(张接过报纸看)"……我看好了!"

问:"这是一起零口供案件,法院根据证据对那位刑讯逼供的派出所的副所长作了有罪判决。张有国的案件也是如此,张有国被传讯到你们的办案组里来,是接受调查的,不是来跳楼的,这一点你是非常清楚的,可是经过你们的讯问,张有国从楼上坠落到了楼下,现场除了张有国只有你们两个人,在你们两人之间只有轻重之分,不是'有无'之分,检察机关对你们实施了逮捕措施,就是因为你们的犯罪事实是清楚的,有逮捕的必要。你也是从事执法工作的,你应该知道逮捕的条件是什么!"

答:"我相信事实!我当时在向吴局长汇报,张有国怎么跳楼的我怎么会知道?"

问:"你向吴局长汇报什么?"

答:"讯问张有国的情况。"

问:"什么情况?"

答:"关于通电话的情况,还有张有国的舅舅的招投标的情况,我的汇报还没有结束凌海就跑过来报告说张有国跳楼了,他们还问楼下是什么地,我说是水泥地,因为我对一中比较了解,随后我们就冲下楼去,帮助维护现场,等检察院来人。"

问:"你出门向吴局长汇报有多长的时间凌海过来报告张有国跳楼的?"

答:"大概有十几分钟的时间。"

问:"为什么就在你离开的十几分钟的时间内张有国就跳楼了呢?"

答:"那我怎么能够知道。"

问:"事实情况是你谈完了话的10分钟之后被谈话的人坠楼死亡了!"

答:"那是凌海的事情,与我无关。"

问:"那我问你,我们现在跟你谈话你会不会跳楼啊?"

答:"反正我又没有打他,也没有骂他,人死了你让我怎么讲,我也没有在现场,我不该受这个罪。"

问:"你不应该受谁应该受?根据办案的规定你是怎么做的?"(讯问嫌疑人必须有两人在场,有保护安全的义务)

答:"……"(不语)

问:"你把你跟吴局长汇报的详细内容讲一讲?"

答:"当时大概是6点钟左右,因为没有看表,具体时间不清楚,汇报的内容就是张有国不愿意打电话（不愿意与他舅舅通话）还有张有国讲他舅舅在招投标的过程中的一些事情，一些供应商在一中的中标大多是经过他舅舅的介绍中的标。"

问："你为什么要向吴局长汇报啊？"

答："吴局长是负责这个案件的领导，案件的进展情况就要跟他汇报。"

问："当时张有国坠楼以后的情况。"

答："张有国坠楼以后，我们还有吴局都下楼去了，吴局长说维护现场等检察院来人，张有国是脸向下趴着的，没有多长的时间'120'就来人了，对张有国的胸部按了几下，看了一下瞳孔已经放大，确认人已经死了，地下流了一摊血，人已经没有救了，就开车走了。"

问："你把与张有国谈话的全部过程讲一讲。"

答："上午已经谈1个多小时，中午吃饭的时候吴局长问我上午的情况，我说在通话的问题上张有国没有说实话，吴局长说下午你们继续谈这个问题，吃完饭休息了1个小时左右大概有2点多钟，我跟凌海继续与张有国谈。谈话的内容还是张有国的通话问题，一直追问张有国为什么说假话，追到后来张有国说：不信你们可以打电话问我舅舅。于是我就拿了吴局长的带录音的手机让张有国给他舅舅打电话，结果他不愿意打，僵持了很久，后来我们又问他是怎么认识李总的（供应商），他说是他舅舅介绍的，我们问他是怎么介绍的，他说李总来招投标的时候是他的舅舅帮忙中标的，再后来关于招投标的事情，我们又追问他还有哪些人是通过他舅舅的关系中标的，结果他就不说话了。怎么问他都不搭腔。我就起身向吴局长汇报去了，10分钟以后凌海跑过来说张有国跳楼了。"

问："既然是张有国同意打电话给他舅舅，为什么你拿来了电话张有国又不愿意打了呢？"

答："我想他可能是怕打电话会使他舅舅暴露出其他的问题，对他舅舅不利，所以他才不同意打电话的。"

问："谁主问？谁记录？"

答："是我主问凌海记录，但是谈话中间凌海也时不时地插话。"

问："让张有国跟他舅舅通话是谁的主意？"

答："是张有国自己讲的，他说你们不信可以打电话给我舅舅核实一下，所以我们就准备了录音手机，让张有国跟他舅舅通话，结果张有国不愿意打这个电话，僵持了很长的时间结果还是没有打这个电话。后来我们又继续谈他舅舅是怎么介绍招投标的事情，有人反映张有国的舅舅有一个情妇，我们就问案发的那天，张有国开的那辆车是从哪里来的，后来张有国说车是他舅舅的女朋友的，追问车是谁买的，张有国说车是他舅舅冯有民买的。后来我们又问张有国在一中干了哪些工程，他说都是些小工程。"

问："你为什么要问他舅舅的事情？为什么要问与你案件没有关系的招投标事情？"

答："因为这起案件怀疑涉及他舅舅的嫌疑比较大，我们想通过他了解他舅舅的一些情况，没有其他意思。"

问："你为什么要问招投标的事情？"

答："我们当时怀疑是因为招投标的事情，有一些过去中了标，后来没有中标的人的一些情况，当时问到一个叫李总的人，我问张有国是否认识，他说认识！是通过他舅舅的介绍认识的，并且他还说，这个李总在一中的中标都是通过他舅舅的帮忙中标的。"

问："你让张有国给他舅舅通话的手机是哪里来的？"

答："是吴局长的手机，因为吴局长的手机带录音功能。"

问："手机是吴局送长过来的还是你去拿的？"

答："是我过去拿的。"

问："你当时问张有国关于中标的情况是怎么问的？"

答："我当时问他是怎么认识李总的，他说是他舅舅介绍的，中标也是他介绍，我就问他是怎么介绍中标的，他就不说话了。"

问："你在讯问张有国的时候凌海在做什么？"

答："他也在旁边插话。"

问："你前面不是说凌海在记录吗？"

答："他当时没有记录，是在旁边插话。"

问："那张有国的那份讯问记录是怎么回事？"

答："那是凌海后补的。当时张有国跳楼以后，我问凌海记录了没有，凌海说没有，后来凌海就去补了一份讯问记录。"

问：（出示张有国当天的讯问笔录）"那么这份记录是不是凌海后补的？"

答："是的！"

问："也就是说这份记录，不是当时情况的原始记录？"

答："具体是不是原始的记录由你们决定，那是你们检察机关的事情。反正那份记录是后补的，当时我看凌海在讯问张有国时没有记录。"

问："张有国为什么要讲他舅舅的招投标的事情？"

答："那是我们做工作他才愿意讲的。"

问："你们为什么要问张有国手机通话问题？"

答："主要是问张有国怎么知道刘校长被砍了，怀疑通话的内容与刘校长被砍有关。因为当时张有国说了假话，为什么说假话？如果这件事与张有国无关，张有国为什么说假话呢，关键是没有说实话。"

问："不说实话有什么关系？"

答："不说实话那么肯定与案件有关系！当时也是在排查阶段，只能说张有国有参与伤害的嫌疑。"

问："你在讯问张有国时为什么动手呢？"

答："我没有动手！"

问："你开始是坐在床上与张有国谈话的，为什么后来就站在张有国的身边去了？"

答："我只是用手指点了一下他的脑袋，问他为什么说假话，并没有打他！"

问："在这个时间里凌海在不在场？"

答："不在场出去了。"

问："到哪里去了？"

答："我不知道。"

问："你为什么要用手指去点张有国的脑袋？"

答："我当时对张有国说假话非常生气，就点了他一下。"

问："他当时有什么反应？"

答："没有什么反应，后来他就不说话了。凌海进来以后我就出去向吴局汇报了讯问的情况。"

问："你出来后8310房间还有谁在场？"

答："只有凌海与张有国两个人在谈话。"

问："你最后一次离开8310房间是什么时间？"

答："就是在张有国跳楼的前10分钟左右。"

问："你们在讯问的全部过程中张有国的情绪怎么样？"

答："我感觉到张有国非常紧张，再加上他说假话，所以他的嫌疑比较大。"

问："张有国为什么紧张？"

答："我想可能是因为他在通话的问题上说了假话，再加上招标的事情牵涉到他的舅舅。"

问："也就是说整个8310房间的气氛是比较紧张的？"

答："我说不清楚。"

问："8310房间张有国坠楼的窗台上的压痕是怎么形成的？"

答："凌海说是张有国跳楼时脚踩的。"

问:"张有国到底是从哪扇窗户坠楼的?是第三扇还是第四扇?"

答:"是第三扇窗户。"

问:"你是怎么知道的?"

答:"张有国跳楼以后我们在楼下待了一会,后来检察院来人去了8310房间,我们都跟着过去了,凌海指着第三扇窗户说就是从这扇窗户跳下楼的。"

问:"你还有什么要说的?"

答:"没有了。"

问:"你以上说的是否属实?"

答:"是事实!我没有必要说假话。"

问:"那我们今天就谈到这里。"

答:"好。"

问:"我们记录你看一看是否与你说的相一致?"

答:"好!(看记录)对!以上记录与我说的话完全一致,记录属实。"

被讯问人签字:张万山 2008年5月27日11时(手印)

讯问人签字:(略)2008年5月27日11时

本案经有关司法鉴定中心鉴定,出具了司法鉴定意见书,鉴定意见为:

1. 被鉴定人张有国系生前高坠致严重颅脑损伤而死亡。

2. 被鉴定人张有国生前没有遭受任何器物损伤。

3. 被鉴定人张有国的坠落体位符合生前高坠所致。

4. 被鉴定人张有国脸部的两处"红斑点"符合坠地时与地面接触所致。

5. 被鉴定人凌海手上的黑灰和刮伤的痕迹可在其手与积淀有灰尘的窗框、外墙壁碰擦过程中形成。

由此,一场因玩忽职守导致嫌疑人坠楼死亡案件顺利讯问结案,这场审讯既排除了犯罪嫌疑人刑讯逼供的嫌疑,又认定了他们因玩忽职守而导致被询问人坠楼死亡的事实,体现了刑事诉讼法既惩罚犯罪又保障人权的立法宗旨,解开了死者家属的疑惑,也对公安机关的严格执法提出了更高的要求。